REINKARNATION

Die umfassende Wissenschaft der Seelenwanderung

Ronald Zürrer

Sentient Press

Gewidmet meinem ewigen spirituellen Meister,
Śrīla Harikeśa Swami Viṣṇupāda,
der mir durch seine Worte und durch sein Beispiel
den Pfad gezeigt hat, der aus dem Kreislauf der Geburten und Tode
in die Freiheit des spirituellen Lebens führt.

Mein spezieller Dank gilt auch
H.H. Śacīnandana Swami
für seine Ermutigung und philosophische Beratung.

Interessierte Leser werden gebeten, sich mit dem
Autor in Verbindung zu setzen:

Ronald Zürrer
Govinda Kulturtreff
Preyergasse 16
CH - 8001 Zürich

2., vollständig überarbeitete Auflage
6.-10. Tausend: Juni 1992

Umschlaggestaltung: A.C. Bhaktivaibhava Swami, Rāja Vidyā Dāsa
Gesamtherstellung: Clausen & Bosse, Leck
Printed in Germany

ISBN 3-907824-01-6

Kurze Inhaltsübersicht

Inhalt

Vorwort

Reinkarnation ist eines der komplexesten Sachgebiete, mit denen sich der moderne Mensch auseinandersetzen kann, setzt es doch Kenntnisse der geschichtlichen, theologischen, psychologischen und parapsychologischen Forschung und vieler anderer Themenbereiche voraus. Es übersteigt die im täglichen Leben gewohnten Fragestellungen, und wenn das Gespräch auf dieses Thema kommt, lautet ein häufiger Zweifel, ob man Reinkarnation letztlich überhaupt beweisen könne oder ob es immer nur bei den unzähligen, für das gewöhnliche Denken widersprüchlichen Bildern bleibe. Doch die zahlreichen vielschichtigen Erkenntnisse der modernen parapsychologischen Forschungen, denen auch das vorliegende Buch beträchtlichen Raum widmet, verlangen nach einer Deutung, so daß eine Idee nicht länger totgeschwiegen werden kann, sondern neu überdacht werden muß.

Tieferes Verständnis unseres Seins ist Voraussetzung, aber auch Folge der Auseinandersetzung mit Reinkarnation. So ist es sicher zweckmäßig, zur Illustration auch altüberlieferte Geschichten anzuführen (wie in Anhang 4), da doch das echt Poetische unsere inneren Erkenntnisinstrumente viel leichter erreicht als das rein Verstandliche.

Während die meisten der vielen heute erscheinenden Bücher nur einen kleinen Teilaspekt dieses immensen Themenkomplexes der Reinkarnation behandeln, braucht es den Mut eines jungen, unbefangenen Autors, all das zusammengetragene und mit viel Aufwand gesichtete Material – originelle Zusammenhänge suchend – als abgerundetes Ganzes zu veröffentlichen. Es ist ihm dabei eine fruchtbare Synthese zwischen westlicher Wissenschaft und östlicher Weisheit gelungen.

Jedoch gibt es wohl kaum ein anderes Sachgebiet, in dem es so leicht geschehen kann, daß Mißverständnisse und Unstimmigkeiten von Autor zu Autor unbemerkt weitergereicht werden. So ist es bei der breitgefächerten Recherchierung des vorliegenden Buches kaum zu vermeiden, daß der Spezialist eines einzelnen Teilgebietes da und dort etwas auszusetzen haben wird. Doch dies vermindert keineswegs den Wert dieses Buches, das ein bedeutender Beitrag in der heutigen Zeit ist, wo die längst fällige intensive Diskussion über dieses wichtigste Thema der Menschheit im breiten Rahmen einsetzen muß.

Der Autor benützt alle Quellen zur Klärung des Reinkarnationsgedankens. Wichtig ist, daß dabei als Basis die alten, äußerst zuverlässigen Veden herangezogen werden. Die Tatsache, daß die Idee der Reinkarnation in den Veden behandelt wird, ist wohl der wichtigste Grund, sich mit ihr auseinanderzusetzen, wichtiger noch als die Tatsache, daß sie in vielen anderen Kulturen bekannt war oder daß die modernen parapsychologischen Experimente nun auch auf diese Erkenntnisse hinweisen.

In der Wiedergabe der vedischen Lehren stützt sich der Autor vor allem auf die Autorität von A.C. Bhaktivedanta Swami Prabhupāda, den renommierten Exponenten des altindischen Gedankengutes. Deshalb haben wir hier eine in sich geschlossene und klare Darstellung der vedischen Reinkarnationslehre und der damit verbundenen Themenbereiche vor uns liegen, im Gegensatz zu den meisten anderen westlichen oder indischen Beiträgen. Die klare Auswertung dieses Themas ist dem Autor möglich, weil er sich auf die theistische Bhakti-Tradition der Veden, so wie sie Prabhupāda authentisch vertritt, stützt, in welcher Reinkarnation nicht Hypothese, sondern Grundlage ist. Es bleibt dem Leser allerdings offengelassen, seine eigenen Schlußfolgerungen zu überlegen.

Essentiell ist auch die aus diesem Buch gewonnene Erkenntnis, daß der Reinkarnationsgedanke der europäischen Geistesgeschichte gar nicht so fremd ist, wie manchmal behauptet wird. Im christlich orientierten Abendland ist es schwierig, sich im Chaos der Aussagen über den Stellenwert der Reinkarnation im Christentum zurechtzufinden, und mancher Leser wird einiges aus dem entsprechenden Kapitel 6 unreflektiert und emotionell ablehnen. Doch die vielen Zitate und historischen Belege in Kapitel 5 weisen unbestreitbar darauf hin, daß der Reinkarnationsgedanke ein wichtiger Bestandteil unseres europäischen wie auch christlichen Erbgutes ist. Es wäre nur wünschenswert, wenn uns die hier dargelegten Informationen den Anstoß gäben, diesen bedeutungsvollen Punkt genauer zu überdenken.

Der Leser möge sich klar darüber sein, daß mit diesem Buch kein dogmatisches Wissen vermittelt wird, sondern vielmehr eine eindrückliche Fülle anregender Gedanken, die dem an der Reinkarnation und damit dem Wesen des Menschseins Interessierten eine gründliche Basis für weiteres Forschen und Finden geben wird. Denn es ist heute sehr wichtig, daß der Horizont des Abendländers durch die Beschäftigung mit diesen Themen erweitert wird und daß die vielen Denkanstöße und Informationen konkret verarbeitet werden.

In diesem Sinne sollte die Bedeutung des vorliegenden Buches nicht unterschätzt werden, denn es präsentiert eine konkrete, nachhaltige Verarbeitung dieses vieldiskutierten Themas, jedoch nicht auf der Grundlage persönlicher Ansichten, sondern auf der Grundlage der gewichtigen Veden.

Prof. Alex Schneider, St. Gallen
Wissenschaftlicher Beirat der Schweizer Parapsychologischen Gesellschaft und Präsident der Basler PSI-Tage

Vorbemerkung

Dieses Mal wurde ich in Zürich geboren, im Jahre 1961. Warum gerade in Zürich, in der unbedeutenden Schweiz, war mir lange Zeit nicht klar, ja ich dachte nicht einmal groß darüber nach, nahm es einfach als selbstverständlich hin: Du bist jetzt ein Schweizer, du bist ein Kind, du bist dein Körper. Du mußt wachsen, du mußt lernen, du mußt etwas werden. Frag nicht warum. Die Kindheit verlief denn auch unerwähnenswert normal – spielen, wachsen, lernen, vergessen.

Nur manchmal, wenn ich lange genug in den Spiegel schaute, kam es mir plötzlich seltsam, fast lächerlich vor, in einem solch kleinen Schweizerkörper zu stecken. War das wirklich ich? Was hatte ich hier eigentlich verloren, was zu finden? Hatte ich nicht eben noch ganz anders ausgesehen, war ich nicht viel größer, war ich nicht woanders gewesen? Das konnte noch gar nicht so lange her sein, ein paar Jahre vielleicht. Während ich mich so träumerisch in das verschwommene Spiegelbild meines Körpers verlor, stiegen manchmal Bilder aus einem fernen Lande in mir auf, fremde und doch irgendwie vertraute Gesichter, Landschaften, Farben, Düfte, Klänge. – Aber was machst du da wieder, hieß es, bist mal wieder am Träumen? Man wollte mir nicht zuhören, wenn ich von der Zeit erzählte, da ich noch groß war, da alles ganz anders war. Nicht schöner oder schlimmer, nicht besser oder schlechter, nur anders.

Als ich dann um die sechzehn Jahre in meinem Körper gelebt hatte, geschah zum ersten Mal etwas wirklich Besonderes. Zu jener Zeit hatte ich mich bereits damit abgefunden, ein Schweizer, ein Junge, ein Schüler zu sein, und verflogen schienen die unverstandenen Kinderträume und die Sehnsucht nach einer fernen Heimat. Pläne wurden jetzt geschmiedet und Ziele gesteckt für ein erfolgreiches Leben, und als Schweizer aus gutem Hause hatte man die besten Voraussetzungen dazu. Warum gerade ich, wagte ich kaum mehr zu fragen. Auf dem Flohmarkt hatte ich einst ein kleines Buch gekauft, ihm auf meinem Regal einen besonderen Platz unter den anderen zugeteilt, es dann aber längere Zeit nicht weiter beachtet. Nun aber kam der Sommerurlaub, und ich nahm mir vor, dieses Buch gründlicher zu studieren. «Siddhartha» war sein Name, «eine indische Dichtung». Beim Lesen war mir schon von den ersten Seiten an vieles sonderbar vertraut, ich fühlte mich plötzlich wie nach einer langen Reise endlich wieder zu Hause angekommen, und längst vergessene Erinnerungen überkamen mich. Ja, diesen Siddhartha, diesen Govinda, diesen Vasudeva kannte ich, mit diesen Samanas war ich selbst einst gezogen, hatte selbst einst die heiligen Veden studiert und den Lehren des Flusses gelauscht.

Der Gedanke der Reinkarnation war mir plötzlich wieder selbstverständlich. Warum war ich bloß nicht früher darauf gekommen? Nein, ich war gar kein Schweizer, kein Junge, kein Schüler. Aber ich war auch kein Inder, kein Brahmane und kein Bettler, war weder alt noch jung, weder Mann noch Frau. Ich wechselte bloß immer wieder meine Gestalten, wie ich Kleider wechselte oder wie ein Schauspieler Rollen wechselt. Gestern war ich dort, heute bin ich hier, gestern oben, heute unten, gestern traurig, heute glücklich, ein Spielball in den Händen meines Schicksals – oder meines Karma, wie ich später erfuhr. Doch dies alles hatte im Grunde nichts mit mir zu tun, war nur äußerlich, zeitweilig, konnte folglich nicht die letzte Wirklichkeit sein. Ich nahm mir vor, in diesem Leben nicht noch einmal nur zielloser Sucher zu sein, in diesem Leben wollte ich dem Geheimnis auf den Grund gehen: Wer bin ich wirklich? Wer ist dieses Individuum, das fortwährend einen Körper nach dem anderen annimmt und aufgibt, das sich nach Ewigkeit und Beständigkeit sehnt und doch ständig dem Kreislauf von Geburt und Tod unterworfen ist? Worin liegt der Sinn, wo die Antwort, wo der Ausweg?

Der Rest ist schnell erzählt. Ich beendete die Schule ohne es zu beachten und studierte ein wenig Germanistik, Philosophie, Religionswissenschaft und Indologie. So lernte ich wieder die *Bhagavad-gītā* kennen und schloß mich bald dankbar einer Gruppe von Menschen an, die es sich zur Aufgabe gemacht haben, die Lehren der *Gītā* nicht nur intellektuell zu verarbeiten, sondern sie auch in ihrem praktischen Leben zu verwirklichen. Danach reiste ich mehrmals nach Indien, wo ich mich aufs neue in die erhabenen Weisheiten der Purāṇas und der Upaniṣaden vertiefte und mich in die Kunst einweihen ließ, aus dem Kreislauf der Reinkarnation auszubrechen.

Was immer ich gelernt und erkannt habe, versuche ich seitdem, mit anderen Menschen zu teilen. Und obschon ich noch am Anfang einer langen Reise stehe, bat man mich bald, Vorträge über Philosophie und Religion und neuerdings über «Esoterik» zu halten und Geschichten aus den Veden zu erzählen, was mir stets große Freude bereitet. Zur Zeit lebe, lerne und lehre ich wieder in der Stadt meiner jetzigen Geburt, wo ich gemeinsam mit meiner Ehefrau Sudāmanī auch einen spirituellen Kulturtreffpunkt betreue. Obwohl ich verstanden habe, daß ich kein Schweizer bin, und obwohl sich meine Erinnerung immer wieder nach Indien zurücksehnt, werde ich vorläufig wohl doch in Europa bleiben und beginne nun auch langsam zu verstehen, warum ich dieses Mal hier geboren wurde.

Über dieses Buch

Mit siebenundzwanzig wurde ich gebeten, ein Buch über die Reinkarnation zu schreiben. Es war ein Auftrag, den ich gerne annahm, da mich diese Thematik, wie aus dem oben Gesagten deutlich hervorgeht, zeitlebens immer wieder stark beschäftigt hat. Das Buch erschien dann ein Jahr später, im Herbst 1989, und es war zu meinem eigenen Erstaunen binnen zwei Jahren vollständig vergriffen. All jenen, die durch ihr Interesse an der Reinkarnation dazu beigetragen haben, sei an dieser Stelle herzlich gedankt.

Die jetzt vorliegende zweite Auflage habe ich zu Beginn des Jahres 1992 vollständig überarbeitet und um jene Aspekte ergänzt, die in der Zwischenzeit neu erarbeitet wurden (daraus ergibt sich auch der Mehrumfang). Doch wie schon im Nachwort zur ersten Auflage, so muß ich auch jetzt eingestehen, daß das hier

Dargelegte längst noch nicht alles ist, was zu diesem bedeutenden Thema gesagt werden könnte. Denn die Mysterien des menschlichen Lebens und Sterbens sind derart vielschichtig und tiefgreifend, daß es unmöglich ist, in einem einzigen Buch das gesamte diesbezüglich zur Verfügung stehende Wissen aufzuarbeiten und darzulegen. So habe ich hier versucht, in einem ersten Schritt die wichtigsten Grundlagen der Wissenschaft der Seelenwanderung zu ordnen und in aktuelle Zusammenhänge zu stellen.

Dabei stütze ich mich vornehmlich auf drei Quellen, nämlich erstens auf die Erkenntnisse und Forschungsergebnisse der modernen Thanatologie (Wissenschaft vom Tod und vom Sterben), zweitens auf die Zeugnisse der abendländischen Philosophie-, Literatur- und Religionsgeschichte sowie drittens auf die ältesten Quellen über Reinkarnation, die altindischen Veden. Doch mehr als all diesen schriftlichen Quellen, die sich mir in den vergangenen Jahren durch das Studium erschlossen haben, verdanke ich meine Kenntnisse den persönlichen Unterweisungen, die ich von meinem spirituellen Meister, Śrīla Harikeśa Swami Viṣṇupāda, empfangen darf, ohne dessen Inspiration das vorliegende Buch nie zustande gekommen wäre und dem daher mein tiefster Dank gilt.

Es ist mein aufrichtiger Wunsch, daß es mir gestattet sein möge, die mit diesem Buch begonnene Arbeit fortzusetzen und in einem nächsten Schritt weiter in die einzelnen Themenbereiche vorzudringen. Ich wünsche mir dies nicht nur im akademischen und publizistischen Sinne, sondern in erster Linie in bezug auf meine eigene Lebensreise – in der Hoffnung, daß sie mich letzten Endes aus dem Kreislauf der Geburten und Tode in die Freiheit des spirituellen Lebens führen möge.

Ronald Zürrer
Zürich, im Mai 1992

Dank

Ich möchte all denjenigen danken, die mir bei der Arbeit an dem vorliegenden Buch mit Ermutigung und persönlichem Einsatz zur Seite gestanden haben, insbesondere His Holiness Śacīnandana Swami (philosophische Beratung), Ātma-tattva Dāsa (Lektorat), Ramākānta Dāsa (technische Beratung) und Caitanya Candra Dāsa (Recherchen). Mein Dank gilt ebenfalls meiner Mutter, Frau Heidi Baumann, für ihre finanzielle Unterstützung sowie meiner Ehefrau Sudāmanī für ihr geduldiges Verständnis und ihre stets treue Assistenz und Mithilfe.

EINLEITUNG

Jemandem, der geboren wurde, ist der Tod gewiß,
und jemandem, der gestorben ist, ist die Geburt gewiß.
(Bhagavad-gītā 2.27)

«Schon wieder ein Buch über Reinkarnation?», mag man sich fragen, und dies nicht zu unrecht. Denn in den vergangenen Jahren sind in unserem Kulturkreis mehr Bücher über dieses Thema veröffentlicht worden als je zuvor, und Begriffe wie «Wiedergeburt», «Seelenwanderung», «frühere Leben», «Leben nach dem Tod» oder eben «Reinkarnation» sind nicht mehr nur den Indologen, Esoterikern und Parapsychologen bekannt, sondern gehören mittlerweile zum allgemeinen Wortschatz. Worin besteht also die Notwendigkeit, dieser Reihe noch ein weiteres Werk anzugliedern?

Das Neue, das dieses Buch unter anderem vorzulegen hat, ist die erstmalige umfassende wissenschaftliche Darlegung der *Gesetzmäßigkeiten der Reinkarnation*, und zwar auf der Grundlage der ältesten überlieferten Schriftwerke zu diesem Thema – der altindischen *Veden*.

Viele Forscher versuchen heute, nachdem die sensationellen Entdeckungen unbekannter Gebiete unseres Planeten abgeschlossen zu sein scheinen, in vielleicht noch faszinierendere Gebiete vorzudringen: in die nahezu unerforschten Dimensionen der menschlichen Psyche und in die Mysterien des Lebens und Sterbens, welche sämtliche Kulturen seit Menschengedenken beschäftigt haben. Gerade auch der moderne Mensch des ausgehenden zweiten Jahrtausends steht nun wieder vor diesen ältesten aller Fragen, und so gehört die Suche nach fundamentalen Antworten und Einsichten zu den auffallendsten Merkmalen unserer Zeit.

In früheren Zeiten waren es in Europa vor allem einzelne große Denker und Philosophen, welche versuchten, den Geheimnissen des Todes und der Wiedergeburt auf die Spur zu kommen, und die in der Folge Lehren und Schulen verschiedenster Richtungen gründeten. Aber auch wenn die Zeiten eines Platon, Origenes oder Leibniz vorbei sind und die abendländische Geschichte unseres Jahrhunderts keine vergleichbaren Persönlichkeiten aufzuweisen scheint, kommt unserer Zeit doch *ein* einzigartiger Vorteil zu: Im Gegensatz zu den vergangenen Jahrhunderten, in denen gewisse Lehren bewußt verheimlicht oder sogar verfolgt wurden, stehen uns heute die Einsichten und Erfahrungen aus sämtlichen historischen Epochen zur Verfügung und darüber hinaus auch die Erkenntnisse der modernen Naturwissenschaft.

Die Kenntnis verschiedenster Wissensbereiche, auch der esoterischen, gehört heute bereits zum Allgemeinwissen, das – zumindest bruchstückhaft – schon in der Schule vermittelt wird. So ist es uns heute möglich, offen über Themen zu sprechen, die früher nur einigen wenigen Denkern oder mutigen Pionieren, welche dafür manchmal sogar mit dem Leben bezahlten, zugänglich oder begreiflich waren.

Wie aus dem vorliegenden Buch hervorgeht, ist eines der zentralsten dieser Themen die Lehre von *Karma und Reinkarnation*. In diesen Themenkomplex gehört die Erörterung einiger der fundamentalsten Prinzipien der menschlichen Existenz, deren Akzeptanz oder Ablehnung unausweichliche, nachhaltige Konsequenzen hat, und zwar sowohl im philosophischen, theologischen oder psychologischen wie auch im sozialen und politischen Bereich.

Obschon also einerseits die öffentliche Diskussion über diese ältesten Fragen der Menschheit in der *Breite* zugenommen hat – was sicherlich erfreulich ist –, läßt sich andererseits in bezug auf die Entwicklung in die *Tiefe* eher das Gegenteil feststellen. In der modernen Welt der Informationsschwemme und Oberflächlichkeit kann gerade die Beschäftigung mit anspruchsvollen Themen leicht zu voreiligen Schlußfolgerungen – positiven wie negativen – führen, und manche neigen daher dazu, das erwachende breite Interesse beispielsweise an der Reinkarnation einseitig in diesem Lichte zu sehen oder gar zu verurteilen. So sind wir aufgefordert, nach der Auseinandersetzung mit den Erkenntnissen aller vorangegangenen Denker sowie auch mit der modernen Wissenschaft das Thema der Reinkarnation fundiert zu überdenken und zu versuchen, zu konkreten, wissenschaftlich nachvollziehbaren Schlußfolgerungen zu gelangen.

Wenn wir an dieser Stelle wiederholt die Begriffe «Reinkarnation» und «Wissenschaft» in einem Atemzug nennen, scheint die Frage berechtigt: Ist Reinkarnation überhaupt mit Wissenschaft vereinbar? Die Antwort: Ja. Denn die Untersuchung der Reinkarnation ist selbst bereits eine Wissenschaft.

Es ist dabei allerdings nicht zu bestreiten, daß es in diesem Zusammenhang sehr heikel ist, den Begriff «Wissenschaft» im herkömmlichen, engen Sinne der modernen induktiven Naturwissenschaft zu verwenden. Denn wie ernsthaft die Nachforschungen beispielsweise in der Esoterik und in der Parapsychologie auch sein mögen — im Paranormalen und Metaphysischen bleiben wir immer auf einzelne subjektive Beschreibungen angewiesen, die von Menschen gegeben werden, die persönliche Erlebnisse im Grenzbereich des Todes gehabt haben, die sich an vergangene Leben erinnern können, die rückgeführt wurden, die über mediale Fähigkeiten verfügen, usw. In all diesen Fällen aber sind die so erarbeiteten Erkenntnisse und Schlußfolgerungen unweigerlich unvollständig und lückenhaft und werfen in der Regel mehr neue Fragen auf, als sie alte beantworten können.

Manche dieser Berichte mögen sehr faszinierend und spannend zu lesen sein, manche sind auch höchst glaubwürdig und überzeugend, doch was offensichtlich fehlt, ist eine *exakte, objektive Wissenschaft*, welche die beobachtbaren normalen und paranormalen Phänomene ordnen und in ein geschlossenes philosophisches System bringen kann. Ein solches nicht-subjektives System, eine solche eindeutige Wissenschaft der Seelenwanderung, wäre dann auch imstande, bisher nicht beobachtete oder nicht beobachtbare Phänomene zu erklären und in einen größeren Zusammenhang zu stellen. Was also erforderlich ist, ist eine neue Definition, ein neues, umfassenderes, ganzheitliches Verständnis des Wissenschaftsbegriffes.

Das in den jahrtausendealten vedischen Schriften niedergelegte Wissen vermag uns den gewünschten Überblick und die angestrebten vertieften Einsichten zu vermitteln, denn die Veden sind nicht Bücher, die nur Fragen aufwerfen, sondern sie überschreiten die subjektive Relativität und geben allgemeingültige Antworten, die wir durch praktische wissenschaftliche Experimente sowie durch unsere eigene Erfahrung auch verifizieren können, so daß wir nicht darauf angewiesen bleiben, mehr oder weniger blind zu glauben. Auf dieser Verständnisgrundlage haben wir für das vorliegende Buch bewußt den Untertitel *«Die umfassende Wissenschaft der Seelenwanderung»* gewählt.

Die Frage aber lautet: Was ist gemäß *vedischer* Definition unter dem Begriff «Wissenschaft» zu verstehen, und was unterscheidet die vedische Wissenschaft von der herkömmlichen Auffassung? – Zur Beantwortung dieser Frage wollen wir zunächst einen kurzen Rückblick auf die Entwicklungsgeschichte des modernen Wissenschaftsbegriffes werfen. Denn während das moderne Verständnis von «Wissenschaft» eigentlich ein sehr begrenztes ist, verstand man unter Wissenschaft ursprünglich – das heißt sowohl in den indischen als auch noch in den antiken griechischen Schulen – das alle Bereiche der Existenz umfassende Streben nach Harmonie und Erkenntnis mit dem erklärten Ziel der Einsicht in die größeren Zusammenhänge des Daseins und des Findens absoluter, nicht an Ort, Zeit oder Umstand gebundener Wahrheit. (In dieser urspünglichen Definition unterscheidet sich der Wissenschaftsbegriff übrigens nicht maßgebend vom Begriff der «Philosophie».)

Erst mit der anbrechenden Neuzeit geschah die (damals nur von wenigen Philosophen erkannte) Ersetzung des Begriffs der philosophischen Wissenschaft durch den der «Naturwissenschaft». Während also die klassische Definition von «Wissenschaft» noch Worte wie «absolut», «Harmonie» oder «Wahrheit» verwendet, gelten diese für den modernen Menschen als idealistisch, veraltet, ja sogar als unwissenschaftlich. Unter dem starken Einfluß der naturwissenschaftlichen Weltanschauung und Bewußtseinsprägung hat der Mensch alsdann großes Vertrauen in die selbständig erworbene, empirische Erkenntnis entwickelt, und als Reaktion auf das Zeitalter der Bevormundung durch religiöse Dogmen hielten die Jahrhunderte der «Aufklärung», des «Rationalismus», der «Naturwissenschaft» Einzug. Die Philosophie diente von nun an nicht mehr als Fundament, als Hintergrund und als wichtigster Bestandteil aller anderen Wissenschaften, sondern bestenfalls noch als Vermittlerin zwischen den zum Teil widersprüchlichen Theorien der Einzelwissenschaften.

Allerdings war dieser Siegeszug der Naturwissenschaft, angetreten in den Tagen der Renaissance, in erster Linie ein (zwar geglückter, aber nicht unbedingt glücklicher) Befreiungsversuch aus den Ketten der Religion, die damals wie heute in der organisierten Kirche verkörpert und mit dieser gleichgesetzt war. Daß ein solches im Grunde politisches Motiv, nämlich sich aus den Ketten des Kirchenstaates zu befreien, die Objektivität wissenschaftlicher Forschung jedoch nicht gerade fördert, darauf wurde bald schon hingewiesen. Und es zeigte sich auch praktisch: Plötzlich war der Mensch, nunmehr «aufgeklärt», Manipulator der Materie und potentieller

Herrscher über die Natur, was den Nährboden für die industrielle Revolution bildete, deren Profit wiederum die Wissenschaft förderte und zu immer neuen Erfindungen anspornte. Wissenschaft wurde zur Technologie, und die Technologie wurde, eines jeden philosophischen Ideals beraubt, zur Sklavin der Industrie und in zunehmendem Maße auch des Militärs. So finden wir heute eine Situation vor, in der die einzige Gemeinsamkeit aller Richtungen der modernen Wissenschaften nur noch darin zu liegen scheint, daß sie alle von sämtlichen Seiten her und mit den unterschiedlichsten Mitteln und Rechtfertigungen für die systematische Zerstörung desselben Planeten arbeiten...

Dieses materialistische Wissenschaftsverständnis hat der Menschheit offensichtlich nicht wirkliche Hilfe und keinen wirklichen Fortschritt gebracht, vielmehr hat es sie von dem wahren Fortschritt abgelenkt, der in der echten und ernstgemeinten Suche nach Wahrheit besteht. «Die Krise der Wissenschaften ist eine Krise der Menschen, von denen sie ergriffen werden, wenn diese nicht echt in ihrem Wissenwollen waren.» *(Karl Jaspers)*

Diese «Unechtheit» im Streben nach Wissen bringt gezwungenermaßen eine Begrenzung des Wissens mit sich. Ist es ein Streben nach rein materialistisch definiertem Fortschritt, und ist dieser «Fortschritt», wie heutzutage üblich, frei von jeglicher moralischen Einschränkung, so wäre jede transzendente Erkenntnis diesem Ziel entgegengesetzt und demnach unerwünscht. Die Gewißheit über ein Leben nach dem Tode beispielsweise würde diese kurzsichtige, einseitige Bemühung um materielle Werte und Lebensziele in ein ganz anderes Licht rücken, und praktische Konsequenzen wären unumgänglich. So scheint es gerade die Aufgabe dieser einseitigen, materialistischen, atheistischen Wissenschaft zu sein, die Aufmerksamkeit des Menschen vom Jenseits auf das Diesseits zu richten, auf die kurzfristige und kurzsichtige Befriedigung materieller Wünsche. Es ist allerdings leicht zu erkennen, daß dem Menschen auf diesem Pfade viele andere Wirklichkeitsaspekte seines Daseins entgehen und dementsprechend unerforscht bleiben.

Gemäß der *vedischen Definition* hingegen bezieht sich der Begriff «Wissenschaft» auf eine theistische Wissenschaft, die auf ganz anderen Prinzipien gründet als die atheistische, und zwar sowohl in bezug auf die Methodologie des Wissenserwerbs als auch in bezug auf deren Anwendung. Die theistische Form der Wissenschaft ist auch bei uns im Abendland die erste und älteste, und sie wird ursprünglich in den Veden gelehrt. Deshalb scheint es uns angebracht, daß wir uns bei der Behandlung des Themas der Reinkarnation nicht ausschließlich auf die Wissenschaft unserer Epoche verlassen, sondern auch die vedischen Schlußfolgerungen berücksichtigen, die nicht nur in sich selbst logisch und harmonisch sind, sondern auch die modernen Erkenntnisse miteinschließen.

Die Stufen der modernen wissenschaftlichen Erkenntnistheorie (Beobachtung, Experiment, Schlußfolgerung) sind in den Veden ebenfalls enthalten, doch werden sie dort als ungenügend bezeichnet, wenn es darum geht, höheres, subtileres Wissen zu erlangen. Die Veden gehen über diese Bereiche hinaus, indem sie grundsätzlich zwischen den folgenden drei Stufen unterscheiden:

• 1. *Pratyakṣa* (Empirie, d.h. die direkte Sinneswahrnehmung durch Beobachtung und Experiment). Natürlich ist klar, daß dieser Vorgang allein für unsere Erkenntnis zu mangelhaft ist, da unsere physischen Sinne, mit denen wir Beobachtungen anstellen, unvollkommen sind und der Täuschung und der Zeitbegrenzung unterliegen. Wer würde beispielsweise glauben, daß vor seiner Geburt die Welt nicht existierte, nur weil er sie nicht sah, oder wer würde behaupten, daß die Sonne nicht größer sei als eine Münze, nur weil sie unseren Augen so erscheint? Eine zweite Stufe wird also erforderlich:

• 2. *Anumāna* (Induktion, d.h. das Schließen vom besonderen Einzelfall auf das Allgemeine, mit Hilfe logischer Hypothesen und Theorien). Durch das Wiederholen von Beobachtungen und Experimenten sowie durch anschließende theoretische Berechnungen können die Informationen, die uns die Sinne vermitteln, korrigiert und in größere Zusammenhänge gestellt werden. Dies ist die Methode, deren sich das moderne Wissenschaftsverständnis bedient.

Aber auch dieser Vorgang ist mangelhaft, da er sich erstens auf zahlreiche absolute Axiome stützt, die nicht zwangsläufig in allen Dimensionen stimmen, und zweitens auf die begrenzte Sinneswahrnehmung. Wer könnte beispielsweise alle Menschen einzeln untersuchen, um die Behauptung zu beweisen, daß alle Menschen sterblich sind, und wer könnte ein Experiment unbegrenzte Male an allen Orten des Universums ausführen, um sicher zu sein, daß die angenommene Schlußfolgerung unter allen Umständen der Wirklichkeit entspricht? An einem gewissen Punkt muß auch der empirische Naturwissenschaftler einfach glauben, daß seine Schlußfolgerung stimmt, aber tatsächlich sicher kann er nie sein, weshalb auch immer wieder neue Theorien und Widerlegungen vorgebracht werden.

Außerdem ist die empirische Methode des Wissenserwerbs nicht imstande, uns Wissen über Phänomene jener Wirklichkeitsbereiche zu vermitteln, die jenseits der Sinneswahrnehmung und der verstandesgebundenen Beweismöglichkeiten liegen. Die Veden beschreiben eine Vielzahl solcher Phänomene, die wir weder durch direkte sinnliche Erfahrung noch durch gedankliche Spekulation verstehen können. Daher wird eine dritte Stufe des Wissenserwerbs notwendig:

• 3. *Śabda* (Deduktion, d.h. das Erkennen des Besonderen und Einzelnen durch «Hören» eines allgemeinen Gesetzes). Jeder Mensch, auch der empirische Naturwissenschaftler, ist, wie wir gesehen haben, in seinem Wissen von Glauben abhängig, und mit seiner Entscheidungsfreiheit kann er wählen, wem und was er glaubt. Im Vorgang des Śabda glaubt man nicht in erster Linie den eigenen unvollkommenen Sinnesorganen oder dem eigenen begrenzten Verstand, sondern empfängt Wissen aus einer autoritativen Quelle, worauf man es dann mit Hilfe seiner Sinneswahrnehmung und seiner Intelligenz als wahr erkennt.

Unser ganzes Bildungssystem ist im Grunde genommen auf diesem Prinzip aufgebaut. Jeder Schüler hört und lernt von seinem Lehrer, denn es würde zu viel Zeit kosten, wollte er alles zuerst selbst nachprüfen, bevor er es glaubte. Dies wird erst recht zur Tatsache, wenn es um Themen geht, die nicht direkt in unserem meßbaren Erfahrungsbereich liegen, beispielsweise in bezug auf Fragen nach der Vergangenheit, wo wir keine andere Wahl haben, als den verschiedenen Zeugen und historischen Aufzeichnungen zu glauben. Ganz zu schweigen also von Fragen über die Zukunft, die nicht sichtbare Psyche des Menschen, das Leben nach dem Tod, usw.

Oder nur schon die einfache Frage nach der Identität unseres Vaters: Wenn ein Kind wissen möchte, wer sein Vater ist, kann es dies nicht induktiv herausfinden, indem es alle Männer, die es trifft, fragt: «Bist du mein Vater?» Viel einfacher und verläßlicher ist hier der deduktive Vorgang, das heißt, daß wir einfach unsere Mutter fragen, denn niemand anders als die Mutter kann uns wirklich verraten, wer unser Vater ist. Und wir sind gezwungen, ihr zu glauben, da wir offensichtlich keine andere Möglichkeit haben; wenn wir ihr jedoch glauben, nennen wir dieses Glauben und Akzeptieren «Wissen».

Dieses Prinzip herrscht überall, und die einzige Frage, die sich stellt, lautet: Was ist die ideale Wissensquelle? Wem soll man glauben? – Die vedischen Schriften bezeichnen sich als solche ideale Wissensquelle, und der Wahrheitsgehalt dieser Aussage ist «wissenschaftlich», denn ihre Aussagen sind für jeden nachprüfbar (freilich unter derselben Voraussetzung wie bei jedem wissenschaftlichen Experiment, nämlich daß die damit verbundenen Vorschriften eingehalten werden).

Dies wird vor allem dann wichtig, wenn es um höhere Erkenntnis geht; die in diesem Zusammenhang geltenden Voraussetzungen beziehen sich nicht mehr nur auf Äußerlichkeiten, sondern auf spirituelle Werte. Alle, die diese Voraussetzungen in der Vergangenheit erfüllten, haben dasselbe Ziel erreicht, und dies gilt als vedischer Beweis: «Befreit von Anhaftung, Angst und Zorn, wurden viele, viele Menschen in der Vergangenheit durch dieses transzendentale Wissen geläutert. Deshalb solltest du deine vorgeschriebene Pflicht erfüllen, indem du ihrem Beispiel folgst.» (*Bhagavad-gītā* 4.10,15)

Wie aus dem vorliegenden Buch hervorgeht, enthalten die vedischen Schriften umfassendes und schlüssiges Wissen über sämtliche Bereiche der menschlichen Existenz – ein Wissen, das in seiner Zeitlosigkeit gerade auch unserer modernen industriellen (oder besser: nach-industriellen) Gesellschaft von großem Nutzen sein kann. Die Tatsache, daß die Veden bis vor kurzem dem Abendland kaum zugänglich waren, läßt sich einerseits darauf zurückführen, daß sie in der äußerst schwierigen Sanskrit-Sprache verfaßt sind, und zum anderen darauf, daß sie innerhalb des indischen Kastensystems lange Zeit nur den höheren Kastenmitgliedern vorbehalten waren; Mitgliedern niederer Kasten, ganz zu schweigen von Nicht-Hindus, blieb der Zugang zu dem vedischen Wissen bis in die jüngste Vergangenheit versagt.

Erst in den letzten Jahren und Jahrzehnten finden sich erfolgreiche Bestrebungen, diesen immensen Schatz an wertvollstem Wissen, das seine Gültigkeit und universale Anwendbarkeit über Jahrtausende bewahrt hat, nicht nur innerhalb Indiens einer breiteren Öffentlichkeit zugänglich zu machen, sondern auch in unsere modernen abendländischen Sprachen zu übersetzen.

Besonders erwähnenswert ist in diesem Zusammenhang der namhafte indische Philosoph und Gelehrte His Divine Grace *Śrīla A.C. Bhaktivedanta Swami Prabhupāda* (1896-1977; im weiteren *Śrīla Prabhupāda* genannt), der Gründer der Internationalen Gesellschaft für Kṛṣṇa-Bewußtsein (ISKCON). Śrīla Prabhupāda übersetzte über 50 Bände vedischer Texte aus dem Sanskrit ins Englische, wodurch die meisten zum ersten Mal dem Westen zugänglich gemacht wurden. Seine Bücher, die inzwischen in sämtliche Weltsprachen übersetzt sind, gelten als die unumstrittenen Standardwerke und werden weltweit an zahlreichen Universitäten als Studientexte verwendet.

Das vorliegende Buch stützt sich insbesondere auf seine Übersetzungen der beiden essentiellsten Werke des vedischen Schrifttums, nämlich auf die *Bhagavad-gītā* und das *Śrīmad-Bhāgavatam (Bhāgavata Purāṇa)*, das die ursprüngliche Erklärung der Vedānta-Philosophie enthält. Im Licht dieser Schriften erhalten philosophische Konzepte und Phänomene, die manchem Leser vielleicht schon bekannt sein mögen, neue, tiefere Bedeutungen, und zwar sowohl theoretisch als auch praktisch. Und in der Bemühung um die Vermittlung dieser Inhalte, so hoffen wir, liegt der Wert dieses Buches: *«Reinkarnation – Die umfassende Wissenschaft der Seelenwanderung»*.

Kapitel 1

DIE AKTUALITÄT DER REINKARNATION

Wendezeit und Paradigmawechsel

Es ist wohl kaum mehr von der Hand zu weisen, daß wir uns heute, gegen Ende des zweiten Jahrtausends, in einer jener entscheidenden Übergangs- und Umbruchsphasen befinden, wie sie nur selten und nur in sehr großen Zeitabständen vorkommen. Damit sind nicht die kaum beobachtbaren, kleineren Veränderungen und kurzlebigen Modeerscheinungen gemeint, die unsere Zeit kennzeichnen, sondern jene radikalen und schnell verlaufenden gesamtgesellschaftlichen Verschiebungen und Umgestaltungen, die sich heutzutage immer deutlicher anbahnen und die der Wissenschaftstheoretiker *Thomas S. Kuhn* bereits im Jahre 1969 mit dem Begriff *Paradigmawechsel* beschrieb.

Der Begriff *Paradigma* (griech. *paradeigma* = Modell, Muster) bezeichnet ein Denkmodell, ein Weltbild, eine Sicht der Wirklichkeit, welche an einem bestimmten Ort der Erde eine bestimmte historische Epoche beherrscht und charakterisiert. Die Paradigmen einer Zeit bestimmen das Denken, die Überzeugungen, Wertsysteme und Lebensrhythmen der großen Menschenmassen, oft über mehrere Jahrhunderte hinweg. Neue Paradigmen werden zunächst immer von einer kleinen intellektuellen Minderheit aufgestellt und verfochten und benötigen Jahrzehnte, bis sie sich – wenn überhaupt – durchsetzen und eine grundlegende gesellschaftliche Veränderung bewirken können. Einen solchen tiefgehenden Umbruch im Denken der Menschheit nennt man *Paradigmawechsel*, und die Tatsache, daß sich die Menschheit heute in einer solchen Umbruchsphase befindet, bildet eine der Grundlagen des vorliegenden Buches.

Der österreichisch-amerikanische Atomphysiker und Gesellschaftsphilosoph *Fritjof Capra* (*1939) schreibt hierzu in seinem im Jahre 1982 erschienenen Klassiker «Wendezeit»:

> Das Paradigma, das jetzt abgelöst wird, hat unsere Kultur mehrere hundert Jahre lang beherrscht. Während dieses Zeitraums hat es unsere moderne abendländische Kultur geformt und die übrige Welt in bemerkenswerter Weise beeinflußt. Es enthält eine Anzahl von Ideen und Werten, die sich wesentlich von denen des Mittelalters unterscheiden.
>
> Es sind dies Werte, die man mit den verschiedenen Strömungen der abendländischen Kultur in Verbindung gebracht hat wie der wissenschaftlichen Revolution, der Aufklärung und der Industriellen Revolution. Sie beinhalten den Glauben an die wissenschaftliche Methode als einzig gültigem Zugang zur Er-

> kenntnis, die Auffassung des Universums als eines mechanistischen Systems, das sich aus elementaren materiellen Bausteinen zusammensetzt, sowie das Bild des Lebens in einer Gemeinschaft als Konkurrenzkampf um die Existenz. Schließlich gehört dazu auch der Glaube an den unbegrenzten Fortschritt, der durch wissenschaftliches und technologisches Wachstum erreicht werden kann. Während der letzten Jahrzehnte hat sich gezeigt, daß alle diese Ideen und Werte nur sehr begrenzte Geltung haben und einer radikalen Überprüfung bedürfen. (S. 26-27)

Ein bezeichnendes Merkmal dieser Wendezeit ist das immer deutlicher beobachtbare Phänomen, daß sich die in der Anonymität der modernen Massengesellschaft verlorenen Menschen auf die Suche nach einer *neuen Identität* machen und beginnen, sich wieder vermehrt mit grundsätzlichen Daseinsfragen zu beschäftigen und aktiv nach definitiven, absoluten Antworten zu forschen – Antworten, die imstande sind, das menschliche Dasein und die Gesetze des Kosmos ganzheitlich und umfassend zu erklären.

Der Tod und die Frage der Unsterblichkeit

Hinter allen vielgestaltigen Themenkomplexen, die im Zuge der Wendezeit wieder stärker an Beachtung und Bedeutung gewinnen, steht letztlich immer wieder *eine* zentrale Frage, eine Frage, die durch alle Zeiten stets das menschliche Denken beschäftigt und bestimmt hat – die uralte und doch zeitlose Kardinalfrage der Menschheit: *Gibt es ein Leben nach dem Tod?*, oder ist mit dem Tod alles aus?

Oder anders ausgedrückt: Ist das Leben nur eine «Krankheit zum Tode», wie es der dänische Philosoph *Sören Kierkegaard* (1813-1855) in einem seiner Hauptwerke ausdrückte, oder nur ein «Sein-zum-Tode», wie *Martin Heidegger* (1889-1976) es beschrieb? Leben wir nur zum Sterben, oder hat unser Leben noch einen höheren Sinn? Ist der Tod das Ende unserer Existenz, oder öffnet er uns nur die Tür für ein neues Leben, neue Dimensionen, neue Welten? Oder nochmals anders gefragt: Was geschieht mit uns nach dem Tode, der ja für uns alle unvermeidlich, unumgänglich und unausweichlich ist, welche Erfahrungen erwarten uns, nachdem wir durch das Tor des Todes schreiten?

In diesem Zusammenhang bieten sich insbesondere die drei folgenden häufigsten Antworten an (siehe *Abbildung 1*):

1. Antwort: Der Tod als das Ende von allem.

Die erste Erklärung besagt, daß der menschliche Körper, mitsamt all seinen Gedanken, Gefühlen und Wünschen, nichts weiter ist als eine zeitweilige Kombination aus biochemischen materiellen Bestandteilen, aus Atomen, Molekülen und verschiedenen Arten von Energie. Das gleiche gilt für sämtliche Tiere und Pflanzen und überhaupt für alles in der Natur. Diese ist ständig im Wandel begriffen und nimmt fortwährend neue Formen und Gestaltungen an, wobei die Gesamtsumme der sich wandelnden Materie und Energie konstant bleibt (Energieerhaltungssatz).

Im Moment des Todes lösen wir uns wieder in die elementaren Bestandteile auf, aus denen wir zusammengesetzt sind. Nichts bleibt übrig – der physische Körper wird verbrannt oder verfault und wird von Würmern oder Aasgeiern gefressen, die Gedanken und Ideen leben für die Nachwelt bestenfalls in Form von Anregungen oder Erinnerungen weiter, und so etwas wie eine unsterbliche Seele gibt es nicht. Anders ausgedrückt: Wir alle kommen aus dem Nichts, und nach dem Tode werden wir alle wieder ins Nichts zurückkehren. Dies ist, wohlverstanden in stark vereinfachter Form, die grundlegende Aussage der *modernen, mechanistischen Naturwissenschaft*.

Abbildung 1 – Drei Antworten

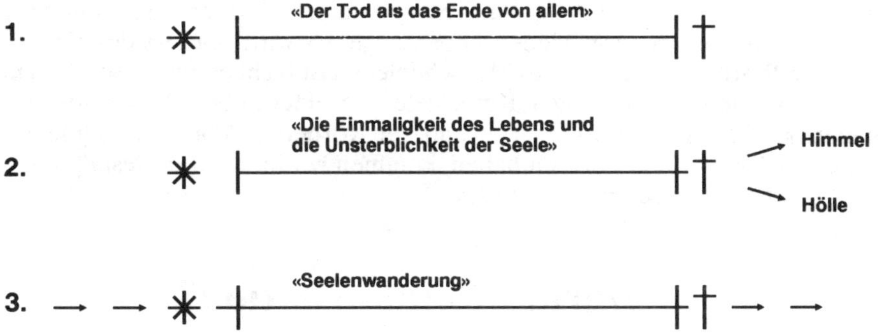

2. Antwort: Die Einmaligkeit des Lebens und die Unsterblichkeit der Seele.
Gemäß der zweiten Erklärung, jener der dogmatischen *christlichen Lehre*, kommen wir alle ebenfalls aus dem Nichts, kehren nach dem Tode jedoch nicht wieder dorthin zurück. Vielmehr wird uns von Gott, unserem Schöpfer, ein einziges, einmaliges Leben auf der Erde gegeben, mit dem wir mehr oder weniger tun und lassen können, was uns beliebt. Im Anschluß an den Tod unseres Körpers erfolgt ein besonderes Gericht mit vorläufiger Belohnung oder Bestrafung aufgrund unseres Lebenswandels. Nach einer ungewissen Wartezeit müssen wir dann am «Jüngsten Tag» in unserem ehemaligen Leib («Auferstehung der Toten») vor dem Richterstuhl Christi erscheinen («Jüngstes Gericht») und Rechenschaft über die guten und schlechten Taten während unseres einzigen irdischen Menschenlebens ablegen. Dieses Gericht entscheidet dann endgültig und unwiderruflich, ob wir in den ewigen Himmel, das Reich Gottes, kommen oder aber zu ewigen Höllenstrafen verdammt werden.

Natürlich finden wir innerhalb der zeitgenössischen christlichen Theologie die vielfältigsten Meinungen und Auslegungen, die sich in entscheidenden Fragen oft radikal unterscheiden, aber dennoch vertreten alle großen Richtungen grundsätzlich die hier skizzierte Auffassung. Wir werden jedoch in einem späteren Kapitel noch detailliert auf diese Thematik zu sprechen kommen (Kapitel 6: *Reinkarnation im Christentum*).

3. Antwort: Seelenwanderung.
Als dritte Erklärung bietet sich die Lehre der Seelenwanderung an (auch Wiedergeburt oder Reinkarnation genannt; siehe *Glossar* am Ende des vorliegenden Buches). Die Philosophie der Seelenwanderung ist äußerst vielschichtig und weitverzweigt, und da sie das Thema des gesamten vorliegenden Buches bildet, möchten wir an dieser Stelle nur ganz grob umreißen, worin ihre grundlegenden Gedanken bestehen:

Was wir «Tod» nennen, ist kein Ende, sondern ein Übergang. Im Augenblick des Todes verlassen wir, das heißt die unsterbliche spirituelle Seele, unseren grobstofflichen materiellen Körper und gehen in einen neuen materiellen Körper ein, der uns aufgrund unserer eigenen Wünsche und aufgrund unserer guten und schlechten Handlungen im vergangenen Leben zugeteilt wird (Gesetz des *Karma*). Mit anderen Worten: Unser jetziges Menschenleben ist nicht einmalig, sondern nur ein einzelnes Glied in einer langen Kette vieler einzelner Leben (Inkarnationen). Wir haben bereits vor unserer Geburt in anderen Körpern gelebt, und nachdem wir die Türe des Todes durchschritten haben, kommen wir in anderer Gestalt, mit einem neuen, jungen Körper, wieder zurück.

Warum Reinkarnation?

Der Autor ist sich sehr wohl darüber bewußt, daß die Lehre der Reinkarnation für viele Menschen auf den ersten Blick etwas Fremdes und daher Erschreckendes hat und daß sie aus diesem Grunde gerne voreilig in den Bereich des Glaubens oder gar des Aberglaubens abgeschoben wird. Dies liegt jedoch nicht etwa daran, daß die Lehre der Wiedergeburt an sich unsinnig oder widernatürlich wäre, sondern einzig daran, daß wir Abendländer des 20. Jahrhunderts im Zeitalter der Technik und der empirischen Naturwissenschaft nicht mehr so sehr an den ursprünglichen Gedanken der Seelenwanderung gewohnt sind. Statt dessen haben wir es in den vergangenen Jahrzehnten und Jahrhunderten zunehmend gelernt, andere Erklärungsmodelle des menschlichen Daseins als richtig zu betrachten, wie etwa die beiden oben angeführten, oder wir haben gänzlich damit aufgehört, uns überhaupt mit diesen Fragen zu befassen.

Dennoch liegt diesem Buch die These zugrunde, daß die Beschäftigung mit der Lehre der Reinkarnation gerade für den modernen Menschen und sein moralisches und soziales Wohlbefinden von grundlegender Wichtigkeit ist. Denn man könnte ja mit Recht fragen: Warum sollen wir uns überhaupt mit dem Reinkarnationsgedanken beschäftigen? Welche praktischen Vorteile und Konsequenzen hat er heute auf unser alltägliches Leben und dessen Probleme, Inhalte und Ziele? Handelt es sich bei der Vorstellung der Wiedergeburt nicht nur um eine mehr oder weniger nebensächliche Gedankenspielerei, um eines unter vielen Alltagsproblemen? – Die Antwort, die uns dieses Buch geben wird: Nein. Bei der Thematik der Reinkarnation geht es letzten Endes um die zentralen Existenzfragen schlechthin:

Wer bin ich?
Woher komme ich?
Wohin gehe ich?
Welchen Sinn und welches Ziel hat mein Leben?

Erst wenn diese essentiellsten Fragen unseres Daseins beantwortet sind, besteht Aussicht auf Klärung aller anderen, dieser untergeordneten und von ihr abhängigen Fragestellungen und Probleme des Lebens.

Wie also aus den nachfolgenden Ausführungen hervorgehen wird, bietet sich einem konsequent denkenden Menschen der heutigen Zeit diese uralte und doch zeitlose Lehre, sofern sie richtig und in ihrer ganzen, weitreichenden Konsequenz verstanden wird, gleichsam als Schlüssel und als Antwort auf die zahllosen brennenden Fragen der Gegenwart an. Denn die Reinkarnationslehre ist imstande, das menschliche Dasein und die Gesetze des Kosmos ganzheitlich und umfassend zu erklären, und zwar sowohl im individuellen psychischen, philosophischen und theologischen als auch im sozialen und politischen Bereich. Der Historiker *Gerhard Adler* (*1941) schreibt in seinem Buch «Wiedergeboren nach dem Tode? – Die Idee der Reinkarnation» (1977) hierzu:

> Wir haben es mit einer Frage zu tun, die den Menschen in seinem Innersten bewegt, denn es geht um Leben und Tod, um die Entstehung unseres Lebens, um das Schicksal in dieser Welt, um unsere Existenz vor und nach diesem Dasein, um die Deutung von Leid und Schuld, um den Sinn des ganzen Kosmos. (S. 21)

Tatsächlich vermag die Lehre der Reinkarnation, wie wir sehen werden, nicht nur sämtliche gesellschaftlichen, wirtschaftlichen und geistigen Ungleichheiten unter den Menschen schlüssig zu erklären, indem sie aufzeigt, daß es kein unverdientes Glück oder Unglück, daß es weder ein willkürliches Schicksal noch einen blinden Zufall, noch einen ungerechten, parteiischen Schöpfer gibt. Sie vermittelt uns darüber hinaus auch ein klares Verständnis der Phänomene des Lebens und des Sterbens sowie dessen, was nach dem Tode kommt – ein Verständnis, das keine ungelösten Fragen oder Ungereimtheiten hinterläßt und das es uns ermöglicht, uns von der tiefverwurzelten Angst vor dem Tode zu befreien, welche, nach Ansicht des amerikanischen Sozialtheoretikers *Ernest Becker* (1924-1974), hinter allen Phobien und Neurosen des Menschen steht (dargelegt in: «Dynamik des Todes – Die Überwindung der Todesfurcht», wofür er 1974 den begehrten Pulitzer-Preis erhielt).

Außerdem wird jemand, der die Gesetzmäßigkeiten der Reinkarnation kennt und sein praktisches Leben dementsprechend ausrichtet, sehr viel verantwortungsbewußter handeln und dadurch die kleineren und größeren Probleme seines Alltags sehr schnell in den Griff bekommen und sie nach und nach abbauen können. Auf diese Weise kann er wirkliche Kontrolle über sein eigenes Schicksal gewinnen – sowohl im gegenwärtigen Leben als auch im nächsten.

All diese Zusammenhänge und Lehren für den praktischen Alltag, die sich aus dem Verständnis der Gesetze der Reinkarnation ergeben, werden wir in Kapitel 4 *(Reinkarnation in der Praxis)* noch eingehender analysieren und erklären.

Vermarktung der Reinkarnation

Die bereits genannten Motive für den Reinkarnationsgedanken werden von Kritikern oft als «geschickte intellektuelle Flucht» vor der Todesangst oder aus der eigenen Verantwortung dargestellt. Diesen Vorwürfen kommt die Tatsache entgegen, daß die öffentliche Diskussion über das Weiterleben nach dem Tode und über das Phänomen der Wiedergeburt bisher meist nur sehr oberflächlich und bruchstückhaft geblieben ist und nicht in wissenschaftlicher Weise geführt wurde.

Die esoterischen Verlage haben zwar heute eine Unzahl von Büchern anzubieten, die sich mit dem Mysterium des «Jenseits» befassen, und kaum ein zeitgenössischer Film- oder Theaterregisseur, der etwas auf sich hält, kommt inzwischen ohne irgendeine klug eingestreute Reinkarnations-Szene aus; kaum eine Boulevardzeitung und kaum ein Magazin der Regenbogenpresse, das gekauft werden will, berichtet nicht immer wieder von irgendwelchen «sensationellen Erfahrungen» und «Enthüllungen» aus dem Grenzbereich des Todes. Obwohl diese Tatsachen auch als positive Zeichen der bereits erwähnten Wendezeit gedeutet werden können, mag es einem zuweilen bedauerlich erscheinen, daß eine erhabene und ernsthafte philosophische Wissenschaft wie die der Reinkarnation in solcher Weise auf die Ebene sensationslüsterner Schlagzeilenmacherei heruntergezogen wird.

Wer mit der trotz alledem faszinierenden Materie noch nicht vertraut ist und sich Rat und Klarheit erhofft, indem er versucht, sich auf dem aktuellen Buchmarkt sachlich zu informieren, wird sehr bald erkennen müssen, wie nahezu unüberschaubar und verwirrend das Angebot ist, das sich hier dem Wißbegierigen eröffnet. Zum Beispiel: Begegnungen mit der Unsterblichkeit, Rendez-vous mit dem Jenseits, Über den Tod und das Leben danach, Wiedergeburt durch Hypnose, Aus dem Jenseits zurück – und buchstäblich Hunderte verlockender und verheißungsvoller Titel mehr. Und was da alles an «neuen» und «sensationellen» Erkenntnissen, Behauptungen und Lebenstips angepriesen wird! Es gibt:

- Rätselhafte Stimmen aus dem Jenseits
- Unheimliche Gespenster- und Geisterkontakte
- Spontane Rückerinnerungen an vergangene Leben

- Hypnotische Rückführungen in frühere Leben
- Wundersame Heilungen durch Regressionstherapie
- Außerkörperliche Erfahrungen und Astralreisen
- Außersinnliche Wahrnehmungen
- «Near death»-Erfahrungen
- Psychokinese und übernatürliche Materialisierungen
- usw. usf.

Allerdings bleibt die Auseinandersetzung mit all diesen Phänomenen, auf die wir in Kapitel 7 *(Moderne Reinkarnationsforschung)* im einzelnen eingehen werden, meist höchst spekulativ, anekdotisch, ohne klare Schlußfolgerung und hinterläßt letztlich Unzufriedenheit und Verwirrung. Wir möchten jedoch nicht die Gültigkeit oder Wichtigkeit solcher Erkenntnisse *a priori* bezweifeln oder verleugnen, aber wir sollten uns darüber im klaren sein, daß dabei auch vieles ungereimt oder erfunden ist und daß in einigen Fällen sogar sträflicher Irrtum oder bewußter Betrug nachgewiesen werden konnte.

Entscheidender scheint uns vielmehr die Tatsache, daß keines dieser Bücher die elementaren Grundprinzipien der Reinkarnation erklärt, so beispielsweise den einfachen Vorgang, wie (und warum) die spirituelle Seele fortgesetzt von einem materiellen Körper zum anderen wandert. In den wenigen Ausnahmefällen, in denen diese fundamentalen Tatsachen gestreift werden, legen die jeweiligen Autoren in der Regel lediglich ihre eigenen Theorien und Erfahrungen darüber vor, wie und unter welchen spezifischen Umständen Reinkarnation stattfindet oder stattfinden kann (als ob nur einige wenige speziell begabte Lebewesen sich reinkarnierten und andere nicht). Diese Art der Auseinandersetzung dringt nicht in die eigentliche *Wissenschaft der Reinkarnation* vor, sondern hinterläßt eine dicke Spur von Widersprüchen und unbeantworteten Fragen.

Reinkarnation: Glaube oder Wissenschaft?

Im Gegensatz zu den oben erwähnten Veröffentlichungen möchten wir in dem vorliegenden Buch versuchen, dem Leser einen grundlegenden Einblick in die klaren Gesetzmäßigkeiten des menschlichen Lebens und Sterbens zu vermitteln, damit sich die zahlreichen aufgeworfenen Fragen auch wirklich auf wissenschaftlicher Basis beantworten lassen. Es geht uns also nicht bloß um die billige Befriedigung von Neugier oder um eine einfache geistige Erbauung, sondern um ein *sachliches Verstehen der Naturgesetze von Karma und Reinkarnation* und auch um die Erarbeitung von Hinweisen, wie das somit erkannte Wissen in die Praxis, in den Alltag unseres eigenen Lebens übersetzt und dort als Verwirklichung konkret angewandt werden kann.

In der Tat lautet eine häufige Frage oder ein häufiger Vorwurf, der meist auftaucht, wenn von Themen wie Seelenwanderung und Reinkarnation die Rede ist: Gibt es überhaupt schlüssige Antworten auf die Frage nach dem Leben nach dem Tode? Ist denn das nicht alles bloß eine Sache des Glaubens, den wir entweder annehmen können oder nicht? Und: Ist die Reinkarnationsidee nicht eine fremde, für uns Europäer nicht gültige und damit eine «falsche» Religion?

Die Antwort, die das vorliegende Buch auf solcherlei Fragen geben wird, ist: Nein. Die Wiedergeburt stellt ein durchaus logisches und wissenschaftlich ergründbares und erklärbares Phänomen des menschlichen Daseins dar. Schon der französische Aufklärungsphilosoph *Voltaire* (1694-1778) bemerkte hierzu einst in einem seiner typischen Kurzaussprüche:

> Die Lehre von der Wiederverkörperung ist weder widersinnig noch unnütz. Zweimal geboren zu werden ist nicht erstaunlicher als einmal. Auferstehung ist das ein und alles der Natur.

Mit anderen Worten: Bei der Lehre der Reinkarnation handelt es sich keineswegs um eine Sache des bloßen Glaubens oder der Religion, wie uns manche vielleicht gerne glauben ließen, und dies kann mit dem folgenden einfachen logischen Gedankengang veranschaulicht werden:

Wenn die Lehre der Reinkarnation stimmt – das heißt, wenn es tatsächlich so ist, daß wir vor diesem gegenwärtigen Leben schon einmal gelebt haben und daß die Seele nach dem physischen Tod in einen anderen Körper weiterwandert –, dann stimmt sie überall und zu jeder Zeit, auch bei uns im christlichen Abendland, auch im 20. Jahrhundert der Technik und der empirischen Wissenschaft und auch für diejenigen, die nicht daran glauben. Dann ist die Reinkarnation, wie es Voltaire ausdrückte, ein Naturgesetz. Wenn die Reinkarnationslehre hingegen nicht stimmt, dann stimmt sie auch in Indien nicht, dann hat sie weder dort noch anderswo je gestimmt und gilt auch nicht für diejenigen, die daran glauben und von ihrer Richtigkeit überzeugt sind. Dann ist sie eben kein Naturgesetz.

Aus dieser einfachen Überlegung geht deutlich hervor, daß es in keinem Fall eine Frage des Glaubens oder der Religionszugehörigkeit sein kann, ob es die Reinkarnation gibt oder nicht; vielmehr ist es eine Fragestellung, die nach einer sachlichen, wissenschaftlichen Untersuchung und Beantwortung verlangt. Denn es verhält sich hier ebenso wie mit jedem anderen Naturgesetz (wie z.B. der Gravitation, dem Altern usw.): Es ist, wie es ist, und es funktioniert genau gleich, ob wir nun daran glauben oder nicht. *Ob* und *wie* es aber ist – diese Frage läßt sich auf wissenschaftliche Weise beantworten. Der niederländische Arzt und Sterbeforscher *Hugo Stefan Verbrugh* (*1937) schreibt in diesem Zusammenhang:

> Ich erhebe den Anspruch, daß die Frage, ob die Reinkarnation eine Tatsache ist oder nicht, mit wissenschaftlicher Verantwortlichkeit angegangen werden kann. Ich behaupte also, daß sowohl die Fragestellung als auch die Antworten methodisch und inhaltlich so solide und daher überzeugend aufgebaut werden können, daß über kurz oder lang eine unzweideutige Antwort auf die Frage gefunden wird.

Diese wissenschaftliche Erforschung der subtilen Naturgesetze der Reinkarnation und deren Konsequenzen für unser praktisches Leben – mit anderen Worten, die «Wissenschaft der Seelenwanderung» – bildet den Gegenstand der vorliegenden Arbeit, die für diejenigen gedacht ist, die sich ernsthaft für die fundamentalen Tatsachen bezüglich Leben, Tod und Wiedergeburt interessieren und die alle damit verbundenen Fragen klären möchten.

Im Verlaufe der kommenden Kapitel werden wir unter anderem die folgenden Fragen aufgreifen:

- Was genau haben wir unter den Begriffen «Reinkarnation», «Seelenwanderung» oder «Wiedergeburt» zu verstehen?
- Von welchen Phänomenen sprechen wir, wenn wir diese Begriffe in den Mund nehmen, und welche Gesetze stehen hinter diesen Phänomenen?
- Was genau geschieht im Augenblick des Todes? Bei der Geburt?
- Warum können wir uns nicht an unsere vergangenen Leben erinnern?
- Reinkarnieren wir uns sofort oder erst nach einer gewissen Zwischenphase?
- Können wir aus diesem Leben etwas ins nächste mitnehmen, oder geht alles verloren?
- Haben unsere Handlungen und Wünsche Einfluß auf unsere zukünftigen Inkarnationen?
- Welche Bedeutung haben unsere Träume?
- Können auch Tiere in menschliche Körper inkarnieren?
- Und umgekehrt: Können Menschen wieder in tierische oder gar pflanzliche Formen zurückgehen? Wenn ja, unter welchen Umständen?
- Können wir auf anderen Planeten wiedergeboren werden?
- Können wir bei der Wiedergeburt unser Geschlecht wechseln?
- Treffen wir nach dem Tod unsere Verwandten und Freunde wieder?
- Können wir jetzt eine Beziehung zu unseren verstorbenen Verwandten aufnehmen?
- Ist die Lehre von der Reinkarnation mit dem christlichen Glauben vereinbar?
- Welche Kulturen und Religionen glauben an die Wiedergeburt?
- Was ist Karma?
- Welches Licht wirft die Vorstellung von Karma und Reinkarnation auf konkrete Problemstellungen unserer Zeit? Zum Beispiel: Selbstmord, Sterbehilfe, Empfängnisverhütung, Sex, Abtreibung, Vivisektion, Ernährung usw.
- Und schließlich: Können und sollen wir uns aus dem Kreislauf der wiederholten Geburten und Tode befreien? Wenn ja, wie?

Kapitel 2

WAS IST REINKARNATION?

Die ältesten Quellen über Reinkarnation: Die Veden

Während wir aus den Betrachtungen in *Kapitel 1* erkannt haben, wie aktuell und wichtig die Fragestellung nach der Reinkarnation für die abendländische Kultur gerade in der heutigen Zeit des geistigen Auf- und Umbruchs ist, möchten wir uns in diesem zweiten Kapitel hauptsächlich mit der offensichtlichen Frage befassen, *was* wir überhaupt unter dem Begriff der Reinkarnation zu verstehen haben. Zur Beantwortung dieser Frage werden wir insbesondere die altindischen *Veden* zu Rate ziehen, da sich in dieser Literatur die ältesten und umfassendsten schriftlichen Aufzeichnungen über das Phänomen des Todes und der Reinkarnation – mit anderen Worten: über das menschliche Sterben und Wiedergeborenwerden – finden.

Der Begriff «Veden» oder «vedische Literatur» bezeichnet die uralten, schriftlich niedergelegten wissenschaftlichen und philosophischen Erkenntnisse der altindischen Hochkulturen. Die Ursprünge dieser Literatur reichen nach eigenen Aussagen bis in die Zeit vor 5000 Jahren zurück, und sie stellen somit die ältesten überlieferten Schriftwerke dar, die in der Menschheitsgeschichte bekannt sind. Das vedische Schrifttum ist äußerst umfangreich und umfaßt buchstäblich Tausende und Abertausende von Bänden, in denen ausführliche Abhandlungen über die verschiedensten Wissensgebiete enthalten sind. Man kann sogar ohne zu übertreiben sagen, daß es keinen Themenbereich und keine Wissenschaft gibt, die nicht irgendwo in den Veden diskutiert würde. Dies ist allerdings auch nicht weiter verwunderlich, denn das Sanskritwort *Veda* an sich bedeutet nichts anderes als «Wissen».

Beispielsweise werden in der vedischen Literatur Wissensgebiete wie Medizin *(Āyurveda)*, Astronomie und Astrologie *(Jyotir-Veda)*, Geometrie und Mathematik *(Śilpa-śāstra)*, Sozialwissenschaften *(Varṇāśrama-dharma)*, Geschichtswissenschaften *(Purāṇas)*, Architektur und Ingenieurwesen *(Sthāpatya-Veda)*, militärische Wissenschaften *(Dhanur-Veda)*, Rechtswissenschaften *(Manu-saṁhitā* und *Yājña-valkya-saṁhitā)* sowie Physik und Chemie, aber auch Musikwissenschaften *(Gāndharva-Veda)*, Schauspiel- und Dichtkunst *(Nātya-śāstra)* und überhaupt alle Aspekte des zivilisierten menschlichen Lebens behandelt, und zwar in einer Gründlichkeit und Ausführlichkeit, über die der abendländische Mensch oftmals nur zu staunen vermag.

Die Kenner der vedischen Literatur sind sich jedoch einig, daß das Ziel des indischen Gedankenguts nicht in der bloßen Ansammlung von akademischem Wissen besteht, sondern vielmehr darin, letztlich allgemeingültige Wahrheiten zu erreichen, deren Erkenntnis dann zur Freiheit der Seele führt. Der Hauptzweck der Veden ist es also, dem Studenten Hilfe auf seinem inneren Pfad der Bewußtseinswandlung, der Selbstverwirklichung und der Gotteserkenntnis und damit Befreiung vom Leid des materiellen Daseins zu vermitteln. *Heinrich Zimmer* (1890-1943), einer der größten deutschen Indologen, stellt in diesem Zusammenhang fest: «In der Tat strebt das indische Denken nicht nach Information, sondern nach Transformation.»

Die Bhagavad-gītā

Eine außergewöhnliche Stellung innerhalb der vedischen Literatur nehmen die zahlreichen philosophischen und historischen Werke ein (*Upaniṣaden, Purāṇas* und *Mahābhārata*), welche umfassende Beschreibungen und Analysen des menschlichen Daseins enthalten, die in der gesamten vergleichbaren Literatur ihresgleichen suchen. Hier sind vor allem auch die Beschreibungen der Reinkarnation zu finden.

Das bedeutendste dieser Werke ist sicherlich die *Bhagavad-gītā* (wörtlich: der «Gesang Gottes»), ein philosophisches Gespräch zwischen Kṛṣṇa und Seinem Freund und Geweihten Arjuna. Die *Bhagavad-gītā* (ein Teil des *Mahābhārata*-Epos) wird in Indien schon seit Jahrtausenden von allen philosophischen Schulen als Buch höchster Weisheit und Wahrheit verehrt. In ihr werden alle grundlegenden Aspekte des vedischen Gedankenguts beschrieben, und sie enthält auch schlüssige Erklärungen zur Wissenschaft der Seele, des Sterbens und der Seelenwanderung. Da sie somit das eigentliche Quellenbuch über Karma und Reinkarnation darstellt, werden wir uns bei der vorliegenden Betrachtung der Wiedergeburt insbesondere mit diesem Werk befassen.

Klärung häufiger Mißverständnisse bezüglich der Veden

Bevor wir aber auf unser eigentliches Thema eingehen, möchten wir im folgenden Abschnitt zunächst versuchen, in aller Kürze einige weitverbreitete Mißverständnisse im Zusammenhang mit der vedischen Literatur zu klären, so daß unser Verständnis und unsere Wertschätzung der Veden nicht durch Vorurteile und Fehlvorstellungen beeinträchtigt werden.

1. Unterschied zwischen Veden und «Hinduismus».
In den westlichen Lehrbüchern über indische Kultur und Philosophie werden die Begriffe «Veden» und «Hinduismus» häufig synonym verwendet, oder es wird gesagt, die Veden bildeten einen Teil der «Hindu-Religion». Dies ist jedoch nur

bedingt richtig. Zunächst einmal muß festgehalten werden, daß der Ausdruck «Hindu» oder «Hinduismus» an keiner einzigen Stelle innerhalb der gesamten vedischen Literatur zu finden ist, denn dieser Begriff wurde erst viel später, zur Zeit der Moguln-Einfälle in Indien (ab 7. Jahrhundert), eingeführt. Da der erste Eroberungszug der islamischen Moguln nur bis zum Sindh-Fluß (heutiger Indus in Pakistan) kam, wurde das gesamte nicht eroberte Gebiet östlich dieses Flusses pauschal als das Land der «Sindhus» oder eben «Hindus» bezeichnet (in der Urdu-Sprache wird das ‹s› als ‹h› ausgesprochen).

Mit anderen Worten: Ursprünglich umfaßt die Bezeichnung «Hindu» sämtliche Formen der Kultur, der Religion, der Philosophie und des praktischen Alltagslebens, die sich damals östlich des Indus vorfanden und nicht islamisch waren. Natürlich waren diese in sich höchst mannigfaltig und unterschiedlich, so daß der Begriff «Hindu» durch seine undifferenzierte und unkonkrete Natur im Grunde völlig bedeutungslos und hinfällig wird. Die willkürliche Entstehung von «Hindu» erklärt auch die oftmals verwirrende Tatsache, daß sich die modernen Indologen und Ethnologen in keiner Weise darüber einig sind, was man nun genau unter «Hinduismus» zu verstehen hat. Der Einfachheit halber werden wir diesen Ausdruck in der vorliegenden Arbeit nicht verwenden.

Wir hoffen auch, daß es uns im Verlaufe unserer Ausführungen gelingen wird, gewisse vorgeprägte Auffassungen von dem, was «Hinduismus» oder indische Philosophie und Religion bedeuten oder eben auch nicht bedeuten, revidieren zu können, denn das westliche Verständnis der vedischen Kultur beinhaltet leider viele Vorurteile und Fehlauffassungen. Wie wir jedoch erkennen werden, haben gängige Mißverständnisse wie Fatalismus (Schicksalsgläubigkeit), Polytheismus (Vielgötterglaube), Kastensystem, Weltverneinung und Weltflucht, Selbstbefreiung, «heilige» Kühe usw. nichts mit dem ursprünglichen Inhalt der vedischen Kultur zu tun, sondern müssen im Zusammenhang mit ihrer historischen Entstehung betrachtet werden. (Für eine Erklärung dieser Begriffe verweisen wir auf unser *Glossar* am Ende des Buches.)

2. Unterschied zwischen Veden und Māyāvāda.

Die indische Philosophie weist im wesentlichen zwei grundsätzlich voneinander verschiedene Hauptrichtungen auf, nämlich:

1. Dualismus *(Dvaita)*, die theistische Lehre der ursprünglichen Veden – die übrigens der christlichen Tradition erstaunlich nahe verwandt ist, wie wir später noch sehen werden (Kapitel 6: *Reinkarnation im Christentum*).

2. Monismus (*Advaita* oder *Māyāvāda* genannt), eine neuere Lehre, die auf den einflußreichen Philosophen *Śaṅkara* (um 800 n.u.Z.) zurückgeht und eine atheistische, unpersönliche Interpretation der vedischen Schriften darstellt.

Wir möchten an dieser Stelle nicht unnötig auf die Einzelheiten dieser Philosophien eingehen, denn das vorliegende Buch beschäftigt sich vor allem mit dem Vergleich zwischen den europäisch-amerikanischen Reinkarnationsvorstellungen und den ursprünglichen Aussagen der Veden, insbesondere der *Bhagavad-gītā*, weshalb wir nicht auf die späteren spekulativen Auslegungen und Veränderungen *innerhalb* der indischen Philosophie eingehen können.

3. Unterschied zwischen Veden und Buddhismus.
Auch der Lehre *Buddhas* (560-480 v.u.Z.), der über 2000 Jahre nach der Zusammenstellung der vedischen Literatur lebte, liegt die Philosophie der Reinkarnation zugrunde. Diese weicht jedoch dort in vielerlei Hinsicht von der ursprünglichen vedischen Version ab, da Buddha erklärterweise und konsequent die Veden ablehnte. Der wohl bedeutendste Unterschied zwischen der Reinkarnationsvorstellung des Buddhismus und jener, wie sie sich in den Lehren der *Bhagavad-gītā* und der *Purāṇas* findet, besteht darin, daß es gemäß der buddhistischen Auffassung nicht die individuelle Seele ist, welche nach dem Tode fortbesteht und in eine nächste Inkarnation wandert, sondern nur das unpersönliche *Karma*, das als charakterlos und unbewußt beschrieben wird. Es handelt sich dort also sozusagen um eine «Seelenwanderung ohne Seele».

Wie bei Śaṅkara und der Māyāvāda-Lehre wollen wir in dem vorliegenden Buch aus Platzgründen auf die detaillierte Analyse dieser Unterschiede verzichten und uns auf die Darlegung der vedischen Reinkarnationslehre im Vergleich mit den abendländischen Vorstellungen beschränken.

Die Wissenschaft der Reinkarnation

Da der Reinkarnationsgedanke von der abendländischen Wissenschaft hauptsächlich als bloßer religiöser Glaube oder Aberglaube betrachtet wird, haben es die modernen Naturwissenschaftler bisher vernachlässigt, die weitreichenden Thesen und Implikationen der Reinkarnation auf wissenschaftliche Weise zu untersuchen.

Das Phänomen «Leben»

Die grundlegende Schwierigkeit, die sich schon zu Beginn eines derartigen Bestrebens ergibt, besteht in der Tatsache, daß die westliche Wissenschaft bisher nicht imstande ist, das Phänomen «Leben» an sich zu erklären. Wenngleich in den vergangenen Jahren etliche Versuche unternommen wurden, das Wesen und den Ursprung des Lebens als biochemische Kombination von Materie zu deuten, vermögen doch all diese Theorien keine schlüssigen Antworten auf die zahllosen Fragen zu geben, die sich in der Diskussion um den Begriff des Lebens unwillkürlich stellen und die von der rein reduktionistischen Wissenschaft unmöglich erfaßt werden können – so zum Beispiel Phänomene wie die ungeheure Mannigfaltigkeit der Lebensformen (Ursprung der Arten); angeborene Fähigkeiten, die erwiesenermaßen nicht von Umwelteinflüssen herrühren, oder die Erfahrungen im Grenzbereich des Todes, welche die moderne parapsychologische Forschung zutage gefördert hat.

So hat beispielsweise der britische Molekularbiologe und Nobelpreisträger *Francis Crick* (*1916) im Jahre 1966 – also vor über 25 Jahren – der Weltöffentlichkeit verkündet, er werde in Kürze wissenschaftlich beweisen können, daß das Leben nichts weiter als eine komplexe chemische Reaktion sei. Auch prophezeite er, daß es der Wissenschaft in naher Zukunft gelingen werde, auf synthetische Weise künstliche Organismen zu erzeugen. Bisher wurden jedoch trotz hochentwickelter Technologie und Milliardenausgaben keine nennenswerten Fortschritte auf diesem Gebiet erzielt, und viele Wissenschaftler sehen sich heute gezwungen zuzugeben, daß die kühnen Behauptungen Cricks und anderer sich als leere Versprechungen erwiesen haben.

Betreffend dieser Unzulänglichkeit der bisherigen wissenschaftlichen Methoden, das Phänomen des Lebens zu erklären, schreibt der ungarisch-amerikanische Biochemiker und Nobelpreisträger *Albert Szent-Györgyi* (1893-1986):

> Auf meiner Suche nach dem Geheimnis des Lebens endete ich bei Atomen und Elektronen, denen überhaupt kein Leben innewohnt. Irgendwo unterwegs muß mir das Leben zwischen den Fingern zerronnen sein. Jetzt, in meinen alten Tagen, muß ich denselben Weg wieder zurückgehen. (in: «Biology Today», Del Mar/California, 1972)

Und der britische Biophysiker *Maurice H. Wilkins* (*1916), einer der Mitentdecker der DNS-Struktur (wofür er im Jahre 1962 den Nobelpreis für Medizin erhielt), führt aus:

> Ich muß mit großem Bedauern feststellen, daß das Weltbild, das von der modernen Wissenschaft verkündet wird, in vielerlei Hinsicht ein äußerst unerfreuliches ist, da sie unsere Aufmerksamkeit zu sehr auf die materiellen Aspekte des Lebens und auf die Lösung der Probleme des Menschen durch die Technik lenkt. Ich denke, daß sich dies sehr nachteilig auf das Verhalten des Menschen auswirkt.
>
> Der gewöhnliche Durchschnittsbürger von heute legt doch in seinem Leben immer mehr Wert auf das, was die Wissenschaft hervorbringt oder womit sich die Wissenschaft beschäftigen kann; man findet heutzutage kaum mehr so etwas wie wahre religiöse oder moralische Gedanken. Die Menschen leben hauptsächlich nur für einen noch größeren Fernseher oder irgendwelche neuen Kleider oder etwas anderes Idiotisches. Außer bei gewissen engstirnigen religiösen Fundamentalisten findet man doch kaum noch Verständnis für Religiosität. Dies ist keine allzu ermutigende Sachlage. Ich denke, daß die Wissenschaft im 19. Jahrhundert im allgemeinen politischen und sozialen Sinne noch eine sehr progressive Kraft darstellte.
>
> Ich will damit nicht sagen, daß die Wissenschaft heute keine progressive Kraft mehr ist – in mancherlei Hinsicht ist sie das noch immer geblieben –, aber wenn

> man es im großen und ganzen betrachtet, muß man doch feststellen, daß die Hauptwirkung auf die Lebensweise des modernen Menschen darin bestand, daß dieser engstirnig, beschränkt und materialistisch geworden ist. Und, wie ich meine, auch nicht mehr sehr glücklich. (aus: «Interviews with Nobel Laureates and Other Eminent Scholars», Bhaktivedanta Institute, 1986)

Da das Leben, wie die vedische Wissenschaft erklärt, als solches *nicht-physikalisch* und *nicht-chemisch* ist, besitzen auch die mathematischen Gesetze, die die Bewegungen der leblosen Materie steuern, in diesem Bereich keine Gültigkeit. Dennoch muß es irgendwelche Gesetze geben, nach denen sich die geordneten Abläufe des menschlichen Lebens und Sterbens richten. Das wissenschaftliche Studium der Reinkarnation, wie es von den vedischen Schriften gefordert und auch betrieben wird, vermag hier einen willkommenen Einblick zu verschaffen. Tatsächlich beschreiben die *Bhagavad-gītā* und andere vedische Texte ausführlich diese höheren, subtileren Gesetzmäßigkeiten.

Über die Bedeutung der Veden für die moderne Wissenschaft sagt der amerikanische Biophysiker Prof. *D.P. Dupey* von der Harvard University:

> Wir verfolgen einen blinden Pfad, wenn wir dogmatisch an der Vorstellung festhalten, das Leben könne in seiner Vollständigkeit durch das erkannt werden, was wir über die Naturgesetze wissen. Indem die modernen Wissenschaftler jedoch gegenüber den Ideen, wie sie in der vedischen Tradition Indiens gepflegt werden, offen bleiben, sind sie imstande, ihre eigenen Arbeitsgebiete aus neuer Perspektive zu betrachten und so dem Ziel jeder wissenschaftlichen Bemühung näherzukommen: der Suche nach Wahrheit.

Es ist also offensichtlich, daß die herkömmlichen wissenschaftlichen Modelle und Werkzeuge außerstande sind, die in den Veden beschriebenen höheren Naturgesetze zu erfassen oder gar zu erklären. Allerdings ist es denkbar, daß die heute weltweit durchgeführten parapsychologischen Experimente zumindest einen groben Aufschluß über das Wesen dieser Gesetze verschaffen können. So steht uns heute in den Bereichen der Psychologie und Parapsychologie noch ein riesiges Forschungsgebiet offen, dessen Untersuchung uns helfen kann, die Wissenschaft des Lebens zu verstehen.

Die *Bhagavad-gītā* erklärt, daß die unzähligen lebenden Organismen nur deshalb Lebenssymptome (wie Fortpflanzung, Wachstum, Stoffwechsel usw.) zeigen, weil sie von einem individuellen, spirituellen Energiepartikel, im Sanskrit *Ātmā* (wörtlich: «das Selbst» oder «die Seele») genannt, beseelt werden. Jeder einzelne dieser Ātmās befindet sich auf einer gewissen Entwicklungsstufe des Bewußtseins, und entsprechend diesem Bewußtsein hält er sich vorübergehend in einer bestimmten biologischen Form, einem materiellen Körper, auf. Das Bewußtsein an sich ist die inhärente Eigenschaft des Ātmā selbst, das den gesamten physischen Körper durchdringt und mit Lebensenergie erfüllt:

> So wie die Sonne allein das ganze Universum erleuchtet, so erleuchtet das eine Lebewesen im Körper den gesamten Körper mit Bewußtsein. (Bg. 13.34)

Die jeweilige Art des Bewußtseins jedoch wird von den Interaktionen des Ātmā mit seinem Körper bedingt. Dieser materielle Körper selbst ist von zweifacher Natur: einer grobstofflichen und einer feinstofflichen, die wir im folgenden genauer betrachten werden.

Die acht Elemente der Materie und die beiden Körper des Menschen

Die *Bhagavad-gītā* (7.4) beschreibt, daß die gesamte materielle Welt grundsätzlich aus acht Elementen aufgebaut ist, und zwar aus fünf grobstofflichen und drei feinstofflichen. Die grobstofflichen Elemente sind:

1. Erde
2. Wasser
3. Feuer
4. Luft
5. Äther

Diese fünf Elemente entsprechen, in der Terminologie der modernen Wissenschaft, allen Arten von fester Materie («Erde»), allen Arten von Flüssigkeiten («Wasser»), allen Arten von Strahlenenergie («Feuer»), allen Arten von Gasen («Luft») sowie dem alldurchdringenden Raum («Äther»).

Sämtliche Phänomene innerhalb der materiellen Welt, die wir mit unseren Sinnen wahrnehmen können, bestehen aus einer Kombination dieser fünf Grundelemente. Mit unseren Augen sehen wir gewisse Formen, mit unseren Ohren hören wir gewisse Klangschwingungen, mit unserer Nase riechen wir gewisse Düfte, mit unserer Zunge schmecken wir gewisse Geschmäcker, und mit unserer Haut ertasten wir gewisse Strukturen. Auf diese Weise tritt die spirituelle Seele (der Ātmā) durch die Sinnesorgane des grobstofflichen Körpers (der im Sanskrit *Deha* genannt wird) in Kontakt zur Außenwelt.

Über diesen fünf grobstofflichen stehen die drei feinstofflichen Elemente der materiellen Natur:

6. Verstand
7. Intelligenz
8. Falsches Ego

Obwohl wir diese feinstofflichen Elemente nicht direkt wahrnehmen können, werden sie doch als materiell (d.h. als wandelbar und vergänglich) klassifiziert. Die spirituelle Seele ist sich darüber *bewußt*, einen Verstand und eine Intelligenz zu besitzen und ein Gefühl der Identität zu haben, und folglich steht sie über dem feinstofflichen Körper, durch den sie mit ihrem grobstofflichen Körper verbunden ist.

Zu den Tätigkeiten des feinstofflichen Körpers (im Sanskrit *Liṅga-śarīra*, «Körper der Wünsche») gehören Denken, Fühlen und Wollen – das heißt, unsere Gedanken, Gefühle und Wünsche entspringen unserem Verstand (auch «Geist» genannt, im Sanskrit *Manaḥ)*. Das Sanskritwort für Intelligenz lautet *Buddhi*, und mit *Ahaṅkāra* wird unsere fälschliche Identifikation mit dem Körper bezeichnet (deshalb auch «falsches» Ego).

Zusammenfassend läßt sich also sagen, daß das, was wir im allgemeinen als «Körper» bezeichnen, eigentlich aus zwei grundsätzlich verschiedenen Körpern besteht, nämlich einem grob- und einem feinstofflichen (siehe *Abbildung 2*).

Abbildung 2 – Die beiden Körper der Seele

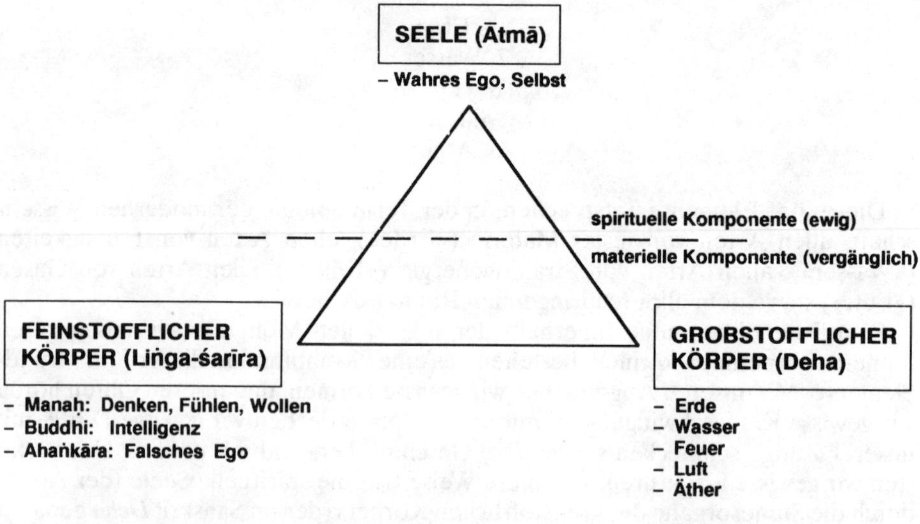

Dies läßt sich anhand des Phänomens des *Traumes* sehr gut illustrieren: Im Schlaf verläßt unser Bewußtsein den Tageskörper und identifiziert sich mit dem feinstofflichen Traumkörper, während es sich im Wachzustand wieder mit dem grobstofflichen, sichtbaren Körper identifiziert. In beiden Fällen aber bleibt das Bewußtsein, die spirituelle Seele, getrennt von den Körpern, mit denen sie sich identifiziert.

Die spirituelle Seele – die Quelle des Bewußtseins im Körper

Als nächstes beschreibt die *Bhagavad-gītā*, daß sich jenseits dieser acht materiellen Elemente die spirituelle Seele befindet, die diesen übergeordnet ist:

> Neben dieser niederen Energie gibt es noch eine andere, höhere Energie, welche die Lebewesen umfaßt, die die Reichtümer der materiellen Natur ausbeuten. (Bg. 7.5)

Die spirituelle Seele, die der Psychoanalytiker *C.G. Jung* als «das größte aller kosmischen Wunder» bezeichnete, ist also imstande, innerhalb des Rahmens der Naturgesetze nach ihren eigenen Wünschen die materielle Energie zu manipulieren und sie für ihren eigenen Genuß zu verwenden. Diese Interaktionen der verkörperten Seele mit ihrem grob- und feinstofflichen Körper erzeugen ein Netzwerk von unüberschaubar komplexen Reaktionen, die die einfachen Gesetze der modernen Physik, Chemie oder Molekularbiologie nicht mehr erfassen können. Daher fällt es diesen Naturwissenschaften auch schwer, den exakten Unterschied zwischen einem lebenden und einem toten Körper zu definieren.

Wenn nämlich, wie sie sagen, Leben nichts weiter als eine Verbindung materieller Moleküle ist, dann sollte es doch möglich sein, einen toten Körper durch geeignete Manipulation dieser Moleküle wieder zum Leben zu erwecken, indem man ihm die fehlenden Chemikalien wieder zuführt, welche den Tod verursachten. Und wenn Leben in der Tat nichts weiter als eine koordinierte chemische Reaktion ist, wie einige Wissenschaftler behaupten, dann müßte es doch auch möglich sein, mit Hilfe chemischer Vorgänge im Labor künstlich Leben herzustellen. Doch dies ist trotz unzähliger Versuche bisher nicht gelungen, denn Leben kommt immer nur von Leben und kann niemals aus toter Materie entstehen.

Hierzu bemerkte der dänische Atomphysiker und Nobelpreisträger *Niels Bohr* (1885-1962) einst:

> Wir können in der Physik und in der Chemie zugegebenermaßen nichts finden, das auch nur im entferntesten Bewußtsein aufwiese. Und doch wissen wir alle, daß es so etwas wie Bewußtsein gibt, und zwar ganz einfach deshalb, weil wir es selbst besitzen. Folglich muß also Bewußtsein ein Teil der Natur, oder allgemeiner ausgedrückt, ein Teil der Wirklichkeit sein. Dies jedoch heißt, daß wir weitab der physikalischen und chemischen Gesetze, wie sie in der Quantentheorie [die von ihm mitbegründet wurde] beschrieben werden, andere Gesetze vermuten müssen, die von gänzlich verschiedener Natur sind.

In der *Bhagavad-gītā* werden diese anderen Gesetze, die «weitab der physikalischen und chemischen Gesetze» wirksam sind, beschrieben. Die Gītā erklärt, daß der Unterschied zwischen einem lebenden und einem toten Körper in der Anwesenheit der Seele besteht. Sobald die spirituelle Seele, die den gesamten materiellen Körper durchdringt, diesen verläßt, bezeichnet man ihn als «tot» (Bg. 2.17-18). Die Seele selbst jedoch ist ewig, das heißt, sie stirbt nicht, wenn der Körper stirbt, sondern sie wandert an ihren nächsten Bestimmungsort weiter. Dies nennt man Seelenwanderung.

Bevor wir nun konkret auf die Wissenschaft des Sterbens und Wiedergeborenwerdens eingehen, möchten wir vorerst noch einmal kurz das Bild des Phänomens «Leben» untersuchen, das uns die vedische Sichtweise vermittelt. Hierzu heißt es beispielsweise in der vedischen *Chāndogya Upaniṣad* (5.1.15): «Weder die Kraft zu sprechen noch die Kraft zu sehen, noch die Kraft zu hören, noch die Kraft zu denken ist der ursprüngliche, bewegende Faktor im Körper eines Lebewesens; es ist Leben, das das Zentrum aller Tätigkeiten ist.» Die charakteristischen Merkmale des Lebens (der Seele), die sich grundlegend von denen der toten Materie unterscheiden, werden in den Veden wie folgt beschrieben:

1. Die Seele ist die der Materie übergeordnete Energie.
2. Die Seele ist die individuelle Bewußtseinsquelle im Körper (Ātmā).
3. Die Seele ist ewig, das heißt, sie wurde nie geschaffen und wird niemals vernichtet.
4. Die Seele kann weder altern noch zerfallen.
5. Die Seele unterscheidet sich vom Körper, der ihr als «Betätigungsfeld» dient und über den sie sich bewußt ist.
6. Die Seele ist unwandelbar und unveränderlich.
7. Die Seele besitzt eine ihr eigene, selbstleuchtende Energie, nämlich Bewußtsein.
8. Obwohl sich die Seele an einem bestimmten Ort aufhält (beim Menschen im Herzen), verbreitet sie ihre Energie in Form des Bewußtseins über den gesamten Körper.

Auch im zweiten Kapitel der *Bhagavad-gītā* werden die Eigenschaften der Seele beschrieben. Es heißt dort:

> Für die Seele gibt es zu keiner Zeit Geburt oder Tod. Sie ist nicht entstanden, sie entsteht nicht, und sie wird nie entstehen. Sie ist ungeboren, ewig, immerwährend und urerst. Sie wird nicht getötet, wenn der Körper getötet wird... Wie ein Mensch alte Kleider ablegt und neue anzieht, so gibt die Seele alt und unbrauchbar gewordene Körper auf und nimmt neue materielle Körper an. Die individuelle Seele selbst jedoch kann weder von Waffen zerschnitten noch von Feuer verbrannt, noch von Wasser benetzt, noch vom Wind verdorrt werden; sie ist unzerbrechlich und unauflöslich. Sie ist immerwährend, überall gegenwärtig, unwandelbar, unbeweglich und ewig dieselbe. Wer dies weiß, sollte nicht um den Körper trauern. (Bg. 2.20-25)

All diese Eigenschaften der Seele, des Bewußtseinsträgers im Körper, stehen selbstverständlich außerhalb des Bereiches beobachtbarer molekularer Interaktionen.

Interne Reinkarnation: Körperwechsel im gegenwärtigen Leben

Nachdem wir erkannt haben, daß zwischen dem Bewußtsein und der physischen Form eines Menschen ein direkter Zusammenhang besteht, stellt sich die folgende

Frage: Welche Faktoren bestimmen die spezifische physische Form und den spezifischen Bewußtseinstyp, den ein Lebewesen erhält? Um diese Frage zu beantworten, wollen wir zunächst die Transformationen von Form und Bewußtsein untersuchen, die bereits während eines einzelnen menschlichen Lebens stattfinden.

So ist es leicht zu beobachten, daß sowohl der Körper als auch das Bewußtsein eines Kleinkindes verschieden sind von dem Körper und dem Bewußtsein eines Jugendlichen oder eines älteren Menschen. Prinzipiell verhält es sich so, daß die Seele im Verlaufe der allmählichen Entwicklung des Körpers von der Geburt bis zum Tod durch eine Anzahl verschiedener einzelner Körper von unterschiedlichem Alter und unterschiedlichem Bewußtseinsgrad wandert.

Abbildung 3 – Interne Reinkarnation

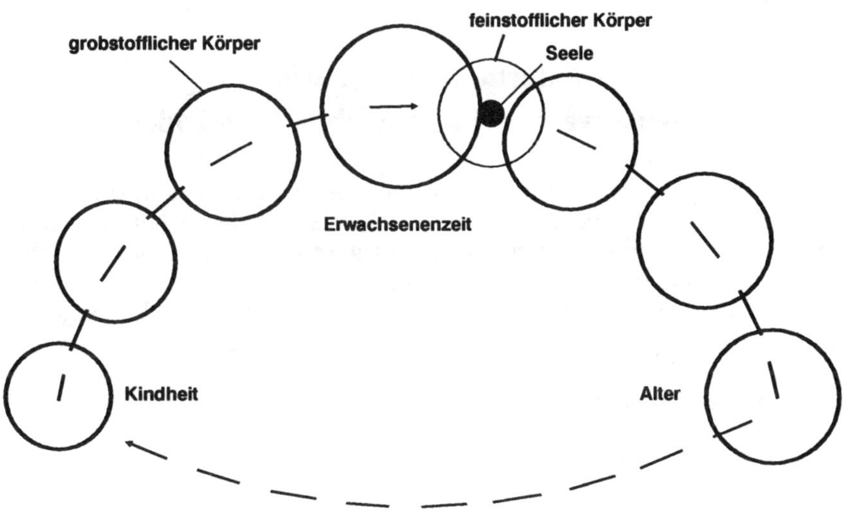

Wir sind uns vielleicht nicht darüber bewußt, wie wir während dieses einen Lebens fortwährend unsere Körper wechseln, weil dieser Wechsel sehr sanft und allmählich, fast unmerklich vonstatten geht – aber trotzdem ist er eine Tatsache. Haben wir denn, wenn wir uns als Kind täglich im Spiegel betrachteten, um unser Wachstum zu kontrollieren, jemals bemerkt, daß unser Körper sich entwickelte? Erst wenn uns ein entfernter Verwandter, den wir nur einmal im Jahr sahen, darauf aufmerksam machte, fiel es uns selbst auch auf. Auch die biologische Wissenschaft bestätigt diesen Sachverhalt. In seinem Buch «The Human Brain» (1955) sagt der amerikanische Anthropologe *John E. Pfeiffer* (*1914): «Unser Körper enthält heute nicht ein einziges jener Moleküle, die er noch vor sieben Jahren enthielt.»

Doch trotz dieses fortwährenden Körperwechsels bleiben wir, die spirituelle Seele, die im Innern des Körpers wohnt, stets dieselbe, unveränderte Person. Ich bin jetzt, mit meinen gut dreißig Jahren, noch immer die gleiche Person wie mit fünf, zehn oder zwanzig Jahren, nur befinde ich mich heute in einem anderen grobstofflichen Körper. Mein jetziger Körper mag wohl andere äußere Merkmale aufweisen als zu der Zeit, als ich noch jünger war; ich mag seitdem auch mehr Fertigkeiten, mehr Kraft oder mehr Wissen entwickelt haben, und auch meine Einstellungen und Gefühle mögen sich gewandelt haben – aber trotzdem bin ich immer noch ich und bin nicht ein anderes Individuum geworden. Eigenschaften, Fähigkeiten, Kenntnisse, Empfindungen – dies alles sind Dinge, die wir *besitzen*. Wir selbst aber sind der Besitzer dieser Dinge, und wir ändern unsere wahre Identität trotz allen äußerlichen Wandels nicht.

Diese Wanderung der Seele durch mehrere Körper während eines einzigen Lebens könnte man als kontinuierliche oder *interne Reinkarnation* bezeichnen (siehe *Abbildung 3*).

Externe Reinkarnation: Körperwechsel im Augenblick des Todes

Was nun aber geschieht mit der Seele im Moment des endgültigen Todes des jetzigen physischen Körpers? Mit anderen Worten: Wohin gehen wir, wenn wir sterben? Und: Haben wir einen Einfluß auf unseren nächsten Bestimmungsort? Können wir uns unsere zukünftigen Leben selbst aussuchen? – Somit sind wir also bei einigen der essentiellsten Fragen dieses Buches angelangt. In der *Bhagavad-gītā* finden wir auch hierzu einige Schlüsselverse. Zum Beispiel:

> So wie die verkörperte Seele in diesem Körper fortgesetzt von Knabenzeit zu Jugend und zu Alter wandert, so geht die Seele beim Tod auf ähnliche Weise in einen anderen Körper ein. Ein besonnener Mensch wird durch einen solchen Wechsel nicht verwirrt. (Bg. 2.13)

> Wie ein Mensch alte Kleider ablegt und neue anzieht, so gibt die Seele alt und unbrauchbar gewordene Körper auf und nimmt neue materielle Körper an. (Bg. 2.22)

Was also exakt im Moment des Todes geschieht, ist, daß die spirituelle Seele zusammen mit ihrem feinstofflichen Körper den grobstofflichen, physischen Körper verläßt und in einen anderen Körper wandert. Weiter erklärt die *Bhagavad-gītā*, daß es die Ausrichtung des Bewußtseins ist, die die Seele in diesem kritischen Augenblick des Todes in ihren nächsten Körper bringt:

> Was auch immer der Daseinszustand ist, an den man sich erinnert, wenn man seinen Körper verläßt, diesen Zustand wird man ohne Zweifel erreichen. (Bg. 8.6)

Der feinstoffliche Körper (in der Parapsychologie zuweilen auch «Astralkörper» genannt), das heißt unsere eigenen Wünsche und Gedanken, ist somit letztlich ausschlaggebend, welchen nächsten Körper wir anzunehmen haben. Diese Wanderung der Seele von einem Körper zum anderen wird als *externe Reinkarnation* bezeichnet (siehe *Abbildung 4*).

Abbildung 4 – Externe Reinkarnation

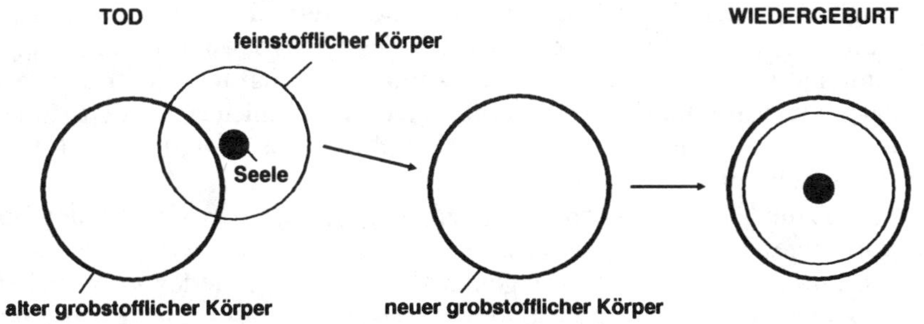

Im *Śrīmad-Bhāgavatam (Bhāgavata Purāṇa)* wird dies wie folgt ausgeführt:

> Je nachdem, ob der Geist [der feinstoffliche Körper] des Lebewesens sich in einem höheren oder niedrigeren Zustand befindet, nimmt es einen höheren oder niedrigeren materiellen Körper an. Der materialistische Geist, der die Seele bedeckt, trägt diese in die verschiedenen Lebensarten, und aufgrund des Geistes erleidet oder genießt sie materielles Glück und Leid. Darüber hinaus erzeugt der Geist, der auf diese Weise in Illusion versetzt wird, fromme und sündhafte Tätigkeiten sowie das darauf folgende Karma, und dadurch wird die Seele bedingt. Der Geist zwingt also das Lebewesen, in der materiellen Welt durch verschiedene Lebensformen zu wandern... Große Gelehrte sagen, daß körperliche Erscheinung, Gefangenschaft und Befreiung allein vom Geist verursacht werden. (SB. 5.11.5-7)

Śrīla Prabhupāda schreibt in seinem Kommentar zum Vers 3.26.34 des *Śrīmad-Bhāgavatam*, der die Tätigkeiten und charakteristischen Merkmale des fünften grobstofflichen Elements, des ätherischen Raumes, definiert:

> Daß feinstoffliche Formen im Äther existieren, ist von der modernen Wissenschaft durch die Übertragung von Fernsehbildern bewiesen worden, bei denen Formen oder Fotographien eines Ortes durch die Wirkungsweise des ätherischen Elements an einen anderen Ort übertragen werden. Das *Śrīmad-Bhāgavatam* beinhaltet die potentielle Grundlage großer wissenschaftlicher Forschungsarbeiten, denn es erklärt, wie feinstoffliche Formen vom ätherischen

> Element erzeugt werden, was ihre charakteristischen Merkmale und Tätigkeiten sind und wie die spürbaren Elemente, nämlich Luft, Feuer, Wasser und Erde, aus der feinstofflichen Form manifestiert werden. Gedankliche Tätigkeiten oder psychologische Handlungen wie Denken, Fühlen und Wollen sind ebenfalls Tätigkeiten auf der Ebene des ätherischen Daseins. Die Aussage in der *Bhagavad-gītā* (8.6), daß die Geistesverfassung zur Zeit des Todes die Grundlage der nächsten Geburt ist, wird hier ebenfalls bestätigt. Gedankliche Existenz wandelt sich in spürbare Form, sobald es durch Verunreinigung oder die Entwicklung der groben Elemente aus der feinstofflichen Form eine Gelegenheit dazu gibt.

Die Tatsache, daß die Seele nicht ohne ihren feinstofflichen Körper reinkarniert, wird außerdem auch durch gewisse Erfolge in der modernen parapsychologischen Forschung belegt, der es mit Hilfe verschiedener Methoden gelungen ist, Erinnerungen an frühere Leben aus dem Bereich des Unterbewußten hervorzuholen. Dies kann natürlich nur möglich sein, wenn das Behältnis dieser Erinnerung ebenfalls gemeinsam mit der Seele reinkarniert. Tatsächlich stellt die Erinnerung (das Gedächtnis) gemäß der vedischen Psychologie eine Funktion der *Intelligenz* dar, die ihrerseits zum feinstofflichen Körper gehört.

Obwohl es die Natur im Normalfall so eingerichtet hat, daß wir nach der Geburt unser vorheriges Leben vergessen, ist es möglich, durch gewisse Praktiken die aktive Erinnerung an unsere vergangenen Inkarnationen wieder zu erwecken. In gewissen Ausnahmefällen – insbesondere bei Kindern – ist dieses Erinnern auch schon spontan, also ohne äußere Einwirkung durch ein Medium oder einen Therapeuten, nachgewiesen worden.

Auf diese Thematik der Rückerinnerung sowie die spezifischen Methoden der Rückführung (Regression), ihre Erfolge und ihre Grenzen werden wir in den Kapiteln 4 *(Reinkarnation in der Praxis)* und 7 *(Moderne Reinkarnationsforschung)* noch ausführlicher zu sprechen kommen. Vorerst aber möchten wir den angefangenen Gedankengang über die vedische Wissenschaft der Reinkarnation zu Ende führen.

Definition des Begriffs «Reinkarnation»

An dieser Stelle können wir aus allem bisher Erarbeiteten die *vedische Definition* des Begriffs der «Reinkarnation» (Seelenwanderung) ableiten:

Reinkarnation ist die fortgesetzte Wanderung der spirituellen Seele, gemeinsam mit ihrem feinstofflichen Körper, von einem grobstofflichen Körper zum nächsten, und zwar gemäß ihrem individuellen Karma.

Kapitel 3

KARMA – DAS GESETZ HINTER DER REINKARNATION

Was ist Karma?

Bei unserer Definition des Reinkarnationsbegriffs haben wir stillschweigend einen weiteren Begriff eingeführt, den wir nun im vorliegenden dritten Kapitel näher betrachten wollen: den zentralen Begriff des Karma, ohne den die gesamte Lehre der Reinkarnation keinen Sinn ergeben würde.

Das Sanskritwort *Karma* bedeutet wörtlich «Tat, Handlung, Wirken» (aus der Wurzel *kri* = wirken, machen), aber da es eigentlich kein exaktes Synonym und kein Ersatzwort dafür gibt (weder im Deutschen noch in irgendeiner anderen Sprache), wurde es seit seinem Bekanntwerden im Abendland als stehender Begriff in den westlichen Wortschatz aufgenommen. Damit wir also verstehen können, was in der vedischen Philosophie mit «Karma» gemeint ist, ist es erforderlich, daß wir das Konzept oder die *Logik* hinter dem Gesetz des Karma analysieren, anstatt einfach zu versuchen, nur das Wort an sich zu übersetzen.

Das Gesetz von Aktion und Reaktion (Kausalgesetz)

Soweit dem Autor bekannt ist, wurde der Sanskritbegriff «Karma» erstmals durch die russische Begründerin der Theosophie *Helena Petrowna Blavatsky* (1831-1891) aus dem Indischen übernommen und später insbesondere von *Rudolf Steiner* (1861-1925), auf den wir in *Kapitel 5* noch ausführlich zu sprechen kommen werden, in die deutsche Geistesgeschichte eingeführt. Madame Blavatsky definiert Karma mit den folgenden Worten:

> Das Karma ist das grundlegende Gesetz des Weltalls, ...welches die Wirkung an die Ursache knüpft in der physischen, gedanklichen und geistigen Welt.
>
> Da keine Ursache ohne eine ihr entsprechende Wirkung bleiben kann, von der größten bis zur kleinsten, von einer kosmischen Umwälzung bis zu der Bewegung deiner Hand, und da Gleiches stets Gleiches hervorbringt, ist Karma das unsichtbare und unerkannte Gesetz, welches weise, gerecht und einsichtig jede Wirkung zu der entsprechenden Ursache hinzufügt, indem es die erstere mit ihrem Urheber verbindet.

Und in seinen «Offenbarungen des Karma» (1910) definiert Rudolf Steiner Karma als:

> ...das Gesetz von Ursache und Wirkung in der Natur, auf das Geistige übertragen, aber ohne daß der freie Wille des Menschen durch die Karmagesetze beschränkt ist. Dabei muß die Wirkung auf dasselbe Wesen zurückschlagen, von dem die Ursache ausgegangen ist.

Diese Definitionen bringen den Kerngedanken dessen, was der vedische Begriff des Karma beinhaltet, verständlich zum Ausdruck. Einfach gesagt, ist das Karma-Gesetz also das Gesetz von Aktion und Reaktion (Kausalgesetz). Dabei ist Steiners Vergleich des Karma-Gesetzes mit dem naturwissenschaftlichen Gesetz des Gleichgewichts von Ursache und Wirkung (*actio = reactio*; Drittes Newton'sches Axiom der klassischen Mechanik, 1687) sicherlich berechtigt, wenngleich dieses physikalische Gesetz nur einen kleinen Aspekt der viel höheren und subtileren Karma-Gesetze darstellt. Zutreffend ist ebenfalls die Feststellung, daß das Kausalgesetz des Karma darüber hinaus erstens individuell wirkt, das heißt nach dem *Verursacherprinzip*, und zweitens auch Raum für den *freien Willen* des Handelnden beinhaltet.

Übrigens ist dieses Gesetz des Karma auch im Abendland gar nichts Neues, wenngleich es hier sicherlich nie in derselben umfassenden Ausführlichkeit formuliert, analysiert und begriffen wurde wie in der vedischen Tradition. Doch schon vor Steiner und selbst vor Newtons Entdeckung kannte der Volksmund Redensarten, die auf ein vages Verständnis der Gesetzmäßigkeiten von Aktion und Reaktion hinweisen. Um nur zwei Beispiele anzuführen: «Wie man in den Wald ruft, so schallt es wieder heraus« oder «Jeder ist seines Glückes eigener Schmied». Oder wie es der romantische Dichter *Novalis* (1772-1801) in einem seiner Fragmente ausdrückte: «Wähl ich nicht alle meine Schicksale seit Ewigkeiten selbst?»

Sogar in der Bibel finden wir vielerlei Hinweise auf das Karma-Gesetz, so zum Beispiel in dem folgenden Ausspruch: «Täuscht euch nicht: Gott läßt keinen Spott mit sich treiben; was der Mensch sät, wird er ernten.» (Gal 6,7). Tatsächlich war dieses Verständnis in den ersten Jahrhunderten des Christentums auch in Europa ein grundlegender Glaubenssatz. Erst beim Konzil zu Konstantinopel (im Jahre 553) beschlossen die Kirchenautoritäten, daß der Glaube an die Reinkarnation von nun an unter Kirchenbann stehen solle. Mit diesem Bannfluch verschwand auch das Gesetz des Karma, das Gesetz, das der Reinkarnation zugrunde liegt. (Wir werden in Kapitel 6, *Reinkarnation im Christentum*, noch detailliert auf diese Thematik eingehen.)

Seitdem besteht in den westlichen Ländern die Tendenz, den Karma-Begriff fälschlicherweise als vernunftloses, mechanisches Schicksal zu mißdeuten und zu verurteilen. Was in Wirklichkeit eine ausgleichende Herrschaft des Gesetzes und der Gerechtigkeit ist, wird als blinde, willkürliche Herrschaft eines übermächtigen Schicksals dargestellt. Der englische Theosoph *Christmas Humphreys* (*1901) schreibt in diesem Zusammenhang in seinem Buch «Karma und Wiedergeburt» (1974):

> Die Ursache dieser Degradierung ist wahrscheinlich zwiefältig: Sie besteht erstens in der allgemeinen Tendenz des westlichen Denkens, alle geistigen Prinzipien, die in seinen Gesichtskreis treten, zu materialisieren, und zweitens in der wachsenden Abwendung von den zugänglichen Quellen unseres Wissens um die Karma-Lehre... Diese Lehre ist zu alt und zu weit verbreitet, um als Eigentum einer einzigen Religion betrachtet werden zu können, aber die Schriften der Hindus und Buddhisten stellen die ältesten erhältlichen Quellen dar. (S. 9f.)

Humphreys ist zudem der Ansicht, daß jede Erneuerung der westlichen Zivilisation mißlingen muß, wenn sie sich nicht bewußt auf dieses allumfassende Gesetz stützt: «Ein Mensch wird zu dem, was er tut. Kann diese Lehre widerlegt werden? Wenn sie wahr ist, so ist sie die wichtigste und am meisten vernachlässigte Wahrheit in der Welt.» (S. 11f.)

Es ist also nur verständlich, daß jemand, der tatsächlich in die Mysterien dieses universalen Gesetzes eindringen möchte, sich in erster Linie den ursprünglichen Quellen des Karma-Begriffs zuzuwenden hat – den vedischen Schriften.

Freier Wille und Prädestination

Wie bereits angesprochen, wird gemäß der vedischen Philosophie jedem Lebewesen, das in der materiellen Welt von einem Körper zum anderen wandert, ein freier Wille mit auf den Weg gegeben, der es ihm erlaubt, gemäß seinen eigenen Wünschen, Vorstellungen und Gedanken zu handeln.

In bezug auf diesen freien Willen finden wir am Ende der *Bhagavad-gītā* eine höchst aufschlußreiche Stelle. Nachdem Śrī Kṛṣṇa die gesamte Wissenschaft der *Gītā* zu Arjuna gesprochen und diesem alle Wege aufgezeigt hatte, überließ Er den letzten Entscheid dem freien Willen Seines Freundes und Schülers, indem Er sagte:

> Somit habe Ich dir das höchst vertrauliche Wissen erklärt. Denke nun gründlich darüber nach, und tue dann, was immer dir beliebt. (Bg. 18.63)

Ein anderes Beispiel ist der folgende indische Spruch:

> Säe einen Gedanken, und du wirst eine Tat ernten;
> säe eine Tat, und du wirst eine Gewohnheit ernten;
> säe eine Gewohnheit, und du wirst einen Charakter ernten;
> säe einen Charakter, und du wirst ein Schicksal ernten.

Mit anderen Worten: Hinter jedem «Schicksal», das uns ereilt – sei es positiv oder negativ –, steht ursprünglich eine Handlung, die wir in der Vergangenheit mit den handelnden Sinnen unseres grobstofflichen Körpers selbst ausgeführt haben. Und hinter jeder unserer Handlungen steht ursprünglich ein Gedanke, den wir einst in unserem feinstofflichen Körper gedacht haben.

Was aber steht am Anfang dieser «Karmischen Kettenreaktion», was steht hinter dem Gedanken? – «Der Wunsch ist der Vater des Gedankens», heißt es. Hinter jedem Gedanken und hinter jeder Tat steht ursprünglich also ein Wunsch, und dieser Wunsch entspringt der spirituellen Seele, die sich unter Verwendung ihres freien Willens gewünscht hat, in der materiellen Welt zu leben und zu genießen.

Karmische Kettenreaktion

Wunsch/freier Wille (spirituelle Seele)
→ Gedanke (feinstofflicher Körper)
→ Handlung (grobstofflicher Körper)
→ Karmische Reaktion, «Schicksal»

Je nachdem also, wie unsere Wünsche und Gedanken und unsere aus ihnen resultierenden Handlungen (Aktionen) beschaffen sind, werden wir durch das Wirken des Karma-Gesetzes entsprechende Reaktionen ernten oder, mit anderen Worten, werden uns diese Wünsche erfüllt. Dies gilt selbstverständlich nur, wenn unsere Wünsche im Bereich des Möglichen liegen, das heißt, innerhalb des Rahmens der für den Menschen bestehenden grob- und feinstofflichen Naturgesetze. Sind unsere Wünsche nämlich solcherart, daß unser gegenwärtiger Körper ihre Erfüllung nicht zuläßt (beispielsweise wieder jung zu werden, fliegen zu können oder großen Ruhm, Reichtum usw. zu besitzen), so bewirken diese, daß wir in einen anderen Körper, eventuell sogar in eine andere Lebensform, eingehen müssen, sofern wir auf ihnen beharren.

Daraus können wir schließen: Der freie Wille läßt dem Lebewesen zwar einen gewissen Handlungsspielraum, ist jedoch nicht uneingeschränkt. Die vedische Philosophie lehrt also, daß freier Wille und Prädestination (Vorherbestimmung oder «Schicksal») parallel verlaufen. Mit anderen Worten: Durch unsere jetzigen Aktionen, denen wir aus eigener Entscheidung und mittels unseres freien Willens nachgehen, schaffen wir uns unsere zukünftigen karmischen Reaktionen. Gleichzeitig aber werden wir aufgrund der uns jetzt zufallenden Reaktionen auf unsere Aktionen gezwungen, ein bestimmtes Maß an Freude und Leid zu ernten, ohne die Möglichkeit, es abzuwenden.

Das Gesetz des Karma muß folglich sehr präzise sein, hat es doch die schwierige und unvorstellbar komplizierte Aufgabe, die Erfüllung der Wünsche *sämtlicher* Lebewesen innerhalb der materiellen Welt in einer solchen Weise zu ordnen und zu regeln, daß sie sich erstens nicht gegenseitig in die Quere kommen, sondern sich im Gegenteil vollständig ergänzen, und daß zweitens innerhalb des gesamten Universums keine Ungerechtigkeiten (und auch keine Gerechtigkeiten) unvergolten, unausgeglichen bleiben. Der amerikanische Transzendentalist *Ralph Waldo Emerson* (1803-1882) beschreibt dies mit den folgenden Worten:

> Wenn du die Menschen liebst und ihnen dienst, kannst du durch kein Verstecken und keine List der Belohnung entgehen. Geheime Vergeltungen stellen immer das gestörte Gleichgewicht der göttlichen Gerechtigkeit wieder her. Es ist unmöglich, die Dinge zu ändern. Alle Tyrannen und Besitzer und Monopolisten der Welt bemühen sich vergeblich, das Gleichgewicht der Waage umzustoßen. Immerfort hält sich der Äquator an seiner Stelle, und Menschen und Motten, Sterne und Sonnen müssen sich darnach richten oder durch den Rückschlag vernichtet werden. (in: «Lectures and Biographical Sketches», 1868)

Im Universum bestehen demnach feste, allgemeingültige Richtlinien – gleichsam wie «Spielregeln» für das große Spiel des Lebens –, die die Wünsche und die wechselseitigen Beziehungen zwischen den einzelnen Lebewesen koordinieren.

Doch stellen wir uns nur einmal vor, wie viele Wünsche es zu erfüllen gibt! In der *Bhagavad-gītā* (2.70) heißt es, daß die unaufhörliche Flut von Wünschen, die dem feinstofflichen Körper jedes einzelnen Lebewesens entspringen, unzählbar vielen Flüssen gleicht, die alle in einen riesigen Ozean münden, der auf diese Weise ständig neu gefüllt wird. Und das gilt nicht nur für ein Lebewesen, sondern für Millionen und Milliarden von Lebewesen! Hieraus ergibt sich ein unendlich komplexes, multidimensionales Netzwerk aus Aktions-Reaktions-Paaren, das für einen Menschen unmöglich zu überschauen wäre. Und dennoch gehen, auf scheinbar mysteriöse Weise, am Ende doch immer sämtliche Gleichungen auf, bekommt mit anderen Worten jedes Lebewesen immer genau das, was ihm zusteht – nicht mehr und nicht weniger.

Die vedische Karma-Philosophie erklärt, daß an diesem Phänomen das Wirken der unsichtbaren Hand Gottes sichtbar wird, der in Seinem Aspekt als die alldurchdringende *Überseele* (im Sanskrit: *Paramātmā*) sämtliche individuelle Seelen auf ihrer Wanderung durch die verschiedenen Körperformen begleitet. Die *Bhagavad-gītā* beschreibt diesen speziellen Aspekt Gottes unter anderem in dem folgenden Vers:

> Neben der individuellen Seele gibt es im Körper noch einen anderen, transzendentalen Besitzer, und dies ist der Herr, der als Beobachter und Erlaubnisgeber gegenwärtig ist und der als Überseele (Paramātmā) bezeichnet wird. (Bg. 13.23)

Die Funktion der Überseele besteht also darin, die zahllosen Wünsche jedes einzelnen individuellen Lebewesens zu registrieren und gegebenenfalls deren Erfüllung zu veranlassen sowie auch die Tätigkeiten der Lebewesen zu beobachten und ihnen die entsprechenden Reaktionen zukommen zu lassen. Diese ordnende Hand Gottes wird als das Gesetz des Karma bezeichnet.

> Entweder ist die Karma-Lehre wahr, oder sie ist falsch. Das Universum ist entweder Kosmos oder Chaos, denn es kann nicht zum Teil durch ein Gesetz und

zum Teil durch blinden, unvernünftigen Zufall regiert sein. Das Karma ist nicht ein Gesetz, von dem gesagt werden kann: Es könnte etwas daran sein. Entweder existiert das Gesetz, oder es besteht nicht. Falls es vorhanden ist, ist derjenige ein Tor, der es nicht gebraucht, und allein der ist weise, der darüber nachsinnt, es weit und breit verkündet und es in der kleinsten Einzelheit seines täglichen Lebens anwendet. Wenn es nicht wahr ist, so ist es ein seltsam ehrwürdiger Irrtum, und bedenkt man dazu, daß es als Grundlage der gesammelten Weisheit der ganzen Welt gelehrt wurde, seitdem das Suchen nach der Wahrheit begann, ist es seltsam, daß kein anderes Gesetz vorgeschlagen wurde, um die Phänomene dieses Lebens zu erklären. (*Christmas Humphreys*, S. 15f.)

Wie wir glücklich werden – oder auch nicht

Die Strukturen der oben erwähnten Spielregeln für das große Spiel des Lebens werden in den vedischen Schriften in aller Ausführlichkeit dargelegt. Daraus ergibt sich der folgende, höchst aufschlußreiche Sachverhalt, der sich sowohl vom Standpunkt der Aktion als auch vom Standpunkt der Reaktion aus betrachten läßt:

Ursachen und Wirkungen von Karma

Gegenwärtiges gutes Handeln
→ zukünftiges «gutes Karma» (Glück)

Gegenwärtiges schlechtes Handeln
→ zukünftiges «schlechtes Karma» (Leid)

Betrachtung vom Standpunkt der Aktion aus.
Die Veden enthalten eine exakte Wissenschaft darüber, welche Handlungen (Aktionen) auszuführen sind, wenn wir uns einen spezifischen Wunsch erfüllen, das heißt, wenn wir ein spezifisches Ergebnis (Reaktion) erhalten möchten. Es heißt dort zum Beispiel: Wenn du reich werden willst, mußt du so und so handeln; wenn du berühmt werden willst, mußt du so und so handeln, und wenn du ein glückliches Familienleben führen willst, mußt du so und so handeln, usw.

Wenn nun jemand in diesem Leben sehr erfolgreich, wohlhabend, gebildet, einflußreich oder schön ist, so können wir daraus schließen, daß er in seinem letzten Leben sehr großzügig, strebsam und fromm gehandelt haben muß und jetzt die Ergebnisse seines Tuns erntet. Was er jedoch im gegenwärtigen Leben aus all diesen Vorteilen macht, ist eine andere Frage und bleibt seinem freien Willen überlassen. Daher sehen wir, daß nicht jeder, der jetzt reich und mächtig ist, sich auch tatsächlich als «guter» Mensch verhält.

Das gleiche Prinzip gilt selbstverständlich auch für Unerwünschtes. So können uns die Veden beraten: Wenn du nicht krank werden willst oder wenn du nicht leiden oder bei deinen Bemühungen nicht scheitern willst, darfst du dieses oder jenes nicht tun, usw. Wenn wir tatsächlich gemäß diesen Richtlinien handeln, wie sie von der vedischen Literatur dargelegt werden, werden wir mit Sicherheit das erwünschte Ergebnis erhalten, entweder schon im gegenwärtigen oder in einem späteren Leben. Wir haben es hier also mit einer perfekt funktionierenden, praktischen Beschreibung der herrschenden Naturgesetze von Aktion und Reaktion zu tun, die es uns ermöglicht, in dieser Welt erfolgreich und glücklich zu werden – sofern wir dies überhaupt anstreben.

Betrachtung vom Standpunkt der Reaktion aus.

Stellen wir nun aber die gleiche Betrachtung von der anderen Seite her an, müssen wir erkennen, daß alles, was uns in diesem Leben «zufällt» – sei es nun Erfreuliches oder Unerfreuliches, Glück oder Leid, Freude oder Schmerz –, nichts anderes ist als die Reaktion auf unsere eigenen Handlungen in der Vergangenheit, entweder im gegenwärtigen oder in einem früheren Leben.

Es ist, mit anderen Worten, kein blinder «Zufall» und auch nicht die parteiische Willkür eines grausamen Gottes, wenn uns Schlechtes und Unangenehmes widerfährt, sondern einzig das Ergebnis unseres eigenen verfehlten Tuns in der Vergangenheit, für das wir uns aufgrund unseres freien Willens selbst entschieden haben.

Deshalb kommt es manchmal auch vor, daß wir Menschen treffen, die ein sehr frommes und gutes Leben führen, die aber trotzdem gezwungen sind, alle möglichen Drangsale zu erdulden, und die bisweilen von harten Schicksalsschlägen heimgesucht werden. Hieraus können wir schließen, daß ein solcher Mensch in einem früheren Leben ungut gehandelt haben muß und jetzt ebenfalls – wie derjenige, dem alles leicht von der Hand geht – die Ergebnisse seiner vergangenen Tätigkeiten erntet. In einem solchen Fall ist es erfreulicherweise sogar so, daß der Betreffende offensichtlich daraus gelernt hat und sich entschied, trotz des noch vorhandenen schlechten Karma künftig als guter Mensch zu leben. Im *Śrīmad-Bhāgavatam* heißt es zu diesem Thema:

> Während das Lebewesen karmischen Tätigkeiten nachgeht, verwickelt es sich allmählich in fruchtbringendes Tun und genießt unaufhörlich das entsprechende Ergebnis. Auf diese Weise bekommt es einen geeigneten Körper mit einem materiellen Verstand und Sinnen, je nach seinem Karma. (SB. 3.31.43)

In der Erläuterung zu diesem Vers schreibt Śrīla Prabhupāda:

> Seit unvordenklicher Zeit reist das Lebewesen in den verschiedenen Lebensarten und den verschiedenen Planeten ständig umher... Zum materialistischen Leben gehören eine Reihe von Aktionen und Reaktionen; es ist wie eine lange Filmrolle von Aktionen und Reaktionen, und eine Lebensspanne ist wie ein Aufleuchten in einer solchen Schau von Reaktionen. Wenn ein Kind geboren wird, kann man verstehen, daß sein jeweiliger Körper der Anfang einer weiteren

> Reihe von Tätigkeiten ist, und wenn ein alter Mann stirbt, kann man verstehen, daß eine Reihe von Reaktionen beendet ist.
>
> So können wir sehen, daß jemand aufgrund verschiedener Reaktionen in einer reichen Familie geboren wird, und ein anderer wird in einer armen Familie geboren, obwohl beide am gleichen Ort, im gleichen Augenblick und in der gleichen Umgebung geboren werden mögen. Jemandem, der fromme Tätigkeiten [«gutes Karma»] mit sich trägt, wird die Möglichkeit gegeben, in einer reichen oder frommen Familie geboren zu werden, und jemandem, der unfromme Tätigkeiten [«schlechtes Karma»] mit sich trägt, wird die Möglichkeit gegeben, in einer niedrigen, armen Familie geboren zu werden. Der Körperwechsel bedeutet einen Wechsel zu einem anderen Tätigkeitsfeld... Dieser Vorgang findet unaufhörlich statt, seit einer Zeit, die man unmöglich zurückverfolgen kann. Auch die Aktionen und Reaktionen unserer Tätigkeiten können nicht zurückverfolgt werden.

Und der englische Schriftsteller *William Somerset Maugham* (1874-1965) drückt diesen Sachverhalt in seinem Werk «Auf Messers Schneide» (1944) mit den folgenden Worten aus:

> Ist dir aufgefallen, daß die Seelenwanderung eine unmittelbare Erklärung und Rechtfertigung des Bösen in der Welt bietet? Wenn das Schlechte, unter dem wir leiden, das Ergebnis unserer Sünden ist, die wir in unseren vergangenen Leben begangen haben, so können wir es mit Ergebung und mit der Hoffnung ertragen, daß unsere zukünftigen Leben weniger leidvoll sein werden, wenn wir im jetzigen nach Tugend streben.

Ein drastisches, aber anschauliches Beispiel für diesen Sachverhalt finden wir auch in dem Buch «The Secret Teachings of the Vedas» (1990) des Amerikaners *Stephen Knapp*:

> Eine Frau begab sich in psychiatrische Behandlung, um für die vielen Lebensprobleme, die sie hatte, eine Lösung zu finden. Sie war bei einer Tante aufgewachsen, deren Ehemann das Mädchen ständig sexuell mißbrauchte, und obwohl sie ihrer Tante davon erzählte, tat diese nichts gegen den Umstand, daß ihr Mann das Kind zwang, mit ihm zu schlafen.
>
> Als das Mädchen sechzehn Jahre alt war, gelang es ihm, dieser Situation durch eine Heirat zu entrinnen. Dieser Ehe entstammten zwölf Kinder, doch als die Frau siebenundzwanzig Jahre alt war, wurde sie von ihrem Mann verlassen. Sie kümmerte sich von da an selbst um die Kinder, ging arbeiten und heiratete später ein zweites Mal. Nach einigen Jahren entdeckte sie zu ihrem Entsetzen, daß ihr zweiter Mann jedes einzelne ihrer zwölf Kinder sexuell mißbrauchte, und in der Folge ließ sie sich auch von ihm scheiden.
>
> Die Frau entschloß sich daraufhin zu einer Rückführungstherapie, um mit ihren qualvollen mentalen Problemen, die aus all den negativen Erfahrungen ihres Lebens entstanden waren, fertig zu werden. Die behandelnden Ärzte hypnotisierten die Patientin und führten sie in ihr vorheriges Leben zurück, um dort Gründe für die grausamen Geschehnisse ihres gegenwärtigen Lebens zu finden.
>
> In der Rückführung erkannte die Frau, daß sie in ihrem letzten Leben nicht nur selbst zahlreiche Kinder mißbraucht hatte, sondern daß sie darüber hinaus

auch der Anführer einer Gruppe von zwölf Männern gewesen war, die sich ebenfalls alle am sexuellen Mißbrauch von Kindern beteiligt hatten. In ihrem Leben war sie nun gezwungen, die karmischen Reaktionen auf ihr Handeln während des vorhergehenden Lebens am eigenen Leibe zu erfahren, und so war sie als hilfloses Kind von ihrem Onkel mißbraucht worden, genauso, wie sie früher selbst hilflose Kinder mißbraucht hatte.

Die Rückführung brachte außerdem zutage, daß die anderen zwölf Mitglieder ihres kleinen «Vereins» nun als ihre zwölf Kinder wiedergeboren worden waren. Und obwohl keine diesbezüglichen Angaben vorliegen, wäre es nicht überraschend, wenn der Onkel, der die Frau in ihrer Kindheit mißbraucht hatte, im letzten Leben eines der von ihr mißbrauchten Kinder gewesen wäre, das nun in der Gestalt des Onkels gekommen war, um zu vergelten, was ihm angetan worden war.

Dies ist ein Beispiel dafür, wie das Gesetz des Karma uns beeinflußt. Oberflächlich betrachtet mag es so ausgesehen haben, als sei die Frau nur ein unglückliches Opfer, das ohne ersichtlichen Grund mißhandelt worden war, doch manchmal trügt der Schein. Was auch immer uns im Leben zustößt, geschieht nie ohne Grund, und für unser eigenes Leben ist es äußerst wichtig, daß wir diese Tatsache verstehen. (S. 87f.)

Kosmische Ethik

Aus den genannten Beispielen geht hervor, daß der freie Wille es jedem Menschen gestattet, sich entweder im Einklang mit den Spielregeln des Karma zu verhalten (und somit materiell glücklich zu werden) oder aber gegen sie zu verstoßen – ganz wie es ihm beliebt.

Die in den Veden angegebenen Richtlinien schränken also keineswegs unsere individuelle Freiheit ein, indem sie uns verbieten, «schlecht» zu handeln, oder uns zwingen, irgend etwas gegen unseren Willen zu tun. Vielmehr *informieren* sie uns gleich einem wohlmeinenden Freund darüber, was eine gute und was eine schlechte Handlung ist und was passiert, wenn wir uns für das eine oder das andere entscheiden; die Entscheidung aber überlassen sie uns. Sie machen uns einzig darauf aufmerksam, daß wir uns im Falle eines Verstoßes gegen die Naturgesetze strafbar machen und folglich der gerechten Bestrafung durch das Prinzip des Karma unterliegen.

Es ist also durchaus so, daß in der Natur bereits fest definierte Werte und Maßstäbe existieren, und zwar nicht nur im allgemein bekannten grobstofflichen Bereich der Physik und Chemie, sondern gleichfalls auch im feinstofflichen Bereich der Ethik und Moral. Es ist, mit anderen Worten, bereits festgelegt, welche Handlung des Menschen kosmisch gesehen «gut» ist und folglich eine gute, erfreuliche Reaktion nach sich zieht, und welche Handlung kosmisch gesehen «schlecht» ist und eine leidvolle Reaktion nach sich ziehen wird.

Dieses kosmische Wertsystem muß allgemein gültig und verbindlich sein und kann nicht von der individuellen Meinung der einzelnen Lebewesen abhängen. Mit anderen Worten: Ich mag zwar denken, daß das, was ich tue, eine «gute» Handlung sei, und ich mag sogar imstande sein, dies mit geschickten Worten intellektuell zu rechtfertigen und andere dadurch zu beeindrucken – wenn meine Handlung jedoch nicht im Einklang mit der universalen Definition von «gut» steht, werde ich trotz meiner gegenteiligen Meinung eine «schlechte» Reaktion ernten.

Kritik an der Lehre des Karma

Das korrekte Erkennen der Zusammenhänge von Karma und Reinkarnation, wie es von den vedischen Schriften vermittelt wird, erzieht, wie wir aus dem bisher Besprochenen ersehen können, den Menschen zu wohlüberlegtem, verantwortungsbewußtem Handeln, da er genau weiß, was zu tun und was zu lassen ist, damit die gesamte Welt (und damit auch er selbst) letztlich Glück, Frieden und Wohlstand finden kann. Es führt also genau zum Gegenteil dessen, was voreilige Kritiker zuweilen an der Karma-Lehre bemängeln.
Ein häufiges Mißverständnis im Umfeld der Diskussion um Karma und Reinkarnation besteht nämlich darin, daß man 1. den Verfechtern der Karma-Lehre blinde, fatalistische Schicksalsunterwürfigkeit ohne Eigeninitiative und 2. der Lehre selbst Ungerechtigkeit und Gnadenlosigkeit vorwirft. (Diese Kritik, die auf Nichtverstehen oder Nichtverstehenwollen der eigentlichen Sachverhalte gründet, vernimmt man hier in Europa insbesondere aus dem Lager der dogmatischen Christen, auf die wir in *Kapitel 6* ausführlicher eingehen werden.)

Ungerechtigkeit?
Hier sei zum Vorwurf der Ungerechtigkeit nur soviel gesagt, daß uns jede andere Erklärungsmöglichkeit außer jener des Karma und der Reinkarnation um ein Vielfaches grausamer und ungerechter erscheint. Ist es denn nicht weniger gerecht, wenn jeder einfach tun und lassen könnte, was ihm beliebt, ohne dafür zur Verantwortung gezogen zu werden? Ist es nicht weniger gerecht, wenn jeder, egal wie er gelebt hat, am Ende denselben Lohn erhielte? Oder, wenn einige Menschen bereits vor der Geburt willkürlich zu gutem oder schlechtem Handeln «vorausbestimmt» würden? Ist es im Vergleich damit nicht viel weiser und gerechter, wenn jeder Mensch nur für seine aus seinem freien Willen heraus begangenen Verfehlungen «bestraft» wird, damit er daraus lerne? (Karma ist ja nicht nur als blinde «Strafe» zu verstehen, sondern in erster Linie als Lernprozeß.)

Und vor allem: Ist es nicht gerechter und barmherziger, wenn man, selbst nachdem man gefehlt hat, immer wieder eine neue Chance zur Besserung erhält? Ist es nicht das grausamste von allem, daß der Mensch (und nur der Mensch) nur gerade eine einzige Chance, ein einziges Erdenleben, geschenkt bekommen soll, nach welchem sich für den Rest der Ewigkeit entscheidet, ob er in den «ewigen Himmel» oder in die «ewige Verdammnis» kommt? Wo bleibt bei einer solchen Weltsicht das Mitgefühl, wo die Gnade, wo die Liebe?

Sir William Jones (1746-1794), einer der ersten englischen Orientalisten und Indienforscher, schreibt hierzu:

> Ich bin zwar kein Hindu, doch halte ich die Lehre der Hindus hinsichtlich zukünftiger Daseinszustände für unvergleichlich viel vernünftiger, frommer und besser geeignet, den Menschen vom Laster abzubringen, als die gräßlichen Ansichten, welche die Christen in bezug auf endlose Höllenstrafen vertreten.

Fatalismus?
Zum Vorwurf oder besser zum Mißverständnis des Fatalismus läßt sich sagen, daß es sicherlich sinnvoller und vernünftiger ist, ein unangenehmes «Schicksal», das heißt eine bereits eingetroffene schlechte karmische Reaktion, die wir nicht mehr abwenden oder rückgängig machen können, hinzunehmen, als uns – gleichsam wie Don Quijote gegen die Windmühlen ankämpfend – in sinnlosem Klagen und Kampfe dagegen zu sträuben und sich zu zerreißen.

Das gleiche gilt selbstverständlich auch für gute karmische Reaktionen: Die Veden empfehlen, daß wir einfach mit dem Glück und Leid, das uns durch die Gesetze des Karma zufällt, zufrieden sein sollten. Im *Śrīmad-Bhāgavatam* finden wir hierzu die folgenden Hinweise:

> Man soll mit dem zufrieden sein, was man aufgrund seines Karma zugeteilt bekommt, denn Unzufriedenheit kann niemals Glück bringen. Jemand, der nicht selbstbeherrscht ist, wird nicht einmal dann zufrieden sein, wenn er die ganze Welt besitzt.
>
> Das materielle Dasein führt zu Unzufriedenheit, wenn es sich nur um die Erfüllung materieller Wünsche und um die Ansammlung von mehr und mehr Geld dreht. Dies ist die Ursache für die Fortsetzung des Kreislaufs von Geburt und Tod. Jemand aber, der mit dem zufrieden ist, was ihm das Schicksal (Karma) zuteilt, ist geeignet, aus dem materiellen Dasein befreit zu werden. (SB. 8.19.24-25)

Die hier empfohlene Zufriedenheit sollte allerdings, wie gesagt, nicht als fatalistische Schicksalsunterwürfigkeit ohne Eigeninitiative mißverstanden werden. Denn das Karma-Gesetz erlaubt es jederzeit, ja es fordert geradezu, daß wir unser zukünftiges Schicksal aktiv in die Hand nehmen, denn wir können und sollen wirken, wir können und sollen ändern und verbessern in der Welt und sollen uns nicht einfach tatenlos mit dem Schlechten zufriedengeben. Die Karma-Gesetze zeigen uns lediglich den Rahmen des Machbaren und Sinnvollen, so daß wir die begrenzten Energien, die uns als einzelnem Menschen zur Verfügung stehen, auch wirklich optimal für die angestrebte Wende zum Guten einsetzen können.

Teilnahmslosigkeit?
Ein dritter Vorwurf, der zuweilen gegen die Auffassung des Karma erhoben wird, lautet, sie erziehe den Menschen zur Teilnahmslosigkeit gegenüber den Leiden und Freuden der anderen. Jemand, der an die Gesetze des Karma glaube, verlöre sein Mitgefühl und denke angesichts eines Leidenden nur: «Nun, es ist ja sein eigenes Karma, daß er jetzt leidet; es hat nichts mit mir zu tun.» Jemand aber, der die Zusammenhänge des Karma tatsächlich verstanden hat, wird niemals so denken.

Denn ein solches Denken und das sich daraus ergebende Handeln (in diesem Falle das Nichthelfen, obwohl man es könnte) wird seinerseits auch wieder karmische Früchte tragen. Im Gegenteil ist im Grunde genommen erst ein solcher Mensch, der sich über die verborgenen karmischen Zusammenhänge bewußt ist, in der Lage, seinen Mitmenschen tatsächliche Hilfe zu leisten, da er nicht nur versuchen kann, die *Symptome* ihres Leids zu bekämpfen, sondern vor allem auch imstande ist, ihnen dessen *Ursachen* aufzuzeigen. Auf diese Weise kann er sie davor bewahren, in Zukunft wieder die gleichen Fehler zu machen und aufs neue leiden zu müssen.

Vier Phasen des Karma

Wir möchten an dieser Stelle auf den bereits zitierten indischen Spruch zurückkommen:

> Säe einen Gedanken, und du wirst eine Tat ernten;
> säe eine Tat, und du wirst eine Gewohnheit ernten;
> säe eine Gewohnheit, und du wirst einen Charakter ernten;
> säe einen Charakter, und du wirst ein Schicksal ernten.

Dieser Spruch bringt einen weiteren, bisher nicht behandelten Aspekt der Karma-Lehre zum Ausdruck. Die vedische Philosophie erklärt (im *Padma Purāṇa*) nämlich, daß sich die karmischen Reaktionen in vier verschiedenen Phasen manifestieren. Diese vier Phasen des Karma sind:

- 1. *Bīja* (wörtlich: der Same): Die erste Phase des Karma bezieht sich auf diejenigen Reaktionen, welche in der Zukunft auf Handlungen folgen werden, die gegenwärtig noch gar nicht ausgeführt wurden. Diese Handlungen existieren jedoch bereits im feinstofflichen Bereich der in unserem Innern ruhenden *Wünsche und Vorhaben*. Gemäß vedischer Psychologie werden also schon unsere noch schlummernden Wünsche als «Reaktionen in Samenform» betrachtet, und diese Reaktionen werden wir zu einem bestimmten Zeitpunkt in der Zukunft ernten müssen, nämlich dann, wenn wir diese Wünsche in Gedanken und in Handlungen umgesetzt haben.

Um folglich unliebsame karmische Reaktionen (mit anderen Worten: Leid) zu vermeiden, müssen wir unsere Aufmerksamkeit bereits auf unsere unausgesprochenen materiellen Wünsche richten, und zwar bevor der Same zu keimen beginnt. Wenn es uns auf diese Weise gelingt, hier, das heißt im Bereich unserer innersten Wünsche und Lebensvorstellungen, gemäß der beschriebenen «Spielregeln» kosmisch gesehen «Gutes» zu wünschen, werden wir gar nie in die Lage kommen, zu leiden, da wir das Leid im wörtlichsten Sinne «im Keim ersticken».

- 2. *Kūṭa-stha* (das Keimen): Wie wir bereits erläuterten, gilt der Wunsch als der Vater des Gedankens, während der Gedanke (oder bewußte *Entschluß*) als der Vater der Handlung betrachtet wird. Die zweite Phase des Karma nun bezieht sich auf Reaktionen, die gerade im Entstehen begriffen sind, nachdem wir bereits den bewußten Entschluß gefällt haben, eine bestimmte karmische Handlung zu begehen. Oder, um beim Bild zu bleiben, es sind damit diejenigen materiellen Wünsche gemeint, die bereits gekeimt haben. In dieser Phase ist es schon beträchtlich schwieriger, die karmische Kettenreaktion noch aufzuhalten, da uns der einmal gefällte Entschluß unweigerlich zur Tat drängt.

- 3. *Phalonmukha* (das Früchtetragen): Die dritte Phase des Karma sind diejenigen Reaktionen, die schon dabei sind, Früchte *(Phala)* zu tragen, nachdem die zuvor gewünschte und beschlossene *Handlung* inzwischen tatsächlich ausgeführt wurde. Von diesem Zeitpunkt an kann die karmische Kettenreaktion durch keine materielle Handlung mehr aufgehalten werden. Mit anderen Worten: Unser «Schicksal» ist bereits besiegelt, auch wenn die entsprechenden Reaktionen noch nicht sichtbar geworden sind. Denn sobald eine materielle Handlung – sei sie nun «gut» oder «schlecht» – getan wird, ist es nur noch eine Frage der Zeit, bis sich die karmische Reaktion, also die Frucht, in Form von Glück oder Leid zeigen wird.
- 4. *Prārabdha* (die Ernte): Hiermit sind diejenigen karmischen Reaktionen gemeint, die sich bereits manifestiert haben, sprich geerntet wurden. Dies bezieht sich einerseits auf alle Reaktionen, die in unserem gegenwärtigen Leben bereits eingetroffen sind, und andererseits auch auf all das, was wir schon mit unserer Geburt sozusagen «mitgeliefert» bekommen haben: die Familie, das soziale Umfeld, die Nation und die Rasse, aber auch den Körperbau, die physischen und psychischen Vorzüge oder Gebrechen, die Intelligenz, die Fertigkeiten und, mit den Worten des obenstehenden indischen Spruchs, die Gewohnheiten und den persönlichen Charakter.

Vier Phasen des Karma

1. Bīja (Wunsch; Reaktion in Samenform)

→ 2. Kūṭa-stha (Entschluß; Reaktion am Keimen)

→ 3. Phalonmukha (Handlung; Reaktion trägt Früchte)

→ 4. Prārabdha (Reaktion wurde geerntet)

Hier finden wir also eine bemerkenswerte Antwort auf grundlegende Lebensfragen, mit denen sich wohl jeder nachdenkliche Mensch immer wieder auseinandersetzt. Diese Fragen lauten etwa: Warum bin ich eigentlich so, wie ich bin? Warum bin ich gerade in *diesen* Umständen gelandet und nicht in anderen? Warum bin ich gerade in *dieser* Familie, in diesem Land, in dieser Zeit geboren worden? Oder: Warum bin ich überhaupt geboren worden? Warum besitze ich gerade *diese* körperlichen und geistigen Eigenschaften und Fähigkeiten und nicht diejenigen anderer Menschen? Und so weiter und so fort.

Bei solchen Fragestellungen können wir nicht umhin zu akzeptieren, daß hier – sagen wir es ganz allgemein – «höhere Mächte» im Spiel sind, mögen wir diese nun Prädestination, Schicksal, Vorsehung, Bestimmung, Zufall oder eben auch Karma nennen. Denn all diese feststehenden Gegebenheiten, die uns in unser gegenwärtiges Leben mitgeliefert wurden, entziehen sich offensichtlich unserer bewußten Entscheidungsfreiheit. Mit anderen Worten: Wir haben uns unsere Eltern nicht aussuchen können, ebensowenig wie wir unsere Nationalität, unsere Hautfarbe, unsere angeborenen Gebrechen oder unseren Charakter bewußt gewählt haben. Oder etwa doch?

Nein, so werden die meisten Menschen vehement entgegnen, denn hätte man uns gefragt, dann hätten wir einiges ganz anders gewählt. Wir wären dann wohl etwas berühmter, schöner, reicher, stärker oder intelligenter als wir es jetzt sind. Wir wären dann vielleicht als Prinz oder als Prinzessin geboren worden, wir besäßen den Körper einer Schönheitskönigin oder eines Olympiasiegers und das Gehirn eines Nobelpreisträgers, oder was auch immer. Auf keinen Fall aber wären wir das, was wir jetzt sind: Durchschnitt nämlich, nichts Besonderes, Mittelmaß mit den alltäglichen Problemen und Sorgen eines Durchschnittsmenschen.

Warum aber ist dem so? – Die Antwort kann nur lauten: Weil es unser Karma ist. Weil wir durch die gerechten Gesetze des Kosmos genau das bekommen haben, was wir uns durch unsere früheren Handlungen selbst verdient haben, nicht mehr und nicht weniger. Bei all diesen angeborenen Gegebenheiten handelt es sich nämlich um nichts anderes als um die Prārabdha-Reaktionen auf Aktionen, die wir in unseren früheren Leben bewußt gewünscht, beschlossen und auch ausgeführt haben. Alle individuellen Eigenschaften und Merkmale eines Menschen, die ausschlaggebend sind für gegenwärtiges Glück und Leid, stellen nichts anderes dar als die «geernteten Früchte» seiner früheren Wünsche und Handlungen. Dies nennt man Prārabdha-Karma.

(In Entsprechung dazu werden die drei ersten Phasen des Karma zusammenfassend auch mit dem Sanskrit-Ausdruck *aprārabdha* oder noch nicht eingetroffene Reaktionen, d.h. «potentielles Glück und Leid», benannt.)

Wie der aufmerksame Leser sicherlich bemerkt hat, ist diese vierte Phase des Prārabdha-Karma auch das, was man im allgemeinen Gebrauch des Begriffes unter «Karma» versteht. Wir werden in den nachfolgenden Betrachtungen dieses Buches der Einfachheit halber weiterhin nur das Wort «Karma» benützen, und sofern nichts anderes vermerkt wird, setzen wir das Verständnis voraus, daß damit nur das Prārabdha-Karma gemeint ist.

Drei Arten von Karma

Die *Bhagavad-gītā* beschreibt in den folgenden Versen, daß es nicht nur eine, sondern drei verschiedene Arten von Karma gibt, wobei «Karma» hier nicht als Reaktion, sondern als *Aktion* (Handlung) zu übersetzen ist:

> Selbst die Intelligenten sind verwirrt, wenn sie bestimmen sollen, was Handeln und was Nichthandeln ist. Ich werde dir jetzt erklären, was Handeln ist, und wenn du dies weißt, wirst du von allem Unglück befreit sein.
>
> Die Kompliziertheit des Handelns ist sehr schwer zu verstehen. Deshalb sollte man genau wissen, was Handeln (Karma), was verbotenes Handeln (Vikarma) und was Nichthandeln (Akarma) ist. Wer Nichthandeln in Handeln und Handeln in Nichthandeln sieht, ist intelligent unter den Menschen, und er befindet sich auf der transzendentalen Ebene, obwohl er den unterschiedlichsten Tätigkeiten nachgeht. (Bg 4.16-18)

Die drei Arten von Karma sind also:

- *1. Karma:* Erlaubtes, frommes Handeln im Einklang mit den höheren Gesetzen («Spielregeln») der Natur, das heißt gemäß den kosmischen Geboten für ein religiöses Leben. Dieses fromme Handeln zieht materiell erfreuliche, genußreiche Reaktionen nach sich («gutes Karma»).
- *2. Vikarma:* Verbotenes, sündhaftes Handeln gegen die für den Menschen geltenden Naturgesetze. Dieses sündhafte Handeln zieht unerfreuliche, leidvolle Reaktionen nach sich («schlechtes Karma»).
- *3. Akarma:* Transzendentales Handeln, das außerhalb der karmischen Naturgesetze liegt und somit als eigentliches «Nichthandeln» gilt. Dieses transzendentale Handeln zieht keinerlei Reaktionen nach sich, weder gute noch schlechte, und führt somit zur Befreiung aus dem Kreislauf der Geburten und Tode.

Die *Bhagavad-gītā* (3.8) erklärt, daß jedes Lebewesen, das sich innerhalb der materiellen Welt aufhält, irgendwie handeln und tätig sein muß, nur schon um zu überleben und seinen physischen Körper zu erhalten. Selbst wenn wir versuchen, körperlich untätig zu sein, sind wir dennoch zumindest in Gedanken tätig. Und sobald wir auf irgendeine Weise tätig sind – sei es nun fromm (Karma) oder sündhaft (Vikarma) –, befinden wir uns unter den bindenden Einflüssen der Karma-Gesetze. Wie stark unsere Verstrickung in diese Netze des Karma tatsächlich ist, zeigt sich vor allem dann, wenn wir versuchen, uns davon zu befreien. (Auf das Thema des befreienden Akarma-Handelns werden wir im Schlußkapitel, *Das Ende der Reinkarnation*, noch ausführlicher zu sprechen kommen.)

Wir sind also einerseits in unserem gegenwärtigen Leben gezwungen, die materiell genußreichen und leidvollen Reaktionen auf die Karma- oder Vikarma-Handlungen unserer früheren Existenzen zu ernten, und andererseits bestimmen wir durch die karmischen Tätigkeiten, denen wir jetzt aufgrund unseres freien Willens nachgehen, die zukünftigen Reaktionen für unsere kommenden Inkarnationen. Im *Śrīmad-Bhāgavatam* finden wir hierzu den folgenden Vers:

Das Lebewesen, das seinen Körper aufgrund seiner vergangenen Handlungen (Karma) erhalten hat, besitzt die Möglichkeit, die Auswirkungen seiner Handlungen im gegenwärtigen Leben zu beenden, doch dies bedeutet nicht, daß es von der Bindung an materielle Körper befreit ist. Das Lebewesen erhält einen bestimmten Körper, und dadurch, daß es mit diesem Körper Handlungen ausführt, schafft es einen anderen. So durchläuft es aufgrund seiner groben Unwissenheit wiederholt Geburt und Tod und wandert von einem Körper zum nächsten. (SB. 7.7.47)

Drei Arten von Karma

KARMA
(Frommes Handeln im Einklang mit den Naturgesetzen)
→ gute karmische Reaktion (materielles Glück)

VIKARMA
(Sündhaftes Handeln gegen die Naturgesetze)
→ schlechte karmische Reaktion (Leid)

AKARMA
(Transzendentales Handeln außerhalb der Karma-Gesetze)
→ keine karmische Reaktion (Befreiung)

Wie wir aus den beiden letzten Kapiteln erkannt haben, ist es äußerst wertvoll und hilfreich, sich mit der exakten Wissenschaft von Karma und Reinkarnation näher zu beschäftigen, denn niemand leidet gerne, und niemand handelt gerne gegen seine eigenen Interessen. Die Tatsache aber, daß es trotz unserer guten Absichten und unseres Wunsches, nicht leiden zu müssen, so viel Leiden auf der Welt gibt – sowohl im individuellen als auch im kollektiven Bereich –, beweist nicht etwa die Grausamkeit und Ungerechtigkeit der Schöpfung, sondern, daß es uns schlicht am grundlegenden Wissen über die Karma-Gesetze mangelt. Solches Wissen stellt letztlich die einzige Lösung für die Probleme unserer Zeit dar, denn materialistische Versuche in Unkenntnis dieser Gesetzmäßigkeiten müssen entweder scheitern oder werden dazu führen, daß einfach anderswo Probleme auftreten, damit sich das anstehende Karma verwirklichen kann.

Es verhält sich hierbei ähnlich wie mit einer Krankheit, die in unserem Körper so lange immer wieder an verschiedenen Stellen ausbrechen wird, bis der eigentliche Erreger dieser Krankheit beseitigt ist. Und der Erreger, wie jetzt unschwer zu erraten ist, sind die Vikarma-Handlungen, also die rücksichtslosen, aber auch die unbewußten Verstöße gegen die für den Menschen geltenden Naturgesetze. Solche

Verstöße werden heutzutage in derart überwältigendem Ausmaß von den Menschen auf der ganzen Erde ausgeführt, daß die gesamte menschliche Gesellschaft nun allmählich global von ihrem schlechten kollektiven Karma eingeholt zu werden droht. Auf dieses Thema des kollektiven Karma wollen wir nun abschließend noch kurz eingehen.

Kollektives Karma

Unter kollektivem Karma versteht man das gemeinsame Karma einer größeren Gemeinschaft, einer Nation, einer Rasse oder selbst einer ganzen Art, das sich aus der Gesamtsumme des individuellen Karma aller Mitglieder zusammensetzt. So ist es beispielsweise das kollektive Karma der Hawaiianer, in einem schönen, warmen Land leben zu dürfen, während es das kollektive Karma der Mitteleuropäer ist, an den Folgen der Umweltverschmutzung zu leiden. Oder: Es war das kollektive Karma der Titanic-Passagiere, mit ihrem «unsinkbaren» Luxusdampfer unterzugehen, usw.

Das kollektive Karma richtet sich also nach dem Verhalten der großen Masse innerhalb einer Gemeinschaft. Zum Beispiel wird eine Gesellschaft, in der die Prinzipien der karmischen Naturgesetze und der Reinkarnation wirklich verstanden werden, sicherlich ganz anders aussehen als eine Gesellschaft, in der die Philosophie gilt: «Tue, was immer du für richtig hältst, solange du es vor deinem Gewissen verantworten kannst.» Es ist dann nämlich nicht mehr nur das eigene, subjektive Gewissen, sondern es sind die objektiven, kosmischen Gesetze von Recht und Unrecht, vor denen wir uns zu verantworten haben.

In einer «Karma-bewußten» Gesellschaft werden wir keine solch entarteten Auswüchse finden, wie sie nur in einem Gesellschaftssystem möglich sind, in dem die Menschen in völliger Unkenntnis ihrer eigenen Stellung innerhalb des kosmischen Gefüges ihre Augen vor dem Offensichtlichsten verschließen: größenwahnsinnige Kriegsmaschinerien «für den Frieden»; Ausbeutung weniger mächtiger oder weniger bemittelter Menschengruppen zum Vorteil einer kleinen Minderheit; skrupelloser Raubbau und Schändung der Umwelt; Manipulation der Natur wie etwa in der Gentechnologie; unbarmherziger Mißbrauch anderer Lebewesen wie etwa in der Vivisektion; rücksichtslose Boden-, Luft- und Gewässerverseuchung; verantwortungslose Produktion nuklearer Abfälle, oder auch nur schon solch «harmlos» erscheinende Einrichtungen wie Schlachthäuser und Abtreibungskliniken, die in Wirklichkeit nichts anderes als Todesfabriken sind – all dies zeugt von der tiefen Unwissenheit über die Naturgesetze des Karma und der Reinkarnation, in welcher die heutige Menschheit steckt. Wie können wir ernstlich erwarten oder erhoffen, in einer solchen Gesellschaft glücklich zu werden?

Die in den Veden beschriebene Wissenschaft des Karma und der Reinkarnation bietet hier eine aktuelle und praktische Lösung für die gegenwärtige Krise unserer Welt an – eine Lösung, die nicht nur die oben aufgezählten Symptome bekämpft, sondern die das eigentliche Problem an der Wurzel erfassen und dort eine wirkliche, effektive Änderung bewirken kann. Eine solche radikale Änderung (*radix* = Wurzel), nach der sich immer mehr Menschen sehnen, kann, wie in diesem Kapitel erklärt wurde, nur erreicht werden durch Kenntnisnahme der Gesetzmäßigkeiten von Karma und Reinkarnation und durch eine konsequente Anpassung unserer Verhaltensweisen an diese Gesetzmäßigkeiten.

Was das im einzelnen bedeutet, werden wir im folgenden Kapitel *Reinkarnation in der Praxis* darlegen.

Kapitel 4

REINKARNATION IN DER PRAXIS

Zusammenfassung und Ausblick

Aus den bisherigen, einleitenden Kapiteln ist deutlich hervorgegangen, daß die Gesetzmäßigkeiten von Karma und Reinkarnation für den Menschen unausweichliche feinstoffliche Naturgesetze darstellen, die allgemein verbindlich sind und gleichsam als «Spielregeln» für das große Spiel des Lebens innerhalb des Universums wirken. Genauso wie niemand einfach durch seinen Willen oder durch seine Körperkraft die physikalischen und biologischen Naturgesetze – wie beispielsweise die Gravitation oder das Altwerden – überwinden kann, so ist es auch nicht möglich, dem Gesetz des Karma und der Reinkarnation einfach dadurch zu entfliehen, daß man «nicht daran glaubt». Vielmehr besitzt es ungeachtet unserer persönlichen Meinung für jeden Menschen, überall, zu jeder Zeit und unter allen Umständen Gültigkeit.

Jede Handlung (Aktion), ist sie einmal getätigt, wird entweder im gegenwärtigen oder in einem späteren Leben für den Verursacher eine Reaktion nach sich ziehen, ob er diese nun will und akzeptiert oder nicht. Dabei kann diese Reaktion entweder positiv (erfreulich, genußvoll: «gutes Karma») oder negativ (unerwünscht, leidvoll: «schlechtes Karma») oder aber eine Mischung aus beidem sein. Vorwurfsvolle Anklagen an das «ungerechte Schicksal» oder Ausreden wie «So etwas habe ich wirklich nicht verdient!» oder «Warum gerade ich?» – dies alles hat im Lichte des wissenschaftlichen Verständnisses von Karma und Reinkarnation keine Grundlage mehr.

Und wie wir gesehen haben, sind es insbesondere zwei Faktoren, die die Art des zukünftigen Körpers bestimmen, den wir nach dem Tode erhalten werden, nämlich 1. unsere eigenen Wünsche und 2. unser Karma. Die uns zustehenden guten und schlechten karmischen Reaktionen sind dabei jedoch nichts anderes als eine Folge unserer vergangenen Tätigkeiten, die ihrerseits ebenfalls durch unsere Wünsche bestimmt wurden. Letztlich sind es also einzig und allein unsere persönlichen Wünsche, durch die wir uns unsere nächste Körperform selbst «erschaffen». Die Natur stellt uns dann lediglich einen passenden Körper zur Verfügung, mit dem wir die in einem früheren Leben entwickelten Wünsche am besten erfüllen können. Dies bezieht sich sowohl auf unser körperliches Aussehen (einschließlich die angeborenen physischen Vorzüge und Gebrechen) und unseren Charakter als auch auf unsere gesamte Umgebung (Land, Elternhaus, sozialer Status usw.).

Nachdem wir uns auf diese Weise in den ersten drei Kapiteln mit den theoretischen Grundlagen der Wissenschaft von Karma und Reinkarnation vertraut gemacht haben, wollen wir uns nun im vorliegenden vierten Kapitel mit konkreten praktischen Fragestellungen beschäftigen – mit Fragen, die sich uns unwillkürlich stellen, sobald wir die Existenz von so etwas wie einem «Leben nach dem Tod» oder auch einem «Leben vor der Geburt» zumindest theoretisch akzeptiert haben.

Dabei werden wir insbesondere diejenigen Fragen ausführlich untersuchen, die in der Diskussion um die Wiedergeburt immer wieder auftauchen, wie beispielsweise die folgenden:

- Was ist der Tod?
- Was genau geschieht im Augenblick des Todes?
- Wo halten wir uns zwischen zwei Leben auf?
- Wie kommen wir in unseren neuen Körper?
- Wie erleben wir die Zeit vor unserer Geburt?
- Wie erleben wir unsere eigene Geburt?
- Warum können wir uns nicht an frühere Leben erinnern?
- Können wir über unsere früheren Leben träumen?
- Können wir auch als Tier wiederkommen?
- Können wir auch auf anderen Planeten wiedergeboren werden?
- Können wir bei der Wiedergeburt unser Geschlecht wechseln?
- Können wir im nächsten Leben unseren Partner, unsere Freunde und unsere Verwandten wiedertreffen?
- Können wir jetzt Gelerntes und Erarbeitetes in spätere Leben mitnehmen?
- Wie lassen sich sogenannte Déjà-vu-Erlebnisse erklären?
- Was geschieht nach einem Selbstmord?
- Sollen wir Abtreibungen vornehmen?
- Sollen wir Verhütungsmittel benutzen?
- Sollen wir Sterbehilfe leisten?
- Wie sollen wir uns ernähren?
- usw.

Bei der Behandlung dieser Fragen wollen wir neben den Erkenntnissen und Forschungsergebnissen der modernen Thanatologie (Wissenschaft vom Tod und vom Sterben) und der Parapsychologie und natürlich neben den Aussagen der altindischen Veden zum ersten Mal auch verschiedene Zeugnisse der abendländischen Philosophie- und Literaturgeschichte miteinbeziehen, da sich in ihnen oft aufschlußreiche Hinweise finden lassen.

Thanatologie: die Wissenschaft des Todes

Was ist Thanatologie? – Dieses moderne interdisziplinäre Forschungsgebiet befaßt sich vornehmlich mit der Untersuchung der Phänomene des Sterbens und des Todes (griech. *thanatos* = der Tod). Hier treffen die Methoden der Naturwissenschaft (Medizin), der Psychologie und der Parapsychologie sowie auch der Rechtswissenschaften aufeinander, um sich gegenseitig zu ergänzen, und gekoppelt mit philosophischen und theologischen Denkmodellen ergibt sich daraus eine eigentliche «Wissenschaft des Todes».

Die Forschungsgebiete der Thanatologie umfassen Fragestellungen wie: • Definition des Todes, • Erklärung des Todes, • Reanimation (Wiederbelebung), • Sterbehilfe, • Sterbeerlebnisse, • das Leben nach dem Tode usw. Aus den Forschungsergebnissen der Thanatologie erhalten wir unter anderem ausführliche und anschauliche Fallbeispiele für die genauen Abläufe im Körper und in der Psyche des Menschen zur Zeit des Todes. Darüber hinaus liefert sie uns auch Hinweise auf die Geschehnisse zur Zeit der Zeugung (Empfängnis), der Schwangerschaft und der Wiedergeburt.

Bevor wir diese im folgenden genauer darlegen, möchten wir vorab die in der heutigen Thanatologie üblichen Definitionen des Phänomens «Tod» betrachten.

Definitionen von «Tod»

In seinem Werk «Der Tod und was danach kommt» (1981) schreibt der tschechische Biochemiker und Parapsychologe Dr. *Milan Ryzl* (*1928), der als einer der Pioniere und führenden Wissenschaftler auf dem Gebiet der Sterbeforschung gilt: «Wenn wir die Probleme, um die es hier geht, wirklich verstehen wollen, müssen wir erst genau die Bedeutung von Tod definieren. Tatsächlich gibt es drei verschiedene Definitionen dessen, was ‹tot sein› heißt.» Dr. Ryzl führt diese drei Definitionen wie folgt an:

• **Definition 1 – «Klinischer Tod»:** Der Tod wird definiert als das «Aufhören klinisch feststellbarer Lebensfunktionen». Das heißt: Der Mensch wird bewußtlos, er hört auf zu atmen, sein Herz steht still, die Pupillen weiten sich und erstarren, die Körpertemperatur beginnt zu sinken, die Tätigkeiten des Zentralnervensystems (Reflexe) kommen zum Stillstand, usw. Hier handelt es sich um die traditionelle medizinische Definition, die vor der Entwicklung moderner Wiederbelebungstechniken über Jahrtausende Gültigkeit besaß – zumindest hier im Abendland.

• **Definition 2 – «Hirntod»:** Der Tod wird definiert als das «Fehlen elektrischer Hirntätigkeit». Diese Definition kam erst in jüngster Zeit auf, nachdem es der Technik mit Hilfe sogenannter «Herz-Lungen-Maschinen» gelungen war, ein stehengebliebenes Herz wieder zum Schlagen zu bringen und eine ausgesetzte Atmung wieder zu aktivieren. Der neu definierte Hirntod (festgestellt anhand des Elektroenzephalogramms, das den Verlauf der Hirnaktionsströme aufzeichnet) führt jedoch bereits fünf bis sechs Minuten nach dem Erlöschen der Blutzirkulation zu irreversiblen Veränderungen im Hirngewebe. Somit also schien diese Definition den Erfordernissen der heutigen Medizin besser zu entsprechen.

• **Definition 3 – «Irreversibler Tod»:** Der Tod wird definiert als das «irreversible Aufhören sämtlicher Lebensfunktionen». Diese erweiterte Definition drängte sich auf, nachdem in besonderen Situationen, wie z.B. bei Ertrinken in eiskaltem Wasser, gelegentlich auch Menschen mit unveränderlich flacher EEG-Aufzeichnung wieder ins Leben zurückgeholt werden konnten, obwohl sie scheinbar bereits «hirntot» waren. Dr. Ryzl schreibt: «In dieser Definition wird der Tod als Unmöglichkeit der Wiederbelebung dargestellt. Mit anderen Worten: Eine erfolgreiche Wiederbelebung impliziert, daß der betreffende Mensch nicht wirklich tot war. Wäre er tot gewesen, würde eine Wiederbelebung von der Definition her unmöglich sein.»

Tatsächlich verhalte es sich so, daß in den meisten, vermutlich fast allen erfolgreichen Wiederbelebungsfällen die Patienten gar nicht wirklich «tot» waren, sondern lediglich nach klinischen Kriterien (gemäß Definition 1) für «tot» erklärt wurden. Daher erscheinen auch die in der populärwissenschaftlichen Literatur von sogenannt klinisch Toten immer wieder angepriesenen «sensationellen Erfahrungen aus dem Jenseits» und «Erinnerungen an das Leben danach» äußerst fragwürdig.

Der Todesmoment aus vedischer Sicht

Für die Seele gibt es keinen Tod. So lautet die Aussage der vedischen Philosophie. Das Phänomen, das wir im allgemeinen als den «Tod» bezeichnen, ist gemäß der vedischen Definition nichts anderes als der Augenblick des Körperwechsels, in dem wir (d.h. die spirituelle Seele) – bedeckt von unserem feinstofflichen Astralkörper aus Gedanken, Gefühlen und Wünschen – aufgefordert werden, unseren gegenwärtigen grobstofflichen Körper für immer zu verlassen, um anderswohin weiterzuwandern.

Unser zurückgelassene materielle Körper wird alsdann für «tot» erklärt und kann auch unter keinen Umständen «wiederbelebt» werden. Denn es ist allein die Energie der Seele, die den ganzen Körper mit Leben durchdringt und die im Körper Lebensfunktionen sichtbar macht; ohne die Anwesenheit der Seele zerfällt der leblose Körper auf der Stelle. Hierin stimmt also die vedische Version im großen und ganzen mit der dritten Definition von Dr. Ryzl überein. Im *Śrīmad-Bhāgavatam* heißt es dazu:

> Wenn der physische Körper, durch den die Wahrnehmung der Außenwelt stattfindet, unfähig wird, etwas wahrzunehmen, nennt man dies Tod. Und wenn man beginnt, den physischen Körper als sein Selbst zu betrachten, nennt man

> dies Geburt. Daher soll man den Tod nicht mit Schrecken sehen oder fälschlicherweise denken, der Körper und die Seele seien identisch, und man sollte die körperlichen Begierden auch nicht in übertriebenem Ausmaß ausleben. Indem man die wahre Natur des Lebewesens erkennt, soll man sich in der Welt frei von Anhaftung und mit stetiger Entschlossenheit bewegen. (SB. 3.31.45-47)

Was aber geschieht im Augenblick des Todes, also des Körperwechsels, genau? – Zunächst einmal kann der Tod aufgrund der verschiedensten Ursachen eintreten. Man unterscheidet in der Regel zwischen «natürlichem» Tod (durch Altersschwäche, Krankheit, Herzschlag usw.) und «unnatürlichem» Tod (durch Unfall, Mord, Selbstmord usw.). Wie überall, so ist auch hier das individuelle Karma des betreffenden Menschen sowohl für den exakten Zeitpunkt als auch für die Ursache des Todes verantwortlich. Obwohl sich die Todeserfahrung entsprechend der Todesursache in gewissen Einzelheiten unterscheidet, finden in allen Fällen doch prinzipiell die gleichen psychischen und physischen Abläufe statt, die wir in der Folge kurz betrachten wollen.

Die psychischen Abläufe.
Was die psychischen Abläufe im Moment des Todes betrifft, so gliedern sie sich nach den Ermittlungen der Sterbeforscherin Frau Dr. *Elisabeth Kübler-Ross* meist in die folgenden vier Phasen:

1. Widerstand
2. Erbitterung
3. Depression
4. Loslösung (d.h. Sichfügen ins Unabänderliche)

Natürlich ist es hierbei nicht erforderlich, daß ein Sterbender alle vier Phasen im einzelnen durchläuft. Im besten Falle, das heißt bei genügender innerer Vorbereitung und Bereitschaft, lassen sich die Phasen eins bis drei auch überspringen. In diesem Falle ist der Sterbende sofort bereit, den eintretenden Tod widerstandslos zu akzeptieren, auch wenn dieser ihn unverhofft ereilt, und er versucht nicht, sich aus Angst vor dem Ungewissen oder aus Anhaftung an seinen grobstofflichen Körper sinnlos gegen das Unabänderliche zu wehren. Durch diese Fähigkeit der sofortigen Loslösung – die wir nur während des Lebens und nicht erst im Moment des Todes erlernen können – erspart man sich die psychisch sehr leidvollen Phasen der Erbitterung und der Depression.

Gelingt es einem Sterbenden hingegen nicht, sich trotz Erbitterung und Depression rechtzeitig innerlich loszulösen, wird dadurch das weitere Voranschreiten der Seele behindert, und die Folge wird ein unter Umständen längeres feinstoffliches Zwischenleben sein. In einem solchen Zwischenleben, in dem man von anhaltender Depression und Angst beherrscht wird, ist es sehr viel schwieriger und mühsamer, die wichtige Lektion der Loslösung zu lernen. (Auf diese Thematik werden wir später sowie vor allem in *Kapitel 7* noch ausführlich eingehen.)

Die Stationen im Todesmoment.
Auch in bezug auf die verschiedenen Stationen, die ein Sterbender durchläuft, läßt sich bei den meisten eine vierphasige Entwicklung beobachten, nämlich:

1. Der dunkle Tunnel
2. Der Lebensfilm
3. Der Austritt aus dem Körper
4. Die Ernüchterung

Der dunkle Tunnel.
Das erste, was der Sterbende erfährt, ist zunächst einmal völlige Dunkelheit, die allerdings nur einen kurzen Moment andauert. Denn kurz darauf beleuchtet die Überseele, die direkt neben der individuellen Seele im Herzen weilt, eine Öffnung im Körper, was der Seele als Licht am Ende eines langen Tunnels erscheint.

Diese Tatsache wird auch von der modernen Thanatologie bestätigt. Der kanadische Anthropologe und Sterbeforscher *Ian Currie* schreibt in seinem im Jahre 1978 erschienenen Werk «Niemand stirbt für alle Zeit – Berichte aus dem Reich jenseits des Todes»:

> Der Tod beginnt gewöhnlich mit dem Erlebnis, sehr schnell durch einen langen, dunklen Raum zu gleiten, der unterschiedlich als Tunnel, Röhre, Schacht, Loch, Trichter, Gewölbe, Brunnen, Hohlweg, Tal oder Zylinder beschrieben wird. Ein 65-jähriger Mann, der einen Herzanfall erlitt, berichtete später: «Das erste, was mir bewußt wurde, war, daß ich ganz schnell diesen endlosen Tunnel hinunterglitt. An seinem Ende leuchtete ein helles Licht. Irgendwie kam ich mir vor, als säße ich in einem niedrigen Sportwagen und führe 180. Dann kam ich zu einem Licht.»
>
> Eine wiederbelebte Frau erklärte, es sei ihr vorgekommen, als stürze sie vorwärts durch einen pechschwarzen Tunnel. Dr. B. Kirkwood, den man als tot aufgegeben hatte, der aber reanimiert wurde, erzählt von seiner Begegnung mit dem Tod: «Ich wurde mit rasender Geschwindigkeit fortgezogen. Haben Sie je durch einen sehr langen Tunnel gesehen und den winzigen Lichtpunkt am anderen Ende erblickt? Genau durch so einen Tunnel oder Gang eilte ich hindurch.» (S. 190)

Die vedische Schrift *Bṛhad-āraṇyaka Upaniṣad* erklärt, daß diese vorübergehende Dunkelheit eine Folge der Tatsache ist, daß durch den nun beginnenden Tod sich zunächst die Lebenskraft, die normalerweise den ganzen Körper durchdringt, ins Herz zurückzieht, wodurch die Verbindung zwischen der Seele und den physischen Sinnesorganen durchtrennt wird und die Seele sich nicht mehr des grobstofflichen Sehapparates bedienen kann. Und was den «Tunnel» betrifft, so besitzt der menschliche Körper nach āyurvedischen Beschreibungen 118 verschiedene «Kanäle» oder eben «Tunnels», durch welche die Seele vom Herz aus den Körper verlassen kann.

Diese Kanäle heißen im Sanskrit *Nāḍīs*, und es ist der modernen westlichen Medizin, soweit dem Autor bekannt ist, bisher noch nicht gelungen, ihre Lokalisation und Funktion zu identifizieren, weshalb es auch keine exakte Übersetzung des Wortes Nāḍī gibt. Die vedische Yoga-Philosophie erklärt, daß es sich bei den Nāḍīs um diejenigen Kanäle handelt, in denen die Energie der Seele (Lebenskraft) innerhalb des Körpers zirkuliert, und sie lassen sich wohl am ehesten mit verschiedenen Nervenbahnen vergleichen.

Durch einen dieser Nāḍīs also verlassen wir im Augenblick des Todes unseren grobstofflichen Körper, um uns an unseren nächsten Bestimmungsort zu begeben. Hierbei gilt die folgende Regel: Wer durch eine Körperöffnung den Körper verläßt, die unterhalb der Herzens – in welchem die Seele zu Lebzeiten weilt – gelegen ist (z.B. durch Anus oder Geschlechtsöffnung), wird in eine niedere Lebensform eingehen, und wer den Körper durch eine Öffnung in der oberen Körperhälfte verläßt (z.B. durch Auge, Nase, Mund oder durch den obersten Punkt der Schädeldecke), wird eine höhere Lebensform erhalten. In jedem Fall aber beleuchtet die Überseele lediglich einen einzigen aller Nāḍī-Kanäle, worauf sich die Seele spontan zu dem Licht am Ende des Tunnels hingezogen fühlt und sich ganz natürlich sofort durch diesen bestimmten Nāḍī hinausbegibt. Dieser wird gemäß den Wünschen und dem angesammelten Karma des betreffenden Lebewesens von der Überseele ausgewählt.

Der «Lebensfilm».

Als nächstes durchlebt der Sterbende einen mit unwahrscheinlicher Geschwindigkeit ablaufenden «Lebensfilm», bei dem noch einmal die eindrücklichsten Szenen seines Lebens wie ein «Film» vor ihm ablaufen, während er selbst nicht nur Hauptdarsteller, sondern zugleich auch Beobachter des Filmes ist, ohne allerdings die Möglichkeit zu besitzen, in das Geschehen einzugreifen oder es zu korrigieren. Wie aber ist dieser Lebensfilm zu erklären?

Der bereits angeführte Vers aus der *Bhagavad-gītā* (8.6) kann uns in dieser Hinsicht Aufschluß geben. Darin wird beschrieben, daß wir im nächsten Leben denjenigen Daseinszustand erreichen werden, an den wir uns beim Verlassen unseres gegenwärtigen Körpers (also im Moment des Todes) erinnern. So wird uns in der Todesstunde von der Überseele anhand des «Lebensfilmes» noch einmal alles vor Augen geführt, was wir während unseres Lebens gedacht, getan und erlebt haben, was uns im Verlaufe des Lebens besonders lieb geworden ist und an dem wir am meisten hängen.

Auch die moderne psychologische Forschung hat bewiesen, daß all unsere Gedanken, Gefühle und Handlungen in unserem Unterbewußtsein einen unauslöschlichen Eindruck hinterlassen. Die Gesamtheit all dieser Eindrücke beeinflußt unsere letzten Gedanken im Augenblick des Todes, also unseren «Lebensfilm», und diese wiederum beeinflussen unsere nächste Geburt. In seinem Untersuchungsbericht «Begegnungen mit der Unsterblichkeit» (1983) berichtet der Präsident des amerikanischen Umfrageinstituts «Gallup Poll», *George Gallup Jr.*, von einem Geschäftsmann, der ein in diesem Zusammenhang typisches Erlebnis hatte:

> Ich war in einer Bucht in der Nähe der Philippinen unter Wasser und bemühte mich verzweifelt, wieder an die Oberfläche zu kommen; ich war bereits drei-

> oder viermal aufgetaucht und hatte um Hilfe gerufen. Nun folgte eine Reihe von Ereignissen aus meinem Leben, die in großer Zahl wie ein zu schnell vorgeführter Film in rasender Eile vor meinen Augen vorüberzogen. Dann muß ich bewußtlos geworden sein. Als nächstes erinnere ich mich daran, daß ich auf einer Mole lag. Verschiedene Leute standen um mich herum, und ein Mann versuchte, mich durch künstliche Beatmung wiederzubeleben. Mir wurde schlecht, aber nach ungefähr einer Stunde hatte ich mich wieder völlig erholt. (S. 71)

Ein weiteres anschauliches Beispiel für diesen «Lebensfilm» bildet die Erfahrung des Zürcher Architekten *Stefan von Jankovich*, der nach einem Autounfall im Jahre 1964 etwa fünf Minuten lang klinisch tot war und ein «außerkörperliches Erlebnis» hatte, bevor er wieder in seinen physischen Leib zurückgeholt wurde. In seinem Buch «Ich war klinisch tot – Der Tod: Mein schönstes Erlebnis» (1984) berichtet er:

> Der Lebensfilm war bisher mein großartigstes Erlebnis. Ich konnte als Beobachter ganz deutlich sehen, wer ich bin und wie ich bin! Eine dramatische Vorführung des eigenen Charakters mit allen in mir vorhandenen guten und schlechten Eigenschaften. Eine Selbsterkenntnis, wie sie sonst nie möglich ist, wurde dargeboten. Ein schmerzliches Erwachen: bin ich wirklich so? ... Der Lebensfilm zeigte mir, daß wir für alle Taten und auch Gedanken die Verantwortung zu tragen haben... Bei der Beurteilung spürte ich, daß das ganze Leben eine Probe war, voll mit Problemen, Hindernissen und Hürden. Wichtig war, wie man diese Probleme, diese Situationen, im Sinne der Harmonie löste.

Leider unterliegt Stefan von Jankovich insofern einem Irrtum, daß er denkt und verkündet, er hätte in diesem Augenblick sein wahres Selbst («wer ich bin und wie ich bin») erkannt. Das Selbst ist ja gerade *nicht* das, was wir während des Ablaufens unseres «Lebensfilms» sehen, nämlich der «eigene Charakter», die Gedanken, die Empfindungen und die vergangenen Tätigkeiten. Vielmehr ist das wahre Selbst die reine spirituelle Seele, die gegenwärtig in den karmischen Bedingtheiten ihres grob- und feinstofflichen materiellen Körpers gefangen ist und sich nach Freiheit von jeglichen materiellen Einflüssen sehnt. Von der Seele allerdings berichtet Jankovich im weiteren Verlauf seines Buches leider nicht.

Dennoch sind seine Schilderungen, wenn wir sie mit diesem Vorbehalt betrachten, deshalb interessant, da sie uns eine ungefähre Vorstellung davon vermitteln können, was in der Nähe des Todes geschieht. Jankovich beschreibt, der Film habe etwa 2000 Szenen seines Lebens wiedergegeben, rückwärtslaufend vom Zeitpunkt des Unfalls bis zur Geburt. Jede Szene sei in sich abgeschlossen gewesen, mit Anfang und Ende, und er habe wie erwähnt alles so wahrgenommen, als ob er einerseits Hauptdarsteller, zum anderen jedoch auch nur Beobachter wäre:

> Ich betrachtete mich von allen Seiten und hörte zu, was ich selber sagte. Ich registrierte mit allen meinen Sinnesorganen, was ich sah, hörte, spürte, und auch was ich gedacht hatte. Auch die Gedanken wurden irgendwie Wirklichkeit.

Die entsprechenden Erläuterungen der Veden führen noch weiter. Sie erklären, daß uns die Natur entsprechend der Art unserer *feinstofflichen Anhaftungen* während des Betrachtens dieses Lebensfilms – mit anderen Worten, entsprechend dem, woran wir am intensivsten denken oder womit wir uns am intensivsten verbunden fühlen – einen geeigneten nächsten Körper zur Verfügung stellt. Wenn wir nun diesen Sachverhalt von der anderen Seite her betrachten, kommen wir zum Schluß, daß unser gegenwärtiger Körper nichts anderes ist als der Ausdruck unseres Bewußtseinszustandes in der Todesstunde unseres letzten Lebens. Die *Bhagavad-gītā* sagt hierzu:

> Das Lebewesen, das einen weiteren materiellen Körper annimmt, erhält eine bestimmte Art von Ohren, Augen, Zunge, Nase und Tastsinn, die um den Verstand gruppiert sind. So genießt es eine bestimmte Auswahl von Sinnesobjekten. (Bg. 15.9)

«Out-of-the-body» – Das Gefühl der Freiheit.

Sobald nun der Sterbende nach Ablauf des Lebensfilms am Ende des entsprechenden Nāḍī-Tunnels angelangt ist und tatsächlich aus seinem grobstofflichen Körper austritt, verspürt er ein unbeschreibliches Gefühl der «Erleichterung» und der neu gewonnenen «Freiheit» und ist imstande, die Außenwelt viel deutlicher zu erleben und auch viel schneller und klarer zu denken als zuvor. So über dem Geschehen schwebend, kann er seinem ehemaligen Körper sozusagen von Angesicht zu Angesicht gegenübertreten und sowohl diesen als auch die ganze Umgebung von einer «höheren Warte» her genau beobachten. Auch für dieses Phänomen finden wir in der modernen Thanatologie unzählige Fallbeispiele; man spricht dort von sogenannten *Out-of-the-body*-Erlebnissen (kurz: *OBE*).

In diesem Zusammenhang wollen wir insbesondere auf den amerikanischen Arzt und Sterbeforscher Dr.med. *Raymond A. Moody* hinweisen, der durch seine beiden Bücher «Leben nach dem Tod» (1976) und «Nachgedanken über das Leben nach dem Tod» (1978) weltberühmt wurde. In diesen Büchern hat er seine Gespräche mit einer großen Anzahl von Menschen zusammengefaßt, welche durch Verkehrsunfall, Herzinfarkt oder ähnliches in die Nähe des Todes gekommen waren und sich später, nach ihrer Wiederbelebung, bewußt an ihre Erlebnisse zu erinnern vermochten. Moody berichtet zum Beispiel:

> Ein Mann gibt an, daß seine Sehkraft während des «Totseins» offenbar um ein Vielfaches gesteigert war. In seinen Worten: «Mir ist unbegreiflich, wie ich so weit sehen konnte.» Eine Frau, die Ähnliches erlebt hatte, bemerkt: «Es schien, als ob es für das ... Sehen gar keine Schranken gäbe, als ob ich wirklich überall alles und jedes hätte mit ansehen können.»

Aus dieser Beschreibung wird deutlich, daß die Begrenzungen und Mängel des physischen Körpers die Seele in ihrem ausgetretenen feinstofflichen Körper nicht mehr beeinträchtigen, ganz zu schweigen von den körperlichen Schmerzen und Beschwerden, die sie noch Augenblicke zuvor gepeinigt hatten. Aus diesem Grunde wird das Sterben und der im Grunde sehr leidvolle Körperwechsel zunächst als «schön» oder «befreiend» erlebt, denn der feinstoffliche Körper engt die spirituelle Seele um einiges weniger stark ein als der grobstoffliche. (Wirkliche Freiheit jedoch kann die Seele erst erfahren, wenn es ihr gelingt, sich auch aus ihrem feinstofflichen Körper zu befreien und gänzlich aus dem Kreislauf von Geburt und Tod auszubrechen. Doch davon später.)

Der feinstoffliche Körper, in dem wir uns in diesem Zustand kurz nach dem Tode befinden, besitzt übrigens noch mehr oder weniger dieselbe «Form» wie vorher, das heißt, er gleicht noch derjenigen menschlichen Gestalt, die wir eben verlassen haben. Im Verlaufe der weiteren Wanderung bis in unseren nächsten grobstofflichen Körper verändert sich dann der feinstoffliche Körper allmählich, um sich seinem neuen «Zuhause» anzupassen.

Die Ernüchterung.

Ein anderer Patient von Dr. Moody berichtet von einer weiteren interessanten Erfahrung, welche die nächste, vierte Phase kennzeichnet:

> Die Ärzte und Schwestern trommelten auf meinem Körper, um die Infusionen zu unterstützen und mich zurückzuholen, während ich beständig versuchte, ihnen zu sagen: «Laßt mich in Ruhe. Ich möchte weiter nichts als meine Ruhe. Hört doch endlich auf, auf mir herumzutrommeln!» Aber sie hörten mich nicht. Deswegen versuchte ich, ihre Hände wegzuschieben, damit sie meinen Körper nicht länger bearbeiteten – aber nichts geschah. Ich konnte nichts machen, ... ich konnte einfach ihre Hände nicht wegdrücken. Zwar sah es schon so aus, als ob ich sie berührte, und ich gab mir alle Mühe, sie wegzuschieben – doch selbst wenn ich mit aller Kraft dagegendrückte, blieben ihre Hände da, wo sie waren. Ich weiß nicht, ob meine Hände durch die ihren hindurch oder um sie herumgingen oder was eigentlich los war. So sehr ich auch versuchte, sie zu bewegen, schien doch auf ihre Hände überhaupt kein Druck zu wirken.

Hier stellen sich nun bereits die ersten Enttäuschungen und Ernüchterungen für den soeben Gestorbenen ein, der sich plötzlich der weittragenden Konsequenzen seines Todes bewußt wird. Obwohl er noch an seinen ehemaligen Freunden und Verwandten hängt und obwohl er nach wie vor den Wunsch hat, sich seinen Mitmenschen mitzuteilen und mit der Außenwelt zu kommunizieren, muß er ernüchtert feststellen, daß diese ihn nicht mehr wahrnehmen kann.

Eine weitere Feststellung, die wir in diesem Augenblick der Ernüchterung machen können, ist, daß alles einfach mit uns geschieht, ob wir es nun wollen oder nicht, und daß wir keinen aktiven Einfluß mehr darauf haben, was uns zustößt oder wohin wir geführt werden. Wir erkennen also, daß wir vollständig abhängig sind von offensichtlich höheren Kräften. In seinem Buch «Leben nach dem Tod?» berichtet der schwedische Arzt und Parapsychologe *Nils-Olof Jacobson* (*1937) von einem seiner Patienten, der sich an folgendes Todeserlebnis aus einem früheren Leben erinnerte:

> Als ich nach Hause kam, warf ich mich auf das Bett, lag dort und döste. Da spürte ich eine Art Nebel über mich kommen, ich hörte alle Geräusche um mich herum, aber immer gedämpfter, und gleichzeitig spürte ich, wie meine Beine

> immer unempfindlicher und schwerer wurden. Dieses tote Gefühl verbreitete sich langsam aufwärts, und ich konnte mich nicht dagegen wehren oder etwas dagegen tun. Es war erschreckend und unheimlich. Ich will schreien, kann es aber nicht, und dann fühle ich, wie ich langsam aus meinem Körper gleite. Sobald ich meinen Körper verlassen habe, wird alles leichter, aber noch immer kann ich keine Initiative ergreifen, sondern entferne mich immer mehr von meinem Körper und gleite in einem milchweißen, dichten Nebel dahin. Es ist totenstill. (S. 229)

Und Ian Currie schreibt hierzu:

> Zuhörer, denen ich solches Material vorgetragen habe, erschauern an dieser Stelle oft in einer Art fasziniertem Entsetzen. Eine der typischen Reaktionen ist: «Aber wie schrecklich! Zu wissen, daß man tot ist, aber nicht in der Lage zu sein, sich mit irgend jemandem in Verbindung zu setzen, das wäre grauenvoll! Wenn ich den Tod als unsichtbarer Geist überleben müßte, der an der Zimmerdecke umherschwebt, dann würde ich ihn lieber nicht überleben!» (S.197)

Während die Veden empfehlen:

> Auf der letzten Stufe des Lebens soll man kühn genug sein, keine Angst vor dem Tod zu bekommen. Vielmehr muß man jegliche Anhaftung an den materiellen Körper samt allem Dazugehörenden und allen Wünschen aufgeben. (*Śrīmad-Bhāgavatam* 2.1.15)

In der Erläuterung zu diesem Vers gibt uns Śrīla Prabhupāda den folgenden wertvollen Hinweis:

> Die Torheit des groben Materialismus besteht darin, daß sich die Menschen für einen ewigen Aufenthalt in der materiellen Welt einrichten wollen, obwohl es eine unumstößliche Tatsache ist, daß man alles aufgeben muß, was von wertvoller menschlicher Energie geschaffen wurde... Nach dem Tod vergißt man alle gegenwärtigen körperlichen Beziehungen.

Dies erfahren wir schon jetzt bis zu einem gewissen Grade, nämlich nachts, wenn wir uns schlafenlegen. Während des Schlafes vergessen wir alles, was mit unserem Körper und den körperlichen Beziehungen zu tun hat, obwohl dieses Vergessen ein vorübergehender Zustand ist, der nur einige Stunden anhält. Ebenso ist der Tod nichts anderes als eine gewisse Zeit des Schlafens, um einen neuen Körper zu entwickeln, den wir je nach unseren Wünschen von den Gesetzen der Natur bekommen.

Sterbeforschung oder Sterbebeschönigung?

An dieser Stelle scheint es notwendig, folgende Bemerkungen anzufügen: Mit dem in den letzten Jahren immer mehr aufblühenden Wissenschaftszweig der Thanatologie beschäftigen sich längst nicht mehr bloß esoterisch interessierte Minderheiten aus dem Bereich der Parapsychologie, sondern zunehmend auch Forscher aus «seriösen» Bereichen der anerkannten Naturwissenschaften, zum Beispiel der Schulmedizin. Wir möchten hier allerdings nicht auf die Seriosität oder Fragwürdigkeit ihrer jeweiligen Forschungsmethoden eingehen – dies sei den Kritikern der medizinischen Fachzeitschriften überlassen –, sondern vielmehr auf die philosophische (oder pseudophilosophische) Botschaft, die sie uns unter dem Deckmantel der Wissenschaftlichkeit verkünden wollen.

Der bereits erwähnte Amerikaner Dr.med. *Raymond A. Moody* ist nur einer von ihnen. Eine andere, und vielleicht sogar die berühmteste, ist die Schweizer Ärztin Frau Dr. *Elisabeth Kübler-Ross*, die seit bald fünfundzwanzig Jahren an verschiedenen Krankenhäusern in den USA wirkt und lehrt und sich auf dem Gebiet der Sterbeforschung einen weltweiten Ruf errungen hat. Frau Kübler-Ross hat über zwanzigtausend Fälle von Menschen auf der ganzen Welt untersucht, die man bereits für «klinisch tot» erklärt hatte und die dann irgendwie wieder zum Leben zurückgerufen wurden — sei dies ganz natürlich oder erst durch Wiederbelebungsversuche. Aus ihren Studien zieht sie in ihrem Buch «Über den Tod und das Leben danach» (1984) die Schlußfolgerung, daß jeder Mensch den Tod genau gleich erleben wird, unabhängig davon, wessen Nationalität oder Religion er angehöre, nämlich als «ein ganz beglückendes, seliges Erlebnis».

Diese ihre Botschaft oder Lehre, so schön und beruhigend sie für den oberflächlichen Leser erscheinen mag, birgt vom Standpunkt der vedischen Schriften allerdings eine große, fatale Gefahr in sich, vor der gewarnt sein will. Frau Kübler-Ross verkündet: «Sterben ist nur ein Umziehen in ein schöneres Haus», wobei sie ihre Angaben auf die bereits beschriebene Tatsache stützt, daß die Seele in ihrem feinstofflichen Körper, d.h. nach dem Austritt aus dem grobstofflichen, nicht mehr an die Krankheiten und Gebrechen des physischen Körpers gebunden ist. So erinnert sie sich an Fälle, in denen Blinde im außerkörperlichen Zustand wieder sehen, Taube wieder hören oder Gelähmte wieder gehen konnten. In anderen Fällen berichteten Menschen, die nach dem Verlust von Gliedmaßen bei Unfällen starben und reanimiert wurden, daß sie außerhalb ihres grobstofflichen Körpers wieder völlig intakte, feinstoffliche Körper besaßen.

Daß die spirituelle Seele in diesem Sinne im Astralbereich freier und weniger an die Gesetze der grobstofflichen Welt gebunden ist und daß sie daher während eines OBE-Erlebnisses in ihrer angenehmen Überraschung zunächst nicht den Wunsch hat, wieder in ihren kranken oder behinderten Körper zurückzukehren — dies ist *eine* Sache und ist auch durchaus verständlich. Hieraus jedoch eine ganze «Heilsbotschaft», eine umfassende Sterbephilosophie abzuleiten und den Tod voreilig als «letztliche Erlösung» und als «ganz einmaliges, schönes, befreiendes Erlebnis, das man erlebt ohne Angst und Nöte» (Frau Kübler-Ross neulich im Deutschen Fernsehen) zu verkünden — dies ist eine völlig andere Sache und scheint uns ebenso unwissend wie irreführend und daher höchst gefährlich zu sein.

Auch wenn Reanimierte zuweilen von «wunderschönen sphärischen Klängen, von Wärme, Licht und Wohlbefinden, von ungebundener Liebe und Glückseligkeit» schwärmen, die man beim Tode erfahren soll, so dürfen wir doch bei all diesen

Beschreibungen nicht vergessen, daß es sich bei sämtlichen untersuchten Fällen *nicht* um Menschen handelt, die den Tod wirklich erlebt haben, sondern lediglich um solche, die in die *Nähe des Todes* gekommen sind – die also, mit anderen Worten, nicht tatsächlich jene Schwelle überschritten haben, nach welcher es keine Rückkehr und auch keine Wiederbelebung mehr gibt.

(Wenn man schon Todesbeschreibungen untersuchen möchte, um etwas über diesen höchst bedeutenden Augenblick im Leben eines Menschen zu erfahren, scheinen uns die Beschreibungen derjenigen, die sich an ihren Tod im vorangegangenen Leben erinnern können, um einiges glaubwürdiger und wahrheitsgetreuer zu sein. Wir werden darauf in Kapitel 7, *Moderne Reinkarnationsforschung*, noch ausführlicher zu sprechen kommen.)

Genau hier nämlich – in der Tatsache, daß es sich bei den von Frau Kübler-Ross und anderen untersuchten Beispielen nicht um tatsächlich Verstorbene handelt – liegt die Gefahr solch rosaroter Todesbeschönigungen, in denen der Tod als wunderbarer, schmerzloser Übergang in eine sagenhafte Lichter- und Farbenwelt dargestellt wird. Wie wir bereits dargelegt haben, sind alle Menschen dem Naturgesetz des Karma unterworfen und sind gezwungen, gemäß ihren eigenen guten und schlechten Handlungen nach dem Tode die entsprechenden positiven und negativen Reaktionen zu genießen oder zu erleiden. Wer gegen die Naturgesetze verstoßen und grausam gehandelt hat, indem er anderen Lebewesen unnötig Leid zufügte, wird sich nach dem Tod mit Sicherheit vor dem Karma-Gesetz verantworten und dieselben Leiden in einem späteren Leben auch ertragen müssen – so will es das ausgleichende Gesetz der kosmischen Gerechtigkeit.

Unbegründete Beschönigungen und billiger Trost jedoch führen die verwirrten und verängstigten Menschen letztlich genau zum Gegenteil des Erstrebten, nämlich zu noch mehr Leid und Elend. Denn dadurch, daß ihnen vorgegaukelt wird, der Tod sei in jedem Fall ein herrliches (und auch einmaliges!) Erlebnis, werden sie dazu verführt, gegen die Naturgesetze und damit auch gegen ihre eigenen Interessen zu handeln. «Es spielt ja keine Rolle, ob ich im Leben Gutes oder Böses tue, denn im Tod werden wir alle wieder gleich sein», mag mancher nach der Lektüre derartiger Bücher denken.

Aus dieser Überlegung läßt sich übrigens auch verstehen, warum diese Art von Literatur Millionenauflagen erzielt und einen Bestseller nach dem anderen hervorbringt: Die träge gewordene Menschheit von heute zieht den wahren Tatsachen, die eben nicht immer rosarot sind, irgendeine schön glitzernde Illusion, eine Traum- und Phantasiewelt, vor. Ob ihnen dies jedoch zum letztlichen Wohl gereichen wird, möchten wir sehr bezweifeln. Denn Illusionen, und scheinen sie auch noch so schön und verlockend zu sein, müssen irgendwann unweigerlich in Leid enden, und zwar spätestens dann, wenn wir erkennen müssen, daß sie durch den Einfluß der Zeit wie Seifenblasen zerplatzen und der eigentlichen Wirklichkeit zu weichen haben.

Wer jedoch an eben dieser Wirklichkeit interessiert ist und erfahren möchte, was tatsächlich während und nach dem Tode geschieht und, vor allem, wie wir diesem scheinbar endlosen Zyklus von Geburt und Tod ein Ende bereiten und in eine tatsächlich existierende wunderschöne Welt eingehen können, dem sei geraten, sich dem umfassenden vedischen Schrifttum zuzuwenden, das wir in dem vorliegenden Buche zu präsentieren versuchen.

Kremation und Zwischenleben

Soweit eine knappe Beschreibung der verschiedenen Stationen, die ein Sterbender durchläuft. Wie aber geht es nach dem Tode weiter, nachdem sich Körper und Seele getrennt haben? Was geschieht mit dem Körper, was mit der Seele?

Zunächst zum Körper: Aus den Überlegungen der Reinkarnation heraus empfehlen die Veden, daß der zurückgelassene grobstoffliche Körper nach dem Tod kremiert, also verbrannt wird. Dadurch wird es dem Verstorbenen ermöglicht, sich leichter von der Anhaftung an seinen toten Körper zu lösen und so seine Wanderung in die nächste Verkörperung ungehindert fortzusetzen. Śrīla Prabhupāda schreibt in diesem Zusammenhang:

> Wenn wir sterben, zersetzt sich der aus fünf Elementen (Erde, Wasser, Feuer, Luft und Äther) bestehende materielle Körper, und seine grobstofflichen Bestandteile vermischen sich wieder mit den Elementen. Oder wie es die christliche Bibel formuliert: «Staub bist du, und zu Staub wirst du wieder werden.» Bei manchen Völkern wird der Körper verbrannt, manche begraben ihn, und wieder andere werfen ihn den Tieren vor. Die Hindus in Indien verbrennen den Körper, so daß er in Asche umgewandelt wird. Asche ist nichts weiter als eine andere Form von Erde.
>
> Die Christen begraben den Körper, und wenn er eine Zeitlang im Grab gelegen hat, wird er schließlich zu Staub, was, wie Asche, wieder nur eine andere Form von Erde ist. Es gibt auch noch andere Volksgemeinschaften – wie beispielsweise die Parsen in Indien –, die den Körper weder verbrennen noch begraben, sondern ihn den Geiern vorwerfen, die sofort herbeigeflogen kommen und ihn auffressen, so daß er schließlich in Kot umgewandelt wird. Es steht also fest, daß unser schöner Körper, den wir so sehr hegen und pflegen, schließlich entweder zu Kot, Asche oder Staub werden wird.
>
> Wenn der Tod eintritt, tragen die feinen Elemente (Geist, Intelligenz und Ego), die zusammengenommen als das Bewußtsein bezeichnet werden, die winzig kleine spirituelle Seele in einen anderen Körper, wo sie leidet oder genießt – je nachdem, wie sie gehandelt hat. («Bewußte Freude», S. 184)

Was nun aber geschieht mit der Seele? Mit anderen Worten, wo hält sich die Seele nach dem Tod und nach der Kremation ihres ehemaligen Körpers auf? Und für wie lange Zeit hält sie sich in jenem «Zwischenleben» auf, bis sie wieder grobstofflich verkörpert wird? – Gemäß der vedischen Wissenschaft findet der Körperwechsel, also das Re-Inkarniertwerden, unter normalen Umständen *sofort* statt. Nachdem die Seele aus ihrem alten grobstofflichen Körper ausgetreten und eine Zeitlang beobachtend über diesem geschwebt ist, wird sie, gemäß ihrem Karma und unter der Anleitung der Überseele, vom feinstofflichen Körper zu ihrem nächsten Bestimmungsort getragen.

Die Veden geben in diesem Zusammenhang das folgende anschauliche Beispiel: Genauso wie eine Raupe, die von einem Blatt zum anderen kriecht, sich zunächst an einem neuen Blatt festhält, bevor sie das alte losläßt, so verläßt das Lebewesen seinen alten Körper erst dann, wenn der neue aufgrund seines Karma bereits genau festgelegt ist. Dann aber geht sie unverzüglich in den nächsten Körper über. Das *Śrīmad-Bhāgavatam* sagt hierzu:

> Wenn sich der gegenwärtige Körper in Staub verwandelt und wieder in die fünf Elemente zerfällt, erhält das Lebewesen entsprechend seinem Karma automatisch einen neuen, aus materiellen Elementen bestehenden Körper. Sobald es einen weiteren Körper bekommt, gibt es den gegenwärtigen auf. (SB. 10.1.39)

Dies ist, wie gesagt, der Normalfall. Es kann jedoch auch vorkommen – und dies ist heutzutage leider eher die Regel geworden –, daß jemand im Falle eines unerwartet eintretenden Todes (wie zum Beispiel durch Unfall oder Mord) oder aber aufgrund übermäßiger Anhaftung an den Körper oder einfach nur aus Angst das Gefühl hat, viele seiner Wünsche, Vorstellungen und Pläne seien in diesem Leben noch nicht in Erfüllung gegangen, und sich daher weigert, in den nächsten Körper einzugehen. In diesem Fall des Verweigerns ist das Lebewesen gezwungen, in einem leidvollen Zwischenzustand zu verharren, im «Grau», im «Nebel», im «Dunkeln» (so die Beschreibungen derer, die sich an diese Phase zwischen zwei Verkörperungen erinnern konnten). Ohne vorwärts (in den nächsten Körper) oder rückwärts (in den soeben gestorbenen) gehen zu können, und meist auch ohne Kommunikationsmöglichkeiten untereinander, führen diese unglückseligen Wesen, die zwischen Tod und Wiedergeburt schweben, ein leidvolles feinstoffliches Dasein als Geist oder Gespenst. Sie treten – wie auch moderne Forschungen immmer wieder zeigen – immer öfter auf, und wir werden uns später (Kapitel 7: *Moderne Reinkarnationsforschung*) noch eingehender mit ihnen beschäftigen.

Auf die Frage nach der *Dauer* dieses feinstofflichen Zwischenlebens findet man in den verschiedenen esoterischen und parapsychologischen Lehren die unterschiedlichsten Angaben. In einigen Schulen wurde sogar der Versuch unternommen, eine für alle Seelen verbindliche Zeitspanne festzulegen – wie etwa ein Jahr, sieben Jahre, dreißig Jahre usw. –, doch würde dies nicht nur der bereits im vorangegangenen Kapitel dargelegten Tatsache widersprechen, daß die Karma-Gesetze in jedem Fall höchst individuell wirken, sondern auch dem Gesetz des freien Willens jedes einzelnen Lebewesens.

Gemäß den entsprechenden Angaben der vedischen Literatur verhält es sich vielmehr so, daß die Dauer dieses Zwischenlebens entweder sehr kurz (einige Tage oder Wochen) oder aber auch sehr lange (viele Jahre) sein kann — je nachdem, aufgrund welcher karmischen Ursache eine Seele gezwungen wird, ein feinstoffliches Zwischenleben zu führen. Darüber hinaus sollte in dieser Diskussion auch die Tatsache nicht übersehen werden, daß im «Jenseits», das heißt in der feinstofflichen «Parallelwelt» – ähnlich wie beispielsweise auch im Traum –, die Zeit völlig anders wahrgenommen wird als in der für uns erfahrbaren «diesseitigen», grobstofflichen Welt. (Auch hierauf werden wir in *Kapitel 7* noch einmal eingehen.)

Zusammenfassend können wir also festhalten, daß es nicht sinnvoll und auch nicht korrekt ist, eine allgemeingültige Regel aufzustellen, wie lange die Zeit zwischen zwei grobstofflichen menschlichen Inkarnationen dauert, sondern daß dies von den Naturgesetzen bei jeder einzelnen Seele gemäß dem individuellen Karma auch individuell festgesetzt wird.

Die Wiedergeburt

Da im Normalfall, wie wir aus der *Bhagavad-gītā* (8.6) erfahren haben, der Geisteszustand im Augenblick des Todes für die nächste Geburt bestimmend ist, wird der Körperwechsel meist weniger als abrupte Veränderung sämtlicher Umstände erlebt als vielmehr als gewissermaßen lückenloser Übergang. Wir machen, mit anderen Worten, einfach dort weiter, wo wir aufgehört haben, und wir erfahren den Körperwechsel wie eine Reise an ein unbekanntes und je nachdem mit gespannter Vorfreude oder aber mit panischer Angst erwartetes neues Ziel.

Tatsächlich herrscht, nachdem es uns gelungen ist, die anfängliche Angst hinter uns zu lassen und zu akzeptieren, daß wir nun «gestorben» sind, so etwas wie eine erwartungsvolle Spannung vor, wohin, in welchen neuen Körper, diese Reise uns wohl führen wird. Natürlich ist es dabei nicht zu verhindern, daß zuweilen schwere Enttäuschungen eintreten, nämlich dann, wenn wir realisieren müssen, daß das eigene Karma nicht für den erhofften Wunschkörper ausreicht und wir gezwungen sind, als Kind ganz «normaler» Eltern oder sogar in einer nicht-menschlichen Lebensform wiederzukommen.

Der Augenblick der Empfängnis

Wann aber tritt die Seele in ihren neuen menschlichen Körper ein? – Die Antwort der Veden lautet: im Augenblick des Zeugungsaktes (Empfängnis).

Auch die moderne parapsychologische Forschung hat Fälle ermittelt, in denen die noch unverkörperte Seele in ihrem feinstofflichen Astralleib zunächst über dem zukünftigen Elternpaar «schwebte» und den Zeugungsakt beobachtete, wobei sie häufig auch imstande war «mitzuhören», was gesprochen wurde. Durch einen plötzlichen, ruckartigen «Stoß» geht eine solche Seele alsdann in den Samen des Vaters ein, um daraufhin von dort in die Eizelle der Mutter befördert zu werden, wo sie sich niederläßt und den neu erhaltenen Körper aufgrund ihrer spirituellen Kraft und mit Hilfe der Überseele zum Wachsen bringt. Während dieses ganzen Ablaufs ist sich die Seele in der Regel voll bewußt, was mit ihr geschieht; sie ist also, lange vor der Mutter und dem Vater, die erste, die von der entstandenen Schwangerschaft weiß.

Gerade im Bereich der modernen Medizin konnten in den letzten Jahren zahlreiche in diesem Zusammenhang höchst interessante Erkenntnisse gewonnen werden. Als Beispiel hierfür möchten wir die Arbeit des bereits erwähnten niederländischen Mediziners *Hugo Stefan Verbrugh* anführen. Verbrugh ist seit 1967 Mitarbeiter am Institut für Allgemeine Pathologie der Erasmus-Universität in Rotterdam und fand insbesondere durch sein Buch «Medizin auf totem Gleis» (1974) internationale Beachtung. In seinem Folgewerk «...wiederkommen – Erfahrungen des Vorgeburtlichen und der Reinkarnationsgedanke» (1982) versucht er, das Thema der Reinkarnation in sachlich-kritischer Weise zu behandeln, indem er von wenig bekannten Erfahrungen ausgeht, die mit dem Schwangerschaftsbeginn zusammenhängen. Auf der Grundlage seiner praktischen Tätigkeit als Wissenschaftler und Arzt vertritt er darin die Auffassung, «daß die Reinkarnation alles andere als ein außergewöhnliches Thema werden muß, nämlich eine ganz allgemeine, gewöhnliche Erfahrung, die sogar wissenschaftlich nachweisbar werden soll.»

In seinem Buch führt Verbrugh sechs höchst aufschlußreiche «Erfahrungsberichte aus diesem Gebiet des Inkarnationsgeschehens als Beitrag zur Konkretisierung der Reinkarnationsidee» an. Darin erzählen sowohl Männer als auch Frauen, daß sie bereits im Augenblick der Zeugung oder kurz zuvor ihr zukünftiges Kind tatsächlich sehen konnten. Ein Mann berichtet:

> Ich wußte in dem Moment mit absoluter Sicherheit, daß es geschieht: Ich sah das Gesicht und die Gestalt des Kindes klar und deutlich vor mir – eigentlich über mir; ich wußte, daß es ein Junge war. Auch der Name, den wir ihm schon lange zugedacht hatten, ging wie ein Blitz durch mich hindurch und ich wußte genau, was das bedeutete. (S. 25)

Eine Frau schildert ihr Erlebnis wie folgt:

> Ganz deutlich lebt in mir die Erinnerung an die Beziehung, die ich schon mit einem Kind hatte, bevor ich zum fünften und letzten Mal schwanger wurde. Mein Mann und ich hatten ganz klar abgesprochen, daß das vierte das letzte sein sollte... Da kam ein Moment, in dem ich ganz sicher wußte: Da ist noch ein Kind, das in unserer Familie leben will. Ganz deutlich spürte ich einen Auftrag; nicht von Gott, oder von mir oder so, sondern von einem konkreten, individuellen Wesen. Es hatte noch nicht die Formen eines Kindes. Es war auch nicht so, daß ich etwas sah oder eine Stimme hörte; ich spürte aber einen Auftrag von diesem Wesen, eine Forderung: «Ich will bei dir geboren werden.» (S. 31)

Und schließlich ein dritter Bericht eines Vaters, der einen neuen, interessanten Aspekt zutage fördert:

> Meine Frau und ich haben ein Töchterchen, das Anfang 1972 geboren wurde. 1973 ist ein Söhnchen zu früh zur Welt gekommen und ist am gleichen Tag wieder gestorben. Am 15. Februar 1974, um 2.00 Uhr morgens, wurde ich durch eine Erschütterung wach. Eine Welle flutete durch meinen Leib, auf und nieder, vom Kopf bis zu den Füßen, mit einer Geschwindigkeit, die zu vergleichen wäre mit einer Welle, die mit der Hand in Längsrichtung einer Badewanne gemacht werden kann. Ich hatte noch nie so etwas gefühlt und war ängstlich. Dann dachte ich: Sollte das der Beginn einer sogenannten «Out-of-the-body-Erfahrung» sein?

> Dann wurde ich ruhig und «kooperativ» und spürte auf einmal, daß etwas im Schlafzimmer außer mir selber und meiner Frau «anwesend» war. Dieses «Anwesende» war unser fünf Monate vorher verstorbenes Söhnchen, das mir – wortlos – erklärte, es sei jetzt der richtige Moment für ihn, um empfangen zu werden.
>
> Ich habe meine Frau geweckt und ihr am nächsten Tag erklärt, daß sie in dieser Nacht mit einem Söhnchen schwanger geworden sei, das – genau wie der kleine Junge, der gestorben war – dunkles Haar und eine gerade Nase hatte. (Unser Töchterchen ist blond, mit einer Stupsnase.) Meine Frau, die in einem atheistischen Milieu aufgewachsen ist, glaubte kein Wort. Es war zeitlich nicht in der Mitte zwischen zwei Menstruationen. Der Gynäkologe hatte auch noch nichts feststellen können. Sicherheitshalber hat sie jedoch darauf geachtet, keine Kopfschmerz- oder Schlaftabletten zu nehmen, die für schwangere Frauen schädlich sind. Am 10. November wurde unser Söhnchen geboren, mit dunklem Haar und gerader Nase. (S. 34f.)

Die Richtigkeit dieser Erlebnisberichte wird von den vedischen Schriften bestätigt. Auch dort heißt es, daß die Seele bereits im Augenblick der Zeugung (und nicht etwa irgendwann während der Schwangerschaft oder gar erst bei der Geburt) in ihren neuen Körper eintritt (was übrigens auch neues Licht auf die kontroverse Diskussion bezüglich «Schwangerschaftsabbruch» wirft; siehe unten).

Eine Frage mag sich an dieser Stelle jedoch erheben: Wer oder was bestimmt, *welche* Seele in diesem Augenblick als zukünftige Tochter oder als zukünftiger Sohn in einer Familie erscheint? Oder, vom Standpunkt der reinkarnierenden Seele aus gefragt: Wer oder was bestimmt, *wer* die zukünftigen Eltern sein werden, was also das neue soziale und familiäre Milieu ist, in das man sich hineinbegibt? – Die Antwort: Der entscheidende Faktor aus der Sicht der Eltern ist ihr eigenes Bewußtsein im Moment der Zeugung, das heißt der sexuellen Vereinigung, welche gegebenenfalls zu einer Empfängnis führt. Das heißt, der gemeinsame Bewußtseinszustand des Vaters und der Mutter ist dafür verantwortlich, welche Seele sich als ihr Kind inkarnieren wird.

Je nachdem also, ob die Gedanken und Gefühle während der Geschlechtsaktes hauptsächlich von Unwissenheit (Berauschung, Zerstörung), Leidenschaft (Lust, Gier, Zorn) oder Tugend (Reinheit, Liebe) beherrscht werden, wird eine entsprechende Seele gerufen, die mit denselben Eigenschaften behaftet ist. Mit anderen Worten: Wesentlich mehr als die spätere Erziehung oder die soziale Beeinflussung ist das Bewußtsein der Eltern im Augenblick der Zeugung ausschlaggebend dafür, welchen Charakter das Kind haben und welchen Tätigkeiten es später nachgehen wird. Diese Erkenntnis sollte einsichtigen Eltern zu einem verantwortungsvolleren Umgang mit der Sexualität verhelfen.

Auch die Antwort auf die Fragestellung aus der Sicht des reinkarnierenden Kindes ist im Verständnis unserer Ausführungen der vorangegangenen Kapitel eindeutig: Es ist unser eigenes Karma – also unsere eigenen Wünsche und die daraus resultierenden guten oder schlechten Reaktionen auf unsere vergangenen Taten – und konkret der Bewußtseinszustand im Moment des Todes, der dafür verantwortlich ist, welche Eltern (also welches «Erbgut» und welches Milieu) wir im nächsten Leben bekommen. Das *Śrīmad-Bhāgavatam* erklärt dies wie folgt:

Die karmischen Handlungen, die ein Lebewesen ausführt, sind, ob fromm oder unfromm, die unsichtbare Ursache der Erfüllung seiner Wünsche. Diese unsichtbare Ursache ist die Wurzel der verschiedenen Körper des Lebewesens. Aufgrund seines starken Verlangens wird es in einer bestimmten Familie geboren und erhält einen Körper, der entweder dem seiner Mutter oder dem seines Vaters gleicht [das heißt, entweder weiblich oder männlich ist]. Die groben und feinstofflichen Körper werden je nach seinem Wunsch geschaffen. (SB. 6.1.54)

Dazu aus der Erläuterung von Śrīla Prabhupāda:

Der grobstoffliche Körper ist das Ergebnis des feinstofflichen Körpers. Wie die *Bhagavad-gītā* (8.6) erklärt: «Was auch immer der Daseinszustand ist, an den man sich erinnert, wenn man seinen Körper verläßt, diesen Zustand wird man ohne Zweifel erreichen.»

Die Verfassung des feinstofflichen Körpers zur Zeit des Todes wird durch die Tätigkeiten des grobstofflichen Körpers bestimmt. Somit handelt der grobstoffliche Körper während der Lebenszeit, und der feinstoffliche Körper handelt zur Zeit des Todes. Der feinstoffliche Körper, der Liṅga oder Körper der Wünsche genannt wird, bildet die Grundlage für die Entwicklung eines bestimmten grobstofflichen Körpers, welcher entweder der Mutter oder dem Vater gleicht.

Die Zeit der Schwangerschaft

In bezug auf die weitere Entwicklung des neuen Körpers und die Abläufe während der Schwangerschaft gibt uns die nachfolgend angeführte Stelle Aufschluß, die sich im Dritten Canto (dem naturwissenschaftlichen Teil) des *Śrīmad-Bhāgavatam* befindet:

Unter der Oberaufsicht des Höchsten Herrn und entsprechend seinem Karma wird das Lebewesen, die Seele, durch ein winziges Teilchen männlichen Samens in die Gebärmutter einer Frau gebracht, um dort einen bestimmten Körper anzunehmen. In der ersten Nacht vermischen sich der Samenfaden und das Ei, und in der fünften Nacht verschmilzt die Mischung, und es entsteht eine Blase. In der zehnten Nacht entwickelt sie sich zu einer Form, die einer Pflaume gleicht, und danach wird sie allmählich zu einem Klumpen Fleisch.

Im Laufe eines Monats formt sich ein Kopf, und am Ende von zwei Monaten nehmen die Hände, Füße und anderen Glieder Form an. Am Ende des dritten Monats erscheinen die Nägel, Finger, Zehen, Körperhaare, Knochen und die Haut wie auch das Fortpflanzungsorgan und die anderen Öffnungen im Körper, nämlich Augen, Nase, Ohren, Mund und Anus. Innerhalb von vier Monaten seit dem Tag der Zeugung treten die sieben essentiellen Bestandteile des Körpers (Dhātus) ins Dasein [nach Āyurveda: Blutplasma, Blut, Fleisch (Muskulatur), Fettgewebe, Knochen, Knochenmark (sowie Nervengewebe) und Fortpflanzungsgewebe.]

Am Ende des fünften Monats machen sich Hunger und Durst bemerkbar, und am Ende des sechsten Monats, wenn der Körper vollständig geformt ist, beginnt sich der männliche Fötus, von der Embryohülle eingeschlossen, auf die rechte Seite des Leibes zu bewegen, während der weibliche versucht, sich auf die linke

> Seite zu bewegen. Während der Fötus durch die Speisen und Getränke, die die Mutter zu sich nimmt, genährt wird, wächst er allmählich heran.
>
> Wenn die Mutter bittere und scharfe Nahrungsmittel oder Speisen, die zu salzig oder zu sauer sind, ißt, werden dem Körper des Kindes unaufhörlich Schmerzen zugefügt, die fast unerträglich sind. In die Fruchthülle eingeschlossen und von außen durch die Eingeweide bedeckt, bleibt das Kind auf einer Seite des Mutterleibes liegen, sein Kopf auf den Bauch gesenkt und sein Rücken und sein Hals wie ein Bogen gekrümmt. Das Kind bleibt so wie ein Vogel in einem Käfig, ohne sich frei bewegen zu können.
>
> Zu dieser Zeit kann sich das Kind, wenn es vom Glück begünstigt ist, an alle Leiden seiner vergangenen einhundert Geburten erinnern, und es jammert erbärmlich. Wie kann man in diesem Zustand inneren Frieden haben?
>
> Auf diese Weise seit dem siebten Monat nach seiner Zeugung mit der Entwicklung von Bewußtsein ausgestattet, wird das Kind von den Wehen, die den Embryo während der Wochen vor der Geburt drücken, hinabgestoßen... Plötzlich durch diese Kraft nach unten gedrückt, kommt das Kind mit großer Mühe heraus, den Kopf nach unten, atemlos und aufgrund starker Schmerzen der Erinnerung beraubt.

Diese Beschreibung aus dem *Śrīmad-Bhāgavatam* (3.31.1-23) enthält einige interessante Einzelheiten, die wir nochmals kurz beleuchten möchten:

Das ungeborene Kind besitzt seit dem siebten Schwangerschaftsmonat ein stetig zunehmendes Bewußtsein, nimmt seit dieser Zeit also auch bewußt die Leiden wahr, die seine unbequeme, eingeengte Lage im Mutterleib mit sich bringt. Darüber hinaus ist der Fötus in dieser pränatalen Phase auch imstande, die Geschehnisse zu registrieren, die außerhalb des Mutterleibes stattfinden. Das heißt, das Kind erfährt auf der feinstofflichen Ebene der Gefühle, ob es «erwünscht» ist oder nicht, welche Erwartungen seitens der Eltern es erfüllen soll, usw. Die moderne Reinkarnationsforschung hat ermittelt, daß die Eindrücke während dieser pränatalen Zeit – sowie auch jene während der ersten Lebensjahre nach der Geburt – den Charakter und die Verhaltensweise eines Menschen für sein gesamtes späteres Leben entscheidend prägen. Für die Eltern bedeutet dies eine bisher zu wenig beachtete tiefgehende Verantwortung für ihr ungeborenes Kind, denn manch einer würde sich wohl anders benehmen und äußern, wäre er (oder sie) sich darüber bewußt, daß das Kind im Mutterleib «mithört» und mitempfindet.

Und noch ein weiteres wichtiges Detail: Da der Fötus durch die Nabelschnur mit der Mutter verbunden und so während der Schwangerschaft vollständig von den von ihr eingenommenen Nahrungsmitteln abhängig ist, ergeben sich für die schwangere Mutter zudem gewisse *Nahrungsmittelbeschränkungen*. So sind zum Beispiel zu scharfe oder zu salzige Gerichte während der Schwangerschaft verboten, weil der Körper des Kindes noch zu zart und zu neu ist, um solche Speisen zu ertragen. Insbesondere sollte auch jede Art von Fleischgerichten gemieden werden, da Fleisch aufgrund der zahlreichen tierischen Hormone, der Antibiotika und der chemischen Angstgiftstoffe usw. übrigens nicht nur, aber gerade für Ungeborene und Kleinkinder zum Schädlichsten gehört, was man überhaupt zu sich nehmen kann. Und selbstverständlich sollte sich eine werdende Mutter zum Wohle ihres Kindes auch strikt jeglicher Art von Berauschungsmitteln enthalten, was nicht nur Drogen, Alkohol oder Nikotin miteinschließt, sondern auch Kaffee, Schwarztee usw. Der Fötus nimmt die zerstörende Wirkung solch giftiger Substanzen um ein Vielfaches stärker wahr als ein Erwachsener, und sie können bei ihm irreparable Schäden sowohl physischer als auch psychischer Art hervorrufen.

Die Beschränkungen und Vorkehrungen, wie sie die vedischen Schriften vorsehen, sind also sehr nützlich, und wir können daraus lernen, wieviel Sorgfalt und Uneigennützigkeit seitens der Eltern erforderlich ist, um dem ungeborenen Kind die unsäglichen Schmerzen der Schwangerschaft so weit wie möglich zu erleichtern. Der Zustand, in dem sich das Kind befindet, übersteigt im Grunde unsere Vorstellungskraft; nur weil das Bewußtsein des Kindes noch nicht sehr entwickelt ist, ist es überhaupt fähig, diese Schmerzen auszuhalten. Würde man einen Erwachsenen bei vollem Bewußtsein in eine ähnlich leidvolle Lage bringen, wäre es ihm unmöglich, auch nur ein paar Sekunden zu leben, und er würde auf der Stelle vor Schmerz sterben.

Abtreibung und Empfängnisverhütung

Auch in bezug auf die nach wie vor aktuelle «Recht auf Leben»-Diskussion um die Zulässigkeit oder Unzulässigkeit von Abtreibung können wir dem *Śrīmad-Bhāgavatam* wertvolle Lehren entnehmen. Diese vielschichtige und kontroverse Problematik ist im Grunde ohne die Erkenntnis der Gesetzmäßigkeiten von Karma und Reinkarnation gar nicht zu lösen, denn die in der Regel vorgebrachten Argumente und Gegenargumente betreffend soziale oder medizinische Rechtfertigung können zu keiner konkreten Schlußfolgerung führen. Vom Standpunkt der vedischen Erkenntnisse aus ist die Abtreibungsfrage hingegen leicht zu analysieren.

Im Zusammenhang mit der Geschichte König Citraketus, die wir im *Anhang* des vorliegenden Buches erzählen werden, schreibt Śrīla Prabhupāda:

> Der Tatbestand des Kindesmordes existiert in der menschlichen Gesellschaft schon seit langem, doch früher ereignete sich so etwas äußerst selten. Heutzutage jedoch ist die Abtreibung – das Töten des Kindes im Mutterleib – etwas völlig Normales geworden, und manchmal wird ein Kind sogar nach seiner Geburt umgebracht. Wenn eine Frau eine solch abscheuliche Tat begeht, verliert sie jegliche körperliche Ausstrahlung. Jede Frau, die eine derart sündhafte Tat begangen hat, muß daraus die Konsequenzen ziehen und im gegenwärtigen wie auch im nächsten Leben leiden. Wer eine aufrichtige Seele ist, sollte sich weigern, solchen Kindesmord zu begehen. (SB. 6.16.14, Erläuterung)

Die Vertreter der vedischen Kultur lehnen also die Abtreibung aufs schärfste ab, da sie schlichtweg nichts anderes ist als Mord. Wie wir den Beschreibungen des *Śrīmad-Bhāgavatam* entnehmen konnten, geht die Seele bereits im Moment der Zeugung durch den männlichen Samen in die weibliche Eizelle ein, und der Fötus ist somit schon von der ersten Stunde an belebt und beseelt.

(Ein bemerkenswertes Detail: Auf der Grundlage dieses Verständnisses pflegt man in Indien zum Teil noch heute ein anderes System der Altersberechnung als im Abendland, wo es an dieser Einsicht meist mangelt. Hiernach wird der Tag der Geburt eines Kindes als sein *erster Geburtstag* bezeichnet, und ein Jahr später feiert man also bereits den zweiten Geburtstag, nicht den ersten wie in unserem System.)

Da also das Leben bereits mit dem Augenblick der Zeugung «entsteht», muß jeder Eingriff, der nach diesem Zeitpunkt zu einer «Schwangerschaftsunterbrechung» führt, als Mord bezeichnet werden, einerlei wie groß die Leibesfrucht ist und in welchem Monat sich die Schwangerschaft befindet.

Durch eine Abtreibung vereitelt die Mutter (sowie auch diejenigen, die sonst noch daran beteiligt sind) demjenigen Lebewesen die Geburt, dem es aufgrund seines Karma bestimmt war, sich als ihr Kind zu inkarnieren. Dadurch, daß sie auf diese Weise die Verantwortung, die sie mit der Zeugung auf sich genommen hat, ablehnt, macht sie sich nicht nur des physischen Tötens schuldig, sondern auch dafür, die weitere Entwicklung der zu ihrem Kinde auserwählten Seele aufgehalten zu haben. Für diese Tat wird sie sich sowohl im gegenwärtigen Leben als auch in kommenden Existenzen vor dem Gesetz des Karma zu verantworten haben, und höchstwahrscheinlich wird sie das gleiche Schicksal gar am eigenen Leibe erfahren müssen. Zu fordern wäre folglich nicht eine künstliche und illusionäre «Freiheit» der Mutter (nach dem fragwürdigen Motto: «Mein Bauch gehört mir!»), die nur die Freiheit eines Mörders ist, sondern auf wirklichem Wissen gegründete Verantwortung.

Aus demselben Grunde lehnen die Veden übrigens auch jede Art der *Empfängnisverhütung* ab. Der wartenden Seele, die sich zum Zeitpunkt der Vereinigung ihrer durch das Karma bestimmten zukünftigen Eltern bereits zur Wiederverkörperung bereit gemacht hat, wird dadurch der Eintritt in den neuen Körper verwehrt. Chemische Verhütungsmittel verändern den Uterus der Mutter in einer solchen Weise, daß er nicht mehr als Aufenthaltsort für die Seele geeignet ist, und dies stellt eine Verletzung der eigentlichen Einrichtungen in der Natur dar. Auch jede andere Verhütungsmethode hat letztlich denselben Effekt: der entsprechenden Seele ist es nicht möglich, sich sofort wiederzuverkörpern, was für sie höchst leidvoll ist.

Geburt und danach

Ein weiterer interessanter Punkt, der aus den oben angeführten Beschreibungen aus dem Dritten Canto des *Śrīmad-Bhāgavatam* hervorgeht, besteht darin, daß sich das ungeborene Kind seit dem siebten Monat der Schwangerschaft an seine früheren Inkarnationen zu erinnern vermag. Dabei kommt es oft vor, daß es einerseits Fehler und Versäumnisse des vergangenen Lebens bereut und zum anderen auch neue Vorsätze für das bevorstehende Leben faßt. Manchmal bringt ein Mensch, der in seinem vergangenen Leben fromm und gläubig gehandelt hat – allerdings nicht konsequent genug, um das Ziel des menschlichen Daseins (Befreiung aus dem Kreislauf der Wiedergeburt) zu erreichen –, im Mutterleib sogar Gebete dar und verspricht, künftig so zu handeln, daß er nach diesem eben begonnenen Leben nicht noch einmal wiedergeboren werden muß. Die entsprechende Stelle im *Śrīmad-Bhāgavatam* lautet:

> Das ungeborene Lebewesen betet: Deshalb möchte ich nicht aus dem Leib meiner Mutter herausgehen, um erneut in den ausgetrockneten Brunnen des materialistischen Lebens zu fallen. Denn die Illusion bemächtigt sich sogleich eines neugeborenen Kindes, und unmittelbar darauf beginnt die falsche Identifizierung, die der Anfang des Kreislaufs fortgesetzter Geburt und fortgesetzten Todes ist. Deshalb werde ich versuchen, mich mit Hilfe klaren Bewußtseins aus der Dunkelheit der Unwissenheit zu befreien. Indem ich mich einfach an die Herrlichkeiten Gottes erinnere, werde ich davor gerettet sein, in die Leiber vieler Mütter einzugehen, um wiederholt geboren zu werden und wiederholt zu sterben. (SB. 3.31.20-21)

Es wird jedoch auch beschrieben, daß der Mensch bei seiner Geburt derartige Schmerzen und einen derartigen Schock erleidet, daß er unter dem Einfluß dieses Traumas all seine Vorsätze sowie auch die konkreten Erinnerungen an seine früheren Leben nahezu vollständig vergißt. (Dasselbe gilt natürlich auch im Falle eines Kaiserschnittes oder ähnlicher Methoden.)

Es heißt, daß eine Frau, die in den Geburtswehen liegt, verspricht, nie wieder schwanger zu werden und solche starken Schmerzen zu erleiden. In ähnlicher Weise nimmt sich auch das ungeborene Kind, das die unerträglichen Leiden der Schwangerschaft und seiner eigenen Geburt erfährt, vor, nie wieder materialistische Handlungen zu begehen, die ihn zwingen würden, in einen weiteren Mutterleib gesetzt zu werden und erneut Geburt und Tod zu ertragen.

Auch in diesem Bereich hat die moderne Reinkarnationsforschung einige höchst interessante Erkenntnisse zutage gefördert. Der Psychologe *Otto Rank* hat beschrieben, welch großen Einfluß «das Trauma der Geburt» auf das spätere Leben eines Menschen hat. Und der amerikanische Reinkarnationstherapeut *Morris Netherton* erklärt in seinem Buch «Bericht vom Leben vor dem Leben» (1984), daß der Geburtsmoment bereits die «erste Belastungsprobe» im Leben darstellt. Nicht nur, daß das Kind beim Austritt aus dem Körper seiner Mutter einen starken Schock erleidet, da es zum ersten Mal das blendende Licht sieht, die Kälte der Welt spürt und erste bewußte Erfahrungen mit der Einsamkeit machen kann, sondern es wird darüber hinaus auch von dem Verhalten der anwesenden Personen, insbesondere der Mutter, nachhaltig geprägt.

So kam Netherton nach jahrelangen Gesprächen mit Patienten, die in der Rückführungstherapie (Regression) ihre eigene Geburt nochmals erlebten und ihre damaligen Eindrücke schilderten, zu folgendem Schluß: Wenn die Mutter bei der Geburt entspannt und möglichst ruhig ist und dem Kind in einer annehmenden Haltung gegenübersteht, wirkt sich dies auf die spätere «Belastbarkeit» des Kindes äußerst positiv aus. Ist die Mutter hingegen «gestreßt», denkt sie nur an ihren eigenen Schmerz und lehnt sie das Kind innerlich ab, wird dieses später lebenslange Probleme mit Streßsituationen und Belastungen haben; außerdem wird die Beziehung zwischen der Mutter und dem Kind immer von diesem negativen Eindruck in der Geburtsstunde überschattet sein.

Obwohl wir uns also in der Regel vor der Geburt davor fürchten, noch einmal geboren zu werden, und uns gute Vorsätze für das beginnende Leben nehmen, vergessen wir alles, nachdem wir aus dem Schoß herausgekommen sind und wieder im vollen Leben stehen, und begehen so immer wieder die gleichen Fehler von neuem. Das *Śrīmad-Bhāgavatam* sagt in diesem Zusammenhang:

> Was Tod genannt wird, ist im Grunde genommen nichts anderes als die Tatsache, daß man seine frühere materielle Identifikation vollständig vergißt. Wenn man von einem Körper in einen nächsten wandert, den man sich durch sein Karma selbst erschaffen hat, vertieft man sich derart in die genuß- und leidvollen Sinneseindrücke des neuen Körpers, daß man die Erfahrungen des vorangegangenen Körpers völlig vergißt.
>
> Und was Geburt genannt wird, ist im Grunde genommen nichts anderes als die Tatsache, daß man sich wieder vollständig mit seinem neuen Körper identifiziert. Man akzeptiert diesen neuen Körper in der genau gleichen Weise als real, wie man die Erfahrungen während eines Traumes oder wie man gewisse Wunschvorstellungen für Realität hält. Und genau wie man sich während eines Traumes nicht an seine früheren Träume erinnern kann, so denkt man, nachdem man in den gegenwärtigen Körper eingegangen ist, man sei erst kürzlich erschaffen worden, obwohl man lange zuvor bereits existiert hat. (SB. 11.22.39-41)

Hier wird der Grund angegeben, warum wir stets nach der Geburt sämtliche Erinnerungen an unsere vorangegangenen Existenzen wieder vergessen: aufgrund unserer sofortigen Identifikation mit unserem neuen Körper. Fasziniert von den neuen Erfahrungsmöglichkeiten, die uns der noch junge Körper bietet, versuchen wir bereits von Kindesbeinen an mit ungebrochenem Enthusiasmus aufs neue, unsere alten Wünsche nach materiellem Genuß zu befriedigen. Dabei denken wir fälschlicherweise, daß dieser Körper unser erster und einziger sei. Auf diese Weise setzt sich der Kreislauf von Geburt und Tod scheinbar endlos fort.

Wie der obige Vers außerdem erklärt, können wir auch im Zusammenhang mit dem Schlaf eine kleine Erfahrung solchen Vergessens machen. Daher sind im griechischen Mythos *Thanatos* (Tod) und *Hypnos* (Schlaf) Zwillingsbrüder, beides Söhne der Nacht. Auch die moderne Psychologie spricht zuweilen vom Schlaf als von dem «kleinen Bruder des Todes». Jede Nacht sterben wir einen kleinen Tod, indem wir uns, zusammen mit dem feinstofflichen Körper, von unserem grobstofflichen Körper lösen und, wie die Veden beschreiben, nur noch durch einen feinstofflichen «Silberfaden» mit diesem verbunden bleiben.

Betrachten wir beispielsweise den Aspekt des Vergessens: Wenngleich wir normalerweise mit dem Aufwachen den Traumkörper vergessen, kann es doch sein, daß wir uns kurz nach dem Auftauchen aus dem Schlaf (im sogenannten «Alpha-Zustand») noch an gewisse Einzelheiten mehr oder weniger deutlich zu erinnern vermögen, so daß wir den Traum beispielsweise aufschreiben oder bewußt überdenken können. Warten wir jedoch zu lange mit dem Aufschreiben oder Überdenken, so geht uns die Erinnerung an den Traum meistens verloren.

Genauso verhält es sich mit den Erinnerungen an frühere Inkarnationen. Obwohl es die Naturgesetze so eingerichtet haben, daß wir in der Regel unsere Erinnerungen an frühere Existenzen vergessen, gibt es, wie die moderne Reinkarnationsforschung ausreichend ermittelt hat, doch auch Ausnahmen. Diese Ausnahmefälle – vor allem die sogenannten «spontanen Rückerinnerungen» bei Kindern bis zum Alter von etwa fünf oder zehn Jahren –, treten viel öfters auf, als man gemeinhin annehmen würde, nur vermögen Kinder diese nicht richtig zu artikulieren und mitzuteilen, weshalb sie von den Erwachsenen meist gar nicht ernst genommen werden. Dazu kommt auch, daß die gesamte Erziehung, vor allem hier im Westen, meist ganz und gar nicht darauf ausgerichtet ist, dem Kind den Unterschied zwischen Körper und Seele klarzumachen, so daß alle Erinnerungen und guten Vorsätze mit der Zeit in Vergessenheit geraten – das heißt ins Unterbewußtsein verdrängt werden, von wo man sie allerdings mit geeigneten Mitteln später wieder abrufen kann. (Alle diese Themen werden in *Kapitel 7* weiter behandelt werden.)

Warum können wir uns nicht erinnern?

Die vorherigen Betrachtungen führen uns nun unweigerlich zu der Frage: Wenn wir doch schon so viele Male gelebt haben – warum können wir uns dann nicht an frühere Leben erinnern? Warum vergessen wir unsere früheren Existenzen jedesmal wieder? Und: Was nützt uns das immer wieder Reinkarniertwerden, wenn wir doch stets alles wieder vergessen?

Das Phänomen des Vergessens

Tatsächlich dient das Phänomen, daß wir uns im Normalfall nicht an unsere vergangenen Leben erinnern können, als eines der Hauptargumente, das die Gegner der Reinkarnationslehre seit Jahrhunderten immer wieder vorbringen. Und doch kann dieses Argument, wie wir im folgenden darlegen werden, vor einer genaueren Analyse nicht bestehen.

Bereits der griechische Philosoph *Platon*, einer der ersten und genialsten abendländischen Verfechter des Reinkarnationsgedankens, erklärt diesbezüglich in seinem Werk «Der Staat» (621a), daß den zur Wiedergeburt bestimmten Seelen vor der Einkörperung der sogenannte «Trunk des Vergessens» (griechisch: *Lethe*) gereicht werde, wodurch es ihnen dann später nicht mehr möglich sei, sich an frühere Existenzen zu erinnern. (Wir werden auf Platon in *Kapitel 5* noch ausführlich zu sprechen kommen.)

Und der deutsche Lehrer und Schriftsteller *Jean Paul* (1763-1825) entgegnet auf den Einwand der fehlenden Rückerinnerungen in seinem Aufsatz «Über die Seelenwanderung»:

> Nur zweierlei ist gegen diesen Seelenumlauf [Reinkarnation] am wenigsten einzuwenden, erstlich das Vergessen dieser Reisen. Denn sogar im eigenen Leibe, ohne Körperhemdwechsel, entschwinden ungleichartige Zustände für

das Gedächtnis, z.B. den in der Wildnis erwachsenen Kindern nach der Zähmung aller Erinnerung der Wildnis – und der Hellseherin nach dem Erwachen der Durchgang durch die ganze Glanzwelt. Wie sollte nun hienieden Erinnerung gar aus verschiedenen Leibern und noch verschiedeneren Zuständen körperlich-möglich sein?

Lasset einer Ansicht des Daseins, welche ein Plato, ein Pythagoras und ganze Völker und Zeiten nicht verschmähten, wenigstens ihr volles Licht zukommen! Lasset uns die Menschenseelen im Familienzirkel der Menschheit behalten und umzuwandern nötigen, ein Zauberkreis, innerhalb dessen uns alle Schätze des Lebens offenstehen, wie außerhalb desselben das Unheimliche und Unsichere wartet und droht.

Lasset denn eine Seele so oft wiederkehren als sie will; die Erde ist reich genug, sie immer mit neuen Gaben zu beschenken, mit neuen Jahrhunderten und neuen Vergangenheiten und mit neuer Zukunft – mit neuen Ländern und Geistern und Entdeckungen und Hoffnungen. Kein Geist ging so reich davon, dem nicht bei jeder Rückkehr das Leben der Erde frische Reichtümer entgegentragen könnte... So bliebe denn die verschwisterte Menschengemeinde in ihrem Bruder- und Schwesternhause der Erde zusammenwohnend, bis allen endlich das Einstürzen desselben, das ihm die Jahrhunderte unvermeidlich bereiten, neue Erden und Wohnungen aufdeckt, im unermeßlichen Himmel, in welche nur ein unendlicher Arm das Menschengeschlecht heben kann.

Denn ohne eine Gottheit gibt es für den Menschen weder Zweck, noch Ziel, noch Hoffnung, nur eine zitternde Zukunft, ein ewiges Bangen vor jeder Dunkelheit und überall ein feindliches Chaos unter jedem Kunstgarten des Zufalls. Aber mit einer Gottheit ist alles wohltuend geordnet und überall und in allen Abgründen Weisheit... – So laßt uns wandern und hoffen! («Über die Seelenwanderung», aus: «Selina», postum 1827)

Das Argument, das Jean Paul hier in bezug auf die fehlenden Rückerinnerungen vertritt, lautet also: Wir vergessen bereits im gegenwärtigen Leben fortwährend so vieles und sind uns über so viele Dinge nicht mehr bewußt und können uns nicht an sie erinnern – obwohl es Dinge sein mögen, die wir wirklich erlebt oder gelernt haben und die auch erinnerbar und bewußt-machbar sind.

Wer kann sich schon an seine eigene Geburt oder an seine frühe Kindheit erinnern? Oder wer könnte auf Anhieb angeben, welche Kleidung er zum Beispiel bei seinem zehnten Geburtstag getragen hat? Wer würde nicht bestätigen, daß er den größten Teil dessen, was er während der Schulzeit in mühseliger Arbeit auswendig lernen mußte, längst wieder vergessen hat, obschon er es damals für die Prüfung bestens wiederzugeben vermochte? Spontan erinnern wir uns womöglich nicht einmal mehr daran, was wir heute vor genau einem Monat oder vor einer Woche oder vielleicht auch nur vor genau einem Tag getan haben, ganz zu schweigen also von Ereignissen, die viele Jahre zurückliegen.

Wenn also unsere Vergangenheit von der Erinnerung abhängig wäre, so würde dies konsequenterweise bedeuten, daß wir alle gar nicht geboren wurden, daß wir nie Kleinkinder waren, daß wir nie unseren zehnten Geburtstag gefeiert haben, daß wir in der Schule nie etwas gelernt haben und daß wir auch vor einem Monat noch nicht existierten.

Somit wird offensichtlich, wie unsinnig es ist, die Ereignisse der Vergangenheit von deren Erinnerung abhängig zu machen. Vielmehr ist es eine natürliche Funktion des menschlichen Verstandes, daß er alte, weiter zurückliegende Geschehnisse und Erfahrungen «vergißt», um neuen Platz zu machen. Doch dieses Vergessen ist nur scheinbar. Denn wenn uns jemand daran *erinnert* oder wenn wir alte Photoalben durchblättern oder in ähnliche Situationen kommen, wie wir sie schon einst erlebten, dann kann es vorkommen, daß die vergessen geglaubten Erinnerungen uns plötzlich wieder deutlich ins Bewußtsein kommen.

Warum also sollte dieses gleiche Phänomen des natürlichen Vergessens nicht auch im Bereich außerhalb eines einzelnen Lebens gelten? Und warum sollte das Phänomen des möglichen Wiedererinnerns nicht ebenfalls im Bereich außerhalb dieses einen Lebens gelten? Tatsächlich haben neueste Forschungen in der Parapsychologie gezeigt, daß es sehr wohl möglich ist, die bewußte Erinnerung an vergangene Leben wiederzuerwecken, beispielsweise durch die (zurecht umstrittene) Methode der Regressionstherapie (siehe *Kapitel 7*).

Der Dichter *Gotthold Ephraim Lessing* (1729-1781) bringt in seiner Schrift «Die Erziehung des Menschengeschlechts» (1780) einen ähnlichen Gedanken zum Ausdruck:

> Sollte ich etwa nicht wiederkommen..., weil ich es vergesse, daß ich schon dagewesen? Wohl mir, daß ich es vergesse! Die Erinnerung meiner vorigen Zustände würde mir nur einen schlechten Gebrauch des gegenwärtigen zu machen erlauben. Und was ich auf jetzt vergessen muß, habe ich denn das auf ewig vergessen?

Lessing weist mit Recht darauf hin, daß es von der Natur durchaus sinnvollerweise so eingerichtet wurde, daß wir fortwährend vergessen, denn wer könnte sich einen Zustand vorstellen, in dem er sich ständig an sämtliche vergangenen Existenzen erinnert? Das gleichzeitige Identifizieren mit Dutzenden von verschiedenen Körpern und Lebensumständen wäre im besten Falle doch höchst verwirrend; im schlimmsten führte es sogar zu krankhafter Schizophrenie. Daher wohl schrieb auch *J. W. von Goethe* im Jahre 1781 an Charlotte von Stein: «Wie gut ist's, daß der Mensch sterbe, um die Eindrücke [der Vergangenheit] auszulöschen und gebadet wiederzukommen.»

Was nützen frühere Leben ohne bewußte Erinnerung?

Nun mag der Kritiker natürlich weiter einwenden: Selbst wenn dem so sein sollte, sind die früheren Leben ohne bewußte Erinnerung doch wertlos, weil wir nichts aus dem Vergangenen – aus unseren Fehlern und Erkenntnissen – lernen können, solange wir uns nicht daran zu erinnern vermögen.

Die Antwort hierauf aber lautet: Nein, denn es ist nicht so sehr die Erinnerung an das Erlebte, die ausschlaggebend ist, sondern das tatsächliche *Erlebthaben*, das *Gewordensein* durch unsere Erfahrungen und Erkenntnisse. Wenn mit dem Tod das alte, unbrauchbar gewordene Gehirn zerstört wird, werden wir mit einem neuen Gehirn ausgestattet, und in die bewußte Erinnerung dieses neuen Gehirns werden nicht einzelne, bruchstückhafte Erlebnisse der gerade beendeten Inkarnation gespeichert, sondern vielmehr die Gesamtsumme sämtlicher Eindrücke und Erfahrungen all unserer Leben in der Vergangenheit.

Hugo S. Verbrugh legt in seinem Buch «...wiederkommen» (1982) eine in diesem Zusammenhang höchst interessante Analyse des Erinnerungsproblems vor, die für sich spricht und die wir hier in leicht gekürzter Fassung wiedergeben möchten:

> So gut wie niemand kann sich an irgend etwas aus einem vorhergehenden Leben erinnern – jedenfalls nicht in der bei uns gültigen Bedeutung des Wortes «sich erinnern»... Einige Beispiele sollen zeigen, wie stark die Bedeutung des Wortes «Erinnerung» variieren kann:
>
> – Wir alle haben unsere Muttersprache im wesentlichen durch Nachahmung gelernt, die durch einige bewußte Übungen ergänzt wurde. Das gleiche gilt z.B. für die richtige Anwendung des Eßbestecks und der meisten Instrumente, mit denen wir z.B. Autos und zahllose andere Dinge bedienen. Die eigentliche Lernsituation ist oft gänzlich oder zum größten Teil in Vergessenheit geraten. Der Effekt ist geblieben. Er kommt durch zweckmäßiges Handeln zum Ausdruck. Erinnerung? Ja und nein; das hängt davon ab, wie wir den Terminus «Erinnerung» deuten...
>
> – Jeder Mensch kennt das Verblassen von Erinnerungen, besonders bei Angstträumen: die gefühlsmäßigen Eindrücke verflachen, verschwinden, können aber als emotional «neutral» gewordene Bilder durchaus noch erinnert werden. Dasselbe tritt leider allzu oft in bezug auf gute Vorsätze auf: in dem Moment, in dem wir sie ausführen wollen, wissen wir nur noch, daß wir es tun sollten; den heiligen Ernst des Vorsatzes finden wir aber mit bequemeren Überlegungen im Stile von «ach, was...» vertauscht...
>
> Die negativen Aspekte der Erinnerung, wie z.B. ihre Undeutlichkeit, die im «Vergessen» gipfeln, haben aber auch eine positive Seite. Durch das Vergessen wird eine ganze Menge «Bewußtseinsballast» über Bord geworfen. Das Leben wäre unerträglich, wenn wir alle Lernsituationen – die der Muttersprache, des Umgangs mit dem Eßbesteck usw. – in unserer Erinnerung mitschleppen müßten. Der damalige Bewußtseinsinhalt wurde in die Fähigkeit, spezifisch zu handeln, in Verhalten umgewandelt, metamorphosiert. Es bleibt sozusagen ein «Extrakt» der Lernsituationen übrig, welcher unser Verhalten gemäß dem Inhalt der jeweiligen Lernsituation von damals bestimmt und lenkt...
>
> So gesehen wird die Tatsache, daß wir uns normalerweise nicht an ein vorhergehendes Leben erinnern, in ein ganz anderes Licht gerückt. Das Erinnerungsmotiv kann – so gesehen – sogar, wenn wir es, wie oben geschehen, als den hier gemeinten Aspekt des Vergessens herausarbeiten, als ein vorsichtiges Argument «für» die Reinkarnation gelten; ist also kein absolutes Gegenargument. Es gehört nicht viel Phantasie dazu, um einzusehen, daß das Leben für die meisten Menschen – wahrscheinlich für uns alle – eine nicht zu bewältigende Aufgabe darstellen würde, wenn wir alle Erinnerungen an vorhergehende Erdenleben als bewußten Empfindungs- und Gefühls-«Ballast» mitschleppen müßten. (S. 65ff.)

Der Parapsychologe *Rudolf Passian* (*1924) knüpft in seinem Buch «Wiedergeburt – Ein Leben oder viele?» (1985) an diesen Gedanken folgendermaßen an:

> Bei tieferem Nachdenken wird wohl jeder zur Einsicht kommen, daß ein derartiges Wissen [um die früheren Inkarnationen] eine ungeheure Belastung wäre. Denn logischerweise besäßen dann nicht nur wir selbst, sondern auch alle anderen die volle Erinnerung an Vergangenes. Und abgesehen davon, daß dann unsere Gehirnkapazität überfordert wäre, würden wir ja zwangsläufig jenen Menschen wieder begegnen, denen wir einstmals schweres Leid zugefügt haben, und die auch darum wissen! Dann würden Haß, Neid und Zwietracht, diese ohnehin üppig wuchernden Sumpfgewächse einer ethisch fehlentwickelten Zivilisation, nur noch schlimmer ins Kraut schießen, als es ohnehin bereits der Fall ist, und die Hölle auf Erden wäre allenthalben perfekt. (S. 153)

Richard Specht, der Biograph des österreichischen Musikers *Gustav Mahler* (1860-1911), berichtet von der folgenden Begebenheit, welche die Einstellung Mahlers zum Thema der Rückerinnerungen verdeutlicht:

> Bei alledem war Mahler vollkommen von der Lehre der ewigen Wiederkunft durchdrungen. Das erfuhr ich, gleichzeitig mit der gewalttätigen Heftigkeit seines Wesens, als ich das erstemal [in Hamburg im Herbst 1895] an seinem Tisch saß. Ich weiß nicht, wie es kam und von welchem Ereignis irgendeiner noch lange nicht anbrechenden Zeit gesprochen wurde, daß ich mich zu der albern-scherzhaften Frivolität hinreißen ließ: «Das interessiert mich nicht, denn dann bin ich schon längst nicht mehr da, und wenn ich wieder da bin, weiß ich doch nichts mehr von meinem früheren Leben», als ein lauter, klirrender Krach alle auffahren ließ; Mahler hatte auf den Tisch geschlagen, daß die Gläser hochsprangen, und schrie zu mir herüber: «Wie kann ein Mensch Ihrer Art etwas so Leichtfertiges sagen! Wir kehren alle wieder, das ganze Leben hat nur Sinn durch diese Bestimmtheit, und es ist vollkommen gleichgültig, ob wir uns in einem späteren Stadium der Wiederkunft an ein früheres erinnern. Denn es kommt nicht auf den einzelnen und sein Erinnern und Behagen an; sondern nur auf den großen Zug zum Vollendeten, zu der Läuterung, die in jeder Inkarnation fortschreitet.»

Schließlich noch ein Zitat aus neuerer Zeit. Es stammt von dem amerikanischen Schriftsteller *Jerome David Salinger* (*1919), der in einer seiner Kurzgeschichten schreibt:

> Alles, was du im Augenblick des Todes tust, ist, daß du den Körper verläßt. Meine Güte, jeder hat das vieltausendmal gemacht. Die bloße Tatsache, daß man sich nicht daran erinnern kann, bedeutet nicht, daß man es nicht getan hat. (in: «Neun Erzählungen», 1953)

Träume: Erinnerungen aus vergangenen Leben

Obwohl es die Naturgesetze also so eingerichtet haben, daß wir unsere Erinnerungen an frühere Existenzen normalerweise vergessen, so daß unsere Aufmerksamkeit nicht an unseren (oft unrühmlichen) Taten der Vergangenheit verhaftet bleibt und wir die uns gegenwärtig gebotenen Möglichkeiten zur Weiterentwicklung unseres Bewußtseins voll ausschöpfen können, gibt es wie bereits erwähnt doch

Ausnahmen. Diese Ausnahmefälle lassen sich wie erwähnt grundsätzlich in zwei Gruppen aufteilen, nämlich 1. Spontane Erinnerungen, wie sie vor allem bei Kindern auftreten (siehe *Kapitel 7*) und 2. Erinnerungen in Träumen.

Im *Śrīmad-Bhāgavatam* (4.29.64) wird darauf hingewiesen, daß es vorkommen kann, daß wir uns in Träumen tatsächlich an vergangene Leben erinnern. Manchmal sehen wir in Träumen Dinge, die wir im gegenwärtigen Leben nicht erfahren haben; es kann beispielsweise vorkommen, daß wir in einem Traum hoch am Himmel fliegen, obwohl wir keine Erfahrung vom Fliegen haben. Das könnte darauf hinweisen, daß wir in einem früheren Leben einst am Himmel geflogen sind – vielleicht als Vogel oder irgendein anderes flugfähiges Lebewesen.

Unser feinstofflicher Körper (Geist) wird in den Veden mit einem riesigen «Archiv» verglichen, in dem sämtliche Gedanken und Erfahrungen, die wir in all unseren Existenzen je gehabt haben, als unauslöschliche Eindrücke gespeichert sind. Diese Eindrücke können manchmal spontan – wie in Träumen – oder aber gesteuert – wie unter Hypnose oder mit ähnlichen Techniken – ins Bewußtsein treten. Dabei vermischen sich oft die Grenzen zwischen dem gegenwärtigen und einem früheren Leben. In der Erläuterung zu dem genannten Vers aus dem *Śrīmad-Bhāgavatam* schreibt Śrīla Prabhupāda:

> Manchmal träumen wir von einem Ort, den wir niemals in diesem Leben gekannt oder besucht haben, doch dies zeigt, daß wir in einem früheren Leben dort eine Erfahrung gemacht haben. Der Eindruck wird im Geist festgehalten, und er manifestiert sich manchmal in Träumen oder Gedanken. Die Schlußfolgerung lautet, daß der Geist die Vorratskammer vielfältiger Gedanken und Erfahrungen ist, die wir im Laufe unserer früheren Leben gesammelt haben. Es besteht also eine fortlaufende Kette von einem Leben zum anderen, von früheren Leben zum gegenwärtigen Leben und von diesem Leben zu künftigen Leben.

Diese Erfahrung der Rückerinnerung können wir alle machen, wenn wir den Reinkarnationsgedanken nicht einfach von vornherein als falsch ablehnen, sondern versuchen, unsere gesamte Existenz, einschließlich unserer Träume, in diesem Lichte zu sehen.

Unbewußte Erinnerungen als Beweis früherer Leben

Bisher haben wir nur die eine Seite der Erinnerungsproblematik behandelt und dabei nachgewiesen, daß fehlende bewußte Erinnerungen durchaus kein stichhaltiges Argument gegen die Reinkarnationslehre darstellen. Unsere nächste Fragestellung geht nun noch einen Schritt weiter: Gibt es in diesem Zusammenhang – nebst den soeben erwähnten Ausnahmefällen von Rückerinnerungsträumen und spontanen Rückerinnerungen – auch positive Argumente und Beweise *für* die Reinkarnation der Seele?

In der Tat gibt es solche. Beispielsweise finden wir keine andere These, welche nicht nur die unterschiedlichen körperlichen und sozialen Gegebenheiten, sondern auch die unendlich differenzierte individuelle Lernfähigkeit der einzelnen Menschen besser erklären könnte als die der Reinkarnation. Wir wollen daher zunächst untersuchen, wie der Mensch überhaupt Dinge lernt und wiedererkennt, also zu Wissen kommt.

Angenommen, wir fahren in die Berge und sehen dort eine Kuh. Warum wissen wir, daß dies eine Kuh ist? Im oben erwähnten «Archiv» unseres Gedächtnisses sind offensichtlich Bilder von früheren Erlebnissen mit Kühen gespeichert, und erst im Vergleich mit diesen Bildern können wir die Kuh als solche wiedererkennen. Mit anderen Worten, wir wissen nur, daß dies eine Kuh ist, weil wir bereits Erfahrungen mit Kühen besitzen. Fehlen diese Vergleichserfahrungen, wird dieser Geisteszustand «Unwissenheit» genannt. «Lernen» und «Wissen» bedeutet also, daß wir aus entsprechenden früheren Erfahrungen schöpfen können. Der Philosoph *Platon* drückt diesen Sachverhalt in seinem Werk «Menon – Über das Wesen der Erkenntnis als Wiedererinnerung» wie folgt aus:

> Weil nun die Seele unsterblich ist und oftmals geboren und alle Dinge, die hier und in der Unterwelt sind, geschaut hat, so gibt es nichts, was sie nicht in Erfahrung gebracht hätte, und so ist es nicht zu verwundern, daß sie imstande ist, sich der Tugend und alles anderen zu erinnern, was sie ja auch früher schon gewußt hat.

Und im «Phaidon» sagt er, daß «das, was wir Lernen nennen, nichts anderes ist als ein Wiedergewinnen uns schon zugehörigen Wissens». (Weitere Zitate von Platon finden sich in *Kapitel 5*).

Es läßt sich der Schluß ziehen, daß jede neue Erfahrung, jedes Lernen und jedes Wissen unmöglich wäre, wenn wir nicht aus einem bereits vorhandenen Grundwissen schöpfen und mit bereits vorhandenen Erinnerungen vergleichen könnten. Wenn folglich, wie einige christliche Philosophen – unter Berufung auf den Scholastiker *Albertus Magnus* (1193-1280) – behaupten, der Mensch in einem Zustand der *tabula rasa* geboren würde, so wäre ein Kind außerstande, jemals irgend etwas Neues zu erlernen und sich so intellektuell zu entwickeln.

Nun können wir aber leicht beobachten, daß wir Menschen mit höchst unterschiedlichen Lernfähigkeiten ausgestattet sind und demzufolge offensichtlich auch über ein individuell verschiedenes Grundwissen verfügen. Woher aber haben wir dieses bereits angeborene Grundwissen? Wenn jedes Wissen nur aus Erfahrungen gesammelt wird und wir gewisse Erfahrungen in diesem einen Leben nachweisbar nicht gesammelt haben können, welche andere Schlußfolgerung können wir dann daraus ziehen als die der Wiedergeburt und des allmählichen Lernprozesses über eine Vielzahl von Leben hinweg? (In diesem Lichte betrachtet lassen sich auch die außergewöhnlichen Begabungen sogenannter «Wunderkinder» und «Genies» erklären. Wir werden im vorliegenden Kapitel noch einmal darauf zurückkommen.)

Ein zweites Beispiel soll dies noch verdeutlichen: Woher kommt die allgegenwärtige Angst, die in dieser Welt auf Schritt und Tritt lauert, insbesondere die jedem Lebewesen natürlicherweise angeborene Angst vor dem Tode? Wie kommt es, daß ein junges Küken, das eben erst aus dem Ei geschlüpft ist, bereits bei der kleinsten Gefahr zur Mutterhenne rennt, um bei ihr Schutz zu suchen? Woher weiß es, daß die Gefahr gefährlich ist, woher weiß es, daß der Tod schmerzhaft ist? Es kann ja aus diesem eben erst begonnen Leben keinesfalls eine Erfahrung mit dem Tod besitzen, und doch fürchtet es ihn. Woher also kennt es den Tod? (Nun, so würde manch gebildeter Abendländer wohl antworten, das ist ganz einfach «Instinkt». Doch was ist Instinkt? Es mag vielleicht wie ein wissenschaftliches Wort klingen, aber mit dieser scheinbaren Erklärung sind wir genau gleich weit wie zuvor, wenn nicht sogar einen Schritt weiter zurück.)

Zusammenfassend läßt sich also festhalten, daß die bloße Tatsache, daß die meisten Menschen keine bewußten Erinnerungen an ihre vergangenen Leben besitzen, keineswegs gegen die Lehre der Reinkarnation spricht. Andererseits aber spricht die Tatsache, daß alle Menschen über gänzlich individuelle Neigungen, Fähigkeiten und Lernmöglichkeiten verfügen, sehr stark für unbewußte Rückerinnerungen und kann daher als eindeutiger Beweis *für* die Seelenwanderung angeführt werden.

Zukunft statt Vergangenheit

Eine kleine Anmerkung sei uns zum Abschluß unserer Diskussion über die Erinnerungsproblematik früherer Existenzen noch erlaubt. Seit der modernen esoterischen «Renaissance» des Reinkarnationsgedankens hat es sich bereits zu einer Art «Mode» oder «Sport» entwickelt, herauszufinden oder darüber zu spekulieren, wer man wohl in den vergangenen Inkarnationen gewesen sei. Da wir in Kapitel 7 (*Moderne Reinkarnationsforschung*) noch ausführlich auf die Methoden und Gefahren der Rückführungs-Therapien eingehen werden, sei hier nur soviel dazu gesagt:

Die Veden erklären, daß es bei der Erkenntnis der Gesetzmäßigkeiten von Karma und Reinkarnation eben gerade *nicht* darum geht herauszufinden, *wer* wir in früheren Leben gewesen sind, also welche historische Persönlichkeit wir waren, wo wir gelebt und welchen Beruf wir ausgeübt haben, usw. Diese Fragestellung ist lediglich Ausdruck einer zwar verständlichen, in diesem Zusammenhang aber doch unangebrachten egozentrischen Sensationslust. Vielmehr geht es um die Frage: *Wie* oder besser *wie weit* war ich im letzten Leben? Und vor allem: *Wohin* will ich im jetzigen Leben gelangen, welches Ziel werde ich erreichen, wenn ich den jetzt eingeschlagenen Pfad weiter beschreite?

Eine solche Fragestellung lenkt unsere Aufmerksamkeit sofort auf einen ganz anderen Bereich der Reinkarnations-Diskussion, nämlich auf das Thema des in die Zukunft gerichteten spirituellen «Weges nach Innen», auf dem es überhaupt keine Rolle spielt, ob wir uns nun im einzelnen über unsere vielfältigen karmischen Handlungen in unseren unzähligen vergangenen Inkarnationen bewußt sind oder nicht. Denn um die essentielle Frage nach unserem weiteren Weg in die noch zu gestaltende Zukunft zu beantworten, ist die Erinnerung an frühere Leben nicht erforderlich. Im Gegenteil, es ist geradezu hinderlich, wenn wir uns plötzlich mit all unseren vergangenen, bereits hinter uns gelassenen Inkarnationen zu identifizieren beginnen. Wie gesagt, die Natur hat es in weiser Voraussicht bereits so eingerichtet, daß wir die Erinnerungen an Vergangenes vergessen, um nicht von ihnen überwältigt und gelähmt zu werden.

Nun kann man natürlich einwenden, daß die Rückerinnerung in gewissen einzelnen Fällen aber auch von Vorteil sein könnte. Einverstanden, doch in diesen Ausnahmefällen wird die weise Natur ebenso für die dann förderliche Erinnerung sorgen, wie sie in allen anderen Fällen für das Vergessen sorgt. Das Rezept ist denkbar einfach: Wenn du dich spontan und ohne eigenes Zutun an deine früheren Leben zu erinnern vermagst, dann kann diese Erinnerung für dich von Nutzen sein, sofern es dir gelingt herauszufinden, was du aus ihr lernen sollst. Wenn dir aber solche Erinnerungen fehlen, warum solltest du dann mit irgendwelchen künstlichen Tricks (wie etwa mit Rückführungen und dergleichen) versuchen, klüger als die Natur zu sein?

Reinkarnation als Tier

Zwei weitere Fragen, die im Zusammenhang mit der Seelenwanderung immer wieder aufgeworfen werden, sind die folgenden: Erstens, ob auch Tiere dem Gesetz von Karma und Reinkarnation unterworfen sind und ob sie sich ebenfalls in menschliche Körper inkarnieren können, und zweitens, ob es möglich ist, daß die Seele von einem menschlichen Körper aus wieder in tierische Lebensformen eingehen kann.

Um diese Fragen fundiert beantworten zu können, wollen wir uns zunächst noch einmal in Erinnerung rufen, was die Veden über die Natur der spirituellen Seele aussagen: Gemäß vedischer Wissenschaft sind *alle* lebenden Organismen, die die grundlegenden Symptome des Lebens (wie z.B. Wachstum, Stoffwechsel oder Fortpflanzung) aufweisen, beseelt – also auch Pflanzen und Tiere. Wie jüngste biologische Experimente eindeutig nachgewiesen haben, besitzen selbst Pflanzen ein Wahrnehmungs-, Empfindungs- und Reaktionsvermögen – ganz zu schweigen also von den Tieren. Der Unterschied zwischen einem Menschen und einem Tier besteht nach vedischer Definition lediglich in der *Art des Körpers*, den die Seele angenommen hat; im Innern sowohl des Menschen als auch des Tieres aber weilt eine qualitativ und quantitativ gleich beschaffene, jedoch individuell verschiedene Seele.

Wir können dies anhand des folgenden Beispiels veranschaulichen: Angenommen, jemand besitzt die Fähigkeit, sowohl Flugzeuge zu fliegen als auch Autos zu lenken und Fahrräder zu fahren. Nun kann diese Person je nach der Art des Fahrzeugs, das ihm zur Verfügung gestellt wird, seine verschiedenen Fähigkeiten unter Beweis stellen. Auf einem Fahrrad kann er zum Beispiel nur eine bestimmte Geschwindigkeit erreichen; setzt er sich hingegen in einen schnellen Sportwagen, werden sich seine Fortbewegungsmöglichkeiten in bezug auf Kraft und Geschwindigkeit erheblich steigern, und benützt er ein Flugzeug, ist er sogar imstande zu fliegen. In allen Fällen aber ist es dieselbe Person mit denselben Fähigkeiten; nur die Fahrzeuge unterscheiden sich.

In ähnlicher Weise bedient sich die spirituelle Seele verschiedener materieller Körper, die es ihr ermöglichen, ihre mannigfaltigen Wünsche und Fertigkeiten auf unterschiedliche Weise zu entfalten. Dabei scheint es offensichtlich zu sein, daß dem Menschen gewisse intellektuelle und geistige Fähigkeiten eigen sind, welche die Tiere nicht besitzen oder zumindest nicht für den Menschen erkennbar aufweisen. Und dennoch wohnt auch in jedem tierischen und pflanzlichen Körper eine lebendige Seele, die unabhängig von dem jeweiligen Körper, in den sie sich inkarniert hat, stets eine eigene, individuelle Persönlichkeit bleibt.

An dieser Stelle möchten wir zum besseren Verständnis dieser Thematik ein neues Konzept aus der vedischen Wissenschaft einführen: die Lehre der drei Erscheinungsweisen *(Guṇas)*.

Die drei Guṇas (Erscheinungsweisen)

Gemäß der vedischen Wissenschaft beruht die Mannigfaltigkeit aller verschiedenen Lebensformen auf einer Kombination oder Permutation von drei grundlegenden Prinzipien oder «Erscheinungsweisen» der Materie, die im Sanskrit als *Guṇas* bezeichnet werden. Diese drei Guṇas sind:

1. Tugend *(Sattva-guṇa)*
2. Leidenschaft *(Rajo-guṇa)*
3. Unwissenheit *(Tamo-guṇa)*

Die Körper der einzelnen Spezien gleichen vergänglichen Wohnungen oder Häusern von unterschiedlichen Größen, Formen und Farben, in denen die ewige Seele vorübergehend weilt. Diese Körperformen schränken, unter der Herrschaft der drei Erscheinungsweisen, die Bewegungs- und Handlungsfreiheiten sowie auch die Genußmöglichkeiten der einzelnen Lebewesen individuell ein. So wird zum Beispiel ein Lebewesen im Körper eines Tigers ganz natürlich den Wunsch haben, laut zu brüllen und andere Tiere zwecks Nahrungsbeschaffung zu töten, während ein anderes Lebewesen im Körper eines Schwans ebenso natürlich den Wunsch haben wird, mit graziösen Schwüngen durch die Lüfte zu fliegen und sich im frischen Wasser klarer Teiche zu tummeln. Auf diese Weise finden wir in der gesamten Natur individuelle Unterschiede, die durch den Einfluß der Erscheinungsweisen der Natur bewirkt werden.

Obwohl sich alle Tiere hauptsächlich in der Erscheinungsweise der Unwissenheit befinden, sind sie doch in unterschiedlichem Maße auch von den Erscheinungsweisen der Leidenschaft und der Tugend beeinflußt. *Kühe* zum Beispiel sind sehr einfache, anspruchslose Tiere von sanftem Wesen, die nur für das Wohl der anderen arbeiten (weshalb sie in der indischen Kultur sehr geschätzt und geschützt werden); sie sind also ein Beispiel für eine Tierart, die bis zu einem gewissen Grade von der Erscheinungsweise der Tugend beeinflußt ist. Hingegen zeugt die wilde Natur beispielsweise von Löwen und anderen Raubtieren von einer Beeinflussung durch die Erscheinungsweise der Leidenschaft, während Tiere wie Schweine oder Affen sich hauptsächlich in der Erscheinungsweise der Unwissenheit befinden.

Selbst innerhalb der gleichen Gattung finden wir solche Unterschiede. Unter den Vögeln zum Beispiel zeigen die Schwäne mit ihrem noblen, anmutigen Wesen Symptome der Tugend; Falken oder Adler dagegen befinden sich eher in Leidenschaft, während Aasgeier oder Krähen vornehmlich in Unwissenheit handeln. Wenngleich also die biologische Beschaffenheit innerhalb derselben Art bei allen Spezien ähnlich ist, zeigen sich im Bewußtsein und in den Handlungen der einzelnen Tiere doch die unterschiedlichsten Ausprägungen, die durch die jeweilige Beeinflussung durch die Erscheinungsweisen der Natur bewirkt werden.

Die gleichen Unterteilungen lassen sich nun auch innerhalb der menschlichen Lebensform anstellen, das heißt, wir finden Menschen, die hauptsächlich von der Erscheinungsweise der Tugend beeinflußt sind (Reinheit, Entsagung, Streben nach Wissen, Wohltätigkeit usw.); solche, die unter dem Einfluß der Leidenschaft stehen (unbegrenzte Wünsche und Verlangen, Gier, Anhaftung an Geld und Macht usw.), und solche, die sich in Unwissenheit befinden (Trägheit, Dummheit, Berauschung, Illusion usw.). Die kennzeichnenden Merkmale von Menschen unter dem Einfluß der einzelnen Erscheinungsweisen werden in der *Bhagavad-gītā* wie folgt angegeben:

> Jemand, der seine Tätigkeiten ohne falsches Ego, mit großer Entschlossenheit und mit Enthusiasmus ausführt und in Erfolg und Mißerfolg unerschütterlich bleibt, gilt als ein Handelnder in der Erscheinungsweise der Tugend.
>
> Wer an seine Arbeit und an die Früchte seiner Arbeit angehaftet ist und diese Früchte genießen will und wer gierig, immer neidisch und unsauber ist und von Freude und Sorge bewegt wird, gilt als ein Handelnder in der Erscheinungsweise der Leidenschaft.
>
> Und jemand, der fortwährend entgegen den Anweisungen der offenbarten Schriften handelt, der materialistisch, starrsinnig und betrügerisch ist und es versteht, andere zu beleidigen, und der träge, immer verdrießlich und zögernd ist, gilt als Handelnder in der Erscheinungsweise der Unwissenheit. (Bg. 18.26-28)

Die materielle Welt bietet buchstäblich Millionen von verschiedenen Körperformen, in denen die spirituelle Seele Platz nehmen kann, um entsprechend den drei Erscheinungsweisen der Natur, die ihr Bewußtsein beeinflussen, ihre jeweilige Rolle zu spielen. Während die Seele auf diese Weise unter dem Gesetz des Karma und gemäß ihren Gedanken, Tätigkeiten und Wünschen innerhalb der materiellen Welt von einem grobstofflichen Körper zum anderen und von einer Lebensform zur anderen wandert, gibt es grundsätzlich zwei verschiedene Möglichkeiten dieser Wanderung, nämlich 1. *Evolution* (Erhebung) und 2. *Devolution* (Erniedrigung) des Bewußtseins.

Evolution des Bewußtseins

Die Evolutionstheorie nach *Charles Darwin* (1809-1882) – oder in der modernen Zeit die Lehre der chemischen Evolution – geht davon aus, daß es ausschließlich die äußere Form eines Organismus ist, die evolviert (Morphologie); sie liefert uns hingegen keinerlei Informationen über eine Evolution von Bewußtsein.

Was den Ursprung und die Klassifizierung der einzelnen Arten betrifft, so vertreten die Veden insofern eine ähnliche Auffassung wie die darwinistische Evolutionstheorie, als auch gemäß vedischer Version sämtliche Lebensformen von einem gemeinsamen Vorfahren abstammen und daß neue Spezien durch geschlechtliche Fortpflanzung entstanden sind. Andererseits unterscheidet sich die vedische Auffassung von Evolution insofern von der darwinistischen, als dieser gemeinsame Vorfahre nicht als primitiver einzellischer Organismus, sondern als superintelligentes höheres Wesen (im Sanskrit *Prajāpati* genannt, eine Art Halbgott) beschrieben wird. Außerdem entstehen nach vedischer Definition weniger komplexe Formen aus komplexeren, und nicht umgekehrt. Wir könnten hier also von «inverser Evolution» sprechen, wobei die ersten Schritte sogar außerhalb des Erdplaneten stattfanden. (Hierauf können wir allerdings in diesem Rahmen nicht weiter eingehen und verweisen direkt auf die entsprechenden Stellen innerhalb der vedischen Literatur.)

Abgesehen davon beschreiben die Veden jedoch noch eine zweite Form der Evolution, die für unsere Betrachtungen bezüglich Reinkarnation wesentlich interessanter ist – die *Evolution des Bewußtseins*. Mit anderen Worten, es sind nicht nur die einzelnen Körperformen, die sich weiterentwickeln, sondern vielmehr auch das Bewußtsein der individuellen Seele, welche durch verschiedene Lebensformen aufwärts wandert und so ihr Bewußtsein allmählich erhebt. Die einzelnen Stufen dieser Bewußtseinsevolution stimmen im großen und ganzen mit den Entwicklungsstadien der darwinistischen Evolutionstheorie überein, also: Mikroben, Pflanzen, Insekten, Reptilien, Vögel, Säugetiere und schließlich Menschen. Die exakten Angaben zu diesen Entwicklungsstufen finden wir im *Viṣṇu Purāṇa*. Dort heißt es, daß es innerhalb des Universums insgesamt 8'400'000 verschiedene Lebensformen gibt, die sich gemäß dem Evolutionsstand ihres Bewußtseins grob in folgende Kategorien aufgliedern lassen: 900'000 Wasserlebewesen wie Fische usw., 2'000'000 unbewegliche Körperformen wie Pflanzen, 1'100'000 Insekten und Reptilien, 1'000'000 Vogelarten, 3'000'000 Säugetiere sowie 400'000 verschiedene Menschenarten. (Von diesen 400'000 menschlichen Lebensformen sind diejenigen, die wir auf dem Erdplaneten kennen, nach vedischer Erkenntnis übrigens nicht die am höchsten entwickelten; im nächsten Abschnitt über das *Leben auf anderen Planeten* werden wir noch darauf zu sprechen kommen.)

An dieser Stelle mag sich nun die Frage erheben, wie dieser ganze Evolutionsvorgang des aufsteigenden Bewußtseins überhaupt angefangen hat, mit anderen Worten, welches ursprünglich unsere erste Lebensform innerhalb der materiellen Welt war. Aus dem *Śrīmad-Bhāgavatam* erhalten wir diesbezüglich eine höchst interessante Information. Es heißt dort (4.29.4), daß die erste Körperform, welche die spirituelle Seele annimmt, wenn sie mit dem Ziel, innerhalb der materiellen Welt zu genießen, in den Kreislauf der wiederholten Geburten und Tode eintritt, die *menschliche* ist; besser gesagt, eine der 400'000 verschiedenen menschlichen Lebensformen. Erst aufgrund ihrer sich im Laufe der Zeit entwickelnden unzähligen Wünsche verstrickt sich die bedingte Seele allmählich in alle möglichen anderen Lebensformen. Śrīla Prabhupāda erklärt in seinem Kommentar zu dem erwähnten Vers aus dem *Śrīmad-Bhāgavatam*:

> Ursprünglich ist das Lebewesen ein spirituelles Wesen, doch wenn es unabhängig genießen möchte, kommt es in die materielle Welt hinab. Aus diesem Vers geht hervor, daß das Lebewesen zunächst einen Körper annimmt, welcher der Form nach menschlich ist, doch dann fällt es aufgrund seiner entarteten Tätigkeiten allmählich zu niederen Lebensformen hinab – zu den tierischen, pflanzlichen und aquatischen Formen. Durch den allmählichen Evolutionsvorgang bekommt das Lebewesen erneut den Körper eines Menschen und erhält eine weitere Gelegenheit, aus dem Vorgang der Seelenwanderung hinauszugelangen. Wenn es diese Gelegenheit, in der menschlichen Form seine eigentliche Stellung zu verstehen, wieder versäumt, wird es erneut in den Kreislauf von Geburt und Tod in verschiedene Arten von Körpern gesetzt.

Die eingangs gestellte Frage, ob auch die Tiere unter dem Gesetz des Karma stehen und sich durch ihre Tätigkeiten verschiedene Körperformen schaffen können, läßt sich nunmehr leicht beantworten. Die vedische Wissenschaft besagt, daß sämtliche Lebewesen, die sich «unterhalb» der menschlichen Lebensform befinden (also Tiere und Pflanzen), in bezug auf ihr Verhalten vollständig der Herrschaft durch die höheren Naturgesetze – besser: durch die Überseele – unterstehen und keine andere Wahl besitzen, als sich an diese Gesetze zu halten. Da sie nicht die Möglichkeit haben, sich gegen die Naturgesetze zu stellen oder diese abzulehnen, schaffen sich die Tiere auch keine schlechten karmischen Reaktionen und schreiten daher allmählich aufwärts – stets von weniger bewußten Lebensformen zu immer bewußteren. Dieser Vorgang findet ganz natürlich statt, genauso wie sich ein Kind natürlicherweise und ohne sein eigenes Zutun im Laufe der Zeit zu einem erwachsenen Menschen entwickelt. So evolviert die gefallene spirituelle Seele durch die Körper von Mikroben, Pflanzen, Insekten, Vögeln und Säugetieren, bis sie wieder die menschliche Lebensform erreicht.

Der menschliche Körper

Ist die Seele so auf ihrer Wanderschaft durch alle möglichen Lebensformen schließlich in einem menschlichen Körper angelangt, hat sie ihr Bewußtsein wieder vollständig entwickelt, und mit diesem höher entwickelten Bewußtsein auch ihren *freien Willen*. Im *Śrīmad-Bhāgavatam* heißt es hierzu:

> Während das Lebewesen, das aufgrund seines Karma dem Kreislauf von Geburt und Tod unterworfen ist, immer wieder neue Lebensformen annimmt,

> erreicht es durch glückliche Umstände manchmal die menschliche Form. Diese Geburt als Mensch wird nur selten erlangt. (SB. 8.22.25)

Der menschliche Körper nimmt unter allen Lebensformen also insbesondere deshalb eine einzigartige Stellung ein, weil er der Seele zum erstenmal eine bewußte Handlungs- und Entscheidungsfreiheit läßt, durch die sie ihr Verhalten selbst bestimmen kann; in tierischen oder pflanzlichen Körpern besitzt die Seele diese Freiheit nicht (statt dessen wird sie, wie oben erwähnt, von der Überseele, dem sogenannten «Instinkt», geleitet). Dem Menschen ist es freigestellt, weiterhin im Einklang mit den für ihn geltenden Naturgesetzen zu leben oder aber diese durch Mißbrauch seines freien Willens bewußt abzulehnen und zu brechen. Tut er dies, muß er sich dann allerdings auch vor dem Naturgesetz des Karma für seine Entscheidungen verantworten. Deshalb heißt es in den Veden, daß die menschliche Körperform den eigentlichen Knoten- oder Wendepunkt in der Evolution des Bewußtseins darstellt. Diese Lebensform hat den einzigartigen Vorteil, daß wir uns durch die richtige Verwendung unserer höheren Intelligenz und unseres freien Willens, die uns Menschen von Natur aus gegeben sind, mit geistigen und spirituellen Themen beschäftigen und sich auf diese Weise weiter erheben und letztlich sogar aus dem Kreislauf der Wiedergeburten befreien können.

In der Tat ist diese höhere Intelligenz und die Möglichkeit der Entfaltung und Spiritualisierung des Bewußtseins sogar das einzige, was der menschliche Körper dem tierischen voraus hat. In allen anderen Belangen finden sich im Tierreich Körperformen, die der des Menschen in jeder Hinsicht überlegen sind: Es gibt Tiere, die beträchtlich besser sehen als der Mensch (wie zum Beispiel Mäusebussarde, oder Bienen, die selbst im UV-Spektrum sehen); solche, die besser hören können (z.B. Fledermäuse, die sogar Ultraschallwellen wahrnehmen), und solche, die besser riechen (z.B. Hunde) oder tasten (z.B. Schlangen) können. Es gibt Tiere, die öfters Geschlechtsverkehr genießen als der Mensch (z.B. Tauben), solche, die mehr schlafen oder mehr essen können (z.B. Bären oder Elefanten), und solche, die eine längere Lebensspanne besitzen (z.B. Schildkröten). Die meisten Tiere besitzen die besseren natürlichen Waffen, um sich zu verteidigen, oder sie können sich schneller fortbewegen oder besser verstecken als der Mensch, und manche Arten können sogar fliegen.

Devolution des Bewußtseins

Nimmt der Mensch die ihm gebotene seltene Möglichkeit zur spirituellen Erhebung jedoch nicht wahr und richtet seine Wünsche und Lebensziele ausschließlich auf diejenigen Tätigkeiten, die er mit den Tieren gemein hat – wie Essen, Schlafen, Verteidigung und Fortpflanzung zur Erhaltung der Art –, so wird er aufgrund dieser allzu sinnlichen Wünsche und seines dementsprechenden Handelns (Karma) wieder niedere Lebensformen annehmen müssen.

Mit anderen Worten: Prinzipiell kann die spirituelle Seele von der menschlichen Lebensform aus in jede beliebige Richtung weiterwandern, das heißt, sie kann in jede beliebige der 8'400'000 Spezien innerhalb des Universums eingehen, ganz nach ihren Wünschen und ihren daraus resultierenden Tätigkeiten entsprechend den drei Erscheinungsweisen *(Guṇas)* der Natur – also auch in Tierformen. Dies bezeichnen wir als Devolution (Erniedrigung) des Bewußtseins.

In der *Bhagavad-gītā* (14.14-18) wird beschrieben, daß Menschen, die von der Erscheinungsweise der Tugend beeinflußt sind und sich mit der Entwicklung wirklichen Wissens beschäftigen, sich nach dem Tode allmählich in höhere Daseinsformen auf höheren Planeten erheben können, während Menschen, die in der Erscheinungsweise der Leidenschaft leben und vorwiegend materialistischen Tätigkeiten zur Verbesserung ihres körperlichen Wohlbefindens nachgehen, erneut als Menschen auf der Erde wiedergeboren werden. Menschen hingegen, die unter dem Einfluß der Erscheinungsweise der Unwissenheit handeln, werden nach dem Tode wieder in niedere Lebensformen sinken. Die Merkmale dieser Erscheinungsweise werden in der *Bhagavad-gītā* wie folgt beschrieben:

> Die Erscheinungsweise der Dunkelheit, geboren aus Unwissenheit, verursacht die Täuschung aller verkörperten Lebewesen. Ihre Folgen – Verrücktheit, Trägheit und Schlaf – binden die bedingte Seele. (Bg. 14.8)
>
> Jede Handlung, die in Illusion und unter Mißachtung der Anweisungen der offenbarten Schriften ausgeführt wird, ohne sich um zukünftige Knechtschaft, Gewalt oder das Leid, das anderen zugefügt wird, zu kümmern, wird als Handlung in der Erscheinungsweise der Unwissenheit bezeichnet... Jemand, der materialistisch, starrsinnig und betrügerisch ist und es versteht, andere zu beleidigen, und der träge, immer verdrießlich und zögernd ist, gilt als Handelnder in der Erscheinungsweise der Unwissenheit. (Bg. 18.25 und 28)

Evolution und Devolution des Bewußtseins

Handlungen in Tugend
→ **höhere Lebensformen** (auf höheren Planeten)

Handlungen in Leidenschaft
→ **menschliche Lebensformen**

Handlungen in Unwissenheit
→ **niedere Lebensformen** (Tiere, Pflanzen)

(Zur Thematik der Reinkarnation als Tier siehe auch die im *Anhang* erzählte Geschichte von König Bharata, der aufgrund seines Karma gezwungen war, den Körper eines Rehes anzunehmen.)

Argumente und Gegenargumente

Die vedische Aussage, wonach der Mensch bei unwürdigem Verhalten und Mißbrauch seiner höheren Fähigkeiten ausschließlich zum Zwecke animalischer Befriedigung auch wieder zu tierischen Lebensformen degenerieren kann, ist im Westen eigentlich erst seit der Aufklärung und dem Aufkommen des bedingungslosen «Fortschritts»-Denkens umstritten.

Während die großen Philosophen der Antike (beispielsweise Pythagoras, Sokrates, Platon, Ovid oder Origenes, die in *Kapitel 5 und 6* ausführlich zu Worte kommen werden) noch von der Richtigkeit der erneuten Erniedrigung Kenntnis hatten, sind sich die Denker der Neuzeit nicht mehr vollends einig. Tatsächlich stellt die Frage der Devolution im Lager derer, die bereits von der Wiedergeburt überzeugt sind, einen der meistumstrittenen Aspekte der Reinkarnationslehre dar. So berichtet beispielsweise Karl Lessing über seinen Bruder, den bereits angeführten großen Verfechter des Reinkarnationsgedankens *G.E. Lessing*:

> In den letzten Jahren seines Lebens war auch eine seiner Lieblingsideen die Seelenwanderung. Vermutlich sollte das Bruchstück von der «Möglichkeit mehrerer Sinne» (1778) gleichsam Vorbereitung und Einleitung zu seiner Abhandlung von der Seelenpräexistenz und Metempsychose sein. Aus seinen mündlichen Unterredungen erinnere ich mich nur so viel: Die menschliche Seele, glaubte er, wäre schon in viele Körper gewandert und immer aus dem letztern vollkommener gekommen, als aus dem vorhergehenden; es könnte sein, daß sie auch anfangs gar in tierischen Körpern gewesen und durch Veranlassung endlich in menschliche übergegangen, aus denen sie noch in weit edlere Wesen wandern würde, *wenn sie nicht vorsätzlich dieser Veredlung entgegen arbeitete*.

Lessing ging also davon aus, daß es zwar natürlich sei, wenn sich der Mensch kraft seines höherstrebenden Geistes stetig in noch «weit edlere» Körperformen erhöbe, daß es aber bei «vorsätzlicher Arbeit entgegen dieser natürlichen Veredlung» durchaus auch möglich sei, daß das Gegenteil eintreffe, nämlich seine Erniedrigung.

Bei *Rudolf Steiner* (1861-1925) hingegen, der eine Synthese zwischen der christlichen Heilslehre und gewissen Erkenntnissen der indischen Philosophie anstrebte, wird diese Möglichkeit konsequent abgelehnt. Da wir ihm und seiner Anthroposophischen Lehre in *Kapitel 5* einen ausführlichen Abschnitt widmen werden, sei hier nur soviel gesagt: Steiner spricht – in Anlehnung an *Goethe* – von «Metamorphose und Steigerung» und vertritt, wie andere Gegner der Devolution auch, dogmatisch die Ansicht, daß die Seele niemals degenerieren könne, daß sie also, nachdem sie einmal die menschliche Ebene erreicht habe, nicht wieder in tierische Formen zurücksinke.

Dies jedoch stünde im Widerspruch zum Gesetz, daß die eigenen Wünsche und der Bewußtseinszustand im Augenblick des Todes über die nächste Körperform entscheidet (*Bhagavad-gītā* 8.6). Denn warum auch sollte es jemandem, für den das Ziel des menschlichen Lebens ausschließlich darin besteht, seine tierischen Bedürfnisse zu befriedigen, nicht vergönnt sein, diese seine Wünsche in einem entsprechenden Körper auszuleben? Warum sollte die Natur einen Menschen zwingen, spirituellen Fortschritt zu machen und sich geistig zu erheben, der sich doch dagegen wehrt und der die Freuden des Essens, des Schlafens und der Sexualität jeglicher geistigen Betätigung vorzieht?

Außerdem läßt sich die Behauptung der «stetigen Steigerung» des menschlichen Bewußtseins auch in der Praxis überhaupt nicht erkennen. Hierzu bemerkte schon der deutsche Philosoph und Dichter *Johann Gottfried Herder* (1744-1803) vor zwei Jahrhunderten, daß die Erde wohl anders aussehen und vortrefflichere Menschen aufweisen müsse, wenn sich der Mensch mit jeder Inkarnation erheben würde und wenn Persönlichkeiten wie Homer, Pythagoras oder Sokrates immer wieder erschienen und «von Jahr- zu Jahrhunderten gewachsen wären».

Die *Bhagavad-gītā* drückt sich in dieser Frage noch deutlicher aus:

> Törichte Menschen können nicht verstehen, wie ein Lebewesen seinen Körper verläßt, und sie können nicht verstehen, welche Art von Körper es im Banne der Erscheinungsweisen der Natur genießt. Jemand, dessen Augen im Wissen geschult sind, kann all dies sehen. Doch diejenigen, die im Bewußtsein nicht fortgeschritten und die nicht selbstverwirklicht sind, können nicht sehen, was vor sich geht, auch wenn sie sich darum bemühen. (Bg. 15.10-11)

Ein weiterer Einwand, den man in diesem Zusammenhang zuweilen hört, lautet, daß durch die Auffassung der Devolution die Tierwelt verachtend als «Strafanstalt für zurückversetzte Menschen» betrachtet werde. Dem ist jedoch entgegenzuhalten, daß es sich bei dieser «Zurückversetzung» ja nicht im eigentlichen Sinne um eine Strafe handelt, sondern daß die Naturgesetze dem betreffenden Lebewesen einfach denjenigen Körper zur Verfügung stellen, den es sich wünscht und in dem es seine mannigfaltigen Begierden am besten und am ungehindertsten erfüllen kann. So gesehen ist dies nicht nur eine Bestrafung, sondern auch eine Gnade.

Außerdem werden durch die umfassende Lehre der Seelenwanderung (einschließlich der möglichen Devolution) auch die Tiere in den gesamten Werdegang des Lebens miteinbezogen und bleiben so nicht einfach nur unbeseelter Gegenstand und Objekt, mit dem wir machen können, was wir wollen. Die vedische Philosophie erzieht also den Menschen zum Respekt auch vor den Seelen in Tierkörpern, die als Mitgeschöpfe und Mitbewohner dieser Erde betrachtet werden, und damit auch zu einem erweiterten Verständnis des Prinzips der Nächstenliebe und der Gewaltlosigkeit. Wie sonst könnten wir einen wirklich echten Zugang zu den Tieren, eine Anteilnahme und ein Einfühlungsvermögen finden, wenn wir sie nicht als beseelte Lebewesen mit individuellen Gefühlen und Wünschen ansähen, die sich von uns Menschen lediglich durch die Art ihres Körpers unterscheiden? Hierzu finden wir eine illustrative Tagebuchnotiz des amerikanischen Dichters und Philosophen *Henry David Thoreau* (1817-1862), der schreibt:

> Heute nachmittag besuchte ich eine Tierschau... Worin besteht der Unterschied zwischen einem wilden Tier und einem gezähmten? Um wieviel mehr gleicht doch das eine dem Menschen als das andere! Mit welcher Schönheit und

> Grazie er knurrt, scharrt und brüllt und sich doch nicht zähmen läßt, der bengalische Königstiger oder der Leopard. Sie besitzen Persönlichkeit und Würde gleich einer anderen Gattung von Mensch... Man kann nicht umhin, an Seelenwanderung zu denken; nicht eine Grille der Poeten, doch eine Urahnung der Wesen. (26.6.1851)

Vegetarismus als praktische Konsequenz

In dieses Umfeld gehört als praktische Konsequenz auch die bedeutsame Thematik des Vegetarismus, auf den wir in diesem Rahmen jedoch nicht allzu detailliert eingehen können. (Wir haben zu diesem Thema eine gesonderte kleine Schrift mit dem Titel «Vegetarisch leben – Die Notwendigkeit fleischloser Ernährung» verfaßt, aus deren Kapitel über Karma wir in der Folge die wichtigsten Gedanken übernehmen werden.)

Denn die aus dem richtig verstandenen Reinkarnationsgedanken abgeleitete Erkenntnis der Anteilnahme am Leben anderer Geschöpfe führt wohl jeden nachdenklichen Menschen zu der Schlußfolgerung, daß wir kein Recht besitzen, anderen Lebewesen unnötigerweise Gewalt anzutun. Und dies schließt auch das Töten von Tieren und das Essen von Tierfleisch mit ein. So bemerkt *Magnus Schwantje* (1877-1959), der erste große Vorkämpfer für Vegetarismus und Tierschutz im deutschen Sprachraum, der im Jahre 1902 den Begriff «Ehrfurcht vor dem Leben» prägte:

> Auch wenn wir gar nicht hoffen könnten, daß jemals alle Menschen zur vegetarischen Lebensweise übergehen werden, hätte niemand deswegen das Recht, Fleisch zu essen. Ein Unrecht bleibt auch dann ein Unrecht, wenn alle es verüben...
>
> Ich sage ja nicht, daß jeder Mensch, der vegetarisch lebt, gerecht sei, sondern, daß jeder, der *nicht* vegetarisch lebt, dadurch ungerecht handelt.

Aus diesem Grunde waren beispielsweise auch die meisten Philosophen der Antike konsequente Vegetarier, ja *Pythagoras* forderte dies sogar von jedem, der als «wahrer Philosoph» anerkannt werden wolle. Er sagte: «Alles, was der Mensch den Tieren antut, kommt auf den Menschen wieder zurück.» (Mit der gleichen Argumentation ließe sich auch viel zum aktuellen Thema der grausamen Praktiken in der *Vivisektion* sagen, die von den Vertretern der vedischen Kultur selbstverständlich aufs äußerste verworfen werden. Doch dies würde den Rahmen des vorliegenden Buches überschreiten.)

Die Begründungen, die uns die vedischen Schriften für die vegetarische Lebensweise liefern, gehen jedoch selbst über die vorbildhaften ethischen und moralischen Motive eines Pythagoras hinaus und erklären zudem auch die esoterischen Hintergründe und Konsequenzen des Fleischessens. Denn während sich die modernen Philosophien und Religionen nicht einmal im klaren darüber sind, ob Tiere nun ein Recht auf Leben haben oder ob sie einfach folgenlos getötet werden können, finden wir in den Veden auch hier klarste Aussagen und Erklärungen.

Die vedische Wissenschaft und das darin enthaltene Verständnis des Karma-Gesetzes deckt die direkten zerstörerischen Folgen des Tieretötens, sowohl im individuellen als auch im kollektiven Bereich, auf. Sie beschreibt, daß die Seele eines vorzeitig getöteten Tieres noch einmal in derselben tierischen Form Geburt nehmen muß und so auf ihrem Pfad der fortschreitenden Evolution aufgehalten wird. Die Naturgesetze schreiben vor, daß jedes Lebewesen für eine genau bestimmte Zeit in einem bestimmten Körper bleiben und die diesem Körper zugeteilte Zeitspanne durchlaufen muß, bevor es zu einer höheren Lebensform erhoben werden kann. Wer nun unnötigerweise ein Tier tötet, hindert es daran, die festgelegte Dauer, die es in seinem Körper verbringen muß, zu beenden. Für diesen unerlaubten Eingriff in die Naturgesetze wird er durch die ausgleichende Gerechtigkeit des Karma gezwungen sein, in einem kommenden Dasein als Schlachtvieh dieses anderen zugefügte Leiden im wahrsten Sinne des Wortes «am eigenen Leibe» zu erfahren. Der Mensch sollte daher, nur schon in seinem eigenen Interesse, nicht um der bloßen Befriedigung seiner Eßlust willen Tiere morden.

Auch wenn jemand nicht selbst das Tier tötet, ist er mitschuldig, denn gemäß dem Karma-Gesetz bekommen alle Beteiligten – derjenige, der das Tier züchtet, derjenige, der es tötet, derjenige, der das Fleisch verkauft, derjenige, der es kocht, und derjenige, der es ißt – entsprechende karmische Reaktionen.

Wie gesagt gilt aber das Gesetz des Karma nicht nur individuell, sondern auch kollektiv, das heißt, es gilt auch für die Handlungen, die eine Gruppe von Menschen (Familie, Gemeinde, Nation, ja die Bevölkerung des gesamten Planeten) gemeinsam ausführt oder toleriert. Wenn die Menschen sicherstellen, daß die Schöpfungsgesetze eingehalten werden, profitiert ihre gesamte Gesellschaft. Wenn jedoch eine Gesellschaft sündhafte, ungerechte und gewalttätige Handlungen zuläßt, wird sie unter dem entsprechenden *kollektiven Karma* zu leiden haben, das sich durch Kriege, Naturkatastrophen, Umweltsterben, Epidemien usw. äußern kann.

Mit anderen Worten: Die Würstchenbude oder der Schlachthof um die Ecke haben weit mehr mit der Bedrohung der Menschheit zu tun als alle Raketen und Atomwaffen der Welt, die ja nicht *Ursache* der Zerstörung sind, sondern höchstens das *Medium*, durch das sich die Zerstörung manifestiert. Die Ursache hingegen liegt in den Verstößen des Menschen gegen die für ihn geltenden Naturgesetze. Der russische Schriftsteller, Sozialkritiker und überzeugte Vegetarier *Leo Tolstoi* (1828-1910) hielt diesen traurigen Sachverhalt einst mit der folgenden treffenden Bemerkung fest:

> Solange es Schlachthäuser gibt,
> wird es auch Schlachtfelder geben.

Und der griechische Philosoph und Historiker *Plutarch* (um 45-125) führt aus:

> Ich frage mich, unter welchen Umständen und in welchem Geisteszustand es ein Mensch das erstemal über sich brachte, mit seinem Mund Blut zu berühren, seine Lippen zum Fleisch eines Kadavers zu führen und seinen Tisch mit toten, verwesenden Körpern zu zieren, und es sich dann erlaubt hat, die Teile, die kurz

> zuvor noch gebrüllt und geschrien, sich bewegt und gelebt haben, Nahrung zu nennen...
>
> Es handelt sich gewiß nicht um Löwen und Wölfe, die wir zum Selbstschutz essen – im Gegenteil, diesen Tieren schenken wir gar keine Beachtung; vielmehr schlachten wir harmlose, zahme Geschöpfe ohne Stacheln und Zähne, die uns ohnehin nichts anhaben könnten. Um des Fleisches willen rauben wir ihnen die Sonne, das Licht und die Lebensdauer, die ihnen von Geburt an zustehen. (aus der Abhandlung «Über das Fleischessen»)

Eine deutlichere Sprache spricht Śrīla Prabhupāda. Im Jahre 1974 schrieb er:

> Wer Tiere tötet und ihnen unnötigen Schmerz zufügt – wie es die Menschen in den Schlachthäusern tun –, wird im nächsten und in vielen weiteren Leben auf ähnliche Weise getötet werden. Solch ein Vergehen läßt sich niemals entschuldigen. Wenn man viele Tausende von Tieren berufsmäßig tötet, damit andere Menschen das Fleisch zum Essen kaufen können, muß man gewahr sein, im nächsten Leben sowie Leben für Leben auf ähnliche Weise getötet zu werden.
>
> Es gibt viele Halunken, die ihre eigenen religiösen Prinzipien verletzen. In den jüdisch-christlichen Schriften wird eindeutig gesagt: ‹Du sollst nicht töten!› Nichtsdestoweniger erlauben es sich selbst die Führer der Religionen, Tiere zu töten, während sie gleichzeitig als Heilige betrachtet werden wollen und alle Arten von Entschuldigungen vorbringen.
>
> Solche Lächerlichkeit und Heuchelei in der menschlichen Gesellschaft führt zu unzähligen Katastrophen; deshalb gibt es gelegentlich große Kriege. Massenweise ziehen dann solche Leute auf die Schlachtfelder und töten sich gegenseitig. Nun hat man die Atombombe entdeckt, die nur auf die Massenzerstörung wartet. Wenn die Menschen für ihre nachfolgenden Leben von diesem Töten und Getötetwerden befreit werden wollen, müssen sie ihre sündhaften Tätigkeiten einstellen. Auf diese Weise können die Menschen sich vor wiederholter Geburt und wiederholtem Tod retten. (*Caitanya-caritāmṛta*, Madhya-līlā 24.251, Erläuterung)

Viele Menschen fürchten sich heute vor einem Krieg, aber gleichzeitig lassen sie es kaltblütig zu, daß jeden Tag in Schlachthöfen, Mastfabriken und Tierversuchslaboratorien auf der ganzen Welt mindestens ebenso grauenvolle Massaker durchgeführt werden – und erkennen nicht, wie eng diese Gewaltaktionen miteinander verbunden sind. Wer aber diese Punkte versteht, muß angesichts der heutigen Weltsituation sehr nachdenklich werden, denn trotz aller Warnrufe nimmt der weltweite Fleischkonsum immer mehr zu. Die Statistiken besagen, daß sich in den Industrienationen der jährliche Pro-Kopf-Fleischverzehr in den letzten dreißig Jahren verdoppelt hat (von 40 kg auf 80 kg und mehr. Deutschland ist mittlerweile bei 100 kg und die Schweiz bei 91 kg angelangt!).

Und der Fleischkonsum steigt weiter an: Nun hat sich der Ostblock geöffnet, mit der konkreten Folge, daß die Wirtschaftsriesen der Ersten Welt nun auch in die «zurückgebliebene» Zweite Welt eindringen, um vom neuen, hungrigen Markt zu profitieren. Natürlich fehlen auch die westlichen Fleischkonzerne nicht, ja sie gehörten zu den ersten, die die Lage auszunutzen wußten und neue Mastbetriebe, Schlachthöfe usw. mit staatlicher Hilfe aus dem Boden stampften.

Was kann der einzelne angesichts dieser Übermacht tun? – Das Gesetz des Karma läßt uns nicht nur die drohenden Reaktionen erahnen, sondern zeigt uns gleichzeitig – durch Hinweis auf die wahren Ursachen – auch den praktischen Ausweg. Selbst wenn unser Umsteigen zur vegetarischen Lebensweise weltweit nicht viel zu ändern scheint, ändert dieser Schritt doch unser individuelles Karma. Und das kollektive Karma ist nichts anderes als die Summe des gesamten individuellen Karma; jede einzelne zusätzliche Person also, die nicht mehr die selbstmörderische Entwicklung der heutigen Zeit unterstützt, reduziert dadurch auch das kollektive schlechte Karma, das wie ein Damokles-Schwert über der heutigen Menschheit schwebt.

Mit anderen Worten: Das Essen von Fleisch ist nicht nur eine Privatsache! Zu groß sind die Schäden, die dadurch angerichtet werden, für die eigene Gesundheit, für die Tiere, für die Umwelt, ja für den ganzen Planeten. Um also die anstehenden Probleme unserer krisengeplagten Welt (Kriegsgefahr, Umweltzerstörung, Nahrungsmittelvergeudung usw.) zu lösen, brauchen wir Menschen, die verstehen, wie das Gesetz des Karma wirkt und wie wir uns davon befreien können, das heißt, wie wir mit einem solch geläuterten Bewußtsein handeln können, daß unsere Tätigkeiten keine schlechten Reaktionen mehr nach sich ziehen. Niemand darf sich die Hoffnung machen, daß die heutigen wachsenden Probleme gelöst werden können, solange wir nicht bereit sind, unseren eigenen Lebensstil zu ändern – und der Vegetarismus ist ein erster Schritt in diese Richtung.

Pflanzenessen und Karma

Bringt aber nicht auch die vegetarische Lebensweise karmische Reaktionen mit sich? Sind nicht auch Pflanzen beseelt und müssen getötet werden, um vom Menschen verzehrt zu werden? Gewalt läßt sich also auch für den Vegetarier nicht vollständig vermeiden.

Dieser Einwand, den man an dieser Stelle immer wieder hört, ist durchaus berechtigt. Wir wollen ja nicht behaupten, daß die vegetarische Ernährungsweise alle Weltprobleme lösen könne; dies wäre in der Tat zu vereinfachend. Schließlich sind auch Tauben und Affen Vegetarier, was noch lange nicht bedeutet, daß sie sich über die höheren Naturgesetze bewußt sind. Es ist richtig, daß selbst ein Vegetarier manchmal töten muß, um sich seine Nahrungsmittel zu beschaffen, auch wenn es sich dabei nur um eine Gemüsepflanze handelt. Auch ein Vegetarier könnte also beschuldigt werden, daß er von der Natur stiehlt, denn im Grunde kann der Mensch auf nichts in Gottes Schöpfung Besitzanspruch erheben. Diese Argumente sind wie gesagt berechtigt; aber ein Fleischesser ist der letzte, der sie vorbringen darf.

Zuerst muß klar festgehalten werden, daß für die Beschaffung von reifen Früchten, Nüssen, Getreide, Milch und vielen Gemüsearten keine Lebewesen getötet werden. Die Kuh und die Pflanze leben nach dem Melken bzw. Pflücken weiter, und das Getreide wie auch die meisten Gemüsesorten sind zum Zeitpunkt der Ernte bereits tot. Dennoch kommt es zuweilen vor, daß Vegetarier einer Pflanze das Leben nehmen, was dann tatsächlich gewisse geringe karmische Reaktionen nach sich zieht. Diese sind jedoch in keiner Weise mit den schweren Reaktionen zu vergleichen, die man für das Töten eines Tieres oder eines Menschen bekommt.

Die eigentliche Frage lautet also nicht, wie wir Gewalt gänzlich vermeiden können – was unmöglich ist –, sondern wie wir das Leid, das wir anderen Lebewesen zufügen, auf ein *Mindestmaß* beschränken und gleichzeitig die Nahrungsbedürfnisse unseres Körpers stillen können. In der *Bhagavad-gītā* wird hierzu erklärt, daß wir Menschen das Recht haben, Gemüse, Früchte usw. zu essen, und darüber hinaus wird ebenfalls erklärt, wie wir uns von den damit verbundenen karmischen Reaktionen befreien können, indem wir alles, was wir tun, und alles, was wir essen, zunächst Gott als Opfer darbringen (Bg. 9.26-27).

(Auf dieses Thema der sogenannten «Akarma-Handlungen» werden wir jedoch im Schlußkapitel, *Das Ende der Reinkarnation*, noch vertieft eingehen.)

Eine kleine Geschichte

Zum Abschluß unserer Diskussion über die Frage nach der Reinkarnation als Tier sei hier eine kleine Geschichte über den neupythagoräischen Philosophen *Apollonius von Tyana* (1. Jhd.) angefügt, die wir dem Buch «Niemand stirbt für ewig» (1988) des Theologen *Kurt Allgeier* entliehen haben:

> Apollonius von Tyana in Kappadokien, vielleicht der letzte große griechische Philosoph, versuchte im ersten nachchristlichen Jahrhundert vor allem die Lehren des Pythagoras für die Nachwelt zu retten. Der Arzt, Astrologe, Mystiker und Wissenschaftler führte ein so bemerkenswertes, vorbildliches Leben, daß man ihn durch Jahrhunderte wie einen Heiligen verehrte, obwohl er kein Christ war. In älteren Jahren reiste er nach Indien, um dort sein Wissen über die Seelenwanderung zu vertiefen. Wie sein großes Vorbild Pythagoras war auch er von der Wiedergeburt überzeugt.
>
> In Alexandrien erlebte er eines Tages, wie ein Bettler mit einem zahmen Löwen an der Leine in den Tempel kam. Als das Tier zu Apollonius kam, legte es sich vor ihm nieder und leckte seine Füße. Die Leute, die das sahen, verwunderten sich und fragten den Philosophen: «Was hat das zu bedeuten? Es sieht ja aus, als würde der Löwe Sie kennen?»
>
> Apollonius gab zur Antwort: «Dieser Löwe bittet mich, euch den Namen der menschlichen Seele zu verraten, die sich in ihm verkörpert hat. Es handelt sich um Amasis. Er war König von Ägypten.» Kaum hatte er das gesagt, begann der Löwe laut zu seufzen. Tränen rannen aus seinen Augen.
>
> Der Philosoph strich ihm durch die Mähne und sagte zu den Umstehenden: «Ich meine, dieser Löwe sollte nach Leontopolis gebracht werden, damit er dort im Tempel leben kann. Es schickt sich nicht, daß ein König, dessen Seele in dieses königliche Tier übergegangen ist, wie ein Bettler umherirrt.»
>
> Niemand wagte es, Apollonius zu widersprechen, nicht einmal der Bettler, der seinen Broterwerb verlor, und auch nicht der Priester. So kam der Löwe in den Tempel.

> Es scheint, als wäre in früheren Jahrhunderten die Seelenwanderung durch sämtliche Bereiche des Lebens, also auch durch das Tier- und selbst das Pflanzenreich selbstverständlicher erschienen, als dies heute der Fall ist. (S. 124f.)

Reinkarnation auf anderen Planeten

Eng verknüpft mit der vorherigen Frage nach der Möglichkeit, sich als Tier zu reinkarnieren, ist auch jene, ob es dem Menschen nach dem irdischen Tode möglich oder vergönnt sei, das Dasein auf anderen Planeten, in anderen Sphären zu erfahren. Diese Fragestellung hat seit Anbeginn der abendländischen Kulturgeschichte immer wieder Anlaß zu philosophischen Spekulationen und Diskussionen gegeben, wie das folgende Zitat des deutschen Aufklärungsphilosophen *Immanuel Kant* (1724-1804) verdeutlicht:

> Sollte die unsterbliche Seele wohl in der ganzen Unendlichkeit ihrer künftigen Dauer, die das Grab selbst nicht unterbindet, sondern nur verändert, an diesen Punkt des Weltraumes, an unsere Erde, jederzeit geheftet bleiben? Sollte sie niemals von den übrigen Wundern der Schöpfung eines näheren Anschauens teilhaftig werden? Wer weiß, ist es ihr nicht zugedacht, daß sie dereinst jene entfernten Kugeln des Weltgebäudes und die Trefflichkeit ihrer Anstalten, die schon von weitem ihre Neugierde so reizen, von nahem soll kennen lernen? (in: «Allgemeine Naturgeschichte und Theorie des Himmels», 1755)

Kant machte sich sogar ausführliche Vorstellungen von der Art der Körper, die man auf anderen Planeten haben könnte: «Der Stoff, woraus die Einwohner verschiedener Planeten... gebildet sind, muß um desto leichterer und feinerer Art und die Elastizität der Fasern samt der vorteilhaften Anlage ihres Baues um desto vollkommener sein nach dem Maße, als sie weiter von der Sonne abstehen.»

Mit leidenschaftlicher Seele hat sich auch der Dichter *Heinrich von Kleist* (1777-1811) die Anschauung von dem Weiterleben auf den Sternen zu eigen gemacht. Von Jugend auf an die geheimnisvoll magischen Mächte des Kosmos hingegeben, die seinem Geist übergroße Ahnungen und Eingebungen verliehen, ihn aber zugleich nachtwandlerisch machten und dem Leben auf der Erde entfremdeten und entzogen, tröstete er sich und andere oftmals durch den Aufblick zu den Sternen:

> Ach, liebe Freundin, wenn Sie sich Tränen ersparen wollen, so erwarten Sie wenig von dieser Erde. Sie kann nichts geben, was ein reines Herz wahrhaft glücklich machen könnte. Blicken Sie zuweilen, wenn es Nacht ist, in den Himmel. Wenn Sie auf diesem Sterne keinen Platz finden können, der Ihrer würdig ist, so finden Sie vielleicht auf einem andern einen umso bessern. (Brief an Karoline von Schlieben, 18.7.1801)

Was aber sagen die vedischen Schriften hierzu? Wie wir bereits erfahren haben, besteht eine der Eigenschaften der Seele, welche zu Beginn der *Bhagavad-gītā* aufgezählt werden, darin, daß sie «alldurchdringend» oder «überall gegenwärtig» ist (Bg. 2.24). Die vedische Wissenschaft läßt also keinen Zweifel darüber offen, daß es auf jedem Planeten innerhalb unseres Universums in irgendeiner Form verkörpertes Leben gibt und daß es für die spirituelle Seele prinzipiell möglich ist, jeden beliebigen Planeten zu bereisen und jede beliebige Körperform anzunehmen, sofern sie die jeweils erforderlichen Qualifikationen erfüllen kann. Im *Śrīmad-Bhāgavatam* heißt es in diesem Zusammenhang:

> Aufgrund seiner bestimmten Art von Körper wandert das Lebewesen von einem Planeten zum anderen, während es verschiedenen karmischen Tätigkeiten nachgeht. Auf diese Weise verwickelt es sich in fruchtbringendes Tun und genießt unaufhörlich das entsprechende Ergebnis. (SB. 3.31.43)

Diese Tatsache wird auch in der uralten Sanskritschrift *Brahma-saṁhitā* (wörtlich «Gesang Brahmās», des Weltenschöpfers) bestätigt, die als der älteste aller vedischen Texte gilt, welcher bereits bei der Schöpfung unseres Universums, also vor Milliarden von Jahren, vom Schöpfergott Brahmā selbst verfaßt wurde (und uns heute leider nur noch in Fragmenten erhalten geblieben ist). Im 5. Kapitel dieses erhabenen Werkes wird beschrieben, daß in jedem einzelnen der Millionen und Abermillionen von Universen unzählige Arten von Planeten mit den verschiedensten Reichtümern und Lebensformen existieren.

Vedische Astronomie

Die astronomischen und kosmographischen Teile des vedischen Schrifttums (v.a. die Schriften *Sūrya-siddhānta* und *Siddhānta-śiromaṇi*, aber auch einige *Purāṇas*) enthalten exakte Angaben über die Lage, die Größe und die Beschaffenheit der wichtigsten Planeten des Universums sowie auch über die Art der Lebensformen, welche die verschiedenen Planeten bevölkern. Zudem wird in den Veden erklärt, welche Qualifikationen die Seele erwerben muß, um interplanetarische Reisen zu anderen Himmelskörpern unternehmen zu können. Da es den Rahmen des vorliegenden Buches jedoch sprengen würde, detailliert auf die astronomischen Beschreibungen der Veden einzugehen, möchten wir an dieser Stelle nur einige allgemeine Bemerkungen anfügen.

Im Fünften Canto des *Śrīmad-Bhāgavatam* (Kapitel 16-26) findet sich eine längere Abhandlung über den Aufbau des Universums. Dieses wird aufgegliedert in insgesamt 14 verschiedene Planetensysteme, und zwar in sechs obere, ein mittleres und sieben untere, wobei manche der dort angeführten Planeten der modernen Wissenschaft bislang unbekannt geblieben sind. Die Erde gehört zum mittleren Planetensystem (Bhū-maṇḍala), während beispielsweise die der westlichen Astronomie bekannten Planeten unseres Sonnensystems zu den höheren Planeten gezählt werden, die man auch als die «himmlischen Planeten» bezeichnet, da dort der Lebensstandard und der materielle Genuß beträchtlich höher ist als auf der Erde.

Wenngleich auf jedem einzelnen dieser Planeten Leben herrscht, so sind doch die verschiedenen Körperformen von höchst unterschiedlicher Natur und daher für den menschlichen Beobachter, der versucht, mit den auf der Erde geltenden Gesetzen und Maßstäben zu einem Verständnis zu gelangen, nicht empirisch erfaßbar. So wird in den Veden beispielsweise beschrieben, daß die Lebewesen, welche die Sonne bevölkern, Körper besitzen, die hauptsächlich aus dem Element Feuer bestehen, ebenso wie unsere irdischen Körper hauptsächlich aus dem Element Wasser bestehen (vgl. hierzu unsere Beschreibung der acht materiellen Elemente in *Kapitel 2*). Darüber hinaus gibt es noch höhere Planeten, auf denen die Körper ausschließlich aus feinstofflichen Elementen bestehen und die allesamt von den verschiedensten Lebensformen bewohnt werden.

Astrologie und Reinkarnation

Nur am Rande wollen wir erwähnen, daß die Veden selbstverständlich auch eine astrologische Wissenschaft enthalten, die im Sanskrit als *Jyoti-śāstra* bezeichnet wird, als die «Wissenschaft der Helligkeit» (da die Helligkeit im Universum von den verschiedenen Sternen und Planeten herrührt). Durch die Berechnungen des «Jyoti» kann ein kundiger vedischer Astrologe anhand des Geburtshoroskops unser in dieses Leben mitgebrachtes Prārabdha-Karma (Charakter, latente Fähigkeiten, Stärken und Schwächen, «Schicksal» usw.) ablesen sowie auch Voraussagen in bezug auf unsere Zukunft, ja sogar auf den Augenblick unseres Todes, machen. Dies alles hat jedoch nichts mit billiger Jahrmarktshoroskopie gemein, wie wir sie gegenwärtig im Abendland kennen, sondern mit der Tatsache, daß innerhalb unseres Kosmos feinstoffliche Wechselwirkungen zwischen den irdischen Organismen (Menschen) und höheren Planetensystemen (Halbgöttern) herrschen.

Der Zusammenhang zwischen Astrologie und Reinkarnation nun besteht darin, daß eine Wiedergeburt als Mensch durch die Fügung der Überseele stets in genau *dem* Augenblick stattfindet, in dem die erforderlichen astrologischen Voraussetzungen der höheren Planeten erfüllt sind, damit sich das Karma desjenigen, der geboren wird, erfüllen kann. Śrīla Prabhupāda schreibt in einer seiner Erläuterungen zum *Śrīmad-Bhāgavatam*:

> Astronomische Berechnungen der Sterneneinflüsse auf ein Lebewesen sind keine Vermutungen, sondern Tatsachen, wie im *Śrīmad-Bhāgavatam* bestätigt wird. Jedes Lebewesen wird in jedem Augenblick durch die Gesetze der Natur beherrscht, so wie ein Bürger durch den Einfluß des Staates beherrscht wird. Die Staatsgesetze werden grobstofflich wahrgenommen, aber die Gesetze der materiellen Natur lassen sich, da sie für unser grobes Verständnis zu fein sind, nicht grobstofflich wahrnehmen...
>
> Das Gesetz der Natur wirkt so feinstofflich, daß jeder Teil unseres Körpers von den entsprechenden Sternen beeinflußt wird, und das Lebewesen bekommt unter der Einwirkung solch astronomischer Einflüsse einen Körper, um Tätigkeiten auszuführen und seine Zeit in der materiellen Gefangenschaft abzubüssen. Das Schicksal eines Menschen läßt sich somit anhand der Konstellation der

> Sterne zur Zeit seiner Geburt feststellen, und ein gelehrter Astrologe weiß ein echtes Horoskop zu erstellen. Dies ist eine bedeutende Wissenschaft, und die Tatsache, daß diese Wissenschaft mißbraucht wird, macht sie durchaus nicht nutzlos. (SB. 1.12.12)

Es ist also nicht so, daß unsere charakterlichen Veranlagungen, unser Körperbau, unsere Fähigkeiten oder unser «Schicksal» so und so sind, weil es uns unser Horoskop aufzwingt. Vielmehr: gerade *weil* wir, das heißt unsere Wünsche, so und so beschaffen waren und sind, haben wir im gegenwärtigen Leben ebendiesen Charakter, ebendiesen Körper und auch ebendieses Horoskop erhalten.

Dasselbe Prinzip gilt nicht nur für die Astrologie, sondern auch für andere «Grenzwissenschaften», mittels derer wir unser Prārabdha-Karma erkennen können und die ebenfalls in den Veden beschrieben werden – zum Beispiel Phrenologie (Charakterkunde nach der Schädelform), Chirologie (Handlinienkunde) oder Graphologie (Handschriftenkunde). Obwohl all diese interessanten Wissensgebiete von der akademischen Wissenschaft im Westen heutzutage meist entweder nicht ernst genommen oder mißbraucht werden, macht sie dies, wie Śrīla Prabhupāda sagt, «durchaus nicht nutzlos».

Dabei müssen wir uns jedoch auch über ihre Grenzen bewußt sein. Da diese Wissenschaften, wenn auch feinstofflich, doch noch materiell sind, untersuchen und erklären sie lediglich die äußerlich sichtbaren Manifestationen unseres grobstofflichen materiellen Körpers, welche ihrerseits auf die Beschaffenheit des feinstofflichen materiellen Körpers, des «Körpers der Wünsche» (Liṅga-śarīra), schließen lassen. Hingegen können sie uns keinen Aufschluß über unser wirkliches Selbst, über die spirituelle Seele, geben. Diese spirituelle Wissenschft wird allerdings in der *Bhagavad-gītā* und im *Śrīmad-Bhāgavatam* eingehend beschrieben.

Wechsel des Geschlechts

Eine weitere Fragestellung, die besonders im 20. Jahrhundert im Zuge der «Emanzipation» und der «Gleichberechtigung» der Frau immer wieder auftaucht, ist jene nach dem Wechsel des Geschlechts. Sie lautet: Kann eine Frau in ihrem nächsten Leben auch als Mann wiedergeboren werden, und umgekehrt?

In der Diskussion um diesen Punkt zeigt sich oft deutlich, wie stark unsere Identifikation mit unserem grobstofflichen Körper selbst bei einem theoretischen Anerkennen der Reinkarnationslehre ist. Denn in der Praxis erleben wir die anderen Lebewesen nicht etwa in erster Linie als Seelen oder zumindest als Menschen, sondern als Mann oder Frau. Und persönlich identifizieren wir uns häufig stärker als uns selbst bewußt ist mit der Rolle, die uns unser jeweiliges Geschlecht vorschreibt.

Trotzdem bestätigen die Veden, daß die Seele von ihrer eigentlichen Natur her weder männlich noch weiblich, sondern *transzendental* zu sämtlichen Dualitäten der materiellen Welt ist. Je nach der Beschaffenheit der individuellen Wünsche seines feinstofflichen Körpers, innerhalb der materiellen Welt zu genießen, wird dem Lebewesen von der Natur ein entsprechender grobstofflicher Körper zur Verfügung gestellt. Mit anderen Worten: Fühlt sich eine Seele aus welchen Gründen auch immer mehr dem «Weiblichen» verbunden, wird sie auch einen weiblichen Körper annehmen, und fühlt sie sich mehr dem «Männlichen» verbunden, wird sie einen männlichen Körper erhalten – so einfach ist das.

Wie wir zuvor bereits darlegten, identifiziert sich die bedingte Seele sofort nach der Geburt mit ihrem jeweiligen Körper, sei er nun männlich oder weiblich, und beginnt dementsprechend zu handeln. Diese fälschliche Identifikation mit dem gegenwärtigen Körper ist in der Regel sehr tief, so daß sich manche gar nicht vorstellen können, daß es möglich sein kann, sich in einer späteren Verkörperung in die Gedanken und Emotionen des anderen Geschlechts einzufühlen. Die Tatsache jedoch, daß sich die Seele sogar beim Eintritt in einen Tierkörper vollständig mit diesem identifizieren kann, läßt den Schluß zu, daß es ihr wohl auch ohne Schwierigkeiten möglich ist, sich in einem zukünftigen Dasein als andersgeschlechtig zu sehen und zu fühlen.

In einer Erläuterung zum *Śrīmad-Bhāgavatam* (3.31.41) erklärt Śrīla Prabhupāda, daß jemand, der im jetzigen Leben den Körper einer Frau besitzt, möglicherweise im vorangegangenen Leben ein Mann war, der aufgrund seiner Anhaftung an eine Frau jetzt als Frau wiedergeboren wurde, und daß umgekehrt jemand, der jetzt ein Mann ist, im vorangegangenen Leben vielleicht eine entsprechend angehaftete Frau war.

Und im Vierten Canto des *Śrīmad-Bhāgavatam* (Kapitel 25-29) wird die in diesem Zusammenhang höchst anschauliche, jahrtausendealte Geschichte von *König Purañjana* erzählt, der aufgrund seiner übermäßigen Anhaftung an seine Gattin im nächsten Leben als Frau wiedergeboren wurde, da er sich im Augenblick des Todes an sie erinnert hatte. Wir haben bereits erörtert, daß unsere Gedanken zur Zeit des Todes natürlicherweise um jene Dinge oder Personen kreisen, die auch schon während unseres Lebens im Mittelpunkt unserer Aufmerksamkeit standen; und die Beschaffenheit dieser Gedanken ihrerseits ist dann ausschlaggebend für die neue Körperform, welche wir im nächsten Leben zur Verfügung gestellt bekommen (*Bhagavad-gītā* 8.6).

König Purañjana stellt jedoch keineswegs eine ungewöhnliche Ausnahme dar, im Gegenteil, es kommt sogar häufiger vor, daß wir beim Tod das Geschlecht wechseln, als im allgemeinen angenommen wird. Nach der Ansicht gewisser Reinkarnationstheorien (beispielsweise jener *Rudolf Steiners*) ist die Seele sogar gezwungen, bei jeder Wiederverkörperung das Geschlecht zu wechseln, um dadurch «alle Gegensätze zu erfahren» und so allmählich zum «Vollmenschlichen» heranzureifen.

Um diesen Punkt zu verdeutlichen, sei im folgenden eine entsprechende Analyse aus einem Vortrag von *Sudāmanī Zürrer* zum Thema «Die Rolle der Frau im Hinduismus» (April 1992) wiedergegeben.

Rollenspiele

Ein Beitrag von Sudāmanī Zürrer

Reinkarnation.
Es ist eine Tatsache. Wir reinkarnieren. Wir steigen nach dem Tode zurück ins Fleisch. Wir nehmen neue Körper an. Wir wechseln das Körperhemd. Der Tod ist nicht das Ende, der Tod ist nicht die Auflösung der Existenz, der Tod ist ein Neubeginn. Jedem, der stirbt, ist die Geburt gewiß, und jedem, der geboren wird, ist der Tod gewiß. In jeden Neuanfang ist das Ende schon eingeflochten, jedes Ende trägt den Neuanfang als Keim in sich. Wir kommen wieder.

Nur: *Wie* kommen wir wieder? Als Steine? Als Blumen? Als Vögel? Als Tiere? Als Menschen? Was bestimmt, welche körperlichen Formen wir annehmen? Nun, der Körper unseres nächsten Lebens wird von unseren eigenen Handlungen, von unseren eigenen Vorstellungen, Gedanken und Hoffnungen, vor allem aber von unseren innersten, ureigensten Wünschen geprägt. Dieses Naturgesetz kennen wir als das Gesetz des Karma, als Gesetz von Aktion und Reaktion, als das Gesetz ausgleichender kosmischer Gerechtigkeit.

So ist jedes gegenwärtige Leben das Resultat unserer Handlungen in vergangenen Leben, jedes zukünftige Leben das Resultat unseres gegenwärtigen Handelns. Was auch immer wir sind, wir sind es, weil ein gerechtes Gesetz uns gab, was wir wünschten und verdienten. Was auch immer wir sind, es ist die Chance eines Lebens, es besser zu machen als in früheren Leben. Wir gestalten unsere Zukunft, und wir leben jetzt mit dem, was wir früher gestaltet haben.

Der Daseinszustand (Gedanken im Moment des Todes).
«Was auch immer der Daseinszustand ist, an den man sich erinnert, wenn man seinen Körper verläßt, diesen Zustand wird man ohne Zweifel erreichen.» (*Bhagavad-gītā* 8.6)

Dieser Vers ist der Indikator, den die *Bhagavad-gītā* angibt, wenn wir wissen wollen, welche Kriterien beim Körperwechsel ausschlaggebend sind. Woran denken wir in der Stunde des Todes? Welche Gedanken drängen sich ins Bewußtsein, wenn die spirituelle Seele den Körper verläßt?

Die Stunde des Todes: Ständig präsent und doch vielfach verdrängt. Wir wissen es theoretisch, wir sprechen weltmännisch davon, als könne uns der Gedanke nicht schrecken, und dennoch schreckt uns kein Gedanke mehr als dieser Gedanke an unseren eigenen Tod. Die Stunde des Todes ist die Zeit, in der wir uns von dieser gegenwärtigen sterblichen Hülle für immer verabschieden. In vielen Jahren ist uns diese Hülle so vertraut und so normal geworden, daß wir niemals daran zweifeln: Das sind wir. Und wie viel ist mit dieser Hülle verbunden? Erlebnisse, Erfahrungen, Höhenflüge, Tiefpunkte, Freud, Leid, Momente größter Wichtigkeit, lange Phasen nichtiger Banalitäten, Krisen, Erfolge, Frustrationen und auch Glück.

Alle Stationen dieses einen Lebens schießen uns in der Todesstunde noch einmal durch den Kopf. «Lebensfilm» nennen es die Psychologen, doch anders als die Filme, die wir im Kino betrachten können, läuft dieser Film zeitlich rückwärts

– von der jetzigen Todesstunde an rückwärts durch alle Stationen unseres Lebens, in einem Film, in dem wir gleichzeitig als Zuschauer und als Hauptperson agieren und dessen Höhepunkte wir selbst bestimmten.

Nur die Erlebnisse, die uns ganz nah betroffen, nur die Erfahrungen, die unser tiefstes Innerstes erschüttert, nur die Momente, die uns ganz intensiv berührt, nur Augenblicke, die uns nachhaltig geprägt haben, erscheinen in diesem Film. Personen, die uns beeinflußt haben und von denen wir uns beeinflussen ließen, die wir geliebt oder gehaßt haben, die wir beneideten, auf die wir herabsahen – sie alle chargieren in diesem Film. Gedanken, die uns begleitet haben, Ansichten, die uns verhärtet haben, Gewohnheiten, die sich in uns eingefressen haben, Denkensweisen, die wir vertreten haben – sie sind die Werte, die in diesem Film dargestellt werden. Und all diese Situationen, Stationen, Personen, Emotionen, all diese Augenblicke, Versäumnisse, Gedanken und Wertvorstellungen formen nun unser nächstes Leben. Mit anderen Worten: Wir sind, was wir denken; wir werden sein, was wir gedacht haben.

Von unendlich vielen, ganz und gar individuell verschiedenen Möglichkeiten für das nächste Leben gibt es zunächst einmal eine Vorentscheidung mit zwei grundsätzlichen Möglichkeiten. Diese Entscheidung fällt bereits in der Stunde des vorangegangenen Todes, doch sie wird erst später, nach der Geburt, sichtbar: Das Geschlecht. Wird es wohl ein Mädchen oder ein Junge? Sehen wir uns zunächst letztere Variante an.

Das Prinzip «Mann».
Das Prinzip «Mann», egal, was es als Individuum erreicht hat, will kontrollieren und Macht ausüben. Es will anderen sagen, wo es langgeht, es will stark sein, zumindest stark wirken. Es will für eine Gruppe von Menschen Verantwortung übernehmen und diese Gruppe versorgen; es will seine Umwelt gestalten, auch wenn es sie manchmal eher verunstaltet. Es will es genießen, wenn sein Gegenüber schwach wird, vor allem dann, wenn das Gegenüber weiblichen Geschlechtes ist. Und wenn das Prinzip Mann so tut, als halte es die Frau für gleichberechtigt, so ist das in einer Zeit, in der der Gedanke der Gleichberechtigung als schick gilt, die beste Masche, um in den genannten Genuß zu kommen, nämlich das weibliche Gegenüber schwach zu sehen. Ist das verkörperte Mann-Prinzip ein materialistisch ausgerichtetes Wesen, so kann sein Machtanspruch durchaus ausbeuterische Züge annehmen und in einer Gesellschaft auf die Dauer verheerende Verwüstungen anrichten.

Der Gedanke an die «Frau».
Von den unzähligen Szenen, die in unserem Lebensfilm vorkommen, sind viele den «Szenen einer Ehe» gewidmet oder wie man heute modern sagen würde: den Beziehungskisten. Denn der Austausch mit dem anderen Geschlecht spielt – und das geben alle Zeitgenossen sicherlich gerne zu – eine zentrale Rolle in unserem Leben. Die Beziehung jedoch, die wir jetzt zum anderen Geschlecht haben, ist ausschlaggebend dafür, welches Geschlecht wir im nächsten Leben annehmen

werden. Wenn ein Mann im nächsten Leben eine Frau wird, gibt es dafür ganz grob gesagt zwei Möglichkeiten: aus Anhaftung oder aus Neid.

Der Gedanke an die Frau aus Anhaftung: Die Art der Verhaftung an den weiblichen Körper kann sehr verschieden sein. Sie kann auf sexueller Ausbeutung basieren, wie beispielsweise bei Männern, die ihre Beziehungen ständig wechseln, um in den Genuß immer neuer Abenteuer zu kommen, und die dies ohne Rücksicht auf die Gefühle der jeweiligen Beteiligten tun. In diesem Fall muß der Mann wohl als Frau wiederkommen, die immer wieder von Männern ausgenützt und verlassen wird, um auf diese Weise die «andere Seite» dieses ausbeuterischen Spieles kennenzulernen. Ein sicherlich schmerzlicher, aber wirksamer Lernprozeß.

Eine andere Möglichkeit ist die Verhaftung, die auf dem Ausnützen einer Frau in wirtschaftlicher und sozialer Hinsicht beruht, wie beispielsweise bei Männern, die mit einer Frau nur zusammen sind, um von ihrem Geld zu leben, oder bei verantwortungslosen Männern, die eine schwangere Frau sitzenlassen. Auch diese Form des Ausnützens würde zur Folge haben, daß der Mann im nächsten Leben ein ähnliches Schicksal erleiden muß, um zu lernen, Verantwortung zu tragen.

Der harmloseste Fall ist der Mann, der einfach nur an eine bestimmte Frau so stark angehaftet ist, daß er in der Stunde des Todes vor allem an sie denkt. Auch hier wird der Mann im nächsten Leben aus Anhaftung eine Frau werden.

Männliche Rollenspiele

MANN WIRD FRAU:
- **Verhaftung an den weiblichen Körper**
- **Verhaftung an eine bestimmte Frau**
- **Neid auf den weiblichen Körper**
- **Kopieren des weiblichen Rollenspiels**
- **Ablehnen des männlichen Verantwortungsbereiches**

MANN BLEIBT MANN:
- **korrektes Verhalten**
- **Verhaftung an den eigenen Körper und das eigene Rollenspiel**

Der Gedanke an die Frau aus Neid: Es gibt viele Männer, die der Meinung sind, in der weiblichen Lebensform sei der Genuß im Leben größer als in einem Männerkörper. Auch solche Männer dürfen, ihren Wünschen entsprechend, im nächsten Leben ausprobieren, ob man als Frau tatsächlich mehr genießt. Zudem wäre auch jede Art psychischer oder physischer Gewaltausübung eine Form des

Neides auf Frauen, die als Retourkutsche ein vergleichbares Schicksal im nächsten Leben als Frau mit sich bringt.

Die Haltung eines Mannes gegenüber dem weiblichen Geschlecht prägt also zu einem beträchtlichen Teil seine Zukunft im nächsten Leben. Der Fall, daß ein Mann im nächsten Leben wieder ein Mann wird, ist heutzutage wohl eher selten geworden, da er meist nur dann eintritt, wenn sich ein Mann den Frauen gegenüber verantwortungsbewußt und korrekt verhält. Ausnahmen sind auch jene Männer, die sehr stark an ihre Rolle als Mann innerhalb einer Beziehung angehaftet sind.

Das Prinzip «Frau».

Obwohl man sich heutzutage gerne gegen eine Einteilung in typisch weibliche Eigenschaften oder typisch männliche Eigenschaften wehrt, finden sich dennoch tief in uns verankert ganz bestimmte Vorstellungen davon, was männlich und was weiblich ist. Dies ist übrigens auch ganz natürlich, denn wir nehmen dann einen weiblichen oder männlichen Körper an, wenn wir im letzten Leben eine ganz bestimmte Mentalität entwickelt haben, die zum jeweiligen Geschlecht gehört.

Die materielle Natur stellt Millionen der verschiedensten Körper zur Verfügung, damit für jedes Individuum die passende Hülle vorhanden ist, in der es Platz nehmen darf und ausleben kann, was es sich in früheren Leben gewünscht hat. Zu den vielen Körperformen kommen für fast jede Spezies eine männliche und eine weibliche Variante mit jeweils unterschiedlichen Aufgabenbereichen hinzu, damit das Lebewesen gemäß seiner Mentalität bestimmte Erfahrungen machen und bestimmte Lernprozesse durchlaufen kann.

Zum Prinzip des Weiblichen gehören Aufgaben wie die inneren Bereiche des Familienlebens, also Schwangerschaft, das Aufziehen von Kindern und das Versorgen einer Familie. Eigenschaften wie Hingabe, Sanftheit, Beschützen der häuslichen Harmonie und eine spezifische Form der Stärke sind Eigenschaften, die instinktiv und trotz langer Jahrzehnte sogenannter Emanzipationsbewegungen noch immer von einer Frau erwartet und praktiziert werden.

Der Gedanke an den «Mann».

Auch das Leben einer Frau wird meist stark dominiert von Gedanken an das andere Geschlecht. Heutzutage orientieren sich die meisten Frauen sehr deutlich an männlichen Werten, und es ist in einer Gesellschaft wie der unseren fast gang und gäbe, daß Frauen sich nicht wie Frauen verhalten, sondern aus verschiedenen Gründen ein Leben lang oft männliche Eigenschaften nachahmen, weil sie denken, es sei unmöglich geworden, in einem Frauenkörper ohne diese Eigenschaften das Leben zu meistern. Auch hier sprechen für einen Geschlechterwechsel im nächsten Leben grob gesagt zwei Möglichkeiten.

Der Gedanke an den Mann aus Anhaftung: Die Bindung einer Frau an einen Mann kann viel stärker sein als umgekehrt, da sich das Bewußtsein einer traditionell lebenden Frau oft fast ausschließlich auf den Mann und seine Bedürfnisse fixiert. Da Frauen vielfach auch wirtschaftlich von ihren Ehemännern abhängig sind, wird diese Anhaftung noch intensiviert. Nach einem solchen, nach traditionell ausgerichteten Werten geführten Leben, erhält die Frau meist einen Männerkörper, je nachdem, ob sie mehr ihrer eigenen Frauenrolle oder ihrem Mann verhaftet war.

Auch Frauen beuten Männer sexuell aus. Hier nützen Frauen eine große Schwäche der Männer, nämlich ihre Sexualität nicht beherrschen zu können, aus, um sich wirtschaftliche Vorteile zu verschaffen. In diesem Fall käme eine Frau, die so handelt, im nächsten Leben in die Situation, ein ähnliches Schicksal zu erleiden wie die Männer, die sie auf diese Weise benutzt hat.

Weibliche Rollenspiele

FRAU WIRD MANN:

- **korrektes Verhalten**
- **Verhaftung an den männlichen Körper**
- **Verhaftung an einen bestimmten Mann**
- **Neid auf den männlichen Körper**
- **Kopieren des männlichen Rollenspiels**
- **Ablehnen des weiblichen Verantwortungsbereiches**

FRAU BLEIBT FRAU:

- **Verhaftung an den eigenen Körper und das eigene Rollenspiel**

Der Gedanke an den Mann aus Neid: Wahrscheinlich ist der Neid heutzutage einer der häufigsten Gründe, wenn Frauen im nächsten Leben als Männer reinkarnieren. Die Frauen, die im Berufsleben ständig auf den Beifall der Männer angewiesen sind und aus diesem Grunde männliche Verhaltensweisen imitieren, sind derart mit dem männlichen Verhalten identifiziert und im Grunde neidisch auf die Möglichkeiten der Männer, sich im Leben ihren Weg durchzuboxen, daß ihr Wunsch, ein Mann zu sein, im nächsten Leben erfüllt wird. Auch engagierte Frauen, die beispielsweise in Frauenbewegungen mit nichts anderem beschäftigt sind als damit, die schlechten Eigenschaften der Männer anzuprangern, sind offensichtlich mit starkem Neid auf diese Lebensform erfüllt und werden daher im nächsten Leben vielleicht als Chauvis auf die Emanzen schimpfen.

Häufiger als Männer jedoch sind Frauen in ihrer Identifikation als Frau zufrieden und bekommen somit auch im nächsten Leben wieder einen Frauenkörper. Dies könnte mit ein Grund sein, warum statistisch gesehen mehr Frauen als Männer die Welt bevölkern.

Dein Partner, der Spiegel Deiner Wünsche.
Wir wechseln vor allem deshalb über viele Leben hinweg immer wieder das Geschlecht, weil ein ganz bestimmter Punkt nur sehr schwer gelernt wird. Nämlich: Wir benützen den Partner immer nur als Projektionsleinwand für unsere eigenen Wünsche, Vorstellungen und Ideale. Wir erwarten vom anderen, daß er nur dafür lebt, uns glücklich zu machen und uns in einer ganz bestimmten Form Genuß zu verschaffen.

Natürlich sind wir auch bereit, etwas zu leisten, um zu diesem Ziel zu gelangen. Wir geben uns, meist zu Anfang einer Beziehung, von der besten Seite, wir spielen die Rolle der Traumfrau oder des Traummannes, denn wir wissen: Wenn mein Gegenüber denkt, ich sei der ideale Partner, dann wird er oder sie alles für mich tun, und das werde ich dann sehr genießen können. Wir versuchen also, uns gegenseitig Aufmerksamkeit zu erkaufen, indem wir selbst aufmerksam sind. Aber was immer wir tun, wir erwarten, daß etwas zurückkommt, das uns glücklich machen wird.

Nur wenige Paare schaffen es, den Zustand des gegenseitigen Zufriedenstellens über längere Zeit hinweg aufrechtzuerhalten. Die Zeiterscheinung ständig scheiternder Beziehungen geht darauf zurück, daß irgendwann in der Beziehung die Illusion nicht mehr aufrecht erhalten werden kann, daß man tatsächlich füreinander da ist. Der Traummann entpuppt sich als unfähiger «Macho», die Traumfrau als unzufriedene Nörglerin, und bald zerbricht die Beziehung, beide brechen zu neuen Ufern auf, um wieder ihre Rolle als Traumpartner zu spielen und neue Beziehungen einzugehen. Und so beginnt mit stets neuem Enthusiasmus das gleiche frustierende Spiel mit ausgetauschtem Gegenüber.

Was wir dabei leider nie verstehen, ist, wer wir nun wirklich sind und warum die Dinge nie so ganz klappen, wie wir uns das vorstellen. Die vedische Wissenschaft hingegen gibt uns Antwort auf diese Fragen. Sie definiert uns und alles Lebendige in der materiellen Welt als ewige spirituelle Partikel, Teilchen Gottes, auch Seelen genannt, für die es weder Geburt noch Tod gibt. Aus einer spirituellen Sphäre kommend, bewegen sich diese spirituellen Teilchen auf eigenen Wunsch innerhalb der Materie, und obwohl die Seele von ihrer eigentlichen Natur her unsterblich ist, nimmt sie doch verschiedene materielle Körper an, in denen sie Geburt und Tod als Bestandteil des Körpers durchlebt, und identifiziert sich vollständig mit diesen Körpern.

Das Ahaṅkāra-Prinzip.
Der Vermittler, der einer solch widersprüchlichen Denkens- und Handlungsweise zugrunde liegt, wird im Sanskrit *Ahaṅkāra* genannt. Wir können diesen Sanskritterminus übersetzen als «falsches Ego», was andeutet, daß die Aufgabe des Ahaṅkāra darin besteht, uns zu helfen, uns etwas einzubilden, was nicht der Realität entspricht, uns zu helfen zu vergessen, was unser wahres Ego ist.

Dieses Ahaṅkāra hat sehr viele verschiedene Gesichter, obwohl immer das gleiche Symptom mit ihm verbunden ist: Wir bilden uns ein, etwas zu sein, was wir nicht sind, je nach Lebensform, je nach Charakter. Das Ahaṅkāra ist also die

Versicherung für unsere Illusion, es ist die selbst erbaute Mauer zwischen dem, was wir zu sein glauben, und dem, was wir tatsächlich sind. Das Ahaṅkāra ist unsere Möglichkeit, unsere Wünsche innerhalb der Materie auszuleben, und es bietet uns eine riesige Bandbreite an verschiedenen Identifikationen, aus der wir auswählen können, um immer wieder neu zu versuchen, in dieser Welt ohne Gott glücklich zu sein.

Der Grund, warum wir denken, in einem Leben ein Mann zu sein und im anderen Leben eine Frau, der Grund, warum wir uns überhaupt mit unserem Körper identifizieren, liegt also in unserem ursprünglichen Wunsch, getrennt von Gott zu Genuß zu kommen. Und dieses Denken wird uns ermöglicht durch das Element des Ahaṅkāra.

Spätestens hier jedoch wird klar, was Beziehungen in der materiellen Welt so schwierig macht: Wir erkennen uns selbst nie als das, was wir eigentlich sind, und wir erkennen auch bei anderen nicht, wer sie sind. Dies gilt für alle Arten von Beziehungen und wird uns vor allem bei Mann-Frau-Beziehungen schmerzlich bewußt. Wenn Liebe definiert wird als die Chance, Genuß zu erhalten von einem Gegenüber, dann wird klar, daß hier niemals eine vollständige Übereinstimmung der Interessen stattfinden kann. Wenn wir einen Partner als die Möglichkeit benutzen, in der materiellen Welt glücklich zu sein, verstehen wir nicht nur uns selbst, sondern auch den Partner und die gesamte materielle Welt falsch.

Es gibt allerdings die Möglichkeit, die festen Bindungen, mit denen das Ahaṅkāra uns an den materiellen Körper kettet, zu überwinden. Diese Möglichkeit ist der freie Wunsch der Seele, ihre eigentliche Identität wiederzufinden und die falsche Identifikation hinter sich zu lassen.

Dharma.

Dharma ist ein fast unübersetzbarer Sanskritausdruck, ein Ausdruck, der viele Erklärungen braucht, ein Ausdruck, um dessen Verständnis man jahrelang ringen kann, bis man ihn wirklich und in seiner ganzen Tiefe verstanden hat. Eine der Bedeutungen von Dharma und die Bedeutung, die uns in diesem Zusammenhang besonders interessiert, ist schlechthin *die* Aufgabe, die uns das Leben stellt, damit wir seinen Sinn erkennen können. Dharma ist also die Herausforderung an jedes einzelne Individuum der menschlichen Rasse, sein wahres Ich durch den materiellen Körper hindurch zu erkennen. Dharma ist der Lebensweg, der die letztliche Befreiung vom materiellen Dasein zum Ziel hat. Dharma ist die Aufgabe, die mit einem bestimmten Wesen individuell und über oft viele Leben hinweg verbunden ist, um es zu diesem Ziel zu führen.

Zum Dharma gehört, daß der Mensch versteht, welche Rolle er im gegenwärtigen Leben spielt, daß er versteht, wie diese Rolle aufgebaut ist, zu welchen Erkenntnissen diese Rolle ihn führen kann, wenn er sie bewußt erfüllt und wenn er sie so erfüllt, wie sie von den Gesetzen der Natur vorgesehen ist. Auch ein Schauspieler spielt, wenn er ein guter Schauspieler ist, seine Rollen so, daß er bewußt Erkenntnisse machen kann, die sein gesamtes Menschsein bereichern und beeinflussen können.

Unter der Führung von Dharma nun spielt das verkörperte Wesen seine Rolle so, daß es versteht, warum es verkörpert ist und wie es dieses Verkörpertsein überwinden, transzendieren kann. Für einen Menschen, der zu tatsächlicher Erkenntnis gelangen möchte, ist es daher unerläßlich, hinter die Rolle zu sehen, indem er sie ohne Anhaftung spielt und sich freiwillig den Gesetzen unterwirft, die mit ihr verbunden sind, jedoch immer in der Absicht, sie eines Tages hinter sich zu lassen und mit ihr auch alle anderen Rollen.

Eine andere Bedeutung von Dharma ist auch «Gesetz». Gesetz aber nicht im Sinne des Gesetzes, wie wir es in unserer Gesellschaft kennen, also nicht als von Menschen aufgestellte Regeln und dehnbare, verdrehbare, veränderbare und unvollkommene Paragraphen, sondern als vollkommenes, ewig gültiges, dem Menschen zu höherer Erkenntnis verhelfendes kosmisches Gesetz. Diese Form des Dharma wird in den vedischen Schriften definiert und ist vor allem in der Form des *Varṇāśrama-dharma* zu finden. *Varṇa* bezieht sich dabei auf die vier Berufsgruppen, die jeweils ihre eigenen Gesetze haben, und *Āśrama* bezieht sich auf die vier Lebensstände, von denen uns hier vor allem ein Lebensstand interessiert: Der Lebensstand der Ehe.

Die ideale Partnerschaft.

Die meisten Menschen leben in Ehen, in eheähnlichen Gemeinschaften oder in anderen Formen der Zweierbeziehung. Diese Form des Zusammenlebens ist eminent wichtig für unser gesamtes menschliches Befinden, und sie ist immer auch ein Lebenszustand, innerhalb dessen Menschen sich selbst definieren. Die Rolle der Frau in der Gesellschaft wird hauptsächlich an ihrem Wert innerhalb von Beziehungen gemessen, die Diskussion der Frauenbefreiung kreist zumeist um die Befreiung vom Mann als dem Machthaber in Beziehungen. Wie aber definieren die vedischen Schriften eine ideale partnerschaftliche Beziehung?

In einer idealen Partnerschaft sind sich sowohl Mann als auch Frau darüber einig, daß bei aller Zuneigung nicht die Beziehung, sondern die letztliche Selbstverwirklichung und Gotteserkenntnis im Mittelpunkt der Verbindung steht. Beide sind sich klar darüber, daß ihr Aufenthalt in der materiellen Welt und in ihrem gegenwärtigen Körper ein bloß zeitweiliger ist; beide sind sich klar darüber, daß sie ihre wahre spirituelle Natur wieder entwickeln und erkennen möchten, und beide sind sich bewußt darüber, daß sie, um dies verwirklichen zu können, zuerst einmal verstehen müssen, was ihre Aufgabe, ihr Dharma in ihrem gegenwärtigen Körper ist.

In einer idealen Partnerschaft geht es also für beide Partner darum, einzusehen, daß sie bereits seit Menschengedenken ständig von Leben zu Leben das Geschlecht wechseln, ohne dabei jemals ihr Dharma, ihre Lernaufgabe, in den Griff zu bekommen. Der Mann wurde eine Frau, weil er zum x-ten Male die Frauen auf verschiedene Weise ausgebeutet hat, und die Frau wurde ein Mann, weil sie meinte, Macht und Kontrolle sei angenehmer als Mann.

Was es aber für beide Partner zu lernen gilt, damit sie ihr Vexierspiel endlich aufgeben und transzendieren können, ist, daß sie Pflichten (Dharma) haben, deren

Einhaltung nicht nur zu einem glücklichen Leben innerhalb der materiellen Welt führt, sondern darüber hinaus sowohl Mann als auch Frau befähigt, die materielle Welt hinter sich zu lassen und zurück in die spirituelle Welt zu gehen.

Wenn die Eheleute auf dieser Grundlage zusammenleben, erreichen sie zusammen Loslösung von allem, was sie an diese Welt bindet – von ihren Rollen während vieler Leben und vor allem vom Ahaṅkāra, das das Lebewesen sonst zwingt, immer nach seinen launischen und selbstzerstörerischen Wünschen zu handeln. Denn beide lernen in ihrer Beziehung, Verantwortung für das Wohl des anderen zu übernehmen, und sie lernen zu verstehen, daß der Partner nicht die zuständige Instanz für den eigenen Genuß ist, sondern eine ewige spirituelle Seele auf der Suche nach ihrer eigenen Identität als ewiger Teil und Diener Gottes.

Weitere aktuelle Fragen aus der Praxis

Man versteht den Menschen erst
– sub specie reincarnationis.
(Christian Morgenstern)

Können wir unseren Partner wiedersehen?

Auch die oft gestellte Frage nach der Möglichkeit, mit einem geliebten Partner bis über die Grenzen des gegenwärtigen Körpers hinaus verbunden zu bleiben (oder einen ersehnten Geliebten in einem kommenden Leben zu erlangen), läßt sich nunmehr leicht beantworten. Es ist nicht nur möglich und wahrscheinlich, daß eine enge partnerschaftliche Beziehung in einem späteren Dasein ihre ersehnte Fortsetzung findet, sondern es kann, wie wir gesehen haben, sogar vorkommen, daß die beiden Partner dabei fortwährend das Geschlecht tauschen. Je nachdem, ob unsere wechselseitige Anhaftung an den anderen oder die Identifikation mit unserem eigenen geschlechtsspezifischen Verhalten stärker ausgeprägt ist, werden wir dabei in unserem späteren Leben entweder in derselben Rollenverteilung oder aber mit vertauschten Rollen wiederkommen, um uns in einem anderen Gewande mit derselben Seele wieder zu verbinden. So mag zwei Liebende bisweilen mit Recht das ahnungsvolle Gefühl beflügeln, «wie füreinander geschaffen» zu sein.

Verständlicherweise finden wir in der schöngeistigen Literatur gerade in dieser Hinsicht zahlreiche schwärmerische Ahnungen, Träume und Sehnsüchte, die ein wunderliches Gefühl der Verbundenheit mit einem anderen Menschen nur mit dem Gedanken der Reinkarnation zu erklären vermögen. Es seien hiervon einige Beispiele angefügt:

Johann Wolfgang von Goethe (1749-1832) schreibt im April 1776 an seinen Freund, den Dichter C.M. Wieland, die folgenden Zeilen über *Frau Charlotte von Stein*:

> Ich kann mir die Bedeutsamkeit, die Macht, die diese Frau über mich hat, anders nicht erklären als durch die Seelenwanderung. Ja, wir waren einst Mann und Weib! Nun wissen wir von uns – verhüllt, im Geisterduft. Ich habe keine Namen für uns – die Vergangenheit – die Zukunft – das All.

Und drei Monate später, im Juli 1776, verfaßt Goethe das folgende Gedicht mit dem Titel «Geheimnis der Reminiszenz», das Charlotte von Stein gewidmet war:

> Sag, was will das Schicksal uns bereiten?
> Sag, wie band es uns so rein genau?
> Ach, du warst in abgelebten Zeiten
> Meine Schwester oder meine Frau.
>
> Kanntest jeden Zug in meinem Wesen,
> Spähtest, wie die reinste Nerve klingt,
> Konntest mich mit einem Blicke lesen,
> Den so schwer ein sterblich Aug durchdringt...
>
> Und von allem dem schwebt ein Erinnern
> Nur noch um das ungewisse Herz,
> Fühlt die alte Wahrheit ewig gleich im Innern,
> Und der neue Zustand wird ihm Schmerz.

Am 2.3.1779 schließlich drückt Goethe seine Empfindungen direkt in einem Brief an Charlotte von Stein aus:

> Es ist mir fast unangenehm, daß eine Zeit war, wo Sie mich nicht kannten und nicht liebten. Wenn ich wieder auf die Erde komme, will ich die Götter bitten, daß ich nur einmal liebe, und wenn Sie nicht so feind dieser Welt wären, wollt ich um Sie bitten zu dieser lieben Gefährtin.

Auch Goethes Zeitgenosse *Friedrich Schiller* (1759-1805) schreibt im Jahre 1782 die folgenden Zeilen an die Stuttgarter Hauptmannswitwe Frau Vischer, denen er gleichfalls die Überschrift «Das Geheimnis der Reminiszenz» gab (aus der Gedichtsammlung «An Laura»):

> Waren unsre Wesen schon verflochten?
> War es darum, daß die Herzen pochten?
> Waren wir im Strahl' erloschner Sonnen,
> In den Tagen lang verrauschter Wonnen,
> Schon in Eins zerronnen?
>
> Ja, wir waren's – Innig mir verbunden
> Warst du in Äonen, die verschwunden;
> Meine Muse sah es auf der trüben
> Tafel der Vergangenheit geschrieben:
> Eins mit deinem Lieben.

Von *Heinrich Schliemann* (1822-1896), dem berühmten Entdecker der versunkenen Städte Troja und Mykene, der überzeugt war, einst selbst bei der Schlacht um Troja mitgekämpft zu haben, ist die folgende Notiz an seine Gattin überliefert, die er kurz vor seinem Tode auf Altgriechisch verfaßte:

> Und beim Zeus! Ich verspreche Dir
> für das nächste Leben wiederum die Ehe.

Bekanntschaften aus früheren Leben

Natürlich ist es auch möglich, daß wir in zukünftigen Existenzen nicht nur unseren Lebenspartner, sondern ganz allgemein unsere jetzigen Verwandten und Bekannten wiedertreffen – und zwar sowohl Freunde als auch Feinde. Wie sonst wäre es zu erklären, daß wir im täglichen Leben immer wieder spontane Sympathie oder Antipathie zu einem Menschen empfinden, schon wenn wir ihn zum ersten Mal treffen? Warum mögen, ja lieben wir jemanden «auf den ersten Blick», und warum können wir einen anderen schon bei der ersten Begegnung «nicht riechen»?

Vor allem die historischen Texte der Veden (wie die *Purāṇas* und das *Mahābhārata*) sind voll von Beispielen, wie sich ehemalige Eltern, Söhne oder Töchter, Freunde oder auch Feinde über mehrere Leben hinweg immer wieder treffen. Wir verweisen an dieser Stelle auf die Geschichte von König Citraketu, die im *Anhang* des vorliegenden Buches erzählt wird.

Aus der Fülle der diesbezüglichen Zeugnisse der europäischen Literatur wollen wir nur wenige Beispiele anführen. In den Tagebüchern des Dramatikers und Literaturnobelpreisträgers *Gerhart Hauptmann* (1862-1946) finden wir folgende Eintragung:

> Wie kommen Menschen dazu, durch Worte gegebene Darstellungen von Dingen zu verstehen, die sie selbst nie erlebt haben? Man muß an unendlich viele Vorleben dabei unbedingt denken.
>
> Ich zum Beispiel: wie kann ich so stark fühlen, wie ein reuiger Mörder fühlt? Ich brauche mir nur vorzustellen, wie alt er ist, welcher Art und welchen Ursprungs seine Tat, und ich fühle, was er fühlen muß. Also: der übrigens keineswegs neue Gedanke erschließt sich mir vom Erlebnis aus, daß nämlich der Richter, der Henker und der Gehenkte immerfort ihre Plätze wechseln und daß du aus Erinnerung früherer Leben alle in dir hast.

In dem Roman «Etzel Andergast» (1931) des Schriftstellers *Jakob Wassermann* (1873-1934) heißt es an einer Stelle:

> Es ist wie eine Inspiration, durch die sie jede Regung in ihm kennt... Noch nie hat sie einen Menschen so gewußt, oft ist ihr zumut, als hätte sie ein früheres Leben mit ihm gelebt, aber nicht zu Ende gelebt; die eigentliche Erfüllung sollte erst in diesem kommen...

In seinem autobiographischen Werk «Als wärs ein Stück von mir» (1966) schreibt *Carl Zuckmayer* (1896-1977):

> Die einzige Heilkraft, die es dagegen gibt, der einzige Halt in diesem lockeren Treibsand, ist die Existenz der Freunde. Der alten, angestammten, von denen es auch über Jahrzehnte hinweg keine Entfremdung gibt, und solcher, die plötzlich da sind, als hätte man sie schon immer gekannt, als wäre man schon vor der Geburt, in einem früheren Leben, mit ihnen verbunden gewesen.

Schließlich schreibt auch der deutsch-englische Religions- und Sanskritforscher *Max Müller* (1823-1900) in einer Abhandlung mit dem Titel «Leben und Religion»:

> Ich kann mich des Gedankens nicht erwehren, daß die Seelen, zu denen wir uns in diesem Leben hingezogen fühlen, eben die Seelen sind, die wir in einem früheren Leben gekannt und geliebt haben... Wenn ein Kind später zum Selbstbewußtsein erwacht, so ist das tatsächlich eine Erinnerung an seine frühere Existenz... Das ist bei jedem menschlichen Wesen die einzige deutliche Erinnerung an ein früheres Leben. Es bestehen außerdem undeutliche Erinnerungen. Sonderart, Anlage, Talent, Temperament – was es Unerklärliches in jedem Individuum gibt, dessen wird es sich möglicherweise erinnern als des Resultates der Kontinuität zwischen seinem gegenwärtigen und seinen früheren Leben.

Begabungen aus früheren Leben

Ein nächstes Phänomen können wir auf der Grundlage des Reinkarnationsgedankens nun ebenfalls schlüssig verstehen: das der «Wunderkinder» und «geborenen Genies».

Wie, wenn nicht mit Karma und Reinkarnation, ließe sich erklären, daß ein *Wolfgang Amadeus Mozart* (1756-1791) bereits mit sechs Jahren eine Virtuosität auf dem Klavier zu Tage legte, die andere nach sechzig Jahren intensiver Übung nicht erreichen? Oder daß er mit nur neun Jahren seine erste Oper («Apollo und Hyacinthus») schrieb? (Man kann sich hier zurecht fragen, ob es wirklich seine erste war...)

Wie ließe sich erklären, daß ein Universalgenie wie *Gottfried Wilhelm Leibniz* (1646-1716) bereits mit fünfzehn Jahren an der Universität studierte und mit zwanzig den Doktortitel empfing? Oder wie ließen sich die folgenden erstaunlichen Fakten erklären, die wir dem Buch «Reinkarnation und Freiheit» (1989) des Dänen *Poul Lauritsen* (*1951) entnommen haben:

> Das deutsche Kind Christian Heinicken, gestorben 1725, konnte schon ein paar Stunden nach seiner Geburt sprechen. Mit zwei Jahren konnte der Junge bereits die ganze Bibel auswendig hersagen, und als Dreijähriger meisterte er in allgemeinen Umrissen die Weltgeschichte und Geographie. Weiter sprach er, außer seiner Muttersprache Deutsch, fließend Latein und Französisch. Der Junge sagte seinen eigenen Tod voraus, der ein Jahr später erfolgte, als er vier Jahre alt war.

> Als der französische Junge Philippe Baratier (gestorben 1740) vier Jahre alt war, sprach er fließend Deutsch, Französisch und Latein. Er übersetzte die griechische Bibel, als er fünf war, wurde Mitglied der Berliner Akademie mit acht und Doktor der Philosophie, als er vierzehn Jahre alt war...
>
> Solche Fälle nur mit ererbter Begabung erklären zu wollen erscheint viel phantastischer und unwahrscheinlicher als die einfachere Erklärung, sie als Resultat von Bemühungen und Arbeit aus früheren Leben zu betrachten. (S. 64ff.)

Aber nicht nur für Wunderkinder und Genies, sondern für jeden Menschen gilt, daß die «angeborenen» Talente und Begabungen nichts anderes sind als die Errungenschaften seiner vergangenen Bemühungen auf dem betreffenden Gebiet (technisch *Prārabdha-Karma* genannt; siehe *Kapitel 3*). So kommt es, daß wir uns als Kind spontan zu einer bestimmten Tätigkeit, einem bestimmten Musikinstrument, einer bestimmten Wissenschaft oder Sportart hingezogen fühlen und die erforderlichen Fertigkeiten dann auch in erstaunlich kurzer Zeit und ohne allzu große Mühe erlernen und beherrschen; und so kommt es auch, daß uns andererseits gewisse Dinge so unsagbar schwer fallen, auch wenn wir uns intensiv bemühen: Im ersten Fall haben wir uns mit diesen Tätigkeiten bereits in früheren Leben eingehend befaßt, im zweiten handelt es sich um Dinge, mit denen wir im gegenwärtigen Leben zum erstenmal konfrontiert sind.

Déjà-vu

Ein weiteres interessantes Phänomen, über das in der esoterischen Literatur häufig gesprochen und geschrieben wird, sind die sogenannten Déjà-vu-Erlebnisse (franz., wörtlich «schon einmal gesehen»). Mit diesem Begriff wird eine besondere Art von Erfahrung bezeichnet, die jeder Mensch in seinem täglichen Leben machen kann und auch schon hundertfach gemacht hat. Sie reichen von dem Gefühl «An diesem Ort bin ich irgendwann schon einmal gewesen» über Konversationen, bei denen wir plötzlich wissen, wer als nächstes was sagen wird, bis hin zu einem detaillierten Wissen über Lokalitäten, wo wir nachweisbar noch nie gewesen sind, so daß wir imstande wären, einen Fremden herumzuführen. Oft kommt es auch vor, daß wir uns in Situationen wiederfinden, die wir schon einmal erlebt zu haben glauben und in denen wir genau wissen, was als nächstes geschehen wird, meist begleitet von dem hilflosen Gefühl, es nicht verhindern zu können.

Bei vielen Déjà-vu-Erlebnissen läßt sich zeigen, daß sie mit Reinkarnation nichts zu tun haben, aber es gibt auch Ausnahmen, beispielsweise dann, wenn jemand als Tourist zum erstenmal in ein fremdes Land kommt und plötzlich von Erinnerungen an ein vergangenes Leben überwältigt wird. Dies kann sogar soweit gehen, daß nicht mehr nur die äußere Umgebung vertraut scheint, sondern auch alle anderen Sinne in das Erlebnis miteinbezogen werden und man ein früheres Leben richtiggehend hören, berühren, riechen und schmecken kann. In solchen Fällen ist es nicht die theoretisch-wissenschaftliche Beschäftigung, die uns von der Richtigkeit der Reinkarnation überzeugt, sondern die über alle Zweifel erhabene eigene Erfahrung.

Auch in der Literatur finden sich zahlreiche Dokumente solcher Erlebnisse, wie die folgenden Beispiele veranschaulichen:

> Es ist mir wirklich auch jetzt nicht etwa zumute, als ob ich die Sachen zum erstenmal sähe, sondern als ob ich sie wiedersähe. (*Johann Wolfgang von Goethe*, in einem Brief zu Beginn seiner italienischen Reise; Venedig, im Oktober 1786)

> Im Homer lese ich oft; könnte ich Dir nur darstellen, was ich da für Erfahrungen mache – und welche Rückerinnerungen einer früheren Welt in mir aufgehen. Diese Götter kenne ich, die auf goldenen Sandalen die Wolken beschreiten... (*Bettina von Arnim*, in einem Brief an ihren Bruder, Clemens Brentano)

> Wir alle kennen das Gefühl, das uns hin und wieder befällt, daß das, was wir sagen und tun, vor langer Zeit bereits schon einmal gesagt und getan wurde und daß wir irgendwann in dunkler Vergangenheit von denselben Gesichtern, Gegenständen und Umständen umgeben waren. (*Charles Dickens*, in «David Copperfield», 1850)

> In Spanien überkam ihn [Stefan George] das seltsame Gefühl des Wiedersehens mit einer längst entschwundenen Heimat und verdichtete sich im «Inselgarten» zu Aranjuez zu jenem deutlichen Wiedererkennen, das später dichterische Gestalt gewann... Wir müssen dem Dichter glauben, daß hier in Spanien ein unheimlicher Tiefenraum der Erinnerung in ihm aufbrach und ein Wandel der Seele geschah. Vor allem im Herzen Spaniens, um Madrid und Toledo, rief die harte, fast unerbittliche Strenge der Landschaft mit den finsterstolzen Königsschlössern gewaltige Bilder einer königlichen Einsamkeit und unnahbaren Größe in ihm wach. (Friedrich Wolters über *Stefan Georges* Reise nach Spanien im Jahre 1889)

> Im Grunde hielt er [Rainer Maria Rilke] Rußland für seine Seelenheimat, überzeugt, daß er einmal in einer früheren Inkarnation in Moskau gelebt habe... (aus den Erinnerungen der Fürstin Marie von Thurn und Taxis, bei der *R.M. Rilke* 1911/12 zu Gast war.)

Selbstmord

Das Verständnis der Zusammenhänge von Karma und Reinkarnation kann auch ein neues Licht auf das vieldiskutierte und nach wie vor aktuelle gesellschaftliche Problem des Selbstmordes (Suizid) werfen. Hierzu zunächst einige Statistiken: In der Schweiz nahmen sich im Jahre 1989 insgesamt 1513 Menschen das Leben – das heißt jeden Tag durchschnittlich mehr als vier –, wobei jeder fünfte weniger als 30 Jahre alt war. Die Selbstmordrate lag bei insgesamt 2,4% aller Todesfälle (davon 70% Männer und 30% Frauen). In diesen Angaben sind die versuchten Selbstmorde, die nicht zum Tode führten, nicht mitgerechnet (aus: «Statistisches Jahrbuch der Schweiz 1992»).

Rudolf Passian beschreibt in seinem Buch «Abschied ohne Wiederkehr?» (1973) das Phänomen des Selbstmordes als gefährlichen «Irrtum mit unkalkulierbaren Folgen». Er sagt:

> Bei uns ist der Selbstmord nur deshalb so alltäglich, weil man uns seit jeher über das wahre Sein des Menschen, über das Wesen des Ichs, unaufgeklärt ließ. Bei Mohammedanern und Juden kommen Selbstmorde so gut wie überhaupt nicht vor; im «christlichen Abendland» sind sie die Regel... Kaum einer würde Selbstmord begehen, wenn er um die naturgesetzlichen Zusammenhänge unseres Daseins wüßte. (S. 360)

Was aber geschieht mit jemandem, der Selbstmord verübt? Um diese Frage zu beantworten, müssen wir uns vergegenwärtigen, in welchem Bewußtseinszustand sich der Selbstmörder befindet. In den meisten Fällen ist er in den Abgründen einer psychischen Depression versunken, nachdem er vielleicht von einem schrecklichen Verlust getroffen wurde oder die vermeintliche Auswegslosigkeit seiner Situation erkannt zu haben glaubte. Mit anderen Worten, sein Bewußtseinszustand ist höchst unglückselig. Gemäß dem bereits des öftern angeführten Gesetz der *Bhagavad-gītā* (8.6) aber bedeutet dies, daß auch die neuen Umstände, in die er sich nach dem Tod begeben wird, äußerst unglückselig sind.

Philosophisch betrachtet, kommt der Selbstmord einem *Fluchtversuch* vor dem eigenen Karma gleich – doch unserem Karma können wir nicht entfliehen, nicht einmal durch den Tod. Das bewußte, absichtliche Ablehnen des physischen Körpers, das man durch Selbstmord zum Ausdruck bringt, löst die Probleme des Lebens nicht – im Gegenteil: Der grobstoffliche Körper stirbt, das Karma aber bleibt, mit der zusätzlichen Bürde des Selbstmordes.

Es ließe sich an dieser Stelle einwenden, ob es denn nicht auch jemandes Karma sei, Selbstmord zu begehen. Die Veden sagen: Nein – zumindest nicht in jedem Fall. Hier ist die Grenze zwischen freiem Willen und Karma. Die meisten Selbstmorde stellen einen in Unwissenheit über die Gesetze der Reinkarnation gründenden *Mißbrauch* des freien menschlichen Willens dar, und nur in Ausnahmefällen kann es vorkommen, daß jemand durch den Einfluß eines fremden, feinstofflichen Wesens zu dieser unseligen Tat verleitet wird. (Hierauf werden wir in Kapitel 7 im Zusammenhang mit der *Geisterforschung* noch ausführlicher eingehen.)

Die Veden besagen eindeutig, daß jemand, der Selbstmord verübt, also bewußt seinen Körper ablehnt, vorläufig keinen neuen grobstofflichen Körper mehr erhält und statt dessen gezwungen wird, in einem feinstofflichen Geisterzustand zu verbleiben. Alle Ängste, Frustrationen und unerfüllten Wünsche, die ihn in den Suizid getrieben haben, wird er dabei jedoch mitnehmen; nur besteht für ihn jetzt keine Chance mehr, aus diesem Zustand herauszukommen. *Raymond A. Moody* berichtet in seinen «Nachgedanken über das Leben nach dem Tod» (1978):

> Alle Zeugnisse aus dieser Personengruppe [solche, die nach einem versuchten Selbstmord wiederbelebt worden waren] stimmen in einem Punkt überein: daß nämlich ihr Selbstmordversuch gar keine Lösung erbracht habe. Sie mußten erleben, daß sie nach wie vor mit genau denselben Problemen konfrontiert

> waren, denen sie sich durch Suizid zu entziehen versucht hatten. Gleichgültig, was das für eine Sache war, der sie hatten ausweichen wollen – dasselbe Problem bestand weiter auf der anderen Seite und war genauso ungelöst wie zuvor. (S. 63)

Sterbehilfe und künstliche Verlängerung des Lebens

Im Lichte des Karma und der Reinkarnation betrachtet, stellt die heutzutage höchst umstrittene Sterbehilfe *(Euthanasie)* nicht in jedem Fall eine tatsächliche Hilfe für den Totkranken dar, denn wenn jemand vor seinem Tode sehr leidet, manchmal sogar jahrelang, so ist dies nichts anderes als eine Folge seines selbst verdienten Karma, und niemand kann ihn davon befreien. «Hilft» man ihm sterben, so zwingt man ihn dadurch nur, *nach* dem Tod – entweder im nächsten Leben oder als feinstoffliches Wesen zwischen zwei Verkörperungen – sein verbleibendes schlechtes Karma zu ernten.

Durch das Leiden auf dem Krankenbett macht der Sterbende zuweilen eine Art Läuterung durch, und im besten Falle erkennt er dabei – selbst wenn dies für Außenstehende nicht sichtbar ist –, wieviel Leiden er in seinem nun zu Ende gehenden Leben anderen durch seine Handlungen zugefügt hat. So kann er sich aufgrund dieser Erfahrung neue Vorsätze nehmen und in kommenden Inkarnationen sein Verhalten verbessern.

Andererseits ist es jedoch aus demselben Grunde auch abzulehnen, daß Sterbende in solchen Fällen mit künstlichen Mitteln am «Leben» erhalten werden, wenn ihre Lebenszeit durch die Gesetze des Karma bereits offensichtlich beendet werden soll. *Richard Wagner* (nicht der Komponist) schreibt hierzu in seiner Schrift «Reinkarnation» (1988):

> Einige weltliche Gesetze gehen nicht nur bis an die Grenze des im Geiste Zulässigen, also bis an die Grenzen der geistigen Gesetze, sondern gehen oftmals weit darüber hinaus und bewirken daher in den Seelen großes Leid, Not und Schmerzen. Was eine Seele erduldet, deren Körper in Intensivstationen an Apparate angeschlossen wird, kann sich ein Weltmensch nicht vorstellen.
>
> Von der Materie und von den menschlichen Gesetzen her gesehen, muß das irdische Leben unter allen Umständen erhalten werden. Aus geistiger Sicht betrachtet, bedeutet dies oft unvorstellbares Leid für die Seelen, welche durch die medizinischen Geräte gleichsam an den Körper gebunden sind. Sie müssen in ihren Körpern weiterleben, obwohl für sie die irdische Lebenszeit schon abgelaufen ist. Für die betroffenen Seelen bedeutet das in vielen Fällen neues Leid, weil sie diese äußeren Einwirkungen erneut an ihren irdischen Leib binden. Diese unfreiwillige Verlängerung der irdischen Lebenszeit hat sogar oftmals erneute, zusätzliche Belastungen für die Seele zur Folge.
>
> Wie töricht ist es also, den Arzt als «Retter des Lebens» zu bezeichnen, wenn man dabei nur die physische Hülle sieht, die jener an Apparate anschließt und der er Medikamente verabreicht, damit der Organismus am Leben bleibt. Doch welch ein Widerspruch ist es, wenn das Leben auf der einen Seite unter allen Umständen aufrechterhalten wird, auf der anderen Seite jedoch Abtreibungen vorgenommen werden... (S.40)

Umweltproblematik

In der Diskussion über das höchst brisante Thema der allzu vielschichtigen Umweltproblematik zeigt sich wahrscheinlich am praktischsten, wie eminent wichtig das Wissen um Karma und Reinkarnation für die Menschheit ist, bzw. wie verheerend und zerstörerisch sich die diesbezügliche Unwissenheit auswirkt.

Denn wie viele unterschiedliche Meinungen es zu den Umweltproblemen auch geben mag – in einem scheinen sich doch alle Parteien weltweit einig zu sein: Die Lage unseres Planeten ist derart prekär, daß die Führer der Menschheit aufgefordert sind, sofort alle nur erdenklichen Schritte zu unternehmen, um mit Hilfe ihrer fortgeschrittenen Intelligenz und Technologie die erdrückenden Mißstände zu beheben. Dieses selbstherrliche Verständnis des Menschen prägt denn auch seine Haltung gegenüber der Natur. Doch führt solches Denken gerade *nicht* zu der so sehnlichst erhofften *Lösung*, sondern ist vielmehr die eigentliche *Ursache* all jener Probleme, mit denen wir uns gegenwärtig konfrontiert sehen. Gerade dieses fragwürdige Selbstverständnis des Menschen, durch das er sich in die Stellung des einzigen Herrn und Meisters über die Natur erhebt, hat ja dazu geführt, daß er sich – zusammen mit seiner ganzen Umwelt – überhaupt erst in die äußerst problematische Gegenwart hineinmanövriert hat. Ist es also nicht paradox, wenn wir erwarten, daß er sich mit ebendieser Haltung wieder aus seiner gegenwärtigen mißlichen Lage retten könne?

Es stellt sich hier doch die grundsätzliche Frage, ob es überhaupt erforderlich oder gar erlaubt sei, daß der Mensch in dem bisherigen Ausmaß Eingriff in das Geschehen der Natur nimmt – als sei sie nicht schon vollkommen, als sei die Natur darauf angewiesen, daß der Mensch dem «Chaos» durch sein rationales und wissenschaftliches Denken erst noch Ordnung und Sinn verleihe.

In den *Upaniṣaden* (den philosophischen Lehrgedichten der Veden) wird beschrieben, daß dem Kosmos als göttliche Schöpfung eine inhärente Ordnung und Struktur zugrunde liegt, wodurch alles, sogar das letzte Detail, seinen konkreten Sinn bekommt und nichts überflüssig ist. Wie vollkommen dieses Gleichgewicht ist, zeigt sich vor allem dann, wenn der Mensch versucht, einzugreifen und die Natur zu korrigieren oder zu manipulieren. Und genau dies ist es, was wir heute beobachten können: Der Mensch hat mit der Natur gebrochen und versucht, sich ihrer als wehrlose Dienerin für seine eigennützigen Pläne zu bedienen. Doch die Natur hat ihre eigenen Mittel, sich zu wehren. «Die Natur versteht gar keinen Spaß, sie ist immer wahr, immer ernst, immer strenge; sie hat immer recht, und die Fehler und Irrtümer sind immer des Menschen.» (*J.W. von Goethe*, Gespräch mit Eckermann vom 13.2.1829)

Wer das Naturgesetz des Karma wirklich kennt, weiß, daß die Natur nicht wehrlos ist. Will man sie für egoistische Motive gnadenlos ausbeuten, so zieht sie als Reaktion ihre Schätze zurück, und was zurückbleibt, sind anwachsende Wüsten, sterbende Wälder und Meere, verschwindende Tierarten, knapper werdende Luft, auf Papier gründender, künstlicher Reichtum, Eisen, Beton, Plastik – das Grab der modernen Zivilisation. So prophezeien die vedischen Schriften das Schicksal einer Menschheit, in der Atheismus der Grundton und heuchlerische Frömmigkeit die Oberfläche ist.

Gesundheit, Friede, Wohlstand und eine lebenswerte Zukunft für die Menschheit – all diese ersehnten Zustände treten ein als Folge naturharmonischer Tätigkeiten des Menschen. Sie bleiben jedoch Utopie, wenn nicht etwas unternommen wird, um jene Handlungen, die schlechtes Karma nach sich ziehen, einzudämmen. Die Wissenschaftler, die Politiker und auch die heutigen Religionen haben darin offensichtlich versagt, denn ihnen scheint das Wissen über die höheren Naturgesetze und über Gott, den Schöpfer der Natur, entgangen zu sein. Die Quellen jedoch, die uns das Wissen über Karma offenbaren – die vedischen Schriften –, weisen auch einen konkreten Weg zur Lösung, indem sie den Menschen informieren, was die Gesetze der Natur genau sind und wie man sie gemäß Ort, Zeit und Umständen befolgen muß.

Als größte Störungen, die der Mensch der Natur zufügen kann, werden in den Veden das Fleischessen (!), Abtreibungen, hemmungslose Profitgier, Raubbau an der Natur und allgemeines eigenmächtiges Handeln ohne Rücksicht auf die Naturgesetze beschrieben. Eine Gesellschaft, die diese Dinge zuläßt, ist gemäß dem Karma-Gesetz genauso verurteilt zu leiden wie das einzelne schuldige Individuum. In der Tat ließe sich jede einzelne Störung auf unserem Planeten auf ein menschliches Fehlverhalten zurückführen, dessen letzte Ursache die Unwissenheit über die Gesetzmäßigkeiten von Karma und Reinkarnation ist.

Die vedischen Schriften bezeichnen das heutige Zeitalter als *Kali-yuga*, was «eisernes Zeitalter» oder «Zeitalter des Streites und der Heuchelei» bedeutet. In diesem Zeitalter vermindern sich die Reichtümer der Erde aufgrund der widernatürlichen Tätigkeiten der Menschen immer mehr, so daß die Menschen den ganzen Tag hart arbeiten müssen, nur um einen Platz zum Schlafen und etwas zu essen zu bekommen. Das sehen wir heute: Die meisten Menschen scheinen für nichts anderes mehr Zeit zu haben als fürs Essen, Schlafen, Arbeiten und Sicherholen von der Arbeit. Kaum jemand findet mehr die Zeit, sich mit spirituellen Dingen zu beschäftigen. Doch dies wäre genau die Aufgabe des Menschen, der ja – im Gegensatz zum Tier – für jede Handlung in seinem Leben verantwortlich ist.

Solange die Menschen also nicht ihre tiefgehende Unwissenheit über die Gesetze von Karma und Reinkarnation und über ihre eigentliche Bestimmung als Menschen überwinden, sind all ihre Bemühungen um Glück und Zufriedenheit (einschließlich der Bemühung um Umweltschutz), selbst wenn sie gut gemeint sind, zum Scheitern verurteilt. Die Veden (*Śrīmad-Bhāgavatam* 4.31.14) geben uns in diesem Zusammenhang eine eindrückliche Analogie: Wenn wir einen Baum bewässern möchten, so besteht der natürliche Vorgang der Bewässerung darin, das Wasser auf die Wurzel (Ursache) und nicht etwa auf die Blätter (Wirkung) zu gießen. Doch die von den vielen Problemen der heutigen Zeit verwirrten Menschen schenken ihre ganze Aufmerksamkeit den Blättern und vergessen darüber die eigentliche Wurzel ihrer Probleme. Obwohl sie mit weltweitem Aufwand ständig versuchen, einzelne Blätter zu begießen, vertrocknet doch vor ihren ratlosen Augen des gesamte «Weltenbaum» aus Mangel an Nahrung.

Wenn ein Mensch diese ursächliche Unwissenheit überwindet und versteht, daß sein gegenwärtiger Körper nicht das ein und alles ist und daß er für jede seiner Handlungen in einem späteren Dasein zur Verantwortung gezogen wird, wird er auch seine begrenzten Energien nicht verschwenden, um sich, auf Kosten der Gesamtheit der Natur, scheinbare Annehmlichkeiten oder Genüsse für den eigenen vergänglichen materiellen Körper zu sichern. Tatsächlich zeigt die praktische Erfahrung, daß ein Mensch, der zum Verständnis der höheren kosmischen Gesetzmäßigkeiten gelangt ist, viel eher die erforderliche Kraft aufbringt, um genau auf jene Tätigkeiten und Angewohnheiten zu verzichten, die letztlich ihm und der Welt, in der er lebt, schaden.

Die Lösung also, die die Veden für sämtliche Probleme der heutigen Zeit vorschlagen, ist ein natürlicher, gottesbewußter Lebensstil in Harmonie mit den kosmischen Gesetzen. Ein solcher Lebensstil wird in der *Bhagavad-gītā* und im *Śrīmad-Bhāgavatam* nicht nur gefordert, sondern auch detailliert beschrieben. Er beinhaltet nicht nur die Abkehr von zerstörerischen Tätigkeiten (wie beispielsweise das Fleischessen), sondern auch die positive Entwicklung eines grundlegenden individuellen wie kollektiven Bewußtseinswandels.

Dieser not-wendige Bewußtseinswandel wird zwar heute überall gefordert, aber leider wird er nicht einmal von den Forderern selbst konsequent vollzogen. Denn ein solcher Bewußtseinswandel, so macht die *Bhagavad-gītā* deutlich, kann nur dann beständig sein und den heuchlerischen Charakter des Kali-yuga hinter sich lassen, wenn er um das gemeinsame Zentrum aller Menschen und aller Lebewesen – Gott – gedeiht.

Kapitel 5

GESCHICHTE DES REINKARNATIONS-GEDANKENS

Einleitung

Mit diesem fünften Kapitel beginnt der *zweite große Hauptteil* des vorliegenden Buches. Wie wir in den bisherigen vier Kapiteln gesehen haben, ist die detaillierteste Beschreibung und Erklärung der Phänomene von Karma und Reinkarnation zwar ursprünglich in den vedischen Schriften Indiens zu finden, und doch stellt der Reinkarnationsgedanke an sich, entgegen weitverbreiteten Mißverständnissen, nicht etwas Indisches, ja nicht einmal etwas rein Asiatisches oder Östliches, sondern vielmehr ein universelles Wissen des Menschen dar.

Mit diesem Kapitel nun legen wir eine umfassende Darstellung des Reinkarnationsgedankens innerhalb der westlichen, insbesondere der europäischen Geistesgeschichte vor. Aus der chronologischen Präsentation wird deutlich, daß es auch in Europa in der Tat keine Zeitepoche gegeben hat, in der die Idee der Reinkarnation nicht von einem überwiegenden Teil der Dichter, Denker und Philosophen, welche die abendländische Geschichte geprägt haben, diskutiert und häufig auch angenommen und gelehrt wurde. Zum vertieften Verständnis geben wir dabei in jeder Epoche eine kurze Einführung in das jeweilige philosophische Milieu, in dem der Reinkarnationsgedanke auftauchte, um zu veranschaulichen, daß das universelle Wissen um die Reinkarnation nicht den Begrenzungen verschiedener kultureller, philosophischer oder religiöser Anschauungen unterliegt. Damit soll der Versuch gemacht werden, eine längst fällige Lücke innerhalb der deutschsprachigen Fachliteratur zu füllen, die es bisher versäumt hat, die Entwicklung des Reinkarnationsgedankens in der erforderlichen Ausführlichkeit darzustellen.

Im ersten und zweiten Teil dieses Kapitels, in denen – ohne Anspruch auf Vollständigkeit – eine Übersicht über die Reinkarnationsvorstellungen verschiedener außereuropäischer Völker und Glaubensbekenntnisse gegeben wird, werden wir darüber hinaus erkennen, daß der Glaube an irgendeine Form der Seelenwanderung oder des Weiterlebens nach dem Tode zweifelsohne eine der ältesten und weitverbreitetsten Überzeugungen der Menschheitsgeschichte bildet und in fast ausnahmslos jeder Kultur auf jedem Kontinent auftauchte. Es ließe sich sogar zeigen, daß dieser Glaube – neben dem Glauben an eine dem Menschen übergeordnete höhere Macht, einen Schöpfer, einen Gott – die grundlegendste verbindende Gemeinsamkeit aller Kulturen und Religionen der Weltgeschichte ist. Der Schweizer Psychoanalytiker *Carl Gustav Jung* (1875-1961) spricht in einem Vortrag zum Thema «Psychologie der Wiedergeburt» (1939) sogar von einem «Archetypus der Wiedergeburt»:

> Wiedergeburt ist eine Aussage, die zu den Uraussagen der Menschheit überhaupt gehört. Diese Uraussagen beruhen auf dem, was ich als «Archetypus» bezeichne. Alle das Übersinnliche betreffenden Aussagen sind im tiefsten Grunde stets vom Archetypus bestimmt, so daß es kein Wunder ist, wenn Aussagen über die Wiedergeburt bei den verschiedensten Völkern angetroffen werden.

Für die Beantwortung der nunmehr offensichtlichen Frage, warum die traditionelle christliche Kirche als praktisch einzige Ausnahme seit bald 1500 Jahren den Seelenwanderungsgedanken offiziell ablehnt, verweisen wir auf das hieran anschließende Kaptitel 6: *Reinkarnation im Christentum*.

ERSTER TEIL: DIE ALTEN STAMMESKULTUREN

Afrika

Bereits Jahrhunderte vor der Ankunft der Europäer blühten auf dem gesamten afrikanischen Kontinent zahlreiche hochstehende Kulturen, wie beispielsweise die großen Reiche von Ghana, Mali und Songhai oder die mächtigen Königreiche von Ashanti, Ife und Benin. Die Stadt Timbuktu in Mali (früherer Sudan) war im 15. Jahrhundert der Sitz einer bedeutenden Universität, die den Treffpunkt vieler afrikanischer Gelehrter bildete. Und nahezu alle afrikanischen Stämme waren in der einen oder anderen Form mit dem Gesetz der Reinkarnation vertraut.

Im «Hibbert Journal» vom April 1957 berichtet Dr. *E.G. Parrinder* von der Universität Ibadan (Nigeria), Autor zahlreicher Bücher wie «Die traditionelle Religion Afrikas» oder «Westafrikanische Psychologie», in einem Artikel über «Verschiedene Arten des Reinkarnationsglaubens»:

> Im tropischen Afrika ist der Glaube an die Wiedergeburt tief verwurzelt. Die Studien, die insbesondere in den letzten vierzig Jahren von Anthropologen und anderen ernstzunehmenden Forschern in den verschiedensten Teilen Afrikas erstellt wurden, haben gezeigt, daß die meisten afrikanischen Völker einen tiefen Glauben an die Reinkarnation besitzen.

Auch der Ethnologe *Theodore Besterman*, der die religiösen Überzeugungen von über hundert Völkern aus allen Teilen des Kontinents erforschte und systematisierte, kam zu folgendem Ergebnis: 36 Stämme, unter ihnen die kulturell und philosophisch am weitesten entwickelten, glauben, daß die Toten als Menschen auf die Erde zurückkehren; 47 Stämme glauben, sie kämen als Tiere wieder, und 12, als irgendwelche anderen Lebewesen.

Unter denjenigen Stämmen, die an die Wiedergeburt als Mensch glauben, besitzen wohl die *Zulus* in Südafrika die umfassendste Reinkarnationslehre. Manche Historiker vermuten, daß bereits in vedischer Zeit Verbindungen zwischen dem indischen Subkontinent und Südafrika bestanden, wodurch sich gewisse Ähnlichkeiten mit der vedischen Philosophie erklären ließen. Die Zulus glauben, daß in jedem Körper eine individuelle Seele *(Idhlozi)* ruht, in welcher seinerseits ein Funke des universellen göttlichen Geistes *(I-Tongo)* leuchtet. Sie beschreiben darüber hinaus, daß es insgesamt sieben aufsteigende Stufen der menschlichen Existenz gebe, nämlich 1. den Schüler, 2. den Studenten, 3. den Bruder, 4. den Älteren, 5. den Meister, 6. den Wissenden *(Isangoma)* und 7. den vervollkommneten Menschen *(Abakulu-bantu)*, der nach vielen Inkarnationen einen Zustand erreicht hat, in dem er nicht wiedergeboren werden muß. Er bewegt sich auf der Erde in einem physischen Körper nach seiner eigenen Wahl und kann diese Form nach Belieben entweder behalten oder verlassen. Das letztliche Ziel der Seele ist die Wiedervereinigung mit dem I-Tongo.

In einer westafrikanischen Sprache wird das Phänomen der Reinkarnation mit dem Begriff «wiederkommender Kreis» beschrieben, wobei bemerkenswert ist, daß derselbe Begriff für eine Kletterpflanze verwendet wird, die sich an einem Pfahl allmählich emporwindet. Bei der Wiedergeburt handelt es sich nach dieser Ansicht also nicht nur um eine endlose Kreisbewegung, sondern um eine aufwärts strebende Spirale. Der ghanische Lehrer und Wissenschaftler *K. Brakatu Ateko* schreibt (1962):

> In der westafrikanischen Yoruba-Sprache gibt es Sprichwörter, die das Gesetz des Karma illustrieren – «Wenn Herr Eidechse roten Pfeffer ißt, muß *er* schwitzen und nicht Frau Eidechse» oder «Wenn Akosua etwas Böses anrichtet, wird nicht Akua bestraft.» Die Stämme der Yorubas und Edos, unter denen ich mich vor einem halben Jahrhundert als Lehrer aufhielt, besitzen einen starken Glauben an die Reinkarnation. Zu jener Zeit hatte der Einfluß des weißen Mannes den Glauben und das tägliche Leben des nigerianischen Hinterlandes noch nicht beeinflußt. Zum Beispiel nennen die Yorubas einen Sohn Babatunde, was heißt, «Vater ist zurückgekommen», und ein Mädchen wird oft Yetunde genannt, «Mutter ist zurückgekommen». In Ghana hat der Name Ababio, «er ist wiedergekommen», dieselbe Bedeutung.

Häufig ist man also der Überzeugung, daß die Vorfahren in derselben Familie wiedergeboren werden, oft sogar als ihre eigenen Enkelkinder, und für gewöhnlich wird der Medizinmann des Stammes beauftragt, nach der Geburt eines Kindes zu ermitteln, welcher Vorfahre wiedergekommen sei.

In Nordnigeria herrscht die Vorstellung, daß die Seelen der Toten in der Nähe ihres ehemaligen Hauses in Baumstämmen versteckt auf die Gelegenheit warten, wieder in den Leib einer Mutter einzugehen, und in ähnlicher Weise glauben die Frauen im Süden Nigerias, daß die Seelen ihrer Kinder aus nahegelegenen Bäumen, Felsen oder Wasserstellen, wo sie auf die Wiedergeburt warten, zu ihren Müttern gelangen. Manchmal kommt es auch vor, daß ein Vorfahre einer Frau in einem Traum seinen Wunsch mitteilt, als ihr Kind wiedergeboren zu werden.

Der Bassongo-Stamm besitzt den Glauben, daß die Seele nach dem Tod des physischen Körpers zunächst zu Gott im Zentrum des Erdplaneten gelangt, wo sie nach einiger Zeit (zwischen zwei Monaten und zwei Jahren) vom Heimweh geplagt wird und darum bittet, wieder als Kind auf der Erdoberfläche geboren zu werden, wobei das Geschlecht sich durchaus ändern kann. Einige afrikanische Stämme glauben auch, daß die Seelen der Verstorbenen als Schlangen in ihr ehemaliges Zuhause zurückkehren; diesen wird zuweilen Milch oder Fleisch geopfert, um die hungrigen Vorfahren zu sättigen und damit sie das eigene Haus beschützen mögen.

Der Betsileo-Stamm in Madagaskar lehrt, daß die Adligen als Boa-Constrictor wiedergeboren werden, die gewöhnlichen Stammesmitglieder als Krokodile und der Abschaum des Stammes als Aale. In anderen Stämmen herrscht die Meinung, daß die Seelen der Menschen in alle möglichen Tierkörper eingehen, wobei nur Häuptlinge Löwen oder Flußpferde werden dürfen.

Das zukünftige Schicksal hängt, wie beim Karma-Gesetz in der vedischen Philosophie, auch von den Taten im gegenwärtigen Leben ab. Arme und vernachlässigte Menschen zum Beispiel werden zu Schimpansen; die Seele eines Menschen, dessen Nachkommen nicht die erforderlichen Rituale ausgeführt haben, kehrt als einsiedlerisches Tier oder als Verrückter wieder; wer keine Nachkommen besitzt und wessen Familie ausstirbt, wird zu einem Frosch. Allgemein werden die Guten als Menschen oder als nützliche Tiere wiedergeboren, während die Schlechten in den Körper wildlebender Tiere eingehen müssen.

Zusammenfassend läßt sich feststellen, daß die Afrikaner, im Gegensatz beispielsweise zu den Buddhisten, das Leben auf der Erde als etwas Schönes und Fröhliches und die Reinkarnation als großes Glück für die Seele betrachten. Man findet bei ihnen kaum die Vorstellung, daß dieser Kreislauf ein letztliches Ende haben könnte. Im Gegenteil, nicht wiedergeboren zu werden wird als schlecht erachtet, und Kinderlosigkeit gilt als Fluch, weil sie den «Fluß der Wiedergeburten» aufhält.

Ozeanien und Australien

Das Wissen um die Seelenwanderung ist auch bei den Ureinwohnern Ozeaniens (pazifische Inseln), Indonesiens und Australiens weit verbreitet. So sind zum Beispiel die Dayaks auf Borneo der Ansicht, daß die Seele verstorbener Menschen mehrere Tode durchmachen muß, bevor sie schließlich zu einem Insekt oder einer Urwaldpflanze wird. Mehrere Völker Melanesiens glauben, daß die Seelen für eine gewisse Zeit in einer jenseitigen Welt leben, dort ein zweites Mal sterben und dann zu weißen Ameisen oder irgendwelchen anderen Geschöpfen werden.

Die Einwohner Nordguineas betrachten Affen, Schlangen und Krokodile als heilig, da in ihnen die Seelen der verstorbenen Vorfahren ruhen. Aus dem gleichen

Grunde essen gewisse Völker Neuguineas keine Fische, Schweine oder Kasuare. Einige indonesische Stämme schließlich glauben, die Seelen würden wilde Tiger, Nashörner oder Elefanten werden, um in dieser Form ihre Stammesgenossen zu beschützen.

Auf Celebes vertreten die Poso Alfures eine der vedischen Philosophie sehr verwandte Auffassung von drei verschiedenen Bestandteilen des Menschen: das Lebensprinzip *(Inosa)*, der Intellekt *(Angga)* und das göttliche Element, die Seele *(Tanoana)*. Letztere verläßt während des Schlafes den Körper und wandert in Träumen, und nach dem Tod wandert sie in gleicher Weise in eine neue körperliche Gestalt weiter. Sie befindet sich auch in den Tieren und Pflanzen.

Eine ähnliche Theorie vertreten auch die sogenannten Kahunas («Hüter der Geheimnisse») auf Hawaii, deren religiöse Philosophie *Huna* genannt wird. Nach ihrer Lehre besitzt der Mensch drei Teile, die als «niederes, mittleres und höheres Selbst» bezeichnet werden. Das niedere Selbst stellt den physischen Körper und die Emotionen dar und das mittlere die Vernunft, während das höhere Selbst die Quelle spiritueller Weisheit und Kraft ist. Dadurch, daß sich eine individuelle Seele am Ende ihrer Evolution durch eine Reihe von Inkarnationen (von Felsen und Gewässern über Pflanzen, Insekten und Vögeln bis zu Säugetieren und schließlich Menschen) diesem höheren Selbst öffnet, kann sie schließlich vollständig «geheilt», das heißt geläutert, werden.

Die Lehre der Reinkarnation ist fast ausnahmslos auch bei sämtlichen Stämmen der australischen Ureinwohner zu finden, welche glauben, daß alle Lebenden Wiederverkörperungen der verstorbenen Vorfahren sind. Ähnlich wie in den afrikanischen Schilderungen geistert auch hier die Seele nach dem Tode in der Umgebung ihrer ehemaligen Wohnstätte in Teichen, Felsschluchten oder Bäumen umher und wartet so auf eine Möglichkeit, wieder in einen Mutterleib eingehen zu können. Nach Ansicht einiger kann man nur im eigenen Stamm wiedergeboren werden. Auch hier wird der Kreislauf der Geburten und Tode als endlos betrachtet.

Nord- und Mittelamerika

Auch die *Tlingit-Indianer* Alaskas besitzen eine den Veden stark verwandte Auffassung von Karma und Reinkarnation. Die meisten Anthropologen sind sich heute darüber einig, daß der Ursprung des zivilisierten Menschengeschlechts in Asien, genauer in Indien, liegt und daß die Überwanderung nach Amerika bereits vor Jahrtausenden durch die heutige Beringstraße erfolgte, und zwar zu einer Zeit, da Asien und Amerika durch eine Landbrücke verbunden oder durch eine viel engere Wasserstraße als die heutige Meerenge voneinander getrennt waren.

Der amerikanische Parapsychologe Dr. *Ian Stevenson*, der in den Jahren 1961-1965 ausgedehnte Studien von Reinkarnationsfällen unter den Tlingit-Indianern betrieb, schreibt in diesem Zusammenhang in seinem Standardwerk «Reinkarnation – Der Mensch im Wandel von Tod und Wiedergeburt» (1976):

> Den Beweis dafür liefert die Tatsache, daß Kunst, Architektur, Sitten, Gebräuche und Glaubensvorstellungen der Völker Nordsibiriens denen der Eingeborenen Nordwestamerikas äußerst ähnlich sind... Die meisten Anthropologen glauben, daß die Wanderungen aus Asien und der Kontakt zwischen den Kulturen von Asien und Amerika Jahrtausende vor der christlichen Ära aufgehört haben. Einiges Material jedoch legt nahe, daß ein beträchtlicher Kontakt zwischen Asien und Nordwestamerika noch weit bis in die christliche Ära fortbestanden hat, möglicherweise sogar bis kurz vor dem Beginn der historischen Periode in Alaska im 18. Jahrhundert... Wir wissen, daß den Tlingits ihr Reinkarnationsglaube nicht von den Europäern übermittelt wurde, da Alaska-Reisende im frühen 19. Jahrhundert den Glauben unter ihnen fest verankert fanden. (S. 234-35)

Die Tlingit-Indianer besitzen in Ergänzung zur eigentlichen Reinkarnationslehre, die für sie selbstverständlich ist, auch eine Vorstellung, die stark mit dem Gesetz des Karma verwandt ist, wenngleich dieser Begriff selbst nicht verwendet wird. Sie gehen davon aus, daß Glück und Unglück von den Taten im vergangenen Leben abhängig sind, und sie entwickelten eine höchst interessante Wissenschaft, durch die man anhand der Muttermale eines neugeborenen Kindes eindeutige Hinweise darauf ableiten kann, wer wiedergeboren worden ist. Auch hier findet die Wiedergeburt in den meisten Fällen innerhalb des gleichen Stammes statt.

Auch bei den meisten Eskimostämmen im gesamten Gebiet zwischen Alaska und Grönland finden wir konkrete Reinkarnationsvorstellungen, die denjenigen des vedischen Indien auffallend ähnlich sind. Dies bestätigt der Forscher *Vilhjalmur Stefansson*, der über zehn Jahre mit den Eskimos im Coronationgolf lebte. Die Wiederverkörperung als Tier wird nicht ausgeschlossen; eine Eskimofrau zum Beispiel weigerte sich, Walroßfleisch zu essen, nachdem ihr ein Medizinmann mitgeteilt hatte, ihr verstorbener Ehemann sei in den Körper eines Walrosses eingegangen. Es herrscht auch der Brauch, daß ein älterer Eskimo sich ein frisch vermähltes Ehepaar auswählt und sie bittet, ihr erstgeborenes Kind werden zu dürfen. Handelt es sich um einen guten und ehrenwerten Herrn, willigt das Paar ein, worauf er sich in einiger Entfernung zurückzieht und sich selbst tötet, so daß er in der entsprechenden Familie Geburt nehmen kann. Einige Eskimos Alaskas entwickelten gar ein System von fünf aufeinanderfolgenden Himmeln, die einer nach dem anderen jeweils nach einer irdischen Inkarnation erlangt werden, wodurch die Seele allmählich geläutert wird und letztlich Befreiung aus dem Kreislauf der Wiedergeburten erlangt.

Mindestens einige Dutzend weiterer nordamerikanischer Indianerstämme weisen ebenfalls teilweise weitreichende Konzepte der Reinkarnation auf. So bauten die *Hopis* in Arizona beispielsweise eine Straße vom Grab eines verstorbenen Kindes zu seinem ehemaligen Heim, so daß die Seele noch einmal als das nächste Kind in derselben Familie geboren werden konnte. Aus den Handschriften der *Maya-Kultur* ist überliefert, daß sie von einer feinstofflichen Existenzebene zwischen zwei inkarnierten Leben überzeugt waren. Bei anderen Stämmen war es üblich, daß sich Frauen, die sich Kinder wünschten, um einen Sterbenden versammelten, in der Hoffnung, seine Seele würde in ihren Leib eingehen. Es heißt auch, daß nur diejenigen, die rein im Herzen sind, sich an ihre vergangenen Leben erinnern können.

Der Brauch des Skalpierens weist darauf hin, daß gewisse Indianer der Auffassung waren, die Seele befinde sich im Haar des Menschen, und in den meisten indianischen Kulturen herrschte der Glaube, daß jemand, der sich freiwillig als menschliches Opfer für die Götter zur Verfügung stelle, im nächsten Leben auf der Erde spezielle Belohnungen ernten werde. Ein anderer weitverbreiteter Glaube besagte, daß die Weißen (Europäer) wiedergeborene Indianerhelden der Vergangenheit waren, die gekommen waren, um sich der Ländereien zu bemächtigen, die sie einstmals besessen hatten. Diese Auffassung könnte auch eine der Ursachen gewesen sein, daß das gesamte Reich der *Inkas* von einer Handvoll Spaniern zu Fall gebracht wurde.

Südamerika

In ganz Südamerika, vor allem in Brasilien, ist der Glaube an ein Weiterleben nach dem Tode im Volk tief verankert. Aus den ursprünglichen indianischen, aber auch aus den afrikanischen Elementen in der südamerikanischen Kultur entstand ein sehr starker Glaube an eine Geisterwelt sowie unzählige Praktiken, die dazu bestimmt sind, diese in den Alltag hineinwirken zu lassen. Dazu gehören hauptsächlich die okkulte Beschäftigung mit schwarzer Magie sowie die Bewußtseinsmanipulation durch Drogen.

Nicht weniger als fünf Prozent der Bevölkerung Brasiliens bezeichnen sich heute formell als Spiritisten, aber es gibt überzeugende Beweise dafür, daß weitere 25% der Brasilianer spiritistisch tätig sind, obgleich sie bei der Volkszählung als römisch-katholisch registriert wurden. Auch hier ist die Auffassung, daß die Seele eines Menschen wieder in Tierkörper eingehen könne, weit verbreitet.

Es läßt sich feststellen, daß das Wissen um übersinnliche Dimensionen gerade in Südamerika meist dazu verwendet wird, mit Hilfe feinstofflicher Naturmächte das Leben anderer zu beeinflussen, während Hinweise auf das Bestreben, sich aus dem Kreislauf von Geburt und Tod zu befreien, praktisch nicht zu finden sind.

Europa

Der deutsche Historiker *Uwe Topper* (*1940), Autor zahlreicher populärwissenschaftlicher Bücher über frühgeschichtliche Themen, berichtet in seinem Aufsatz «Reinkarnationsvorstellungen in Europa von der Steinzeit bis heute»:

> Felsmalereien und Grabfunde lassen den Schluß zu, daß die ältesten kulturellen Äußerungen europäischer Jägervölker den Gedanken an die Wiedergeburt der Seele zur Grundlage hatten. Einweihungsriten in den Höhlen waren auch schon mit dem Gebrauch von Rauschmitteln verbunden, durch die ein todesähnlicher Zustand ausgelöst wurde, der Einblick in die Zusammenhänge des Lebens

ermöglichte. Die Vorstellung, daß sich Tod und Geburt gegenseitig bedingen, gehörte auch später zur Philosophie der Jungsteinzeit. (erschienen in: «Wiedergeburt» von *Harald Wiesendanger*, 1991, S. 40)

Auch in den antiken europäischen Stammeskulturen, lange bevor sich Europa zum Christentum bekehrte, finden wir zahlreiche Zeugnisse des Reinkarnationsglaubens. Beginnend im hohen Norden, gehören hierzu die Völker Finnlands, Islands und Lapplands; außerdem die Norweger, Schweden, Dänen und Germanen. Eine weitere Gruppe bildeten die Letten, die Preußen und die Litauer. Mehr im Süden kommen die Kelten in Irland, Schottland, England, Wales und in der französischen Bretagne. Die keltische Kultur umfaßte auch die alten Gallier, die neben den Gebieten des heutigen Frankreich auch Norditalien und Belgien sowie Teile der Niederlande, der Schweiz und Deutschlands bevölkerten. Ganz im Süden schließlich waren natürlich auch die Philosophien der alten griechischen und römischen Hochkulturen mit dem Reinkarnationsgedanken vertraut. (Auf diese werden wir im dritten Teil, «Das klassische Altertum», noch ausführlich zu sprechen kommen.)

In seinem Werk über die Zivilisation der *Wikinger* berichtet der Anthropologe *Axel Olrik*, daß die alten Norweger wie auch die Goten einem neugeborenen Kind oft den Namen eines kürzlich verstorbenen Verwandten gaben, da sie der Meinung waren, dieser hätte in der gleichen Familie erneut Geburt genommen. Und unter den Lappen glaubte man, die verstorbenen Vorfahren unterrichteten ihre zukünftigen Mütter im Traum über den Namen, den sie sich wünschten.

Auch in der alten *germanischen* Literatur findet sich die Lehre der Seelenwanderung an zahlreichen Stellen wieder, und uralte *englische* und *schottische* Balladen besingen die Seelen von Männern und Frauen, die in die Körper von Tieren, Vögeln und Pflanzen eingegangen sind. Germanen und selbst Römer (wie Plinius berichtet) hielten sich Hausschlangen als Wächter ihrer Häuser, von denen sie annahmen, es seien Wiederverkörperungen ihrer Vorfahren.

Über die *keltischen Völker* schreibt der römische Feldherr *Gaius Julius Caesar* (100-44 v.u.Z.) in seinem «Bellum Gallicum» («Der Gallische Krieg»):

> Vor allen Dingen suchen die Druiden davon zu überzeugen, daß die Seelen unsterblich sind und nach dem Tode von einem Körper in einen anderen übergehen. Sie meinen, diese Lehre sei ganz besonders geeignet, zur Tapferkeit anzuspornen, weil man dann den Tod nicht fürchtet. (VI,14,5)

Diodor, der griechische Geschichtsschreiber aus Sizilien, der im 1. Jahrhundert v.u.Z. lebte und eine in Bruchstücken erhaltene Weltgeschichte verfaßte, schreibt über die Kelten:

> Das Sterben achten sie für nichts. Es herrscht bei ihnen nämlich der Glaube des Pythagoras, daß die Seelen der Menschen unsterblich seien und nach einer bestimmten Reihe von Jahren wieder ein neues Leben beginnen, indem die Seele in einen neuen Leib übergeht. Deshalb geschieht es auch, daß bei den Begräbnissen der Verstorbenen Einige an ihre gestorbenen Verwandten ge-

schriebene Briefe in den Scheiterhaufen werfen, gleich als ob diese sie lesen würden. (Fünftes Buch)

Besonders der Stand der keltischen *Druiden* (gelehrte Priesterschicht) vertrat und förderte den Unsterblichkeitsglauben und die Lehre von der Wiedergeburt. Die anspruchsvolle Ausbildung zu einem anerkannten Druiden dauerte zwölf Jahre und umfaßte neben Philosophie und Gesetzeskunde auch die praktische Kenntnis der zahlreichen Druidengeheimnisse. Viele dieser alten Aufzeichnungen wurden jedoch durch die Ankunft der ersten christlichen Missionare verbrannt und gingen so verloren.

Bei den traditionellen Lehren und Sitten *Irlands* finden wir weitgehende Ähnlichkeiten mit dem Brauchtum des alten Indien. Den Kennern Irlands ist seit jeher der Unterschied zwischen der irischen und der allgemein-europäischen Geisteshaltung aufgefallen, und vieles im Wesen des irischen Volkes mutet orientalisch, ja indisch an. So sind denn in den älteren irischen Heldensagen Beispiele der Wiedergeburt keine Seltenheit, wenngleich im Volksglauben die Vorstellung der Reinkarnation nicht unmittelbar mit einer ethischen Läuterung verbunden ist. Zudem ist in Irland der Glaube weit verbreitet, daß die Seelen der Verstorbenen als schwarze Kaninchen oder Frösche wiedergeboren werden. Möwen gelten allgemein als Seelen ertrunkener Fischer und Seeleute, und ein Bauer, der seinem Hof sehr verbunden war, nimmt nach dem Tod die Gestalt einer Kuh auf dem Hof an. Tote können auch als Pferde oder Schweine, als Hunde, Ratten, Schwäne, Tauben, Hähne oder Seehunde weiterleben. Selbst die Namensgebung weist auf den Glauben an die Wiedergeburt der Großeltern als ihre eigenen Enkelkinder hin; irischen Kindern werden nämlich vorzugsweise die Namen bereits verstorbener Großeltern verliehen.

Eine mögliche Erklärung für die augenscheinlichen Ähnlichkeiten zwischen der altindischen und der irischen Kultur finden wir in den vedischen *Purāṇas,* wo es heißt, daß in einem früheren Zeitalter mehrere Kṣatriya-(Krieger-)Stämme aus Indien nach Westen gezogen seien, um sich dort niederzulassen. In der Tat weisen insbesondere die Helden der irischen Legenden und Sagen deutliche Züge der Kṣatriyas auf, wie sie in den *Purāṇas* beschrieben werden.

ZWEITER TEIL: DIE WELTRELIGIONEN

Die 10 Weltreligionen
(in chronologischer Reihenfolge)

Religion	Entstehung	Begründer	Wichtigste Schrift(en)	Verbreitung *
1. Hinduismus	Indien, mind. 3000 v.u.Z.		Veden: Bhagavad-gītā, Purāṇas, Upaniṣaden u.a.	663 Mio.
2. Judentum	Palästina, 13. Jhd. v.u.Z.		Altes Testament, Talmud	18 Mio.
3. Shintoismus	Japan, 6. Jhd v.u.Z.		Norito, Kojiki, Nihongi u.a.	3 Mio.
4. Taoismus	China, 6. Jhd. v.u.Z.	Lao-tse (? 604-520 v.u.Z.)	Tao-te-king	31 Mio.
5. Konfuzianismus	China, 6. Jhd. v.u.Z.	Kung-fu-tse (? 551-479 v.u.Z.)	Lun Yü, I Ging u.a.	6 Mio.
6. Buddhismus	Indien, 6. Jhd. v.u.Z.	Buddha (560-480 v.u.Z.)	Dharmapada, Tipitaka u.a.	312 Mio.
7. Jainismus	Indien, 6. Jhd. v.u.Z.	Mahāvira (549-477 v.u.Z.)	Siddhanta	2,6 Mio.
8. Christentum	Palästina, 1. Jhd.	Jesus von Nazareth	Neues Testament	1670 Mio.
9. Islam	Arabien, 7. Jhd.	Mohammed (570-632)	Koran	881 Mio.
10. Sikhismus	Indien, 15. Jhd.	Guru Nānak (1469-1539)	Granth Sahib	8 Mio.

(* Maximalschätzungen, nach Fischer Weltalmanach 1992)

Asien

Sämtliche asiatische Kulturen und Religionen – so verschieden sie auch sein mögen – zeichnen sich insbesondere durch *eine* verbindende Gemeinsamkeit aus: durch ihre Kenntnis der Gesetzmäßigkeiten von Karma und Reinkarnation. (Diesem und einzig diesem Umstand ist es übrigens auch zu verdanken, daß der Reinkarnationsgedanke bei uns zuweilen auch heute noch fälschlicherweise für etwas Östliches, etwas Asiatisches und somit für etwas «Fremdes» gehalten wird.)

Zu den asiatischen Religionen, die sich zur Reinkarnation bekennen, zählen vornehmlich die beiden großen, nämlich der aus der vedischen Tradition entstandene sogenannte *«Hinduismus»* und der ebenfalls bereits angesprochene *Buddhismus*, die beide ihren Ursprung in Indien haben. Es gehören aber auch die indischen Religionen des *Jainismus* und des *Sikhismus* dazu sowie der persische *Zoroastrismus*, der chinesische *Konfuzianismus* und *Taoismus*, der tibetanische *Lamaismus* und der japanische *Shintoismus* – um nur die wichtigsten zu nennen (siehe nebenstehende Liste «Die 10 Weltreligionen»).

Es würde jedoch zu weit führen und gehört nicht in den Rahmen der vorliegenden Betrachtung, hier aus der entsprechenden Literatur Beispiele anzuführen, da wir uns insbesondere mit der geschichtlichen und inhaltlichen Entwicklung des Reinkarnationsgedankens in der *abendländischen* Geisteswelt beschäftigen möchten.

Ägypten

Im Abendland tritt der Seelenwanderungsgedanke bereits in der alten ägyptischen Hochkultur (ab 2000 v.u.Z.) auf, wo man ihn vermutlich ursprünglich aus Persien und Indien übernommen und im Laufe der Jahrhunderte immer wieder verändert hat. Der griechische Historiker *Herodot* (485-425 v.u.Z.) erzählt in seinen Historien:

> Die Ägypter sind auch die ersten, welche folgende Lehre ausgesprochen haben: daß des Menschen Seele unsterblich sei und, wenn der Leib zugrunde gehe, in ein jeweils entstehendes anderes Lebewesen eingehe; wenn sie aber durch allerlei Land-, Wasser- und Lufttiere gewandert sei, gehe sie wieder in einen entstehenden Menschenleib ein... Diese Lehre haben sich auch einige Hellenen angeeignet, die einen früher, die anderen später, als ob sie ihr geistiges Eigentum sei. (Zweites Buch, 123. Kapitel)

Das altägyptische Wort *Khou* bezeichnet die Seele der Verstorbenen, die sich nach dem Tode in die Unterwelt *(Ker-Neter)* begibt, wo die guten und schlechten Taten gewogen und vom Sonnengott Osiris beurteilt werden. Dabei wird das Herz auf eine Waagschale gelegt, während auf der anderen Seite die Gerechtigkeit ruht. Was die Waage zeigt, wird alsdann von Thot, dem Gott der Weisheit, notiert und bestimmt das weitere Schicksal der Seele. Während der Gerechte Aufnahme als Begleiter des Osiris findet, wird der Ungerechte auf dem Unterwelt-Schafott Nemma hingerichtet, wobei ihm ein Nilpferd den Kopf abbeißt. Bevor diese Strafe vollzogen wird, muß die Seele nochmals auf Erden umherirren und viele Prüfungen bestehen, wobei sie die Macht hat, beliebige Körperformen anzunehmen und sowohl in Menschen als auch in einbalsamierte Mumien einzudringen. Offensichtlich kannten die alten Ägypter auch das Phänomen der Besessenheit, wie eine Tempelinschrift bezeugt, die von einer Königstochter berichtet, von der eine «böse Seele» Besitz ergriffen hatte.

Nachdem die Griechen die Herrschaft über Ägypten errungen hatten, übernahmen sie teilweise die altägyptische Religion und Mythologie und damit wohl auch gewisse Gedanken der Reinkarnationslehre (siehe nächster Teil: *Das klassische Altertum*).

Judentum und Altes Testament

Um es gleich vorwegzunehmen: Die Hauptströmungen der drei semitischen Religionen (Judentum, Christentum, Islam) anerkennen *heute* den Reinkarnationsgedanken offiziell *nicht*. Dennoch finden sich bei allen drei in zahlreichen einzelnen Gruppierungen und Traditionen der Vergangenheit wie auch der Gegenwart eindeutige Hinweise auf diese Lehre.

Im Falle des Judentums, aus dem sich die beiden anderen entwickelten, wird im «Bertelsmann-Lexikon des Judentums» unter dem Stichwort *Seelenwanderung* eine Wiederverkörperung der Seele erwähnt, die in Hebräisch *Gilgul* genannt wird, wörtlich «das Rollen». (Interessanterweise ist dieses Wort verwandt mit dem hebräischen *Galgal*, «das Rad»; das gleiche Bild des sich immerfort drehenden Rades kommt auch im Sanskrit-Wort für Reinkarnation, *Saṁsāra*, zum Ausdruck.)

Der kürzlich verstorbene jüdische Philosoph Prof. *Friedrich Weinreb*, einer der größten Kenner des alten Judentums, erklärt diesen Begriff «Gilgul» in seinem Werk «Das Buch Jonah – nach der ältesten jüdischen Überlieferung» (Zürich 1970). Im Kapitel «Gilgul, mißverstandene Reinkarnation» (S. 100-103) schreibt er, der jüdische Begriff für die ewige göttliche Geistseele, *Neschamah* (hebräisch, wörtlich «Atem, Hauch»), bezeichne den in jedem Menschen gleichermaßen vorhandenen, unzerstörbaren und vollkommenen Gottesfunken, der sich einmal als diese, einmal als jene historische Persönlichkeit auf der Erde inkarniert. Eine solche «Inkarnation» heiße dann *Gilgul*. (Auf Seite 104 erwähnt Weinreb z.B. vier «Gilguls» der Eva: Sarah, Channah, die Schunamitische aus 2 Kön 4 und die Witwe von Zarpath.) Klar hebt Weinreb bei seiner Beschreibung auch die Notwendigkeit der Rückkehr des Menschen aus der diesseitigen Welt in das jenseitige Königreich Gottes hervor.

Der jüdische Gelehrte *Rabbi Jacob N. Shimmel*, Gründer und Leiter der «Torah and Talmud Beth Rabbinical Association» in New York, sagt:

> Der Glaube an die Reinkarnation gehört eigentlich zu den Grundsätzen des Judentums. Doch heutzutage ist dieses Thema nahezu tabu, da sich seine Behandlung mehr oder weniger auf die kabbalistische Literatur, die Mystik, beschränkt... In Hebräisch wird die Reinkarnation «Gilgul» genannt, ja es gibt sogar einen ganzen Abschnitt innerhalb der Kabbala, der *Sefer HaGilgulim* heißt. Dort werden die Einzelheiten in bezug auf die Reinkarnationslehre erörtert. Es heißt dort zum Beispiel, daß es möglich ist, als Tier, als Baum, als Insekt und sogar als eine gewisse Art von Steinen wiedergeboren zu werden. Dennoch gehört die Seelenwanderung nicht zu den zentralen Lehren des Judentums, denn wir legen in unserer Spiritualität in erster Linie Nachdruck auf das Hier und Jetzt. (in: «Om Shalom», 1990, S. 24)

Das orthodoxe Judentum kennt insbesondere drei heilige Schriften, die wir nun im Hinblick auf den Reinkarnationsgedanken kurz untersuchen möchten:

1. Das Alte Testament
2. Der Talmud
3. Der Sohar (Kabbala)

Das Alte Testament.
In den heute überlieferten Schriften des Alten Testaments finden sich nur (noch) sehr vereinzelte Andeutungen auf Karma und Reinkarnation, wobei dies möglicherweise auch damit zusammenhängen könnte, daß im Verlaufe der Geschichte immer wieder Korrekturen am Text vorgenommen und bestimmte Lehren bewußt beseitigt wurden.

Dennoch wird aus der Gesamtschau ersichtlich, daß gewisse Kenntnisse dieser Gesetzmäßigkeiten bereits beim alten jüdischen Volk vorhanden waren. So deutet beispielsweise der folgende Vers aus dem ersten Buch Mose auf ein vages Verständnis der *Karma-Gesetze* hin: «Wer Menschenblut vergießt, dessen Blut wird durch Menschen vergossen.» (Gen 9,6) Auch wird die *Präexistenz der Seele* von Salomo im Buch der Weisheit bestätigt: «Ich war ein begabtes Kind und hatte eine gute Seele erhalten, oder vielmehr: gut, wie ich war, kam ich in einen unverdorbenen Leib.» (Weish 8,19-20) Und beim Propheten Jeremias heißt es: «Das Wort des Herrn erging an mich: Noch ehe ich dich im Mutterleib formte, habe ich dich ausersehen, noch ehe du aus dem Mutterschoß hervorkamst, habe ich dich geheiligt, zum Propheten für die Völker habe ich dich bestimmt.» (Jer 1,4-5)

Eine berühmte Stelle, die zuweilen aus dem Zusammenhang gerissen und als Beweis *gegen* die Reinkarnation angeführt wird, findet sich ebenfalls im Buch der Weisheit: «Unsere Zeit geht vorüber wie ein Schatten, unser Ende wiederholt sich nicht; es ist versiegelt, und keiner kommt zurück.» (Weish 2,5) Doch gilt es hier zu beachten, daß diese Stelle aus der «Rede der gottlosen Frevler» stammt, die wenige Verse später verurteilt wird: «So denken sie [die Frevler], aber sie irren sich; denn ihre Schlechtigkeit macht sie blind. Sie verstehen von Gottes Geheimnissen nichts, sie hoffen nicht auf Lohn für die Frömmigkeit und erwarten keine Auszeichnung für untadelige Seelen.» (Weish 2,21-22)

In richtigen Zusammenhang betrachtet, entpuppt sich diese Bibelstelle als vorsichtiger Beweis *für* das Weiterleben nach dem Tode und dafür, daß wir uns gemäß der Karma-Gesetze für unsere Taten vor Gott werden verantworten müssen. Jemand, der diese Wahrheit nicht akzeptiert, «versteht nichts von Gottes Geheimnissen», sagt der Verfasser der Weisheit.

Im Buch des Propheten Ezechiel (entstanden um 600 v.u.Z.) wird sogar die Wiederkunft (Reinkarnation) König Davids angekündigt, der vier Jahrhunderte zuvor gelebt hatte: «Gott sprach: Ich setze für sie einen einzigen Hirten ein, der sie auf die Weide führt, meinen Knecht David. Er wird sie weiden, und er wird ihr Hirt sein. Ich selbst, der Herr, werde ihr Gott sein, und mein Knecht David wird in ihrer Mitte der Fürst sein.» (Ez 34,23-24)

Die wohl eindeutigste alttestamentarische Stelle finden wir schließlich in einem Gebet des Mose im Psalter: «Du läßt die Menschen zurückkehren zum Staub und sprichst: Kommt wieder, ihr Menschen! Denn tausend Jahre sind für dich wie der Tag, der gestern vergangen ist, wie eine Wache in der Nacht.» (Ps 90,3-4)

Der Talmud.
Deutlicher als das heutige Alte Testament sprechen sich dagegen diejenigen jüdischen Texte aus, die das Christentum im Gegensatz zum Judentum nicht als göttliche Offenbarungen anerkennt.

Der *Talmud* (hebräisch, wörtlich «die Lehre, die Wissenschaft») ist ein Sammelwerk rabbinischer Kommentare zum jüdischen Glauben und zur Tradition desselben. Er enthält die Auslegungen, Anwendungen und Weiterbildungen der mosaischen Gesetze der Thora. Mit dem Begriff *Thora* (hebr., wörtlich «das Gesetz») bezeichnet das Judentum die 5 Bücher Mose des Alten Testaments (griech. auch *Pentateuch*, wörtlich «Fünfrollenbuch», genannt). Während die Thora das «geschriebene Gesetz» darstellt, versteht man unter dem Talmud das «ungeschriebene», von verschiedenen Rabbinerschulen mündlich weitergegebene Gesetz, das laut Überlieferung ursprünglich – ebenso wie die Thora – von Mose (13. Jhd. v.u.Z.) stammt. Erst später, beginnend im 6. Jahrhundert v.u.Z., wurden die Lehren des Talmud schriftlich in Aramäisch und Hebräisch niedergelegt (abgeschlossen im 5. Jhd. n.).

Im spätantiken Judentum und im Talmud finden sich eindeutige Aussagen bezüglich des Auferstehungsglaubens, in letzterem auch über die Präexistenz der Seele, sowie zahlreiche Hinweise auf eine Art Seelenwanderung, wenn es beispielsweise heißt, Abels Seele sei in Seths Körper und von dort in Moses übergegangen. Der jüdische Geschichtsschreiber *Josephus Flavius*, ein Zeitgenosse Jesu, berichtet in seinen «Jüdischen Altertümern», daß ein Großteil der Juden seiner Zeit an die Seelenwanderung glaubt, insbesondere die Gemeinden der *Essener* und *Nazarener*, aus deren Kreis Johannes der Täufer und, zumindest ideologisch, auch Jesus hervorgingen. Nach Josephus waren die Pharisäer der Ansicht, daß die unsterbliche Seele im Jenseits ein Stadium vergeltenden Ausgleichs durchschreite, wonach für die Tugendhaften die Wiedergeburt in einem neuen Körper erfreulicher sei als für die Sündhaften.

Die traditionellen Anhänger des Talmud nahmen an, Gott habe nur eine bestimmte Anzahl von Judenseelen geschaffen, die daher immer wieder geboren würden, solange es Juden gäbe. Bisweilen würden sie auch zur Strafe in Tierkörper versetzt, seien aber am Tage der Auferstehung alle gereinigt und würden in den Leibern der Gerechten ins Gelobte Land zurückkehren.

Im Buch des Israeliten *Schalom Ben-Chorin* (*1913) mit dem Titel «Bruder Jesus, der Nazarener in jüdischer Sicht» (1967) wird bestätigt, daß der Reinkarnationsgedanke im Judentum der Zeit Jesu offensichtlich Volksglaube gewesen war. Im Talmud fänden sich, wie der Autor schreibt, oft Notizen, «die auf einen Seelenwanderungs- oder Wiedergeburtsglauben schließen lassen, wie etwa die Bemerkung: Mordechai, das ist Samuel! Hier will gesagt sein, daß der Jude

Mordechai, der Onkel der Königin Esther, eine Wiedergeburt des Propheten Samuel war.»

Ben-Chorin bemerkt weiter, daß die Reinkarnationslehre vor allem in der jüdischen Mystik, der *Kabbala*, weiterentwickelt und später auch in den *chassidischen Volksglauben* eingegangen sei. Nach dieser Vorstellung würde der Mensch mehrfach wiedergeboren, wobei er einen *Gilgul-Neschamah* (eine Seelenwanderung) durchmache oder sich einer anderen Seele «anhefte» *(Ibbur-Neschamah)*; dies dauere solange, bis er seinen *Tikkun*, seine Erlösung, gefunden habe. Ben-Chorin schreibt dazu:

> Es bleibe hier unerörtert, wie alt diese Vorstellungen [der Reinkarnation] im Judentum sind. Nach der Tradition gehen sie freilich auf die Urtage der Menschheit zurück und wurden vorwiegend durch Rabbi Simon ben Jochai, einen Zeitgenossen Rabbi Akibas, in dem ihm zugeschriebenen Buch Sohar offenbart. Wir wissen heute freilich, daß der Sohar ein mittelalterliches Werk darstellt, aber das schließt nicht aus, daß hier alte Traditionen verarbeitet wurden. (S. 25)

Der Sohar (Kabbala).
Mit dem Begriff *Kabbala* (hebräisch, wörtlich «Überlieferung ») wird die mittelalterliche jüdische Mystik und Esoterik bezeichnet, eine Sammlung verschiedener Geheimlehren, welche nach Auffassung vieler hebräischer Gelehrter die versteckte Weisheit hinter den mosaischen Texten offenbaren. Die ersten kabbalistischen Schriften stammen aus der Zeit vom 9. bis 13. Jahrhundert und stehen unter dem Einfluß mannigfaltiger philosophischer Richtungen. So vereinen sie jüdische, neuplatonische, gnostische und christliche Lehren mit gewissen Elementen aus der indischen, persischen und islamischen Religion.

Der *Sohar* (hebräisch, auch *Zohar* oder *Sepher ha Sohar* genannt; wörtlich «das Buch des Glanzes») bildet das Hauptwerk der Kabbala und stellt einen Kommentar zur Thora dar. Die Überlieferung besagt, daß der Sohar ursprünglich auf den jüdischen Theosophen *Rabbi Simon ben Jochai* (1. Jhd.) zurückgeht, während die modernen Gelehrten seine Entstehung auf das Jahr 1280 legen, als der Sohar von *Rabbi Moses de Leon* in Spanien veröffentlicht wurde. Seine spätere Ausprägung erfuhr der Sohar vor allem durch einen Kommentar von *Rabbi Isaak Luria* (1534-72; «palästinensische Kabbala»).

Die Kabbala enthält eine ausgeprägte Seelenwanderungslehre, die als allgemeines Gesetz dargestellt wird. Ihre Lehre besagt, daß der Mensch ursprünglich von Gott ausgegangen sei und letztlich zu Ihm zurückkehren müsse, um die verlorene Unsterblichkeit wiederzugewinnen. Hierzu sei es notwendig, sich so oft wieder zu inkarnieren, bis dieser Reifegrad erreicht sei, wobei die Inkarnationen auch im Tier- und Pflanzenreich stattfinden können. Im Sohar heißt es:

> Die Seelen müssen wieder in das absolute Dasein eintreten, aus dem sie hervorgegangen sind. Aber um dies zu erreichen, müssen sie alle Vollkommenheiten entwickeln, die sie in Samenform bereits in sich tragen. Wenn sie diese Bedingungen während eines Lebens nicht erfüllen, müssen sie ein weiteres

> Leben beginnen, dann ein drittes usw., bis sie den Zustand erreicht haben, in dem sie sich wieder mit Gott vereinen können.

Und:

> Alle Seelen sind der Wanderung unterworfen, aber die meisten kennen weder den Weg noch das zugrunde liegende Gesetz, nach welchem sie nach dem Tode und ebenso vor der neuen Verkörperung das Gericht durchschreiten.

Zur Seelenwanderungslehre in der Kabbala schreibt der Schweizer Religionswissenschaftler Dr. *Richard Friedli* in «Zwischen Himmel und Hölle – Die Reinkarnation» (1986):

> Der Glaube an die Metempsychosis wird auch als eine rationale Erklärung für abwesende oder mangelnde Gerechtigkeit gebraucht. Seelenwanderung gibt dann eine Antwort auf die Frage nach dem «Warum des Leidens» in der Welt – besonders auf die Frage nach dem Leiden des Gerechten. Das aktuelle Leiden eines gerechten Menschen wird somit als die Buße für im vorausgehenden Gilgul verübte Sünden interpretiert. Das Buch Job liest sich dann nach dem Modell der Seelenwanderung.
>
> Das Gesetz der reinigenden Seelenwanderung ist zwar unerbittlich, aber es ist auch ein Zeichen von Gottes Erbarmen, von dem niemand für immer ausgeschlossen ist. Je nach Temperament unterstreichen Kabbalisten mehr die Dimension der Gerechtigkeit oder mehr jene des Erbarmens – so oder so ist die Seelenwanderung die Reinigung der Seele und eine Chance, in einem neuen Anlauf und Versuch die Taten zu verbessern. (S. 37)

Chassidismus.
Die Reinkarnationslehre hat auch die neuzeitliche jüdische Volksbewegung des osteuropäischen *Chassidismus* (hebräisch *chassidim* = «die Frommen») übernommen, die Mitte des 18. Jahrhunderts durch *Israel ben Elieser* (1699-1760, genannt auch *Baal Schem*, «Herr des guten Namens») begründet wurde und eine mystische Gegenbewegung gegenüber der rationalistischen Nüchternheit des Talmudismus darstellt. Baal Schem lehrte:

> Der Sinn der Wiederkehr ist, daß sich die Einzigkeit – dieses wesentliche Gut des Menschen – von Leben zu Leben immer mehr reinige und vollkommen werde und daß in jedem neuen Dasein der Wiederkehrende in ungetrübter Unvergleichbarkeit erstehe.

Islam

Der *Islam* (arabisch, wörtlich «Gehorsam, Ergebung an Gott») ist die von dem Propheten *Mohammed* (570-632) verkündete monotheistische Religion der Hingabe des Menschen an den einzigen allmächtigen Gott (arab. *Allah*). Die heilige Schrift des Islam stellt der von Gott durch Mohammed persönlich offenbarte

Koran (arab. *Qur'an*, wörtlich «die Verkündigung») dar, der in 114 «Suren» aufgegliedert ist, welche ihrerseits der Länge nach geordnet sind. In der 2. Sure finden wir folgende interessante Aussage:

> Wie könnt ihr an Gott nicht glauben, wo ihr doch tot waret und Er euch lebendig gemacht hat, und Er euch dann wieder sterben läßt und darauf wieder lebendig macht. Er ist es, der euch alles, was auf der Erde ist, geschaffen hat... Er weiß über alles Bescheid. (2. Sure, Vers 28-29)

Der Islam weist manche Entlehnung aus dem Judentum sowie aus dem Christentum auf, kennzeichnet sich jedoch durch eine starke Vereinfachung religiöser Fragen. Die Anhänger des Islam, die *Moslems*, glauben an die Vorherbestimmung der Handlungen und Schicksale der Menschen durch Allah, an ein Weiterleben nach dem Tode, an die Vergeltung der guten und schlechten Taten in Paradies oder Hölle sowie an die Auferstehung der Toten am «Jüngsten Tag».

Eine ausformulierte Reinkarnationslehre hingegen ist in der offiziellen islamischen Religion heute nicht zu finden, wohl aber – wie bereits im Judentum und im Christentum – bei zahlreichen einzelnen esoterischen Gruppierungen.

Sufismus.
Unter den vielfältigen Strömungen innerhalb des Islam ist es vor allem die asketisch-mystische Richtung der *Sufis*, die den Gedanken der Reinkarnation in ihre Lehre aufgenommen hat. Der Sufismus (von arab. *suf* = «reine, weiße Wolle», in die sich die Sufis kleiden) weist eine starke Beeinflussung durch außerislamische Lehren auf, beispielsweise den Neuplatonismus und die indischen Philosophien, und blühte vor allem in Persien.

Die Sufi-Lehre besagt in bezug auf das Weiterleben nach dem Tode, daß der Tod für den Menschen kein Verlust sei, da die unsterbliche Seele unablässig im Zyklus der Wiedergeburten durch verschiedene Körperformen wandere, um sich so allmählich zu erheben. Diese Auffassung kommt in dem folgenden, immer wieder angeführten Gedicht des berühmten Sufi-Mystikers *Djelal ed-din Rumi* (1207-1273) in anschaulicher Weise zum Ausdruck:

> Ich starb als Stein und wurde Pflanze;
> Ich starb als Pflanze und wurde Tier;
> Ich starb als Tier und wurde zum Menschen.
> Warum sollte ich mich also fürchten?
> Wurde ich jemals geringer durch den Tod?
> Einstmals werde ich als Mensch sterben, und
> Werde ein Wesen aus Licht, ein Engel des Traums.
> Aber mein Weg führt weiter –
> Alles außer Gott verschwindet.
> Ich werde, was niemand gesehen oder gehört hat;
> Ich werde Stern über allen Sternen
> Und strahle über Geburt und Tod.

Andere islamische Traditionen.

Aber auch in anderen Strömungen innerhalb der islamischen Religion tritt der Glaube an die Seelenwanderung (arabisch *Tanasukh* genannt) vereinzelt auf. *Richard Friedli* schreibt hierzu:

> ...So sind die Vertreter eines Hauptstromes des Schiismus, die *Ismailiten*, davon überzeugt, daß die Seelen sich in der Welt von Geburt und Tod, von Entstehen und Vergehen abmühen, bis sie den «verborgenen Imam» erkennen, der die Welt regiert. Dann erheben sich die Seelen in die Welt des Lichtglanzes.
>
> Die *Nusairier* glauben, daß die Sünder ihrer Gemeinschaft als Juden, sunnitische Muslime oder Christen wiedergeboren werden. Die Ungläubigen, welche in Ali – Vetter des Propheten Muhammad und Gatte seiner Tochter Fatima – nicht den großen Weisen erkennen wollen, kehren als Kamele, Maultiere, Esel, Hunde oder andere Tiere zurück. Nach der Lehre der Nusairier gibt es sieben Grade der Seelenwanderung, und die gläubige Seele, welche diese Bereiche durchlaufen hat, steigt zu den Sternen auf, woher sie ursprünglich auch gekommen war.
>
> Die *Drusen*, die im südlichen Libanon leben, haben einen Teil dieser volkstümlichen Seelenwanderungs-Vorstellungen übernommen. Sie gehen davon aus, daß die Seelen der Feinde Alis sich als Hunde, Affen oder Schweine wiederverkörpern.
>
> Die *Kurden* geben ihrerseits für die Wanderbewegung der Seelen, welche in ihren folgenden Existenzen menschliche oder tierische Körper annehmen können, Intervalle von 72 Jahren an. (S. 38)

DRITTER TEIL: DAS KLASSISCHE ALTERTUM

Die Vorsokratiker

Die Orphik.
Unter dem Begriff *Orphik* versteht man eine auf den mythischen Sänger *Orpheus* zurückgeführte altgriechische Mysterienreligion (6. Jhd. v.u.Z.) mit einer eigenen Theogonie (Ansicht über die Herkunft der Götter) sowie einer Seelenwanderungslehre, in der der Mensch durch strenges sittliches Leben, rituelle Reinigungen, Askese und Vegetarismus eine jenseitige Seligkeit erlangt.

Gemäß dem ersten griechischen Geschichtsschreiber *Herodot* (485-425 v.u.Z.), der selbst ausgedehnte Reisen nach Persien, Ägypten, Babylonien und an das Schwarze Meer unternahm, haben die Orphisten ihr Gedankengut aus Ägypten empfangen (siehe Zitat im obigen Abschnitt über Ägypten).

Andere Historiker sind der Ansicht, daß die Griechen es direkt aus dem Osten (Persien, Indien) gebracht hätten. Auffallende Verwandtschaft besitzt das System der Orphisten jedenfalls mit der indischen Vedānta-Philosophie. Auch sie kennen ein kosmisches Gesetz des Ausgleichs *(ananke)*, das vom Unguten fordert: «Was du getan, erleide!», und dem Guten wachsendes Glück in künftigen Leben verheißt; und wie in der indischen Lehre besteht das Endziel des Kreislaufs der Wiedergeburten darin, sich durch allmähliche innerliche Reinigung letztlich daraus zu befreien.

Pythagoras.
Der erste bekannte Vertreter der Reinkarnationsidee in Griechenland war *Pherecydes von Syros* (um 550 v.u.Z.), der in seiner «Theologia» die Unsterblichkeit der Seele lehrte. Er hatte die Geheimschriften der alten Phönizier (etwa 12. bis 8. Jhd.) und der aramäischen Chaldäer (9. bis 6. Jhd.; darunter der berühmte Kaiser von Babylonien Nebukadnezar II., 605-562 v.u.Z.) studiert.

Sein wichtigster Schüler war der aus Samos gebürtige große Philosoph, Mathematiker und Astronom *Pythagoras* (ca. 582-496 v.u.Z.). Er stand den Orphisten sehr nahe und war jahrelang durch Ägypten und den Orient gereist, wahrscheinlich auch bis nach *Indien*, von wo er sein eigenes System der Reinkarnationslehre mitbrachte, wonach die Seele des Menschen in einem endlosen Kreislauf auch wieder in Tieren, Pflanzen und Mineralien verkörpert werden kann. In der «Kleinen Weltgeschichte der Philosophie» (1969) von *Hans Joachim Störig* heißt es über diese Lehre des Pythagoras:

> Mit der Zahlenlehre sind bei Pythagoras tiefreligiöse und mystische Ideen von wahrscheinlich orientalischem Ursprung verbunden, insbesondere ein dem indischen eng verwandter Seelenwanderungsglaube. Danach durchläuft die unsterb-

> liche Menschenseele einen langen Läuterungsprozess durch immer erneute Wiederverkörperungen, die auch in Tiergestalt erfolgen können. Dementsprechend findet sich wie in Indien das Gebot, kein Tier zu töten oder zu opfern und kein Fleisch zu sich zu nehmen. Da es als das Ziel des Lebens angesehen wird, die Seele durch Reinheit und Frömmigkeit vom Kreislauf der Wiedergeburten zu erlösen, zeigt auch die pythagoreische Ethik der indischen verwandte Züge: Selbstdisziplin, Genügsamkeit, Enthaltsamkeit werden gefordert. (Band 1, S. 129)

Und der Basler Kulturhistoriker *Jacob Burckhardt* (1818-1897) schreibt in seinem Standardwerk «Kulturgeschichte Griechenlands» (postum 1898-1920):

> Gerade das Wundersame an Pythagoras stammt aus relativ alten Quellen: Es gab eine alte, angeblich von ihm selbst verfaßte Schrift, in der er von einer Fahrt in den Hades erzählte und wahrscheinlich auch von sich behauptete, er entsinne sich vier früherer Menschwerdungen, indem er bereits als Äthalidas, Euphorbos [ein im Kampfe gegen Menelaos getöteter Trojaner], Hermotimos und Pyrrhos [ein Fischer auf der Insel Delos] gelebt habe...
>
> Ob Pythagoras auch nach Babylon gekommen ist, lassen wir dahingestellt; es liegt eigentlich kein triftiger Grund vor, es in Zweifel zu ziehen, und irgendeine Berührung mit Indien wird man ja doch anzunehmen haben; seine Metempsychose hat eher etwas Indisches als Ägyptisches. (im Kapitel «Der Bruch mit dem Mythus»)

Pythagoras selbst sagt in einer «Metamorphose» des römischen Dichters *Ovid*:

> Nimmer vergehet die Seele, vielmehr die frühere Wohnung
> Tauscht sie mit neuem Sitz und lebt und wirket in diesem.
> Alles wechselt, doch nichts geht unter.

Über Pythagoras' Überzeugung von der Reinkarnation lesen wir auch bei *Karl Nils Nicolaus*, der in «Magie des Gedächtnisses» (1942) schreibt:

> Ich las von Pythagoras. Der Gott Hermes zeugte mit einem sterblichen Weibe den Aithalides. Diesem gaben die Götter einen Wunsch frei. Er wünschte sich, auch über den Tod hinaus sein Gedächtnis zu bewahren, so daß in jedem künftigen Leben, dem er nach dem Gesetz der Seelenwanderung unterworfen sei, die Erinnerung an alle vorhergehenden in ihm wohnen bleibe. Pythagoras behauptet nun, die Seele dieses Aithalides sei, nach mancherlei Zwischenstationen, auf ihn übergegangen. Dieser Glaube war in ihm ganz lebendig und gegenwärtig. Er rechnete sich zu denen, die «die Götter noch selbst gesehen haben». Und als er einst in einer Waffenhalle stand, erkannte er unter Tränen dort einen Schild wieder, mit dem er selbst vor vielen, vielen Jahrhunderten als Euphorbos bei Troja gefochten hatte.

Pythagoras' Lehre der «Allbeseelung», das heißt der Einheit alles Lebendigen, schlug sich auch in seinem praktischen Leben und seiner freundlichen und gütigen Verhaltensweise gegenüber Menschen, Tieren und Pflanzen nieder. Tatsächlich wird berichtet, er sei sogar durch seine (damals außergewöhnliche) Achtung vor

Sklaven und seine Hochschätzung der Frauen aufgefallen. Außerdem ernährte er sich strikt vegetarisch, da er überzeugt war, daß es nicht im Recht des Menschen stünde, Tiere zu schlachten oder zu verspeisen.

Empedokles.
Ein inniger Verehrer und Nachfolger des Pythagoras war der aus Sizilien stammende Arzt, Naturphilosoph und Prophet *Empedokles* (um 483-423 v.u.Z.), der zahlreiche poetische Lehrgedichte zum Thema der Seelenwanderung verfaßte. In seinen Fragmenten heißt es beispielsweise: «Denn ich wurde bereits einmal Knabe, Mädchen, Pflanze, Vogel und flutentauchender stummer Fisch.» «Es gibt kein Entstehen aus nichts, kein Vergehen in nichts.»

Sokrates

Leben und Lehren des Sokrates.
Der große Athener Philosoph Sokrates (470-399 v.u.Z.) ist noch heute durch seinen ehrlichen, doch verblüffenden Ausspruch berühmt: *Ich weiß, daß ich nichts weiß*. Verblüffend ist dieses Selbstzeugnis insbesondere deshalb, weil es in der gesamten damaligen griechischen Geisteswelt keinen einzigen Philosophen oder Gelehrten gab, der sich mit der Größe des Sokrates hätte messen können.

Sokrates selbst hinterließ keine schriftlichen Zeugnisse über seine Lehren; er pflegte sich einfach Tag für Tag auf den Straßen und Plätzen Athens zu bewegen und mit einer ansehnlichen Schar von Schülern allerlei philosophische Streitgespräche zu führen, um sie so zu unterweisen. Seine Methode bestand darin, daß er mit harmlosen Fragen begann, dann immer weiterfragte und nicht lockerließ, bis das Gespräch allmählich auf allgemeine philosophische Themen kam, wie: Was ist Tugend? Wie gewinnen wir Wahrheit? Welches ist die beste Staatsverfassung?

Durch sein öffentliches Lehren gewann er beim Volk zwar große Aufmerksamkeit und Anerkennung, machte sich jedoch in der Athener Regierung auch Feinde. Dies führte dazu, daß er schließlich wegen «Gottlosigkeit» vor Gericht zitiert wurde – eine Anklage, die keineswegs berechtigt war. Trotz seiner mutigen Verteidigungsrede, die uns in Platons Werken erhalten ist, wurde Sokrates zum Tode verurteilt und mußte, wie es der damals üblichen Hinrichtungsart entsprach, den Giftbecher trinken. Er verzichtete nicht nur darauf, um Gnade zu bitten, sondern lehnte auch die Flucht ab, zu der ihm die Möglichkeit geboten wurde.

Obwohl Sokrates keine eigenen Schriften verfaßte, gewinnen wir aus den Berichten anderer (hauptsächlich des Platon) dennoch einen recht umfassenden Überblick über seine Lehren. So ist beispielsweise bekannt, daß er die sophistische Idee, wonach alles, woran man selbst glaube, für einen die Wahrheit sei, aufs äußerste bekämpfte. Er widerlegte diesen Standpunkt, indem er demonstrierte, daß es eine *absolute Wahrheit* geben muß, die sich von der relativen Wahrheit unterscheidet, und daß diese absolute Wahrheit kategorisch von jedem Menschen anerkannt werden muß.

Einer seiner grundlegenden Leitsätze lautete: *gnoti seauton* – «Mensch, erkenne dich selbst!» Damit wird deutlich, daß es das zentrale Thema seiner philosophischen Suche darstellte, durch allmähliches Vortasten durch den Bereich der äußeren Welt letztlich das Mysterium des eigenen inneren Selbst zu ergründen. Soweit heute bekannt ist, hatte Sokrates dabei keinen Lehrer, der ihn in dieser Philosophie unterwiesen hätte; vielmehr bezeichnete er selbst sich als «Autodidakten». In Platons «Phaidon» sagt Sokrates hierzu: «Ich wäre gerne jedermanns Schüler geworden, aber ich konnte von niemandem lernen.»

Man könnte Sokrates' Suche nach der Wahrheit mit dem Pfad des *Sāṅkhya* vergleichen, einer der sechs Hauptschulen der indischen Philosophie, die erstmals von dem berühmten Weisen *Kapiladeva* systematisiert wurde (ausführlich beschrieben im *Śrīmad-Bhāgavatam*, 3. Canto, Kapitel 25-33)

Der Begriff Sāṅkhya (Sanskrit, wörtlich: «Zählen, Aufzählung, Analyse») bezeichnet die wissenschaftlich-philosophische Analyse der Beschaffenheit der empirischen Welt sowie ihrer Elemente und Gesetzmäßigkeiten. Die Sāṅkhya-Philosophie gründet auf dem Prinzip der Dualität und bedient sich der Methode des sogenannten *Neti-neti* (wörtlich: «nicht dieses, nicht jenes»), um durch Untersuchung sämtlicher Phänomene der materiellen Welt letztlich in den Bereich der immateriellen Wahrheit vorzudringen. Sie umfaßt also sowohl die Physik als auch die Metaphysik.

Sokrates wurde von Śrīla Prabhupāda als *Muni* (Sanskrit, wörtlich: «großer Denker») bezeichnet, der «in seiner Suche nach Wissen jedoch leider auf sich selbst gestellt blieb»:

> Es ist bedauernswert, daß er in einer Gesellschaft lebte, in der er nicht unabhängig denken konnte. Deshalb mußte er sterben. In diesem Sinne war Sokrates ein *Mahātmā* [eine «große Seele»], denn obwohl er in einer nicht gerade hochentwickelten Gesellschaft lebte, war er ein großer Philosoph. (aus: «Dialectic Spiritualism», postum 1985, S. 21)

Platon

Das Leben des Platon.
Der herausragendste Schüler des Sokrates war der Athener Philosoph *Platon* (427-347 v.u.Z.), dessen philosophisches System wohl die markantesten Ähnlichkeiten mit der vedischen Philosophie aufweist und auch eine ausführliche Reinkarnationslehre beinhaltet. Sein Werk gilt denn in der Geschichte der Philosophie auch als das erste umfassende und weitverzweigte philosophische Denken der abendländischen Kultur.

Unter dem Eindruck der erschütternden Verurteilung und Hinrichtung seines Meisters Sokrates kehrte Platon im Alter von rund 28 Jahren zunächst seiner Vaterstadt den Rücken und begab sich auf ausgedehnte Reisen, die ihn nach Unteritalien und Sizilien führten (wo er die Schule des Pythagoras kennenlernte und studierte), aber auch nach Ägypten und höchstwahrscheinlich sogar bis nach Indien. «Vielleicht drang er auch weiter in den Orient vor und lernte die Weisheit der Inder kennen – manches in seinem Werk spricht dafür.» (Störig, S. 155)

Im Jahre 387 v.u.Z., also mit vierzig Jahren, eröffnete Platon in Athen eine Schule, die nach seinem Tode als «Platonische Akademie» noch jahrhundertelang bestehen sollte. Dort unterrichtete er unentgeltlich einen stetig anwachsenden Kreis von Schülern, bis er im Alter von 80 Jahren verschied.

Platons Schriften und Lehren.

Obwohl Platon, wie schon sein Meister Sokrates, den Schwerpunkt seines Wirkens auf die mündliche Lehrtätigkeit legte, hinterließ er doch (im Gegensatz zu Sokrates) eine Anzahl von Schriften, die fast alle die Form von Dialogen besitzen. Meist ist dabei Sokrates die beherrschende Gestalt, der die Dialoge führt und auf diese Weise seine Schüler über seine philosophischen Anschauungen belehrt.

Zu den wichtigsten platonischen Dialogen zählt man heute 15 Werke, die nach der Reihenfolge ihrer Entstehung numeriert werden. Von diesen sind die folgenden für unser Thema der Reinkarnation von Bedeutung:

5) *Menon* – Über das Wesen der Erkenntnis als Wiedererinnerung
8) *Phaidon* – Über die Unsterblichkeit der Seele
9) *Politeia* – Der Staat (Platons Hauptwerk, dessen Niederschrift viele Jahre gedauert hat und das alle Gebiete der platonischen Philosophie umfaßt)
10) *Phaidros* – Dialog über Platons Ideenlehre und die «Dreiteilung der menschlichen Seele»

Da wir auf das philosophische Gesamtwerk Platons, so interessant es auch ist, hier nicht im einzelnen eingehen können, wollen wir in der Folge nur einige eindeutige Stellen anführen, die unsere Thematik beleuchten. Platon berichtet in seinen Werken immer wieder über seine (und Sokrates') Überzeugung von der Seelenwanderung. Zum Beispiel:

> Ich bin überzeugt, daß es wahrlich so etwas wie ein nächstes Leben gibt und daß die Lebenden aus dem Bereich der Toten kommen. (in: «Phaidon»)

> Weil nun die Seele unsterblich ist und oftmals geboren und alle Dinge, die hier und in der Unterwelt sind, geschaut hat, so gibt es nichts, was sie nicht in Erfahrung gebracht hätte, und so ist es nicht zu verwundern, daß sie imstande ist, sich der Tugend und alles anderen zu erinnern, was sie ja auch früher schon gewußt hat. (in: «Menon»)

> Wir haben die Erkenntnis, nachdem wir sie vor der Geburt empfangen haben, bei der Geburt verloren, gewinnen aber später durch den auf sie führenden Gebrauch unserer Sinne jene Erkenntnisse wieder, die wir früher einmal besaßen; dann ist doch wohl das, was wir Lernen nennen, nichts anderes als ein Wiedergewinnen uns schon zugehörigen Wissens. (in: «Phaidon», 20. Kapitel)

Was das in der Frage der Reinkarnation vieldiskutierte Thema der *fehlenden Erinnerungen* an vergangene Leben betrifft, so erklärt Platon dieses Phänomen mit dem «Trunk des Vergessens» (griech. *Lethe*), den die Seele vor der Wiedereinkörperung zu sich nehmen muß (in: «Politeia», 621a, sowie auch in «Phaidon», Kapitel 18ff.).

Dieser Gedanke der *Lethe* wird später immer wieder aufgegriffen, so beispielsweise vom römischen Dichter *Vergil* (70-19 v.u.Z.). In seinem «Lied vom Helden Aeneas» sagt Anchises:

> Die Seelen, die, göttlicher Weisung fügsam, erneut sich verkörpern, trinken vom Wasser der Lethe, schlürfen mit ihm Vergessenheit ein und Freiheit von Sorgen. (VI, 713-15)

Wichtig bei Platon ist, daß er in dem Kreislauf von Geburt und Tod nicht etwa eine endlose Strafe sah, sondern eine willkommene Möglichkeit, daß sich die Seele allmählich erhebe und vervollkommne:

> Wenn wir, wie ich es lehre, an die Unsterblichkeit der Seele und an ihre Kraft glauben, alles Böse und Gute, das sie trifft, zu überdauern, so werden wir für immer an dem Wege nach oben festhalten und werden all unser Streben der Gerechtigkeit und der Vernunft widmen. (in: «Politeia», 621c)

Das Höhlengleichnis.

Eine der berühmtesten Stellen in Platons Schriften bildet die als «Höhlengleichnis» bekannte Unterweisung über seine *Ideenlehre* (in: «Politeia», 514a ff.):

> [Sokrates spricht:] «Stelle dir Menschen in einer unterirdischen höhlenartigen Behausung vor, die einen aufwärts gegen das Licht geöffneten Zugang hat. In dieser sind sie von Kindheit an gefesselt, so daß sie auf demselben Fleck bleiben und den Kopf herumzudrehen wegen der Fessel nicht imstande sind. Licht aber haben sie von einem Feuer, welches von oben und von ferne her hinter ihnen brennt. Zwischen dem Feuer und den Gefangenen geht obenher ein Weg, längs diesem stelle dir eine Mauer aufgeführt vor. Längs dieser Mauer tragen Menschen allerlei Gefäße, die über die Mauer emporragen. Einige, wie natürlich, reden dabei, andere schweigen.»
>
> «Ein gar wunderliches Bild», sprach er, «stellst du dar und wunderliche Gefangene.»
>
> «Die aber uns gleichen», entgegnete ich. «Denn fürs erste, meinst du wohl, daß dergleichen Menschen von sich selbst und voneinander etwas anderes zu sehen bekommen als die Schatten, welche das Feuer auf die ihnen gegenüberliegende Wand der Höhle wirft? Und wie steht es mit den vorbeigetragenen Gegenständen? Nicht ebenso? Wenn sie nun miteinander reden könnten, meinst du nicht, sie würden glauben, das, was sie sehen und mit Worten bezeichnen, sei dasselbe wie das, was vorübergetragen wird? Und wie, wenn ihr Kerker auch einen Widerhall hätte von drüben her, meinst du, wenn einer von den Vorübergehenden spräche, sie würden denken, etwas anderes rede als der eben vorübergehende Schatten?
>
> Nun stelle dir vor, es werde einer befreit und genötigt, plötzlich aufzustehen, den Hals umzuwenden, zu gehen und nach dem Licht hinzublicken, und dies

> alles täte ihm weh, und er wäre wegen des Flimmerns nicht imstande, die Gegenstände zu sehen, deren Schatten er vorher gesehen hatte. Was glaubst du, daß er sagen würde, wenn man ihm versicherte, damals habe er lauter Nichtigkeiten gesehen, jetzt aber sei er dem Seienden näher, stehe vor Dingen, denen ein Sein in höherem Grade zukomme, und sehe daher richtiger? Und wenn man ihn gar in das Licht selbst zu sehen nötigte, würden ihm dann nicht die Augen schmerzen, und er würde fliehen und zu jenen Dingen zurückkehren, die er anzusehen imstande ist, fest überzeugt, diese seien in der Tat viel wirklicher als das, was man ihm zuletzt gezeigt hatte?» (Nacherzählung von Hans Joachim Störig, S. 162)

Dieses zwar kompliziert entworfene, doch höchst anschauliche und treffende Höhlengleichnis wurde im Verlaufe der letzten zwei Jahrtausende immer wieder und auf mannigfaltige Art und Weise gedeutet und erklärt. Vom Standpunkt der vedischen Philosophie aus ließe es sich wie folgt verstehen:

Dem Leben im «Höhlengefängnis» und in der «Welt der Schatten» gleicht unser Dasein innerhalb der *materiellen Welt*. Die in einem materiellen Körper «gefangene» spirituelle Seele ist aufgrund ihrer begrenzten und trügerischen Sinne nur imstande, den «Schatten» der wirklichen Dinge wahrzunehmen. Über das eigentliche Sein dieser wirklichen Dinge hat sie entweder keine Ahnung, oder aber sie ist gezwungen, darüber zu spekulieren, da ihr die direkten Erfahrungen mit der Wirklichkeit fehlen.

Auf der anderen Seite steht das, was Platon als die «Welt der Ideen» bezeichnet. Diese Ideenwelt ist ein Gleichnis für die *spirituelle Welt*, die eigentliche Herkunft und Heimat der Seele. Nach Platon sind die «Ideen» (griech. *eidos* oder *idea*, wörtlich «Bild») jedoch nicht etwa bloße allgemeine Begriffe, die unser Denken sich bildet. Sie haben durchaus Realität, ja sie haben sogar, wie das Höhlengleichnis zeigt, die einzig wahre Realität.

Den «Ideen» oder «wahren Dingen» wohnt aber nicht nur Realität inne, also Wirklichkeit und Existenz, sondern sie sind auch ewig und unzerstörbar, während die trügerischen Dinge der materiellen Welt vergänglich sind. Darüber hinaus besitzen sie auch die Eigenschaften der «Schönheit», der «Erkenntnis», der «Tugend», des «Glücks».

Diese Beschreibung weist derart deutliche Parallelen zu den in der vedischen Philosophie verwendeten Bildern auf, daß sie unsere Vermutung bestärkt, Platon hätte sich in jungen Jahren intensiv mit der Weisheit der Inder beschäftigt, sei wahrscheinlich sogar nach Indien gereist. In der Tat findet sich exakt das gleiche Bild der «Welt der Schatten» in der bereits erwähnten uralten Sanskritschrift *Brahma-saṁhitā*. Dort wird die vergängliche materielle Welt als «Schattenwelt» beschrieben, die fortwährend immer wieder neu geschaffen wird, eine Zeitlang erhalten bleibt und dann wieder vernichtet wird, um nach einer gewissen Zeit aufs neue erschaffen zu werden. Das Sanskritwort, das an jener Stelle (5.44) zur Beschreibung der materiellen Welt verwendet wird, ist *Chāya*, «Schatten».

Das sowohl von Platon als auch von den Veden beschriebene Hinaufsteigen des «Befreiten» und der Anblick der wirklichen Dinge oben, außerhalb der Höhle, stehen symbolisch für den Aufschwung der Seele in die spirituelle Atmosphäre.

Diese spirituelle Welt besitzt nach Aussage der Veden insbesondere drei Eigenschaften, die sie grundlegend von der materiellen Schattenwelt unterscheiden, welche ihrerseits gleichsam eine verzerrte, umgedrehte Widerspiegelung der wirklichen Welt darstellt.

Die drei Eigenschaften des Spirituellen sind:
1. *Sat* (Unvergänglichkeit, Ewigkeit)
2. *Cit* (Wissen, Erkenntnis)
3. *Ānanda* (immerwährende Glückseligkeit)

Entsprechend sind die drei Eigenschaften des Materiellen:
1. *Asat* (Vergänglichkeit, Unbeständigkeit)
2. *Acit* (Unwissenheit, Illusion)
3. *Nirānanda* (Leid)

Der angestrebte Aufschwung hin zum Höheren, zum Inneren, zum Göttlichen, ist denn auch das kennzeichnende Merkmal und das eigentliche Ziel sowohl der platonischen Lehren als auch der vedischen. *Tamasi mā jyotir gama* – so lautet die Aufforderung der Veden: «Erhebe dich aus der Dunkelheit der Unwissenheit und wende deinen Blick dem Licht der Wahrheit zu!» Oder wie es die *Bhagavad-gītā* ausdrückt:

> Wenn aber jemand mit dem Licht des Wissens erleuchtet ist, durch das die Dunkelheit der Unwissenheit zerstört wird, dann enthüllt sein Wissen alles, ebenso wie die Sonne am Tage alles erleuchtet. (Bg. 5.16)

Über dieses erhabene «transzendentale Wissen» sagt die bilderreiche Sprache der *Bhagavad-gītā*:

> Wenn du von einer selbstverwirklichten Seele wahres Wissen empfangen hast, wirst du nie wieder in die Illusion des materiellen Lebens fallen, denn durch dieses Wissen wirst du sehen, daß alle Lebewesen nichts anderes als Teile des Höchsten sind oder, mit anderen Worten, daß sie Mein (Gottes) sind.
>
> Du magst sogar der sündigste aller Sünder sein, doch wenn du dich im Boot des transzendentalen Wissens befindest, wirst du fähig sein, den Ozean der Leiden zu überqueren. So wie ein loderndes Feuer Brennholz zu Asche verwandelt, so verbrennt das Feuer des Wissens alle Reaktionen auf materielle Tätigkeiten (Karma) zu Asche.
>
> In dieser Welt gibt es nichts, was so erhaben und rein ist wie transzendentales Wissen. Solches Wissen ist die reife Frucht aller Mystik, und wer auf dem Pfad des hingebungsvollen Dienstes (Bhakti-yoga) fortgeschritten ist, genießt dieses Wissen schon bald in sich selbst.
>
> Ein gläubiger Mensch, der sich dem transzendentalen Wissen gewidmet hat und der seine Sinne unter Kontrolle hat, ist befähigt, solches Wissen zu erlangen, und wenn er es erlangt hat, erreicht er sehr schnell den höchsten spirituellen Frieden. (Bg. 4.35-39)

Diese Beschreibung der *Bhagavad-gītā* entspricht auffallend genau dem, was später griechische Philosophen wie Sokrates oder Platon in ihren Gesprächen und Unterweisungen immer wieder nachdrücklich von ihren Schülern forderten: das unbedingte Streben nach Wissen und Erkenntnis jener Wirklichkeit, die jenseits der schattenhaften Illusion unseres gegenwärtigen bedingten Daseins liegt und die allein uns letztlich zu wahrem Frieden und zu wahrer Freiheit führen kann. Denn wer nicht bewußt nach dieser Erkenntnis strebt, wird weiterhin genötigt sein, in dem leidvollen Höhlengefängnis des materiellen Daseins zu verbleiben und, wie Platon es ausdrückt, Leben nach Leben «zu jenen Dingen zurückkehren, die er anzusehen imstande ist, fest überzeugt, diese seien in der Tat viel wirklicher als das, was man ihm oben gezeigt hatte.» Auf diese Gefahr weist auch die *Bhagavad-gītā* mit den folgenden deutlichen Worten hin:

> Unwissende und ungläubige Menschen aber, die an den offenbarten Schriften zweifeln, erreichen kein Gottesbewußtsein; sie kommen zu Fall. Für die zweifelnde Seele gibt es Glück weder in dieser Welt noch in der nächsten. Daher sollten die Zweifel, die in deinem Herzen aus Unwissenheit entstanden sind, mit der Waffe des Wissens zerschlagen werden. (Bg. 4.40 + 42)

Parallelen zwischen Platon und den Veden.
Weitere augenscheinliche Parallelen zwischen Platon und der vedischen Philosophie bestehen auch in dessen *Anthropologie* und *Ethik*. So ist nach Platon die menschliche Existenz dreigeteilt in:

1. Die Fähigkeit der Seele, nach Vernunft und Erkenntnis zu streben (hat ihren Sitz im Kopf)
2. Der Wille, das Gefühl (mit Sitz in der Brust)
3. Die animalische Begierde (mit Sitz im Unterleib)

Während der Wille und die Begierde an den vergänglichen Leib gebunden sind, ist die reflektierende Seele der einzig unsterbliche Bestandteil des Menschen. Abgesehen von dem Detail, daß gemäß der vedischen Lehre die Seele nicht im Kopf, sondern im Herzen situiert ist, fällt hier die Ähnlichkeit mit der in den Veden beschriebenen dreifachen Gliederung des Menschen in spirituelle Seele, feinstofflicher Körper (Gedanken, Gefühle, Wille) und grobstofflicher Körper (physische Begehren) auf.

Auf die Frage, wie nun die Wanderung der Seele durch verschiedene Inkarnationen innerhalb der vergänglichen Welt beschaffen ist, erklärt Platon, daß die reine Seele aufgrund egoistischer Begierden zunächst von der Ebene der absoluten Realität herunterfällt und dann einen materiellen Körper annimmt. Zuerst wird die so gefallene Seele in menschlichen Formen geboren, von denen die höchste die des *Philosophen* ist, der nach höherem Wissen strebt. Wenn dieses Wissen vollkommen wird, kann der Philosoph zu seiner ewigen Existenz zurückkehren. Wenn er sich aber hoffnungslos in materielle Wünsche verstrickt, fällt er in das Reich der Tiere hinab. Dafür gibt Platon die folgenden Beispiele: Schlemmer und Trunkenbolde werden Esel, gewalttätige und ungerechte Menschen werden Wölfe oder Schweine, und Befolger der gesellschaftlichen Konventionen werden Bienen oder Ameisen. Nach einiger Zeit erreicht die Seele dann wieder die menschliche Lebensform und bekommt eine weitere Chance, Befreiung von dem Kreislauf der Reinkarnation zu erlangen und das letztliche Ziel des menschlichen Daseins zu erreichen, nämlich durch Erhebung in die «übersinnliche Welt» in den Besitz des «höchsten Guten» *(summum bonum)* zu kommen.

Der materielle Körper und die mit ihm verbundene Sinnlichkeit sind gemäß Platon die Fesseln, die den Menschen an dieser Befreiung hindern. Seine kürzeste Formel dafür lautet: *soma, sema* – «der Leib (ist) das Grab (der Seele)».

Der ideale Staat.
Erwähnenswert ist des weiteren, daß auch in bezug auf den von Platon in umfangreichen Schriften beschriebenen «idealen Staat» unübersehbare Parallelen zu der in den Veden als *Varṇāśrama-dharma* bezeichneten idealen Staatsform bestehen. Hier findet sich wohl der eindeutigste Hinweis dafür, daß Platon mit der vedischen Kultur und Gesellschaft vertraut war und daraus fundamentale Elemente in sein eigenes Lehrgebäude aufgenommen hat. *H.J. Störig* schreibt:

> Wie im Einzelmenschen Begierde, Wille, Vernunft bestehen und die Gerechtigkeit darin liegt, daß diese drei in das richtige Verhältnis kommen, so bestehen im staatlichen Leben von Natur aus drei verschiedene Aufgaben: Ernährung und Erwerb als Grundlage, Verteidigung nach außen, Leitung durch Vernunft. Dem entsprechen die drei natürlichen Stände: die Gewerbetreibenden, die (wie Platon sie nennt) «Wächter» oder Krieger, und die Herrschenden; und die Gerechtigkeit besteht auch hier im großen darin, daß die drei, unter der Vernunft, in den rechten Einklang gebracht werden. (S. 168f.)

Diese drei Stände decken sich mit den ersten drei der vier *Varṇas* (Stände) des vedischen Varṇāśrama-Systems:

• 1. *Brāhmaṇas* – die Gelehrten und Weisen, die der gesamten Gesellschaft nicht direkte politische, sondern vielmehr intellektuelle Führung geben und die daher von Platon zu Recht als die eigentlichen «Herrschenden» bezeichnet werden. An einer anderen Stelle nennt Platon sie die «Philosophenkönige», die alle Weisheit, Tugend und Macht in sich vereinen. Sie handeln als Lehrer, Minister, Ratgeber, Priester usw. innerhalb des sozialen Körpers.

• 2. *Kṣatriyas* – die «Wächter» oder «Beschützer» (so die wörtliche Übersetzung des Sanskritwortes) der Gesellschaft, die jedoch in ihren politischen Entscheidungen von der Einwilligung der Brāhmaṇas abhängig sind. Ihnen obliegen die Aufgaben der äußeren und inneren Verteidigung (Militär, Polizei) sowie der Administration der Staatsgeschäfte.

• 3. *Vaiśyas* – die Gewerbetreibenden mit teilweise beträchtlichem Privateigentum, die jedoch keinen politischen Einfluß besitzen. Zu ihnen gehören die Geschäftsleute und Unternehmer sowie auch die Bauern, die für die Erzeugung ausreichender Mengen von Nahrungsmitteln für sämtliche Mitglieder der Gesellschaft zuständig sind.

- 4. *Śūdras* – die Mehrzahl der Arbeiter und Handwerker, deren bedeutender Beitrag in jeder Gesellschaft derart grundlegend und selbstverständlich ist, daß Platon sie nicht einmal gesondert aufzuzählen brauchte.

Sowohl in Platons «Politeia» (woher übrigens auch unser Wort «Politik» stammt) als auch in der vedischen Varṇāśrama-Schule herrscht als wichtiges Grundprinzip eine zentrale *Gleichheit der Chancen*, das heißt, alle Kinder erhalten, ungeachtet ihres sozialen Hintergrunds, die gleichen Ausbildungsmöglichkeiten. Erst im späteren Verlaufe ihrer Erziehung werden aufgrund der individuellen Fähigkeiten und Begabungen Ausscheidungen und definitive Zuordnungen zu einem der gesellschaftlichen Stände vorgenommen.

Die Brāhmaṇas erhalten dabei die längste und anspruchsvollste Ausbildung, und von ihnen wird verlangt, daß sie alle guten Tugenden und charakterlichen Vorzüge aufweisen, bevor man ihnen ihre verantwortliche Stellung innerhalb der Gesellschaft anvertraut. Platon nennt sein System daher auch eine «Herrschaft der Besten», wobei für diese unter anderem die Vorschrift gilt:

> Vor allen Dingen soll keiner von ihnen Eigentum besitzen, soweit es irgend zu vermeiden ist; sie dürfen auch kein eigenes Haus haben mit Schloß und Riegel, das jemandem, der die Absicht hätte einzutreten, den Eintritt verwehren würde... Wir werden ihnen sagen, sie hätten genug Silber und Gold von Gott erhalten, das göttliche Metall läge in ihnen, sie benötigten daher nicht auch noch irdisches Gold. Es soll ihnen nicht erlaubt sein, jenen Besitz durch Beimischung von irdischem Gold zu entweihen.

Platon führt weiter aus: Würden nämlich die herrschenden Philosophen und Lehrer beginnen, Gold anzusammeln und ihre eigenen Ländereien und Häuser zu besitzen, so würden sie auch beginnen, andere zu beneiden, zu belauern und zu hassen, und so innerhalb kürzester Zeit selbst zu Gegenständen des Hasses und der Belauerung werden. Dann wäre es nur noch eine Frage der Zeit, bis das ideale Staatsgefüge zusammenbrechen würde. Auch in den Veden wird dieses Phänomen der Korruption der führenden Gesellschaftsschicht eingehend erörtert und verurteilt. Die *Bhagavad-gītā* gibt folgende neun Eigenschaften und Qualifikationen an, die von einem Brāhmaṇa gefordert werden:

> Friedfertigkeit, Selbstbeherrschung, Entsagung, Reinheit, Duldsamkeit, Ehrlichkeit, Wissen, Weisheit und Religiosität sind die natürlichen Eigenschaften, die die Handlungsweise der Brāhmaṇas bestimmen. (Bg. 18.42)

Es ist natürlich schwierig, an dieser Stelle die zahlreichen weiteren Parallelen oder auch die Unterschiede zwischen Platons Vorstellungen des «idealen Staates» und der vedischen Varṇāśrama-Gesellschaft in der erforderlichen Ausführlichkeit zu behandeln, da wir nicht voraussetzen können, daß alle unsere Leser mit den Grundlagen des Varṇāśrama vertraut sind. Und diese gebührend darzulegen, würde uns gewiß zu weit von der Thematik des vorliegenden Buches abbringen.

Daher möchten wir unsere Leser an dieser Stelle auf ein höchst aufschlußreiches Werk hinweisen, das zu den tiefgehendsten sozialpolitischen Büchern der Gegenwart gehört: das «Varṇāśrama-Manifest der sozialen Vernunft» (1981) von *Harikeśa Swami*, unserem spirituellen Meister. Das «Varṇāśrama-Manifest» vermittelt uns eine völlig neue Betrachtungsweise der heutigen gesellschaftlichen Probleme im Lichte des vedischen Wissens. Harikeśa Swami stellt auf überzeugende Weise die gegenwärtigen politischen und wirtschaftlichen Ziele, die die meisten von uns stillschweigend akzeptieren, grundlegend in Frage und weist uns darauf hin, daß im Fundament der modernen Gesellschaftsordnungen ein tiefer, aber verborgener Riß klafft. Nebst einer ernüchternden Analyse der modernen Gesellschaftsordnungen legt er jedoch auch einen alternativen Entwurf zur Neugestaltung der menschlichen Gesellschaft vor, der auf den vedischen Prinzipien des Varṇāśrama-Gesellschaftssystems gründet, allerdings übersetzt in die aktuelle Problematik des ausgehenden 20. Jahrhunderts. Harikeśa Swami schreibt zum Beispiel:

> Die heutigen Gesellschaftssysteme sind von Kṣatriya- und Vaiśya-spezifischen Eigenschaften beherrscht. Anstelle der intelligenten Führung der Gesellschaft durch qualifizierte Brāhmaṇas bestimmen militärische Macht und wirtschaftlicher Opportunismus den Verlauf der menschlichen Entwicklung. Die gesamte Gesellschaftsordnung richtet sich so stark nach den Bedürfnissen der Konsumwirtschaft und des Militärs, daß diejenigen, die als Brāhmaṇas handeln und die Gesellschaft leiten sollten, als Sklaven den Launen dieses militärisch-wirtschaftlichen Systems ausgeliefert sind.
>
> Heute benutzen die intelligenten Köpfe ihre Gehirne nur noch dazu, immer neue Konsumgüter zur Erhöhung des Sinnengenusses und immer bessere Technologien zur Steigerung der militärischen Schlagkraft zu erfinden. Ihr Erziehungsziel für die allgemeine Bevölkerung besteht darin, möglichst viele Leute in die Lage zu versetzen, daß sie sich bequem all die zahllosen Güter und Dienste leisten können, mit denen die Wirtschaftsbosse sie so eifrig versorgen wollen. Die Forschungslaboratorien, Bildungsinstitutionen und Massenmedien haben den Verstand der heutigen Gelehrten gekauft, um mit deren Hilfe die unersättliche Gier nach wirtschaftlicher Entwicklung und Sinnenbefriedigung zu füttern.
>
> Obwohl die militärische Macht und der wirtschaftliche Opportunismus der Gesellschaft den Ausbau der Fähigkeiten ermöglichten, die materielle Welt zu kontrollieren und zu genießen, haben diese Prinzipien auch unzumutbare soziale Störungen verursacht. Das gesteigerte Zerstörungspotential der militärisch-technischen Giganten hat die Menschheit an den Rand der globalen Vernichtung geführt, und die Politik des uneingeschränkten Sinnengenusses hat uns bereits individuellen und sozialen Ruin gebracht.
>
> Die Ursache dieser äußerst mißlichen Lage ist das absolute Fehlen brahmanischer Leitung durch Männer, die sich nicht von den Verlockungen und Intrigen der materiell mächtigen Menschen beeinflussen lassen... Da die modernen Intellektuellen nicht die Eigenschaften von Brāhmaṇas besitzen, lassen sie sich gerne von anderen einstellen, denn sie verstehen ihre Intelligenz nur als ein Mittel, sich selbst und ihre Familien zu erhalten. Obwohl sie dank ihrer großen Intelligenz in der Lage wären, wunderbaren und nützlichen Dienst auszuführen, haben sich die heutigen Intellektuellen von der wirtschaftlich-militärischen Machtstruktur überwältigen lassen und ihr Wissen und ihre Intelligenz tierischen Zielen verkauft. (S. 107f.)

Der Einfluß Platons auf die europäische Geistesgeschichte.
Platons Werk stellt den unbestrittenen Höhepunkt der griechischen Philosophie dar; alle vorangegangenen Lehren wurden von ihm systematisiert und zu ihrer Vollendung gebracht. Die platonische Philosophie übte in den folgenden Jahrtausenden auf das abendländische Denken einen nachhaltigen Einfluß aus: Sie wurde zunächst von den Vertretern des *Neuplatonismus* aufgegriffen – eine Richtung, die mehrere Jahrhunderte lang das vorherrschende System der Spätantike war. Zu Beginn der Neuzeit, angefangen mit der *Renaissance*, wurde ihr Wert erneut erkannt, und auch in der Gegenwart hat sich das philosophische Interesse wieder ihr zugewandt. Wie dies insbesondere in bezug auf die Seelenwanderungs- oder Reinkarnationslehre Gültigkeit besitzt, wird im weiteren Verlauf dieses Kapitels deutlich werden.

Der Neuplatonismus

Mit dem Begriff Neuplatonismus bezeichnet die Philosophiegeschichte eine philosophische Schule zur Zeit der ausgehenden Antike und des beginnenden Aufstiegs des Christentums, die sich, wie bereits ihr Name besagt, bewußt an den Lehren Platons orientierte und im Kampf sowohl gegen das Christentum als auch gegen die Schule der Aristoteliker (nach *Aristoteles* 384-322 v.u.Z.) stand. Die Wirksamkeit dieses Systems erstreckte sich vom 2. bis 6. Jahrhundert.

Begründet wurde der Neuplatonismus im Jahre 193 durch *Ammonius Sakkas* aus Alexandria (175-242), der insbesondere zwei herausragende Schüler hatte: den frühchristlichen Universalgelehrten *Origenes* (184-254), auf den wir im folgenden Kapitel, «Reinkarnation im Christentum», noch ausführlich zu sprechen kommen werden, sowie auch den Alexandriner *Plotin* (204-270), der schon früh nach Rom reiste und dort bis zu seinem Tode eine eigene Schule leitete.

Über Plotin, der als der bedeutendste Neuplatoniker gilt, finden wir beim Hl. Augustinus (354-430) die folgende bemerkenswerte Aussage:

> Die Botschaft Platons, des reinsten und in der Philosophie höchst erleuchteten, hat schließlich die Finsternis der Irrungen zerstreut und ist hauptsächlich in Plotin aufgeleuchtet, einem Platoniker, den man ihm [Platon] für so ähnlich hielt, daß man denken könnte, sie hätten zusammen gelebt, oder – da eine lange Zeitspanne sie trennt – Platon sei in Plotin wieder lebendig geworden. (in: «Contra Academicos», 386)

Plotin verfaßte insgesamt 54 Schriften, die in sechs «Enneaden» zu je neun Texten herausgegeben wurden. Seine Lehre besagt, daß alle Seelen ewige Teile Gottes sind, die als «Emanationen» von Ihm ausstrahlen:

> Wie die Sonne Wärme ausstrahlt, ohne dadurch von ihrer Substanz etwas zu verlieren, so strahlt das höchste Wesen, als einen Abglanz oder Schatten seiner selbst gleichsam, alle Seelen und alles Bestehende aus.

Auffallend bei diesem Vergleich ist die Parallele zum folgenden Vers aus dem vedischen *Viṣṇu Purāṇa* (1.22.53):

> Genau wie sich der Schein des Feuers (der Sonne), das sich an einem Ort befindet, überallhin ausbreitet, so sind die Energien Gottes [zu denen auch die Seelen gehören] über das ganze Universum verteilt.

Diese ewigen Bestandteile Gottes, die individuellen Seelen, haben sich, so lehrte Plotin weiter, jedoch freiwillig von Gott abgewendet, worauf sie von der spirituellen Sphäre in die materielle Welt herunterfielen, wo sie nunmehr dem Kreislauf der Wiedergeburten unterworfen sind. Plotin analysiert diesen Abfall der Seelen in den Einleitungssätzen zu seiner fünften Enneade:

> Was war es doch, was die Seelen veranlaßte, Gottes, ihres Vaters, zu vergessen und ihn, an dem sie Anteil haben und dem sie ganz angehören, und mit ihm sich selbst nicht mehr zu kennen? – Der Anfang des Unheils für sie war die Überhebung und der Werdedrang und der erste Zwiespalt und der Wille, sich selber anzugehören. Und indem sie ihre Lust hatten an dieser Eigenmächtigkeit und sich immer mehr dem selbstischen Triebe hingaben, liefen sie den entgegengesetzten Weg, machten den Abfall immer größer und vergaßen, daß sie selbst von dorther stammen, Kindern vergleichbar, welche, früh ihrer Väter beraubt und lange entfernt von ihnen auferzogen, sich selbst und ihre Väter nicht mehr kennen.

Die sich auf diese Weise durch immer neue Inkarnationen bewegende Seele verglich Plotin mit einem Schauspieler, der verschiedene *Personas*, das heißt Masken oder «Persönlichkeiten», trägt und so fortwährend seine Rollen wechselt, während er im Innern stets dasselbe Individuum bleibt.

Auch Plotin war der Auffassung, daß die Seele eines Menschen, der sich nur in sinnlichen Tätigkeiten beschäftigt, durchaus in tierische oder sogar pflanzliche Lebensformen absinken könne: Jähzornige würden wilde Raubtiere, Lüsterne und Gierige würden entsprechend lüsterne und gefräßige Wesen, Faule würden Pflanzen.

Mit Sicherheit hat Plotin Kenntnis der Veden gehabt. Nach dem Bericht eines Schülers hat er sich sogar einem Feldzug gegen die Perser angeschlossen, und zwar mit dem ausdrücklichen Ziel, die persische und indische Philosophie näher kennenzulernen; der Feldzug scheiterte jedoch, und Plotin mußte erfolglos wieder umkehren. Dennoch weisen viele seiner Schriften eine unverkennbare Verwandtschaft mit den Lehren der *Bhagavad-gītā* auf, insbesondere mit deren Schlußfolgerung, *Bhakti-yoga* – liebender, hingebungsvoller Dienst zu Gott. *H.J. Störig* schreibt:

> Wir finden bei Plotin die mystische Lehre von der selbstvergessenen Hingabe, die unmittelbare Vereinigung mit dem Göttlichen ermöglicht. Solche Mystik war aller vorangegangenen griechischen Philosophie fremd. Sie ist dagegen der Grundstimmung der indischen Philosophie zutiefst wesensverwandt. (S. 206)

Das Ende der antiken Philosophie

Die Schule des Neuplatonismus bildete den Abschluß der alten «heidnischen» Philosophie, die von dem nun immer mehr zur Herrschaft kommenden Christentum aufs heftigste bekämpft wurde. Im Jahre 529 schloß der oströmische Kaiser Justinian die in Athen seit Platon bestehende *Platonische Akademie*, die über 900 Jahre (!) den Mittelpunkt des geistigen Griechenlands gebildet hatte, zog ihr Vermögen ein und verbot jeden weiteren Unterricht in griechischer Philosophie. Die sieben letzten Lehrer gingen daraufhin ins Exil.

Auch im Westen wurde der letzte Verkünder der Philosophie des Altertums, der römische Philosoph *Boethius* (geboren 480), im Jahre 525 aus politischen Gründen hingerichtet. Obwohl äußerlich Christ, war er im Innern dem Neuplatonismus zugetan und hatte die Absicht, Platon und Aristoteles durch Übersetzungen und Kommentare dem lateinischen Abendland bekannt zu machen. Seine im Kerker verfaßte Schrift «De consolatione philosophiae» («Vom Trost der Philosophie»), in der er den alten Glanz Griechenlands ein letztes Mal aufleuchten ließ, vermochte diese Absicht allerdings nicht mehr zu erfüllen. Eine neue Ära war angebrochen – die Ära des aufstrebenden Christentums.

Mit Anbruch der christlichen Ära fand auch die bis dahin offiziell anerkannte Lehre der Reinkarnation im Abendland ihr jähes Ende. Da wir in *Kapitel 6* des vorliegenden Buches auf diese «Beseitigung der Reinkarnation» durch neu etablierte *Dogmen* seitens der christlichen Kirche eingehen werden, möchten wir uns hier auf die kurze Darstellung jener Gruppierungen und einzelnen Denker beschränken, die in den kommenden Jahrhunderten trotz heftigen Widerstandes und teilweise unter Lebensgefahr an der Lehre der Seelenwanderung festhielten.

Die Gnosis.
Während die «offizielle» christliche Lehre, wie sie insbesondere von *Paulus* (um 10-64) verkündet und später an verschiedenen kirchlichen Konzilen festgelegt worden war, seit der Herrschaft Kaiser *Konstantins des Großen* (323-337) vom römischen Staate anerkannt wurde, bildeten sich innerhalb des Christentums mannigfaltige «inoffizielle» Gruppierungen. Da diese «häretischen» (ketzerischen) Gruppen für die nach Macht und Ansehen strebende Kirche sozusagen eine Gefahr von innen darstellten, wurden ihre Mitglieder verfolgt, ihre Lehren verurteilt und deren Ausbreitung mit verschiedensten Mitteln unterbunden.

Die am weitesten verbreitete und von dem damaligen Christentum am heftigsten bekämpfte dieser Bewegungen war die geheime Schule der *Gnosis* (griech., wörtlich «Erkenntnis»; verwandt mit dem gleichbedeutenden Sanskritwort *Jñāna*). Die gnostische Bewegung begann bereits um das Jahr 125, dauerte bis ins Mittelalter fort und umfaßte insgesamt über 70 einzelne Schulen. In ihr vermischten sich christliche Glaubenssätze mit verschiedenen altorientalischen Vorstellungen, vor allem persischen, syrischen und jüdischen (welche ihrerseits von indischen beeinflußt waren) sowie mit Einflüssen von Pythagoras, Platon und Plotin.

Die Gnosis wurde von der Kirche insbesondere wegen ihrer Lehre der Präexistenz der Seele und der Seelenwanderung bekämpft. Eine ihrer weiteren zentralen Fragestellungen war die Theodizee, das heißt die Rechtfertigung Gottes und der Herkunft und Bedeutung des Bösen in der Welt (die später vor allem von *Leibniz* aufgegriffen wurde). Als Lösung des Theodizee-Problems berief man sich auf die Erkenntnis *(gnosis)* statt auf den von der Kirche geforderten blinden Glauben. Die Gnostiker vertraten die Ansicht, daß der Mensch den weltumspannenden Kampf des Guten und des Bösen in sich schauen und erkennen sollte, um sich dann durch diese mystische Erkenntnis davon zu trennen und zum Göttlichen zurückzukehren. Diese Rückkehr zu Gott finde nicht in einem Leben statt, sondern erstrecke sich über viele Leben der allmählichen Läuterung hinweg.

Der Manichäismus.
Etwa zur gleichen Zeit wie die Gnosis entstand im Osten die durch den Perser *Mani* (215-273, lateinisch auch Manichaeus) begründete philosophische Richtung des *Manichäismus*. Mani selbst hatte lange Jahre in Indien zugebracht und die vedische Philosophie studiert, wurde aber nach seiner Rückkehr von der Kirche gekreuzigt. Dennoch hielten sich manichäische Gemeinden im Orient und in Nordafrika teilweise bis ins Mittelalter. So war beispielsweise auch der später bedeutende Kirchenvater *Augustinus* (354-430) ein Manichäer gewesen, bevor er sich im Jahre 387 zum Christentum bekehrte.

Die Lehren Manis waren nicht in erster Linie gegen das Christentum, sondern gegen das Judentum und die alte parsische Religion des *Zarathustra* (entstanden im 6. Jahrhundert v.u.Z.) gerichtet und stellten den Versuch einer Verbindung von persischen und indischen Lehren mit dem christlichen Gedankengut dar. Sie sind eng verwandt mit denen der Gnosis und fordern von ihren Anhängern strenge Askese, eine vegetarische Ernährungsweise und den Verzicht auf Geschlechtsgenuß.

Im Zentrum der manichäischen Philosophie steht wiederum der Reinkarnationsgedanke sowie die aus der persischen Religion entnommene Lehre zweier ewig nebeneinander bestehender Welten (Reiche): 1. *Das Reich des Lichts*, das der Herrschaft des göttlichen Vaters des Lichts untersteht und wo die ewigen Seelen beheimatet sind, und 2. *das Reich der Finsternis*, das vom Meister der Dunkelheit und seinen Dämonen beherrscht wird und woraus die physischen Körper der Lebewesen stammen. Jesus wird dabei als der aus dem Reiche des Lichts herabgestiegene Erlöser der Menschen betrachtet, der den Pfad nach Hause, in die Lichtwelt, aufgezeigt hat. Diesen Pfad jedoch muß jeder einzelne Mensch durch gottgefälliges Handeln selbst beschreiten, und zwar durch so viele Leben hindurch, wie für seine Läuterung erforderlich sind.

VIERTER TEIL: DAS MITTELALTER

Mit dem Begriff Mittelalter bezeichnet die Geschichtswissenschaft den Zeitraum zwischen dem antiken «Altertum» und der «Neuzeit», wobei Anfang und Ende des Mittelalters von verschiedenen Historikern unterschiedlich angesetzt werden. Um uns jedoch ein ungefähres Bild zu vermitteln, nehmen wir hier folgende, häufig genannte Datierung an: Der Anfang des Mittelalters liegt um die Zeit des Untergangs des weströmischen Reiches (476), und sein Ende wird durch den Fall Konstantinopels (1453) und damit des Byzantinischen Reiches besiegelt (andere erklären erst die Reformation im Jahre 1517 als das endgültige Ende des Mittelalters).

Das für unsere spezifischen philosophischen Betrachtungen wohl bedeutendste Merkmal des Mittelalters stellt die unumstrittene Festigung der christlichen Kirche und ihrer Glaubenssätze dar, die sich grob in zwei Phasen gliedern läßt, nämlich 1. die *Patristik* und 2. die *Scholastik*.

Die Patristik

Die erste Phase des aufkommenden Christentums ist die sogenannte Patristik (von latein. *pater* = «Vater»; gemeint sind die Kirchenväter), die den Zeitraum zwischen den Aposteln in den ersten beiden Jahrhunderten und etwa dem Jahr 800 umfaßt. Das Merkmal dieser Epoche ist eine deutliche Verschmelzung der ausgehenden antiken Philosophie mit den neuen christlichen Glaubenslehren, und so bildet das oströmische Reich um Griechenland und Konstantinopel den Hauptschauplatz der Patristik.

Da wir im folgenden *Kapitel 6* in aller Ausführlichkeit auf die geschichtlichen und philosophischen Entwicklungen der Patristik eingehen und dabei aufzeigen werden, wie die Lehre der Reinkarnation bewußt und systematisch aus dem abendländisch-christlichen Denken beseitigt wurde, möchten wir an dieser Stelle auf eine detaillierte Besprechung des Zeitalters der Patristik verzichten.

Diese radikale Beseitigung des Wissens um die Reinkarnation durch die aufstrebende Kirche ist jedoch auch dafür verantwortlich, daß das gesamte Mittelalter für unsere konkrete Untersuchung der Geschichte des Reinkarnationsgedankens keine bedeutende Rolle spielt, so daß wir uns im folgenden auf einen knappen historischen Überblick beschränken können.

Die Scholastik

Nachdem sich die Lehren der christlichen Kirchenmacht und des Papsttums erfolgreich gegen die antiken Philosophien etabliert hatten, kam es nun, im Mittelalter, zu einer Verschmelzung mit dem Glauben und den Sitten des Germanentums und zu einer Systematisierung der christlichen Glaubenssätze. Der Hauptschauplatz der Geschichte verlegt sich nach Mitteleuropa, wobei die einflußreichsten Großmächte die Königshäuser von Deutschland, Frankreich, Italien und Großbritannien sind. Es herrscht dabei eine gemeinsame Einheitssprache in der Theologie, Philosophie und Wissenschaft, das Lateinische, in welcher sämtliche bedeutenden Schriftwerke verfaßt sind. Diese zweite Phase des Christentums, die zur sogenannten «Einheit des christlichen Abendlandes» führte und die den Zeitraum zwischen 800 bis etwa 1500 umfaßt, wird als Scholastik bezeichnet (latein., wörtlich «Schullehre»; auch: *scholastici* = Missionare, Kirchenlehrer).

Die herausragenden Kirchenlehrer der Scholastik waren der Deutsche *Albertus Magnus* (1193-1280) und sein italienischer Schüler *Thomas von Aquin* (1225-1274), der als der bedeutendste Philosoph des Mittelalters gilt und ein äußerst umfangreiches theologisch-philosophisches Schriftwerk hinterließ.

Auch der italienische Dichter *Dante Alighieri* (1265-1321) legte während dieser Zeit mit seinem Hauptwerk, der «Divina Commedia» («Göttliche Komödie», entstanden um 1310, Erstdruck 1472), einen Meilenstein in der Geschichte der christlichen Weltliteratur. Sowohl in diesem Werk als auch in den Schriften seines Verehrers *Giovanni Boccaccio* (1313-1375; Hauptwerk «Decamerone», entstanden 1348, Erstdruck 1470) finden sich vereinzelte Hinweise auf die Lehre der Seelenwanderung, die trotz der überragenden Vormachtstellung des Katholizismus durch das gesamte Mittelalter als esoterisches Geheimwissen in ganz Europa erhalten blieb.

Die Katharer

Insbesondere in den Kreisen gewisser gnostischer Gruppierungen erhielt sich der Reinkarnationsgedanke im verborgenen auch während des «dunklen Mittelalters», das gekennzeichnet war von Unwissenheit, Aberglauben, Barbarei und unglaublicher Grausamkeit. Als illustratives Beispiel wollen wir in diesem Zusammenhang besonders den geheimen Bund der Katharer (griech., wörtlich «die Reinen») erwähnen, der sich, vom Balkan her kommend, seit dem 12. Jahrhundert schnell über Oberitalien und Südfrankreich verbreitete, aber auch in Deutschland, Spanien und Sizilien Fuß faßte.

Die Bewegung der Katharer, die insgesamt rund 72 Einzelgruppen umfaßte, nahm das manichäische und gnostische Gedankengut auf und forderte von ihren Anhängern ein streng entsagtes Leben der völligen Askese und Gotteshingabe. Neben der Reinkarnation, die in ihrer Philosophie eine zentrale Stellung einnahm, lehrten sie auch den konsequenten Vegetarismus, den Respekt vor allen Geschöpfen Gottes, das Ideal der Gewaltlosigkeit und des Pazifismus sowie das zölibatäre Leben.

Aus diesem Grunde wurde ihre Lehre oft mit jener des Heiligen *Franz von Assisi* (1181-1226), des Begründers des Ordens der Franziskaner, verglichen. Der Amerikaner *Lynn White* untersuchte in einem Artikel im Magazin «Science» vom März 1967 die möglichen Verbindungen zwischen den Katharern und Franz von Assisi, den er als «den größten Radikalen der christlichen Geschichte seit Christus» bezeichnet. White zeigt, daß sich Franz von Assisi entschieden gegen den Hochmut des Menschen stellte, sich als Krönung und Herr der Schöpfung zu betrachten, und daß er eine «Demokratie aller Kreaturen» anstrebte, da in seinen Augen sämtliche Lebewesen eine unsterbliche Seele besaßen, nicht nur der Mensch. Diese franziskanische Lehre der «Tierseele» wurde, so White, innerhalb kürzester Zeit jedoch ausgemerzt. Er schreibt: «Es ist sehr wohl möglich, daß sie, bewußt oder unbewußt, zu einem Großteil von dem Reinkarnationsglauben der katharischen Häretiker inspiriert worden war, welche sich zu jener Zeit in Italien und Südfrankreich breit gemacht hatten.»

Dort, im Süden Frankreichs, gewann vor allem die katharische Gruppe der *Albigenser* (nach der südfranzösischen Stadt Albi benannt) bedeutenden Einfluß und entwickelte sich zu einer bedrohlichen Gefahr für die institutionalisierte Kirche, da immer mehr Christen, abgestoßen von der Macht- und Geldgier der katholischen Priester, zu ihr überwechselten. Die Albigenser verwarfen die kirchlichen Sakramente, Altäre, Kreuze und Bilder wie auch die Heiligen- und Reliquienverehrung und traten für ein von allen Äußerlichkeiten losgelöstes religiöses Streben nach Gottesverwirklichung ein.

Weder die diplomatischen Versuche der Kirche, sie für sich zurückzugewinnen, noch die mit blutiger Grausamkeit geführten Massaker während der Zeit der «Albigenserkriege» (1209-1229), zu denen *Papst Innozenz III.* aufgerufen hatte, vermochten die Bewegung der Albigenser aufzuhalten. Erst das Eingreifen des französischen Königs brach die politische Macht und den religiösen Einfluß der Albigenser; schließlich wurde die Bewegung um 1330 durch die «heilige Inquisition» ausgerottet. Dennoch gelang es einzelnen Troubadouren und Künstlern, in verschiedene Teile Europas zu fliehen und ihre mystischen Lehren der Wiedergeburt dort weiter zu verbreiten.

In ihrer «History of the Albigensian Crusade» («Geschichte des Kreuzzuges gegen die Albigenser», 1961) schreibt die amerikanische Historikerin *Zoé Oldenbourg*, daß die von den Albigensern vertretene Lehre der Reinkarnation jener der Hindus bemerkenswert ähnlich war, einschließlich «derselben exakten Berechnungen in bezug auf die individuelle Vergeltung nach dem Tode. Der Gerechte würde sich in einen Körper reinkarnieren, der seiner weiteren spirituellen Entwicklung förderlich wäre, während der Kriminelle gezwungen wäre, nach seinem Tode in einem Körper wiedergeboren zu werden, der voller Makel und angeborener Laster war.»

Meister Eckhart

Das ins Hochmittelalter fallende Zeitalter der Kreuzzüge (1096-1270) brachte eine folgenreiche Berührung der abendländisch-christlichen Kultur mit den islamischen und jüdischen Kulturen des Morgenlandes, insbesondere auch mit den mystischen Lehren der Kabba7la. Als Folge davon beschäftigte sich das spätmittelalterliche Denken (nach einer Ruhepause von annähernd 1000 Jahren) vereinzelt auch wieder mit der wiederaufblühenden antiken Philosophie Griechenlands, vor allem mit den Ideen des Platon und der Neuplatoniker und damit indirekt auch mit der vedischen Tradition.

Die deutlichsten Gemeinsamkeiten mit dem indischen Gedankengut sind in der deutschen Mystik zu finden, hier insbesondere bei *Meister Eckhart* (1260-1327), der möglicherweise noch unmittelbarer Schüler des *Albertus Magnus* in Köln war und wie dieser dem Dominikanerorden angehörte. Die Philosophie Meister Eckharts stellt kein durchgearbeitetes System dar, sondern ist Ausdruck eines intensiven mystisch-religiösen Erlebens der Wirklichkeit Gottes. Sie zeigt eine sichtbare Verwandtschaft mit Platon und Plotin sowie gewissen gnostischen Vorstellungen, wenngleich sie dennoch in dem Sinne zutiefst christlich blieb, als die Person Jesu als Vermittler zu Gott die zentrale Stellung in der Mystik Eckharts einnimmt.

Edda und Gralslegende

Auch in den beiden wichtigsten Quellen der mittelalterlichen altgermanischen Dichtung, der *Edda* und der *Gralslegende*, finden sich zahlreiche Anspielungen auf den Reinkarnationsgedanken. Über die Edda, eine zwischen dem 9. und dem 12. Jahrhundert entstandene und im 13. Jahrhundert aufgezeichnete Sammlung von Götter- und Heldenliedern, schreibt der deutsche Gelehrte *Emil Bock*:

> Völlig wesensfremd muß der Edda jede Unsterblichkeit sein, die auf einem Auseinanderreißen des Diesseits und des Jenseits beruht. Mag auch die Seele nach dem Erdentode, zumal wenn es der heldische Tod gewesen ist, eine Zeitlang in einer der Wohnungen des überirdischen Reiches weilen: Wenn schon das irdische Leben eine Durchdringung von Menschlichem und Göttlichem war, muß dann nicht auch das irdische Leben der Schauplatz der fortschreitenden Vollendung sein?
>
> An einigen Stellen kann man durch den überlieferten Text der Edda hindurch in die germanische Seele hineinschauen, die, bevor sie zur kopfmäßigen Verständigkeit erwachte, in dem Bewußtsein der wiederholten Erdenleben [Reinkarnation] wie in einem selbstverständlichen Wahrheitselement webte und lebte. So wird als das tragische Verhängnis der Brünhildengestalt die Abtrennung von der Möglichkeit weiterer Verkörperungen bezeichnet. Hagan spricht über sie die fluchähnlichen Worte:
>
> Erfüllen mög' sich ihr finstres Geschick!
> Verleide ihr keiner den langen Weg,
> Und verwehrt sei ihr ewig die Wiedergeburt!
> (in: «Wiederholte Erdenleben», 1932; S. 14f.)

An anderen Stellen der Edda werden sogar konkrete Angaben gemacht, wer wiedergeboren wurde:

Von Helge und Schwabe wird gesagt, daß sie wiedergeboren wurden, und da hieß er Helge Hundingstöter, und sie Siegrun, Hagans Tochter. (Lied von Helge Schwertwartsohn; übertragen von Rudolf Gorsleben)

Das Ende des Mittelalters

Vier große Erfindungen, die das Antlitz Europas radikal veränderten, können als die äußeren Kennzeichen des endenden Mittelalters bezeichnet werden, nämlich: • 1. Die Erfindung des Kompasses (um 1190), der das Befahren der Weltmeere ermöglichte und das Zeitalter der Entdeckungen und die damit verbundene europäisch-christliche Expansion über den größten Teil der Erde einleitete; • 2. die Erfindung des Schießpulvers (um 1300), das die beherrschende Stellung des Rittertums beendete und eine völlig neue Art der Kriegsführung ermöglichte; • 3. die Erfindung der mechanischen Uhr (um 1350), die allmählich zu einer grundlegend anderen Lebensgestaltung des Menschen führte, sowie • 4. die Erfindung des Buchdrucks (1450), der eine noch nie dagewesene Verbreitung von philosophischen und wissenschaftlichen Texten nach sich zog.

Ebenfalls als äußere Kennzeichen des Endes des Mittelalters könnten genannt werden: • 5. Die Entdeckung Amerikas durch den Spanier Christoph Kolumbus (1492), • 6. die Erschließung des Seewegs nach Indien (den Kolumbus eigentlich gesucht hatte) durch den Portugiesen Vasco da Gama (1498) sowie • 7. die erste Umsegelung der Erde durch den Portugiesen Fernao de Magalhaes (1520).

Auch im Bereich der Naturwissenschaften kündigten einige bahnbrechende Errungenschaften das «neue Zeitalter» an. Besonders zu erwähnen ist hierbei das durch den polnischen Astronomen *Nikolaus Kopernikus* (1473-1543) neu eingebrachte heliozentrische oder kopernikanische Weltsystem, das – im Gegensatz zum bisherigen geozentrischen Weltbild des Mittelalters – nicht mehr die Erde, sondern die Sonne als den Mittelpunkt des Universums annahm (dargestellt in seinem Hauptwerk «De revolutionibus orbium coelestium», «Über die Umdrehungen der Himmelskörper», 1543).

Neben diesen äußeren Kennzeichen zeugen auch eine Anzahl jetzt hervortretender «innerer» Veränderungen (oder, modern ausgedrückt, neuer «Paradigmen») von dem Ende des Mittelalters und vom Anbruch einer völlig neuen Epoche der westlichen Geistesgeschichte. Dies waren vor allem: • 1. Der Individualismus, das heißt, die hohe Wertschätzung der freien Einzelpersönlichkeit; • 2. die wieder aufblühende freie Auseinandersetzung mit der Antike ohne Rücksicht auf theologische Bindungen und Zwecke; • 3. eine neue Wissenschaft, die sich allein auf Vernunft (Ratio) und Erfahrung (Empirie) aufbaute und zu einer Trennung zwischen «Glauben» und «Wissen» führte, sowie • 4. eine neue Weltlichkeit oder Weltzugewandtheit, welche die scholastische Zeit des rein geistlichen Denkens ablöste.

FÜNFTER TEIL: DIE RENAISSANCE

Die epochale Kulturwende vom Mittelalter zur Neuzeit bezeichnet die moderne Geschichtswissenschaft mit dem französischen Begriff Renaissance, wörtlich also «das Zeitalter der Wiedergeburt». (Dies bezieht sich allerdings nicht etwa auf die Lehre der Reinkarnation, sondern auf das neu zum Leben erweckte, «wiedergeborene» öffentliche Interesse an antiker Malerei, Bildhauerkunst, Architektur, Literatur, Philosophie und Wissenschaft.)

Im 14. Jahrhundert von Italien ausgehend, vollzog sich dieser Wandel in sämtlichen Lebens- und Geistesbereichen des Abendlandes und war in der Philosophie erkennbar durch die neue Richtung des *Humanismus*, in der Religionsgeschichte durch die *Reformation* und in der Wissenschaft durch die Theorien eines Kepler oder eines Galilei.

Das neue Naturwissen

Während die christlichen Kirchen dem kopernikanischen Gedanken des heliozentrischen Weltsystems zunächst nicht ablehnend gegenüberstanden, fällt das Leben und Wirken Keplers und Galileis in die Zeit, als die Kirchen beider Konfessionen die Gefährlichkeit der neuen Lehre für ihre überlieferten Anschauungen erkannt hatten, weshalb das Leben beider von tragischen Kämpfen erfüllt war.

Der Name des deutschen Astronomen und Mathematikers *Johannes Kepler* (1571-1630) ist vor allem verknüpft mit den von ihm gefundenen und mathematisch formulierten Gesetzen der Planetenbewegung (Keplersche Gesetze, 1619); daneben hat er auch auf allen anderen Gebieten der damaligen Naturwissenschaft Großes geleistet. Kepler sprach als erster das aus, was die moderne abendländische Naturwissenschaft und ihre Methode von der der antiken Griechen unterscheidet, indem er den Grundsatz prägte: *Ubi materia, ibi geometria* – «Wo Materie, wo Natur ist, da ist auch Geometrie und Mathematik.» Damit bringt er das bis zum heutigen Tage geltende Verständnis zum Ausdruck, daß alles in der Natur Existierende und Beobachtbare auf unpersönlichen physikalischen Gesetzen beruht, die mathematisch erfaßbar und berechenbar sind.

Konsequenter noch als Kepler hat der italienische Naturforscher und Begründer der modernen Physik *Galileo Galilei* (1564-1642) die Prinzipien einer rein quantitativen, mathematischen und mechanischen Naturwissenschaft formuliert und angewendet. *H.J. Störig* schreibt:

> Dieser große Italiener ist der eigentliche Ahnherr der heutigen Naturwissenschaft. Neben zahlreichen anderen Entdeckungen und Erfindungen hat er vor allem die Grundlagen der Mechanik geschaffen... Er spricht klar aus, was schon in der Keplerschen Formel gesagt war: Das große Buch der Natur liegt aufge-

> schlagen vor uns. Um es lesen zu können, bedürfen wir der Mathematik, denn es ist in mathematischer Sprache geschrieben. Die Naturvorgänge sind quantitativ und damit meßbar; wo das nicht ohne weiteres der Fall ist, muß die Wissenschaft die Anordnung des Experiments so treffen, daß sie meßbar gemacht werden.
>
> Mit Galilei beginnt der unvergleichliche Siegeszug der europäischen Naturwissenschaft. Sie übernimmt nun die Führung im Reiche der Wissenschaften und gibt sie nicht wieder ab. Kein Philosoph kann fortan an ihren Methoden und Ergebnissen vorübergehen, ja, es ist gesagt worden, daß die großen Naturforscher die eigentlichen Philosophen der Neuzeit seien. (S. 286f.)

Hieraus wird ersichtlich, daß die Existenz einer immateriellen Seele und damit auch der Reinkarnationsgedanke in einem solch rein mechanistisch-materiellen Weltbild keinen Platz hatte, da sich die Seele und ihre Wanderung natürlich nicht mit den grobstofflichen mathematischen und physikalischen Gesetzen erfassen läßt. Die sich nunmehr zum erstenmal anbahnende Trennung zwischen Philosophie und Naturwissenschaft (die in der Antike noch eine Einheit gebildet hatten) sowie die Tatsache, daß letzterer immer größere gesellschaftliche Bedeutung zukam, führten in den kommenden Jahrhunderten dazu, daß das esoterische Wissen um die Reinkarnation mehr und mehr in den Bereich des «Glaubens» verdrängt und von vielen als «unwissenschaftlich» erklärt wurde.

Dennoch hat es, wie wir sehen werden, auch in den Jahrhunderten der «Wissenschaftlichkeit» immer wieder zahlreiche Bestrebungen gegeben, die Seelenwanderung oder Metempsychose, die den griechischen Gelehrten noch durchaus geläufig gewesen war, mit logischen, ja sogar mit wissenschaftlichen Mitteln zu beweisen.

Zunächst aber wollen wir uns noch kurz jener zweiten folgenschweren Neuerung im abendländischen Denken zuwenden, welche das Zeitalter der Renaissance mit sich brachte – dem Humanismus.

Der Humanismus

Mit dem neulateinischen Begriff Humanismus (aus latein. *humanitas* = menschliche Natur, menschliche Bildung, Humanität) bezeichnet die Philosophiegeschichte die seit dem 14. Jahrhundert aufblühende Bewegung, die sich erneut und in ganz anderer Weise als bisher mit den Idealen der Antike beschäftigte und sich an ihnen orientierte.

Als eigentlicher «Vater des Humanismus» gilt der Italiener *Francesco Petrarca* (1304-1374), der zahlreiche Dichtungen und Traktate in lateinischer Sprache verfaßte. Um ihn bildete sich bald ein Kreis erster Humanisten, die eine Bewußtwerdung der individuellen Persönlichkeit und eine rein «menschliche» (humane), also nicht theologische oder scholastische Bildung forderten und sich somit klar gegen die festen Glaubensformen und die dogmatische Enge der Kirche stellten.

Kurz vor und insbesondere nach der türkischen Eroberung Konstantinopels im Jahre 1453 zogen viele griechische Gelehrte nach Italien und brachten zahlreiche alte Handschriften mit, die während des Mittelalters in Westeuropa nahezu verschollen gewesen waren. Unter den ersten dieser Gelehrten befand sich der byzantinische Philosoph *Georgios Gemistos Plethon* (1355-1452), ein begeisterter Verehrer Platons, der das Interesse der italienischen Humanisten auf die Werke Platons und Plotins lenkte und so die Vormachtstellung, die Aristoteles im scholastischen Mittelalter innegehabt hatte, beendete.

Durch seine Vorträge gewann Plethon den Florenz beherrschenden *Cosimo I. di Medici* für den Plan, in Florenz eine neue «Platonische Akademie» zu begründen, die die Fortsetzung der alten Akademie von Athen sein sollte. Dieses Vorhaben konnte allerdings erst nach seinem Tode, nämlich im Jahre 1459, verwirklicht werden, und in der Folge brachte diese neue platonische Akademie zahlreiche bedeutende Gelehrte hervor, wie zum Beispiel *Marsilio Ficino* (1433-1499), der die Werke Platons und der Neuplatoniker ins Lateinische übersetzte und dadurch auch der Lehre der Metempsychose zur längst fälligen Wiedergeburt innerhalb der europäischen Philosophie verhalf. In einer seiner Schriften schreibt Plethon über den Vorgang der Seelenwanderung:

> Was unsere Ansicht betrifft, so bleibt unsere Seele, die an der göttlichen Natur teilhat, unsterblich und ewig selbst innerhalb der Begrenztheit unserer Welt. Einer sterblichen Hülle verhaftet, wird sie von den Göttern bald in diesen, bald in jenen Körper geschickt...
>
> Wenn sich in einem Menschen für einen Augenblick die unsterbliche Natur mit der sterblichen verbindet, nur um diese dann für immer aufzugeben, würde zwischen diesen beiden Elementen, dem sterblichen und dem unsterblichen, keine dauerhafte Bindung entstehen, sondern eine zeitweilige, die, sobald das sterbliche Element entfernt, im gleichen Moment aufgehoben würde. Es bleibt zu sagen, daß die Verbindung dieser beiden Elemente bei einer erneuten Inkarnation nur teilweise und zeitweilig besteht und daß, sobald der Körper vernichtet wird, ein jedes Teil für eine gewisse Zeit zu seiner betreffenden Unabhängigkeit zurückkehrt und sich dieser Vorgang in Ewigkeit unzählige Male wiederholt.

Die humanistische Idee griff daraufhin innerhalb kurzer Zeit auf alle Gebiete des kulturellen Lebens über und gelangte von Italien aus auch nach Deutschland, Frankreich, England, Spanien und in die Niederlande. Die Erfindung des Buchdrucks förderte zudem die Ausbreitung der neuen Gedanken, und in zahlreichen Städten bildeten sich Humanistenkreise, die wieder auf Schulen und Universitäten wirkten.

Unter den führenden Humanisten seien der Holländer *Erasmus von Rotterdam* (1466-1536) sowie die Deutschen *Johannes Reuchlin* (1455-1522), *Konrad Celtis* (1459-1508) und *Ulrich von Hutten* (1488-1523) als die bekanntesten genannt. Von Reuchlin ist bekannt, daß er sich intensiv mit dem Studium verschiedener orientalischer Sprachen und esoterischer Lehren beschäftigte und Kommentare zur Kabbala verfaßte, und man kann mit Sicherheit annehmen, daß ihm der Gedanke der Wiedergeburt geläufig und lieb war. In seiner Schrift «De arte cabalistica» bekennt Reuchlin, daß in der gleichen Weise, wie Ficino Platon in Italien und *Jacques Lefevre d'Etaples* (1450-1536) Aristoteles in Frankreich eingeführt hatte, er selbst diese Reihe vervollständigen wolle, indem er «den Deutschen zeige, daß Pythagoras in mir wiedergeboren wurde.»

Für unsere Betrachtung der Entwicklung des Reinkarnationsgedankens ist die Renaissance deshalb von entscheidender Bedeutung, weil in ihr die seit nahezu 1000 Jahren vernachlässigte platonische Schule durch die Bestrebungen der Humanisten in Westeuropa erstmals wieder im großen Rahmen Beachtung fand – und mit ihr auch das Wissen um die Präexistenz der Seele und die Seelenwanderung. Dieses Wissen konnte nunmehr, trotz anhaltenden Widerstandes seitens der Kirche, nicht mehr länger unterdrückt werden und erlangte in der Folge immer mehr Gehör und Akzeptanz.

Die Reformation

Die dritte einschneidende Veränderung in der europäisch-christlichen Kultur zur Zeit der Renaissance bildet die sogenannte Reformation (latein., wörtlich «Erneuerung, Umgestaltung»). Diese Reformation wurde im Oktober 1517 von *Martin Luther* (1483-1546) ausgelöst, der die immer lauter gewordene Forderung der Massen nach einer Erneuerung der mittelalterlichen Kirche verkörperte. Luther und sein humanistisch gebildeter Mitarbeiter *Philipp Melanchthon* (1497-1560) sowie *Huldrych Zwingli* (1484-1531) in Zürich und *Johannes Calvin* (1509-1564) in Genf riefen eine religiöse Bewegung ins Leben, die zur Entstehung neuer, vom Papsttum unabhängiger Kirchen führte.

Von den Historikern werden zahlreiche Gründe genannt, die den Erfolg der Reformation vorbereitet hatten, so zum Beispiel die in der Renaissance beginnende historische Kritik auch an den kirchlichen Institutionen oder die durch die Erfindung der Buchdruckerkunst allgemein zugänglich gemachten Schriften der Bibel und der Kirchenväter. Soziale Gründe waren unter anderem das allgemeine Auflehnen gegen die Fürsten und weltlichen Machthaber, die eng mit der Kirche zusammenarbeiteten, sowie die ungerechten sozialen Verhältnisse in den Städten und auf dem Lande. Innerhalb der Kirche schließlich war es durch das große Schisma (Spaltung zwischen der westlichen und östlichen Kirche im Jahre 1045) zu einem bedeutenden Autoritätsverlust des Papsttums gekommen, die Reformkonzilien waren gescheitert, und eine immer sichtbarer werdende Korruption und Verweltlichung des Klerus führte dazu, daß ein Klima schwelender Unzufriedenheit entstand.

Diese wurde durch das Auftreten Luthers und die schnelle Verbreitung seiner Hetz- und Programmschriften zu einer hellen Flamme entfacht, so daß eine regelrechte Volksbewegung zum Träger seiner reformatorischen Gedanken wurde. Zwar erwuchsen dieser Bewegung durch Bauernaufstände und durch die Absage des *Erasmus von Rotterdam* und damit eines Großteils der Humanisten gewisse Schwierigkeiten, doch bis etwa 1530 hatte sich die Reformation gefestigt. Im Jahre 1561 war Deutschland zu 80% protestantisch, doch gelang der katholischen Kirche in den folgenden Jahrzehnten eine «Gegenreformation», durch welche sie manche Gebiete zurückgewinnen konnte.

Alles in allem läßt sich sagen, daß der Protestantismus entscheidend dazu beigetragen hat, daß die mittelalterliche Alleinherrschaft der katholischen Kirche auf allen Gebieten des Geisteslebens gebrochen wurde, wenn ihm auch für die innere «Befreiung des Geistes» nicht dieselbe gesamteuropäische Bedeutung zukommt wie beispielsweise dem Humanismus. Die lutherische Reformation wurde später von manchen Beurteilern, so auch von *Friedrich Nietzsche*, sogar als Rückfall und Unterbrechung in der Entwicklung des europäischen Geistes angesehen.

Wenn wir an dieser Stelle die Hintergründe und Folgen der Reformation nur in sehr knapper Weise darstellen, so hat dies vor allem drei Gründe. Erstens scheint sie uns zu bedeutend, als daß wir sie völlig unerwähnt lassen könnten, zweitens würde es jedoch den Rahmen unserer Betrachtungen sprengen, in alle Einzelheiten auf sie einzugehen, und drittens hat sie schließlich für unser Thema des Reinkarnationsgedankens keine wesentlichen Veränderungen gebracht. Auch wenn Luther die mittelalterliche Tradition der degenerierten scholastischen Kirche verworfen hatte und die Möglichkeit der Erlösung allein im Glauben an die offenbarten Schriften der Evangelien sah (weshalb seine Lehre auch als die evangelische bezeichnet wird), fand die Seelenwanderung doch keinen Platz in dem von ihm und seinen Nachfolgern errichteten Lehrgebäude. Dies ist insbesondere deshalb erstaunlich und auch enttäuschend, weil das Wissen um die Reinkarnation in den urchristlichen Quellen durchaus vorhanden gewesen war und erst später durch ebendiese Kirche beseitigt wurde, gegen deren Verweltlichung sich nun auch Luther gewandt hatte.

Giordano Bruno

Der Reinkarnationsgedanke tauchte jedoch, vielleicht unerwartet, an ganz anderer Stelle mit großer Macht und erschütternder Deutlichkeit in der Person eines der größten Philosophen und Theologen der späten Renaissance auf: in dem Italiener *Giordano Bruno* (1548-1600).

Angeregt wurde Bruno durch die Werke des Pythagoras, des Platon und der Neuplatoniker und insbesondere durch die Schriften des Deutschen *Nicolaus Cusanus* (auch: Nikolaus von Kues, 1401-1464), eines der ersten Philosophen der Frührenaissance, der innerhalb der Kirche zu den höchsten geistlichen Ämtern und Würden (Kardinal, Bischof von Brixen) aufgestiegen war. Cusanus hatte Gedanken aus dem Neuplatonismus und von Meister Eckhart übernommen und versucht, die oberflächlichen Gegensätze zwischen den Religionen auf höherer Ebene zu verbinden. So hatte er beispielsweise die Lehren des Koran untersucht und ließ in einer seiner Schriften auf Gottes Geheiß die weisen Männer aller Bekenntnisse zu einer Versammlung zusammentreten, in der sie gemeinsam darüber belehrt wurden, daß sie alle in verschiedener Weise den gleichen Gott suchten und verehrten.

Giordano Bruno, der mit 15 Jahren in den Dominikanerorden eingetreten war, diesen später aber wieder verlassen hatte, führte nun diese Gedanken weiter und entwarf eine eigene theologisch-mystische Lehre, wofür er schließlich von der

Inquisition in 130 Anklagepunkten der Häresie für schuldig gesprochen und zum Feuertode verurteilt wurde. Dabei sind es insbesondere zwei von der damals gültigen katholischen Doktrin grundlegend abweichende Vorstellungen, die ihn das Leben gekostet haben: 1. sein Gottesverständnis und 2. seine Überzeugung von der Lehre der Seelenwanderung.

Bruno nennt das alles beherrschende Prinzip «Gott». Gott ist der Inbegriff aller Gegensätze, Er ist größer als das Größte und kleiner als das Kleinste, gleichzeitig unendlich und unteilbar, Möglichkeit und Wirklichkeit in einem. Eine solche Gottesvorstellung ist zwar mit den christlichen Grundlehren noch durchaus vereinbar; unvereinbar mit dem Katholizismus hingegen ist die Art, wie Bruno das Verhältnis Gottes zur Welt beschreibt. Er weist die Ansicht zurück, daß Gott die Welt von außen – «wie ein Roßlenker das Gespann» – regiere. Gott steht nicht über und außer der Welt, sondern in der Welt; Er wirkt als beseelendes Prinzip in ihrem Ganzen wie in jedem ihrer Teile. Bruno schreibt:

> Wir suchen Gott in dem unveränderlichen, unbeugsamen Naturgesetze, in der ehrfurchtsvollen Stimmung eines nach diesem Gesetze sich richtenden Gemütes, wir suchen Ihn im Glanz der Sonne, in der Schönheit der Dinge, die aus dem Schoße dieser unserer Mutter Erde hervorgehen, in dem wahren Abglanz Seines Wesens, dem Anblick unzähliger Gestirne, die am unermeßlichen Saume des einen Himmels leuchten, leben, fühlen, denken und dem Allgütigen, All-Einen und Höchsten lobsingen.

Wie sehr sich Bruno jedoch mit seiner Gottesvorstellung gegen die dogmatische Kirche stellte, war ihm selber klar bewußt. Er bezeichnete seine Anschauungen wiederholt als die uralten, das heißt die heidnischen. *H.J. Störig* schreibt:

> Es macht gerade seine besondere geschichtliche Stellung aus, daß er aus den Gedanken, die unklar in vielen Köpfen seiner Zeit gärten, die Konsequenzen gezogen, ihnen Ausdruck verliehen und sich zu ihnen bekannt hat – Ausdruck verliehen freilich nicht in einem abgewogenen System, sondern in dichterischem Überschwang, in einer von der Übermacht des innerlich Geschauten hingerissenen, ja trunkenen Dichtung. (S. 306)

Einer dieser Gedanken, die in den Köpfen seiner Zeit gärten – und vielleicht der entscheidendste –, war derjenige der Seelenwanderung. Am Tage seiner Abschiedsrede an der Universität zu Wittenberg am 8. März 1588 schrieb Giordano Bruno unter der Überschrift «Salomon und Pythagoras» den Spruch aus dem Prediger Salomonis nieder (es ist das einzige Blatt, das uns in seiner Handschrift erhalten ist):

Quid est quod est? Ipsum quod fuit.
Quid est quod fuit? Ipsum quod est.
Nihil sub sole novum.

Was ist das, was jetzt ist? Es ist dasselbe, was früher war.
Was ist das, was früher war? Es ist dasselbe, was jetzt ist.
Es gibt nichts Neues unter der Sonne.
(Kohelet 1,9)

Dieser Spruch war Bruno, wie auch aus der Nennung des Pythagoras neben dem Namen des Salomo hervorgeht, ein Ausdruck dieses einen grundlegenden Gedankens, der den wichtigsten Angelpunkt seines Denkens bildete: die Erkenntnis von den Gesetzmäßigkeiten der Seelenwanderung. Er hatte denselben Spruch schon früher einmal, nämlich in seinem Hauptwerk «Über die Ursache», neben die Worte gestellt, in denen Ovid den Pythagoras das Geheimnis der Seelenwanderung aussprechen läßt: «Nimmer vergeht die Seele, vielmehr die frühere Wohnung tauscht sie mit neuem Sitz und lebt und wirket in diesem. Alles wechselt, doch nichts geht unter.»

Bruno ist außerdem der Begründer der sogenannten *Monadenlehre*, die später vor allem bei *Leibniz* wieder auftaucht (wo wir sie auch eingehender behandeln werden). Er nahm zudem an, daß der gesamte Kosmos bewohnt sei und daß einige Planetenbewohner den Erdenmenschen bei weitem überlegen sein müßten.

Als Giordano Bruno schließlich wegen seiner «ketzerischen Anschauungen» vor das Inquisitionsgericht gestellt wurde, bekannte er sich von neuem zu dem Gedanken der Seelenwanderung. Darüber gibt es in den Inquisitionsakten ein überaus lehrreiches Dokument. In dem zweiten Verhör, am 2. Juli 1592 im Gefängnis des Inquisitionsgerichtes zu Venedig, wurde ihm die Frage vorgehalten: «Glauben Sie, daß die Seelen unsterblich sind – und nicht von einem Körper in einen anderen übergehen, wie uns berichtet wird, daß Sie behauptet haben?»

Die Antwort Giordano Brunos lautete:

> Ich habe immer für wahr gehalten und halte für wahr, daß die Seelen selbständig subsistierende Substanzen sind, d.h. die vernünftigen Seelen, und daß solche, katholisch geredet, nicht von einem Körper in einen anderen übergehen, sondern entweder in das Paradies oder ins Fegefeuer oder in die Hölle kommen.
>
> Aber andererseits habe ich philosophisch die Lehre behandelt und auch verteidigt, daß, da die Seele ohne den Körper bestehen und in einem Körper existieren kann, sie in derselben Weise, wie sie in einem Körper sein kann, auch in einem anderen Körper sein und von einem Körper in einen anderen Körper übergehen kann, was, wenn es nicht wahr ist, doch wenigstens wahrscheinlich ist nach der Meinung des Pythagoras.

Für dieses philosophische Bekenntnis zur Lehre der Reinkarnation wurde Giordano Bruno sieben Jahre lang in einem Kerker in Rom gefangengehalten, gefoltert und dort schließlich im Jahre 1600 auf dem Scheiterhaufen öffentlich verbrannt. Doch von ihm pflanzte sich der Gedanke der Seelenwanderung trotz der dogmatisch sturen Haltung der christlichen Kirchen durch die europäische Geistesgeschichte fort, fand neuen fruchtbaren Boden und beeinflußte beispielsweise auch Leibniz und Goethe.

Weitere bedeutende Dichter und Philosophen der Renaissance

Ein ähnlich bewegtes Leben wie Giordano Bruno, aber ein weniger tragisches Ende hatte der Schweizer Arzt und Naturphilosoph *Paracelsus* (1493-1541). In seinen Werken unterschied er zwischen dem vergänglichen grobstofflich-physischen und einem ewigen «spirituellen Körper», wobei er nicht ausschloß, daß letzterer im Laufe der Zeit auch verschiedene physische Verkörperungen annehmen könne:

> Die Ursache aller Dinge ist der Geist. Er bringt einen Körper hervor, durch den er seine Wunder vollführt. Ist der Körper zerstört, schafft sich der Geist einen neuen Körper, der ähnliche oder höhere Eigenschaften hat.

In seinem Sonett Nr. 59 geht auch *William Shakespeare* (1564-1616), der größte englische Dramatiker und Dichter, dessen Schaffen deutlich von der neuplatonischen Metaphysik beeinflußt war, auf den Seelenwanderungsgedanken ein, und zwar von zwei verschiedenen Aspekten. Zuerst drückt er sein Erstaunen darüber aus, wie das gleiche Kind (die gleiche Seele) denselben Eltern erneut geboren werden kann; dann betrachtet er die Möglichkeit, daß der gegenwärtige Charakter einer Person seinen Urspung in einem früheren Leben hat.

> Wenn nichts mehr neu, schon alles dagewesen,
> dann ist's ein Trug, daß unser Hirn erfinde.
> Vergebne Müh: es wollte neu genesen,
> und nieder kommt's mit schon gebornem Kinde.
>
> O daß ich doch fünfhundert Sonnenjahre
> zurück könnt' schreiten auf der Zeiten Pfad,
> bis ich dein Bild in einem Buch gewahre,
> worin zuerst der Geist aus Zeichen trat!
>
> Dann wüßt' ich, ob die Alten Ruhm gebreitet
> um deiner Schönheit Wunder, deinen Wert;
> ob vorwärts unsre Welt, ob rückwärts schreitet,
> ob wandelnd nur das Gleiche wiederkehrt.
>
> Doch weiß ich: man vermocht' in frühern Tagen
> von schlechterm Wert zu singen und zu sagen.
> (in der Nachdichtung von Karl Kraus, 1933)

In Shakespeares zahlreichen Schauspielen (z.B. in «Heinrich VI.» u.a.) finden sich ebenfalls gelegentliche Anspielungen auf die Präexistenz und Postexistenz der Seele sowie auf die Seelenwanderung oder das Karma-Gesetz.

Auch in den insgesamt über 4000 Seiten umfassenden Notizbüchern des Italieners *Leonardo Da Vinci* (1452-1519), des größten Universalgenies nicht nur der Renaissance, sondern wohl auch der gesamten abendländischen Kulturgeschichte, finden sich einige Passagen, die eindeutig belegen, daß er von der Präexistenz der Seele überzeugt war und sich immer wieder mit dem Reinkarnationsgedanken beschäftigt hatte.

Bezeichnend für die Übergangsphase vom Mittelalter zur Neuzeit war schließlich auch das Aufkommen zahlreicher geheimer gnostischer Bünde und Bruderschaften, die im Unterschied zur etablierten Kirche in dem Glauben an die Reinkarnation keinen Widerspruch zum ursprünglichen christlichen Gedankengut sahen. Zu erwähnen wäre hier besonders die Gemeinschaft der *Rosenkreuzer*, die auf drei anonyme Traktate zurückgeht, welche *Johann Valentin Andreae* (1586-1654) in den Jahren 1614/15 veröffentlichte. Mit ihrem Gemisch von pansophistisch-neuplatonischen und alchimistischen Gedanken regten sie bis in die heutige Zeit immer wieder zur Gründung esoterischer Bruderschaften an.

SECHSTER TEIL:
DAS BAROCKZEITALTER

Die auf die Renaissance folgende Epoche innerhalb der europäischen Kulturgeschichte wird als das Zeitalter des Barock (um 1600-1750) bezeichnet. In der Kunst und Architektur ist es die Zeit des Pompösen, Opulenten, Farbigen, Verschrobenen und Pathetischen, während es in der Politik die Zeit des Absolutismus und der Entstehung der Nationalstaaten ist. Die stärkste Ausprägung dieser Regierungsform finden wir beim französischen «Sonnenkönig» *Louis XIV.* (1638-1715), dessen Ausspruch «Der Staat bin ich» Sinnbild für diese Form absoluter Monarchie geworden ist.

Auch das Denken dieser Epoche zwischen dem Humanismus und der Aufklärung war geprägt durch ein konsequentes Streben nach klarer, übersichtlicher Gestaltung, nach harmonischem Aufbau, nach Ausgewogenheit aller Teile eines Ganzen. Dieses Streben wurde insbesondere in der immer bedeutender werdenden Mathematik geschult, fand seinen Ausdruck aber auch in Philosophie, Dichtkunst und Musik.

Die Philosophie des Barock ist gekennzeichnet durch die Vorherrschaft der Vernunft, die Suche nach einem umfassenden Gesamtsystem und den Versuch einer mechanischen und mathematischen Naturerklärung, und so ist es nicht überraschend, daß die bedeutendsten Vertreter der Barock-Philosophie zugleich auch geniale Mathematiker waren: *Descartes* ist der Erfinder der analytischen und der Koordinatengeometrie, *Spinoza* errichtete sein Denkgebäude *more geometrico*, «nach der Art der Geometrie», *Pascal* begründete die Wahrscheinlichkeitsrechnung, und *Leibniz* führte als erster die Differentialrechnung ein. Wir wollen ihre Denksysteme in der Folge kurz umreissen.

René Descartes – cogito ergo sum

Der Franzose *René Descartes* (1596-1650), der zuweilen als der «Vater der modernen Philosophie» bezeichnet wird, suchte ein geschlossenes mathematisch-physikalisches Weltsystem zu errichten, wobei die Philosophie nur den Zugang eröffnen, die Prinzipien klären und die Erkenntniskriterien bestimmen sollte. Während seine Physik jedoch durch *Isaak Newton* (1643-1727) verdrängt wurde, ist seine Philosophie bis heute wirksam geblieben. Sein Hauptwerk bildeten die «Meditationen über die Erste Philosophie» (d.h. die Metaphysik; 1641), «worin über die Existenz Gottes und die Unsterblichkeit der Seele gehandelt wird».

Descartes' Erkenntnisweg war jener des «Zweifelns» und In-Frage-Stellens, der sich, wie wir bereits im Zusammenhang mit Sokrates dargelegt haben, mit dem vedischen Pfad des *Sāṅkhya* vergleichen läßt. Um Gewißheit zu erreichen, muß nach Descartes der Philosoph zunächst alles bezweifeln (im Sanskrit als *Neti-neti-*

Vorgang bezeichnet), und dennoch ist er sich trotz dieses Zweifelns seiner Existenz als denkendes Wesen stets gewiß. So lautet denn auch der wohl berühmteste Satz Descartes': *cogito ergo sum* – «Ich denke, also bin ich».

Hierin wirft Descartes eine Frage auf, welche den Gegenstand eines ganzen Zweiges der westlichen Philosophie bildet, den man später *Ontologie* oder die «Suche nach der wahren Natur des Seins» nannte. Kurz gesagt geht es um die Frage: Wer bin ich? Oder: Woran kann ich erkennen, daß ich existiere? Philosophen aller Zeiten haben versucht, eine Antwort auf diese Frage zu finden, und die These, die Descartes hier anführt, besagt, daß das grundlegende Merkmal der Existenz in der Kraft des Denkens bestehe *(cogito ergo sum)*. Diese Weltsicht, die das Rationale über alles betont und für die damalige Zeit charakteristisch war, wurde zuerst von Descartes in Worte gefaßt und zu einem philosophischen System ausgebaut.

Das nach ihm benannte kartesianische System prägte in der Folge über ein Jahrhundert lang die europäische Philosophiegeschichte, wurde jedoch später vor allem durch *Immanuel Kant* (1724-1804) relativiert, der die Unzulänglichkeit der menschlichen Vernunft in bezug auf die ontologische Fragestellung erkannte. Kant zeigte auf, daß es Bereiche der Wirklichkeit gibt, die mit der menschlichen Denkkraft nicht erfaßbar sind; eine ausschließlich auf das Denken gestützte Philosophie beraubt den Menschen gerade dieser Bereiche und schränkt damit seine ganzheitliche Erkenntnis ein.

Daß das Denken nicht die höchste Stufe der Erkenntnis darstellt, wurde bereits in der vedischen Philosophie eingehend erörtert. Denken ist nur eine der drei Funktionen des feinstofflichen Geistes (Denken, Fühlen, Wollen) und nur eine von insgesamt fünf Stufen auf dem ontologischen Pfad des sich mehr und mehr entwickelnden Verständnisses der wirklichen Beschaffenheit unseres Selbst. Diese fünf Stufen auf der Suche nach Erkenntnis und Zufriedenheit sind:

- 1. *Anna-maya* – die Stufe des Essens (das Sanskritwort *Anna* heißt «Nahrung»). Am Anfang des Lebens ist jedes Lebewesen nahrungsbewußt: «Ich esse, also bin ich». Ein Tier und auch ein kleines Kind sind nur dann zufrieden, wenn sie etwas Gutes zu essen bekommen. Auf dieser Stufe des Bewußtseins ist die Existenz einzig von dem physischen Überleben abhängig, das heißt von der Erfüllung der grundlegenden Bedürfnisse des Körpers, wie Essen und Schlafen. Die vorherrschende Erscheinungsweise ist Tamo-guṇa (Unwissenheit).
- 2. *Prāṇa-maya* – die Stufe des Handelns (*Prāṇa* heißt «Lebenskraft»). Diese Stufe zeichnet sich durch das erwachende Selbstgefühl und das aktive Streben nach körperlichem Genuß aus, was wiederum zahlreiche Tätigkeiten und Arbeit voraussetzt: «Ich arbeite, also bin ich», oder auch «Ich will, also bin ich». Die vorherrschende Erscheinungsweise ist grobstoffliche Rajo-guṇa (grobstoffliche Leidenschaft).
- 3. *Mano-maya* – die Stufe des Denkens (*Manaḥ* heißt «Geist, Verstand»). Dies ist die von Descartes beschriebene Ebene der mentalen Erkenntnis: «Ich denke, also bin ich». Nachdem die Probleme der körperlichen Bedürfnisse gelöst sind, bemüht man sich um geistige Erbauung mittels mentaler Spekulation und

weltlicher Philosophie, Poesie, Musik oder Kunst. Die vorherrschende Erscheinungsweise ist feinstoffliche Rajo-guṇa.

Diese schöngeistigen Betätigungen werden in nahezu jeder Epoche der abendländischen Geistesgeschichte als Gipfel kultureller menschlicher Errungenschaften angesehen, doch gemäß vedischer Ontologie befinden sich über Mano-maya (auch *Jñāna-maya*, Stufe des «Wissens», genannt), die ein nur relatives Verständnis des Selbst vermittelt, noch weitere Stufen.

• 4. *Vijñāna-maya* – die Stufe der Erkenntnis (*Vijñāna* heißt «Verwirklichung, Erkenntnis»). Hier läßt der Philosoph die kontroversen Spekulationen des Verstandes hinter sich und befaßt sich statt dessen direkt mit dem eigentlichen Bewußtsein, das stets unverändert bleibt, wohingegen die feinstofflich-materiellen Gedanken, Meinungen und Gefühle einem ständigen Kommen und Gehen und einem fortlaufenden Wandel unterworfen sind. Vijñāna-maya ließe sich folglich als das Verständnis von: «Ich bin, also bin ich» beschreiben, oder auch: «Ich meditiere, also bin ich». Die vorherrschende Erscheinungsweise ist Sattva-guṇa (Tugend, Reinheit, Ausgeglichenheit).

Doch die Veden gehen noch weiter, indem sie sagen, daß das theoretische, intellektuelle Verständnis der spirituellen Existenz (*ahaṁ brahmāsmi* – «ich bin spirituelle Seele») allein noch nicht ausreicht, um der Problematik unseres Wünschens Herr zu werden. Wünschen und Verlangen bilden das aktive Prinzip des Daseins, welches das Lebewesen auf den niederen Erkenntnisstufen dazu treibt, zu essen, zu arbeiten oder zu denken; und obschon dieses Verlangen auf der Ebene von Vijñāna-maya vorübergehend aufgehoben zu sein scheint, kann dieser Zustand doch nicht von Dauer sein, da Wünschen ein Symptom, eine Eigenschaft des Bewußtseins selbst und daher untrennbar mit diesem verbunden ist.

Weil also Bewußtsein von Natur aus aktiv ist, wird der ruhige, nach innen gekehrte Meditierende unweigerlich wieder von den in ihm erwachenden Verlangen nach materiellen Tätigkeiten getrieben werden. Sofern er dann kein höheres Ziel vor Augen hat, werden ihn seine Verlangen erneut auf die unteren Bewußtseinsebenen hinabziehen. Daher kann auch Vijñāna-maya nur als relative Ebene der Selbsterkenntnis eingestuft werden, denn auch sie ist noch nicht von wirklich anhaltender Dauer, da sie dem aktiven Prinzip des Bewußtseins nicht ausreichend Rechnung trägt.

• 5. *Ānanda-maya* – die Stufe der Transzendenz (*Ānanda* heißt «transzendentale Glückseligkeit»). Jedes Lebewesen strebt nach Glückseligkeit, doch erst auf dieser fünften Stufe des Bewußtseins sucht es sie nicht mehr in der Materie und mit materiellen Mitteln, sondern wird in seiner wesensgemäßen Stellung aktiv: «Ich diene, also bin ich.»

Spinoza und Pascal

Einer der bedeutendsten Philosophen des Barock-Zeitalters ist der Holländer *Benedictus Spinoza* (1632-1677), der Sohn einer aus Spanien eingewanderten jüdischen Familie. Seine Werke, beeinflußt von Giordano Bruno und Descartes, wurden zu seinen Lebzeiten kaum beachtet oder bestenfalls verspottet, die katholische Kirche setzte sie auf den Index der verbotenen Bücher, und er selbst wurde mit jungen Jahren wegen «Irrlehren» aus der jüdischen Synagoge exkommuniziert. Erst Ende des 18. Jahrhunderts kam es zu einer positiveren Beurteilung Spinozas (Neospinozismus), der besonders Schelling, aber auch Herder und Goethe, Schopenhauer und Nietzsche beeinflußte.

Im Gegensatz zu Descartes, der eine deutlich dualistische Philosophie vertrat und die Persönlichkeit Gottes anerkannte, stellt Spinozas Denken einen reinen Monismus dar und weist in ihrem pessimistischen Grundton deutliche Ähnlichkeiten mit dem Buddhismus auf. Spinoza leugnete die Persönlichkeit Gottes und vertrat eine pantheistische oder gar atheistische Weltsicht. Für unsere Betrachtung des Reinkarnationsgedankens besitzt er allerdings keine Bedeutung.

Auch der französische Mathematiker, Theologe und Philosoph *Blaise Pascal* (1623-1662), ein weiterer einflußreicher Barock-Philosoph, ging in seinem widersprüchlichen, zwischen mathematischer Logik und fanatischer Frömmigkeit und Gottergebenheit schwankenden Schaffen (Hauptwerk: «Pensées sur la religion») nicht auf die Seelenwanderung ein.

Leibniz

Anders verhält es sich bei *Gottfried Wilhelm Leibniz* (1646-1716), der zurecht als das größte deutsche und wohl auch als das letzte europäische Universalgenie bezeichnet werden darf und dessen Vielseitigkeit in der deutschen Geistesgeschichte ohne Beispiel geblieben ist. Er studierte bereits mit 15 Jahren an den Universitäten zu Leipzig und Altdorf, wo er mit zwanzig den Doktorgrad erlangte. Leibniz gilt als der Begründer der neueren deutschen Philosophie, und neben dieser beherrschte er praktisch alle Wissensgebiete und leistete in fast allen Hervorragendes. So betätigte er sich als Rechtswissenschaftler (Rat im Mainzer Revisionsgericht), Historiker, Bibliothekar, Mathematiker (Differential- und Integralrechnung), Psychologe (Begriff der unbewußten Vorstellungen), Sprachwissenschaftler (Erforschung einer Ursprache), Erdgeschichtler u.a. Außerdem begründete er die Berliner Akademie der Wissenschaften (1700). Leibniz war bekanntermaßen ein Kenner der chinesischen und indischen Geisteswelt, und so finden wir in seinem philosophischen Schaffen einige bemerkenswerte Parallelen zu den vedischen Schriften.

Im Mittelpunkt seiner Philosophie steht die sogenannte *Monadenlehre* (aus griech. *monas*, «Einheit») – ein Begriff, der bereits von Giordano Bruno eingeführt und auch von Descartes verwendet worden war. Leibniz geht davon aus, daß genauso, wie eine Nation aus individuellen Personen besteht, auch das gesamte Universum aus einer unbegrenzten Anzahl aktiver Lebewesen, Monaden genannt, zusammengesetzt ist. Er beschreibt eine Monade als eine punktförmige, bewußte, individuelle (also einmalige) Energiesubstanz, mit anderen Worten: eine Seele. Die große Gemeinschaft der Monaden erstreckt sich vom Menschen aus sowohl aufwärts als auch abwärts quer durch die gesamte Schöpfung:

> Daher gibt es nichts Ödes, nichts Unfruchtbares, nichts Totes in der Welt; kein Chaos, keine Verwirrung, außer nur scheinbare... Indessen darf man sich nicht einbilden, ...daß jede Seele eine Masse oder ein Stück Materie habe, welche ihr für immer zu eigen gehöre oder zugewiesen sei... Vielmehr befinden sich alle Körper in einem immerwährenden Ab- und Zuflusse wie die Ströme, und es treten fortwährend Teile ein und aus. Daher wechselt die Seele den Körper nur allmählich und stufenweise, dergestalt, daß sie niemals auf einen Schlag all ihrer Organe beraubt ist. (Monadologie, 69-72)

Sämtliche dieser individuellen Monaden entstammen aber einem gemeinsamen Urgrund, der höchsten Monade, die sich durch unendliches Bewußtsein und Allwissenheit auszeichnet (Gott). Ein Vers aus den vedischen *Upaniṣaden* bringteine ähnliche Auffassung zum Ausdruck:

> Unter allen ewigen und bewußten Lebewesen gibt es ein höchstes, ewiges und bewußtes Wesen. Dieser höchste Eine hat die Welt so geschaffen, daß in ihr alle Wünsche der Lebewesen erfüllt werden können. (*Kaṭha Upaniṣad* 2.2.13)

Gemäß Leibniz gab der Schöpfer der Welt in Seine Schöpfung eine bereits im voraus angelegte («prästabilierte») Harmonie ein, so daß innerhalb des Universums eine vollkommene Vernunftmäßigkeit und eine logische Gesetzmäßigkeit herrscht. Er sagt jedoch: «Die Welt ist keine Maschine. Alles in ihr ist Kraft, Leben, Denken, Wünschen.» Im Gegensatz zu Spinoza, dessen Lehre er offen kritisierte, vertrat Leibniz also keine pantheistische Māyāvāda-Philosophie, sondern anerkannte die Existenz eines allmächtigen, allwissenden und allgütigen persönlichen Gottes.

Aus dieser in ihrem Grundzug zutiefst optimistischen Weltsicht ergibt sich jedoch folgerichtig das Problem der *Theodizee*, welches den zweiten Schwerpunkt im Leibnizschen Denken bildet. Seine wohl bekannteste, im Jahre 1710 in zwei Bänden erschienene Schrift «Theodizee» («Betrachtung der Güte Gottes, der Freiheit des Menschen und des Ursprungs des Bösen») wurde dann auch zum theologischen Grundwerk des 18. Jahrhunderts, und kaum ein europäischer Denker vor oder nach Leibniz hat diese Thematik in derart klarer und treffender Weise behandelt. Wir wollen seine umfangreiche Argumentation hier nur in knappster Form wiedergeben:

Den Ausgangspunkt bildet die Aussage, daß Gott bei der Schöpfung der materiellen Welt unter allen möglichen Welten die beste erschaffen habe, was sich bereits aus der Definition Gottes ergebe. Denn wäre die geschaffene Welt nicht die bestmögliche, gäbe es also noch eine bessere, so müßte Gott diese entweder nicht gekannt haben (dies jedoch widerspräche Seiner Allwissenheit), sie nicht zu schaffen vermocht haben (dies widerspräche Seiner Allmacht) oder aber sie nicht gewollt haben (dies hingegen widerspräche Seiner Allgüte).

Hieraus ergibt sich die eigentliche Fragestellung der Theodizee: Warum gibt es in dieser Welt dann Leid, Unvollkommenheit und Sünde? – Leibniz' Antwort: Die geschaffenen Wesen in dieser Welt können gar nicht anders als unvollkommen sein, denn wären sie vollkommen, so wären sie Gott gleich; unvollkommene Wesen aber besitzen auch unvollkommene Empfindungen, wie zum Beispiel jene des Leidens, und sie müssen in ihrer Unvollkommenheit unvermeidlicherweise auch fehlen und sündigen, vor allem da ihnen Gott die Gabe des freien Willens verliehen hat.

Auch die Veden beschreiben, daß die in der geschaffenen Welt bedingten Lebewesen *a priori* mit vier Mängeln behaftet sind, die sich nur schon aus der Tatsache ergeben, daß sie einen materiellen Leib angenommen haben. Diese vier Mängel oder Unvollkommenheiten der bedingten Seele sind:

1. *Bhrama* – die Tendenz, Fehler zu begehen («Irren ist menschlich»).
2. *Pramāda* – die Tendenz, sich zu täuschen, das heißt, unter dem Einfluß von Illusion (*Māyā*) zu stehen.
3. *Vipralipsā* – die Neigung, sowohl sich selbst als auch andere zu betrügen.
4. *Karaṇāpātava* – die Tatsache, unvollkommene Sinne und einen unvollkommenen Verstand zu besitzen.

Die Veden erklären, daß es für eine solcherart bedingte Seele innerhalb der materiellen Welt immer Unzulänglichkeiten, Fehler und Leiden geben wird, solange sie sich nicht durch einen Pfad der spirituellen Erhebung läutert und sich von dem in ihrem Körper inhärent vorhandenen Mängeln befreit, indem sie sich in die transzendentale Welt erhebt, die vollständig jenseits des geschaffenen Kosmos liegt. Diese transzendentale Welt wird als ewig (sat), voller Bewußtsein (cit) und voller stetig zunehmender Glückseligkeit (ānanda) beschrieben, während die materielle Welt zwar harmonisch geschaffen wurde, nichtsdestoweniger aber vergänglich und leidvoll ist. Und die Tatsache, daß es hier Mängel und Leiden gibt, wird in diesem Lichte gar als positive Anregung gewertet, sich auf den spirituellen Pfad zu begeben.

Leibniz, der zu derselben Schlußfolgerung gelangt ist, fragte: Woher wissen wir denn, daß der Hauptzweck der Welt darin besteht, daß der Mensch von seinem Leiden frei werde? Damit stellte er sich bewußt gegen die herrschende christliche Lehrmeinung, wonach Gott das Leiden in der Welt nur geschaffen habe, um den Menschen durch Jesus Christus wieder von diesem Leid zu erlösen. Diese Auffassung vom göttliche Heilsplan ließ jedoch eine Vielzahl von Fragen unbeantwortet, weshalb Leibniz überhaupt die Diskussion über das Theodizeeproblem aufgriff.

Auf den Reinkarnationsgedanken geht Leibniz am konkretesten in einer seiner essentiellsten Schriften: «Neue Abhandlungen über den menschlichen Verstand» (1707) ein. Hieraus seien einige Ausschnitte angeführt (in der Übersetzung von Ernst Cassirer, 1915):

> Nach dem neuen System befolgen Seele und Körper aufs vollkommenste die ihnen eigentümlichen Gesetze, während doch andererseits beide einander, soweit es nötig ist, gehorchen. Endlich habe ich, seitdem ich über dieses System nachdenke, gefunden, inwiefern die Tatsache, daß auch die Tiere Seelen und

sinnliche Empfindungen besitzen, in keiner Weise gegen die Unsterblichkeit der menschlichen Seele spricht: ja wie vielmehr nichts geeigneter ist, unsere natürliche Unsterblichkeit zu sichern, als die Annahme, daß alle Seelen unvergänglich sind. (S. 35)

Wenn die Seelenwanderung nicht im strengen Sinne genommen wird, d.h. wenn man annehmen wollte, daß die Seelen den gleichen subtilen Körper bewahren und nur den gröberen Körper wechseln, so würde sie möglich sein, ja es ließe sich dann sogar der Übergang einer Seele in den Körper einer anderen Art, gemäß der Ansicht der Brahmanen und der Pythagoreer, denken. (S. 244)

Wenn nun dieser Übergang der Seelen wahrhaft stattfände, wenigstens in der vorher von mir erläuterten möglichen Weise, daß nämlich die Seelen, indem sie feine Körper behielten, plötzlich in andere gröbere Körper übergingen, so könnte es immerhin sein, daß irgendein Moderner das gleiche Individuum wie Nestor oder Sokrates wäre, ja daß jemand, der tief genug in sein Wesen eindringen würde, diese Identität zu erkennen vermöchte: auf Grund der Eindrücke und charakteristischen Merkmale, die in ihm von allem dem, was Nestor oder Sokrates getan haben, zurückgeblieben sind und die ein höherer Geist, wenn er scharfsinnig genug hierzu wäre, auch in ihm lesen könnte. (S. 253)

Henry More

Schließlich sei unter den Barockphilosophen der englische Dichter *Henry More* (1614-1687) genannt, der zu den sogenannten «Platonikern der Schule von Cambridge» gehörte und dessen Werk ebenfalls eindeutige Aussagen in bezug auf den Reinkarnationsgedanken enthält. Auch in seinem Denken finden wir eine Monadenlehre, wobei More (wie Leibniz) die Monaden als beseelte Individuen auffaßte, im Gegensatz zu Descartes, der sie als mechanische Korpuskeln dachte (hierzu ist ein Briefwechsel zwischen More und Descartes aus den Jahren 1648/49 überliefert). In seinem Essay «The Immortality of the Soul» («Die Unsterblichkeit der Seele») schreibt er:

Wenn es für die Seele des Menschen überhaupt gut ist zu existieren, dann je früher desto besser... Weshalb die Präexistenz der Seele eine notwendige Folge der Weisheit und Allgüte Gottes ist... Das Antlitz der Vorsehung in der Welt paßt sehr gut zu dieser Vorstellung, da nichts so natürlich und selbstverständlich jene Dinge erklärt, die dem menschlichen Dasein so große Probleme bereiten, wie eben diese Hypothese: daß die Seele bereits in einem anderen Körper existiert hat... und daß sie sich durch ihr eigenes Wesen allerlei Elend und harten und traurigen Schicksalsschlägen ausgesetzt sehen, als selbst auferlegte Strafe, als Krankheit, die von den unzähligen Verirrungen ihrer eigenen Abtrünnigkeit herrührt. Welcher Schlüssel öffnet dieses verworrene Geheimnis, woher die fatale Aversion mancher Menschen gegen alles Religiöse und Tugendhafte stamme, ihre Dummheit und Stumpfheit und ihre unbezwingbare Trägheit in diesen Dingen bereits von Kindheit an und ihre unverbesserliche Neigung, allen möglichen Lastern zu frönen? ... Welch traurige Trugbilder müssen die Wege der göttlichen Vorsehung bewölken und verfinstern und sie gänzlich unverständlich scheinen lassen, solange die hier behandelte Hypothese kein Licht auf diese Finsternis wirft? ...

Und da diese Hypothese in sich selbst vernünftig ist, so hat sie auch die Zustimmung aller Philosophen aller Zeiten gefunden und eines jeden Zeugnisses, das die Seele des Menschen je für unkörperlich und unsterblich gehalten hat. In welches Land der Erde, das je für Weisheit und Literatur berühmt war, wir also unser Auge lenken – unter den Weisesten aller Nationen finden wir Verfechter dieses Gedankens. In Ägypten, dieser ältesten Nährmutter aller geheimen Wissenschaften, blühte diese Lehre in den weisesten Köpfen der Zeit, wie die Fragmente des Trismegistos ausreichend bezeugen... Eine Ansicht, nicht nur unter den Gymnosophisten und anderen Weisen Ägyptens, sondern auch unter den Brahmanen Indiens, den Magis des alten Babylon und Persien... Hierzu ließe sich die verworrene Philosophie der Juden fügen, die sie ihre Kabbala nennen, wo die Lehre der Präexistenz der Seele einen beträchtlichen Raum einnimmt, zu welcher sich die Gelehrtesten der Juden bekennen...

Auch Zarathustra, Pythagoras, Epicharmus, Cebes, Euripides, Platon, Euklid, Philo, Vergil, Marcus Cicero, Plotin, Iamblichus, Proclus, Boethius, Psellus und viele andere, die alle aufzuzählen wohl zu lange dauerte. Und stünde es an, auch Kirchenväter unter die Philosophen zu reihen, fügten wir dieser Liste noch Synesius und Origenes hinzu, wovon letzterer gewiß das größte Licht und Bollwerk war, das die Christenheit je gekannt...

SIEBTER TEIL: DAS ZEITALTER DER AUFKLÄRUNG

Das 18. Jahrhundert gilt als das Zeitalter der Aufklärung, das «Zeitalter der Vernunft». Diese Aufklärung war universaler als ihre Vorformen; sie entfaltete eine ungeheure Breitenwirkung und ergriff, vor allem in England und in Frankreich, das ganze soziale Leben, indem sie nicht nur ideell, sondern mit der Französischen Revolution (1789) auch praktisch-politisch die letzten Konsequenzen zog. Die Aufklärung war, wie es *Voltaire* als einer ihrer bedeutendsten Vertreter ausdrückte, auch die Epoche der nunmehr entfalteten modernen Wissenschaft: «Das Zeitalter der Religion und der Philosophie ist dem Jahrhundert der Wissenschaft gewichen.»

Die Welt wurde jetzt eher statisch als dynamisch aufgefaßt, als ein der göttlichen Hilfe nicht mehr bedürftiger Kosmos, wobei Gott als existenter letzter Urgrund der Welt akzeptiert, die Möglichkeit Seines Eingreifens in den Lauf der einmal bestehenden Welt jedoch verworfen wird (sogenannter *Deismus*). Die Welt ist eine berechenbare, zweckmäßige, auf Vernunft gegründete Maschine geworden.

Gleichzeitig wurden aber auch die Grenzen dieser Wissenschaftlichkeit erkannt. Der Engländer *Isaak Newton* (1643-1727), der als der größte Forscher seiner Zeit galt und dessen Physik den nach Descartes benannten Kartesianismus verdrängte, beschloß sein eindrückliches Lebenswerk mit den Worten: «Sein und Wissen ist ein uferloses Meer: Je weiter wir vordringen, umso unermeßlicher dehnt sich aus, was noch vor uns liegt. Jeder Triumph des Wissens schließt hundert Bekenntnisse des Nichtwissens in sich.»

Der Triumph des *Rationalismus* (Vernunftphilosophie) führte auch zu einer radikalen Abkehr von aller Tradition, und der Gegensatz zu den überlieferten weltanschaulichen, kirchlichen und sozialen Verhältnissen (wie unumstrittene Kirchenmacht, religiöse Intoleranz und Feudalismus) äußerte sich in den neuen Schlagworten: Natur, Mensch, Menschenrechte und eine mündig gewordene, «aufgeklärte» *Vernunft*. Nur das Natürliche galt als gut, und durch das «natürliche Licht» seien alle sozialen, wirtschaftlichen und philosophischen Probleme zu lösen. Der selbstdenkende Verstand des Menschen solle nicht über die Erfahrung hinausschweifen *(Empirismus)*, sich keinen fremden Gesetzen unterwerfen und alle Autoritäten außer seiner selbst kritisieren.

Das Zeitalter der Aufklärung eröffnete jedoch noch eine ganz andere, unerwartete Dimension: In ihrem Klima des wissenschaftlich-vernunftbetonten, zukunftsgerichteten Strebens erfolgte auch der endgültige Durchbruch des Reinkarnationsgedankens in der neuzeitlichen abendländischen Geistesgeschichte. Dieser wurde, wie wir im folgenden sehen werden, von den jeweils führenden Denkern jeder Nation nicht mehr als bloßer religiöser Glaube, sondern als die einzig vernünftige Erklärung der Welt angenommen.

Die Aufklärung in England

Im 18. Jahrhundert fand die gesamte englische Philosophie ihren Höhepunkt und übte ihren bedeutendsten Einfluß auf das europäische Geistesleben aus. Von England aus wurde die große europäische Bewegung der Aufklärung, dort als *Enlightenment* (also «Erleuchtung») bezeichnet, eingeleitet. Die englische Aufklärung zeichnete sich durch einen radikalen Empirismus aus, das heißt durch ein völliges Ablehnen der Spekulation und ein unerschütterliches Beharren auf der Erfahrung als der Grundlage allen Wissens und aller Philosophie. Dies wurde vor allem deutlich bei *John Locke* (1632-1704), der als der eigentliche Begründer der Aufklärungsphilosophie gilt, sowie auch bei dem Iren *George Berkeley* (1685-1753).

Ein starkes Gegengewicht zu ihrem reinen Empirismus bildete der schottische Philosoph, Historiker und Jurist *David Hume* (1711-1776), der der Überwinder des englischen Rationalismus genannt wurde. Hume untersuchte in seiner «skeptischen» Philosophie insbesondere das Gesetz der kausalen Verbindung von Ursache und Wirkung (ohne jedoch den entsprechenden Sanskrit-Begriff Karma zu kennen) und forderte nicht nur eine auf Vernunft gegründete «natürliche Religion» ohne sektiererischen Fanatismus oder blinden Glauben, sondern auch eine umfassende religiöse Toleranz. Über die Reinkarnation schrieb er, wenngleich er nicht vollumfänglich von deren Richtigkeit überzeugt war, in seinem Essay «Of the Immortality of the Soul» («Über die Unsterblichkeit der Seele», 1739):

> Es ist ein Gemeinplatz der Metaphysik, daß die Seele immateriell und daß es für das Denken unmöglich ist, einer materiellen Substanz anzugehören... Das, was unvergänglich ist, ist auch unerzeugbar. Folglich existierte die Seele, wenn sie unsterblich ist, vor unserer Geburt. Und wenn uns diese frühere Existenz nichts anging, so wird es auch die spätere nicht tun... Die Metempsychose ist daher das einzige System dieser Art, dem die Philosophie Beachtung schenken darf.

Die Aufklärung in Frankreich

Frankreich hatte im 17. und 18. Jahrhundert die führende Rolle in der gesellschaftlichen Entwicklung Europas inne, und die französische Sprache wurde unter allen Gebildeten und an sämtlichen Königshöfen Europas gepflegt. Nach dem Tode des «Sonnenkönigs» *Louis XIV.* (1715) und damit dem Ende des unumstrittenen Absolutismus brach unter den französischen Intellektuellen ein lebhaftes Interesse an allem aus, was England hervorgebracht hatte. In der Politik waren es insbesondere die englischen Ideen des Konstitutionalismus (Verfassungsstaat), der Gewaltenteilung und der Menschenrechte, die durch den Schriftsteller und Politiker *Baron Montesquieu* (1689-1755) erstmals in Frankreich eingeführt wurden.

Unter den Philosophen galt *Voltaire* (1694-1778) als der führende seiner Zeit, dem die meisten europäischen Könige und Fürsten huldigten. Voltaire war bekannt für seinen geistreichen Spott, zugleich aber auch für seine weitreichende Toleranz. *H.J. Störig* schreibt über ihn:

> Das Werk Voltaires zeichnet sich aus durch eine bis dahin nicht gekannte Weite des Gesichtskreises, durch Großzügigkeit in der Behandlung fremder Kulturen und Religionen. Voltaire war einer der ersten, die Größe und Reichtum der fernen Welten Persiens, Indiens und Chinas erfaßten. Europa erscheint nicht mehr als die Welt, sondern als eine geistige Welt neben ebenbürtigen anderen. («Kleine Weltgeschichte der Philosophie», Band 2, S. 35)

In seinen späteren Jahren wurde Voltaire immer mehr zum Pessimisten und unerbittlichen Kirchenhasser und -hetzer, aber dennoch kann er nicht als Atheist bezeichnet werden. Wie schon David Hume, forderte er eine naturbezogene «wahre Vernunftreligion» und sagte: «Wenn Gott nicht existierte, müßte man ihn erfinden; aber die ganze Natur ruft uns zu, daß er existiert.» Zum Thema der Reinkarnation ist folgendes Zitat von Voltaire überliefert:

> Die Lehre von der Metempsychose ist weder widersinnig noch unnütz... Zweimal geboren zu werden ist nicht erstaunlicher als einmal. Auferstehung ist das ein und alles der Natur.

Und in seinem «Philosophischen Wörterbuch» schreibt er unter dem Begriff «Seele»:

> Pherecydes war der erste unter den Griechen, der glaubte, daß die Seelen seit aller Ewigkeit existieren; nicht jedoch, wie angenommen wird, der erste, der sagte, daß die Seele den Körper überlebe... Daß die Seelen so alt sind wie die Welt, ist ein System, das im Osten entstand und von Pherecydes in den Westen gebracht wurde. Ich bin nicht der Auffassung, daß es bei uns ein einziges System gibt, das nicht schon in der Antike gefunden werden kann. Die Bausteine all unserer modernen Gedankengebäude stammen aus den Ruinen der Antike.

Der große Zeitgenosse und Gegenspieler Voltaires war der in Genf geborene Schriftsteller, Philosoph und Pädagoge *Jean-Jacques Rousseau* (1712-1778). In seinen Werken erhob er Anklage nicht nur gegen die Vernunftideale der Aufklärung, sondern gegen jede Form von Kultur und Philosophie, Kunst und Wissenschaft, indem er ihnen vorwarf, sie hätten den Menschen einem naturnahen, glücklichen Urzustand entfremdet und ihm Unschuld, Freiheit und Tugend geraubt. Damit gilt er als der Begründer der modernen Kulturkritik (später von Nietzsche wieder aufgenommen) und bereitete mit seiner Forderung «Zurück zur Natur!» bereits den Gefühlsstandpunkt des Sturm und Drang und der Romantik vor.

Rousseaus Antwort auf die Frage, wie es zur Beendigung des idealen «Naturzustandes» gekommen sei, hat hundert Jahre später auch den französischen Sozialisten Pierre *Joseph Proudhon* («Eigentum ist Diebstahl!») sowie *Karl Marx* beeinflußt. Rousseau schreibt:

> Der erste, dem es in den Sinn kam, ein Grundstück einzuhegen und zu behaupten: das gehört mir, und der Menschen fand, einfältig genug, ihm zu glauben, war der eigentliche Gründer der bürgerlichen Gesellschaft. Wieviel Verbrechen, Kriege, Mordtaten, Elend und Scheußlichkeiten hätte *jener* Mann dem Menschengeschlecht erspart, der die Pfähle herausgerissen, den Graben eingeebnet und seinen Mitmenschen zugerufen hätte: «Hütet euch, diesem Betrüger zu glauben! Ihr seid verloren, wenn ihr vergeßt, daß die Früchte allen gehören und die Erde niemandem!» (aus dem «Discours über die Ungleichheit», 1753)

Hier spricht Rousseau einen Gedanken an, der bereits Jahrtausende vor ihm in der vedischen Kultur gewirkt hatte — dort als das *Īśāvāsya*-Prinzip bezeichnet. Sowohl in den *Upaniṣaden* (*Īśa Upaniṣad*, Mantra 1) als auch in den *Purāṇas* (*Śrīmad-Bhāgavatam* 8.1.10) findet sich der folgende Vers:

> Gott beherrscht und besitzt alles Beseelte und Unbeseelte im Universum. Der Mensch soll daher nur die Dinge annehmen, die er braucht und die ihm als Anteil zur Verfügung gestellt sind. Er soll nicht nach dem Eigentum anderer trachten.

In der Erläuterung zu diesem Vers schreibt Śrīla Prabhupāda:

> Der Mensch sollte intelligent genug sein zu verstehen, daß außer Gott niemand der Besitzer irgendwelcher Dinge ist. Er sollte deshalb nur die Dinge annehmen, die Er ihm als Anteil zur Verfügung stellt... Ein Haus beispielsweise besteht aus Erde, Holz, Stein, Eisen, Zement und noch vielen anderen materiellen Dingen, und wenn wir im Sinne der *Upaniṣaden* denken, müssen wir verstehen, daß wir diese Baustoffe nicht selbst herstellen können. Wir können sie nur zusammenfügen und durch unsere Arbeit verschiedene Formen annehmen lassen. Ein Arbeiter kann nicht den Anspruch erheben, der Besitzer eines Gegenstandes zu sein, nur weil er schwer gearbeitet hat, um ihn anzufertigen.
>
> In der modernen Gesellschaft finden ständig Auseinandersetzungen zwischen Arbeitern und Unternehmern statt... Die Menschen sollten die vedische Weisheit der *Upaniṣaden* annehmen und sich nicht um materiellen Besitz streiten... Es kann keinen Frieden geben, wenn die Kommunisten oder die Kapitalisten oder irgendeine andere Partei Besitzanspruch auf die Schätze der Natur erheben, die das alleinige Eigentum Gottes sind.

Die Aufklärung in Deutschland

Die deutsche Aufklärung war um einiges weniger radikal und einschneidend als die englische oder die französische und brachte keine vergleichbaren Geister hervor. Als ihr Hauptvertreter wird meist der eher farblose Philosoph *Christian Wolff* (1679-1754) genannt, dessen Lehre bis zum Erscheinen der Hauptwerke *Immanuel Kants* die deutschen Universitäten beherrschte. Bevor wir uns jedoch Kant zuwenden, sei noch auf eine weitere, höchst interessante Persönlichkeit hingewiesen:

Friedrich II. der Große (1712-1786), König von Preußen seit 1740, war nicht nur König und Förderer zahlreicher Künstler und Philosophen, sondern selbst einer der führenden Denker seiner Zeit, und seine gesammelten Werke füllen über 30 Bände. Er hatte einen über ein Jahrzehnt andauernden Briefwechsel mit *Voltaire* unterhalten, der ab 1750 zwei Jahre an seinem Hof in Potsdam (Berlin) weilte, mit dem er sich später jedoch wieder zerwarf. Zeitlebens beschäftigte sich der königliche Philosoph mit dem Mysterium des Todes, wie seine zahlreichen Briefe anschaulich dokumentieren. In den von Robert Rehlen gesammelten «Aussprüchen und Gedanken» Friedrichs des Großen finden wir folgende Bemerkung aus seinem Todesjahr 1786, die seinen selbstverständlichen Glauben an das Gesetz der Reinkarnation zum Ausdruck bringt:

> Ich fühle nun, daß es mit meinem irdischen Leben bald aus sein wird. Da ich aber überzeugt bin, daß nichts, was einmal in der Natur existiert, wieder vernichtet werden kann, so weiß ich gewiß, daß der edlere Teil von mir darum nicht aufhören wird zu leben. Zwar werde ich wohl im künftigen Leben nicht König sein, aber desto besser: ich werde doch ein tätiges Leben führen und noch dazu ein mit weniger Undank verknüpftes. (Nr. 1094)

Ihren eigentlichen Höhe- und Wendepunkt fand die Aufklärungsphilosophie jedoch in dem Deutschen *Immanuel Kant* (1724-1804), der als einer der ganz Großen der abendländischen Philosophiegeschichte betrachtet werden muß: «Die Philosophie wird niemals wieder so naiv sein wie zu früheren, schlichteren Zeiten; sie mußte anders und tiefer werden, weil Kant gelebt hat.» (*H.J. Störig*, S. 102) «Das Kronjuwel in der Krone Friedrichs des Großen war Immanuel Kant.» *(Arthur Schopenhauer)*

In der preußischen Stadt Königsberg geboren, die er zeitlebens nie verließ, studierte Kant an der dortigen Universität zunächst Theologie, dann Philosophie und Naturwissenschaften und wirkte später vierzig Jahre lang als Professor für Logik und Metaphysik. Er gilt gleichzeitig als der Vollender und auch als der Überwinder der Aufklärung, die er selbst als den «Ausgang des Menschen aus seiner selbstverschuldeten Unmündigkeit» definierte.

In seiner Hauptschrift «Kritik der reinen Vernunft» (1781) setzte sich Kant sowohl mit dem einseitigen Empirismus eines *John Locke* (der behauptet hatte: «Es ist nichts im Verstande, was nicht vorher in den Sinnen gewesen wäre») auseinander, als auch mit dem diesem entgegengesetzten dogmatischen Rationalismus, wonach nur das wahr ist, was der Mensch mit seiner Vernunft über die Welt aussagen kann.

Quer durch sein umfangreiches Gesamtwerk stoßen wir immer wieder auf den Reinkarnationsgedanken, so bereits in seinem Frühwerk «Allgemeine Naturgeschichte und Theorie des Himmels» (1755), in dem er eine mögliche Seelenwanderung über verschiedene Planeten des Universums beschreibt. (Das entsprechende Zitat haben wir bereits in Kapitel 4 des vorliegenden Buches angeführt, dort im Abschnitt *Reinkarnation auf anderen Planeten*.)

Auch in der «Kritik der reinen Vernunft» spricht Kant über das Phänomen der Präexistenz der Seele und der Reinkarnation sowie über die Existenz einer transzendentalen Welt, woher die Seelen ursprünglich stammen:

> Die Zufälligkeit der Zeugungen, die bei Menschen, sowie beim vernunftlosen Geschöpfe, von der Gelegenheit, überdem aber auch oft vom Unterhalte, von der Regierung, deren Launen und Einfällen, oft sogar vom Laster abhängt, macht eine große Schwierigkeit wider die Meinung der auf Ewigkeiten sich erstreckenden Fortdauer eines Geschöpfs, dessen Leben unter so unerheblichen und unserer Freiheit so ganz und gar überlassenen Umständen zuerst angefangen hat... Aber in Ansehung eines jeden Individuums eine so mächtige Wirkung von so geringfügigen Ursachen zu erwarten, scheint allerdings bedenklich.
>
> Hierwider könnt ihr aber eine transzendentale Hypothese aufbieten: daß alles Leben eigentlich nur intelligibel sei, den Zeitveränderungen gar nicht unterworfen, und weder durch Geburt angefangen habe, noch durch den Tod geendigt werde. Daß dieses Leben nichts als eine bloße Erscheinung, eine sinnliche Vorstellung von dem reinen geistigen Leben, und die ganze Sinnenwelt ein bloßes Bild sei, welches unserer jetzigen Erkenntnisart vorschwebt, und, wie ein Traum, an sich keine objektive Realität habe; daß, wenn wir die Sachen und uns selbst anschauen sollen, wie sie sind, wir uns in einer Welt geistiger Naturen sehen würden, mit welcher unsere einzig wahre Gemeinschaft weder durch Geburt angefangen habe, noch durch den Leibestod aufhören werde. (Transzendentale Methodenlehre, Erstes Hauptstück, Dritter Abschnitt)

In seinem Werk «Vorlesungen Kants über die Metaphysik» (Leipzig, 1894) führt der Philosophieprofessor *Max Heinze* über Kants Ansicht bezüglich der Unsterblichkeit der Seele aus:

> Sehr ausführlich handelt Kant in den Vorlesungen über den Zustand der Seele nach dem Tode, woraus wir sehen, wie viel ihm daran gelegen war, über diesen Punkt einige Gewißheit zu erlangen; mit diesem bringt er aber auch den Zustand der Seele vor der Geburt in Verbindung, und zwar spricht er darüber mit einiger Sicherheit... Der Anfang des Lebens ist die Geburt, das ist aber nicht der Anfang des Lebens der Seele, sondern des Menschen. Geburt, Leben und Tod sind also nur Zustände der Seele, da die Seele eine einfache Substanz ist, also nicht erzeugt werden kann, wenn der Körper erzeugt, auch nicht aufgelöst werden kann, wenn der Körper aufgelöst wird. Denn der Körper ist nur die Form der Seele. Die Substanz [der Seele] bleibt, wenn auch der Körper vergeht, und die Substanz ist auch dagewesen, als der Körper entstand... (S. 546f.)

Wie verwandt diese Formulierungen mit den Lehren der *Bhagavad-gītā* sind, zeigt der folgende Vers:

> Für die Seele gibt es zu keiner Zeit Geburt oder Tod. Sie ist nicht entstanden, sie entsteht nicht, und sie wird nie entstehen. Sie ist ungeboren, ewig, immerwährend und urerst. Sie wird nicht getötet, wenn der Körper getötet wird. (Bg. 2.20)

G.E. Lessing

Der größte Verfechter des Reinkarnationsgedankens im 18. Jahrhundert war jedoch nicht Kant, sondern der Dichter, Dramatiker und Philosoph *Gotthold Ephraim Lessing* (1729-1781), ein unerbittlicher Kämpfer gegen die Unfreiheit des Geistes, für die Menschlichkeit und die religiöse Toleranz und ein Kritiker und Überwinder der Aufklärung.

Im Schlußteil seines Hauptwerkes «Erziehung des Menschengeschlechts» (1780), einer aus nur 100 kurzen Paragraphen bestehenden Schrift, formuliert Lessing seine Überzeugung der Seelenwanderung mit einer Vernunft und Klarheit, die in der europäischen Geistesgeschichte einzigartig dasteht:

> § 92. Und wie? Wenn es nun gar so gut als ausgemacht wäre, daß das große langsame Rad, welches das Geschlecht seiner Vollkommenheit näher bringt, nur durch kleinere schnellere Räder in Bewegung gesetzt würde, deren jedes sein Einzelnes ebendahin liefert?
>
> § 93. Nicht anders! Ebendie Bahn, auf welcher das Geschlecht zu seiner Vollkommenheit gelangt, muß jeder einzelne Mensch (der früher, der später) erst durchlaufen haben. – ‹In einem und ebendemselben Leben durchlaufen haben? Kann er in ebendemselben Leben ein sinnlicher Jude und ein geistiger Christ gewesen sein? Kann er in ebendemselben Leben beide überholet haben?›
>
> § 94. Das wohl nun nicht! – Aber warum könnte jeder einzelne Mensch auch nicht mehr als einmal auf dieser Welt vorhanden gewesen sein?
>
> § 95. Ist diese Hypothese [der Metempsychose] darum so lächerlich, weil sie die älteste ist? Weil der menschliche Verstand, ehe ihn die Sophisterei der Schule zerstreut und geschwächt hatte, sogleich darauf verfiel?
>
> § 96. Warum könnte auch ich nicht hier bereits einmal alle die Schritte zu meiner Vervollkommnung getan haben, welche bloß zeitliche Strafen und Belohnungen den Menschen bringen können?
>
> § 97. Und warum nicht ein andermal alle die, welche zu tun uns die Aussichten in ewige Belohnungen so mächtig helfen?
>
> § 98. Warum sollte ich nicht so oft wiederkommen, als ich neue Kenntnisse, neue Fertigkeiten zu erlangen geschickt bin? Bringe ich auf einmal so viel weg, daß es der Mühe wiederzukommen etwa nicht lohnet?
>
> § 99. Darum nicht? – Oder weil ich es vergesse, daß ich schon dagewesen? Wohl mir, daß ich es vergesse! Die Erinnerung meiner vorigen Zustände würde mir nur einen schlechten Gebrauch des gegenwärtigen zu machen erlauben. Und was ich auf jetzt vergessen muß, habe ich denn das auf ewig vergessen?
>
> § 100. Oder, weil so viel Zeit für mich verloren gehen würde? Verloren? – Und was habe ich denn zu versäumen? Ist nicht die ganze Ewigkeit mein?

Bereits vor Erscheinen der «Erziehung des Menschengeschlechts», nämlich im Oktober 1778, schrieb Lessing eine interessante Bemerkung zu den «Philosophischen Gesprächen» des Pädagogen und Schriftstellers *Joachim Heinrich Campe* (1746-1818), in der von der Verschiedenheit der geistigen Fähigkeiten unter den Menschen die Rede ist:

> Ist es denn schon ausgemacht, daß meine Seele nur einmal Mensch ist? Ist es denn schlechterdings so ganz unsinnig, daß ich auf meinem Wege der Vervollkommnung wohl durch mehr als eine Hülle der Menschheit hindurch müßte? Vielleicht wäre auf diese Wanderung der Seele durch verschiedene menschliche Körper ein ganz neues eigenes System zu gründen? Vielleicht wäre dieses neue System kein anderes als das ganz älteste...

Aus demselben Jahre, 1778, ist auch ein Fragment überliefert, das den Titel trägt «Daß es mehr als fünf Sinne für den Menschen sein können». Dort sagt Lessing:

> Dieses mein System ist gewiß das älteste aller philosophischen Systeme. Denn es ist eigentlich nichts als das System von der Seelenpräexistenz und Metempsychose, welches nicht allein schon Pythagoras und Plato, sondern auch vor ihnen Ägypter und Chaldäer und Perser, kurz alle Weisen des Orients, gedacht haben. Und schon dieses muß ein gutes Vorurteil dafür wirken. Die erste und älteste Meinung ist in spekulativen Dingen immer die wahrscheinlichste, weil der gesunde Menschenverstand sofort darauf verfiel. – Es ward nur dieses älteste, und wie ich glaube, einzig wahrscheinliche System durch zwei Dinge verstellt. Einmal – [hier bricht die Handschrift mitten im Satze ab]

Zu diesem Fragment bemerkt Lessings Bruder, *Karl Lessing*, der die nachgelassenen Werke des Frühverstorbenen herausgegeben und kommentiert hat:

> In den letzten Jahren seines Lebens war auch eine seiner Lieblingsideen die Seelenwanderung. Vermutlich sollte das (obenstehende) Bruchstück von der Möglichkeit mehrerer Sinne gleichsam Vorbereitung und Einleitung zu seiner Abhandlung von der Seelenpräexistenz und Metempsychose sein...

ACHTER TEIL: PHILOSOPHIE UND LITERATUR ZWISCHEN KANT UND GOETHE

Wie wir in den folgenden Teilen dieses fünften Kapitels zur Geschichte des Reinkarnationsgedankens sehen werden, war das Wissen um die Seelenwanderung seit Lessing in der europäischen, insbesondere der deutschen Geistesgeschichte eine allgemein bekannte Tatsache. In gelehrten Kreisen disputierte man weniger über ihre Richtigkeit oder Falschheit, als man sie vielmehr bereits als richtig akzeptierte, um dann mit den verschiedensten Vorstellungen und Gedanken zu spielen, welche Konsequenzen das Naturgesetz der Wiedergeburt auf das praktische Leben haben könnte.

So war der Reinkarnationsgedanke nicht mehr das alleinige Eigentum der analytischen Denker und Philosophen, sondern er wurde mehr und mehr auch von den Dichtern und Künstlern und mit ihnen auch allmählich vom allgemeinen Volk aufgenommen – nicht als bloßer logischer Gedanke und einzig vernünftige Erklärung der Welt, sondern als ein aktiver Lebensimpuls, dessen man sich auch gefühlsmäßig gewiß war. Dies wird insbesondere während der Zeit der Romantik deutlich, auf die wir im nächsten Teil zu sprechen kommen werden; zuvor wollen wir jedoch kurz jene Philosophen und Dichter zu Worte kommen lassen, die unmittelbar nach Immanuel Kant das geistige Leben Deutschlands beeinflußten.

Philosophie: Der Deutsche Idealismus

Die Epoche der deutschen Philosophiegeschichte, die sowohl zeitlich als auch ideell an Kant, über diesen hinausgehend aber auch an Platon und die Neuplatoniker anknüpfte, wird als der Deutsche Idealismus bezeichnet, dessen Hauptvertreter *Fichte, Hegel* und *Schelling* heißen. Auch von ihnen sind Zeugnisse ihrer Kenntnis der Seelenwanderung überliefert.

So erklärt der Philosoph *Johann Gottlieb Fichte* (1762-1814) in dem folgenden Zitat aus seiner Schrift «Die Bestimmung des Menschen» zunächst den Unterschied zwischen der «rein geistigen» (also spirituellen) Seele einerseits, dem wahren Selbst, das unveränderlich und unsterblich ist, und der «sinnlichen Ordnung» (dem materiellen Körper) andererseits, der einer «unübersehbaren Reihe» von Reinkarnationen unterworfen ist. Daran anschließend bringt er seine Überzeugung zum Ausdruck, daß die «Bestimmung des Menschen», zu deren Erfüllung durch die Tat er aufruft, eben darin bestehe, die an die sinnliche Welt gebundene Vergänglichkeit zu überwinden, die «übersinnliche (spirituelle) Welt» zu erfahren und so «die Ewigkeit zu ergreifen», das heißt, sich von dem Kreislauf der Wiedergeburten zu lösen:

> Ich bin Glied zweier Ordnungen; einer rein geistigen, in der ich durch den reinen Willen herrsche, und einer sinnlichen, in der ich durch meine Tat wirke... Diese zwei Ordnungen, die rein geistige und die sinnliche, welche letztere aus einer unübersehbaren Reihe von besonderen Leben bestehen mag, sind von dem ersten Augenblicke der Entwicklung einer tätigen Vernunft an in mir und laufen nebeneinander fort...
>
> Ich bin unsterblich, unvergänglich, ewig, sobald ich den Entschluß fasse, dem Vernunftgesetze zu gehorchen; ich soll es nicht erst *werden*. Die übersinnliche Welt ist keine zukünftige Welt, sie ist gegenwärtig; sie kann in keinem Punkte des endlichen Daseins gegenwärtiger sein als in dem andern; nach einem Dasein von Myriaden Lebenslängen nicht gegenwärtiger sein als in diesem Augenblicke...
>
> Ich ergreife durch jenen Entschluß die Ewigkeit und streife das Leben im Staube und alle anderen sinnlichen Leben, die mir noch bevorstehen können, ab – und versetze mich hoch über sie. Ich werde mir selbst zur eigenen Quelle alles meines Seins und meiner Erscheinungen...
>
> Der Mensch ist nicht Erzeugnis der Sinnenwelt, und der Endzweck seines Daseins kann in derselben nicht erreicht werden. Seine Bestimmung geht über Zeit, und Raum, und alles Sinnliche hinaus. (aus: Drittes Buch. Glaube)

An einer anderen Stelle tritt seine Überzeugung der Reinkarnation und der sich möglicherweise über mehr als ein Leben zu erstreckenden Reinigung sowie auch sein unerschütterliches Streben nach Unsterblichkeit noch deutlicher hervor:

> Es ist der erhabenste Gedanke unter allen, daß ich nie aufhören kann zu wirken und mithin nie aufhören kann zu sein. Das, was man Tod nennt, kann mein Werk nicht abbrechen.

Auch das Denken und Schaffen des schwäbischen Philosophen *Georg Wilhelm Friedrich Hegel* (1770-1831), der zu seiner Zeit das anerkannte Oberhaupt der deutschen Philosophie war und eine Vormachtstellung erreichte, wie sie selbst Kant kaum gehabt hatte, war durchwoben von dem Reinkarnationsgedanken, der, oft unausgesprochen, wie bei Fichte als tragender Unterton vorhanden war. In seinen Vorlesungen über die «Naturreligion» (1824), in denen er unter anderem auf die alte ägyptische Religion und auf die buddhistische Philosophie eingeht, behandelt Hegel dann eingehend die Lehre von der Seelenwanderung, die er als «höher» bezeichnet, da sie nach der Unsterblichkeit strebe und dabei mehrere Verkörperungen zulasse (nachzulesen in: «Vorlesungen über die Philosophie der Religion», Erster Band, S. 134ff.)

Dieser Reinkarnationsgedanke, der sowohl bei Hegel als auch bei seinem jüngeren schwäbischen Philosophenkollegen *Friedrich Wilhelm Josef von Schelling* (1775-1854) auftauchte, wurde bei beiden angeregt durch ihren gemeinsamen Freund und Mitstudenten am Tübinger Stift, den mystischen Dichter *Friedrich Hölderlin* (1770-1843). Die hymnische Dichtung Hölderlins verkörpert wohl am typischsten das idealistische Streben seiner Zeit. Er formulierte den Reinkarnationsgedanken zwar nie konkret in einer Philosophie, aber dennoch ist dieser, wie bei vielen anderen damaligen Dichtern, seine unausgesprochene und natürliche Überzeugung. Es herrscht die Sehnsucht nach vergangenen Zeiten, die man zu kennen wähnt und in denen man Bekanntes sucht:

> ... Hinüberzugehn und wiederzukehren.
> So sprach ich, da entführte
> Mich schneller, denn ich vermutet,
> Und weit, wohin ich nimmer
> Zu kommen gedacht, ein Genius mich
> Vom eigenen Haus. Es dämmerten
> Im Zwielicht, da ich ging,
> Der schattige Wald
> Und die sehnsüchtigen Bäche
> Der Heimat; nimmer kannt ich die Länder;
> Doch bald, in frischem Glanze,
> Geheimnisvoll
> Im goldenen Rauche, blühte
> Schnellaufgewachsen,
> Mit Schritten der Sonne,
> Mit tausend Gipfeln duftend,
> Mir Asia auf, und geblendet sucht
> Ich eines, das ich kennete...
> (in: «Patmos»)

In diesem Zusammenhang schreibt der Gelehrte *Emil Bock* in «Wiederholte Erdenleben» (1932):

> Feierliche, im Gefühl verschwebende, zum Mythos werdende Erinnerungen wurden, da es eine ausgesprochene Philosophie der Wiederverkörperung noch nicht eigentlich geben konnte, zum Quell einer duft- und farbenreichen Wiederverkörperungspoesie... Hierher gehört vor allem das große Erwachen des inneren Griechenland in den Seelen so vieler großen Geister der damaligen Zeit... Keine Seele wurde so elementar von der Erinnerung an die griechische Heimat ergriffen wie Friedrich Hölderlin. (S. 75)

Die starke Auseinandersetzung mit dem Tod und dem, was möglicherweise danach kommen würde, prägte das gesamte Leben und Schaffen Hölderlins und kommt insbesondere in seiner unvollendeten Tragödie «Tod des Empedokles» (1799) zum Ausdruck. Die tragisch-heldenhafte Persönlichkeit des bereits erwähnten sizilianischen Arztes und Wundertäters *Empedokles* (483-423 v.u.Z.), der von seinen Anhängern als Gott verehrt wurde, sich jedoch später aus Sühne über diese Lästerung in den Ätna stürzte, faszinierte Hölderlin sehr, und er legte ihm die folgenden Worte in den Mund:

> [Als der Jüngling Pausanias das baldige «Vergehn»
> des Empedokles beklagte, sprach Empedokles:]
> ... Vergehn? Ist doch
> Das Bleiben gleich dem Strome, den der Frost
> Gefesselt. Töricht Wesen! schläft und hält

Der heilge Lebensgeist denn irgendwo,
Daß du ihn binden möchtest, du, den Reinen?

[Dann später alleine im Monolog, in der Reflexion
über seinen bevorstehenden Tod:]

Ich komme. Sterben? nur ins Dunkel ists
Ein Schritt. Und sehen möchtst du doch, mein Auge!

Im idealistischen Streben und Sehnen werden Vergangenheit und Zukunft, Tod und Leben relativ, und das eine ist Pforte zum anderen. Symbol für die wandernde Seele ist zum Beispiel auch die Sonne und der Kreislauf des Wassers. In einem hymnischen Entwurf mit dem Titel «Palingenesie» (der griechische Ausdruck für Seelenwanderung) schreibt Hölderlin:

> Mit der Sonne sehn' ich mich oft vom Aufgang bis zum Niedergang den weiten Bogen schnell hineilend zu wandeln, oft, mit Gesang zu folgen dem großen Vollendungsgange der alten Natur... Aber es wohnet auch ein Gott in dem Menschen, daß er [der Mensch] Vergangenes und Zukünftiges sieht, und wie vom Strom ins Gebirg hinauf an die Quelle lustwandelt er durch Zeiten.

Hölderlin blieb, obwohl er in Kontakt mit Fichte, Hegel, Schelling und auch Schiller und Herder stand, zu Lebzeiten so gut wie unbekannt, gehörte nie längere Zeit einem Dichterkreis an und verbrachte die letzten Jahrzehnte seines von Tragik und Sehnsucht erfüllten Lebens seit 1806 in trübsinniger Umnachtung in Tübingen.

Literatur: Sturm und Drang

Der Vorläufer der literarischen Epoche der Romantik war die «Geniezeit» des Sturm und Drang (so genannt nach dem gleichnamigen Drama des Dichters *F.M. Klinger*, 1766), die sich von 1756 bis etwa 1790 erstreckte. Der Sturm und Drang ist geprägt durch das Auflehnen der jungen Generation gegen die allzu vernunftbetonte Aufklärung und Philosophie Kants und legt eine starke Betonung auf die irrationalen Kräfte des Gefühls und der Phantasie. Seine Wegbereiter waren die bereits erwähnte Naturphilosophie des Franzosen *Jean-Jacques Rousseau*, die betont religiöse Haltung des deutschen Philosophen *Johann Georg Hamann* (1730-1788) sowie die Schriften des Dichters und Kulturphilosophen *Johann Gottfried Herder* (1744-1803).

Herder, der in Königsberg selbst ein Schüler Kants gewesen war, lehrte, daß zwischen Natur und Mensch ein tiefer Zusammenhang bestehe und daß wahre Kultur wiederum bedeute, diesen freizulegen. Die Kluft zwischen der Natur und der zeitgenössischen Kultur versuchte er durch ein Streben nach den «Ursprüngen» zu überbrücken. Auf der Suche nach diesen Ursprüngen beschäftigte er sich auch intensiv mit den «Liedern der alten Völker», und er besaß einen großen Respekt gegenüber den alten Kulturen des Ostens, insbesondere Indien, das er als «die Wiege des Menschengeschlechtes, menschlicher Neigungen und aller Religionen» bezeichnete. Im Jahre 1792 veröffentlichte Herder persische, arabische und indische Spruchdichtungen, und in seinen «Ideen zur Philosophie der Geschichte der Menschheit» (1784-87) wies er mit Nachdruck auf die ethische und theologische Erhabenheit der «Brahmanenreligion» hin und stellte sich offen gegen die überhebliche Haltung der christlichen Missionare in Indien.

Herders Gedanken über die «Volkspoesie» regten die Dichter des Sturm und Drang (zu denen auch Goethe und Schiller in ihrer Frühzeit zu zählen sind) an, die Überwindung der Aufklärung in Sprache und Dichtung zu vollziehen, insbesondere durch die literarische Form des von Shakespeare beeinflußten Dramas.

In seiner Jugend war Herder von der Reinkarnation überzeugt gewesen und für sie eingetreten (Brief an *Moses Mendelssohn*, 1769), wenn er diesem Gedanken auch später, in: «Drei Gespräche über Seelenwanderung» (1782), wieder skeptisch gegenüberstand. Über diese kurze Abhandlung, in welcher Herders innere Seelenkämpfe und seine tragische Verbitterung zum Ausdruck kommen, schrieb *Goethe* in einem Brief an Frau Charlotte von Stein (die Goethes Ansicht über die Richtigkeit der Reinkarnation nicht teilte): «Herders Gespräche über Seelenwanderung sind sehr schön und werden Dich freuen, denn es sind Deine Hoffnungen und Gesinnungen. Einige Stellen sind ganz allerliebst.» (28.12.1781)

In seinen «Gedanken einiger Brahmanen» diskutiert Herder das Phänomen der Wiedergeburt wie folgt:

> Der alte Mensch in uns soll sterben, damit eine neue Jugend emporkeime. Wie aber soll das zugehen? Kann der Mensch in seiner Mutter Leib zurückgehen und neu geboren werden? Auf diesen Zweifel des alten Nikodemus [Johannes 3,4] kann keine andre Antwort gegeben werden, als «Palingenesie!» [Reinkarnation]. Nicht Revolution, aber eine glückliche Evolution der in uns schlummernden, uns neu verjüngenden Kräfte.
>
> Was wir Überleben unserer selbst, also Tod nennen, ist bei bessern Seelen nur Schlummer zu neuem Erwachen, eine Abspannung des Bogens zu neuem Gebrauche. So ruhet der Acker, damit er desto reicher trage: so erstirbt der Baum im Winter, damit er im Frühling neu sprosse und treibe. Den Guten verlässet das Schicksal nicht, solange er sich nicht selbst verläßt, und unrühmlich an sich verzweifelt. Der Genius, der von ihm gewichen schien, kehrt zu rechter Zeit zurück, und mit ihm neue Tätigkeit, Glück und Freude. (Thiton und Aurora)

Herder war also, wie die Überschrift «Gedanken einiger Brahmanen» verdeutlicht, bereits mit der indischen Philosophie und den *Purāṇas* bekannt. Über die indische Religion schreibt er in «Palingenesie – Das Wiederkommen der Seelen» (1797):

> Bei allen Völkern, welche an die Seelenwanderung glaubten, bemerkt man ausgezeichnet dies Mitgefühl mit Tieren, ja sogar eine Hochachtung gegen einige derselben weit über den Menschen hinaus. Wie hoch steht die Kuh, der Elephant in der Denkart eines Hindus! Dies oder jenes Jagdtier in der Vorstellungsweise eines Jagdvolkes! Von ihrem Reh nimmt Śakuntalā fast einen zärtlicheren Abschied als von ihren Gespielen.

Diese letzte Bemerkung über Śakuntalā bezieht sich übrigens auf die wunderschöne Tochter des Weisen Viśvāmitra, deren Geschichte sowohl im *Śrīmad-Bhāgavatam* (9.20.8-23) als auch in einem Drama des indischen Dichters *Kālidāsa* (um 400-460) erzählt wird, das der Sanskritforscher *Sir William Jones* (1746-1794) ins Englische übersetzt hatte und das seit dem Jahre 1791 auch in Deutsch vorlag.

Von ganz anderer Natur, aber von ebenso großem Einfluß auf die junge Generation des Sturms und Drangs war der Mathematiker und Physiker *Georg Christoph Lichtenberg* (1742-1799), der als einer der geistreichsten Satiriker der deutschen Literaturgeschichte gilt. In seinen «Nachrichten und Bemerkungen des Verfassers über sich selbst» erzählt er: «Schon in meinem achten Jahre wurde ich durch des Glasers S. Knaben auf die Vorstellung von der Seelenwanderung geleitet». (in: «Vermischte Schriften» I,9) Später schreibt er in seiner «Selbstcharacteristik»:

> Ich kann den Gedanken nicht loswerden, daß ich gestorben war, ehe ich geboren wurde, und durch den Tod wieder in jenen Zustand zurückkehre. Es ist ein Glück in mancher Rücksicht, daß diese Vorstellung nicht zur Deutlichkeit gebracht werden kann. Wenn auch der Mensch jenes Geheimnis der Natur erraten kann, so wäre es doch sehr gegen ihr Interesse, wenn er es beweisen könnte. Sterben und wieder lebendig werden mit Erinnerung seiner vorigen Existenz, nennen wir ohnmächtig gewesen sein; wiedererwachen mit anderen Organen, die erst wieder gebildet werden müssen, heißt geboren werden. (II, 16/17)

Wiederum völlig anders, mit Lichtenberg vielleicht einzig durch den gemeinsamen Reinkarnationsgedanken verbunden, war der Zürcher Pfarrer und Religionsphilosoph *Johann Kaspar Lavater* (1741-1801). Lavater hatte im Jahre 1793 eine Reise nach Kopenhagen unternommen, wo er Bekanntschaft mit dem Kreis der «Kopenhagener Freunde», der sogenannten «Schule des Nordens», machte, einer Gruppe, geschart um den Prinzen *Karl von Hessen*, die sich mit allerlei esoterischen Lehren befaßte. Als eine ihrer Grundanschauungen pflegte dieser Kreis die Lehre von der «Rotation» (Reinkarnation), und eine ihrer im Vordergrund stehenden Bemühungen scheint es gewesen zu sein, auf spiritistischem Wege die früheren Verkörperungen der einzelnen beteiligten Persönlichkeiten herauszubekommen. Das zeitgenössische «Tagebuch einer Zürcherin» (teilweise abgedruckt in *O. Stoll*: «Suggestion und Hypnotismus») berichtet hierüber:

> Die Kopenhagener Freunde Lavaters glauben an eine Seelenwanderung. Sie glauben, verschiedene Apostel Jesu lebten wieder auf Erden, ohne sich des ehemaligen Lebens als Apostel wieder bewußt zu sein. Der Prinz Karl von Hessen war der Apostel Petrus, der dänische Staatsminister Andreas von Bernsdorf war der Apostel Thomas. Lavater war einst König Josia von Juda, dann Joseph von Arimathia, dann der Reformator Ulrich Zwingli...

Hierüber schreibt *Emil Bock*, dessen Meinung wir uns anschließen möchten:

> Dieses sensationelle Dokument zeigt uns die Kehrseite davon, daß manche Kreise der damaligen Zeit mit der Wiederverkörperungsidee vertraut waren.

> Wir sehen, wie leicht diese Idee der Gefahr verfiel, durch Mißbrauch zu entarten und zur Karikatur zu werden. Immerhin läßt sich durch die gewiß diesem Tagebuchbericht anhaftende Vergröberung und legendenhafte Ausgestaltung ein Blick in die verborgenen Bewegungen und Gruppierungen des Zeitalters tun. (S. 67f.)

Trotz seiner naiven Leichtgläubigkeit, durch die Lavater solcherlei Spekulationen unter dem Einfluß seiner Kopenhagener Freunde für bare Münze nahm, muß man ihm dennoch in einem entscheidenden Punkte recht geben: Nämlich, wenn er feststellt, daß die biblische Auferstehungslehre der Anschauung von der Reinkarnation durchaus nicht widerspricht, und wenn er fordert, daß mit dem Neuen Testament die göttlichen Offenbarungen für unser Zeitalter nicht als abgeschlossen erklärt werden dürfen. Sein fataler Irrtum bestand allerdings darin, daß er die Kopenhagener «Offenbarungen» bereits für diejenigen hielt, welche die biblischen fortsetzen und vertiefen sollten.

Auch der zur gleichen Zeit in Karlsruhe tätige evangelische Prälat, Lehrer und Volksdichter *Johann Peter Hebel* (1760-1826) war von dem Gedanken an die Seelenwanderung überzeugt. In einem Predigtentwurf zum Thema «Haben wir schon einmal gelebt?» (um 1819) erwägt er alle möglichen Gründe, die gegen und für diesen Gedanken angeführt werden können, wobei er sich selbst jedoch eindeutig auf die Seite der Befürworter der Reinkarnation stellt und zu dem Schluß kommt, daß diese die einzig gültige Erklärungsmöglichkeit für die Phänomene in der Welt darstelle:

> Das Leben ist so süß und doch so beschränkt. Wir hoffen auf ein zweites. – Haben wir vielleicht auch schon ein früheres gelebt?
>
> 1. Gründe für die Verneinung...
>
> 2. Vermutungsgründe für die Bejahung.
>
> a) Es ist doch möglich; hier und anderswo. – Wir hätten aus einer süßen Schale der Lethe [Vergessen] getrunken, und es wartete auf uns eine süßere der Mneme [Erinnerung]. Wie vieles vergessen wir aus diesem Leben!
>
> b) Vielseitigkeit der Erfahrungen; Weisheit ist die Frucht der Erfahrungen; aber wie wenig bietet ein Leben!
>
> c) Und hätten wir denn so gar keine Erinnerungen? Wir bemerken doch:
>
> 1. Leichte Entwicklungen, gewisse Anlagen. Wie, wenn wir diese Fertigkeiten schon einmal besessen hätten?
>
> 2. Gedächtnis für manches. Wie, wenn es Erinnerung wäre?
>
> 3. Vorherrschende Neigungen von Kindheit an. Haben wir sie vielleicht mitgebracht?
>
> 4. Unerklärbare Sympathie. Vorliebe für die Geschichte einzelner Zeitalter, Männer, Gegenden. Sind wir vielleicht einmal dagewesen und mit jenen in Verbindung gestanden?
>
> d) Der Gedanke ist doch so anziehend, so einladend zu süßen Phantasien; z.B.: Ich lebte schon zur Zeit der Mammute, der Patriarchen, war arkadischer Hirte, griechischer Abenteurer, Genosse der Hermannsschlacht, half Jerusalem erobern...
>
> Wenn ich dereinst den goldenen Becher der Mneme getrunken habe; wenn ich sie vollendet habe, so viele Wanderungen; wenn ich mein Ich gerettet habe aus so vielen Gestalten und Verhältnissen, mit ihren Freuden und Leiden ver-

> traut, gereinigt in beiden, welche Erinnerungen, welche Genüsse, welcher Gewinn! (in: Werke II. S. 384)

Ebenso wie bei Hebel finden wir auch beim Lehrer und Dichter *Jean Paul* (1763-1825) eine gründliche Auseinandersetzung mit dem Reinkarnationsgedanken. Dazu haben wir bereits in Kapitel 4 eine längere Passage aus seinem Werk «Selina» angeführt, in welcher Jean Paul mit aller Heftigkeit für diesen Gedanken eintritt (im Abschnitt: *Warum können wir uns nicht erinnern?*).

Aber auch in seinen Novellen und Romanen taucht die Seelenwanderung immer wieder in poetisch-künstlerischer Ausprägung auf, beispielsweise in dem 1793 erschienenen Erziehungsroman «Die unsichtbare Loge» (dort in dem berühmten «Traum vom Himmel»):

> Er starb (kam ihm vor) und sollte den Zwischenraum bis zu seiner neuen Verkörperung in lauter Träumen verspielen. Er versank in ein schlagendes Blütenmeer, das der zusammengeflossene Sternenhimmel war... Warum berauschte aber dieses von der Erde bis an den Himmel wachsende Blumenfeld mit dem rauchenden Geiste von tausend Kelchen alle Seelen, die darüberflogen und in betäubender Wonne niederfielen? ... Die nagenden Wunden des Lebens sollte der Balsamhauch dieses unermeßlichen Frühlings verschließen...

An einer Stelle in seinem Werk «Siebenkäs» (1796/97) zeigt Jean Paul sogar, daß die Reinkarnationslehre selbst dem Atheisten die Möglichkeit gibt, an die Unsterblichkeit zu glauben:

> Für andere, die nicht so weit sind wie ein lesender Magistrand, merke ich noch an, daß mit dem Glauben an den Atheismus sich ohne Widerspruch der Glaube an Unsterblichkeit verknüpfen lasse; denn dieselbe Notwendigkeit, die in diesem Leben meinen lichten Tautropfen von Ich in einen Blütenkelch und unter eine Sonne warf, kann es ja im zweiten wiederholen; ja noch leichter kann sie mich zum zweiten Male verkörpern als zum ersten Male.

Über den Seelenwanderungsglauben des Dichters *Heinrich von Kleist* (1777-1811) haben wir ebenfalls bereits in Kapitel 4, im Abschnitt über die *Reinkarnation auf anderen Planeten*, berichtet. In einem weiteren Brief dieses schon früh verwaisten Suchers, der nach einem tragischen Leben im Alter von nur 34 Jahren den Freitod wählte, kommt seine trotz allem hoffnungsvolle Stimmung zum Ausdruck, wobei ihm der Gedanke des Weiterlebens nach dem Tode Trost und Zuversicht spendet:

> Es kann kein böser Geist sein, der an der Spitze der Welt steht; es ist ein bloß unbegriffener! Lächeln wir nicht auch, wenn die Kinder weinen? Denke nur, diese unendliche Fortdauer! Myriaden von Zeiträumen, jedweder ein Leben und für jedweden eine Erscheinung wie diese Welt! ... Zwischen zwei Lindenblättern, wenn wir abends auf dem Rücken liegen, eine Aussicht, an Ahndungen reicher, als Gedanken fassen und Worte sagen können. Komm, laß uns etwas Gutes tun und dabei sterben! Einen der Millionen Tode, die wir schon gestorben sind und noch sterben werden. Es ist, als ob wir aus einem Zimmer in das andere gehen.

Sieh, die Welt kommt mir vor wie eingeschachtelt; das Kleine ist dem Großen ähnlich. So wie der Schlaf, in dem wir uns erholen, etwa ein Viertel oder ein Drittel der Zeit dauert, da wir uns im Wachen ermüden, so wird, denke ich, der Tod, und aus einem ähnlichen Grunde, ein Viertel oder Drittel des Lebens dauern. Und gerade so lange braucht ein menschlicher Körper zu verwesen. (an O.A. Rühle von Lilienstern, 31.8.1806)

NEUNTER TEIL: DIE ROMANTIK

Der Begriff Romantik bezeichnet die Epoche in der deutschen Literatur von 1797 bis etwa 1830, die literarisch eine direkte Weiterentwicklung des Sturm und Drang und philosophisch die letzte Stufe des Deutschen Idealismus darstellte. An diesen anknüpfend, setzte sie dem Rationalismus der Aufklärung eine neue Lebensphilosophie entgegen, die sich insbesondere durch Gefühl und Innerlichkeit auszeichnete. Die Weltsicht und der Lebenswandel der Romantiker waren erfüllt von Sehnsucht nach der Teilhabe am Unendlichen; in ihren oft mystisch-verschlungenen Werken wurden die Grenzen zwischen Traum, Phantasie und Wirklichkeit aufgehoben, und ihr verändertes Kunstverständnis führte – wie bereits bei Hölderlin – zu einer völlig neuen Auseinandersetzung mit der griechischen Antike und dem Mittelalter.

Die Literaturwissenschaft unterteilt diese Epoche in drei aufeinanderfolgende Phasen, nämlich die Früh-, Hoch- und Spätromantik, deren wichtigste Exponenten wir im Hinblick auf den Reinkarnationsgedanken einzeln betrachten möchten.

Die Frühromantik und die Geburt der Indologie

Das Zentrum der Frühromantik (1797-1804) bildete die deutsche Universitätsstadt *Jena*, wo sich Gelehrte und Dichter aus verschiedenen Teilen des Landes für einige Jahre in einem Freundeskreis zusammenfanden, bevor sich dieser nach dem Sieg Napoleons über die Preußen (Schlacht bei Jena, 1806) auflöste.

Zu den einflußreichsten Persönlichkeiten dieses Kreises gehörten die *Gebrüder Schlegel*, die als die Begründer der modernen Literaturwissenschaft gelten und die auch die Zeitschrift «Athenäum» herausgaben, welche bald zum Sprachrohr des frühromantischen Kreises wurde. Der Freundeskreis pflegte auch engen Kontakt mit dem Idealisten Schelling, der im Jahre 1803 Karoline Schlegel (1763-1809), die ehemalige Gattin A.W. Schlegels, heiratete, die von vielen als der eigentliche Mittelpunkt der Jenaer Romantik beschrieben wird.

Dieser ältere der Gebrüder Schlegel, *August Wilhelm von Schlegel* (1767-1845), zählte zu den bedeutendsten Gelehrten seiner Zeit und war zugleich Dichter, Literaturkritiker und Philologe; zuerst wirkte er als Mitarbeiter Friedrich Schillers, später als Professor an der Universität von Jena. Er schuf die klassische Shakespeare-Übersetzung und übersetzte zudem auch die Dichter Calderon (span.), Dante und Petrarca (italien.). Die für unseren Zusammenhang wichtigste Leistung A.W. Schlegels bestand jedoch darin, daß er später, als Professor in Bonn (seit 1818), der Begründer der *Indologie* in Deutschland wurde. Dort gab er die Fachzeitschrift «Indische Bibliothek» heraus und veröffentlichte als erster Ausgaben vedischer Texte: die *Bhagavad-gītā* (1823), die übrigens der erste Druck mit Sanskritlettern auf dem europäischen Kontinent war, sowie das *Rāmāyaṇa*. Im Jahre 1817 schrieb A.W. Schlegel an den Kronprinzen Ludwig von Bayern:

> Ich glaube, es ist den Deutschen vorbehalten, alles ans Licht zu fördern, was die Werke der indischen Weltweisen und Dichter für die Theorie und Geschichte der Sprachen, für die Aufklärung des Zustandes der Urwelt, ihrer religiösen und philosophischen Begriffe, nebst den ersten Anfängen der Wissenschaft, zu einer so unendlich ergiebigen Quelle macht.

In Schlegels Umfeld sei auch der Gelehrte, Staatsmann und Sprachwissenschaftler *Wilhelm von Humboldt* (1767-1835) genannt, der außer mit den Gebrüdern Schlegel auch eine fruchtbare Freundschaft mit Goethe und Schiller pflegte und im Jahre 1810 die Deutsche Universität in Berlin begründete. Angeregt durch A.W. Schlegel, begann er sich intensiv mit der indischen Kultur und Philosophie zu beschäftigen und bemerkte über die *Bhagavad-gītā*:

> Das schönste, ja vielleicht das einzig wahrhaft philosophische Gedicht, das alle uns bekannten Literaturen aufzuweisen haben... Das Tiefste und Erhabenste, was die Welt aufzuweisen hat. Ich danke Gott, daß er mich so lange hat leben lassen, daß ich dieses Buch noch lesen konnte.

Später trat vor allem auch der Dichter und Philologe *Friedrich Rückert* (1788-1866) als Übersetzer arabischer, persischer, hebräischer, chinesischer und indischer Literatur heraus. Zum Thema der Seelenwanderung finden sich in seiner Spruchdichtung «Die Weisheit des Brahmanen» (1835-39) die folgenden Zeilen:

> O bitt um Leben noch!
> Du fühlst an Deinen Mängeln,
> daß Du nicht wandeln kannst
> schon unter Gottes Engeln.
>
> Erst baut Natur den Leib, ein Haus mit Sinnentoren,
> Worin ein fremdes Kind, der Geist, dann wird geboren.
> Er findet Hausgerät und braucht es nach Gefallen.
> Und wenn er dann das Haus verläßt, wird es zerfallen.
> Doch die Baumeisterin baut immer Neues wieder
> Und lockt den Himmelsgast zur irdischen Einkehr wieder.

Auch der jüngere der Gebrüder Schlegel, der Philosoph, Dichter und Sprachforscher *Friedrich von Schlegel* (1772-1829), hatte in den Jahren 1802-04 in Paris die altindischen Texte studiert und veröffentlichte im Jahre 1808 das Werk «Sprache und Weisheit der Inder». Damit gilt er als der Begründer der deutschen Sanskritforschung sowie auch der vergleichenden Sprachwissenschaft. In einem Brief an Ludwig Tieck schreibt F. Schlegel: «Hier ist eigentlich die Quelle aller Sprachen, aller Gedanken und Gedichte des menschlichen Geistes; alles, alles stammt aus Indien ohne Ausnahme.» (1803) Und in seinem «Gespräch über die Poesie» (1800) brachte er unter anderem folgenden Gedanken zum Ausdruck: «Wären uns nur die

Schätze des Orients so zugänglich wie die des Altertums! Welch neue Quelle von Poesie könnte uns aus Indien fließen...»

In den Vorlesungen über die «Philosophie des Lebens», die er in den Jahren 1804-06 an der Universität Köln hielt (herausgegeben in Bonn 1837), sprach F. Schlegel davon, daß es drei Unsterblichkeitsvorstellungen gibt. Abzulehnen sei dabei diejenige, die Spinoza (unter dem Einfluß des Buddhismus) vertreten habe: daß die Seele sich nach dem Tode unter Verlust ihrer Individualität wieder in das Einssein des Kosmos auflöse. Ebenso abzulehnen sei jedoch auch die entgegengesetzte Anschauung, die dem herkömmlichen christlich-dogmatischen Unsterblichkeitsglauben zugrunde liegt: daß die Seele nach diesem einen Menschenleben eine ewige Existenz entweder in himmlischem Genuß oder in unendlicher Höllenstrafe erwarte. Er argumentierte:

> Die Philosophie hat vorzüglich zwei Grundirrtümer zu widerlegen, nämlich erstens, daß die menschliche Seele sich in nichts auflösen könne, und zweitens, daß die Unsterblichkeit dem Menschen ohne sein Zutun schon völlig gegeben sei... (S. 205)
>
> Die *dritte Meinung* von der Seelenwanderung, die Ansicht des Mystizismus, schon wegen ihres hohen Alters so bemerkenswert, liegt in der Mitte der beiden. Diese läßt die Seele nicht gleich, sondern erst nachdem sie mancherlei Formen gewechselt, in die volle Freiheit übergehen. Wir nehmen hier die Seelenwanderung im allgemeinen Sinne als Fortdauer des Geistes bei abwechselnden Formen und Organen. (S. 202)

Denn:

> Die Frage: ob die Rückkehr in die unendliche Freiheit gleich nach dem irdischen Tode erfolge, kann die Philosophie nicht beantworten... Dürften indes Vermutungen gelten, so müßte behauptet werden, daß der Mensch, so wie er ist, durchaus noch zu unvollkommen, zu irdisch sei, als daß jene höhere Art von Unsterblichkeit sich zunächst auf ihn beziehe; der Mensch müsse noch andere, wenngleich irdische, doch weit mehr geläuterte und verklärte Formen und Entwicklungen durchgehen, ehe er an der ewigen Glorie der göttlichen Lichtwelt unmittelbar teilnehmen könne. (S. 206)

Auch in seinen späten Vorlesungen über die «Philosophie des Lebens» an der Universität zu Wien (1827) ging F. Schlegel noch einmal auf die Lehre der Reinkarnation ein. Inzwischen war er aufgrund seiner Beschäftigung mit den originalen Sanskrittexten auch imstande, die in den Veden beschriebene Wissenschaft der Seelenwanderung gegen die teilweise überromantischen Anschauungen und Spekulationen seiner Zeit abzugrenzen:

> In der letztvergangenen Zeit hat man die Lehre von der Unsterblichkeit der Seele – da doch die eigentliche indische Seelenwanderung, so wie wir sie jetzt genau aus den Quellen kennen, zu ernsthaft und zu traurig ist, um bei unserem Zeitalter viel Beifall und Glauben zu finden – statt dessen nun ganz ins Romantische hinüberzuziehen und jenes Leben als eine Art von astronomischem Spa-

zierenfahren von einem Sterne zum andern mit lebhaften Farben zu schildern gesucht... (S. 193)

Ein weiterer bedeutender Vertreter der Jenaer Romantik ist der frühverstorbene Dichter *Novalis* (1772-1801), eigentlich Friedrich Freiherr von Hardenberg, der mit seiner «Blauen Blume» (aus dem Roman «Heinrich von Ofterdingen», postum 1802) das Symbol des gesamten romantischen Denkens und den Inbegriff der Sehnsucht nach dem Göttlichen schuf. Vor dem Hintergrund seines ahnenden Wissens um die Seelenwanderung hat sich Novalis vielfach mit dem Plan getragen, einen zweiten Teil zu *Lessings* «Erziehung des Menschengeschlechts» zu schreiben und diesen dort behandelten Gedanken weiter auszuführen. Im Traum von der blauen Blume, gleich zu Anfang des «Heinrich von Ofterdingen», spricht ihn Novalis in seiner typischen geheimnisvoll-mystischen Weise aus:

> Er wanderte über Meere mit unbegreiflicher Leichtigkeit; wunderliche Tiere sah er; er lebte mit mannigfaltigen Menschen, bald im Kriege, in wildem Getümmel, in stillen Hütten... Alle Empfindungen stiegen bis zu einer nie gekannten Höhe in ihm. Er durchlebte ein unendlich buntes Leben, starb und kam wieder... (1. Kapitel)

Im Innern des Berges darf Heinrich von Ofterdingen in den Büchern des Grafen von Hohenzollern lesen. Es sind Bücher der fernen Rückschau; und vor allem eines, das in provenzalischer Sprache geschrieben ist, ergreift ihn:

> Es hatte keinen Titel, doch fand er beim Suchen einige Bilder. Sie dünkten ihm ganz wunderbar bekannt, und, wie er recht zusah, entdeckte er seine eigene Gestalt ziemlich kenntlich unter den Figuren... Allmählich fand er auf den andern Bildern die Morgenländerin, seine Eltern, den Landgrafen, die Landgräfin von Thüringen, seinen Freund den Hofkaplan und manche andere seiner Bekannten; doch waren ihre Kleidungen verändert und schienen aus einer anderen Zeit zu sein. Eine große Menge Figuren wußte er nicht zu nennen, doch deuchten sie ihm bekannt. Er sah sein Ebenbild in verschiedenen Lagen. Gegen das Ende kam er sich größer und edler vor... Die letzten Bilder waren dunkel und unverständlich; der Schluß des Buches schien zu fehlen... (5. Kapitel)

Im zweiten Teil des Romans tauchen die Personen des ersten Teils selbst in verwandelter, «reinkarnierter» Gestalt wieder auf («Die Erde lag vor ihm wie ein altes liebes Wohnhaus, das er nach langer Entfernung verlassen wiederfände. Tausend Erinnerungen wurden ihm gegenwärtig...»). Dort finden wir auch das folgende geheimnisvolle Gespräch zwischen dem Pilger und Cyane, aus dem die verborgenen Erinnerungen an frühere Existenzen hervorscheinen:

> Seit wann bist du hier? – Seitdem ich aus dem Grabe gekommen bin. – Warst du schon einmal gestorben? – Wie könnte ich denn leben? – ... Woher kennst du mich? – Oh, von alten Zeiten; auch erzählte mir meine ehemalige Mutter zeither immer von dir. – Hast du noch eine Mutter? – Ja, aber es ist eigentlich dieselbe. – ... – Wo gehen wir denn hin? – Immer nach Hause.

Die Hochromantik

Nach der Eroberung Preußens durch Napoleon (1806) löste sich der Jenaer Dichter- und Philosophenkreis allmählich auf und verlegte sich teilweise nach Berlin, wo um den Dichter, Zeichner und Musiker *E.T.A. Hoffmann* (1776-1822) die Zecherrunde der sogenannten Berliner «Serapionsbrüder» entstand.

Zur gleichen Zeit bildete sich im Süden Deutschlands eine neue Dichtergruppe mit Zentrum in Heidelberg, die den romantischen Gedanken aufnahm und zu dem weiterentwickelte, was heute als die «Hochromantik» (1804-1815) bezeichnet wird. Die herausragendsten Persönlichkeiten dieses Kreises waren die Dichter *Clemens Brentano* (1778-1842; Sohn von Maximiliane La Roche, einer Jugendfreundin Goethes), *Achim von Arnim* (1781-1831) und *Joseph Freiherr von Eichendorff* (1788-1857).

Wie schon bei den Frühromantikern, so trat auch hier die Gefühlsgewißheit von den verborgenen Gesetzen des Karma und der Reinkarnation nicht in der klaren, analytischen Art eines Leibniz oder Lessing hervor, sondern in einer dichterisch-mystischen Form. Emil Bock schreibt hierzu:

> Die ahnende Seelenweisheit, die den Kreis der Romantiker oft geistreich durchsprühte, ... wurde vor allem von den Frauen verkörpert, die diesem Kreise angehörten. Durch ihren hellfühlenden Schicksalsspürsinn waren sie die weisen Lenkerinnen der Geselligkeit, durch ihr seelenvolles Zuhören verhalfen sie dem Gefühl der anderen zum Wort, durch ihr eigenes Sprechen floß der aromatische Hauch alter götternaher Zeiten in die Gespräche ein...
>
> Die Frauen der Romantik haben gewiß oft, ohne es selbst ganz deutlich zu merken, in den Gesprächen von Wiederverkörperung gesprochen. Durch das gesprochene Wort ist dieser Gedanke sicherlich direkt und indirekt viel häufiger hindurchgeflimmert, als es aus dem uns erhaltenen geschriebenen Wort ersichtlich ist. Durch die Briefe tanzen die Lichter der Wiederverkörperungsidee in der verschiedenartigsten Gestalt hindurch. (S. 82)

So stellte denn die Schwester von Clemens Brentano, *Bettina von Arnim* (1785-1859), die seit 1811 mit Achim von Arnim verheiratet war, den eigentlichen Mittelpunkt der Heidelberger Romantik und auch deren Verbindung zu zeitgenössischen Dichtern und Denkern, beispielsweise zu Goethe, dar. In ihren zahlreichen Briefdichtungen berichtete sie des öfteren von ihrer innigen Auseinandersetzung mit dem Seelenwanderungsgedanken:

> Im Homer lese ich oft; könnte ich Dir nur darstellen, was ich da für Erfahrungen mache — und welche Rückerinnerungen einer früheren Welt in mir aufgehen. Diese Götter kenne ich..., die auf goldenen Sandalen die Wolken beschreiten. (an Clemens Brentano)

> Dies alles bewegt mich, gibt mir eine Stimmung fürs Vergangene und Zukünftige, dämpft mein Feuer der Erwartung... Solche Untiefen stehen mir also bevor, wo sich der Lebensgeist durch schauerliche Schluchten winden muß. Mut! Die Welt ist rund, wir kehren zurück mit erhöhten Kräften und doppeltem Reiz; die

Sehnsucht streut gleich beim Abschied schon den Samen der Wiederkehr. (an Goethe; aus: «Goethes Briefwechsel mit einem Kinde»)

Ebenfalls zum Kreise der Hochromantiker dürfen wir die Gebrüder *Jakob Grimm* (1785-1863) und *Wilhelm Grimm* (1786-1859) zählen, die die Werke Achim von Arnims und anderer herausgaben und die durch ihre umfassenden Arbeiten auf dem Gebiet der deutschen Philologie und Dichtung als die ersten Begründer der *Germanistik* gelten («Deutsche Grammatik», 1819-37; «Deutsches Wörterbuch», seit 1854).

Berühmt geworden sind die Gebrüder Grimm außerdem durch ihre erstmalig systematisierte Veröffentlichung der gesammelten «Deutschen Kinder- und Hausmärchen» (1812-15), die zu ihren Lebzeiten bis 1857 in siebzehn Auflagen gedruckt wurden und die bis zum heutigen Tage zu den meistgelesenen Werken der deutschen Literaturgeschichte gehören. In dieser Sammlung finden sich manche Märchen, denen das Verständnis der Seelenwanderung mindestens versteckt zugrunde liegt, während einige sich gar als ausgesprochene «Reinkarnationsmärchen» bezeichnen lassen. Das wohl berühmteste unter diesen ist das Märchen von der *Frau Holle*, das auf anschauliche Weise das Wirken des Karma-Gesetzes und die Wanderung der Seele von einem Menschenleben zum nächsten beschreibt:

Eine Witwe hatte zwei Töchter, davon war die eine schön und fleißig, die andere häßlich und faul. Sie hatte aber die häßliche und faule, weil sie ihre rechte Tochter war, viel lieber, und die andere mußte alle Arbeit tun und das Aschenputtel im Hause sein. Das arme Mädchen mußte sich täglich auf die große Straße bei einem Brunnen setzen und mußte so viel spinnen, daß ihm das Blut aus den Fingern sprang.

Nun trug es sich zu, daß die Spule einmal ganz blutig war; da bückte es sich damit in den Brunnen und wollte sie abwaschen; sie sprang ihm aber aus der Hand und fiel hinab. Es weinte, lief zur Stiefmutter und erzählte ihr das Unglück. Sie schalt es aber so heftig und war so unbarmherzig, daß sie sprach: «Hast du die Spule hinunterfallen lassen, so hol sie auch wieder herauf.»

Da ging das Mädchen zu dem Brunnen zurück und wußte nicht, was es anfangen sollte: und in seiner Herzensangst sprang es in den Brunnen hinein, um die Spule zu holen. Es verlor die Besinnung, und als es erwachte und wieder zu sich selber kam, war es auf einer schönen Wiese, wo die Sonne schien und viel tausend Blumen standen. Auf dieser Wiese ging es fort und kam zu einem Backofen, der war voller Brot; das Brot aber rief: «Ach, zieh mich raus, zieh mich raus, sonst verbrenn ich; ich bin schon längst ausgebacken.» Da trat es herzu und holte mit dem Brotschieber alles nacheinander heraus.

Danach ging es weiter und kam zu einem Baum, der hing voller Äpfel, und rief ihm zu: «Ach, schüttel mich, wir Äpfel sind alle miteinander reif.» Da schüttelte es den Baum, daß die Äpfel fielen, als regneten sie, und schüttelte, bis keiner mehr oben war; und als es alle in einen Haufen zusammengelegt hatte, ging es wieder weiter.

Endlich kam es zu einem kleinen Haus, daraus guckte eine alte Frau; weil sie aber so große Zähne hatte, ward ihm angst, und es wollte fortlaufen. Die alte Frau aber rief ihm nach: «Was fürchtest du dich, liebes Kind? Bleib bei mir; wenn du alle Arbeit im Hause ordentlich tun willst, so soll dir's gut gehen. Du mußt nur achtgeben, daß du mein Bett gut machst und es fleißig aufschüttelst, daß die Federn fliegen, dann schneit es in der Welt; ich bin die Frau Holle.»

Weil die Alte ihm so gut zusprach, so faßte sich das Mädchen ein Herz, willigte ein und begab sich in ihren Dienst. Es besorgte auch alles nach ihrer Zufriedenheit und schüttelte ihr das Bett immer gewaltig auf, daß die Federn wie Schneeflocken umherflogen; dafür hatte es auch ein gut Leben bei ihr und kein böses Wort. Nun war es eine Zeitlang bei Frau Holle, da ward es traurig und wußte anfangs selbst nicht, was ihm fehlte; endlich merkte es, daß es Heimweh war; ob es ihm hier gleich vieltausendmal besser ging als zu Haus, so hatte es doch ein Verlangen dahin. Endlich sagte es zu ihr: «Ich habe den Jammer nach Haus gekriegt, und wenn es mir auch noch so gut hier unten geht, so kann ich doch nicht länger bleiben, ich muß wieder hinauf zu den Meinigen.»

Die Frau Holle sagte: «Es gefällt mir, daß du wieder nach Haus verlangst, und weil du mir so treu gedient hast, so will ich dich selbst wieder hinaufbringen.» Sie nahm es darauf bei der Hand und führte es vor ein großes Tor. Das Tor ward aufgetan, und wie das Mädchen gerade darunter stand, fiel ein gewaltiger Goldregen, und alles Gold blieb an ihm hängen, so daß es über und über davon bedeckt war.

«Das sollst du haben, weil du so fleißig gewesen bist», sprach die Frau Holle und gab ihm auch die Spule wieder, die ihm in den Brunnen gefallen war. Darauf ward das Tor verschlossen, und das Mädchen befand sich oben auf der Welt, nicht weit von seiner Mutter Haus: und als es in den Hof kam, saß der Hahn auf dem Brunnen und rief: «Kikeriki, unsere goldene Jungfrau ist wieder hie!»

Da ging es hinein zu seiner Mutter, und weil es so mit Gold bedeckt war, ward es von ihr und der Schwester gut aufgenommen. Das Mädchen erzählte alles, was ihm begegnet war, und als die Mutter hörte, wie es zu dem großen Reichtum gekommen war, wollte sie der andern, häßlichen und faulen Tochter gerne dasselbe Glück verschaffen.

Sie mußte sich an der Brunnen setzen und spinnen; und damit ihre Spule blutig ward, stach sie sich in die Finger und stieß sich die Hand in die Dornhecke. Dann warf sie die Spule in den Brunnen und sprang selber hinein. Sie kam, wie die andere, auf die schöne Wiese und ging auf demselben Pfade weiter. Als sie zu dem Backofen gelangte, schrie das Brot wieder: «Ach, zieh mich raus, zieh mich raus, sonst verbrenn ich; ich bin schon längst ausgebacken.» Die Faule aber antwortete: «Da hätt ich Lust, mich schmutzig zu machen», und ging fort.

Bald kam sie zu dem Apfelbaum, der rief: «Ach, schüttel mich, schüttel mich, wir Äpfel sind alle miteinander reif.» Sie antwortete aber: «Du kommst mir recht, es könnte mir einer auf den Kopf fallen», und ging damit weiter. Als sie vor der Frau Holle Haus kam, fürchtete sie sich nicht, weil sie von ihren großen Zähnen schon gehört hatte, und verdingte sich gleich zu ihr.

Am ersten Tag tat sie sich Gewalt an, war fleißig und folgte der Frau Holle, wenn sie ihr etwas sagte, denn sie dachte an das viele Gold, das sie ihr schenken würde; am zweiten Tag aber fing sie schon an zu faulenzen, am dritten noch mehr, da wollte sie morgens gar nicht aufstehen. Sie machte auch der Frau Holle das Bett nicht, wie sich's gebührte, und schüttelte es nicht, daß die Federn aufflogen. Das ward die Frau Holle bald müde und sagte ihr den Dienst auf. Die Faule war das wohl zufrieden und meinte, nun würde der Goldregen kommen; die Frau Holle führte sie auch zu dem Tor, als sie aber darunter stand, ward statt des Goldes ein großer Kessel voll Pech ausgeschüttet. «Das ist zur Belohnung deiner Dienste», sagte die Frau Holle und schloß das Tor zu.

Da kam die Faule heim, aber sie war ganz mit Pech bedeckt, und der Hahn auf dem Brunnen, als er sie sah, rief: «Kikeriki, unsere schmutzige Jungfrau ist wieder hie!» Das Pech aber blieb fest an ihr hängen und wollte, solange sie lebte, nicht wieder abgehen.

In diesem wie auch in vielen anderen Märchen der Gebrüder Grimm finden wir eine eindeutige Darstellung des Karma-Prinzips von Handlung und dementsprechender Belohnung oder Bestrafung. Einige haben sogar ausschließlich dieses Prinzip zum Inhalt, wie z.B. «Die Sterntaler», in dem erzählt wird, wie ein kleines, frommes Mädchen, dem Vater und Mutter gestorben waren, seine letzten Besitztümer an Bedürftige fortgab und dafür reichlich belohnt wurde: «Und wie es so stand und gar nichts mehr hatte, fielen auf einmal die Sterne vom Himmel und waren lauter harte, blanke Taler.»

Das Märchen der «Frau Holle» beinhaltet darüber hinaus eine Vielzahl symbolhafter Anspielungen auf die Reinkarnation. Der Brunnen erscheint in der Volksliteratur häufig als Symbol einerseits des Todes (wie in «Frau Holle»), zum anderen (z.B. in «Der Froschkönig») aber auch als Symbol der Wiedergeburt, für die in «Frau Holle» das große Tor steht. Durch dieses Tor treten wir erst nach durchgangener Prüfung, wobei wir in Entsprechung zu den Ergebnissen unserer vergangenen Taten mit «Gold» oder «Pech» überschüttet werden, das dann, solange wir leben, nicht wieder abgeht (Prārabdha-Karma).

Für Märchen ist es bezeichnend, daß die Grenzen zwischen Leben und Tod meist verwischt sind und daß der Tod kein Ende, sondern ein Übergang ist: Wir springen in den Todesbrunnen hinein und finden uns auf einer schönen Wiese wieder, wir schreiten durch das Geburtstor und kehren auf die Welt zurück.

Ein weiteres Beispiel ist das kleine Märchen «Von den zwölf Aposteln», das die Gebrüder Grimm im Anhang ihrer Sammlung mitgeteilt haben und das ein nahezu unbekannt gebliebenes Kleinod unter den deutschen Volksmärchen darstellt. Es erzählt die Geschichte von den zwölf Söhnen einer armen Witwe, die, 300 Jahre vor Christi Geburt, aus Not einer nach dem anderen eine lange Wanderung durch einen weiten, dunklen Wald antreten müssen und durch ein Engelwesen in einer wunderbaren Schatzhöhle an zwölf goldene Wiegen geführt werden. Dort schlafen sie dreihundert Jahre lang – «bis in der Nacht, worin der Weltheiland geboren ward. Da erwachten sie und waren mit ihm auf Erden und wurden die zwölf Apostel genannt.»

Die Spätromantik

Neben dem Dichterkreis in Berlin bildete sich nach der Zeit der Heidelberger Romantik vor allem auch in Schwaben eine Gruppe jüngerer Dichter, in deren Schaffen noch einmal die Gedanken eines Novalis oder Brentano aufgegriffen wurden und die den Abschluß der Epoche der Romantik bildeten (1815-1830). Unter ihnen seien hier der Arzt und Theosoph *Justinus Kerner* (1786-1862), der Dichter und Mitbegründer der Germanistik *Ludwig Uhland* (1787-1862; Professor für deutsche Literatur in Tübingen) sowie der Dichter und Sagenerzähler *Gustav Schwab* (1792-1850) genannt.

Von Justinus Kerner, der vor allem durch sein spiritistisches Buch über die «Seherin von Prevorst» (1801-1829) weit über seine Heimat hinaus bekannt geworden ist, stammen die folgenden Äußerungen zum Thema der Reinkarnation:

> Ich war noch gar kein Christ. Dennoch war ich nicht ohne Glauben. Ich glaubte an keine Vernichtung nach dem Tode, sondern an eine pythagoräische Seelenwanderung, die sich mir auch auf die Tiere, da ich sie so sehr liebte, erstreckte. Meine Beobachtung der Verwandlung der Insekten und das Lesen der Schriften dieser alten Philosophen brachte mich darauf. (aus der Autobiographie «Das Bilderbuch aus meiner Knabenzeit», 1849)

> Es waltet ein furchtbares, strenges Naturgesetz, dem wir alle anheimfallen ohne die Gnade des Erlösers. Wer diese nicht kennt, kommt in das unerbittliche eiserne Rad der Natur, fällt der Schwere anheim, kann von der Erde nicht kommen, schwebt als Geistersau und muß froh sein, wenn er nach Jahrhunderten wieder Menschengestalt erhält... (Brief an Sophie Schwab, die Gattin Gustav Schwabs, 12.5.1836)

Goethe und Schiller

Das Wissen um die Reinkarnation gehört auch in das Denken und Schaffen des unangefochtenen Großmeisters der deutschen Geistesgeschichte – *Johann Wolfgang von Goethe* (1749-1832). In dem berühmt gewordenen Gespräch mit dem Theologen und Pädagogen *J.D. Falk*, das Goethe am Begräbnistage des Dichters C.M. Wieland (25.1.1813) in Weimar führte, brachte er dieses Wissen deutlich zum Ausdruck. Falk hatte ihn gefragt, was Wieland nach seiner Meinung nun wohl täte, worauf Goethe zur Antwort gab:

> Was nun die persönliche Fortdauer unserer Seele nach dem Tode betrifft, so ist es damit auf meinem Wege also beschaffen: Sie steht keineswegs mit den vieljährigen Beobachtungen, die ich über die Beschaffenheit unserer und aller Wesen in der Natur angestellt, im Widerspruch; im Gegenteil, sie geht sogar aus derselben mit neuer Beweiskraft hervor...
>
> Ich würde mich also wenig wundern, daß ich es sogar meinen Ansichten völlig gemäß finden müßte, wenn ich diesem Wieland als einer Weltmonade, als einem Stern erster Größe, nach Jahrtausenden wieder begegnete... Ich bin gewiß schon tausendmal hiergewesen und hoffe wohl noch tausendmal wiederzukommen.

Ebenso deutlich sprach Goethe seine Überzeugung von der Wiedergeburt in seinen Gedichten und Briefen an Frau Charlotte von Stein aus, die wir bereits in Kapitel 4 (im Abschnitt *Können wir unseren Partner wiedersehen?*) zitiert haben. In der Folge seien hier einige weitere Beispiele aus der Fülle seines Schaffens angeführt, die für sich selbst sprechen und keines Kommentars bedürfen:

Des Menschen Seele
Gleicht dem Wasser:
Vom Himmel kommt es,
Zum Himmel steigt es,
Und wieder nieder
Zur Erde muß es,
Ewig wechselnd...
(aus dem «Gesang der Geister
über den Wassern», 10.10.1779)

Ich sehne mich recht von hier weg. Die Geister der alten Zeit lassen mir hier keine frohe Stunde, ich habe keinen Berg besteigen mögen, die unangenehmen Erinnerungen halten alles befleckt. Wie gut ist's, daß der Mensch sterbe, um nur die Eindrücke auszulöschen und gebadet wiederzukommen. (aus einem Brief an Frau von Stein; Ilmenau, 2.7.1781)

Es ist mir wirklich auch jetzt nicht etwa zumute, als ob ich die Sachen zum erstenmal sähe, sondern als ob ich sie wiedersähe. (aus einem Brief zu Beginn seiner italienischen Reise; Venedig, Oktober 1786)

Mancherlei hast du versäumet:
Statt zu handeln, hast geträumet,
Statt zu danken, hast geschwiegen,
Solltest wandern, bliebest liegen.
– Nein, ich habe nichts versäumet!
Wißt ihr denn, was ich geträumet?
Nun will ich zum Danke fliegen,
Nur mein Bündel bleibe liegen.
Heute geh ich. Komm ich wieder,
Singen wir ganz andre Lieder.
Wo so viel sich hoffen läßt,
Ist der Abschied ja ein Fest.
...Und solang du das nicht hast,
Dieses: Stirb und werde!
Bist du nur ein trüber Gast
Auf der dunklen Erde.
(aus dem Gedicht
«Selige Sehnsucht», 1814)

Wenn einer fünfundsiebzig Jahre alt ist, kann es nicht fehlen, daß er mitunter an den Tod denke. Mich läßt dieser Gedanke in völliger Ruhe, denn ich habe die feste Überzeugung, daß unser Geist ein Wesen ist ganz unzerstörbarer Natur, es ist ein Fortwirkendes von Ewigkeit zu Ewigkeit. Es ist der Sonne ähnlich, die bloß unseren irdischen Augen unterzugehen scheint, die aber eigentlich nie untergeht, sondern unaufhörlich fortleuchtet. (aus den «Gesprächen mit Eckermann», um 1824)

Auch *Friedrich Schiller* (1759-1805), der zweite Große unter den deutschen Dichtern, hat sich bereits früh mit dem Reinkarnationsgedanken beschäftigt. In seiner medizinischen Dissertation zum Thema «Versuch über den Zusammenhang der tierischen Natur des Menschen mit seiner geistigen» (Ludwigsburg, 1780) schreibt der erst Zwanzigjährige:

> §27. Die Materie zerfällt in ihre letzten Elemente wieder, die nun in anderen Formen und Verhältnissen durch die Reiche der Natur wandern... Die Seele fähret fort, in anderen Kreisen ihre Denkkraft zu üben und das Universum von andern Seiten zu beschauen. Man kann freilich sagen, daß sie diese Sphäre im geringsten noch nicht erschöpft hat, daß sie solche vollkommener hätte verlassen können; aber weiß man denn, daß diese Sphäre für immer verloren ist? Wir legen jetzo manches Buch weg, das wir nicht verstehen, aber vielleicht verstehen wir es in einigen Jahren besser.

Wie schon bei Goethe, so flackert der Seelenwanderungsgedanke auch in Schillers Werken vor allem in lyrischer Form hier und dort immer wieder auf, so beispielsweise in seinem Gedicht «Das Geheimnis der Reminiszenz», das wir ebenfalls bereits in *Kapitel 4* angeführt haben.

ZEHNTER TEIL: DAS 19. JAHRHUNDERT

Das Biedermeier

Mit dem Begriff Biedermeier bezeichnet die deutsche Kulturgeschichte den Lebensstil der zwar zeitlich, nicht jedoch ideell an die Romantik anschließenden Epoche der kleinbürgerlichen Literatur, Malerei und Wohnkultur von 1815 bis zur Revolution im Jahre 1848 (sogenannte «Zeit der Restauration»). Bei den Autoren des Biedermeier flackerte der Reinkarnationsgedanke nur hin und wieder in scheuen Andeutungen und Umschreibungen auf, wenngleich er doch immer unterschwellig vorhanden war, wie die folgenden Beispiele der drei bedeutendsten literarischen Vertreter dieser Epoche zeigen.

In dem Stammbuch der Gräfin Enzenberg finden wir einen bemerkenswerten Eintrag des Wiener Dichters *Franz Grillparzer* (1791-1872):

> Will unsere Zeit mich bestreiten,
> Ich laß es ruhig geschehen;
> Ich komme aus anderen Zeiten
> Und hoffe in andre zu gehn.
> (1860)

Auch aus dem Roman «Der Nachsommer» (1857) des österreichischen Schriftstellers und Malers *Adalbert Stifter* (1805-1868) leuchtet eine vielsagende Passage:

> Es erschien mir als das süßeste Gefühl, sie nicht nur in diesem Leben, sondern in tausend Leben, die nach tausend Toden folgen mögen, immer lieben zu können.

Schließlich beschreibt der schwäbische Dichter und Pfarrer *Eduard Mörike* (1804-1875) in seinem Künstlerroman «Maler Nolten» (1832) das folgende, autobiographisch gefärbte, mystische Erlebnis:

> Ich mußte gewisse Zeiträume wie blindlings durchleben...; aber auf den kurzen Moment, wo die Richtung meiner Bahn sich verändert, wurde mir die Binde abgenommen; ich darf mich frei umschauen, als wie zu eigener Wahl, und freue mich, daß, indem eine Gottheit mich führt, ich mich nur meines Willens, meines Gedankens bewußt bin. Die Macht, welche mich nötigt, steht nicht als eigensinniger Treiber unsichtbar hinter mir, sie schwebt vor mir, in mir ist sie; mir deucht, als hätt' ich von der Ewigkeit her mich mit ihr darüber verständigt, wohin wir zusammen gehen wollen, als wäre mir dieser Plan nur durch die endliche Beschränkung meines Daseins weit aus dem Gedächtnis gerückt worden, und nur zuweilen käme mir mit tiefem Staunen die dunkle, wunderbare Erinnerung daran zurück...

Die Zyniker und Außenseiter

Sozusagen als logische Gegenströmung zur braven Kleinbürgerlichkeit des Biedermeier bildete sich am Rande des deutschen Kulturgeschehens eine Gruppe von Dichtern und Künstlern, die sich insbesondere des Zynismus und des Spottes bedienten. Aus ihrem Kreis erwuchsen einige interessante Persönlichkeiten, bei denen unter anderem auch die Vorstellung der Wiedergeburt als willkommene Waffe gegen die materialistische Kleinkariertheit und heuchlerische Frömmigkeit der damaligen Zeit diente.

So lesen wir bei dem Dichter und Juristen *Heinrich Heine* (1797-1856), der als ein Wegbereiter des zeitkämpferischen Journalismus und des modernen Feuilletons gilt:

> Mag es immerhin lächerlich klingen, ich kann es dennoch nicht verhehlen, das Mißverhältnis zwischen Körper und Seele quält mich einigermaßen ... und die Metempsychose ist oft der Gegenstand meines Nachdenkens. Wer kennt die große Gottesironie, die allerlei Widersprüche zwischen Seele und Körper hervorzubringen pflegt! Wer kann wissen, in welchem Schneider jetzt die Seele eines Platons, und in welchem Schulmeister die Seele eines Cäsars wohnt! Wer weiß es, ob die Seele Gregors VII. nicht in dem Leibe des Großtürken sitzt und sich unter tausend hätschelnden Weiberhändchen behaglicher fühlt als einst in ihrer purpurnen Zölibatskutte... Die Seelen der beiden Schächer, die zur Seite des Heilands gekreuzigt worden sind, sitzen vielleicht jetzt in dicken Konsistorialbäuchen und glühen für den orthodoxen Lehrbegriff... Wer weiß! Die Seele des Pythagoras ist vielleicht in einen armen Kandidaten gefahren, der durch das Examen fällt, weil er den pythagoräischen Lehrsatz nicht beweisen konnte, während in seinen Examinatoren die Seelen jener Ochsen wohnen, die einst Pythagoras, aus Freude über die Entdeckung seines Satzes, den ewigen Göttern geopfert hatte... (aus «Die Nordsee», 1826)

Aber nicht nur in Heines bissig-zynischen Kommentaren zum Zeitgeschehen taucht das Wissen um die Seelenwanderung auf, sondern als ferne Ahnung auch in seinem poetischen Schaffen. Im «Buch Le Grand» (1826) spricht er zum Beispiel über ferne Ahnungen von einem früheren Leben in Indien:

> Madame, hörten Sie nicht eben eine Nachtigall schlagen? ... ein süßes Gespinst der sonnigsten Töne, und meine Seele ward darin verstrickt und würgte sich und quälte sich. Ich selbst – es ist der Graf vom Ganges, der jetzt spricht...
>
> Die heißen Tropfen fielen ins Glas, und im Glas sah ich die liebe Heimat, den blauen, heiligen Ganges. Den ewig strahlenden Himalaya, die riesigen Bananenwälder, in deren weiten Laubgängen die klugen Elefanten und die weisen Pilger wandelten... Aus fernen Pagoden ertönten die frommen Priestergebete, und dazwischen klang die schmelzend klagende Stimme der Sultanin von Delhi... Ich konnte sie aber nicht verstehen, der Keller des Signor Unbescheiden ist 3000 Meilen vom Harem zu Delhi, und dazu war die schöne Sultanin schon tot seit 3000 Jahren. (aus dem 2. Kapitel)

Auch in den Tagebüchern des Dichters und Grüblers *Friedrich Hebbel* (1813-1863), die vier Bände füllen, finden sich zahlreiche Stellen, an denen der Gedanke an die Reinkarnation anklingt:

> Die Seelenwanderung – ein Dieb könnte ehemals Herr der Sachen gewesen sein, die er jetzt stiehlt. (Nr. 25)
> Nach der Seelenwanderung ist es möglich, daß Platon jetzt wieder auf einer Schulbank Prügel bekommt, weil er – den Platon nicht versteht. (Nr. 1355)

> Gestern abend beim Zubettgehen hatt' ich ein Gefühl, wie es mir sein würde, wenn ich meinen Körper verlassen müßte... Dieser Leib ist es, der [den Menschen] durch die nach allen Seiten aufgeschlossenen Sinne so innig mit der Natur verwebt... Nun denke man sich den Tod: ein einziger Augenblick zerreißt alle diese Fäden..., indes soll das Ich in neue Sphären eintreten: als reine Kraft kann es nur, wenn es Widerstand findet, wirken: eine unvollkommene Maschine ist kein Hindernis, sondern ein Bedingnis geistiger Tätigkeit; es gibt keine Vermittlung zwischen Gott und den Menschen als das Fleisch: also ein neues, dem alten, verlassenen, analoges Medium ist nötig, und (hier kann man schaudern vor dem Augenblick des Übergangs) es entsteht jedenfalls ein leerer, wüster Zwischenraum, der kurz sein mag, der aber ein völliger Stillstand des Lebens, wahrer Tod, ist und eine zweite Geburt, mithin die Wiederholung des größten Wunders der Schöpfung, notwendig macht. (Nr. 471)

In einem Brief an seinen Freund Friedrich von Wyss schreibt der schwermütige Zürcher Dichter *Conrad Ferdinand Meyer* (1825-1898):

> Durchgemacht in den letzten Jahren habe ich mehr, als ich je eingestehen werde. Was mich hielt, war eigentlich ein Seelenwanderungsgedanke. Ich sagte mir: Du hast offenbar in einem früheren Dasein irgend etwas Frevles unternommen. Da sprach das Schicksal: Dafür soll mir der Kerl auf die Erde und ein Meyer werden. Beides muß nun redlich durchgelitten werden, um wieder in bessere Lage zu gelangen. (7. August 1880)

Und in «Der gute Tag oder die Geschichte eines ersten Aprils» bemerkt der Erzähler *Wilhelm Raabe* (1831-1910) humorvoll:

> O du barmherziger Vater im Himmel, wenn ich etwas dazu tun kann, so komme ich das nächste Mal mit Flünken und Federn auf die Welt und baue mein Nest im Busch oder Baum oder unter einem Scheunendach oder alten Kirchendach.

Der herausragendste unter allen Humoristen des 19. Jahrhunderts ist jedoch der Zeichner und Dichter *Wilhelm Busch* (1832-1908), hinter dessen treffsicherem Spott sich häufig tiefe Einsichten, unter anderem auch die feste Überzeugung von der Reinkarnation, verbargen. Buschs Neffen und Biographen, die Gebrüder Nöldeke, berichteten, welche Bedeutung diese für ihren Onkel hatte: Es lebte in ihm «der alte Glaube der Seelenwanderung als ein Hilfsgedanke – vielleicht auch mehr als das – gegenüber der Tatsache, daß die Seelen vieler Menschen bei ihrem

Tode noch recht wenig geläutert sind. Oft und gern philosophierte er über diesen Glauben; in Gesprächen, in Briefen und auch in verschiedenen Dichtungen hat er ihn immer wieder zum Ausdruck gebracht.» Hierzu einige Beispiele:

> Ganz dicht dabei... pickt immer eine Totenuhr. – Was tut's?! Haben wir nicht, Gott sei's geklagt, noch sieben Millionen dreimalhundertachtundneunzigtausendsechshundertundzweiundzwanzigdreiviertel Jahre ganz unverbraucht vor unserer Nase liegen? Wird man aus einem Leben herausgeklopft, huscht man ins andere wieder 'nein. (aus einem Brief vom 19.5.1875)

> Nahmst du in diesem großen Haus
> Nicht selbst Quartier?
> Mißfällt es dir, so zieh doch aus,
> Wer hält dich hier?
> Und schimpfe auf die Welt, mein Sohn,
> Nicht gar zu laut.
> Eh du geboren, hast du schon
> Mit dran gebaut.
> («Unbillig»)

> Die Lehre von der Wiederkehr
> Ist zweifelhaften Sinns.
> Es fragt sich sehr, ob man nachher
> Noch sagen kann: Ich bin's.
> Allein was tut's, wenn mit der Zeit
> Sich ändert die Gestalt?
> Die Fähigkeit zu Lust und Leid
> Vergeht wohl nicht zu bald.
> («Tröstlich»)

> Wer nicht will, wird nicht zunichte,
> Kehrt beständig wieder heim.
> Frisch herauf zum alten Lichte
> Dringt der neue Lebenskeim.
> Keiner fürchte, zu versinken,
> Der ins tiefe Dunkel fährt;
> Tausend Möglichkeiten winken
> Dem, der gerne wiederkehrt.
> Dennoch seh' ich dich erbeben,
> Eh du in die Urne langst.
> Weil dir bange vor dem Leben,
> Hast du vor dem Tode Angst.
> («Wiedergeburt»)

Die Philosophie des 19. Jahrhunderts

Wie das 18. Jahrhundert in der Philosophiegeschichte als das Zeitalter der Aufklärung und des Lichtes gilt, so stellt das 19. Jahrhundert die Zeit der einbrechenden Dämmerung, des Verdüsterns und Verfinsterns dar.

In Frankreich führten die Jahrzehnte nach der großen Revolution zu einem Aufschwung des sogenannten «utopischen Sozialismus», dessen Wortführer *Auguste Comte* (1798-1857) war. Seine Philosophie des «Positivismus» stellt eine deutliche Absage an die Religion, an die Metaphysik und auch an die Ideale der Aufklärung dar.

Der Positivismus prägte auch England, wo der Naturforscher *Charles Darwin* (1809-1882) mit seiner Entwicklungslehre der «natürlichen Selektion» der Arten insbesondere die Philosophie des «Utilitarismus» (Nützlichkeitsphilosophie) beeinflußte, welche von den führenden englischen Philosophen des 19. Jahrhunderts, *Jeremy Bentham* (1748-1832) und *Herbert Spencer* (1820-1903), verfochten wurde.

In Deutschland zerfiel die beherrschende Hegelsche Schule allmählich und mußte dem aufkommenden Materialismus mit seiner zuweilen scharfen Religionskritik weichen. Die führenden Denker dieser Bewegung waren der evangelische Theologe *David Friedrich Strauß* (1808-1874) sowie der Philosoph *Ludwig Feuerbach* (1804-1872), in Dänemark *Sören Kierkegaard* (1813-1855). Besonders Feuerbach wirkte nachhaltig auf *Karl Marx* (1818-1883), der zwar die Hegelsche Dialektik als Methode beibehielt, sie aber mit einem Hegel genau entgegengesetzten Inhalt füllte: materialistische Dialektik als revolutionäres Prinzip.

Arthur Schopenhauer

Zwischen oder besser außerhalb dieser beiden Fronten – der Romantiker und Hegel auf der einen Seite, der Materialisten und Marx auf der anderen – stand der Philosoph *Arthur Schopenhauer* (1788-1860). Er gilt als eine der eigenwilligsten Persönlichkeiten innerhalb der neuzeitlichen Geistesgeschichte, der zwar an Kant anknüpfte, jedoch einen völlig neuen Aspekt in die abendländische Philosophie einbrachte: Er war der erste, der bewußt Elemente der indischen Philosophie in sein Gedankengebäude aufnahm, welche dem abendländischen Leser erst seit Beginn des 19. Jahrhunderts in Originalübersetzungen zugänglich war.

Über die *Bhagavad-gītā*, die Schopenhauer in einer persisch-lateinischen Übersetzung, dem «Oupnek'hat» («dem zu bewahrenden Geheimnis») gelesen hatte, schreibt er:

> Wie wird doch der, dem... dieses unvergleichliche Buch geläufig geworden ist, ...im Innersten ergriffen! Wie ist doch jede Zeile so voll ernster, bestimmter und durchgängig zusammenströmender Bedeutung! Aus jeder Zeile treten uns tiefe, ursprüngliche, erhabene Gedanken entgegen, während ein hoher und heiliger Ernst über dem Ganzen schwebt. Alles atmet hier indische Luft und ursprüngliches, naturverwandtes Dasein... Es ist die belehrendste und erhabenste Lektüre,

> die auf der Welt möglich ist; sie ist der Trost meines Lebens gewesen, und wird der meines Sterbens sein. (in: «Parerga und Paralipomena II»)

Trotz dieser tiefen Wertschätzung für die Erhabenheit der Lehren der *Bhagavad-gītā* fühlte sich Schopenhauer mehr dem Buddhismus verwandt und zugetan. Diesen hatte er im Winter 1813/14, 25jährig, während seines Aufenthaltes bei Goethe in Weimar, durch dessen Freund, den Orientalisten *Friedrich Maier*, kennengelernt. In ihm fand Schopenhauer seine eigenen, noch ungereiften Vorstellungen bestätigt und weiter ausgeführt, und so hat die in ihren Grundzügen pessimistische Lebensverneinung des Buddhismus («Leben ist nichts anderes als Leiden») denn auch sein gesamtes späteres Schaffen nachhaltig geprägt.

Für unsere Betrachtung ist es von Bedeutung, daß Schopenhauer in seinem tiefen Pessimismus doch von der Richtigkeit der Seelenwanderung und von der Unvergänglichkeit des Lebens überzeugt war. In seinem bereits mit dreißig Jahren verfaßten Hauptwerk «Die Welt als Wille und Vorstellung» (1819) schreibt er:

> Wir finden die Lehre von der Metempsychose, aus den urältesten und edelsten Zeiten des Menschengeschlechts stammend, stets auf der Erde verbreitet, als den Glauben der großen Majorität des Menschengeschlechts, ja, eigentlich als Lehre aller Religionen, mit Ausnahme der jüdischen und der zwei von dieser ausgegangenen; am subtilsten jedoch und der Wahrheit am nächsten kommend, wie schon erwähnt, im Buddhaismus. (II, 4. Buch, Kapitel 41)

Noch deutlicher drückte sich Schopenhauer in seinem Werk «Parerga und Paralipomena» (1851) aus:

> Wenn mich ein Asiate früge, was Europa sei, so müßte ich ihm antworten: Es ist der Weltteil, der gänzlich von dem unerhörten und unglaublichen Wahn besessen ist, daß die Geburt des Menschen sein absoluter Anfang und er aus dem Nichts hervorgegangen sei. (Kapitel 15)

> Der moralische Sinn der Metempsychose, in allen indischen Religionen, ist nicht bloß, daß wir jedes Unrecht, welches wir verüben, in einer folgenden Wiedergeburt abzubüßen haben; sondern auch, daß wir jedes Unrecht, welches uns widerfährt, ansehn müssen als wohlverdient, durch unsere Missetaten in einem früheren Dasein. (Kapitel 16)

Schopenhauers zentraler Begriff zur Charakterisierung allen Lebens, nicht nur des menschlichen, lautet «Wille», womit er den allesbeherrschenden, blinden Trieb meint, um den und aufgrund dessen die Welt sich dreht. Daneben kommen in seinen Werken auch immer wieder die Stichworte Not, Langeweile, Einsamkeit, Kampf und Krieg, Fressen und Gefressenwerden usw. vor. Über das Werk Schopenhauers schreibt der bereits angeführte Humorist *Wilhelm Busch*:

> Das ist, was Schopenhauer den Willen nennt: Der allmächtige Drang zum Leben; überall derselbe ... im Himmel und auf Erden; in Felsen, Wassern, Sternen wie in unserer Brust. Er schafft und füllt und drängt, was ist. Im Ober-

stübchen sitzt der Intellekt und schaut dem Treiben zu. Er sagt zum Willen: «Alter! Laß das sein! Es gibt Verdruß.» Aber er hört nicht. Enttäuschung, kurze Lust und lange Sorge, Alter, Krankheit, Tod, sie machen ihn nicht mürbe; er macht so fort. Und treibt es ihn auch tausendmal aus seiner Haut, er findet eine neue, die's büßen muß. (aus einem Brief vom 25.5.1875)

Auf die Frage, ob es denn keinen Ausweg aus diesem elenden Jammertal gebe, antwortet die Philosophie Schopenhauers: Erkenntnis ist kein Ausweg – im Gegenteil, je entwickelter das Bewußtsein ist, desto schmerzempfindlicher wird es. Auch Selbstmord ist zwecklos, weil der «Wille» sich sogleich eine neue Verkörperung schafft (auch hier zeigt sich Schopenhauers Bekenntnis zur Lehre der Reinkarnation). Wahnsinn hingegen scheint schon eher eine Lösung zu sein, und mit ihm verwandt ist auch der eigentliche Ausweg: zunächst der ästhetische Weg, der Weg von Genie und Kunst, insbesondere der Musik, dann aber vor allem der ethische Weg – die radikale Verneinung des «Willens».

Schopenhauer kommt also zu der Schlußfolgerung, daß es keinen anderen Ausweg aus dem Leid des Daseins gibt, als die Person, die das Leid erfährt, gänzlich auszulöschen. In «Die Welt als Wille und Vorstellung» schließt Schopenhauer das Kapitel «Über den Tod und sein Verhältnis zur Unzerstörbarkeit unseres Wesens» mit den Worten:

Das Sterben ist der Augenblick jener Befreiung von der Einseitigkeit einer Individualität, welche nicht den innersten Kern unseres Wesens ausmacht, vielmehr als eine Art Verirrung desselben zu denken ist... Ruhig und sanft ist, in der Regel, der Tod jedes guten Menschen: Aber willig sterben, gern sterben, freudig sterben, ist das Vorrecht des Resignierten, dessen, der den Willen zum Leben aufgibt und verneint. Denn nur er will *wirklich* und nicht bloß *scheinbar* sterben, folglich braucht und verlangt er keine Fortdauer seiner Person. Das Dasein, welches wir kennen, gibt er willig auf: was ihm statt dessen wird, ist unseren Augen *nichts*; weil unser Dasein, auf jenes bezogen, *nichts* ist. Der Buddhaistische Glaube nennt jenes *Nirwana*, d.h. Erlöschen. (II, 4. Buch, Kapitel 41)

Wie Schopenhauers Verarbeitung des indischen Denkens aus der Sicht der Veden beurteilt werden kann, kommentiert Śrīla Prabhupāda in seinem Buch «Dialectical Spiritualism» (postum 1985; S. 296ff.):

In der Tat ist das materielle Leben eine Projektion des materiellen Wunsches, des materiellen Willens, wie Schopenhauer sagt. Und Nirvāṇa bedeutet, daß die materiellen Wünsche zu einem Ende gekommen sind. Da das Lebewesen aber von ewiger spiritueller Natur ist, kann es nicht wunschlos sein. Wenn es also seine materiellen Verlangen aufgibt, hat es immer noch spirituelle Verlangen.

Im materiell bedingten Zustand sind diese spirituellen Wünsche von materiellen Wünschen bedeckt, aber in jedem Fall ist die Seele, das Lebewesen, ständig von Wünschen begleitet.

Die Seele wandert in der materiellen Welt von einem Körper zum anderen und entwickelt entsprechend der Art des Körpers, den sie bekommt, Wünsche. Durch Gottes höchsten Willen werden dem Lebewesen die verschiedensten Körper gewährt, so daß es gemäß seinem geringen Willen, der aus materiellen

Verlangen besteht, handeln kann. Mit anderen Worten, das Lebewesen verlangt nach etwas, und der höchste Wille, Gott, versteht den begrenzten Willen des Lebewesens und gibt ihm die Möglichkeit, sich seinen jeweiligen Wunsch zu erfüllen. Auf diese Weise ist der Wille des Lebewesens die Ursache der materiellen Existenz.

Dann macht Śrīla Prabhupāda jedoch auch auf die offensichtlichen Grenzen von Schopenhauers Philosophie aufmerksam:

Doch Schopenhauer hat nicht recht, wenn er sagt, daß man glücklich wird, indem man seinen Willen auslöscht. Da man ein Lebewesen ist, muß man immer Verlangen haben; ohne Verlangen wird man ein Stein. Anstatt zu versuchen, alle Verlangen zu beenden, sollte man versuchen, sich von der krankhaften Art von Verlangen zu reinigen...

Unsere gegenwärtigen Verlangen sind Verlangen des Körpers. Wenn das Lebewesen den Körper eines Amerikaners, Europäers, Chinesen usw. erhält, hat es Verlangen wie ein Mensch. Und wenn das Lebewesen beim Wechsel des Körpers den Körper eines Hundes annimmt, verbringt es seine Zeit mit Bellen. Entsprechend den eigenen Verlangen hat das Lebewesen eine bestimmte Art von Körper bekommen.

Doch diese Verlangen sind zeitweilig, und so bewegt sich das Lebewesen von einem Körper zum anderen. Da es materiell bedeckt ist, hält es diese zeitweilige Welt für die Realität; da diese sich aber ständig verändert, ist sie jedoch nicht die Realität. Deshalb ist die materielle Welt in einem gewissen Sinn nur ein Traum... Dieser Traum der materiellen Welt ist nicht unecht oder falsch, sondern zeitweilig, und deshalb muß sich der Träumer auf die wirkliche, ewige spirituelle Ebene erheben, so daß seine flackernden materiellen Träume ausgelöscht werden können.

Über die buddhistische Anschauung des *Nirvāṇa* sagt Śrīla Prabhupāda:

Die Buddhisten glauben, daß es keinen Willen, keinen Wunsch und kein Leiden mehr geben wird, wenn man den materiellen Körper zurückweist. Aber das stimmt nicht. Tatsache ist, daß wir ewige spirituelle Seelen sind; wir sterben nicht nach der Zerstörung unseres Körpers. Deshalb werden Denken, Fühlen und Wollen im Verlauf der Seelenwanderung von einem Körper zum anderen getragen. Wenn der Körper stirbt, wird das Lebewesen von seinem Wunsch davongetragen und bekommt entsprechend der Beschaffenheit dieses Wunsches einen neuen Körper...

Schopenhauer studierte die vedische Philosophie und Religion nicht genau. Er hatte lediglich eine gewisse Vorstellung von Teilen der unpersönlichen Māyāvāda-Philosophie sowie des Buddhismus. Es ist offensichtlich, daß er nichts über die persönliche Philosophie des Vaiṣṇavatums [Verehrer Viṣṇus, der Persönlichkeit Gottes] wußte. Obwohl er in Kontakt mit der *Bhagavad-gītā* kam, studierte er sie nicht gründlich. In der *Bhagavad-gītā* (4.9) sagt Kṛṣṇa zu Arjuna, daß jemandes Wille und Leben gereinigt werden, wenn er einfach nur versucht, Wissen über Gott zu erlangen; nachdem er seinen Körper aufgegeben hat, wird er zu Gott zurückkehren.

Entweder hat Schopenhauer die *Bhagavad-gītā* nicht sehr gründlich studiert, oder er konnte sie nicht verstehen, weil er keinen spirituellen Meister hatte... Er spekulierte einfach nur auf der Grundlage seiner eigenen Erfahrung und konnte deshalb, obwohl sich alles in der *Bhagavad-gītā* befindet, nichts erkennen.

Die industrielle Revolution und ihre Folgen

Die pessimistische Weltanschauung Schopenhauers, der zu seinen Lebzeiten für Jahrzehnte nahezu unbeachtet blieb, erhielt vor allem nach der gescheiterten Revolution von 1848 einen gewaltigen Auftrieb, als eine Woge des Pessimismus durch die gesamte europäische Kulturwelt ging. Die deutlichsten Beispiele dafür sind *Richard Wagner* in der Musik und *Friedrich Nietzsche* in der Philosophie, auf die wir in der Folge zu sprechen kommen wollen.

Zunächst scheint es jedoch wichtig, kurz das soziale Umfeld im Europa des 19. Jahrhunderts zu umreißen, das den Nährboden nicht nur für den Pessimismus und den Materialismus, sondern vor allem auch für den Marxismus bildete, und in dem besonders *eine* tiefgehende Umwälzung stattfand, welche das Antlitz der Welt grundlegend verwandeln sollte: die industrielle Revolution. Die Entwicklung und die Folgen dieser Umwälzung werden von *Harikeśa Swami* in seinem «Varṇāśrama-Manifest der sozialen Vernunft» (1981) in treffender Weise beschrieben:

> Vor der Entstehung der Industriestädte lebten die Menschen viel einfacher. Für gewöhnlich waren sie abhängig von ihrer unmittelbaren Umgebung, aus der sie alles Lebensnotwendige beziehen konnten. Einige wenige am Wohnort nicht erhältliche Waren brachten Händler von weiterher. Die ortsansässigen Wirtschaftszweige konzentrierten sich auf die grundlegenden Bedürfnisse des Lebens, und beim Kauf oder Verkauf von Gütern verwendete man Gold oder andere Güter als Zahlungsmittel.
>
> Schließlich kamen intelligente Kapitalisten auf die Idee, daß sie Waren mit mehr Gewinn herstellen und verkaufen können, wenn sie die Rohmaterialien von verschiedenen Orten holten und mit Hilfe einer Gruppe von Untergebenen verarbeiteten. So entstand die erste Fabrik; in ihr wurden Menschen beschäftigt, die in Handarbeit Konsumgüter herstellten. Durch das Aufkommen von Maschinen wurde die Fabrikproduktion noch sinnvoller für den klugen Unternehmer. Die industrielle Revolution, die die Welt nachhaltig veränderte, hatte begonnen. Die Erfindung der Eisenbahn erleichterte den Transport von Menschen und Gütern. Durch das Dampfroß wurden Rohmaterialien leichter erhältlich, und damit endete die Notwendigkeit, Waren in unmittelbarer Umgebung der Rohstoffquellen herzustellen. Die Menschen konnten nun ihre Rohmaterialien von fernen Orten beziehen und die Fertigprodukte an weit entfernte Orte schicken. Die größeren Absatzmärkte führten zur Suche nach schnelleren und billigeren Herstellungsmethoden. Da Not erfinderisch macht, vervielfachten sich die «Segnungen» der technischen Forschung. Jede technische Neuerung eröffnete neue Märkte und weitere Möglichkeiten zur rationelleren Produktion.
>
> Um die unersättlichen Bedürfnisse einer schnell wachsenden Produktivität zu erfüllen, wurden mehr und mehr Arbeiter benötigt. Deshalb verließ die Bevölkerung die Bauernhöfe, Dörfer und kleinen Städte und zog in die anwachsenden Großstädte, die aus der dynamischen industriellen Entwicklung hervorgingen. Natürlich wollten die Menschen auch in der Nähe ihres Arbeitsplatzes leben. Als sich die Transportbedingungen jedoch verbesserten, konnten sie sogar ein oder

zwei Stunden von ihren Arbeitsstätten entfernt wohnen, und so dehnten sich die dicht besiedelten Gebiete allmählich aus. Clevere Geschäftemacher erkannten, daß diese weitausgedehnten Menschenansammlungen nicht nur massiven Wohnungsbau und eine große Zahl von Geschäften notwendig machten, sondern auch Erholungs- und Vergnügungseinrichtungen, um jedem, der bezahlen konnte, Sinnengenuß zu verschaffen. Als schließlich die Leute, die immer noch in Dörfern, Kleinstädten und Bauernhöfen auf dem Lande wohnten, merkten, daß die Städte zu Pilgerorten faszinierender und vielfältiger Freuden geworden waren, nahm die Landflucht weiter zu. Die auf den Großstädten basierende Konsumgesellschaft hatte sich etabliert.

In einer Konsumgesellschaft kaufen die Verbraucher Produkte mit dem Geld, das sie durch die Herstellung ebendieser Produkte verdient haben. Da die Produktionskosten eines Artikels viel niedriger sind als der Verkaufspreis, streicht der Hersteller einen Gewinn ein, den er dann zur Vergrößerung der Produktion verwendet, was wiederum mehr Arbeiter erfordert. Mehr Arbeiter vergrößern die Kaufkraft und konsumieren mehr Produkte; auf diese Weise schließt sich der Kreis wieder... (S. 193f.)

Diese industrielle Revolution, die sich in der Folge rasch in ganz Europa ausbreitete und auch auf die «Neue Welt», die aufstrebenden Vereinigten Staaten von Amerika, übergriff, beschwor jedoch eine Unzahl neuer heimtückischer Probleme herauf, deren Folgen wir erst jetzt, gegen Ende des 20. Jahrhunderts, abzuschätzen beginnen. Harikeśa Swami schreibt:

In den riesigen, schmutzigen Industriestädten hatten die Arbeiter inzwischen bemerkt, welch gewaltigen Profit ihre Arbeitgeber einsteckten. So schlossen sie sich in Gewerkschaften zusammen, um höhere Löhne zu fordern. Höhere Löhne bedeuteten höhere Preise für die Konsumenten, und da die Arbeiter auch die Konsumenten waren, mußten sie wiederum höhere Löhne verlangen, um sich ihren Genuß leisten zu können. Wenn ein Arbeiter über seine finanziellen Möglichkeiten hinaus konsumieren wollte, liehen die Banken ihm Geld und zogen ihrerseits den Nutzen aus seinen Zinsen. Wohlhabende Firmen, die auf diese Weise immer höhere Gewinne herausschlugen, nutzten ihren Reichtum, um damit die Gesellschaft zu manipulieren. Als Folge davon wurde die Gesellschaft von denjenigen beherrscht, die so ungeheure finanzielle Reserven besaßen, daß sie die Macht über Politiker, Gelehrte und das Schicksal der Welt kaufen konnten.

Da immer abartigere Formen des Sinnengenusses für die Wirtschaftsbosse Millionengeschäfte bedeuteten, bemühten sie sich darum, diese Genüsse schnell unter die Leute zu bringen, um so immer größere Gewinne einzustreichen. Zigaretten, Alkohol und legale wie illegale Drogen wurden an die Massen verteilt, damit sie nicht über ihre trostlose Lage nachzudenken brauchten. Casinos, Discos und Sex-Shops wurden eröffnet. Gleichzeitig nahmen Kriminalität, Mordfälle, Gewalttaten sowie Scheidungen und Selbstmorde zu.

Der großartige Höhepunkt des rasenden Fortschritts im Produktions- und Konsumprozeß besteht darin, daß wir inzwischen Gefangene einer Welt sind, die uns umbringt. Sie wird uns entweder offen durch Kriege oder hinterrücks physisch und moralisch vergiften. Nun bricht die Weltwirtschaft unter der Last eines überspannten Zinsniveaus und inflationärer Währung zusammen. Das einstmals allmächtige Produktions- und Konsummonster steht schon mit einem Bein im Grab... (S. 195f.)

Nietzsche und Wagner

Einer der bedeutendsten Denker des 19. Jahrhunderts, der die düsteren Zeichen seiner Zeit und ihre folgenschwere Entwicklung voraussah, war der «Philosoph mit dem Hammer», der alle Werte umwerten wollte und schließlich an seiner eigenen Ohnmacht zerbrach – *Friedrich Nietzsche* (1844-1900). Von ihm ist der Ausspruch überliefert: «Die Lehre von der Wiedergeburt ist ein Wendepunkt in der Geschichte der Menschheit».

Schon in seinen frühen Werken, den vier «Unzeitgemäßen Betrachtungen» (1873-76), versuchte Nietzsche, die sich abzeichnenden Verfallstendenzen Europas zu entlarven und zu bekämpfen, indem er sie am Idealbild einer «echten Kultur» maß. Bereits hier brachte er den Gedanken der Reinkarnation, der ihn zeitlebens beschäftigte, mit den folgenden Worten zum Ausdruck:

> Wer sein Leben nur als einen Punkt versteht in der Entwicklung eines Geschlechtes oder eines Staates oder einer Wissenschaft, ... hat die Lektion, welche ihm das Dasein aufgibt, nicht verstanden und muß sie ein andermal lernen... Erst wenn wir, in der jetzigen oder in einer kommenden Geburt, selber in jenen erhabenen Orden der Philosophen, der Künstler und der Heiligen aufgenommen sind, wird uns auch ein neues Ziel unserer Liebe und unseres Hasses gesteckt sein. (in: «Schopenhauer als Erzieher», 1874)

Nach einer ersten schweren Krankheit im Jahre 1876, von der er sich nie wieder ganz erholte, mußte Nietzsche 1879 bereits mit 35 Jahren sein Lehramt für klassische Philologie an der Universität Basel aufgeben und sich pensionieren lassen. Sein Wille, der Zeit und der Menschheit neue Gesetzestafeln zu geben und damit über die bloße Moralkritik hinauszukommen, führte ihn nach seiner vorläufigen Genesung zur Schöpfung seiner Gedankendichtung «Also sprach Zarathustra» (Teil I-III 1883/84; IV 1891), in der er seine Lehren vom «Übermenschen» und von der «Ewigen Wiederkehr» darstellte. Hier rufen die Schüler Zarathustras ihrem Meister zu:

> Siehe, wir wissen, was du lehrst: daß alle Dinge ewig wiederkehren und wir selber mit, und daß wir schon ewige Male dagewesen sind und alle Dinge mit uns. Du lehrst, daß es ein großes Jahr des Werdens gibt, ein Ungeheuer von großem Jahre: das muß sich, einer Sanduhr gleich, immer von neuem umdrehn..., so daß alle diese Jahre sich selber gleich sind, im Größten wie auch im Kleinsten, so daß wir selber in jedem großen Jahre uns selber gleich sind, im Größten und auch im Kleinsten... Ich komme wieder, mit dieser Sonne, mit dieser Erde, ... nicht zu einem neuen Leben oder besseren Leben oder ähnlichen Leben: – ich komme ewig wieder zu diesem gleichen und selbigen Leben, im Größten und auch im Kleinsten. (in: «Der Genesende»)

Im «Zarathustra» finden wir auch das folgende Gedicht:

> O Mensch! Gib acht!
> Was spricht die tiefe Mitternacht?

«Ich schlief, ich schlief –,
Aus tiefem Traum bin ich erwacht –:
Die Welt ist tief,
Und tiefer als der Tag gedacht.
Tief ist ihr Weh –,
Lust – tiefer noch als Herzeleid:
Weh spricht: Vergeh!
Doch alle Lust will Ewigkeit –,
– will tiefe, tiefe Ewigkeit!»

Aus diesen Zitaten wird deutlich, daß die Wiedergeburt beim späteren Nietzsche die Schreckensgestalt des Gedankens einer «ewigen Wiederkehr der Gleichen» und somit von ewigem, ausweglosem Leid und Langeweile annahm. Denn ohne genaue Kenntnis der Gesetzmäßigkeiten von Karma und Reinkarnation – geschweige denn der Möglichkeit, aus deren Kreislauf befreit zu werden –, wurde Nietzsche mehr und mehr ein tragisches Opfer seines eigenen Genies.

Seine späteren Schriften – wie «Jenseits von Gut und Böse, Vorspiel einer Philosophie der Zukunft» (1886) oder seine vehementen Angriffe gegen das verfallene Christentum «Götzendämmerung» und «Antichrist» (1888), vor allem aber der unvollendet gebliebene «Wille zur Macht, Versuch einer Umwertung aller Werte» (postum 1906) – sind denn auch gekennzeichnet durch Verzweiflung, Hoffnungslosigkeit und Pessimismus. Er starb, nach einem paralytischen Zusammenbruch 1889 und über einem Jahrzehnt der geistigen Umnachtung, im Alter von nur 56 Jahren als vereinsamter, unverstandener Vorkämpfer gegen eine Zeit, die ihn selbst schon eingeholt hatte.

Ein Zeitgenosse und Wegbegleiter des jungen Nietzsche war der Opernkomponist *Richard Wagner* (1813-1883), der wie dieser ein leidenschaftlicher Verehrer Schopenhauers war. Durch seine eingehende Beschäftigung sowohl mit Schopenhauer als auch mit dem Buddhismus war er ein überzeugter Verfechter der Reinkarnationslehre, die auch sein musikalisches Schaffen nachhaltig beeinflußte. Gemeinsam mit seinem Freund, dem Dichter *Georg Herwegh* (1817-1875), plante Wagner ein großes Epos, dessen Grundlage der Seelenwanderungsgedanke sein sollte. In seiner Autobiographie «Mein Leben» erinnerte er sich an jene Begebenheit im Jahre 1856:

> Dies brachte mich auf den Gedanken, ihm [Herwegh] als den erwünschten Rahmen seines Gedichtes den Mythus der Metempsychose, wie er aus der Brahmanischen Religion durch Plato selbst unserer klassischen Bildung nahegebracht worden sei, vorzuschlagen. Da er diese Idee nicht übel fand, beschäftigte ich mich sogar näher damit, ihm die Form eines solchen Gedichtes zu bezeichnen: er sollte dazu drei Hauptakte, jeden in drei Gesänge geteilt, somit neun Gesänge, wählen. Der erste Akt würde seinen Helden in der asiatischen Heimat, der zweite in der hellenisch-römischen, der dritte in der mittelalterlichen und modernen Welt wiedergeboren erscheinen lassen. Das alles gefiel ihm sehr wohl, und er meinte, es könne wohl etwas daraus werden.

An seine Geliebte Mathilde Wesendonk schreibt Wagner im August 1860 von Paris aus die folgenden Zeilen:

> Gestern ergriff mich der «Lohengrin» sehr, und ich kann nicht umhin, ihn für das allertragischste Gedicht zu halten, weil die Versöhnung wirklich nur zu finden ist, wenn man einen ganz furchtbar weiten Blick in die Welt wirft. – Nur die tiefsinnige Annahme der Seelenwanderung konnte mir den trostreichen Punkt zeigen, auf welchem endlich alles zur gleichen Höhe der Erlösung zusammenläuft, nachdem die verschiedenen Lebensläufe, welche in der Zeit getrennt nebeneinander laufen, außer der Zeit sich verständnisvoll berührt haben.

Auch das letzte Werk Wagners, «Parsifal» (1882), ist durchsetzt mit dem Wissen um Karma und Reinkarnation, insbesondere in der Gestalt der vom Fluch verfolgten Kundry. Im ersten Akt heißt es über sie: «Ja, eine Verwünschte mag sie sein. Hier lebt sie heut – vielleicht erneut, zu büßen Schuld aus früh'rem Leben, die dorten ihr noch nicht vergeben.» Und am Ende enthüllt Kundry dem Parsifal selbst das Geheimnis ihres Schicksals: weil sie in einem früheren Dasein Christus geschmäht habe, müsse sie sich nun von Leben zu Leben nach Erlösung sehnen.

ELFTER TEIL: DER REINKARNATIONSGEDANKE AUSSERHALB DEUTSCHLANDS

Vereinigte Staaten

Da wir uns in unserer Darstellung der Geschichte des Reinkarnationsgedankens vornehmlich mit der europäischen, dort insbesondere mit der deutschen Geistesgeschichte beschäftigen möchten, sei hier nur ein äußerst knapper und sicherlich lückenhafter Überblick über vereinzelte amerikanische Dichter und Denker gegeben, welche – unter dem Einfluß deutscher und englischer Philosophen – ebenfalls die Lehre der Wiedergeburt angenommen und in ihr Schaffen eingearbeitet haben.

Der erste Amerikaner, von dem Zeugnisse des Wissens um die Reinkarnation überliefert sind, ist der Erfinder und Staatsmann *Benjamin Franklin* (1706-1790), der im Mai 1785 in einem Brief an George Whatley schreibt:

> Da ich [in dem Werke Gottes] nichts zugrunde gehen und keinen Wassertropfen verschwendet sehe, wie kann ich also an eine Vernichtung der Seele glauben? ... Und da ich mich in der Welt existieren sehe, glaube ich, in der einen oder anderen Form ewig zu existieren. Angesichts aller Unannehmlichkeiten, denen das menschliche Leben ausgesetzt ist, habe ich dabei auch nichts gegen eine Neuausgabe meinerselbst einzuwenden, in der Hoffnung allerdings, daß die Errata der jetzigen korrigiert werden.

Doch schon viel früher, mit 23 Jahren, hatte der junge Franklin – als gelernter Buchdrucker – diesen Gedanken in seiner von ihm selbst entworfenen Grabinschrift formuliert:

> Hier ruhet der Leib Benjamin Franklins, eines Buchdruckers, als Speise für die Würmer, gleich dem Deckel eines alten Buches, aus dem der Inhalt herausgenommen und der seiner Inschrift und Vergoldung beraubt ist. Doch wird das Werk selbst nicht verloren sein, sondern dermaleinst wieder erscheinen in einer neueren, schöneren Ausgabe, durchgesehen und verbessert von dem Verfasser. (1729)

Franklin war jedoch nicht der einzige Politiker der amerikanischen Gründerzeit, der sich mit dem Thema der Reinkarnation befaßte. Auch *John Adams* (1735-1826), der von 1797-1801 als zweiter Präsident die USA regierte, schreibt im März 1814 an seinen Nachfolger Thomas Jefferson (Präsident von 1801-1809), nach der Lektüre mehrerer Bücher über die vedische Religion:

> Nachdem einige Seelen gegen das höchste Wesen revoltiert hatten, wurden sie in die tiefsten Regionen völliger Dunkelheit verstoßen. Dann wurden sie aus dem Gefängnis befreit; ihnen wurde erlaubt, zur Erde aufzusteigen und in alle möglichen Lebensformen – Säugetiere, Reptilien, Vögel und Menschen – einzugehen, entsprechend ihrem Rang und Charakter, und sogar in Pflanzen und Steine, um dort eine Bewährungszeit durchzumachen. Wenn sie die verschiedenen Stufen tadellos durchgangen hatten, durften sie Kühe oder Menschen werden. Wenn sie als Menschen rechtschaffen lebten, wurden sie wieder in den Himmel erhoben, zurück in ihre ursprüngliche Stellung der Glückseligkeit.

Im 19. Jahrhundert ist vor allem die Dichter- und Philosophengruppe der *Transzendentalisten* zu nennen, die sich intensiv mit der indischen Geisteswelt auseinandersetzte und deren Vertreter erklärte Anhänger und Verkünder des Reinkarnationsgedankens in den USA waren (um 1836-1860). Die Bezeichnung «Transzendentalisten», die sich die Dichter selbst gaben, hatten sie aus Kants «Kritik der reinen Vernunft» entliehen; allgemein ist ihr Denken einerseits stark beeinflußt von deutschen Philosophen wie Lessing, Herder, Goethe, Schiller, Jean Paul, Hegel oder Schopenhauer und zum anderen auch durch ihre direkte Auseinandersetzung mit den vedischen Schriften, die zu jener Zeit erstmals aus dem Sanskrit übertragen wurden.

So hatte beispielsweise der «Vater» des Transzendentalismus, der neuenglische Dichter *Frederic Hedge* (1805-1890), Herders Abhandlung «Über die Seelenwanderung» sowie andere bedeutende Werke aus dem Deutschen ins Englische übersetzt. In seinem eigenen Werk «Ways of the Spirit, and other Essays» schreibt Hedge:

> Wenn wir in der Erinnerung zurückgehen, finden wir keinen Anfang unseres Daseins. Wer weiß, außer aus den Berichten anderer, auch nur über die ersten beiden Jahre seines jetzigen Lebens? ... Bevor wir für uns selbst existierten, existierten wir bereits für andere. Unsere Erfahrung reicht nicht so weit wie unser Dasein, und unser Erinnerungsvermögen vermag dieses nicht zu erfassen. Wir tragen nicht die Wurzel, die Wurzel trägt uns.
>
> Was ist die Wurzel? Wir nennen sie die Seele. «Unsere» Seele, nennen wir sie; richtig gesprochen aber, ist sie nicht die unsrige, sondern wir sind die ihrigen. Sie ist nicht ein Teil unsererselbst, sondern wir sind ihr Teil... Diese Wurzel ist größer und anders als wir es sind, als unser Bewußtsein es ist. Das Bewußtsein beginnt erst einige Zeit nach der Geburt des Individuums, es ist nicht ursprünglich, sondern eine Folge, ein Aufblühen einer Individualität... Und die Seele, die auf diese Weise erblüht, existierte bereits vor der Zeit des Aufblühens...
>
> Die Annahme der Präexistenz ... scheint am besten zum angenommenen Fortbestehen der Seele nach dem Tode zu passen. Was einen Anfang in der Zeit hat, muß, wie es scheint, auch in der Zeit enden. Das ewige Ziel, das der Glaube der Seele zuschreibt, setzt folglich einen ewigen Ursprung voraus... Dies entspricht der Lehre des gelehrtesten und scharfsinnigsten aller Kirchenväter [Origenes] ...
>
> Von allen Theorien über den Ursprung der Seele scheint mir diese also die glaubwürdigste und auch diejenige, die die Frage nach einem nächsten Leben am ehesten erleuchtet.

Neben Hedge waren die drei herausragendsten Transzendentalisten die Philosophen *Ralph Waldo Emerson* (1803-1882) und *Henry David Thoreau* (1817-1862) sowie der Dichter *Walt Whitman* (1819-1892). Aus ihrem umfangreichen Schaffen seien hier nur einige wenige Zitate angeführt, die die Thematik der Reinkarnation anschneiden.

In den Schriften *R.W. Emersons*, der auch gerne direkt aus den Veden zitierte, finden wir zum Beispiel folgende Aussagen:

> Die Seele entstammt dem Wesen Gottes, als Teil der Seele der Welt, als Strahl der Quelle des Lichts. Sie tritt von außerhalb in den menschlichen Körper ein, wie in einen vorübergehenden Aufenthaltsort, und sie verläßt diesen auch wieder, um andere Orte zu bereisen, ... denn die Seele ist unsterblich. (in: «Journals of Ralph Waldo Emerson»)

> Es war mir, als ob ich das Buch [Essays von Montaigne, um 1580] in irgendeinem früheren Leben selbst geschrieben hätte. (aus seiner philosophischen Vortragsreihe «Repräsentanten der Menschheit», 1850)

> Es ist ein Geheimnis dieser Welt, daß alle Dinge fortbestehen und nicht sterben, sondern nur eine Zeitlang aus der Sicht verschwinden und dann wiederkommen. Nichts ist tot. Die Menschen stellen sich tot und lassen düstere Todesanzeigen und Scheinbegräbnisse über sich ergehen – und da stehen sie wieder ... in einer neuen, andersartigen Verkleidung.

> Da die Seele oft geboren wird, gibt es nichts, was sie nicht schon erfahren hat; kein Wunder, daß sie sich erinnern kann an das, was sie früher wußte. Denn Fragen und Lernen liegt in der Erinnerungskraft... Laß dich nicht durch die Grübchen am Kinn und durch Kinderlocken täuschen! Ich sage dir: dies Kind ist tausend Jahre alt...

H.D. Thoreau, der Jahrzehnte in der einsamen Zurückgezogenheit von Walden Pond/Mass. verbrachte (Hauptwerk: «Walden, oder Leben in den Wäldern», 1854) und ein naturverbundenes Leben der inneren Einkehr und Meditation führte, schrieb einst in einem Brief: «So weit, wie ich mich zurückerinnern kann, habe ich mich unbewußt auf Erfahrungen einer früheren Daseinsstufe bezogen.» Thoreau hatte sich wie kein zweiter Amerikaner seiner Zeit eingehend in die Weisheit des alten Indien vertieft, und im Jahre 1926 wurde in seinem Nachlaß ein Manuskript entdeckt, das den Titel «Die Seelenwanderung der sieben Brahmanen» trägt und die englische Übersetzung einer Sanskriterzählung über die Reinkarnation darstellt. An einer anderen Stelle lesen wir über sein Leben in Walden Pond und sein Studium der *Bhagavad-gītā*:

> Die schweißgebadeten Einwohner von Madras, Bombay und Kalkutta laben sich an meinem Brunnen. Jeden Morgen bade ich meinen Intellekt in der umfassenden und kosmogonalen Philosophie der *Bhagavad-gītā*, ... im Vergleich mit welcher unsere moderne Welt und Literatur nur kümmerlich und trivial erscheint.

Und ich frage mich, ob diese Philosophie nicht etwa aus einem früheren Daseinszustand stamme, so weit ist ihre Erhabenheit von unseren Auffassungen entfernt. Ich lege das Buch beiseite, begebe mich zu meinem Brunnen, um Wasser zu schöpfen – und siehe da: Dort treffe ich den Diener des Brahmanen, des Priesters von Brahma und Vishnu und Indra, der noch immer in seinem Tempel am Ganges sitzt und die Veden studiert oder mit seinem Stück trockenen Brotes und seinem Wasserkrug unter einem Baume verweilt. Ich treffe seinen Diener, und wie ehedem klingen unsere Schöpfeimer in demselben Brunnen aneinander. Das reine Wasser des Walden Pond vermischt sich mit dem heiligen Wasser des Ganges...

In dem Gedicht «Song of Myself» (um 1855) von *Walt Whitman* heißt es:

Ich weiß, daß ich unsterblich bin... Wir haben bereits Milliarden von Wintern und Sommern hinter uns. Milliarden stehen uns noch bevor und darauf weitere Milliarden.

In der Erzählung «Berenice» schreibt der Novellist *Edgar Allan Poe* (1809-1849):

Aber es ist wohl müßig, zu behaupten, daß ich nicht schon vorher gelebt – daß unsere Seele keine Vorexistenz habe. Sie leugnen es? Wir wollen nicht weiter darüber streiten! Ich bin überzeugt und habe kein Verlangen, andere zu überzeugen. Ich bin überzeugt, denn mich begleitet eine Erinnerung an ätherische Formen, an geisterhafte, vielsagende Augen, an melodische, traurige Töne – eine Erinnerung, die mich nie verlassen wird, ein Andenken, wie ein Schatten unbestimmt, unbeständig, veränderlich und auch einem Schatten ähnlich in der Unmöglichkeit, mich davon zu befreien, solange die Sonne meiner Vernunft leuchtet.

Der Roman «Die Zwangsjacke» des Schriftstellers *Jack London* (1876-1916) stellt einen eigentlichen Reinkarnationsroman dar, in dem auf nahezu jeder Seite eine entsprechende Andeutung gemacht wird. Hier seien nur einige Ausschnitte daraus wiedergegeben:

Mein ganzes Leben bin ich mir anderer Zeiten, anderer Orte bewußt gewesen. Ich bin mir anderer Personen in mir selber bewußt gewesen...

Die Toren! Als ob sie durch ihre plumpe Einrichtung mit Strick und Schafott meine Unsterblichkeit erwürgen könnten! Immer wieder, ach, unzählige Male, werde ich auf dieser lichten Erde wandern. Und ich werde im Fleische wandern, werde Fürst und Bauer, Gelehrter und Stümper sein, auf dem Hochsitz sitzen und unter dem Joche seufzen...

Ich begann nicht, als ich geboren oder empfangen wurde. Ich wuchs weiter, entwickelte mich durch unberechenbare Myriaden von Jahrtausenden. Alle Erfahrungen aus all diesen Existenzen, und unzähligen früheren dazu, sind dazu gebraucht, den Seelen- oder Geistesstoff zu schaffen, der mein Ich ausmacht... Ich bin dieser aus den Erinnerungen meiner unendlichen Inkarnationen zusammengesetzte Geist...

Unzählige Male soll ich wiedergeboren werden, und doch glauben die dummen Geschöpfe, mich jetzt, da ich meinen Hals in eine Schlinge stecke, vernichten zu können.

Selbst der berühmte Automobilindustrielle und Gründer der Ford Motor Company, *Herny Ford* (1863-1947), überraschte seine Zeit häufig mit offenen Bekenntnissen zu seinem Glauben an die Reinkarnation, wie die beiden folgenden Beispiele zeigen:

> Ich sehe in der Wiederverkörperungslehre die Essenz unseres Wissens von der Wirklichkeit. Ich nahm die Wiederverkörperungslehre mit 26 Jahren an. Bevor ich sie kannte, war ich haltlos und unzufrieden, sozusagen ohne Kompaß. Die Religion sagte mir hierüber nichts – oder ich war unfähig, es zu finden. Nicht einmal die Arbeit konnte mich restlos befriedigen. Die Arbeit wird erst sinnvoll und fruchtbar, wenn wir die Erfahrungen der früheren Leben im nächsten Dasein zu verwerten vermögen. Als mir dann die Tatsache der Wiederverkörperung bewußt wurde, war es, als erschließe sich mir der tiefere Sinn des Weltenplans...
>
> In jedem von uns sind, wenn auch noch so schwach, Erinnerungen an frühere Leben. Wir fühlen häufig, daß wir eine Szene, ein Erlebnis in ähnlicher Form schon in einem früheren Dasein mitgemacht haben... Ich kann mir denken, daß unser Erfahrungsschatz nicht vollkommen wäre ohne jene Erfahrungen, die wir auf anderen Himmelskörpern zu gewinnen vermögen. Zwar wissen wir nichts über das Ende unseres Weges, von dem wir sicherlich noch weit, weit entfernt sind; aber wir werden auch künftig immer das ernten, was wir säen, wir werden immer das empfangen, was wir verdienen. (aus einem Interview mit einem Journalisten des «San Francisco Examiner», 26.8.1928)

> Was einige für eine besondere Gabe oder ein Talent zu halten scheinen, das ist nach meiner Ansicht die Frucht langer, in vielen Leben erworbener Erfahrung. Dazu muß ich vorausschicken, daß ich glaube, daß wir wiedergeboren werden. Sie und ich, wir alle werden viele Male wiedergeboren, leben viele Leben, und speichern reiche Erfahrung auf. Die scheinbar intuitive «Gabe» ist in Wirklichkeit schwer erworbene Erfahrung. (aus einem Gespräch mit dem Philosophen Ralph Waldo Trine)

Auch in der zeitgenössischen Literatur der USA finden sich eine Unzahl Autoren, die den Gedanken der Seelenwanderung immer wieder aufgegriffen haben. Aus ihren Reihen wollen wir abschließend den Literaturnobelpreisträger von 1978, den jüdisch-amerikanischen Schriftsteller *Isaac Bashevis Singer* (1904-1991) anführen, der schreibt:

> Es gibt keinen Tod. Wie kann es Tod geben, wenn alles ein Teil Gottes ist? Die Seele stirbt nie, und der Körper ist im Grunde nie lebendig. (in: «Stories from behind the stove», 1962)

Europa

Je mehr wir uns der Gegenwart nähern, umso schwieriger wird es, einen Überblick über die Entwicklung des Reinkarnationsgedankens innerhalb des europäischen Geisteslebens zu behalten. Sowohl in der Philosophie- als auch in der Literaturgeschichte tauchte dieser in den vergangenen einhundert Jahren derart häufig und in solch vielfältiger Schattierung auf, daß wir an dieser Stelle aus Platzgründen auf eine systematische Darstellung verzichten müssen. Dennoch möchten wir in chronologischer Reihenfolge eine Auswahl einzelner Dichter und Denker zu Worte kommen lassen, in deren Schaffen das Wissen um die Seelenwanderung aufleuchtete:

Honoré de Balzac (1799-1850), französischer Romandichter:

> Alle Menschen haben vergangene Leben hinter sich... Wer kann erahnen, wie viele fleischliche Formen der Erbe des Himmels durchwandern muß, bis er in der Lage ist, den Wert jener Stille und Einsamkeit zu ermessen, deren strahlende Gefilde nur die Vorstufe zur spirituellen Welt bilden? (in: «Seraphita», 1835)

Sören Kierkegaard (1813-1855), dänischer Philosoph:

> «Schreibe», sprach jene Stimme, und der Prophet antwortete: «Für wen?» – Die Stimme sprach: «Für die Toten, für die, die du in der Vorwelt geliebt hast.» – «Werden sie mich lesen?» – «Ja, denn sie kommen wieder zurück als Nachwelt.» (Notiz 1842, aus dem Nachlaß)

Thomas Henry Huxley (1825-1895), englischer Naturforscher und Biologe:

> Die Lehre der Seelenwanderung gestattet es dem Menschen, eine einleuchtende Erklärung für die Phänomene und Gesetzmäßigkeiten des Kosmos zu finden... Nur äußerst voreilige Denker würden sie als absurd abtun.

Henrik Ibsen (1828-1906), norwegischer Dramatiker:

> ... Er ist einer, der stets in gewissen Zwischenräumen in den Leib des Menschengeschlechtes wiederkehrt. Er ist wie ein Reiter, der in der Reitbahn ein wildes Pferd zähmen soll. Jedesmal wirft ihn das Pferd wieder ab. Aber nicht lange, und der Reiter ist wieder im Sattel, immer sicherer und geübter. Herunter mußte er in seiner wechselnden Gestalt jedesmal bis auf den heutigen Tag. Herunter mußte er als der gottentsprossene Mensch im Garten Eden, herunter als der Begründer des Weltreiches, herunter als der Fürst des Gottesreiches. Wer weiß, wie oft er unter uns gewandert ist, ohne daß ihn einer erkannte. (in: «Kaiser und Galiläer», 1888)

Leo Tolstoi (1828-1910), russischer Schriftsteller und Sozialkritiker:

> Wie gut wäre es, wenn man die Erlebnisse eines Menschen schildern könnte, der in seinem früheren Leben sich selbst getötet hat. Er stößt stets auf dieselben Anforderungen, die ihm früher entgegenstanden, und so gelangt er zum Bewußtsein, er müsse diese Anforderungen erfüllen. Durch die Erfahrung belehrt, wird dieser Mensch vernünftiger sein als die andern. (aus dem Tagebuch vom 13.11.1896)

Genauso, wie wir in unserem jetzigen Leben Tausende von Träumen erleben, so ist auch unser jetziges Leben nur eines von Tausenden, in das wir aus dem anderen, wirklicheren Leben eingetreten sind und zu dem wir nach dem Tode wieder zurückkehren. Unser Leben ist nur ein Traum von diesem wirklichen Leben, und dies setzt sich endlos fort, bis zum allerletzten, wirklichen Leben, dem Gottesleben. (in einem Moskauer Zeitungsartikel, 1908)

Paul Gauguin (1848-1903), französischer Maler und Bildhauer:

Die Seele überlebt, wenn der physische Organismus zusammenbricht. Sie nimmt dann einen anderen Körper an, wobei sie je nach Schuld und Verdienst erhoben oder erniedrigt wird. (aus den Notizen aus Tahiti)

August Strindberg (1849-1912), schwedischer Dichter:

Ich bin in der Hölle, und die Verdammnis lastet auf mir. Wenn ich meine Vergangenheit untersuche, sehe ich, daß schon meine Kindheit als Gefängnis und Folterkammer eingerichtet war. Und um die Martern zu erklären, die einem unschuldigen Kind auferlegt wurden, bleibt einem nichts anderes übrig, als ein früheres Dasein anzunehmen, aus dem wir wieder auf die Erde geworfen sind, um die Folgen vergessener Sünden zu sühnen. (in: «Inferno», 1897)

Ich habe entdeckt, gewisse Menschen haben gleichsam das Vorrecht, mir unrecht zu tun, den ganzen Tag über. Wenn ich schließlich klage, so ist jemand da, der mich auf den Mund schlägt. Und beklage ich mich, so glaubt niemand, was ich sage, sondern sie nehmen den Schuldigen in Schutz. Das ist unbegreiflich und kann einen Menschen in Verzweiflung bringen. Ein Theosoph tröstete mich jedoch einmal mit der Erklärung, ich leide für unbekannte Vergehen in einer Vorvergangenheit; und ich dürfte mich nicht beklagen, denn die Strafe sei gerecht; ferner, daß es zu meinem Karma gehört, unrecht zu bekommen, auch wenn ich recht habe. Das ist auch die einzig mögliche Erklärung. (in: «Ein Blaubuch», 1908)

Maurice Maeterlinck (1862-1949), belgischer Dichterphilosoph und Literaturnobelpreisträger 1911:

Nie gab es einen Glauben, der schöner, gerechter, reiner, moralischer, fruchtbarer, tröstlicher und in gewissem Sinne wahrscheinlicher ist als der Wiederverkörperungsglaube. (in: «Vom Tode»)

James Joyce (1882-1941), irischer Schriftsteller:

Reinkarnation: das ist das Wort. Manche Leute glauben, sagte er, daß wir nach dem Tode in einem anderen Körper weiterleben, daß wir vorher auch schon gelebt haben. Sie nennen es Reinkarnation. Daß wir alle schon vor Tausenden von Jahren auf Erden gelebt haben oder auf einem anderen Planeten. Sie sagen, wir haben es nur vergessen. Manche behaupten, sie erinnern sich sogar an ihr früheres Leben... Metempsychose, sagte er, ist der Ausdruck, den die alten Griechen dafür hatten. Sie glaubten, man könnte zum Beispiel in ein Tier oder einen Baum verwandelt werden. (Mr. Bloom zu seiner Frau, in der ersten Episode des «Ulysses»: «Calypso», erstmals 1914; deutsche Übertragung von Hans Wollschläger, S. 91)

Indien

Mohandas «Mahatma» Gandhi (1869-1948), indischer Politiker und Reformator:

Ich kann mir keine immerwährende Feindschaft zwischen den Menschen vorstellen, und da ich an die Theorie der Wiedergeburt glaube, lebe ich in der Hoffnung, daß ich, wenn nicht in diesem Leben, in irgendeinem anderen Leben fähig sein werde, die ganze Menschheit freundschaftlich zu umarmen. (aus einer Rede vom April 1931)

ZWÖLFTER TEIL: DAS 20. JAHRHUNDERT

Die meisten zeitgenössischen Kulturkritiker sind sich einig, daß die Wende vom 19. zum 20. Jahrhundert – in der politischen, wissenschaftlichen und auch in der geistigen Entwicklung des Abendlandes – eine Wendezeit bedeutete, welche an Tragweite mindestens der Zeit um das Jahr 1500 mit Renaissance, Reformation, Entdeckungen usw. gleichzustellen ist, vielleicht sogar noch viel tiefer greift.

Auch für die Entwicklung des Reinkarnationsgedankens hat diese Neuorientierung Folgen gebracht, wobei zwei verschiedene Strömungen beobachtbar sind: zunächst eine gewisse skeptische Ablehnung aller nicht empirisch erfaßbaren Ideen, da es mit dem anbrechenden 20. Jahrhundert zu einer Ablösung der Philosophen und Dichter durch die Naturwissenschaftler kam, die nun ihrerseits Einfluß auf das Denken der großen Volksmassen nahmen. Doch die vernichtenden Auswirkungen zweier Weltkriege sowie die immer offensichtlicheren Probleme, die das materialistisch-mechanistische Weltverständnis nach sich zieht, haben zu einem zunehmenden Mißtrauen gegenüber der modernen Wissenschaft geführt, die sich aufgrund ihrer axiomatischen Einseitigkeit den Zugang zu höheren Einsichten verschließt. Und plötzlich wandte sich das Interesse der enttäuschten Öffentlichkeit wieder den von den Wissenschaften vernachlässigten geistigen Dimensionen zu, und zwar in einem größeren Ausmaß als je zuvor.

Wenn wir zuvor von den Schwierigkeiten sprachen, die Entwicklung des Reinkarnationsgedankens innerhalb der europäischen Geistesgeschichte des 19. Jahrhunderts umfassend darzustellen, so trifft dies umso mehr für die neuere und neueste Literatur zu. Die Karma- und Seelenwanderungslehre ist dort bereits seit Jahrzehnten als allgemeingültiges Wissen und als Erklärungsmöglichkeit für das Dasein in der Welt etabliert und hat längst einen festen Platz im kulturellen Schaffen Europas und Amerikas eingenommen.

Der Kernphysiker, Astronom und Philosoph *Freiherr Carl Friedrich von Weizsäcker* (*1912), einer der bedeutendsten deutschen Denker der Gegenwart, beschreibt dieses Phänomen anläßlich der Salzburger Hochschulwochen 1975 mit folgenden Worten:

> Die weltweit wirksamste Vorstellung vom Jenseits des Todes ist die Lehre von der Wiederverkörperung der Seele in immer neuen Leibern. In Indien entstanden, hat sie den größten Teil Asiens erobert, als orphisch-pythagoreische Lehre tritt sie im alten Griechenland auf, und heute finden sich religiös suchende europäische und amerikanische Intellektuelle ihr offener als allen anderen Jenseitslehren.

Eine auch nur annähernd vollständige Darstellung des Reinkarnationsgedankens in der Philosophie und Literatur des 20. Jahrhunderts müßte den Gegenstand einer eigenen Untersuchung darstellen und würde höchstwahrscheinlich mehrere

Bände füllen. So können wir auch hier nur einige ausgewählte, besonders schöne und anschauliche Passagen anführen. Daran anschließend werden wir zum Schluß dieses Kapitels auf drei einzelne Persönlichkeiten, die in unserem Zusammenhang von speziellem Interesse und nachhaltiger Bedeutung sind, eingehen – *Hermann Hesse, Rudolf Steiner* und *Carl Gustav Jung*.

Peter Rosegger (1843-1918), österreichischer Dichter und Erzähler:

> Wenn im Herbst die Blätter von den Bäumen fallen, so will man das für ein Beispiel der Vergänglichkeit deuten. Ein schlechtes Beispiel, denn nach wenigen Monaten wachsen auf dem Baum junge Blätter, und es wird ein Frühling, der ganz so ist wie die früheren waren... Und der Mensch sinkt als Vater zu Grabe und steht als Kind wieder auf...
>
> Und wenn das Ich auch nur seine Gegenwart weiß, sich aber nicht erinnern kann an seine Vergangenheiten, so glaube ich doch, daß von einem Leben zum anderen gewisse Ursachen und Wirkungen verbindend fortbestehen, die das Individuum erhalten und bestimmen. Und so möchte es wohl sein, daß die Person in einem späteren Leben die Folgen eines früheren empfindet und zu tragen hat. Vervollkommnet sich ein Wesen in diesem Leben, so tritt es eben vollkommener in ein nächstes über; erniedrigt es sich hier, so wird es dort als niedrige Art wiedergeboren. (in: «Mein Himmelreich», 1901)

> Die Unsterblichkeit, die ich meine und wünsche und habe, ist die persönliche Unsterblichkeit, die Unzerstörbarkeit des Ichbewußtseins... Ich rate nur, daß wir das Spiel nicht auf eine Karte setzen sollen, nicht auf die des gegenwärtigen Erdenlebens; daß wir froh sein mögen, diesen Körper, wenn er unbrauchbar geworden, ablegen zu können, um einen neuen, frischen anzuziehen. (in: «Der Türmer», 1903)

Heinrich Spitta (1849-1929), Tübinger Philosoph:

> Zeiten folgen auf Zeiten, was bedeutet das? ... Da denke ich mir nun, daß ich nach meinem Tode werde wiedergeboren werden zu einem neuen irdischen Leben; meine Seele, der Inbegriff des Geistigen an mir, wird einen neuen irdischen Leib erhalten, den ich zu führen habe, bis auch er wieder aufgelöst wird in jene Bestandteile, von denen er genommen ist, und wiederum wird meine Seele einen neuen Leib empfangen, bis endlich, endlich alles erfüllt ist, was ich soll... Ich werde nicht notwendig haben, noch einmal zu betonen, daß es sich hier gar nicht um irgendeine wunderliche Metaphysik handelt, die ich auf verbotenen Umwegen einzuschmuggeln vorhabe, es handelt sich lediglich um einen vernünftigen Glauben, ...den ich mir zu eigen mache, weil er mir die kräftige Hilfe für die Durchführung meines sittlichen Lebens zu bieten scheint. (in: «Mein Recht auf Leben»)

Isolde Kurz (1853-1944), schwäbische Dichterin:

> Wohl, mein Sohn, du tatst, was dir geordnet.
> Blieb dir auch sein tiefrer Sinn verborgen,

Wirst in der Geschichte blutig strahlen,
Sprach die Weisheit, aber ahnend weintest
Du um dich: ein Volk hast du zertreten,
Mußt nun lernend auf die Erde kehren
Und erfahren, wie Zertretne fühlen.
Pflücke dort die Früchte deiner Taten:
Werde jetzt als Puniersklav geboren!
(«Der Sieger», im Stuttgarter Tagblatt,
24.12.1923)

Arthur Schnitzler (1862-1931), Wiener Dramatiker und Erzähler

Ich für meinen Teil kann mir alles andere eher vorstellen als dies: daß ich nun zum ersten Male auf der Welt sein sollte. Und es gibt Augenblicke, in denen ich mich ganz deutlich an allerlei erinnere. (Johanna im Drama «Der einsame Weg», 1903)

Gerhart Hauptmann (1862-1946), Dramatiker und Literaturnobelpreisträger 1912:

Wie kommen Menschen dazu, durch Worte gegebene Darstellungen von Dingen zu verstehen, die sie selbst nie erlebt haben? Man muß an unendlich viele Vorleben dabei unbedingt denken. Ich z.B.: wie kann ich so stark fühlen, wie ein reuiger Mörder fühlt? Ich brauche mir nur vorzustellen, wie alt er ist, welcher Art und welchen Ursprungs seine Tat, und ich fühle, was er fühlen muß. Und ich weiß von den letzten Stunden des Verurteilten usf. Also: der übrigens keineswegs neue Gedanke erschließt sich mir vom Erlebnis aus: daß nämlich der Richter, der Henker und der Gehenkte immerfort ihre Plätze wechseln und daß du aus Erinnerung früherer Leben alle in dir hast. (aus den Tagebuchaufzeichnungen)

Ich erkläre zu wissen, ich sei wieder und wieder gewesen, und auch, was ich gewesen bin. Wäre es ein Irrtum in plumper Realität, so wäre es doch im Geiste keiner. Und das umfassende Wesen, das mit diesem Gedanken gewinnt, ist eben nur durch ihn zu erreichen. Gern erklärt man damit die unsäglich reiche und vielfältige angeborene Kenntnis vom Wesen des Mitmenschen, die unangeboren nie zu erreichen wäre, und die Möglichkeit jenes heiligen Wortes in bezug auf den Verbrecher, auf den Gerichteten: *Tat tvam asi* – das bist du! (Der Bergpater im unvollendeten Nachlaßwerk «Der neue Christophorus»)

Otto Julius Bierbaum (1865-1910), Lyriker:

Oft weiß ich ganz genau: Ich – war – einmal;
Ich habe schon einmal all dies gesehn;
Der Baum vor meinem Fenster rauschte mir
Ganz so wie jetzt vor tausend Jahren schon;
All dieser Schmerz, all diese Lust in mir
Ein Nochmals, Immerwieder, Spiegelung
Durch Raum und Zeit. – Wie sonderbar das ist.
Ein Fließen, Sinken, Untertauchen und

Ein neu Empor im gleichen Strome. Ich
Und immer wieder ich: Ich – war – einmal.
(«Ich war einmal», postum 1912)

Ernst Troeltsch (1865-1923), evang. Theologe und Philosoph:

Ich leugne nicht, daß ich der Lehre von der Wiederverkörperung bis zum Emporwachsen aller in das Heil, oder eines Werdens nach dem Leibestode, oder vielleicht der beiden Sachverhalte zusammen, sehr geneigt bin, ähnlich wie Lessing. Das Absolute läge dann überhaupt erst in der letzten Vollendung, in der Rückkehr zu Gott, und alle irdischen Offenbarungen wären nur Weisungen in die Richtung des Absoluten. (Aufsatz, 1907)

Stefan George (1868-1933), Dichter:

Wo an entlegenem Gestade
Muß ich vor alters entstammt sein,
Brüder des Volkes?
Daß ich mit euch wohl genießend
Wein und Getreid unsres Landes
Fremdling euch bleibe?

Christian Morgenstern (1871-1914), Dichter und Dramaturg:

Wie oft wohl bin ich schon gewandelt
auf diesem Erdenball des Leids,
wie oft wohl hab ich umgewandelt
den Stoff, die Form des Lebenskleids?
Wie oft mag ich schon sein gegangen
durch diese Welt, aus dieser Welt,
um ewig wieder anzufangen,
von frischem Hoffnungstrieb geschwellt?
Es steigt empor, es sinkt die Welle –
so leben wir auch ohne Ruh;
unmöglich, daß sie aufwärts schnelle
und nicht zurück – dem Grunde zu.
(Jugendgedicht aus «Mensch Wanderer», 1890)

Es leiht mir wunderbare Stärke die Zuversicht,
daß nimmermehr ich sterbe,
daß ungehemmt ich meine Werke vollbringe,
ob auch oft mein Leib verderbe.
Es wirkt, daß ich mit ernster Ruhe
vor meiner Pläne Fehlschlag mich ermanne –
ich weiß, was ich erstrebe, was ich tue,
ist nicht gebannt an eines Lebens Spanne.

Die Menschheit hat längst alles empfangen, was zu empfangen ist. Aber sie muß es immer wieder von neuem und in immer wieder neuer Form empfangen und verarbeiten... Die Lehre der Reinkarnation z.B. – sie ist längst da. Aber sie mußte eine Weile beiseite gelassen werden; die ganze europäische Zivilisation geht auf dieses Beiseitelassen zurück. Jetzt hat dieser Zyklus das Seine erfüllt, jetzt darf sie, als eine unermeßliche Wohltat, in den Gang der westlichen Entwicklung wieder eintreten. (aus der Aphorismensammlung «Stufen», postum 1918)

Paul Busson, österreichischer Dichter (1873-1924):

«Ich kann dich nicht verstehen –», mühsam hob ich den schmerzenden Kopf. «Welches ist denn das Ziel?»

«Das ewige Leben», sagte er, und in diesem Augenblick wurde das düstere Gemach blendend hell, so daß ich die Augen schloß.

Als ich sie wieder öffnete und ins Leere zu blicken fürchtete, sah ich zu meinen unbeschreiblichen Trost den Ewli noch bei mir.

«Ich bin Isa Bektschi, Isa der Wächer –» hörte ich ihn sagen.

«So wachst du über mich?»

«Immer nur über dich.»

«Und wohin geht mein Weg, Isa Bektschi?»

Beklommenen Herzens sah ich ihn an.

«Zur Wiedergeburt», antwortete er, und über sein unsäglich schönes Gesicht zog wieder der helle Glanz.

«Aber der Tod –?»

«Das Unsterbliche kehrt zu Gott zurück», klang es feierlich.

«Jedes Menschen Unsterbliches?» fragte ich und streckte die Hände nach ihm aus.

«Jedes Menschen.»

«So wird jeder wiedergeboren, Ewli?» Süße Hoffnung senkte sich auf mich.

«Zweierlei ist die Art der Wiedergeburt nach dem Gesetz», sprach er, und seine Stimme war tief wie Glockenklang. «Unbewußt und bewußt.» (...)

«Da Ihnen an der Meinung eines Fremden etwas zu liegen scheint, will ich Ihnen antworten. Nun denn, mein geehrter Herr, ich glaube, daß nach dem Tode die Seele des Körpers ledig ist und in das ewige Leben, aus dem sie stammt, zurückkehrt», sagte ich mit gedämpfter Stimme.

Er schüttelte heftig den Kopf.

«Mit solchen Reden arbeiten die Priester aller Glaubensbekenntnisse. Niemand kann sich das vorstellen, was Sie da sagen. Was soll das heißen: in die Ewigkeit wiederkehren? Ohne den kunstvollen Apparat des Gehirns ist die Seele unfähig, sich zu äußern. Was wird aus ihr? Ein Luftwirbel, eine Rauchwolke, ein durchsichtiger Äther? Wo kommt sie hin?

«Sie kommt in ein neues Gefäß.» Mir war es, als spräche jemand anderer aus mir. Nie hatte ich diesen Gedanken gedacht, und doch war er jetzt da, als hätte ich ihn von jeher in mir getragen.

Der andere lachte unwillig auf.

«In ein neues Gefäß, also einen neuen Leib! Hier steckt schon das Absurde. Die Zahl der Abgeschiedenen ist so groß, daß nicht einmal ein Tausendstel von ihnen eine neue Wohnung finden kann.

Ich horchte auf die innere Stimme.

«Wer das Bewußtsein seiner irdischen Existenz über den Tod hinaus bewahren kann, wird in einem Menschenleibe wiedergeboren. Das ist mein Glaube.»

«Und wenn es gelänge – wie oft müßte Ihrer Ansicht nach eine solche Wiederkunft stattfinden?»

«So oft, bis die Seele geläutert ist», antwortete ich bewegt.

«Und dann?»

«Dann ruht die Seele bewußt in Gott.»

(aus dem Reinkarnationsroman «Die Wiedergeburt des Melchior Dronte», 1921)

Hugo von Hofmannsthal (1874-1929), Wiener Dichter und Operntexter:

Ihr Gatten, die ihr liebend euch in Armen liegt,
Ihr seid die Brücke, überm Abgrund ausgespannt,
auf der die Toten wiederum ins Leben gehn!
Geheiligt sei eurer Liebe Werk!
(aus der Richard-Strauß-Oper
«Die Frau ohne Schatten», 1919)

Rainer Maria Rilke (1875-1926), österreichischer Dichter:

Vielleicht fährt man (beim Tod) nur einer Wiederkehr und einem Willkommen nach –, fährt so lang, bis der Kreis sich ründet, zu jener Heimat zurück, von der man so seltsamsicher und traurig traumhaft weiß – als ob man sie schon einmal verloren hätte! (aus «Briefe und Tagebücher»)

Du bist ein Rad, in dem ich stehe:
Von deinen vielen dunklen Achsen
Wird immer wieder eine schwer
Und dreht sich näher zu mir her,
Und meine willigen Werke wachsen
Von Wiederkehr zu Wiederkehr.

Im Grunde hielt er [Rilke] Rußland für seine Seelenheimat, überzeugt, daß er einmal in einer früheren Inkarnation in Moskau gelebt habe...

Rilke streifte ... eines Tages ziellos, zerstreut und verträumt durch Gebüsche und Dornengestrüpp. Plötzlich befand er sich vor einem riesigen, sehr alten Ölbaum, den er noch nicht gesehen hatte. Wie es kam, weiß ich nicht, aber plötzlich hatte er sich rücklings an den Baum gelehnt, auf dessen knorrigen Wurzeln stehend und den Kopf gegen die Äste stützend, und – ich kann nur sagen, was er mir wiederholt erzählte – sofort war ein ganz eigenes Gefühl über ihn gekommen, so daß er lautlos und klopfenden Herzens unbeweglich stehenblieb. Ihm war, als stünde er in einem anderen Leben, in einer längst vergangenen Zeit – alles, was er je hier gelebt, geliebt und gelitten hatte, kam zu ihm, umgab und bestürmte ihn, wollte von neuem in ihm aufleben, von neuem lieben und leiden. Da war keine «Zeit» mehr, kein Unterschied zwischen dem wiedergekehrten Einst und dem gestaltlos-düsteren Jetzt. Die ganze Luft schien belebt, schien ihn unheimlich und ohne Unterlaß zu bedrängen. Und doch war dies unbekannte Leben ihm irgendwie nahe, er mußte daran teilnehmen... Rilke war, wenn er von dieser so plötzlich aufgetauchten wie entschwundenen Erscheinung sprach, äußerst erregt. «Seltsam», wiederholte er, «seltsam». Er hatte sich nie getraut, an diese versteckte Stelle zurückzukehren und den Baum auch nur zu berühren. «Ich wußte nicht, ob ich dann zurückkehren würde», sagte er leise. (aus dem Erinnerungsbuch der Fürstin Marie von Thurn und Taxis, bei der Rilke 1911/12 zu Gast war)

[Ein interessantes Detail: Die Eltern des Dichters bekamen erst eine Tochter, die sie Maria nannten, die jedoch jung starb. Als danach ein Sohn geboren wurde, behauptete Rilkes Mutter, Maria hätte sich in derselben Familie noch einmal inkarniert; daher wurde dem Kind der Name *Maria Re-née,* «die wiedergeborene Maria», gegeben. Rainer ist die deutsche Version von René, und so nannte sich Rilke später Rainer Maria.]

Hans Carossa (1878-1956), Arzt und Dichter:

Vor sich hinsingend, ging er dann über den Asphalt wie auf eigenem Grund, und das ganze Erdenleben kam ihm so gastlich fremd, so unverbindlich vor, als wäre er schon einmal dagewesen und würde noch öfters wiederkommen. Aber auch wenn ihn die gleich darauf einsetzende Flutung wieder fortspülte..., glaubte er einen Rhythmus zu spüren, der ihn weise trug. (in: «Der Arzt Gion», 1931)

Anton Wildgans (1881-1932), österreichischer Dichter und Dramatiker:

Es ist der Tod ein Bad, in das der Herr
uns Kindlein tut, auf daß wir unsere Seele
begütigen von allem Erdenfehle
zu neuer Wiederkehr und Unbeschwer.
Dann tauchen wir empor in andre Zeit
aus neuem Blut mit neu begabten Sinnen
und dürfen unsren Wandel neu beginnen
für einen Atemzug der Ewigkeit.
O selig, wer dies glaubt, ihm ist der Tod
kein böser Vogt, der fremde Plag verschwendet.
Vom Menschenfluche «ewig unvollendet»
ist seine Abschiedsstunde unbedroht.
Der Stein, der Baum, das Tier, sie reden ihm
mit Bruderzungen, die Gestirne neigen
ihr Haupt in seinen Schoß und Gottes Schweigen
ist eine große Symphonie in ihm.
(«Glücklicher Glaube»)

Franz Werfel (1890-1945), österreichischer Dichter:

Ich trage viel in mir.
Vergangenheit früherer Leben,
Verschüttete Gegenden,
Mit leichten Spuren von Sternenstrahlen.
Oft bin ich nicht an der Oberfläche,
Hinabgetaucht in fremdeigene Gegenden bin ich.
Ich habe Heimweh.
O Reste, Überbleibsel, o vergangene Vergangenheit!
(Jugendgedicht «Der Weltfreund»)

Adrienne Thomas (1897-1980), Romanschriftstellerin:

Das hat nichts Menschliches mehr, das sind Phantome, die aus der Ewigkeit kommen, in die Ewigkeit gehen. Krieg! Und mir ist, als sei es nicht der erste, den ich mitmachen muß, als habe ich schon viele tausend Mal seine verpestete Luft geatmet – geatmet, während Millionen daran in ihrem eignen Blut erstickten. Und ich weine und werfe mich in ohnmächtigem Schmerz gegen den kalten Stein der Hauswand – ich habe das schon viele tausend Male erlebt – immer als Mädchen, immer als Überlebende. (aus «Die Katrin wird Soldat», 1930)

DREIZEHNTER TEIL: HERMANN HESSE

Der große Vermittler

Wenn es darum geht, die abendländische Geistesgeschichte mit dem feinen Wesen der indischen Kultur bekannt zu machen und zwischen den beiden scheinbaren Gegensätzen zu vermitteln, dann nimmt in unserem Jahrhundert insbesondere *eine* Persönlichkeit eine überragende Stellung ein: der deutsch-schweizerische Dichter und Maler Hermann Hesse (1877-1962).

Der zeitgenössische Literaturkritiker *Philipp Witkop* schreibt in einem Essay über diese Vermittlerrolle Hesses:

> So wie Hölderlin mit griechischen, musiziert hier ein Schwabe mit indischen Symbolen, in einer stillen, feierlichen, langhinflutenden Sprache. Wie Goethe im «Westöstlichen Divan» bringt er auf seine Art Orient und Okzident schöpferisch näher. (in: «Die schöne Literatur», Leipzig 1927)

Und Hesse selbst, der stets alle Bezeichnungen und damit Begrenzungen seiner Person scheute, der nicht Gelehrter, nicht Schulmeister und nicht Führer sein wollte, der nicht *nur* Denker, nicht nur Dichter, nicht nur Künstler sein wollte, bekannte sich immer wieder und gerne zu der Rolle des Vermittlers zwischen Ost und West, so zum Beispiel in dem folgenden Brief an den Japaner Kenji Takahashi:

> Die ernsthafte und fruchtbare Verständigung zwischen Ost und West ist nicht nur auf politischem und sozialem Gebiet die große, noch unerfüllte Forderung unserer Zeit, sie ist eine Forderung und Lebensfrage auch auf dem Gebiet des Geistes und der Lebenskultur. Es geht heute nicht mehr darum, Japaner zum Christentum, Europäer zum Buddhismus oder Taoismus zu bekehren. Wir sollen und wollen nicht bekehren und bekehrt werden, sondern uns öffnen und weiten, wir erkennen östliche und westliche Weisheit nicht mehr als feindlich sich bekämpfende Mächte, sondern als Pole, zwischen denen fruchtbares Leben schwingt. (Mai 1955)

Hermann Hesse, dessen Bücher bis 1986 in den USA in einer Gesamtauflage von über 16 Mio., in Japan von über 15 Mio. Exemplaren verbreitet waren, ist dort seit Jahrzehnten der mit Abstand meistgelesene europäische Autor. Mit Übersetzungen in 40 Sprachen finden seine Schriften nun bereits in der dritten Generation junge Leser und beispiellose Resonanz. Woher aber kommt diese sagenhafte Wirkung und Faszination Hesses, in welchem Umfeld hat sie begonnen und gedeiht sie im Stillen noch immer weiter? Und warum sind es gerade immer wieder die ganz jungen Menschen, die sich seiner Faszination ergeben? – Diesen und ähnlichen Fragen wollen wir in der Folge nachgehen.

«Saint Hesse among the Hippies»

Hermann Hesse wurde im Jahre 1877 im schwäbischen Calw bei Stuttgart geboren und starb 1962, im Alter von 85 Jahren und nach vierzigjährigem Leben der Zurückgezogenheit im Tessin in Montagnola bei Lugano. Obwohl er bereits zu seinen Lebzeiten im europäischen Raum weite Beachtung und Anerkennung fand und im Jahre 1946 für sein Gesamtwerk mit dem Literaturnobelpreis, 1955 mit dem Friedenspreis des Deutschen Buchhandels ausgezeichnet wurde, fand der eigentliche «Hesse-Boom» erst kurz nach seinem Tode, nämlich Mitte der sechziger Jahre und aus den USA kommend, statt.

Dort, in den USA, wurde er nach der erstmaligen Veröffentlichung seiner Werke in Englisch unter der jungen «Flower Power»-Generation der Hippies bald zur «literarischen Kultfigur» und zum «Meisterführer zum psychedelischen Erlebnis», wie es *Timothy Leary*, einer der Führer der damaligen Jugendrevolution, ausdrückte. Eine Bewegung entstand, die sich «Saint Hesse among the Hippies» nannte, und seine Bücher wurden in den Meditationsgruppen, in den Zurück-aufs-Land-Bewegungen, in den sogenannten «Reservaten von Frieden und Gewaltlosigkeit», bei Open-Air-Konzerten (man erinnere sich an das legendäre Woodstock-Festival), in den Parks, in den alternativen Theatern usw. gelesen und diskutiert.

Etwa seit 1967 wurde Hesse zusehends auch von der jungen intellektuellen Studentenschaft aufgenommen, die durch den amerikanischen Vietnamkrieg aufgebracht worden war, und bald wurde er als «der einflußreichste Schriftsteller der jungen Generation» («Christian Science Monitor», 10.5.1968) gefeiert. Seine Bücher erzielten innerhalb weniger Jahre Rekordauflagen. Eine Erklärung für diesen noch nie dagewesenen Erfolg gab «The Times Literary Supplement» vom 31.8.1973:

> Hesse hat sich zu einem «Brennpunkt» entwickelt... Hesse, der Umweltschützer, der Kriegsgegner, der Feind der computergesteuerten Technokratie, der höchstes Bewußtsein sucht (eher durch Poesie als durch Drogen) und der für seine Freiheit alles zu opfern bereit ist, außer seiner Integrität.

Ende der sechziger Jahre schlug diese Welle auch auf die europäischen Jugendbewegungen über, die sich, wie ihr Vorbild Hesse, gegen die etablierten Mächte der modernen Gesellschaft auflehnten – die Schule, das Militär, die Kirche, den Staat.

Aber Hesse ist nicht nur der Umweltschützer und Kriegsgegner, der sich gegen das verlogene bürgerliche Establishment auflehnte – diese vergänglichen Dinge der Politik und Gesellschaft betrachtete und bezeichnete er selbst immer wieder als äußerlich und oberflächlich und als nicht seine eigentliche Aufgabe betreffend. Nein, Hesse hat noch eine ganz andere Seite. Die Faszination dieser anderen, nennen wir sie die «innere» Seite Hesses blieb auch dann bestehen, als die revolutionären politischen Ideale der 68er-Generation allmählich zerbröckelten und im Laufe der siebziger Jahre schließlich ganz versandeten. Diese Faszination entspringt einer anderen, tieferen Quelle, nämlich seiner Hinneigung zu asiatischer

Religion und Philosophie und in diesem Umfeld beispielsweise auch seinem frühen und damals noch gewagten Bekenntnis zur Lehre der Seelenwanderung. Gerade dies ist es, was seine Beliebtheit durch alle Wirren und Veränderungen und auch durch die enttäuschten Hoffnungen nach nicht eingetretenen Veränderungen hindurch bis zum heutigen Tage aufrechterhalten hat.

Dabei ist es, wie erwähnt, ein interessantes Phänomen, daß es insbesondere die junge, suchende, im inneren Aufbruch befindliche Generation ist, die sich Hesse zuwendet und deren lebendiges, lebhaftes Interesse an östlicher Mystik und Metaphysik, an dem «Weg nach Innen», in Hesses Büchern auch reichlich Nahrung findet – was dem Dichter selbst jedoch häufig harte Kritik und Unverständnis eingebracht hat, insbesondere seitens des intellektuellen Establishments. Hesse selbst schreibt hierzu, achtzigjährig und rückblickend auf sein Leben, im Jahre 1956:

> Wenn ich irgendwo auf besonders kräftige Ablehnung, auf instinktiven Haß, oder prinzipielles Nichtverstehenwollen stoße, so gilt diese Ablehnung beinahe immer dem Einschlag von altasiatischem Geist, den man in meinen Erzählungen findet. Nun, diese instinktive Furcht vor dem Fremden, Nichteuropäischen in der indischen und chinesischen Denkart ist nach meinem Glauben dasselbe wie jeder Rassenwahn und Rassenhaß. Etwas Bekanntes, historisch und psychologisch Begreifliches, aber etwas Rückständiges, nicht mehr Lebenbringendes, etwas, was überwunden werden muß. Unterstützt wird die Rückständigkeit nicht nur durch den Fortschritts- und Technik-Enthusiasmus des Abendlandes, sondern auch durch den Anspruch des kirchlich-dogmatischen Christentums auf Alleingültigkeit.

Die intellektuelle Kritik an Hesse

Trotz Hesses anhaltenden immensen Erfolges wird an den deutschen Hochschulen über ihn heutzutage praktisch nicht gesprochen. Wenn er je Erwähnung findet, dann höchstens als Beispiel eines etwas weltfremden Sentimentalisten, als ein Phänomen, dessen Wirkung auf die noch unerfahrene idealistische Jugend bestenfalls ein geeignetes sozio-psychologisch-literaturkritisches Untersuchungsobjekt darstellt, den man aber darüber hinaus nicht sonderlich ernst zu nehmen braucht.

Die häufigste Kritik an Hesse lautet, er sei nicht zeitgemäß, er sei «zu einfach», zu oberflächlich, zu schwärmerisch, zu träumerisch, zu wenig politisch, zu wenig realistisch. Dies ist die geradezu symptomatische Standard-Kritik der «erwachsenen» und «realistisch denkenden» intellektuellen Menschen; es ist die Kritik einer mit beiden Beinen im äußeren Leben stehenden erwerbstätigen Generation, die keine Zeit mehr hat für den etwas subtileren Ruf des eigenen Inneren.

Oft wird bei dieser Kritik allerdings vergessen, daß man selbst in jüngeren Jahren auch Hesse gelesen, ja ihn geradezu verschlungen hat und daß es vielleicht nur die eigene Entwicklung – oder müßte man besser sagen: Verwicklung? – war, die einen jetzt, aus welchen Gründen auch immer, denken läßt, Hesse sei veraltet und nicht mehr zeitgemäß. Leicht übersieht man die Tatsache, daß Hesse inzwischen bereits die dritte oder vierte Generation junger Leser in seinen Bann zieht und daß seine Beliebtheit bei dieser jungen Generation sich nicht im geringsten vermindert hat. Es scheint nur so, weil es immer wieder andere Junge sind, die ins «Hesse-Alter» kommen und dieses dann wieder verlassen, um der nächsten Generation Platz zu machen.

Nun lohnt es sich aber, einmal darüber nachzudenken, warum es gerade immer wieder die Jungen sind, die sich von Hesse ansprechen lassen, und dann auch wieder die ältere Generation, die sich ihm verbunden fühlt und sich ihm aufs neue zuwendet. Denn letztlich bringt uns die Diskussion, wie realistisch und wie ernst zu nehmen Hesses Anliegen sind, auf die grundsätzliche philosophische Frage nach der Definition von Realität schlechthin.

Wenn wir uns dieser Frage ernsthaft stellen, werden wir erkennen, wie unterschiedlich der Begriff Realität definiert, erfahren und gelebt werden kann und wie einseitig, wie überheblich und wie blind es ist, nur *eine* mögliche Sicht der Realität gelten zu lassen. Wir werden vielleicht auch erkennen, wie Hesses Anliegen gerade *nicht* der vermeintlichen Realität entfliehen, sondern dem Leser im Gegenteil einen anderen, einen vergessenen, verdrängten Bereich der Wirklichkeit erschließen wollen. Das Erkennen, das An-erkennen und das Durchleben dieses ganz anderen Bereiches unserer Wirklichkeit ist jedoch von seiner Natur her dem äußeren Streben nach wirtschaftlichem und technischem Fortschritt, nach Macht, Anerkennung und Reichtum nicht gerade zuträglich, denn es ist eine unangenehme Warnung vor der Nichtigkeit all dieser Bestrebungen.

Darum wird Hesse gerade von den jungen Menschen gelesen und geliebt – von Menschen, die erst im Aufbruch sind und die noch innere Ideale und innere Ziele in ihrem Leben haben. Und darum wird er, andererseits, auch bei der älteren Generation wieder geschätzt – von Menschen, die bereits die Nichtigkeit ihrer angestrebten und vielleicht sogar erreichten äußeren Ideale und Ziele erkennen mußten. Darum wird er von ihnen bewundert, darum wird er von ihnen verstanden.

Und darum wird er von denjenigen, die zwischen den Stürmen der aufbrechenden Jugend und der abgeklärten Reife des Alters stehen, die ihre eigene, einseitige, enge Definition von Realität, von Werten und Zielen des Lebens als die einzig wahre und gültige anerkennen, nicht verstanden, belächelt, verachtet, gefürchtet: gerade weil er in der engen «Realität» ihrer kleinlichen Sorgen und Ängste keinen Platz hat, weil seine Gedanken und Sehnsüchte zu groß, zu tief, zu erhaben sind für das Verständnis eines Menschen, der sich entschieden hat, seine ganze Aufmerksamkeit nur dem Äußeren zu schenken, dem Irrlicht des geschäftlichen oder politischen Erfolges, der trügerischen Faszination der Technik und der schleichenden Verdummung durch den stumpfen Alltagstrott.

In seiner Dichtung «Siddhartha» nennt Hesse diese Menschen, deren es gerade in der heutigen Zeit sehr viele, ja zu viele gibt: Kindermenschen. Er schreibt:

> Siddhartha sah die Menschen auf eine kindliche oder tierhafte Art dahinleben, welche er zugleich liebte und auch verachtete. Es sah sie sich mühen, sah sie leiden und grau werden um Dinge, die ihm dieses Preises ganz unwert schienen, um Geld, um kleine Lust, um kleine Ehren, er sah sie einander

> schelten und beleidigen, er sah sie um Schmerzen wehklagen, über die der Samana lächelt, und unter Entbehrungen leiden, die ein Samana nicht fühlt.

Indien und der Reinkarnationsgedanke

In der Folge wollen wir untersuchen, wie Hermann Hesse überhaupt zu seiner Vermittlerrolle zwischen West und Ost, zwischen indischer Mystik und westlich-christlichem Fortschrittsdenken gekommen ist. Hesse, wie erwähnt im Jahre 1877 geboren, wurde als Sohn eines streng gläubigen baltischen Missionspredigers in einem engen «protestantisch-sektiererischen» (Tagebuch, Januar 1921) christlichen Glauben erzogen. Sein Vater hatte, allerdings als christlicher Missionar, selbst längere Zeit in Indien gelebt, und seine Mutter war gar in Indien geboren worden. Sie war die älteste Tochter des bekannten Indienforschers Dr. *Hermann Gundert* (1814-1893), der Jahrzehnte dort verbracht hatte und der der einzige Europäer seiner Zeit war, der die Sanskritsprache nicht nur las, sondern mit den dortigen Brāhmaṇas auch sprach, der mit dem Ochsenkarren große Teile des Landes bereiste und dieses nicht nur als Missionsobjekt betrachtete, der etwa zehn indische Dialekte beherrschte, der das erste deutsch-indische Lexikon veröffentlichte und der das Neue Testament in die Malayalam-Sprache übersetzte.

Dieser großartige Großvater, bei dessen Tod Hesse sechzehn Jahre alt war, hat in dessen Jugendjahren einen nachhaltigen Einfluß auf seinen Enkel ausgeübt, und so pflegte Hesse bereits von frühester Kindheit an eine intensive und spannungsreiche Beziehung mit der indischen Geisteswelt auf der einen und dem pietistischen, missionarischen Christentum auf der anderen Seite. Auf Wunsch seiner Eltern hätte der junge Hesse protestantische Theologie studieren sollen, er entfloh jedoch als Fünfzehnjähriger dem evangelischen Seminar in Maulbronn und lernte Buchhändler. (Jahrzehnte später schrieb er an Stefan Zweig, daß das Erfüllen der elterlichen Erwartung, Theologe zu werden, für ihn gleichbedeutend mit dem Verlust seiner eigenen Persönlichkeit gewesen wäre.)

So mag seine frühe Aufgeschlossenheit für den indischen Kulturkreis, den zu missionieren seine Eltern und Großeltern ausgezogen waren, in seiner Pubertät vielleicht ein Ergebnis des Protests gegen die elterliche Unduldsamkeit anderen Glaubensformen gegenüber und gegen das pietistische Erziehungsprinzip vom «Brechen des Willens» gewesen sein. Doch führte ihn sein damals erwachtes Interesse an Indischem auf eine bedeutsame Spur, die ihn später befähigt hat, das Missionswerk seiner Vorfahren in umgekehrter Richtung fortzusetzen.

Nicht, daß er den Westen zu östlichem Denken und zu asiatischer Lebenshaltung hätte «bekehren» wollen, vielmehr ist es ihm wie keinem anderen europäischen Autor gelungen, das scheinbar Gegensätzliche der beiden Kulturen nicht als unvereinbar, sondern als Polarität eines Ganzen sichtbar zu machen und zwischen Ost und West tragfähige Brücken zu bauen.

Das Indische hat also Hesses Werden und Schaffen zeitlebens begleitet und nachhaltig geprägt. Hierzu schreibt er zu Beginn seiner Arbeit am «Siddhartha» im Jahre 1919:

> Ich bin seit vielen Jahren davon überzeugt, daß der europäische Geist im Niedergang steht und der Heimkehr zu seinen asiatischen Quellen bedarf. Ich habe jahrelang Buddha verehrt und indische Literatur schon seit meiner frühesten Jugend gelesen. (aus einem Brief vom 26.7.1919)

Tatsächlich hatte Hesse schon früh, im Alter von 30 Jahren (1907), eine mystische «Legende vom indischen König» verfaßt, und 1911 unternahm er dann, 34-jährig, eine dreimonatige Reise nach Indien, um das Land seiner Jugendträume durch eigene Erfahrung kennenzulernen. Allerdings wurde diese Reise eher zu einer Enttäuschung als zu einer Erfüllung, so daß sich Hesse Jahre später in dem Tagebuchblatt «Besuch aus Indien» (1922) erinnert:

> Unreif gebrochene Früchte nützen nichts. Mehr als die Hälfte meines Lebens war ich mit indischen und chinesischen Studien beschäftigt – oder, um nicht in den Ruf des Gelehrten zu kommen, war ich gewohnt, den Duft indischer und chinesischer Dichtung und Frömmigkeit zu atmen. Aber als ich vor elf Jahren eine Reise nach Indien machte, da sah ich wohl die Palmen und Tempel stehen, roch den Weihrauch und das Sandelholz, aß die herben Mango und die zarten Bananen; aber zwischen alledem und mir war noch ein Schleier ...ich hatte nach dem wahren Indien, nach Indiens Geist, nach einer lebendigen Berührung mit ihm das ungestillte Heimweh wie vorher in Europa.

Dennoch regte die Indienreise (über die sein 1913 veröffentlichtes Buch «Aus Indien» ausführlich berichtet) Hesse weiter an, in den kommenden Jahren immer wieder Elemente der indischen Philosophie und Dichtung, insbesondere auch den Gedanken der Reinkarnation, in seine eigenen Werke einfließen zu lassen. So entstanden beispielsweise im September 1914, also gerade ein Monat nach Ausbruch des Ersten Weltkrieges in Deutschland, die folgenden Zeilen, die er mit «Bhagavad Gita» überschrieb:

> Wieder lag ich schlaflos Stund' um Stund',
> Unbegriffenen Leids die Seele voll und wund.
>
> Brand und Tod sah ich auf Erden lodern,
> Tausende unschuldig leiden, sterben, modern.
>
> Und ich schwor dem Kriege ab im Herzen
> Als dem blinden Gott sinnloser Schmerzen.
>
> Sieh, da klang mir in der Stunde trüber
> Einsamkeit Erinnerung herüber,
>
> Und es sprach zu mir den Friedensspruch
> Ein uraltes indisches Götterbuch:
>
> «Krieg und Friede, beide gelten gleich,
> Denn kein Tod berührt des Geistes Reich.
>
> Ob des Friedens Schale steigt, ob fällt,
> Ungemindert bleibt das Weh der Welt.
>
> Darum kämpfe du und lieg' nicht stille;
> Daß du Kräfte regst, ist Gottes Wille!

Doch ob dein Kampf zu tausend Siegen führt,
Das Herz der Welt schlägt weiter unberührt.»

Die *Bhagavad-gītā*, die Hesse 1904, angeregt durch die Lektüre von Schopenhauer, erstmals kennengelernt hatte, bildete jahrelang Gegenstand seines Interesses. 1912 beschrieb er sie in einer Rezension mit den folgenden Worten:

> Das Wunderbare an der Bhagavad-gitā ist, daß... in ihr eine ungelehrte, erlebte Weisheit sich als helfende Güte offenbart. Diese schöne Offenbarung, diese Lebensweisheit, diese zu Religion erblühte Philosophie ist es, die wir suchen und brauchen.

Auch in seiner Landstreichergeschichte «Knulp» (1915) findet sich das folgende rätselhafte Lied:

Weil ich früh gestorben bin,
Drum singt mir, ihr Jüngferlein,
Ein Abschiedlied.
Wenn ich wiederkomm, wenn ich wiederkomm,
Bin ich ein schöner Knabe.

Von dieser Zeit an begegnen wir in fast jedem Werk, das Hesse veröffentlichte, in irgendeiner Form dem Gedanken der Seelenwanderung. So verfaßte er zum Beispiel im Jahre 1916 das Gedicht «Neues Erleben»:

Wieder sah ich Schleier sinken
Und Vertrautestes wird fremd,
Neue Sternenräume winken,
Seele schreitet traumgehemmt.

Abermals in neuen Kreisen
Ordnet sich um mich die Welt,
Und ich seh mich eit'len Weisen
Als ein Kind hineingestellt.

Doch aus früheren Geburten
Zuckt entfernte Ahnung her:
Sterne sanken, Sterne wurden,
Und der Raum war niemals leer.

Seele beugt sich und erhebt sich,
Atmet in Unendlichkeit,
Aus zerriss'nen Fäden webt sich
Neu und schöner Gottes Kleid.

In seiner Novelle «Klein und Wagner» (1919) beschreibt er den Selbstmord des Beamten Friedrich Klein:

...Im Moment, wo er fiel, wo er einen Blitz lang zwischen Bootsrand und Wasser schwebte, stellte sich ihm dar, daß er einen Selbstmord begehe, eine Kinderei, etwas zwar nicht Schlimmes, aber Komisches und ziemlich Törichtes... Daß er sich ins Wasser und in den Tod fallen ließ, wäre nicht notwendig gewesen, ebensogut hätte er sich ins Leben fallen lassen können. Aber daran lag nicht viel, wichtig war dies nicht. Er würde leben, er würde wiederkommen...

Er sah die Erschaffung der Welt, er sah den Untergang der Welt, beide wie zwei Heerzüge beständig gegeneinander in Bewegung, nie vollendet, ewig unterwegs. Die Welt wurde immerfort geschaffen, sie starb immerfort. Jedes Leben war ein Atemzug, von Gott ausgestoßen. Jedes Sterben war ein Atemzug, von Gott eingesogen.

Und in «Demian. Die Geschichte einer Jugend» (1919), einer der bekanntesten Dichtungen Hesses, heißt es an einer Stelle:

Da hörte ich ein dunkles, schweres Brausen wie von einem Frühjahrssturm und zitterte in einem unbeschreiblich neuen Gefühl von Angst und Erlebnis. Sterne zuckten vor mir auf und erloschen, Erinnerungen bis in die erste vergessenste Kinderzeit zurück, ja bis in Vorexistenzen und frühe Stufen des Werdens, strömten gedrängt an mir vorüber.

Deutlicher und persönlicher drückt Hesse diese seine Überzeugung von der Reinkarnation in seinen zahlreichen Briefen aus. An die Schriftstellerin Lisa Wenger, deren Tochter er 1924 heiratete, schreibt er im Sommer 1920:

An etwas wie eine Seelenwanderung glaube auch ich, ich halte das eigentlich für selbstverständlich, sobald man anfängt zu denken. Dieser Glaube hat manches Beruhigende, aber er enthält auch die Erkenntnis, daß alles, was wir erleben, von uns selbst gewollt und herbeigerufen ist, und dann gibt es keine Ausflüchte und keinen Trost mehr gegen das bittere Schicksal, als sich damit einverstanden erklären und ja dazu zu sagen, und das ist immer schwer.

«Siddhartha. Eine indische Dichtung»

Den Höhepunkt von Hermann Hesses Auseinandersetzung mit dem indischen Denken jedoch stellt das Werk «Siddhartha» dar, geschrieben in den Jahren 1919-1922. Hesse selbst sagt über diese «indische Dichtung», wie sie im Untertitel heißt:

Diese Erzählung ist das Bekenntnis eines Mannes von christlicher Herkunft und Erziehung, der schon früh die Kirche verließ und sich um das Verstehen anderer Religionen bemüht hat, besonders um indische und chinesische Glaubensformen. Ich suchte das zu ergründen, was allen Konfessionen und allen menschlichen Formen der Frömmigkeit gemeinsam ist, was über allen nationalen Verschiedenheiten steht, was von jeder Rasse und von jedem Einzelnen geglaubt und verehrt werden kann. (Aus dem Vorwort zur persischen Ausgabe, 1958)

«Siddhartha» ist umfangmäßig eine der kleinsten Schriften Hermann Hesses, doch gehört sie – zusammen mit dem späteren «Steppenwolf» – zu den meistgelesensten aller seiner Werke und darf, was ihre Tiefe und Bedeutsamkeit betrifft, wohl auch als eines der einflußreichsten und folgeträchtigsten Bücher des 20. Jahrhunderts bezeichnet werden. «Siddhartha» wurde in alle Weltsprachen übersetzt, darunter auch in zwölf verschiedene indische Dialekte, und ist allein in den USA in einer Auflage von mehreren Millionen verbreitet.

«Siddhartha» umfaßt nur etwas mehr als einhundert Seiten und ist in zwei Teile mit insgesamt zwölf Kapiteln gegliedert. Wie bei vielen bedeutenden Werken der Weltliteratur ist auch hier die eigentliche Handlung einfach und schnell erzählt. Die wahre Größe und Bedeutung liegt weniger in der Abfolge von irgendwelchen äußeren Ereignissen, sondern vielmehr in der Gedanken- und Erfahrungstiefe der beschriebenen Persönlichkeiten und Begebenheiten.

Die folgende kurze Zusammenfassung der einzelnen Kapitel soll uns diese Erkenntnisse, dem Texte folgend und so gut es in diesem Rahmen möglich ist, vor Augen führen:

1. Der Sohn des Brahmanen. Siddhartha wird vorgestellt: Er ist der vorbildhafte, starke, schöne Sohn des Brahmanen-Priesters, der junge Falke, der Gelehrige, der Wissensdurstige, der die Verse der Schriften studiert, der von den Weisen lernt, der sich gemeinsam mit seinem Freund Govinda im Redekampf, in der Kunst der Betrachtung und der Versenkung übt, der die vorgeschriebenen Opferrituale und heiligen Waschungen ausführt, in dem alle einen zukünftigen großen Weisen und Priester sehen, der von allen geliebt wird und der allen Freude schafft – außer sich selbst.

Denn Siddhartha ist unzufrieden, rastlos, spürt in sich eine höhere Berufung als den Priesterstand, einen Durst, den ihm sein Vater und seine Lehrer nicht würden stillen können: Wo war das wahre Ich, das Innerste, das Letzte? «Dorthin zu dringen, zum Ich, zu mir, zum Atman – gab es einen andern Weg, den zu suchen sich lohnte?»

Als einst Samanas durch Siddharthas Stadt ziehen, pilgernde, dürre Asketen, die allem entsagt haben, entschließt sich der junge Brahmane, sich ihnen anzuschließen. Er verläßt seinen Vater, sein Zuhause, seine gesicherte Zukunft, und macht sich auf den Weg ins Ungewisse, auf der Suche nach Seligkeit, nach der Wahrheit seines Ich. Govinda, sein treuer Freund und größter Bewunderer, folgt ihm wie ein Schatten.

2. Bei den Samanas. Drei Jahre lang ziehen Siddhartha und Govinda mit den Asketen, lernen denken und entsagen, lernen fasten, lernen ihren Körper quälen und den Schmerz überwinden, lernen der Welt entsagen, lernen die Welt verachten. Ein Ziel nur steht vor ihnen: leer werden, leer von Durst, leer von Wunsch, leer von Traum, leer von Freude und Leid, nicht mehr Ich sein.

Aber im Laufe der Jahre zweifelt Siddhartha immer mehr, ob er sich auf dem rechten Weg befinde, ob er sich wirklich der letzten Erkenntnis und der Erlösung nähere oder ob er nicht etwa nur im Kreise gehe. So beschließt er, der noch immer Rastlose, bald den Pfad der Samanas wieder zu verlassen.

Da erreicht die beiden Jünglinge die Kunde, daß in der Nähe einer erschienen sei, Gotama genannt, der Erhabene, der Buddha, der in sich das Leid der Welt überwunden und das Rad der Wiedergeburten zum Stehen gebracht habe. Siddhartha verläßt die Samanas, von denen er nun nichts mehr zu lernen hat, um die Lehre des Gotama zu hören. Sein Schatten, Govinda, folgt ihm auch jetzt wieder.

3. Gotama. Als sie Gotama aufsuchen, ist Siddhartha zwar sehr beeindruckt von der Gestalt dieses wahrhaft Heiligen, der vollkommene Ruhe und vollkommenen Frieden ausströmt, dennoch aber vermag er sich nicht den Lehren und den Jüngern des Buddha anzuschließen. Er sagt zum Erhabenen: «Dies ist es, weswegen ich meine Wanderschaft fortsetze – nicht um eine andere, eine bessere Lehre zu suchen, denn ich weiß, es gibt keine, sondern um alle Lehren und Lehrer zu verlassen und allein mein Ziel zu erreichen.»

Govinda aber wird ein Mönch, ein Jünger des Gotama, und Siddharthas Wege trennen sich von seinen.

4. Erwachen. Nach dieser Trennung stellt Siddhartha fest, daß er kein Jüngling mehr, sondern ein Mann geworden ist, daß er aber noch immer sein Ziel nicht erreicht habe. Jetzt erwacht er, wird aufs neue geboren, muß noch einmal von vorn beginnen. Er ist jetzt nicht mehr Asket, nicht mehr Priester, nicht mehr Brahmane.

Nun will der Erwachte alle Lehren hinter sich lassen, alles Gelernte und alles Denken, nun will er die Welt nicht mehr studieren, sie nicht mehr verachten und nicht mehr verneinen, sondern sie erleben und erfahren in ihrer Schönheit, ihrer Buntheit und ihrer Rätselhaftigkeit. Er will sich jetzt endlich auf die Suche nach Siddhartha machen, nach sich selbst. (Ende des Ersten Teils)

5. Kamala. Siddhartha lernt Neues auf jedem Schritt seines ziellosen Weges, und die Welt erscheint ihm verwandelt und bezaubert sein Herz. Er sucht jetzt die Heimat in dieser Welt, nicht im Jenseits, er will nur noch seiner eigenen inneren Stimme folgen, keinem äußeren Befehl, keiner Lehre mehr.

Unterwegs erreicht Siddhartha einen Fluß, wo er einen Fährmann trifft, bei dem er die Nacht verbringt und der ihm voraussagt, daß er irgendwann wiederkommen und wie er selbst vom Flusse lernen werde. Doch zunächst erwartet Siddhartha ein anderes Lernen, denn er fühlt zum ersten Mal den Quell des Geschlechts sich bewegen und sehnt sich nach den verborgenen Freuden der Liebe.

Als er in eine große Stadt kommt, begegnet ihm schon bei der Ankunft die schöne Kamala, die berühmte Kurtisane, die hier einen Hain und ein Haus besitzt. Noch ist er zwar äußerlich wie ein Samana gekleidet, ein Asket und Bettler, aber er nimmt sich vor, Kamala als Freundin und als Lehrerin in der Kunst anzunehmen, in welcher sie Meisterin ist. Bei ihrem ersten Treffen erklärt ihm Kamala, daß er, um ihre Gunst zu erhalten, schöne Kleider und Schuhe und Geld in seinem Beutel haben müsse, und sie besorgt ihrem neuen, lernbegierigen Schüler eine Anstellung bei Kamaswami, dem reichsten Kaufmann der Stadt.

6. Bei den Kindermenschen. Siddhartha stürzt sich nun spielerisch in das Leben der sogenannten «Kindermenschen», ohne aber wie sie zu werden; er lernt von Kamaswami die Wissenschaften des Handelns, Feilschens und Geldleihens, er wird

Kaufmann und übertrifft bald seinen Lehrer an Weitsicht und geschäftlichem Erfolg. Drei Dinge beherrscht Siddhartha, der einstige Samana, und diese drei Dinge unterscheiden ihn von Kamaswami und den anderen Kindermenschen: Er kann denken, er kann warten, er kann fasten.

So betreibt er seine Geschäfte mit Gleichmut und Gleichgültigkeit, wie im Spiel, ohne den kleinlichen Ernst der Kindermenschen. Und die Geschäfte bringen ihm viel Geld ein, genug für Kamala, von der er täglich die Liebeskünste erlernt und die seinem Wesen immer ähnlicher zu sein scheint, ähnlicher als es Govinda je war.

7. Sansara. Viele Jahre lang lebt Siddhartha das Leben der Welt und der Lüste, ohne ihm jemals wirklich anzugehören. Er kostet Wollust, kostet Reichtum, kostet Macht und bleibt doch im Herzen stets ein Samana. Immer noch ist es die Kunst des Denkens, des Wartens, des Fastens, von welcher sein Leben gelenkt wird, immer noch sind die Kindermenschen ihm fremd geblieben, wie er ihnen fremd geblieben ist.

Doch wie er sich ihnen bisher immer überlegen gefühlt hat, ihnen immer mit ein wenig spöttischer Verachtung zugesehen hat, so spürt er nun, daß er langsam selbst etwas von der Kindlichkeit und Ängstlichkeit der Kindermenschen annimmt. Er spürt, wie er selbst müde, dumpf, ärgerlich und ungeduldig wird, und er läßt sich mitreißen und treiben von einer neuen Sucht, einem neuen, bisher ungekannten Laster, einer Abhängigkeit: dem Würfelspiel. Immer mehr wird er zum Berauschten, zum Verschwender, zum Habgierigen, immer mehr verlernt er zu denken, zu warten, zu fasten, immer mehr vergißt er sein ursprüngliches Ziel. Als er dies erkennt, überfällt ihn endlich Scham und Ekel.

Durch einen Traum gemahnt, begreift der inzwischen über vierzigjährige Siddhartha plötzlich, daß das Spiel nun zu Ende ist, und nach einer letzten innigen Liebesnacht mit Kamala nimmt er Abschied von seinem Reichtum, von der Stadt, von den Kindermenschen, von Kamala. Kamala aber bemerkt nach einiger Zeit, daß sie vom letzten Zusammensein mit Siddhartha schwanger geworden ist.

8. Am Flusse. Siddhartha erkennt, daß er durch sein Leben bei den Kindermenschen tief in das sündvolle, törichte, öde Leben des Sansara verstrickt worden ist, und da er keinen Ausweg sieht, wünscht er sich, tot zu sein und endlich Ruhe zu haben. Doch während er sich, seines schmachvollen Lebens müde, gerade in den Fluß stürzen will, erinnert er sich wieder der heiligen Silbe «Om», die er in jungen Jahren so oft ausgesprochen hatte, und durch dieses Erinnern erwacht sein entschlummerter Geist wieder, erkennt er die Torheit seines Vorhabens.

Nach dieser rettenden Erkenntnis folgt ein langer, tiefer, erholsamer Schlaf am Flußufer, und als Siddhartha aufwacht, sieht er sich gegenüber Govinda, den Freund seiner Jugend, der ihn aber nicht erkennt. Govinda war mit den anderen Jüngern des Buddha vorbeigewandert, hatte den Schlafenden gesehen und seinen Schlaf bewacht, und erst beim Abschied gibt sich Siddhartha dem Unveränderten zu erkennen und erzählt ihm die Geschichte seines Lebens. Govinda aber versteht ihn nicht mehr, zweifelt, grüßt, wie man Vornehme grüßt, und zieht weiter.

Jetzt läßt Siddhartha noch einmal sämtliche Stationen seines bisherigen Lebens in der Erinnerung vorbeiziehen, und er erkennt, daß sie alle recht waren, gut waren, notwendig waren. Er erkennt, warum er zunächst ein Büßer, warum er dann ein Händler, warum ein Schlemmer und Spieler sein mußte und warum er nun sterben und aus dem Schlafe neu erwachen mußte. Heiter blickt er nun in den strömenden Fluß und beschließt, ihn nicht so schnell wieder zu verlassen.

9. Der Fährmann. An diesem Fluß, an dem Siddhartha nun zu bleiben gedenkt, sucht er jenen Fährmann wieder auf, der ihn damals, als er noch ein Samana war, geführt und ihm sein Wiederkommen vorausgesagt hatte. Der Fährmann, Vasudeva mit Namen, erkennt ihn wieder und begrüßt ihn freundlich, und Siddhartha erzählt ihm seine Geschichte und bittet darum, sein Gehilfe und Lehrling sein zu dürfen. Von ihm lernt er nicht nur die Kunst, mit dem Boot umzugehen, sondern auch die Kunst, dem Flusse zu lauschen und von ihm zu lernen.

Viele Jahre lang lebt Siddhartha nun bei Vasudeva an dem Flusse, lernt von ihm, wird ruhig, wird weise, gewinnt Erkenntnis. Eines Tages kommt eine Gruppe Mönche gepilgert, Anhänger des Gotama, welche erzählen, daß der Erhabene todkrank sei und bald seinen letzten Menschentod sterben werde. Unter der Schar der Pilger ist auch Kamala, die sich längst aus ihrem Kurtisanenleben zurückgezogen und Zuflucht bei der Lehre des Buddha genommen hat, zusammen mit ihrem Sohne, dem Knaben Siddharthas.

In der Nähe des Flusses wird Kamala von einer giftigen Schlange gebissen und kann mit letzter Kraft die Hütte des Fährmannes erreichen. Siddhartha erkennt sie wieder, sie verstehen sich wortlos, und die Sterbende übergibt ihren gemeinsamen Sohn in seine Obhut.

10. Der Sohn. Siddhartha nimmt sich nun seines Sohnes voller Ergebung und Liebe an, ohne daß dieser jedoch seine Liebe erwidert, denn der Elfjährige ist ein verwöhnter und stolzer Knabe, an Reichtum und Diener gewöhnt, und das Leben der beiden Fährmänner und die Pläne Siddharthas behagen ihm durchaus nicht. Gequält, verwirrt und gedemütigt von seiner sinnlosen Liebe zu dem Knaben vermag Siddhartha selbst den Rat Vasudevas, das Kind zurück in die Stadt zu bringen, nicht zu befolgen.

Eines Tages jedoch schreit der Knabe in einem gewaltigen Ausbruch seinem Vater in bösen Worten Haß und Verachtung ins Gesicht und verschwindet noch in derselben Nacht. Wiederum entgegen dem Rat Vasudevas verfolgt ihn Siddhartha in die große Stadt, in den einstigen Hain Kamalas, wo ihn noch einmal die Erinnerung an sein Leben überkommt. Er erkennt, daß er auch von seinem Sohne Abschied nehmen muß, daß er ihm nicht helfen kann, daß er sich nicht an ihn hängen darf. Schließlich holt Vasudeva seinen Schüler schweigend zum Fluß zurück.

11. Om. Wieder lauschen die beiden Fährmänner dem Fluß, lernen von ihm, reifen durch ihn. Sogar Siddharthas letzte Wunde, der Verlust seines Sohnes, wird mit der Zeit vom Fluß lachend geheilt. Dann zeigt Vasudeva Siddhartha das letzte Geheimnis des Flusses, die Einheit aller Gestalten, aller Gegensätze, aller Stimmen, die Om heißt, die Vollendung.

Jetzt hört Siddhartha auf, mit dem Schicksal zu kämpfen, hört auf zu leiden, wird einverstanden mit dem Fluß des Geschehens, mit dem Strom des Lebens. Und

Vasudeva spricht strahlend: «Ich habe auf diese Stunde gewartet. Nun sie gekommen ist, laß mich gehen. Lebe wohl, Hütte, lebe wohl, Fluß, lebe wohl, Siddhartha! Ich gehe in die Wälder, ich gehe in die Einheit.»

12. Govinda. Im letzten Kapitel besucht der Mönch Govinda, der Jugendfreund, der von dem weisen Fährmann sprechen gehört hat, noch einmal den altgewordenen Siddhartha, und auch dieses Mal erkennt er ihn zunächst nicht. Als sich Siddhartha dann zu erkennen gibt, bittet ihn Govinda, ihm seine Lehre, sein Glauben, sein Wissen mitzuteilen.

Siddhartha erwidert, daß er zwar viele Lehrer gehabt habe – eine schöne Kurtisane, einen reichen Kaufmann, einige Würfelspieler, vor allem aber den Fluß und seinen Vorgänger, Vasudeva –, daß es ihm aber doch unmöglich sei, eine konkrete Lehre zu nennen, denn Wissen könne man mitteilen, Weisheit aber nicht. Weisheit könne man finden, man könne sie leben, man könne von ihr getragen werden, man könne mit ihr Wunder tun, aber sagen und lehren könne man die Weisheit nicht.

Dann bittet Govinda seinen Freund nach kurzem Gespräch und langem Schweigen zum Abschied noch einmal: «Siddhartha, wir sind alte Männer geworden. Schwerlich wird einer von uns den andern in dieser Gestalt wiedersehen. Ich sehe, daß du den Frieden gefunden hast. Ich bekenne, ihn nicht gefunden zu haben. Sage mir, Verehrter, noch ein Wort, gib mir etwas, das ich fassen, das ich verstehen kann. Gib mir etwas mit auf meinen Weg.»

Siddhartha schweigt, blickt Govinda mit dem immer gleichen, stillen Lächeln an, bittet ihn schließlich, sich zu ihm hinzuneigen und seine Stirn zu küssen. Während Govinda verwundert, und dennoch von großer Liebe und Ahnung gezogen, Siddharthas Worten gehorcht, geschieht ihm etwas Wunderbares:

> Govinda sah seines Freundes Siddhartha Gesicht nicht mehr, er sah statt dessen andre Gesichter, viele, eine lange Reihe, einen strömenden Fluß von Gesichtern, von hunderten, von tausenden, welche alle kamen und vergingen, und doch alle zugleich dazusein schienen, welche alle sich beständig veränderten und erneuerten, und welche doch alle Siddhartha waren... Er sah Gestalten und Gesichter in tausend Beziehungen zueinander, jede der anderen helfend, sie liebend, sie hassend, sie vernichtend, sie neu gebärend, jede war ein Sterbenwollen, ein leidenschaftlich schmerzliches Bekenntnis der Vergänglichkeit, und keine starb doch, jede verwandelte sich nur, wurde stets neu geboren, bekam stets ein neues Gesicht...
>
> Und, so sah Govinda..., dies Lächeln der Einheit über den strömenden Gestaltungen..., dies Lächeln Siddharthas war genau dasselbe, war genau das gleiche, stille, feine, undurchdringliche, vielleicht gütige, vielleicht spöttische, weise, tausendfältige Lächeln Gotamas, des Buddhas, wie er selbst es hundertmal mit Ehrfurcht gesehen hatte. So, das wußte Govinda, lächelten die Vollendeten...
>
> Tief verneigte sich Govinda, Tränen liefen, von welchen er nichts wußte, über sein altes Gesicht, wie ein Feuer brannte das Gefühl der innigsten Liebe, der demütigen Verehrung in seinem Herzen. Tief verneigte er sich, bis zur Erde, vor dem regungslos Sitzenden, dessen Lächeln ihn an alles erinnerte, was er in seinem Leben jemals geliebt hatte, was jemals in seinem Leben ihm wert und heilig gewesen war.

Stufen

Warum, so mag der Leser an dieser Stelle vielleicht einwenden, betrachten wir im Zusammenhang mit dem Reinkarnationsgedanken derart ausführlich gerade den «Siddhartha», diese indische Dichtung, die doch scheinbar gar nicht von Reinkarnation handelt? Sicher, das Thema der Wiedergeburt wird im «Siddhartha» hier und dort erwähnt, aber im eigentlichen Sinne behandelt wird es darin nicht.

Dieser Einwand ist richtig: «Siddhartha» *behandelt* nicht die Reinkarnation, «Siddhartha» *beschreibt* sie. Die ganze Erzählung, die sich im Grunde weder geographisch noch historisch festbinden läßt, ist nichts anderes als der Versuch einer symbolischen Beschreibung des allmählichen Werdegangs einer suchenden, nach Erkenntnis strebenden Seele. Doch diese Suche nach Erkenntnis, die hier in ein einziges Leben komprimiert wird, erstreckt sich in Wirklichkeit bei jedem Menschen über viele, viele Leben.

Was Siddhartha erfährt – mit anderen Worten: die Stufen, die er auf seinem Wege hinter sich zu lassen hat –, das erfährt jeder Mensch, nur erfährt er es über mehrere Leben hinweg, jedes davon mit einer neuen kleinen Lektion, mit einer neuen kleinen Stufe. Denn wer kann schon in einem einzigen kurzen Menschenleben alles erfahren, was es zu erfahren gilt, und wer kann alles so erleben und so durchleben, daß er sich schließlich ganz davon lösen kann – wer außer einer erdichteten Gestalt?

Hesse aber ist es im «Siddhartha» gelungen, einen möglichen Werdegang aufzuzeichnen und seinen Lesern zu verdeutlichen: Irgendwo auf diesem Werdegang des Suchenden, auf irgendeiner Stufe in Siddharthas Leben steht jeder Mensch – irgendwo auf diesem im Großen für jeden Menschen gleichen Werdegang stehen auch wir vielleicht gerade jetzt, sei es

- als gelehrige Brahmanensöhne, den vorgeschriebenen Opfern und heiligen Wissensformeln ergeben,
- als entsagte Samanas, dem Denken, der Askese, der Versenkung, der Weltflucht ergeben,
- als stolze Jünglinge, dem Eigensinn ergeben, die Lehren des Erhabenen verstoßend, weil wir sie noch nicht verwirklicht haben,
- als strebsame, törichte Kindermenschen, der Wollust, dem Geld, dem Glücksspiel, der Nichtigkeit ergeben,
- als Selbstmörder, der Heuchelei und des Kreislaufs überdrüssig, dem Ekel und der Lebensmüdigkeit ergeben,
- als neu Aufbrechende, die Erfahrungen der Kindermenschen Überwindende, der Sehnsucht nach der Wahrheit ergeben,
- oder sei es als demütige Fährleute, dem Dienst des Lauschens und des Erkennens ergeben, der Vollendung nahe.

Bei der Diskussion des «Siddhartha» muß allerdings auf zwei Mißverständnisse hingewiesen werden – Mißverständnisse, die sich bei solchen, die das Werk nur oberflächlich lesen, zuweilen einzuschleichen pflegen, die aber, eben weil es Mißverständnisse sind, dem Sinn und der Absicht der Dichtung nicht gerecht zu werden vermögen und die daher bei manchem ein verzerrtes Bild des «Siddhartha» hinterlassen haben.

● 1. Das erste Mißverständnis ist der weitverbreitete Irrtum, daß Hesse in seiner Dichtung die Ansicht vertrete, daß wir durch Wollust und durch zügelloses Unsergeben in die Welt der Sinnlichkeit die Vollendung erlangen können. Meist wird dieser Irrtum als Rechtfertigung für die eigene Schwachheit vorgeschoben, für die eigene mangelnde Fähigkeit, sich der Triebe und Nichtigkeiten unserer niederen Natur zu entledigen.

Diese Triebe und Nichtigkeiten aber – und gerade das ist es, was der Werdegang Siddharthas zeigen soll – muß der nach Vollendung Strebende auf irgendeiner Stufe, in irgendeinem Leben durchschauen, entlarven und hinter sich lassen, genauso, wie dies auch Siddhartha getan hat. Ansonsten wird er solange einer der Kindermenschen bleiben, bis auch er, Siddharthas Fußspuren folgend, die Illusion zu durchtrennen und zu überwinden reif und bereit ist. Denn wenn wir mit diesem erforderlichen, not-wendigen Schritt weg von der kleinlichen Illusion der Kindermenschen immer nur auf das nächste Leben warten, schieben wir damit das Erreichen unseres letztlichen Zieles unnötigerweise vor uns her, desjenigen Zieles, das uns jetzt doch so nahe faßbar geworden ist.

● 2. Das zweite Mißverständnis, die zweite ungerechtfertigte Unterstellung, die manche aus dem «Siddhartha» zu lesen glauben, besagt, daß Hesse hier die Ansicht vertrete, wir bräuchten keinen Lehrer, kein Vorbild, um zur Vollendung zu finden. Doch die diesbezüglichen Aussagen im «Siddhartha» richten sich nicht gegen das *Prinzip* des Annehmens eines Lehrers oder eines Vorbildes an sich, sondern nur gegen das Annehmen eines *falschen* Lehrers oder gegen das Annehmen eines Lehrers in dem falschen Verständnis und in der falschen Einstellung. Im rechten Verständnis einen echten Lehrer anzunehmen, diesen Schritt aber muß jeder tun, der wirklich und echt lernen und auf dem Weg nach Innen vorankommen will, und das zeigt auch die Geschichte Siddharthas.

Bei näherem Betrachten erkennen wir nämlich, daß auch Siddhartha viele Lehrer gehabt hat, wie er an der bereits oben angeführten Stelle auf die entsprechende Frage Govindas selbst bestätigt: eine schöne Kurtisane, einen reichen Kaufmann, einige Würfelspieler, den Fluß und vor allem aber seinen Vorgänger, Vasudeva.

Vasudeva, der Fährmann, verkörpert also geradezu das Idealbild eines Lehrers, eines Meisters, und zwar eben nicht in der vom westlichen Denken geprägten Rolle des Schulmeisters, von dem wir einfach eine Lehre vorgesetzt bekommen, die wir dann annehmen und glauben müssen, sondern als eine Person, die uns unseren eigenen Weg zeigen kann und die uns auf diesem unserem Wege begleitet und führt, da sie ihn bereits kennt; als eine Persönlichkeit, die uns durch ihr eigenes Beispiel unseren Weg vorlebt, den wir dann allerdings selbst zu beschreiten haben; als eine Persönlichkeit, die vermitteln kann zwischen dem ewigen, vergessenen oder vernachlässigten Wissen in uns und unserem Erkennen desselben.

Tatsächlich stellt in der indischen Tradition gerade das von Hesse übernommene Bild des Fährmanns ein häufiges Symbol für einen solchen echten Meister oder Guru dar, der seinen Schüler mit gütiger Geduld, manchmal – wie im Falle Siddharthas und Vasudevas – über mehrere Leben hinweg, von der einen Seite des Ewigkeitsflusses auf die andere hinüberfährt, von der vollständigen Verstrickung in den Kreislauf der wiederholten Geburten und Tode bis hin zur Vollendung, zur Freiheit.

Daß es sich bei der Erzählung «Siddhartha» um eine Beschreibung der stufenweisen Entwicklung des suchenden Menschen in dem Kreislauf (besser: in der Spirale) der Wiedergeburt handelt, dies läßt Hesse in seiner typischen, leicht verschlüsselten, uneindeutigen Art sogar an einigen Stellen leise durchblicken, etwa wenn er im Kapitel «Am Flusse» in einer Klammer schreibt: «(im ersten Augenblick der Besinnung erschien ihm dieses frühere Leben wie eine weit zurückliegende, einstige Verkörperung, wie eine frühe Vorgeburt des jetzigen Ich)», oder am Schluß, wenn Siddhartha lächelnd zu Govinda sagt: «Manche, Govinda, müssen sich viel verändern, müssen allerlei Gewand tragen, ihrer einer bin ich.»

Hesse ist sich jedoch auch darüber bewußt, daß dieser ganze Kreislauf des Sterbens und Wiedergeborenwerdens für die unvergängliche Seele letzten Endes unnatürlich und leidvoll, ja töricht und sinnlos ist und daß das ganze Streben des Menschen darauf gerichtet sein sollte, sich allmählich zu läutern und diesem Kreislauf zu entkommen. Er schreibt: «War es nicht eine Komödie, eine seltsame und dumme Sache, diese Wiederholung, dieses Laufen in einem verhängnisvollen Kreise?»

Und auch die Erfahrung, daß es uns nicht möglich ist, in einem einzigen Leben alle Stufen zu durchschreiten, macht Hesse am Ende mit Hilfe der Figur von Siddharthas Sohn deutlich, indem er Vasudeva sagen läßt: «Glaubst du wirklich, daß du deine Torheiten begangen habest, um sie dem Sohn zu ersparen? Und kannst du denn deinen Sohn vor Sansara schützen?... Welcher Vater, welcher Lehrer hat ihn davor schützen können, selbst das Leben zu leben, selbst Schuld auf sich zu laden, selbst den bitteren Trank zu trinken, selber seinen Weg zu finden? Glaubst du denn, dieser Weg bleibe irgend jemandem vielleicht erspart?»

Erinnern wir uns noch einmal an das, was zu Beginn dieses Kapitels über die Vermittlerrolle Hermann Hesses zwischen West und Ost, zwischen indischer Mystik und westlichem Fortschrittsdenken gesagt wurde: Gerade in dem eben zitierten Abschnitt kommt nun etwas von dem typisch Indischen zum Ausdruck, welches sich so sehr von der engen, christlich-abendländischen Denkweise unterscheidet: die gütige Toleranz nämlich, die liebende Geduld mit anderen Menschen, auch mit solchen, die auf ihrem «Siddhartha-Wege» vielleicht noch ein paar Stufen, noch ein paar Leben zurückliegen, die aber unserer Ermutigung, unserer Hilfe, unseres Verständnisses bedürfen.

Es ist nicht der belehrende, bekehrende, ungeduldige christliche Missionseifer beispielsweise von Hesses Vorfahren, der aus diesen Worten spricht, aber es ist auch keine gleichgültige, stolze Toleranz, in der wir uns besser dünken als der andere und ihn verachten. Nein, es ist eine gütige, wohlwollende, hilfsbereite

Geduld und Weisheit, die hier leuchtet – eine Geduld und Weisheit, die nur möglich ist in der Erkenntnis der Wahrheit der Seelenwanderung, der Wiedergeburt, und damit der immer neuen Möglichkeit, Stufe um Stufe zu erklimmen, zu reifen, sich zu vollenden.

Hierzu das Gedicht «Stufen» (1940), ein Alterswerk des dreiundsechzigjährigen Hesse, das durchdrungen ist von dem Wissen um die Unsterblichkeit der Seele und ihrer Wanderung durch Raum und Zeit:

> Wie jede Blüte welkt und jede Jugend
> Dem Alter weicht, blüht jede Lebensstufe,
> Blüht jede Weisheit auch und jede Tugend
> Zu ihrer Zeit und darf nicht ewig dauern.
> Es muß das Herz bei jedem Lebensrufe
> Bereit zum Abschied sein und Neubeginne,
> Um sich in Tapferkeit und ohne Trauern
> In andre, neue Bindungen zu geben.
> Und jedem Anfang wohnt ein Zauber inne,
> Der uns beschützt und der uns hilft, zu leben.
>
> Wir sollen heiter Raum um Raum durchschreiten,
> An keinem wie an einer Heimat hängen,
> Der Weltgeist will nicht fesseln uns und engen,
> Er will uns Stuf' um Stufe heben, weiten.
> Kaum sind wir heimisch einem Lebenskreise
> Und traulich eingewohnt, so droht Erschlaffen,
> Nur wer bereit zu Aufbruch ist und Reise,
> Mag lähmender Gewöhnung sich entraffen.
>
> Es wird vielleicht auch noch die Todesstunde
> Uns neuen Räumen jung entgegen senden,
> Des Lebens Ruf an uns wird niemals enden...
> Wohlan denn, Herz, nimm Abschied und gesunde!

Über dieses Gedicht schreibt Hesse am 30.1.1957 an einen Leser: «Zu ‹Stufen› wäre zu sagen: das Gedicht gehört zum ‹Glasperlenspiel›, einem Buch, in dem unter anderem die Religionen und Philosophien Indiens und Chinas eine Rolle spielen. Dort ist die Vorstellung von der Wiedergeburt aller Wesen dominierend, nicht im Sinn eines christlichen Jenseits mit Paradies, Fegefeuer und Hölle. Diese Vorstellung ist mir durchaus geläufig, und sie ist es auch dem fiktiven Verfasser jenes Gedichtes, Josef Knecht.»

Im Januar 1955 hatte er in einem Brief an Rudolf Pannwitz den Entstehungshintergrund des «Glasperlenspiels» dargelegt:

> Die Vorstellung, die den ersten Funken in mir entzündete, war die der Reinkarnation als Ausdrucksform für das Stabile im Fließenden, für die Kontinuität der Überlieferung und des Geisteslebens überhaupt. Es kam mir eines Tages, manche Jahre bevor ich mit dem Versuch einer Niederschrift begann, die Vision eines individuellen, aber überzeitlichen Lebenslaufes: ich dachte mir einen

Menschen, der in mehreren Wiedergeburten die großen Epochen der Menschheitsgeschichte miterlebt.

Aus diesem letzten großen Werk Hesses, dem «Glasperlenspiel. Versuch einer Lebensbeschreibung des Magister Ludi Josef Knecht» (1943), in dessen Anhang sich auch ein «Indischer Lebenslauf» findet, sei nur die folgende anschauliche Passage wiedergegeben:

> Der Schüler hatte die Aufgabe, sich in eine Umgebung und Kultur, in das geistige Klima irgendeiner früheren Epoche zurückzuversetzen und sich darin eine ihm entsprechende Existenz auszudenken... Es lebte ein Rest des alten asiatischen Wiedergeburts- und Seelenwanderungsglaubens in dieser freien und spielerischen Form hier fort; allen Lehrern und Schülern war die Vorstellung geläufig, daß ihrer jetzigen Existenz frühere vorausgegangen sein könnten, in anderen Körpern, zu anderen Zeiten, unter anderen Bedingungen... Übrigens war die Zahl der Studierenden gar nicht so klein, welche nicht nur an die Idee der Reinkarnation mehr oder weniger glaubten, sondern auch an die Wahrheit ihrer eigenen erfundenen Lebensläufe.

Die Suche geht weiter

Viele Suchende, die sich nach einer Alternative zum einseitigen Intellektualismus und zur Oberflächlichkeit und Äußerlichkeit unserer Zeit sehnen, haben durch Hesses Einladung auf den stufenweisen «Weg nach Innen» einen Einblick in die verborgenen Dimensionen ihres Selbst und der höheren Gesetze des Universums gewonnen. Viele sind durch die Lektüre seiner Dichtungen, aus denen immer wieder der erhabene Glanz der indischen Weisheit leuchtet, auf den Pfad echten spirituellen Lebens geführt worden.

Dieser Pfad echten spirituellen Lebens allerdings kann, wenn er gewissenhaft beschritten wird, weit über die Grenzen dessen hinausführen, was Hesse selbst erreicht und in seinen Schriften dargestellt hat. Denn er selbst ist bis in seinen Tod ein sehnsüchtig Suchender geblieben, sich wohl bewußt, daß er die letzte Stufe noch nicht erklommen, die letzte Vollendung noch nicht erreicht, noch nicht beschrieben hatte. Hierzu das Gedicht «Bildnis eines zu alt gewordenen Literaten» (1958):

> Noch sieht man ihn als letzte Säule
> Auf etwas schwachem Sockel ragen,
> Noch ist er fähig, manche Eule
> Behutsam nach Athen zu tragen.
>
> Zwar leidet er an Gicht und Spasmen
> Und wird allmählich dürr und klein,
> Doch fallen ihm die Pleonasmen
> Noch immer dutzendweise ein.

So sucht er, immer neu verwundert,
Im Kinderspiel sein Greisenglück,
Und blickt aufs neunzehnte Jahrhundert
Wie auf ein Paradies zurück.

Hesses eigene Suche und Sehnsucht also war mit seinem Tode längst nicht abgeschlossen, und so spiegeln auch Siddharthas Gedanken über die Einheit aller Gestaltungen am Schluß des Buches noch nicht wirklich die letzten Erkenntnisse wieder, die dem Menschen möglich sind und die ihm zustehen. Denn die Erkenntnis der «Einheit aller Gestaltungen» ist ja bloß die Verneinung der schmerzlichen Gegensätze *dieser* Welt, und sie vermag noch keine positiven Einblicke in die verborgenen Schätze einer anderen, göttlichen Welt zu vermitteln – einer Welt, die derart jenseits der Dualitäten der materiellen Welt liegt, daß sie sich auch nicht mehr als bloße Verneinung derselben definieren läßt.

So ist also auch der Stufenweg des Siddhartha mit dem Ende des Buches noch nicht wirklich zu Ende, denn die Beschreibung führt uns nur so weit, wie Hesse es selbst zu durchleben imstande war, oder, wo das eigene Erleben nicht mehr hinreichte, nur soweit, wie der Dichter es sich vorzustellen vermochte. Und so geht auch Siddharthas Geschichte im Verborgenen weiter, setzt sich unbeschrieben fort und müßte eigentlich irgendwann einmal um die nächsten Stufen weitererzählt werden...

VIERZEHNTER TEIL: RUDOLF STEINER

Unter allen Abendländern, die sich mit der Reinkarnation befaßten, nimmt *Rudolf Steiner* (1861-1925) eine besondere Stellung ein, da er praktisch als einziger versuchte, sich nicht nur auf die Betrachtung und Deutung von Einzelphänomenen zu beschränken; vielmehr erarbeitete er zu Beginn des 20. Jahrhunderts eine in sich geschlossene Lehre und Systematik der Reinkarnation, und seine Vorstellungen des Karmabegriffs und der «wiederholten Erdenleben» (wie er die Reinkarnation zu bezeichnen pflegte) haben – bewußt oder unbewußt – nachhaltig das Denken all jener mit beeinflußt, die sich in der deutschen Geistesgeschichte nach ihm mit dieser Thematik auseinandergesetzt haben.

Die Leistung Rudolf Steiners besteht als darin, daß er die höheren Gesetze von Karma und Reinkarnation im europäischen Raum im breiten Rahmen bewußtgemacht hat, ebenso wie dies beispielsweise in den Vereinigten Staaten der berühmte Hellseher und «Schlafende Prophet» *Edgar Cayce* (1876-1944) zur gleichen Zeit – wenn auch in anderer Weise – tat.

Über die zentrale Bedeutung der Reinkarnation Steiners Lehre schreibt der ehemalige Leiter der anthroposophischen «Christengemeinschaft» *Emil Bock*:

> Die Darstellung von Reinkarnation und Karma, von Wiederverkörperung und Schicksalsverknüpfung, in der Verkündigung Rudolf Steiners ist das, was das Rückgrat im menschlichen Organismus.

Die Anthroposophie

Rudolf Steiner ist im deutschen Sprachraum wenigstens dem Namen nach allgemein bekannt als der Begründer der Anthroposophie. Dieser Begriff, wörtlich «Menschenweisheit», stammt ursprünglich aus dem Werk «Anthroposophia Thaumaturgica» (1704) von *Thomas Vaughan* und taucht danach erstmals bei *I.P.V. Troxler* (1780-1866) und dem Herbatianer *R. Zimmermann* (1824-1898) auf. Später wurde er dann von Rudolf Steiner übernommen, der nach seiner Trennung von der «Theosophischen Gesellschaft» im Jahre 1913 die Anthroposophische Gesellschaft und damit die Lehre der Anthroposophie begründete. Diese verstand er als Fortführung der *Theosophie* (siehe *Glossar*) und der Lehren Goethes – insbesondere seiner «Metamorphosenlehre» – und definierte sie wie folgt:

> Anthroposophie ist die Erkenntnis, die vom höheren Selbst des Menschen selbst hervorgebracht wird. Sie will die tieferen geistigen Kräfte, welche in der Menschennatur und in der übrigen Natur schlummern, erforschen und bezeichnet sich selbst als Geisteswissenschaft.

Steiner lehrte, der Mensch könne sich durch bewußte Schulung seiner in ihm ruhenden geistigen Kräfte so weit entfalten, daß er schließlich in der Lage sei, über übersinnliche Fähigkeiten zu verfügen und mit höheren «Geistwesen» in Verbindung zu treten. Das höchste Ziel eines Anthroposophen («Geheimschülers») ist die letztliche Gewinnung eines «Ätherleibes» (siehe *Glossar*); einen solchen Körper besitzen zwar alle Menschen, aber der Geheimschüler lernt seinen Ätherleib lenken und beherrschen und tritt so in die Geisterwelt ein, um dort sein «höheres Ich mit übergeordneten Wesenheiten in Verbindung zu setzen». Hat er diese höchste Entwicklungsstufe erreicht, so vermag er in der sogenannten «Akasha-Chronik» (siehe *Glossar*) zu lesen.

Nach der Anthroposophie ist der Mensch zu seiner Erlösung und Vervollkommnung auf sich selbst gestellt. Gott, sofern überhaupt erwähnt, spielt dabei die Rolle eines unbeteiligten Zuschauers, Jesus Christus die des Vermittlers und Wegbereiters. Hierzu schreibt der Naturwissenschaftler und Anthroposoph *Max Hoffmeister* (*1916) in seinem Buch «Reinkarnation – Antwort auf das Rätsel des Menschen» (1980):

> Rudolf Steiner stützte sich nicht auf das traditionelle Christentum ab, so wenig es auch Goethe tat. Atheist war er deshalb aber nie, dafür kannte er geistige Wesen aus eigener Anschauung viel zu gut. «Ich hatte, wenn ich in dieser Zeit [gemeint vor 1900] das Wort ‹Christentum› schrieb, die Jenseitslehre im Sinne, die in den christlichen Bekenntnissen wirkte...»
>
> Wenn später die Christologie ein Hauptanliegen Rudolf Steiners war, neben der Darstellung von Reinkarnation und Karma, so offensichtlich deshalb, weil er die Christuswesenheit schauen konnte. Viele Ausführungen zeugen davon. Bei ihm steht das Mysterium von Golgatha im Mittelpunkt der Erd- und Menschheitsentwicklung. Er hatte viele Vorträge gehalten, um ein wirkliches Verstehen der Evangelien, der Genesis und der Apokalypse zu ermöglichen, besonders in den Vortragszyklen der Jahre 1908-1914.
>
> Am Anfang seiner anthroposophischen Tätigkeit steht seine Schrift «Das Christentum als mystische Tatsache und die Mysterien des Altertums» (1902), die eine Zusammenfassung von Vorträgen, die er 1902 gehalten hatte, darstellt. Als Kind hatte er tiefe Eindrücke aus dem Miterleben des katholischen Kultus in seinem Heimatdorf erhalten, dann wirkte er bis 1900 wie ein Freigeist. Von da ab stellte er den Christus als diejenige Wesenheit dar, die die ganze Entwicklung zum göttlichen Ziele hinlenken und so vorwärtsbringen will. Er fragt und sucht nach dem Christus in der geistigen Welt unmittelbar. (S. 100)

Steiner orientierte sich einerseits an der Gnosis und am Christentum, dessen Offenbarung er als noch nicht abgeschlossen betrachtete, zum anderen aber auch an den Veden, die er sehr schätzte und aus denen er die Begriffe des Karma und der Reinkarnation sowie gewisse praktische Übungen der geistigen Meditation entlieh. Über die *Bhagavad-gītā* sagt er beispielsweise:

> In der *Bhagavad-gītā* finden wir die Praxis des Yoga, der eine Anleitung ist, um das Seelische zu höheren Stufen inneren Erlebens zu heben.

Dies alles versuchte er in seiner Lehre der Anthroposophie mit dem modernen naturwissenschaftlichen Denken zu verknüpfen. Dieser Versuch, gewisse Elemente aus der vedischen Philosophie mit dem Christentum zu verbinden, um so eine neue, umfassendere, vollkommenere Geisteswissenschaft zu begründen, hat sich jedoch – zumindest aus der Sicht der Veden – als problematisch erwiesen. Ursprüngliches Wissen «der heutigen Zeit anpassen», «ergänzen» und «vervollkommnen» zu wollen bedeutet nämlich unweigerlich, dieses zu verändern, und die tückische Gefahr jeder Veränderung durch den menschlichen Verstand liegt darin, daß sie viel eher zu Verfälschung und Verwässerung des Ursprünglichen, statt zu seiner Verbesserung, führen kann.

Worin die Abänderungen Steiners in bezug auf die vedische Philosophie im einzelnen bestanden, wollen wir im folgenden untersuchen.

Vergleich der Reinkarnationsidee Rudolf Steiners mit der vedischen Wissenschaft der Seelenwanderung

Wir finden insbesondere vier wesentliche Hauptunterschiede zwischen der anthroposophischen Geisteswissenschaft und den Veden, nämlich:

a) die «Einheit von Geist-Seele-Leib»
b) das Gesetz der «Steigerung»
c) die Befreiung vom Karma durch die Gnade Gottes
d) die wiederholten «Erdenleben»

a) Geist, Seele und Leib.
Nach der anthroposophischen Lehre besteht eine «Dreigliederung der menschlichen Wesenheit» («Trichotomie») in Leib, Seele und Geist – auf den ersten Blick also exakt dasselbe, was wir bereits aus der vedischen Wissenschaft kennen.

Wir wollen in dieser Betrachtung von der nebensächlichen Tatsache absehen, daß in der Anthroposophie die Ausdrücke «Seele» und «Geist» in der genau umgekehrten Weise definiert sind als in der vedischen Terminologie. Es handelt sich hierbei um einen einfachen Begriffsunterschied, den wir uns im folgenden vor Augen halten müssen. Mit «Seele» meint der Anthroposoph ungefähr das, was wir in dem vorliegenden Buch als «feinstofflichen Körper» des Denkens, Fühlens und Wollens bezeichnet haben, und mit «Geist» etwa annähernd das, was die Veden als «Ātmā» oder «spirituelle Seele» (siehe *Kapitel 2*) beschreiben.

Der wesentliche Unterschied liegt hingegen nicht in der Definition der einzelnen Termini, sondern in deren Inhalt. Max Hoffmeister schreibt:

> Wir können also zunächst einmal feststellen, daß wir unterschieden haben zwischen dem physischen Begriffskleid, dem Seelenerlebnis des Begreifens und dem Geistinhalt des Begriffs. Was wir an dem Begriff in unserem wahrnehmenden Seelen-Ich erleben, ist demnach die Verschmelzung erstens von physischen körpergebundenen Vorgängen, die uns zwar selbst unbewußt bleiben, aber der

> Bewußtwerdung des Geistigen dienen, zweitens von seelischem Erleben im tätigen Eingreifen und drittens von dem vom Ich ergriffenen Geistinhalt. Wir sagen ja auch nicht, ich trage meinen Leib durch das Zimmer, sondern ich gehe, wobei ich mich selbst mit meinem Leib und mit meinem Seelenerlebnis des Gehens zur Einheit verschmelze. So wird beim Aufgreifen eines Begriffes Leib, Seele und Geist als *Einheit* erlebt. (S. 124f.)

Diese Auffassung vertritt auch der bereits in *Kapitel 4* zitierte anthroposophische Arzt *Hugo S. Verbrugh* in seinem Buch «...wiederkommen» (1982):

> Die Anthroposophie will die monistische (*monos* = eins) Alternative realisieren... In ihr erscheint der Mensch als eine Einheit, die sich fortwährend in einem dynamischen Wechselspiel zwischen Leib, Seele (die Mitte) und Geist offenbart. (S. 135)

Gemäß vedischer Auffassung jedoch besteht *niemals* eine «Einheit» zwischen den grob- und feinstofflich-materiellen Bereichen des Leibes und des Geistes auf der einen Seite und der spirituellen Seele auf der anderen. Die spirituelle Seele ist vielmehr *immer* vollständig unabhängig von der Materie, und die sogenannte «Einheit» zwischen der Seele und dem Körper beruht lediglich auf einer Täuschung, einer Illusion *(Māyā)*. Schon in der Sprache unterscheiden wir zwischen «meinem» Körper, «meinen» Gedanken, «meinen» Gefühlen und «meinem» Bewußtsein im Gegensatz zum «Ich», dem Individuum, das all dies besitzt und erfährt. Dieses Ich, die spirituelle Seele, befindet sich also immer in transzendenter Stellung sowohl zu ihrem physischen als auch zu ihrem psychischen Körper. Die *Bhagavad-gītā* weist mit den folgenden Worten auf diesen Sachverhalt hin:

> Diejenigen, die mit den Augen des Wissens den Unterschied zwischen dem Körper und dem Besitzer des Körpers sehen und auch den Vorgang der Befreiung aus der Knechtschaft der Materie verstehen, erreichen das höchste Ziel. (Bg. 13.35)

Nun mögen wir natürlich fragen, wie diese ewig nichtmaterielle Seele überhaupt mit der Materie in Kontakt kommen und diese für die Erfüllung ihrer zahlreichen Wünsche benützen kann. Die Antwort der Veden lautet: durch das «falsche Ego» *(Ahaṅkāra)*. Das Ahaṅkāra bildet das feinstofflichste aller acht materiellen Elemente, ist also feinstofflicher noch als die Intelligenz und kann daher mit dieser nicht vollumfänglich erfaßt werden. Es stellt jedoch die eigentliche «Verbindung» zwischen der Seele und ihren verschiedenen Körpern her, und ohne das falsche Ego wäre es der Seele gar nicht möglich, sich in der materiellen Welt aufzuhalten. Ohne den Einfluß des falschen Ego würde sie sofort erkennen, daß sie nicht das geringste mit dieser materiellen Welt zu tun hat, und würde auf der Stelle in die spirituelle Sphäre zurückkehren. Erst das Vorhandensein des falschen Ego ermöglicht es der Seele, ihre «pervertierten» (im wörtlichen Sinne: verdrehten, unnatürlichen) Wünsche, Materie zu genießen, zu erfüllen. In seinem Kommentar zur *Bhagavad-gītā* (13.9) beschreibt Śrīla Prabhupāda das Ahaṅkāra-Prinzip wie folgt:

Falsches Ego bedeutet, den Körper für das Selbst zu halten. Wenn man versteht, daß man nicht der Körper, sondern spirituelle Seele ist, erreicht man sein wahres Ego. Das Ego existiert immer. Das wahre Ego wird nicht verurteilt, nur das falsche. In den vedischen Schriften heißt es: *ahaṁ brahmāsmi.* «Ich bin Brahman, ich bin spirituell.» Dieses «Ich bin», dieses Gefühl des Selbst, existiert auch auf der befreiten Stufe der Selbstverwirklichung. Dieses Gefühl des «Ich bin» ist das Ego, doch wenn es auf den falschen Körper gerichtet wird, ist es falsches Ego. Wenn das Gefühl des Selbst auf die Realität gerichtet wird, ist dies wahres Ego. Einige Philosophen sagen, wir sollten unser Ego aufgeben, aber dies ist nicht möglich, denn Ego bedeutet Identität. Was wir jedoch aufgeben sollten, ist die falsche Identifizierung mit dem Körper. (S. 607)

In keiner anderen dem Autor bekannten Philosophie der Welt und in keiner anderen Reinkarnationslehre finden wir derart detaillierte Beschreibungen des Ahaṅkāra-Prinzips wie in der vedischen Wissenschaft. Ja, die allermeisten Menschen und Lehren sind selbst noch derart unter dem Einfluß desselben, daß sie nicht einmal eine Ahnung davon haben, daß so etwas wie ein «falsches Ego» überhaupt existiert. (Von *Friedrich Nietzsche* ist allerdings der Ausspruch überliefert: «Wo immer ich gehe, folgt mir ein Hund namens Ego.»)

b) «Metamorphose und Steigerung».

Nach der anthroposophischen Lehre bestehen die Hauptziele in der Natur – auch in der Natur des Menschen – in 1. Metamorphose und 2. Steigerung. (Damit schließt sie sich direkt an die Metamorphosenlehre *Goethes* an.) In der Essenz ist damit gemeint, daß jeder Mensch, durch ständiges Reinkarniertwerden, mit jedem «Erdenleben» immer weiter zum «Höheren» hin emporsteigert und sich auf diese Weise allmählich von all seinen Schwächen und Unvollkommenheiten («niederes Ich») reinigt. Das Ziel ist die vollkommene «Veredlung des Menschen im Geistigen».

Auch hiermit stimmen die Veden nicht vollumfänglich überein. Es wäre sicherlich wünschens- und erstrebenswert, daß alle Lebewesen sich «geistig», also spirituell, immer mehr erheben würden bis hin zur Vervollkommnung. Wenn dies jedoch ein feststehendes Naturgesetz wäre, wo bliebe da der freie Wille? Was ist mit einem Menschen, der sich *nicht erheben will*?

Hier beschreiben die Veden die Natur als großzügiger und zwangloser. Das Lebewesen, die spirituelle Seele, ist ja ursprünglich freiwillig in die materielle Welt heruntergekommen mit der Absicht, diese zu genießen und sich dadurch von ihrer vollkommenen Situation in der spirituellen Sphäre zu erniedrigen. Warum sollten die Naturgesetze es nun, da es sich in der materiellen Welt befindet, zwingen, sich gegen seinen Willen zu veredeln? Für manche mag gerade dies der Weg des Lernens und Erkennens sein, daß sie sich zunächst durch ihre eigenen Wünsche erniedrigen, bis sie schließlich zur Einsicht gelangen, daß diese Handlungsweise nicht ihre letztliche Bestimmung darstellt. Dann werden sie sich – ebenfalls aus freiem Willen und nicht aufgrund eines aufgezwungenen Gesetzes der materiellen Natur – allmählich wieder erheben.

In der *Bhagavad-gītā* heißt es, daß es «drei Tore gibt, die zur Erniedrigung der Seele führen – Lust, Zorn und Gier.» (Bg. 16.21) Welche Denk- und Handlungsweisen des Menschen eine solche Erniedrigung nach sich ziehen, wird dort ebenfalls ausführlich beschrieben, so daß wir an dieser Stelle nicht weiter darauf einzugehen brauchen (siehe Bg. 16.7-20). Demnach kann die Seele, selbst nachdem sie ein menschliches Dasein erreicht hat, entsprechend ihrem Karma auch wieder in Tierkörper zurückversetzt werden. Dies ist wohl einer der markantesten Unterschiede zwischen der Reinkarnationsidee Rudolf Steiners und der vedischen Darstellung. (Wir haben das Thema der Reinkarnation als Tier schon an früherer Stelle, in *Kapitel 4*, behandelt und brauchen uns aus diesem Grunde hier nicht zu wiederholen.)

c) Die Befreiung vom Karma durch die Gnade Gottes.

In einem höchst interessanten und zentralen Punkt steht, und dies mag vielleicht zunächst erstaunen, die vedische Lehre dem traditionellen christlichen Erlösungsgedanken näher als die (sich auf Jesus Christus berufende) Anthroposophie. Gemäß geltender christlicher Lehrmeinung ist Jesus Christus als der Sohn Gottes erschienen, um die Sünden (mit anderen Worten, das Karma) der Menschen aufzuheben. Durch das Annehmen Christi als Erlöser kann der Mensch von den karmischen Reaktionen auf seine Verfehlungen befreit werden – wohlverstanden nur unter dem (heute gerne vergessenen) Vorbehalt, daß er aufhört zu sündigen. Nachdem Jesus in Jerusalem einen Gelähmten geheilt hatte, sagte er zu ihm: «Jetzt bist du gesund; sündige nicht mehr, damit dir nicht noch Schlimmeres zustößt.» (Joh 5,14)

Diese Auffassung entspricht der vedischen Lehre, daß der Mensch dadurch, daß er einen echten Vertreter und Sohn Gottes als seinen Meister und Führer (im Sanskrit: *Guru*) annimmt, dessen Unterweisungen strikt befolgt und daher aufhört, sündhaft zu handeln, tatsächlich auf der Stelle von den Gesetzen des Karma befreit werden oder, wie es die Bibel ausdrückt, «die Welt [und ihre Gesetze] überwinden» kann.

Rudolf Steiner hingegen ist der Ansicht, daß Christus zwar das «Weltenkarma», die Schuld der Welt, auf sich genommen und aufgehoben habe, nicht aber das individuelle Karma des einzelnen Menschen. Dieses könne einzig durch die Kette der wiederholten Erdenleben, durch allmähliche «Steigerung» abgetragen werden. In seiner Lehre fehlt das Konzept der *Gnade Gottes*, der außergewöhnlichen Barmherzigkeit, die Gott einer Seele zuteil werden läßt, die sich Ihm vollständig hingibt. Gerade dies jedoch bildet einen der zentralsten Glaubensinhalte sowohl des Christentums als auch der vedischen *Bhakti-Philosophie*.

Es ist sicherlich richtig, daß kein Mensch aus eigener Kraft fähig ist, die unüberwindbaren Naturgesetze des Karma und der Reinkarnation aufzulösen und sich ihrer gerechten Wirkung zu entziehen. Andererseits versteht es sich jedoch von der Definition her von selbst, daß Gott als der Schöpfer und Herr dieser Welt und ihrer Gesetze mit Sicherheit imstande ist, einem Lebewesen seine spezielle Gnade zu erweisen und es aus dem Diktat der Karmagesetze zu befreien. Diese spezielle

Gnade Gottes kann der Mensch erlangen, indem er sich Ihm vorbehaltlos ergibt und diese Hingabe durch seine Gedanken, seine Worte und seine Taten stets zum Ausdruck bringt. Der diesbezüglich eindeutige Vers aus der *Bhagavad-gītā* lautet:

> Gott sprach: Diese Meine göttliche Energie [die materielle Welt und ihre Gesetze] ist sehr schwer zu überwinden. Aber diejenigen, die sich Mir ergeben, können sie sehr leicht hinter sich lassen. (Bg. 7.14)

d) Die wiederholten «Erdenleben».

Rudolf Steiner hat in seiner eigenen Begriffssprache der Anthroposophie auch einen neuen Ausdruck für die Reinkarnation geschaffen, den er und seine Anhänger wohl am häufigsten verwenden (neben «Reinkarnation»): die «wiederholten Erdenleben».

Dieser Begriff ist jedoch im Lichte der vedischen Wissenschaft der Seelenwanderung unvollständig und irreführend, da er nicht nur besagt, daß die Wiedergeburt der Seele ausschließlich in menschlicher Form geschehen kann (siehe oben), sondern darüber hinaus auch impliziert, daß sie einzig auf dem Erdplaneten stattfinde. Mit anderen Worten, das anthroposophische Denken beschränkt sich ausschließlich auf die Geschehnisse auf und knapp über diesem einen Planeten unseres Universums; selbst die beschriebene «jenseitige Welt» oder «Geistwelt» wird als sowohl geographisch als auch geistig an das Geschehen auf der Erde gebunden definiert.

Angesichts der immensen Größe unseres Universums – das nach vedischer Astronomie nur eines unter Millionen Universen ist – erscheint es allerdings wenig sinnvoll anzunehmen, daß es nicht möglich sein sollte, auch anderswo, in ganz anderer Form und in einem ganz anderen Körper wiederzukehren. Es gibt unzählig viele Planeten (Sterne) innerhalb des Kosmos, und prinzipiell ist es der Seele gestattet, auf ihrer Wanderschaft durch die materielle Welt jeden beliebigen unter ihnen zu bereisen und zu bewohnen, sofern sie die jeweils erforderlichen Qualifikationen aufweist. Und wie wir uns leicht vorstellen können, dürfte es einem Lebewesen, das beispielsweise auf einem Stern lebt, der Millionen von Lichtjahren von der Erde entfernt liegt, ziemlich einerlei sein, was «hier unten» passiert. (Auch die Thematik der Reinkarnation auf anderen Planeten haben wir in *Kapitel 4* bereits eingehend besprochen).

Auch an diesem Beispiel zeigt sich, wie die Beschäftigung mit der vedischen Literatur und Philosophie imstande ist, unseren Gesichtskreis und unser Bewußtsein zu erweitern, es aus dem engen Gefängnis unseres eigenen, begrenzten Begriffs- und Denkvermögens, das uns Menschen als Mittelpunkt und Krönung der Schöpfung erscheinen läßt, auszubrechen und uns in wahrhaft «kosmischen» Dimensionen zu bewegen.

Was noch hinzu kommt, ist, daß die Steinersche Lehre keine wirkliche Alternative zur materiellen Welt aufzeigen kann, die ja nicht die eigentliche Heimat der spirituellen Seele ist. Was in der Anthroposophie als «Geistwelt» beschrieben wird, stimmt im Groben mit dem überein, was die Veden als sogenannte «Parallelwelt der feinstofflichen Planeten» (im Sanskrit *Antarikṣa*) bezeichnen, die in einer höheren, feinstofflichen oder eben «geistigen» Dimension direkt über der Erde befindlich sind. In diesen Antarikṣa-Sphären, die sich soweit erstrecken, «wie die Wolken am Himmel treiben» (*Śrīmad-Bhāgavatam* 5.24.5), und oberhalb deren «es keine Luft mehr gibt», leben die Geister der Verstorbenen, die auf ihre nächste Inkarnation warten, sowie auch andere feinstoffliche Lebewesen. Viele von ihnen besitzen höhere feinstoffliche Kräfte als wir Menschen, und wir können, sofern wir dies wollen und bemächtigt dazu sind, mit ihnen auch in Kontakt treten und Informationen aus den höheren Bereichen ihres Bewußtseins erhalten (dies wird von Steiner als «Lesen in der Akasha-Chronik» bezeichnet).

(Für nähere Beschreibungen dieser Dimensionen sowie auch für ihre genaue geographische Lokalisation verweisen wir auf die vedischen *Purāṇas*, insbesondere das *Śrīmad-Bhāgavatam*, dort im Fünften Canto, Kapitel 24).

Über eine vollkommene, transzendentale (spirituelle) Welt, die jenseits sowohl der grob- als auch feinstofflichen Bereiche der Materie liegt, vermag uns die anthroposophische Lehre keine Auskunft zu geben. Diese wird hingegen in den Veden ausführlich als die eigentliche Heimat und das letztliche Ziel aller spirituellen Seelen beschrieben (siehe z.B. *Śrīmad-Bhāgavatam*, 3. Canto, Kapitel 15; 10. Canto; sowie zahlreiche andere Stellen).

FÜNFZEHNTER TEIL: CARL GUSTAV JUNG

Eine weitere Persönlichkeit innerhalb der europäischen Geistesgeschichte dieses Jahrhunderts, die in unserem Zusammenhang Erwähnung verdient, ist der Psychoanalytiker *Carl Gustav Jung* (1875-1961), der wohl bedeutendste Schweizer Philosoph. Jung war ursprünglich ein Schüler *Sigmund Freuds* (1856-1939) gewesen, des österreichischen Psychiaters und Begründers der Psychoanalyse, entwickelte später jedoch eine eigene «Analytische Psychologie» und Philosophie des «Unbewußten». Diese betrachtete, im Gegensatz zu Freuds einseitigem «Pansexualismus» (Trieblehre), das Ganze des Seelenlebens als ein dynamisches System («Energetik der Seele») auf dem Grund des schöpferischen «kollektiven Unbewußten» und entwickelte sich mehr und mehr zur Mythenforschung und Religionsphilosophie.

In seinem umfangreichen Schaffen (die gesammelten Werke umfassen 20 Bände) stoßen wir insbesondere auf zwei Stellen, an denen er sich ganz konkret mit der Fragestellung der Reinkarnation auseinandersetzt. Wir wollen sie in der Folge kurz betrachten, um daran anschließend eine Analyse über Jung aus der Sicht der vedischen Psychologie vorzulegen.

Der «Archetypus» der Wiedergeburt

Das erste Beispiel findet sich anläßlich der jährlichen Eranos-Tagung, die im August 1939 unter dem Thema «Die Symbolik der Wiedergeburt in der religiösen Vorstellung der Zeiten und Völker» in Ascona/Schweiz stattfand. Auf dieser Tagung hielt C.G. Jung einen bemerkenswerten Vortrag über «Die verschiedenen Aspekte der Wiedergeburt» (veröffentlicht im Eranos-Jahrbuch 1939, Zürich 1940). Nach einer kurzen Erklärung der verschiedenen Formen der Wiedergeburt legt Jung in der Folge seines Vortrages die «Psychologie der Wiedergeburt» dar. Er beginnt mit den einleitenden Worten:

> Die Wiedergeburt ist kein Vorgang, den wir irgendwie beobachten könnten. Wir können ihn nicht messen, wägen oder photographieren. Er ist unseren Sinnen durchaus entzogen. Wir haben es hier mit einer rein psychischen Wirklichkeit zu tun, welche uns nur indirekt durch Aussagen vermittelt ist. Man spricht von Wiedergeburt, bekennt sich zu Wiedergeburt, ist erfüllt von Wiedergeburt – das ist die uns genügende Wirklichkeit... Die Tatsache, daß Menschen von Wiedergeburt reden, und daß es überhaupt einen solchen Begriff gibt, heißt nämlich, daß auch ein psychischer Tatbestand, den man damit bezeichnet, vorhanden ist. Wie dieser Tatbestand beschaffen ist, können wir nur aus den Aussagen erschließen. Wir müssen daher mit der Weltgeschichte ein «Kreuzverhör» anstellen über das, was sie als Wiedergeburt bezeichnet, wenn wir erfahren wollen, was Wiedergeburt ist. (S. 404f.)

Anschließend umreißt C.G. Jung konkret seine Vorstellung von dem «Archetypus der Wiedergeburt»:

> «Wiedergeburt» ist eine Aussage, die zu den Uraussagen der Menschheit überhaupt gehört. Diese Uraussagen beruhen auf dem, was ich als «Archetypus» bezeichne. Alle das Übersinnliche betreffenden Aussagen sind im tiefsten Grunde stets vom Archetypus bestimmt, so daß es kein Wunder ist, wenn Aussagen über die Wiedergeburt bei den verschiedensten Völkern angetroffen werden. Diesen Aussagen muß ein psychisches Geschehen zugrunde liegen, mit welchem die Psychologie, jenseits von allen metaphysischen und philosophischen Annahmen über die Bedeutung solcher Aussagen, sich auseinanderzusetzen hat. (S. 405)

Jungs persönliche Auseinandersetzung mit dem Phänomen der Reinkarnation kommt noch deutlicher in unserem zweiten Zeugnis zum Ausdruck; es findet sich in seiner Autobiographie «Erinnerungen, Träume, Gedanken». Hierbei handelt es sich allerdings nicht um eine Autobiographie im strengen Wortsinn, sondern um Gespräche, die Jung kurz vor seinem Tode (im Alter von über 80 Jahren) mit seiner Mitarbeiterin und Sekretärin *Aniela Jaffé* geführt hat und in denen er, im Rückblick auf sein gesamtes Leben, wesentliche Gedanken über sein Werden und sein Werk erzählte. Ein ganzes Kapitel ist dabei dem Thema «Über das Leben nach dem Tode» gewidmet, woraus deutlich wird, wie sehr sich Jung mit diesem Gedanken beschäftigte, wenngleich er zuvor nie darüber geschrieben hatte. Er beginnt seine Erzählung wie folgt:

> Was ich Ihnen über das Jenseits und über ein Leben nach dem Tode erzähle, sind alles Erinnerungen. Es sind Bilder und Gedanken, in denen ich gelebt habe, und die mich umhergetrieben haben. In gewisser Hinsicht gehören sie auch zum Fundament meiner Werke; denn diese sind im Grunde genommen nichts anderes als immer erneute Versuche, eine Antwort auf die Frage nach dem Zusammenspiel von «Diesseits» und «Jenseits» zu geben. Ich habe aber nie expressis verbis über ein Leben nach dem Tode geschrieben; denn dann hätte ich meine Gedanken belegen müssen, und das kann man nicht. Nun, jetzt spreche ich sie eben aus. (S. 302)

Darauf erklärt Jung, daß die Parapsychologie «einen wissenschaftlich gültigen Beweis für das Weiterleben nach dem Tode darin erblickt, daß ein Verstorbener sich manifestiert – sei es als Spuk, sei es durch ein Medium – und Dinge mitteilt, die ausschließlich ihm bekannt gewesen sind.» (S. 203) Hierauf führt er aus, daß es vor allem in Träumen vorkommen kann, daß wir Erfahrungen über oder Erinnerungen an ein Leben nach dem Tode gewinnen können; er berichtet auch von einem eigenen Erlebnis in dieser Beziehung:

> Eine andere Erfahrung über die Entwicklung der Seele nach dem Tode machte ich, als ich – etwa ein Jahr nach dem Tode meiner Frau – eines Nachts plötzlich erwachte und wußte, daß ich bei ihr in Südfrankreich, in der Provence, gewesen war und einen ganzen Tag mit ihr verbracht hatte. Sie machte dort Studien über den Gral. Das erschien mir bedeutsam; denn sie war gestorben,

bevor sie die Arbeit über dieses Thema beendet hatte... Der Gedanke, daß meine Frau nach dem Tode noch an ihrer geistigen Weiterentwicklung arbeitet – was immer man sich darunter vorstellen mag – schien mir sinnvoll, und darum hatte der Traum etwas Beruhigendes für mich. (S. 312)

Über den Tod im allgemeinen sagt er:

> Der Tod ist ja auch eine furchtbare Brutalität – darüber darf man sich nicht täuschen – nicht nur als physisches Geschehen, sondern viel mehr noch als psychisches: ein Mensch wird weggerissen, und was bleibt, ist eisige Totenstille. Keine Hoffnung besteht mehr auf irgendeinen Zusammenhang, denn alle Brücken sind abgebrochen. Menschen, denen man ein langes Leben gewünscht hätte, werden mitten aus dem Leben dahingerafft, und Nichtsnutze erreichen ein hohes Alter. Das ist eine grausame Realität, die man sich nicht verhehlen sollte. Die Brutalität und Willkürlichkeit des Todes können die Menschen so verbittern, daß sie daraus schließen, es gäbe keinen barmherzigen Gott, keine Gerechtigkeit und keine Güte. (S. 317)

Mit diesen Worten faßt Jung die Zweifel und Ängste zusammen, die jemand, der sich der Gesetzmäßigkeiten von Karma und Wiedergeburt nicht bewußt ist, angesichts des Todes haben könnte. Ihm selbst jedoch waren diese Themen nicht unbekannt, und so kommt er im Anschluß konkret darauf zu sprechen:

> Nicht zu trennen von der Idee der Wiedergeburt ist diejenige des Karma. Die entscheidende Frage ist, ob das Karma eines Menschen persönlich sei oder nicht. Stellt die Schicksalsbestimmung, mit der ein Mensch sein Leben antritt, das Resultat von Handlungen und Leistungen vergangener Leben dar, so besteht eine persönliche Kontinuität. Im anderen Fall wird ein Karma von einer Geburt gewissermaßen erfaßt, so daß es sich wieder verkörpert, ohne daß eine persönliche Kontinuität bestünde...
>
> Ich weiß keine Antwort auf die Frage, ob das Karma, welches ich lebe, das Resultat meiner vergangenen Leben, oder ob es nicht vielmehr die Errungenschaft meiner Ahnen sei, deren Erbe in mir zusammenkommt. Bin ich eine Kombination von Ahnenleben und verkörpere deren Erbe wieder? Habe ich als bestimmte Persönlichkeit früher schon einmal gelebt und bin in jenem Leben soweit gekommen, daß ich nun eine Lösung versuchen kann? Ich weiß es nicht. (S. 319f.)

Hierauf folgt die wohl am meisten zitierte Aussage Jungs zur Reinkarnation:

> Ich könnte mir gut vorstellen, daß ich in früheren Jahrhunderten gelebt habe und dort an Fragen gestoßen bin, die ich noch nicht beantworten konnte; daß ich wiedergeboren werden mußte, weil ich die mir gestellte Aufgabe nicht erfüllt hatte. (...)
>
> Wenn ich sterbe, werden – so stelle ich es mir vor – meine Taten nachfolgen. Ich werde das mitbringen, was ich getan habe... Es ist der Sinn meiner Existenz, daß das Leben eine Frage an mich hat. Oder umgekehrt: ich selber bin eine Frage, die an die Welt gerichtet ist, und ich muß meine Antwort beibringen, sonst bin ich bloß auf die Antwort der Welt angewiesen. Das ist die unpersönliche Lebensaufgabe, die ich nur mit Mühe realisiere...

> Die Frage des Karma ist mir dunkel, wie auch das Problem der persönlichen Wiedergeburt oder der Seelenwanderung. *Libera et vacua mente* vernehme ich mit Achtung das indische Bekenntnis zur Wiedergeburt und halte Umschau in meiner Erfahrungswelt, ob sich nicht irgendwo und irgendwie etwas ereignet, das billigerweise in die Richtung der Reinkarnation weisen könnte. Ich sehe natürlich ab von den bei uns relativ zahlreichen Zeugnissen des Glaubens an Reinkarnation. Ein Glaube beweist mir nämlich nur das *Phänomen* des Glaubens, aber keineswegs den geglaubten *Inhalt*. Dieser muß sich mir an und für sich empirisch offenbaren, um akzeptiert zu werden.
>
> Bis vor wenigen Jahren habe ich trotz hierauf gerichteter Aufmerksamkeit nichts in dieser Hinsicht Überzeugendes zu entdecken vermocht. Vor kurzem aber habe ich bei mir selber eine Reihe von Träumen beobachtet, welche nach allem Dafürhalten den Reinkarnationsvorgang bei einer mir bekannten verstorbenen Persönlichkeit beschreiben. Gewisse Aspekte ließen sich sogar mit einer nicht abzuweisenden Wahrscheinlichkeit bis in die empirische Wirklichkeit verfolgen. Etwas Ähnliches habe ich aber nie wieder beobachtet oder vernommen, so daß ich keine Vergleichsmöglichkeiten habe. Da somit meine Beobachtung subjektiv und einmalig ist, möchte ich nur ihr Vorhandensein mitteilen, nicht aber ihre Inhalte. Ich muß aber gestehen, daß ich nach dieser Erfahrung das Problem der Reinkarnation mit etwas anderen Augen betrachte, ohne allerdings in der Lage zu sein, eine bestimmte Meinung vertreten zu können. (S. 320ff.)

C.G. Jung als Jñānī

Eine berechtigte Frage: Warum widmen wir uns also, im Rahmen unserer Betrachtungen über die Wissenschaft der Reinkarnation, derart ausführlich der Person C.G. Jungs, da er doch, wie er selbst offen zugibt, keine bestimmte Meinung dazu verteten kann? Was können wir trotz dieser Tatsache von ihm lernen? – Aus den zitierten Äußerungen geht hervor, daß Jung ein typisches Beispiel für das ist, was die vedischen Schriften als *Jñānī* (Sanskrit, wörtlich etwa: «Denker», «nach Wissen Strebender») bezeichnen. Ein Jñānī ist jemand, der nach Antworten auf die grundlegenden Fragen des Daseins forscht und nach einem Ausweg aus dem Ozean der materiellen Unzulänglichkeiten und Leiden sucht. Er hat jedoch das Gefühl, daß er sich, wie es Jung formulierte, «mit seiner eigenen Wahrheit behelfen muß».

Der Jñānī strebt zwar nach Wissen um die Zusammenhänge der menschlichen Existenz und der Absoluten Wahrheit und ist bereit zu lernen, und es drängt ihn auch, mit seinen Mitmenschen Wissen zu teilen – doch obwohl er stets bestrebt ist, etwas Allgemeingültiges zu sagen, wird er doch immer wieder mit der verzweifelten Tatsache konfrontiert, daß er im Grunde gar keine allgemeingültigen Aussagen machen kann («Ich habe aber nie expressis verbis über ein Leben nach dem Tode geschrieben; denn dann hätte ich meine Gedanken belegen müssen, und das kann man nicht.»). Dies wiederum hängt damit zusammen, daß seine empirischen Erfahrungen nicht über einen subjektiven Charakter hinausgehen. Weil ihm jedoch kein anderer Vorgang des Wissenserwerbs bekannt ist als der empirische, ist er gezwungen, sich doch immer wieder auf diesen zu berufen («Dies muß sich mir an und für sich empirisch offenbaren, um akzeptiert zu werden.»).

C.G. Jung war also ein Jñānī, ein Forschender, ein nach Wissen Suchender. Oder mit seinen eigenen Worten:

> Wenn aber noch ein Karma übrig bleibt, das erledigt werden muß, so fällt die Seele wieder in die Wünsche zurück und begibt sich erneut in das Leben, vielleicht sogar aus Einsicht, daß noch etwas zu vollenden sei. In meinem Fall muß es in erster Linie ein leidenschaftlicher Drang zu verstehen gewesen sein, welcher meine Geburt bewirkt hat. Denn er ist das stärkste Element meines Wesens. Dieser unersättliche Trieb nach Verständnis hat sich sozusagen ein Bewußtsein geschaffen, um zu erkennen, was ist und was geschieht. (S. 324)

Man muß es Jung sehr hoch anrechnen, daß er, über den Durchschnitt der meisten Empiriker hinaus, immer ehrlich geblieben ist und es im Zweifelsfalle – also dann, wenn er nichts Schlüssiges aussagen konnte – vorzog zu schweigen, als allzu Subjektives als objektive Wahrheit hinzustellen. Jung sagt über sich selbst:

> Wenn man sagt, ich sei weise oder ein «Wissender», so kann ich das nicht akzeptieren. Es hat einmal Einer einen Hut voll Wasser aus einem Strom geschöpft. Was bedeutet das schon? Ich bin nicht dieser Strom. (S. 357)

Obwohl ihm, auch angesichts seines fortgeschrittenen Alters, die Fragestellung der Reinkarnation natürlich sehr nahe stand und er empfänglich gewesen wäre für eine konkrete Antwort, war er doch auf Vermutungen und Spekulationen angewiesen, weil ihm eine echte, nicht durch die Grenzen der Empirie beschränkte Wissensquelle verschlossen blieb – eine Wissensquelle, wie wir sie bereits im Vorwort als *Śabda* (Hören aus autoritativer Quelle) beschrieben haben. Denn Jung wußte wohl um das offene Geheimnis, daß wir wirkliches, echtes Wissen, welches den Ergebnissen der philosophischen Spekulation überlegen ist, nur dadurch erlangen können, daß wir es von einem bereits Wissenden empfangen. Er verwendete in diesem Zusammenhang sogar das für ihn sonst eher untypische, doch aber höchst zutreffende Wort aus der Sanskritsprache: *Guru* (wörtlich «Lehrer, Meister»). An einer früheren Stelle in seiner Autobiographie hatte er bereits eingestanden:

> Ich hätte mir damals, in den schrecklichen Finsternissen meines Geistes, nichts Besseres gewünscht als einen wirklichen, konkreten Guru, einen überlegen Wissenden und Könnenden, der mir die unwillkürlichen Schöpfungen meiner Phantasie entwirrt hätte. (S. 187)

Gemäß der *Bhagavad-gītā* muß ein solcher Guru ein Wissender sein, der sein Wissen nicht durch Spekulation, sondern durch Śabda, durch Hören von einem ebenfalls Wissenden, empfangen hat:

> Versuche die Wahrheit zu erfahren, indem du dich an einen spirituellen Meister wendest. Stelle ihm in ergebener Haltung Fragen und diene ihm. Die selbstverwirklichten Seelen können dir Wissen offenbaren, weil sie die Wahrheit gesehen haben. (Bg. 4.34)

Die empirische Betrachtungsweise der Veden

Nicht nur als Jñānī, sondern auch unter einem anderen Aspekt betrachtet, steht C.G. Jung als typisches Beispiel für ein im Abendland sehr häufiges Phänomen: die empirische Betrachtungsweise der Veden.

Obwohl er im Jahre 1938 Indien einige Wochen lang persönlich bereist hatte («Ich hatte damals bereits viel über indische Philosophie und Religionsgeschichte gelesen und war vom Wert östlicher Weisheit zutiefst überzeugt.» – Autobiographie S. 278), bezog er seine Kenntnis der vedischen Kultur und Philosophie hauptsächlich aus den Werken westlicher Indologen, mit denen er zum Teil persönlichen Kontakt pflegte. So ist es verständlich, daß Jung auch deren Ansichten und Interpretationen übernahm, wie die folgende Aussage veranschaulicht:

> In einem Lande, dessen geistige Kultur sehr differenziert und viel älter ist als die unsrige, nämlich in Indien, gilt der Gedanke der Reinkarnation als ebenso selbstverständlich wie bei uns derjenige, daß Gott die Welt erschaffen habe. Die gebildeten Inder wissen, daß wir nicht so denken wie sie, aber das kümmert sie nicht. Der geistigen Eigentümlichkeit östlichen Wesens entsprechend wird die Folge von Geburt und Tod als ein endloses Geschehen, als ein ewiges Rad, gedacht, das ohne Ziel weiterrollt. Man lebt und erkennt und stirbt und fängt wieder von vorne an... (S. 319)

Hier zeigt sich eines der im Abendland typischen Mißverständnisse, wonach die Wiedergeburt im östlichen Denken ein «zielloser» Kreislauf des Werdens und Vergehens ohne letztliche Bestimmung sei. Diese Behauptung wird jedoch an keiner Stelle der ursprünglichen vedischen Quellentexte bestätigt. Vielmehr weisen diese deutlich darauf hin, daß die wiederholten Geburten und Tode in der vergänglichen, materiellen Welt sehr wohl ein Endziel haben, nämlich daß die Seele nach allmählicher Erhebung und Reinigung letzten Endes befreit werde und in die ewige, spirituelle Heimat zurückkehre:

> Diejenigen, die frei sind von Geltungssucht, Illusion und falscher Gemeinschaft, die das Ewige verstehen, die nichts mehr mit materieller Lust zu tun haben wollen und die befreit sind von der Dualität von Glück und Leid, gelangen in das ewige spirituelle Königreich ... und kehren nie wieder in die materielle Welt zurück. (Bg. 15.5-6)

> Das, was die Vedāntisten als unmanifestiert und unfehlbar beschreiben und was als der höchste Bestimmungsort bezeichnet wird, der Ort, von dem man, wenn man ihn erreicht, nie wieder zurückkehrt – dies ist das spirituelle Reich Gottes. (Bg. 8.21)

Welche Motive und Hintergründe dazu geführt haben, daß diese eindeutigen Aussagen der Veden von den westlichen Indologen nicht so gelehrt wurden, wie sie sind, und daß daher die indische Religion im heutigen christlichen Abendland mit zahlreichen negativen Vorurteilen behaftet ist (wie: ziellose Seelenwanderung, gnadenloses Karma, Selbsterlösung, Vielgötterei, Kastenwesen usw.) – dies soll Gegenstand des abschließenden Teils des vorliegenden Kapitels sein.

SECHZEHNTER TEIL: DIE WESTLICHE INDOLOGIE

«Einige Missionare des 19. Jahrhunderts haben – bewaffnet mit Zitaten aus Schriften des Hinduismus und des Buddhismus, die oft aus dem Zusammenhang gerissen wurden, sowie mit Geschichten über Hungersnöte, Seuchen und die Übel des hinduistischen Kasten- und Familiensystems – zur Verbreitung der Fehlauffassung beigetragen, Indien sei ein Land lethargischer Düsternis.»

Dieses Zitat stammt aus dem Werk «The Wonder That Was India» (1954) des australischen Indologen Dr. *A.L. Basham*, das heute an vielen Universitäten der Welt als maßgebendes Standardlehrbuch für Indologie verwendet wird. Basham gehört zu den ersten westlichen Sanskritforschern, die es sich zur Aufgabe gemacht haben, die indische Kultur vorurteilslos und frei von ideologischen Sachzwängen zu untersuchen und ihre wahre Größe zu offenbaren.

Diese Zielsetzung steht im deutlichen Gegensatz zu den herkömmlichen Darstellungen, die von den Indologen der vergangenen zweihundert Jahre verbreitet wurden. Denn seit *Charles Wilkins* im Jahre 1785 die erste englische Übersetzung der *Bhagavad-gītā* vorlegte, sind «Hinduismus» und indische Philosophie weltweit beliebte Lehrfächer geworden, und es hat sich ein ansehnlicher Kreis von Sanskrit- und Indologiefachleuten gebildet. Ihre auf empirische Weise erarbeiteten Theorien und Auffassungen über die Veden unterscheiden sich jedoch in vielerlei Hinsicht von den Aussagen der Veden selbst. Dieser Konflikt wird von den Indologen nur selten oder gar nicht erörtert, da sie – zumindest hier im Westen – davon ausgehen können, daß ihre Studenten ohnehin ihren empirischen Standpunkt annehmen werden. Dies allerdings nicht, weil für diesen die besseren oder stichhaltigeren Argumente sprächen, sondern einfach, weil der westliche Bildungsweg praktisch keine andere Methode als die induktive duldet.

Für die Empiriker ist der Ursprung der Veden mythologisch, und das Ziel der Veden (Gottesbegegnung und dadurch Befreiung aus dem Kreislauf der Reinkarnation) gilt als unwissenschaftlich. Auch lehnen sie es ab, das vedische Wissen durch den Vorgang des *Śabda* (Hören von einem echten spirituellen Meister) zu empfangen oder sich zum besseren Verständnis gar moralische Prinzipien und *Tapasya* (Entsagung) aufzuerlegen, wenngleich all dies von den Veden selbst nachdrücklich gefordert wird. Sie versuchen statt dessen, ihre Hypothesen durch die gängigen Methoden der Empirie (Geschichte, Archäologie und Philologie) zu untermauern – Methoden, die offensichtlich unzureichend sind, wenn es darum geht, der altindischen Kultur näherzukommen und einen klaren Überblick über ihre mannigfaltigen philosophischen Systeme zu gewinnen. Bezeichnenderweise sind die Indologen daher unter sich selbst völlig uneinig und gelangen oft zu den widersprüchlichsten Schlußfolgerungen (weshalb übrigens der «Hinduismus» in diesen Kreisen heute den Ruf hat, ein unüberschaubares Wirrwarr unterschiedlichster Lehren zu sein, was in Wirklichkeit nicht zutrifft).

Wir wollen in der Folge diese empirischen Methoden kurz im einzelnen betrachten, wobei wir die Angaben hauptsächlich dem bemerkenswerten Buch des amerikanischen Vedenforschers *Satsvarūpa dāsa Gosvāmī* (*1939) «Die vedische Literatur in ihrem eigenen Licht» (1979) entnehmen.

Geschichte.
Die vedische Kultur hat sich bereits vor Tausenden von Jahren in einem höchst umfangreichen Schrifttum selbst dargestellt, und diese Selbstdarstellung wie auch der Vorgang des Śabda wurde durch die gesamte indische Geschichte von allen großen Lehrern und Meistern als autoritativ anerkannt und gelehrt. Aus diesem Grunde wurde von den indischen Denkern selbst keine gesonderte historische Untersuchung der Ursprünge der vedischen Kultur und Philosophie vorgenommen. Hierzu schreibt der Kulturanthropologe *O.L. Chavarria-Aguilar* in seinem Buch «Traditionelles Indien»: «Es wäre schwierig, ein Volk zu finden, das noch unhistorischer ist.» Das alte Rom hatte seinen *Livius* (59 v.u.Z. – 17 n.) und das alte Griechenland seinen *Herodot* (485-425 v.u.Z.), aber Indien hatte keinen vergleichbaren großen Historiker, der die vedische Zeit festhielt.

Die modernen Geschichtskundler jedoch anerkennen die Gültigkeit der in den vedischen Quellentexten niedergelegten historischen Angaben nicht, und so bleibt ihnen nichts anderes übrig, als mit fraglichen Methoden zu versuchen, die verschiedenen historischen Epochen der indischen Geschichte empirisch zu rekonstruieren. Von mehr oder weniger hypothetischen Annahmen gelangen sie zu noch hypothetischeren Ansichten und sind nicht imstande, ein vollständiges Bild zu zeichnen. So bleiben ihre Erkenntnisse höchst dürftig und bruchstückhaft, mit dem Ergebnis, daß sich die einzelnen Handbücher in bestimmten Daten um nicht weniger als zweitausend Jahre (!) unterscheiden.

Moritz Winternitz, einer der geachtetsten Chronologen, sagt in «Geschichte der indischen Literatur»: «Die Chronologie der Geschichte der indischen Literatur ist in wahrhaft erschreckende Dunkelheit gehüllt... Alle in der indischen Literaturgeschichte angegebenen Daten gleichen aufgestellten Kegeln, denen es bestimmt ist, wieder umgeworfen zu werden.» Seiner Meinung nach ist es besser, der ältesten Periode der indischen Literaturgeschichte gar keine Daten zuzuschreiben: «Der Gebrauch hypothetischer Daten würde nur eine Irreführung sein, die mehr Schaden anrichten als Gutes tun würde.»

Archäologie.
Die theoretische Datierung des Anfangs einer ersten fortgeschrittenen menschlichen Zivilisation wird im allgemeinen immer mehr zurückgeschoben. Was nun die archäologischen Funde in Indien betrifft, so haben die Ausgrabungen von Städten mit uralten Tempeln, Münzen und Inschriften in toten Sprachen bisher auf keine schlüssigen Daten über das erste Erscheinen der vedischen Kultur hingewiesen. Zum Beispiel entdeckte der britische Archäologe *Sir John Marshall* im Jahre 1924 am westlichen Ufer des Indus (im heutigen Pakistan) die beiden Städte *Harappa* und *Mohenjo-Daro*, die von einer hochentwickelten städtischen Sozialgemeinschaft

(«Indus-Zivilisation») zeugt, deren Blütezeit heute auf mindestens 3000 v.u.Z. geschätzt wird.

Für die willkürlichen Datierungen aufgrund sogenannter archäologischer Funde gibt es praktisch keine wissenschaftlichen Beweise, und so scheitert die Archäologie letztlich in ihrem Versuch, Aufschluß über die alten vedischen Zivilisationen zu geben. Chavarria-Aguilar schreibt dazu: «Wir wissen nicht mit Gewißheit, wer die Begründer dieser bemerkenswerten Zivilisation waren; dies ist ein weiteres jener Geheimnisse, die das Leben des Gelehrten einerseits interessant, aber andererseits auch etwas frustrierend machen.» Und in der «Encyclopedia Britannica» heißt es: «Religion ist ein geistiges oder spirituelles Phänomen, bei dem das heilige oder übernatürliche Wort eine bedeutende Rolle spielt. Es ist offensichtlich, daß dieses essentielle Ausdrucksmittel der Religion nicht archäologisch untersucht werden kann – archäologische Überreste sind wortlos.»

Philologie.
Zu den wichtigsten Werkzeugen der empirischen indologischen Forschung gehört das Studium der Sprachen. Im späten 18. Jhd. nahmen Sprachforscher eine vergleichende Studie von Sanskrit, Griechisch und Latein vor und kamen zu dem Schluß, daß die Sprachen in Vokabular und Grammatik so ähnlich seien, daß sie von einer gemeinsamen Muttersprache stammen müßten. Die daraufhin konstruierte sogenannte «proto-indoeuropäische Sprache» ist jedoch bei weitem nicht belegt.

Aus dieser hypothetischen Sprache folgerte man auf eine hypothetische Zivilisation, die als «indoeuropäisch» bezeichnet wird. Weil Wörter wie «Pferd» und «Vater» in den indogermanischen Sprachen eine enge Verwandtschaft aufweisen, schloß man daraus auf eine patriarchalische Bauerngesellschaft. Daß solche Schlußfolgerungen aufgrund linguistischer Spekulationen jedoch nicht zulässig sind, verdeutlicht der Sanskritforscher *A.B. Keith*, der einmal bemerkte, daß wir, wenn wir die linguistische Methode zu wörtlich nehmen, zu dem Schluß kommen müßten, daß die ursprünglichen Indoeuropäer zwar Butter kannten, jedoch keine Milch, und daß sie etwas von Schnee und Füßen wußten, aber nichts von Regen und Händen (in: *Stuart Piggot*, «Prehistoric India», S. 248).

Die Versuche, mit philologischen Untersuchungen Rückschlüsse auf den Charakter von Kulturen und auf das Alter von Sprachen und Schriftwerken zu ziehen, haben sich häufig als Fehlschlag erwiesen. Was den Ursprung und den wahren Sinn der vedischen Literatur betrifft, so haben sie bis heute nichts Definitives zutage gefördert.

Die ersten Indologen

Chauvinismus und Rassismus haben bei den europäischen Indologen schon immer eine wichtige Rolle gespielt. Im 18. und frühen 19. Jahrhundert stellten gewisse Gelehrte willkürliche Daten zusammen, nur um zu beweisen, daß die arischen Vorväter aus Europa kamen.

Die ersten Indologen, die sich mit der vedischen Literatur befaßten, waren Engländer oder Deutsche und meist *christliche Missionare*, die Sanskrit studiert hatten, um in der damaligen britischen Kronkolonie Indien den christlichen Glauben einzuführen und den dortigen «Aberglauben» zu eliminieren. Man wollte also in erster Linie die «heidnischen» Hindus zum Christentum bekehren und sie von der Minderwertigkeit ihrer eigenen Kultur überzeugen, ohne daß man sich wirklich für ihre Kultur und Tradition interessierte. Als beispielsweise ein deutscher Missionar in einem Buchmanuskript eine positive Meinung über die indische Religion äußerte, wurde ihm die Drucklegung verweigert, da es «Aufgabe der Missionare sei, das Heidentum in Indien auszurotten, nicht aber heidnischen Unsinn in Europa zu verbreiten.» (zitiert nach *H. von Glasenapp*: «Das Indienbild der deutschen Denker»)

Aus der Zeit der ersten Indologen sind uns eine Anzahl weiterer schriftlicher Zeugnisse überliefert, welche diese sonderbare Motivation belegen. *Charles Grant* beschrieb im Jahre 1808 die Eröffnung von christlichen Schulen und die Übersetzung der Bibel in indische Sprachen als «Hauptanstrengungen unter der Schirmherrschaft der britischen Regierung in Indien, den Eingeborenen das Christentum näherzubringen.» *Aubrey Menen* sagt in seinem Buch «The Mystics»: «Man sollte sich erinnern, daß sie [die Engländer des 17. Jahrhunderts] nicht mit den fast heidnischen Engländern der heutigen Zeit zu vergleichen sind. Jeder war ein Christ, und es war die Pflicht eines Christen, die Heiden im Blut des Lamms zu waschen.»

H.H. Wilson (1786-1860), der zuweilen als «der größte Sanskritgelehrte seiner Zeit» bezeichnet wird, hatte seine Ausbildung in London erhalten und reiste später im Auftrag der britischen Regierung nach Indien, wo er zahlreiche Schriften und Lexika veröffentlichte. Später war er der Inhaber des ersten Lehrstuhls für Sanskrit an der Universität von Oxford. Die Briefe aus seiner Zeit in Indien offenbaren jedoch seine wahren Beweggründe:

> Anhand des Überblicks, den ich Dir geschickt habe, wirst Du feststellen, daß die praktische Religion der Hindus keineswegs ein kompaktes System ist, sondern ein heterogenes Gemisch aus verschiedenen und häufig unvereinbaren Bestandteilen, und daß ein paar uralten Fragmenten ausgedehnte und unautorisierte Teile hinzugefügt wurden, von denen die meisten von äußerst niederträchtiger und barbarischer Natur sind. – Es ist jedoch nicht ratsam, schon jetzt zu versuchen, diesem Unsinn den Kampf anzusagen; ihr Aberglaube basiert auf Unwissenheit, und solange nicht die Grundlage fortgenommen ist, wird der Überbau, ganz gleich wie verrückt und verfault er sein mag, zusammenhalten.

Wilson sprach auch davon, «einen Preis von 200 Pfund Sterling auszusetzen ... für die beste Widerlegung des hinduistischen Religionssystems.» Ein weiterer berühmter Indologe, der Deutsche *Max Müller* (1823-1900), der ebenfalls im Auftrag der britischen Regierung zahlreiche Bücher über indische Mythologie verfaßte, schrieb an einen Freund: «Indien ist für das Christentum viel reifer, als es Rom und Griechenland zur Zeit des Hl. Paulus waren.» Und schließlich schrieb H.H. Wilsons Nachfolger in Oxford, *Sir Monier-Williams*:

> Unsere Missionare sind nun bereits genügend davon überzeugt, daß es notwendig ist, diese Werke [die Veden] zu studieren und sich mit ihren falschen Glaubensinhalten vertraut zu machen, um sie zu bekämpfen. Wie könnte eine Armee von Eroberern im Feindesland erfolgreich sein, ohne die Position und die Stärke des Feindes zu kennen und ohne zu wissen, wie sie die besiegten Einheiten des Feindes gegen diesen wenden kann?

Die Liste solcher Zitate ließe sich beliebig fortsetzen, und wir verweisen in diesem Zusammenhang auf das ausführliche Kapitel «Die ersten Indologen» im bereits erwähnten Buch von Satsvarūpa dāsa Gosvāmī.

Die einseitige Darstellung der vedischen Philosophie

Bemerkenswert ist in diesem Zusammenhang auch die Tatsache, daß an den Universitäten der westlichen Welt, an denen Sanskrit und Indologie gelehrt werden, nahezu ausschließlich nur die *eine* der beiden grundlegenden Richtungen der indischen Philosophie behandelt wird. (Der Autor des vorliegenden Buches hat an der Universität Zürich selbst einige Semester Sanskrit studiert und kann diese bedauerliche Tatsache aus eigener Erfahrung bestätigen.)

Wie wir bereits zu Beginn von *Kapitel 2* dargelegt haben, unterscheidet man in der vedischen Philosophie zwischen zwei hauptsächlichen Schulen: 1) *Advaita* (Māyāvāda), die unpersönliche, atheistische Interpretation, die sich auf den Philosophen *Śaṅkara* beruft, und 2) *Dvaita* (Bhakti), die monotheistische Lehre der ursprünglichen Veden, welche beispielsweise dem christlichen Gedankengut sehr nahe steht.

Gerade aber diese wichtigen Schulen der Dvaita- und Bhakti-Philosophie werden im Westen kaum gelehrt, und zwar vornehmlich aus folgendem Grunde: Die meisten zeitgenössischen Indologen und Religionswissenschaftler beziehen den größten Teil ihrer Kenntnis über die indische Philosophie aus der westlichen indologischen Tradition, das heißt aus den noch heute als Standardwerke geltenden Schriften jener «ersten Indologen», die wir zuvor beschrieben haben. Da diese jedoch im höchsten Maße motiviert waren und ihnen erklärterweise nicht an einer objektiven Darstellung der indischen Religionen und Philosophien gelegen war, ist es nicht verwunderlich, daß ihre Darstellungen einseitig sind und häufig nur gerade jene Seiten der vedischen Kultur präsentieren, die sich verzerrt darstellen lassen, so daß sich der Christ und Europäer «überlegen» und «besser» vorkommen kann.

Daher ist es keine Seltenheit, daß selbst Indologieprofessoren über kein objektives, umfassendes Verständnis der verschiedenen Richtungen verfügen und manche, wie beispielsweise die der Bhakti, folglich auch nicht lehren können. Daher werden ihre Schüler ebenfalls kein Verständnis dieser Philosophien gewinnen und sie später ihrerseits auch nicht lehren können. So pflanzt sich dieser Mangel in der westlichen Indologie Generation nach Generation fort.

Als wir vor einigen Jahren unseren Professor für Religionswissenschaften, einen protestantischen Theologen, der als Kapazität auf dem Gebiet des «Hinduismus» galt, auf diesen Mangel hin ansprachen, gab er zu, daß er sich wohl darüber bewußt sei, daß es in der indischen Religionsgeschichte auch eine starke Bhakti-Tradition gebe. Er überraschte uns darauf jedoch mit der folgenden Erklärung: «Warum sollte ich über eine indische Philosophie lehren, die derart stark mit unserem Christentum verwandt ist? Das Interessante und Spannende an dem typisch Indischen sind nicht die Ähnlichkeiten, sondern gerade die Unterschiede, daß es in ihrer Lehre eben *keinen* persönlichen Gott gibt.» Mit anderen Worten, es war ihm nicht im geringsten daran gelegen, uns Studenten ein objektives Bild der erhabenen vedischen Kultur und Philosophie zu vermitteln, sondern es ging ihm vielmehr darum, aufzuzeigen, wie verschieden das «typisch Indische» doch von «unserem Christentum» sei.

Da die unpersönliche Advaita-Philosophie (Māyāvāda) in der Tat grobe logische Mängel und innere Widersprüche aufweist, aufgrund derer sie sich leicht widerlegen läßt, ist es für die christlichen Religionswissenschaftler auch nicht allzu schwierig zu beweisen, daß das Christentum «besser» sei. Wer sich jedoch eingehend mit der vedischen Bhakti-Tradition befaßt, wäre gezwungen einzusehen, daß hier nicht nur keine nennenswerten Widersprüche zu den Lehren Jesu Christi zu finden sind, sondern daß im Gegenteil die gleichen Inhalte sogar auf verständlichere und umfassendere Weise vermittelt werden. Als Christ betrachtete es unser Professor als seine Missionspflicht, mit allen Mitteln zu verhindern, daß seine Studenten diesen Eindruck gewinnen würden.

Vor dem Hintergrund dieser versteckten Motivationen herrscht in unseren Breitengraden also nach wie vor die nicht korrekte Ansicht, die indische Religion sei «unvereinbar» mit der christlichen und müsse daher bekämpft werden. Doch jede Kritik, die von christlicher Seite dem «Hinduismus» gegenüber laut wird, bezieht sich ausschließlich auf die Advaita-Philosophie oder den Buddhismus und ihre jeweiligen Thesen, wie etwa: Es gibt keinen persönlichen Gott; es gibt bestenfalls Tausende und Abertausende von «Göttern», und jeder kann verehren, wen immer er will, denn letztlich ist «alles eins» («Polytheismus»); letztlich sind wir alle Gott, und das Ziel der spirituellen Suche besteht darin, mit diesem einen Göttlichen, mit dem All, dem «Brahman», zu verschmelzen und «Gott zu werden» *(tat tvam asi)*; da es keinen Gott gibt, gibt es auch keine Gnade Gottes, das heißt, wir sind völlig auf uns selbst gestellt («Selbstbefreiung»); wir sollten uns nicht mehr mit der Welt, in der wir leben, abgeben, denn sie ist falsch («Weltflucht»); wir sollten auch anderen Menschen und deren Leiden gegenüber indifferent werden, denn Liebe zum Mitmenschen ist materiell («Unbarmherzigkeit»); jeder ist aufgrund der Karma-Gesetze für sein eigenes Leid selbst verantwortlich, und daher ist es nicht nötig, jemandem zu helfen, dieses besser zu ertragen («Grausamkeit»); usw.

So berechtigt die Kritik an all diesen Lehren auch ist, sollten wir uns doch im klaren sein, daß sie sich nur auf die monistische Advaita-Philosophie beziehen, nicht auf die Bhakti-Philosophie!

Der bereits zitierte Indologe A.L. Basham sagt in «Krishna im Westen» (Hrsg. Dr. *Edmund Weber*, 1985):

> Diese westlichen Vorurteile ... – das unpersönliche Wesen Gottes und die Vorstellung, daß die Seele und Gott letztendlich eins sind – haben ihren Ursprung im 19. Jahrhundert, bei Leuten wie Emerson und Thoreau in Amerika, verschiedenen deutschen Denkern, der Theosophischen Gesellschaft und später dann bei Leuten wie Aldous Huxley, Christopher Isherwood und all den unzähligen Swamis, die aus Indien in den Westen gekommen sind, um hier zu predigen. Fast alle haben monistische Philosophien vertreten und gelehrt [Ramakrishna 1834-1886, Vivekananda 1862-1901, Aurobindo 1872-1950, Yogananda 1893-1952 u.a.], und dadurch ist die Klischeevorstellung entstanden, Hinduismus sei gleich Monismus. (S. 128)

Nicht alle modernen westlichen Indologen besitzen den motivierten Missionsgeist der Pioniere vor nahezu zweihundert Jahren (oder wie, in versteckter Weise, unser ehemaliger Professor), doch haben sie stillschweigend viele der alten Thesen und Vorurteile aus der Pionierzeit übernommen und betrachten sie noch immer als gültige Tatsachen. Auch heute lehnen die meisten den prähistorischen Ursprung und die zeitlose Bedeutung der Veden ab, oft sogar ohne eine stichhaltige Erklärung, warum empirisches Wissen den Vorrang vor dem Śabda-Vorgang des Hörens von einem authentischen spirituellen Meister haben soll. Obwohl ihre Vorurteile heute nicht mehr «evangelistisch» sind, sondern «empiristisch», treffen sie wie eh und je *nicht* zu.

Kapitel 6

REINKARNATION IM CHRISTENTUM

Aus den Betrachtungen des vorangegangenen Kapitels haben wir folgende zwei Erkenntnisse gewinnen können:

• 1. Der Reinkarnationsgedanke gehört zum grundsätzlichen, universellen Urwissen des Menschen («Archetypus») und ist in der einen oder anderen Form in den schriftlichen Zeugnissen jeder zivilisierten Kultur und in jeder Zeitepoche der gesamten Weltgeschichte anzutreffen. Er ist also, entgegen weitverbreiteten Mißverständnissen, nicht etwas Indisches, ja nicht einmal etwas rein Asiatisches oder Östliches. Durch diese wichtige Erkenntnis wird die Frage der Reinkarnation aus den kleinlichen und engen Begrenzungen verschiedener ethnischer, kultureller, philosophischer und religiöser (besser: theologischer) Anschauungen gehoben und schlicht zu einem Naturgesetz erklärt. Wir müssen also nicht mehr von einem «Glauben an ein Weiterleben nach dem Tode» sprechen, sondern von dem «*Wissen* um die Gesetze von Karma und Reinkarnation».

• 2. Der Reinkarnationsgedanke wurde auch innerhalb der abendländischen Geistesgeschichte in jeder Epoche von einem überwiegenden Teil der Dichter, Denker und Philosophen, welche die europäische Kultur geprägt haben, diskutiert und häufig auch angenommen und gelehrt.

Aus diesen beiden Erkenntnissen folgt nun aber unumgänglicherweise noch eine dritte: Da der Reinkarnationsgedanke zum Urwissen des Menschseins gehört und quer durch alle Völker und Epochen der Menschheitsgeschichte hindurch gepflegt wurde und da auch zahlreiche abendländische Denker und Philosophen von der Richtigkeit der Reinkarnation überzeugt waren, sollte es doch eigentlich nicht verwundern, wenn dieses Wissen und diese Überzeugung in irgendeiner Form auch in den *religiösen* Schriften des Abendlandes zum Ausdruck kommt.

• Tatsächlich: Obschon sowohl das orthodoxe Kirchentum als auch gewisse andere biblische Bewegungen durch alle Jahrhunderte hindurch bis zum heutigen Tage die Lehre der Seelenwanderung stets vehement abgelehnt und sogar verketzert haben, sind doch zu allen Zeiten (und heute immer mehr) christliche Einzeldenker, Gruppierungen und Gemeinschaften zu finden, die in dem Reinkarnationsgedanken durchaus keinen Widerspruch zu der Botschaft Jesu Christi sehen, sondern diesen im Gegenteil als einen wichtigen Bestandteil derselben schätzen.

Viele Christen behaupten heute, die Lehre von der Reinkarnation sei dem Urchristentum fremd gewesen und sei erst nachträglich von Anhängern der griechischen Philosophen *Pythagoras* und *Platon* in die christliche Doktrin eingebracht worden. Daraufhin hätte sich die Kirche veranlaßt gesehen, diese Lehre auf einem

Konzil als Irrlehre zu verurteilen. Im vorliegenden Kapitel wollen wir anhand historischer Beispiele, unter anderem des anschaulichen Beispiels des Kirchenvaters *Origenes*, sowie auch anhand von Textstellen aus dem Neuen Testament der Frage nachgehen, ob diese Behauptung den Tatsachen entspricht. Wir wollen untersuchen, ob und inwieweit sowohl Jesus Christus selbst als auch die ersten frühchristlichen Gelehrten mit dem Wissen um Karma und Reinkarnation vertraut waren oder dieses sogar unterstützt und gepredigt haben.

Dabei wird sich zeigen, daß die Reinkarnationslehre zur Zeit Jesu sowie in den ersten Jahrhunderten unmittelbar nach ihm noch zum allgemeinen urchristlichen Glauben gehörte. Erst später wurde sie – zunächst im vierten, dann vor allem im sechsten Jahrhundert – aus höchst fragwürdigen Gründen, auf die wir noch eingehen werden, bewußt aus den christlichen Schriften verbannt und ausgemerzt. Trotzdem sind auch in der heute gültigen Bibelfassung noch gewisse Hinweise erhalten geblieben, die aufschlußreich sind und die wir in diesem Kapitel ebenfalls darlegen werden.

Eine wichtige Vorbemerkung

Es scheint uns allerdings wichtig und notwendig, gleich zu Beginn dieser Betrachtungen festzuhalten, daß die Lehre von Karma und Reinkarnation *nicht* das zentrale Thema der Botschaft Jesu Christi und des christlichen Glaubens ausmacht. Überraschend mag nun aber die Feststellung sein, daß diese gleiche Aussage auch in bezug auf die Botschaft der vedischen Literatur Gültigkeit besitzt.

Sowohl im Falle der Veden als auch im Falle der Lehren Jesu besteht nämlich die Essenz aller Unterweisungen und das empfohlene Ziel allen menschlichen Strebens gerade darin, *nicht* in dieser vergänglichen Welt wiedergeboren werden zu müssen, sondern sich – durch liebende Hingabe an Gott – allmählich zu läutern und so durch die Gnade Gottes letztlich aus dem Kreislauf der wiederholten Geburten und Tode befreit zu werden und zu Ihm zurückzukehren.

Mit anderen Worten: Es besteht durchaus *kein Widerspruch* zwischen den grundlegenden Glaubensinhalten des Christentums und jenen der vedischen Tradition, welche wir in diesem Buch darzulegen versuchen. Die Sprachen, in denen die einzelnen offenbarten Schriften niedergeschrieben wurden, mögen verschieden sein, auch die äußeren Formen und Bräuche der Religiosität mögen sich unterscheiden, ja es mögen, in Anbetracht der unbegrenzt vielfältigen Aspekte Gottes, selbst unterschiedliche Gottesvorstellungen herrschen – dies alles ändert jedoch nichts an der Tatsache, daß es sowohl im Christentum als auch in der vedischen Religion letztlich um *dieselben Inhalte* geht.

Denn: «Jede von Gott eingegebene Schrift ist auch nützlich zur Belehrung, zur Widerlegung, zur Besserung, zur Erziehung in der Gerechtigkeit; so wird der Mensch Gottes zu jedem guten Werk bereit und gerüstet sein.» (2 Tim 3,16-17) Und: «Prüft alles, und behaltet das Gute!» (1 Thess 5,21)

Es ist nicht das Ziel des vorliegenden Kapitels, durch die Aufrollung der Kirchengeschichte eine feindselige Debatte heraufzubeschwören, sondern es soll eine sachliche Diskussion angeregt werden, indem beleuchtet wird, *wann* und *warum* im Christentum die Karma- und Reinkarnationslehre verlorenging. Es geht also nicht darum, die eine Lehre gegen die andere auszuspielen – als wären sie nicht miteinander vereinbar, als gäbe es nicht nur einen einzigen Gott und eine einzige Botschaft Gottes, als wäre es nicht das gemeinsame Ziel aller wahrhaft religiösen Menschen, diesem einen Gott in Liebe und Hingabe zu dienen und alle Geschöpfe Gottes, die Natur, den Menschen, die Tiere und Pflanzen, als Brüder und Schwestern zu lieben und zu ehren.

So haben wir also auf den folgenden Seiten nicht vor, in endlose kleinliche Streitigkeiten um theologische Interpretationsfragen oder in irgendwelche irrelevante kirchen- oder dogmengeschichtliche Details abzugleiten. Denn für jedes Argument, für jedes historische Faktum, für jedes Dogma und für jedes Gelehrtenzitat, das die vehementen Gegner der Reinkarnationslehre in solchen Diskussionen anzuführen pflegen, gibt es ein ebenso starkes Gegenargument, ebenso viele anderslautende Interpretationen der im Dunkeln liegenden geschichtlichen Zusammenhänge, ebenso viele gegenteilige Zitate von ebenso anerkannten und gelehrten Theologen und Kirchenhistorikern. An der Tatsache, daß man eine solche Diskussion in der Tat endlos weiterführen könnte, zeigt sich indes vor allem eines: die Entfremdung der modernen Theologie.

Denn vor und über allen interpretatorischen Kleinlichkeiten steht doch die simple und wesentlich interessantere Frage, die uns an dieser Stelle hauptsächlich beschäftigen soll: *Warum nicht?* Warum sollte die Reinkarnationslehre, wenn sie richtig verstanden wird, nicht mit der ursprünglichen christlichen Botschaft vereinbar sein? – Gute Gegenfrage: *Welche* Reinkarnationslehre? Denn es gibt tatsächlich viele falschverstandene Reinkarnationslehren, die sich *nicht* mit den christlichen Grundgedanken vereinbaren lassen; es gibt aber auch ein Reinkarnationsverständnis, das keinerlei Widersprüche zu den Hauptaussagen des Christentums aufweist. Daraus folgend erhebt sich nun die grundsätzliche Frage: Was sind denn eigentlich die Hauptaussagen des Christentums? – Jesus selbst beantwortet diese Frage wie folgt:

> Einer der Pharisäer, ein Gesetzeslehrer, wollte Jesus auf die Probe stellen und fragte ihn: Meister, welches Gebot im Gesetz ist das wichtigste? Er antwortete ihm: *Du sollst den Herrn, deinen Gott, lieben mit ganzem Herzen, mit ganzer Seele und mit all deinen Gedanken. Das ist das wichtigste und erste Gebot.* Ebenso wichtig ist das zweite: Du sollst deinen Nächsten lieben wie dich selbst. An diesen beiden Geboten hängt das ganze Gesetz samt den Propheten. (Mt 22,35-40; auch Mk 12,28-31; Lk 10,25-27)

Diese Antwort Jesu ist nicht nur die entscheidende Schlüsselstelle des Neuen Testaments und der gesamten Bibel, sondern auch die *Quintessenz jeder Religion*, insbesondere auch der vedischen. Alle Menschen – unabhängig von der jeweiligen Zeitepoche oder Kultur, unabhängig von ihrer Konfession oder jeglichen anderen äußerlichen Unterschieden – sind ewige Geschöpfe und Diener Gottes, und daher besteht das wichtigste Gebot für alle Menschen darin, diesen Gott mit ganzem Herzen und ganzer Seele zu lieben und sich immerfort in Seinem hingebungsvollen Dienst zu beschäftigen. Dies ist die höchste Vollkommenheit, die es für den Menschen zu erreichen gilt.

Die wichtigste Unterweisung aller Lehren Jesu besteht also darin, daß der Mensch alle seine Handlungen – seinen Besitz, seinen Körper, seinen Geist und seine Worte – dem hingebungsvollen Dienste Gottes weiht, wodurch er seine Liebe zu Ihm zum Ausdruck bringt. Dies wird im Sanskrit als *Bhakti* bezeichnet, und die *Bhagavad-gītā* erklärt an zahllosen Stellen immer wieder, daß dies die Essenz und das Ziel von Religion darstellt:

> Gott sprach: Von allen Menschen ist derjenige, der großen Glauben besitzt und immer in Mir weilt, immer an Mich denkt und Mir transzendentalen liebevollen Dienst darbringt, am engsten mit Mir vereint, und er ist der höchste von allen. Das ist Meine Meinung. (Bg. 6.47)

> Beschäftige deinen Geist immer damit, an Mich zu denken; werde Mein Geweihter, erweise Mir deine Ehrerbietungen und verehre Mich. Wenn du auf diese Weise völlig in Mich versunken bist, wirst du mit Gewißheit zu Mir kommen. (Bg. 9.34)

Und weil der Herr der Schöpfer und Vater aller Lebewesen ist, wird jemand, der seine Liebe zu Gott entwickelt hat, natürlich auch allen anderen Geschöpfen Gottes (den «Nächsten») zugeneigt sein und sich nur zu ihrem Wohle einsetzen. Aus diesem Grunde sagt Jesus, daß das zweite Gebot, nämlich dasjenige der Nächstenliebe, im ersten enthalten ist.

> Wer in Hingabe handelt, wer eine reine Seele ist und wer Geist und Sinne beherrscht, ist jedem lieb, und jeder ist ihm lieb. (Bg. 5.7)

Nun zeigt aber die praktische Erfahrung, wie schwierig es ist, sich in seinem täglichen Leben vollumfänglich an diese höchsten Gebote zu halten; wie schwierig es folglich auch ist, in einem einzigen, einmaligen Erdenleben diese Vollkommenheit zu erlangen und «also vollkommen zu sein, wie es auch euer himmlischer Vater ist.» (Mt 5,48). So scheint es nicht nur gerecht, sondern vor allem auch äußerst notwendig, daß dem Menschen zur Erreichung dieses hohen Zieles mehrere aufeinanderfolgende Leben zur Verfügung gestellt werden.

Auf diese Weise knüpft der Reinkarnationsgedanke lückenlos an die Lehren Jesu Christi an und ergibt im Vergleich mit dem heute gültigen christlichen Dogma der Einmaligkeit des Lebens wesentlich mehr Sinn. Erstaunlich mag in diesem Zusammenhang auch die Tatsache sein, daß nicht ein einziges Wort in der Bibel den Reinkarnationsgedanken ausschließt und daß alle Gegenargumente nicht aus der Bibel, sondern aus festgefahrenen Denkgewohnheiten und Dogmen stammen. Wie und warum diese zustande gekommen sind, soll ebenfalls ein Gegenstand des vorliegenden Kapitels bilden.

Deshalb nochmals: Das Wissen um die Reinkarnation bildet zwar nicht das zentrale Thema der Lehren Jesu Christi (dies ist einer der Gründe, weshalb nicht viele direkte Zeugnisse überliefert sind), doch aber eine ihrer wichtigsten Grundlagen; es war unter den Zeitgenossen Jesu wohlbekannt und wurde als selbstverständlich vorausgesetzt. Oder wie es der amerikanische Autor *James Morgan Pryse* in seinem Buch «Reinkarnation im Neuen Testament» (erstmals erschienen 1900) ausdrückt:

> Es wäre eine fast endlose Aufgabe, alle Absurditäten herauszusuchen, die sich aus dem Bemühen ergeben haben, die Lehren des Neuen Testaments getrennt von der Reinkarnation zu deuten, wenn doch in Wirklichkeit die Reinkarnation die Basis dieser Lehren ist. (3. deutsche Auflage 1984, S. 63)

Bevor wir uns nun diesen Themen zuwenden, möchten wir zunächst noch einmal einen kurzen Blick auf die grundlegenden theologischen Differenzen zwischen der Lehre von Karma und Reinkarnation einerseits und den heute gültigen christlichen Dogmen andererseits werfen.

Die Theologie der Reinkarnation

Die beiden *Hauptunterschiede* zwischen der Reinkarnationsvorstellung, wie sie in den vedischen Schriften Indiens beschrieben wird, und der biblischen Lehrmeinung der Theologie sind:

1. Die Präexistenz der Seele, das heißt die Auffassung, daß die Seele bereits vor der Geburt (und auch vor der Zeugung) des physischen Körpers existierte.

2. Die «ewige Verdammnis», das heißt das christliche Dogma der ewigen Bestrafung in der Hölle oder des ewigen Genusses im himmlischen Paradiese nach nur einem einzigen irdischen Menschenleben.

Doch weder in den Veden noch in den Lehren Jesu Christi finden wir Beschreibungen einer ewigen Verdammnis der Seele durch Gott. Diese Auffassung stünde im Widerspruch zur Allgüte Gottes, der sämtliche Seiner Kinder ewig und unparteiisch liebt. In der *Bhagavad-gītā* sagt Er hierzu:

> Ich beneide niemanden, und Ich bevorzuge auch niemanden. Ich bin allen gleichgesinnt. Doch jeder, der Mir in Hingabe dient, ist Mein Freund, ist in Mir, und auch Ich bin sein Freund. (Bg. 9.29)

Andererseits finden wir in den Veden auch keine Beschreibungen eines ewigen himmlischen Genusses innerhalb der materiellen Welt. Vielmehr heißt es dort, daß nichts in dieser Welt immerwährend ist, sondern alles einem ständigen Wandel und Verfall unterworfen – sowohl das Glück («gutes Karma») als auch das Leid («schlechtes Karma»). Ziel ist es nicht, eine permanent angenehme Situation innerhalb der materiellen Sphäre zu schaffen, sondern sich aus dem leidvollen Kreislauf der wiederholten Geburten und Tode zu befreien und in die ewige spirituelle Welt, das Reich Gottes, zurückzukehren, welches jenseits von «Himmel» und «Hölle» gelegen ist. Wie Jesus sagt: «Wir sind *in* dieser Welt, aber nicht *von* dieser Welt.»

Die Reinkarnationslehre nun besagt, daß Gott nicht ein unbarmherziger Richter der Menschen ist, der ihnen nur gerade ein einziges Leben, eine einzige Chance bietet, sich Ihm zuzuwenden, und der diejenigen, die diese Chance nicht wahrnehmen wollen oder nicht wahrnehmen können, «ewig» bestraft. Nein, Gott ist gemäß den Lehren Jesu und auch gemäß der vedischen Theologie der barmherzige und liebende Vater aller Lebewesen – auch jener, die Ihn aus Unwissenheit oder Verblendung ablehnen.

Der Kreislauf des *Saṁsāra* – das heißt, die wiederholten Geburten und Tode in dieser Welt – bietet demnach früher oder später jeder Seele die Möglichkeit zur Reform. In diesem Sinne wird die Reinkarnation nicht als negativ-passive Wanderung der Seele durch eine unendliche Serie von «Strafen» verstanden, sondern im Gegenteil als positiv-aktiv, als ein Vorwärtsschreiten durch viele Leben bis hin zur Rückkehr in das Reich Gottes.

Im Lichte der Reinkarnationslehre wird somit auch der «Gott der Liebe», von dem die christliche Lehre spricht, klarer sichtbar – ohne jene dogmatische Verkrampfung, die besagt, daß Gott auf unergründliche und unverständliche Weise denjenigen strafe, den Er doch liebt. Denn die Einmaligkeitstheorie des menschlichen Lebens läßt – im Gegensatz zur Lehre von Karma und Reinkarnation – zur Erklärung der Ursache von Schicksalsschlägen und Krankheiten (insbesondere wenn diese angeboren sind), keine andere Möglichkeit zu als den «unergründlichen Willen Gottes». Wie läßt sich dieser jedoch mit der Vorstellung eines Gottes der Liebe vereinbaren? (Problem der sogenannten *Theodizee*)

Gemäß der vedischen Theologie ist und bleibt Gott der Inbegriff unendlicher Liebe und Barmherzigkeit. Er sendet nicht willkürlich, aus geheimnisvollen Gründen, Leid und Krankheit auf einzelne von Ihm bestimmte Menschen. *Nicht Gott ist es, der uns straft, sondern wir sind es selbst* – so sagt es die Karma-Lehre. Gott läßt nur die Wirkungen der nach unserem freien Willen gesetzten Ursachen zu, damit wir lernen, Verantwortung für unser Tun in dieser Welt zu tragen, und uns, durch solche Erfahrungen gereift und geläutert, letztlich freiwillig in liebender Hingabe Seinem allguten Willen fügen: «Dein Wille geschehe!» (Mt 6,10).

Die Erde und das menschliche Leben erscheinen daher weder als Verdammung noch als letztliche Bestimmung, sondern als Durchgangsstation auf dem Wege zur Läuterung und Erhebung unseres Bewußtseins, auf dem Wege zurück nach Hause, zurück zu Gott.

Der Reinkarnationsglaube im Umfeld Jesu

Aus *Kapitel 5* des vorliegenden Buches geht eindeutig hervor, daß der Karma- und Reinkarnationsgedanke sowohl unter den maßgebenden antiken Philosophen als auch unter den Juden Palästinas vor und während der Zeit Jesu wohlbekannt war. So ist es nicht erstaunlich, daß das Wissen um die Reinkarnation auch im Umfeld des frühen Christentums noch selbstverständlich war.

In den jüdischen Gemeinden Palästinas zur Zeit Jesu gab es zahlreiche Gruppen und Bruderschaften, die offen ihren Glauben an die Präexistenz der Seele und an ihre Wanderung durch verschiedene irdische Leiber vertraten. Zu diesen Gruppen gehörten vor allem verschiedene jüdische Bruderschaften wie zum Beispiel Zweige der *Essener* und der *Nazarener*, die ein klösterliches und streng asketisches Leben führten (Zölibat, strikter Vegetarismus, Abstinenz von jeglicher Art der Berauschung, Besitzlosigkeit). Ihre Gemeinden waren im zweiten Jahrhundert v.u.Z. entstanden und wandten sich insbesondere gegen die pharisäischen Tendenzen der Verweltlichung im Judentum. In verschiedenen urchristlichen Schriften wird beschrieben, daß nicht nur *Johannes der Täufer*, sondern ursprünglich auch *Jesus* aus ihren Reihen kamen. Zumindest läßt sich ihre enge Verwandtschaft bezüglich Lebensstil und Lehren nicht bestreiten, ja sogar bezüglich ihrer Kleidung, denn es wird beschrieben, dass die Nazarener an Gewändern aus Kamelhaar zu erkennen waren, genauso wie es bei Johannes der Täufer der Fall war (siehe Mt 3,4).

Mit anderen Worten, Jesus erschien in einer Zeit, wo die Lehren von Karma und Reinkarnation durchaus geläufig waren und zum allgemeinen Gedankengut gehörten. Bereits im Jahre 1831 schrieb der Stuttgarter Stadtvikar und Repetent am Tübinger Stift, *August Friedrich Gfrörer*:

> Die christliche Kirche ging aus der essenischen Gemeinschaft hervor, deren Gedanken sie fortbildete und ohne deren Regeln ihre Organisation unerklärlich wäre. (in: «Jesus lebte in Indien» von Holger Kersten, S. 94)

Der jüdische Geschichtsschreiber *Josephus Flavius* (um 37-100) berichtet in seinem Buch über den Jüdischen Krieg, daß die Essener und andere jüdische und jüdisch-christliche Gruppen der Auffassung waren, daß der menschliche Körper vergänglich und die Seele im Körper unvergänglich sei, das heißt, daß die Seele vor der Geburt bereits existiert habe und nach dem Tod weiterexistiere.

Der Name Essener läßt sich einmal vom syrischen *hāsen* ableiten, was «die Frommen» bedeutet. Zum anderen aber auch vom aramäischen *assaya* in der Bedeutung von «Arzt» oder «Heiler». Manche der mönchischen Anhänger des Essenerordens waren, gleich den Yogīs und Fakiren in Indien, aufgrund ihrer strengen Askese und Buße zu erstaunlichen übersinnlichen Fähigkeiten gelangt. Die Essener sprachen, wie Jesus, Aramäisch, und obwohl ihre rund 4000 Mitglieder zählenden Bruderschaften im Jahre 68 durch römische Legionen bis auf den letzten Mann ausgerottet wurden, sind ihre in Höhlen versteckten Schriften erhalten geblieben. Diese weitverbreiteten Schriften wurden später vom sich formierenden römisch-katholischen Christentum zurückgewiesen und als *apokryph* («unecht») bezeichnet (Konzil zu Nicäa, 325).

Vieles über die Tradition der Essener blieb danach verschollen, und erst die Schriftrollenfunde von *Qumran* am Nordwestufer des Toten Meeres (seit 1948 über 600 essenische Originalmanuskripte) warfen neues Licht auf die vergessene Tradition der verschiedenen urchristlichen Gemeinden. Die Entdeckung dieser Schriften verursachte, daß viele der heute gängigen christlichen Dogmen wieder hinterfragt wurden, was natürlich zu einem vielschichtigen Kampf um diese Schriftrollen führte (dargestellt beispielsweise in: «Verschlußsache Jesus – Die Qumranrollen und die Wahrheit über das frühe Christentum» von *Michael Baigent/Richard Leigh*, 1991).

Wir verdanken den Essenern und anderen vorkirchlichen Quellen wertvolle zusätzliche Zeugnisse über das Leben und die Lehren Jesu. Das «Heliand-Evangelium», das Friedensevangelium der Essener, enthält folgende aufschlußreiche Predigt Jesu zum Thema der Reinkarnation:

> Jesus saß in der Vorhalle des Tempels, und viele waren gekommen, um seine Lehre zu hören. Und einer fragte ihn: «Herr, was lehrest du vom Leben?» – Und er sagte zu ihm: «Selig sind, die viele Erfahrungen durchmachen; denn sie werden durch Leiden vollkommen werden. Sie werden sein wie die Engel Gottes im Himmel, und sie werden nimmer sterben, noch werden sie wiedergeboren werden; denn Tod und Geburt haben keine Herrschaft mehr über sie.» (37,1-2)

> «So wie alle Geschöpfe aus dem Unsichtbaren hervorgehen in diese Welt, so kehren sie zurück zu dem Unsichtbaren, und so werden sie wiederkommen, bis sie gereinigt sein werden... Es gibt eine Auferstehung *aus* dem Körper und eine Auferstehung *in* den Körper. Es gibt ein Aufsteigen des Lebens aus dem Fleische und ein Herabsteigen in das Leben des Fleisches.
>
> Der Körper, den ihr in das Grab leget oder der durch das Feuer verzehrt wird, ist nicht der Körper, der sein wird; denn die kommen, werden andere Körper erhalten, wenn auch ihre eigenen, und was sie in einem Leben gesät haben, das werden sie ernten in einem anderen. Selig sind, die Unrecht leiden in diesem Leben; denn sie werden größere Freude erleben in dem kommenden Leben. Selig sind, die Rechtschaffenheit geübt haben in diesem Leben; denn sie werden die Krone des Lebens empfangen.» (94,2-4)

Karma und Reinkarnation im Neuen Testament

Die vedischen Schriften beschreiben ausführlich das *Naturgesetz des Karma*, das die philosophische Grundlage für die Lehre der Seelenwanderung bildet und das besagt, daß jede Handlung des Menschen, sei sie nun positiv oder negativ, eine entsprechende Reaktion für den Verursacher nach sich zieht. Auch in den Lehren

Jesu ist dieses Gesetz enthalten und wird an zahlreichen Stellen des Neuen Testaments gelehrt:

> Da sagte Petrus zu ihm: Du weißt, wir haben alles verlassen und sind dir nachgefolgt. Jesus antwortete: Wahrlich, ich sage euch: Jeder, der um meinetwillen und um des Evangeliums willen Haus oder Brüder, Schwestern, Mutter, Vater, Kinder oder Äcker verlassen hat, wird das Hundertfache dafür empfangen: Jetzt in dieser Zeit wird er Häuser, Brüder, Schwestern, Mütter, Kinder und Äcker erhalten, wenn auch unter Verfolgungen, und in der kommenden Welt das ewige Leben. Viele aber, die jetzt die Ersten sind, werden dann die Letzten sein, und die Letzten werden die Ersten sein. (Mk 10,28-31)

Es ist offensichtlich, daß die aufgezählten Belohnungen nicht alle in einem Leben erfüllt werden können. Hier finden wir also nicht nur einen deutlichen Hinweis auf die Gesetze des Karma, sondern auch darauf, wie selbstverständlich Jesus das Wissen um die Reinkarnation als bekannt voraussetzte. An zahlreichen Stellen sowohl im Alten als auch im Neuen Testament finden sich weitere eindeutige Hinweise auf das Gesetz von Aktion und Reaktion. Wir möchten im folgenden nur eine kleine Auswahl daraus anführen.

In den Evangelien spricht Jesus – wie das für seine Lehren überhaupt typisch ist – häufig in Form von *Gleichnissen* über das Karma-Gesetz:

> Schließ ohne Zögern Frieden mit deinem Gegner, solange du mit ihm noch auf dem Weg zum Gericht bist. Sonst wird dich dein Gegner vor den Richter bringen, und der Richter wird dich dem Gerichtsdiener übergeben, und du wirst ins Gefängnis geworfen. Wahrlich, das sage ich dir: Du kommst von dort nicht heraus, bis du den letzten Pfennig bezahlt hast. (Mt 5,25-26)

Zuweilen bringt Jesus die Gesetzmäßigkeiten des Karma aber auch konkreter zum Ausdruck: «Wenn du Almosen gibst, soll deine linke Hand nicht wissen, was deine rechte tut. Dein Almosen soll verborgen bleiben, und dein Vater, der auch das Verborgene sieht, wird es dir vergelten.» (Mt 6,3-4) / «Der Menschensohn wird mit seinen Engeln in der Hoheit seines Vaters kommen und jedem Menschen vergelten, wie es seine Taten verdienen.» (Mt 16,27) / «Steck dein Schwert in die Scheide; denn alle, die zum Schwert greifen, werden durch das Schwert umkommen.» (Mt 26,52)

Und an einer berühmten Stelle in der *Bergpredigt* sagt Jesus: «Richtet nicht, damit ihr nicht gerichtet werdet! Denn wie ihr richtet, so werdet ihr gerichtet werden, und nach dem Maß, mit dem ihr meßt und zuteilt, wird euch zugeteilt werden.» (Mt 7,1-2)

Paulus bedient sich, um das Karma-Gesetz zu beschreiben, meist des Gleichnisses vom *Säen und Ernten*: «Denkt daran: Wer kärglich sät, wird auch kärglich ernten; wer reichlich sät, wird reichlich ernten.» (2 Kor 9,6) / «Denn jeder wird seine eigene Bürde zu tragen haben. Täuscht euch nicht: Gott läßt keinen Spott mit sich treiben; was der Mensch sät, wird er ernten.» (Gal 6,5+7) Dieses Gleichnis wird jedoch bereits im *Alten Testament* des öfteren verwendet: «Wer Unrecht sät, erntet Unheil.» (Spr 22,8) / «Sät als eure Saat Gerechtigkeit aus, so werdet ihr ernten, wie es der göttlichen Liebe entspricht.» (Hos 10,12)

Ein besonders bekanntes biblisches Sprichwort ist auch das folgende: «Wer eine Grube gräbt, fällt selbst hinein, wer einen Stein hochwälzt, auf den rollt er zurück. Eine verlogene Zunge führt zum Zusammenbruch, ein heuchlerischer Mund verursacht den Sturz.» (Spr 26,27-28)

Das hier angedeutete *«Verursacherprinzip»*, das heißt das Gesetz, wonach die karmische Reaktion immer nur demjenigen zufällt, der die entsprechende Handlung (Aktion) begangen hat – daß diese also niemals auf andere übertragen oder mit ihnen geteilt werden kann –, wird insbesondere im Buch des Propheten Ezechiel hervorgehoben: «Darum zeigt mein Auge kein Mitleid, und ich übe keine Schonung. Ihr Verhalten lasse ich auf sie selbst zurückfallen.» (Ez 9,10) / «Nach deinem Verhalten und deinen Taten will ich dich richten.» (Ez 24,14) / «Nur wer sündigt, soll sterben. Ein Sohn soll nicht die Schuld seines Vaters tragen und ein Vater nicht die Schuld seines Sohnes. Die Gerechtigkeit kommt nur dem Gerechten zugute, und die Schuld lastet nur auf dem Schuldigen.» (Ez 18,20)

Zu den deutlichsten Aussagen über das Karma-Gesetz und die Reinkarnation gehören jedoch die folgenden Stellen aus der *Apokalypse*, der Offenbarung des Johannes: «Wenn einer Ohren hat, so höre er. Wer in Gefangenschaft führt, geht in die Gefangenschaft; wer mit dem Schwerte tötet, soll durchs Schwert getötet werden.» (Off 13,10) / «Selig die Toten, die im Herrn sterben, von jetzt an; ja, sie sollen ausruhen von ihren Mühen; denn ihre Werke begleiten sie.» (Off 14,13) / «Die Toten wurden nach ihren Werken gerichtet, nach dem, was in den Büchern aufgeschrieben war... Sie wurden gerichtet, jeder nach seinen Werken.» (Off 20,12-13)

Origenes von Alexandria

Aus den vorangegangenen Zitaten wird erneut deutlich, daß das Wissen um die Karma- und Reinkarnationsgesetze zur Zeit Jesu noch selbstverständlich war und wohl auch zum urchristlichen Gedankengut gehörte. Wir müssen uns daher an dieser Stelle fragen, wie es dazu kam, daß dieses Wissen später verlorenging. Und wenn wir zur Beantwortung dieser Frage die Geschichte des Reinkarnationsgedankens im Frühchristentum untersuchen wollen, so müssen wir uns zunächst auch über die folgende wichtige Tatsache, die heute oft vergessen wird, im klaren sein:

Das frühe Christentum kannte in den ersten Jahrhunderten nach Jesus *noch keine festen Lehrsätze* (Dogmen), wie sie heute als unumstößliches Fundament der katholischen Kirchenlehre gelten. Als Glaubensgrundlage dienten in erster Linie die Originalhandschriften des Neuen Testaments, wobei zu beachten ist, daß es darin noch keine systematische Aufstellung irgendwelcher Lehren und keine ausformulierten Abhandlungen über irgendwelche Grundsätze in Religion und Philosophie gab, sondern nur fragmentarische Erzählungen mit geringem Bemühen um eine chronologische Ordnung sowie kurze Gespräche und Briefe. Daneben galten auch die etwas systematischeren Schriften der Kirchenväter oder Kirchenlehrer als maßgeblich, welche jedoch die unterschiedlichsten Themen behandelten und dabei durchaus nicht in allen Punkten übereinstimmten.

Unter dem Begriff der Kirche wurde auch *noch keine feste Organisation oder Institution* verstanden, sondern sie stellte vielmehr eine lockere Gruppe oder Gemeinschaft derer dar, die bestrebt waren, die von Jesus und seinen Anhängern verkündete Botschaft zu verstehen und dementsprechend zu leben. Wichtig ist ebenfalls die Tatsache, daß es im Urchristentum noch keine Trennung in eine griechische und eine römische Kirche gab und daß die ersten großen Kirchenlehrer allesamt dem *griechischen Kulturkreis* entstammten und der im Entstehen begriffenen christlichen Lehre folglich zuweilen eine deutlich griechische Prägung gaben. (Die Streitigkeiten zwischen der römischen und der griechischen Kirche führten erst später, im Jahre 1054, zum großen Schisma, d.h. zur Kirchenspaltung in die griechisch-orthodoxe und römisch-katholische Kirche.)

In den ersten Jahrhunderten nach Jesus war die Entwicklung der Kirchenlehre also maßgebend bestimmt von den theologischen Lehrsätzen, die von den führenden Kirchengelehrten in speziellen Kirchenversammlungen festgelegt wurden. Doch je mehr sich das aufstrebende Christentum in den kommenden Jahrhunderten zu einer wirtschaftlich und politisch mächtigen Weltreligion entwickelte, desto mehr gingen auch viele der ursprünglichen Grundgedanken verloren, und an ihre Stelle traten oft eher «weltliche» Überlegungen – um es gelinde auszudrücken. Es ist daher augenscheinlich, daß uns grundlegende theologische Untersuchungen unweigerlich ins Urchristentum führen, denn die ersten Christen waren, wie sich zeigen wird, nicht nur zeitlich «näher bei Christus».

Diesen Sachverhalt möchten wir in der Folge am Beispiel der wohl herausragendsten und einflußreichsten Persönlichkeit des Urchristentums illustrieren: **Origenes von Alexandria** (185-254), dessen Name gerade im Zusammenhang mit dem Reinkarnationsgedanken immer wieder genannt wird – und dies zurecht.

Origenes ist der erste und einer der größten Gelehrten und Bibelkenner, die das Christentum je gekannt hat. Er war ein Wissenschaftler, der alle weltlichen Ehren der damaligen griechischen Bildungswelt errungen hatte, und er ist außerdem der einzige, der die Lehre des Christentums auch literarisch in Form eines geschlossenen philosophischen Systems darstellte. Um alle seine Aussagen auf ein breites biblisches Fundament abzustützen, erstellte er sich eine umfassende Textausgabe des Alten Testaments (die «Hexapla»), so daß er seine Lehren immer auf diese Grundlage beziehen konnte. Er beherrschte neben der griechischen Sprache auch Hebräisch (die Sprache der alttestamentarischen Urtexte), und erlernte darüber hinaus sogar eigens die Muttersprache Jesu, Aramäisch, um auch die Texte jener im Original lesen zu können, die Jesus persönlich gekannt und sein Leben und seine Lehren schriftlich festgehalten hatten.

Origenes kann also, ohne Übertreibung, als Universalgelehrter von Weltrang bezeichnet werden. Er ist «Zeuge höchsten christlichen Wissens und dessen überragender Lehrer. Seine literarische Hinterlassenschaft stellt bis ins 20. Jahrhundert die umfassendste und tiefste Erschließung der Bibel dar.» (aus der Einleitung des Buches «Origenes der Diamantene» von Robert Sträuli, 1987).

Origenes war zudem der Leiter der berühmten *Katechetenschule von Alexandria* (im heutigen Ägypten), wo sich auch die größte Bibliothek des Altertums befand, mit der umfangreichsten Schriftensammlung der gesamten damaligen Welt. Viele Fachkenner sind sich darüber einig, daß sich mit größter Wahrscheinlichkeit dort auch zahlreiche vedische Originaltexte in Sanskrit befanden, denn es herrschte bereits damals ein reger kultureller und philosophischer Austausch zwischen den Gelehrten der griechischen, persischen und indischen Hochkulturen. Diese höchst bedeutende Bibliothek wurde indes im Jahre 389 von einem christlichen Glaubensfanatiker, dem Patriarchen Theophilus, in Brand gesteckt.

Durch diese bedauernswerte Tat wurde wertvollstes Wissen unwiederbringlich zerstört, was die historische Forschung heute erheblich erschwert. Es ist jedoch wichtig zu beachten, daß aufgrund dieser Tatsache keiner der späteren Kirchengelehrten nach Origenes solche Voraussetzungen für seine wissenschaftliche Arbeit hatte wie Origenes – auch nicht jene, die später versuchten, seine Lehren zu widerlegen.

Kurzum: Origenes hatte also Kenntnis sämtlicher verfügbaren Originaldokumente des Christentums, sowohl der heiligen Schriften der Juden als auch der Evangelien und Apostelbriefe und der heute als apokryph («unecht») bezeichneten Schriften, und er verfügte außerdem über fundiertes Wissen der griechischen, persischen und vermutlich auch der vedischen Philosophie. Er hatte Pythagoras, Platon und Plotin gelesen und war ein persönlicher Schüler des großen Gelehrten *Ammonius Sakkas* aus Alexandria (175-242), des Begründers der neuplatonischen Lehre.

Die umfassende Gelehrsamkeit des Origenes auf theologischem Gebiet veranlaßte den damaligen Bischof von Alexandria, *Demetrius*, diesen einmaligen Sachkenner auf Missionsreisen zu schicken, insbesondere wenn es darum ging, Meinungsstreitigkeiten unter Theologen zu widerlegen. Wie erwähnt, vertraute er Origenes auch die Leitung der blühenden Katechetenschule an, verlieh ihm also ein kirchliches Lehramt.

Der gleiche Bischof Demetrius aber war später auch der erste, der Origenes der Irrlehre bezichtigte, wobei seiner Handlungsweise jedoch offensichtlich ein rein egoistisches Motiv, nämlich gekränkte Eitelkeit und Neid, zugrunde lag: Als die Bischöfe in Caesarea (Palästina), wo sich Origenes längere Zeit zu Lehrzwecken aufhielt, diesen aufgrund seiner Beliebtheit und Gelehrsamkeit zum Presbyter (Priester) weihten, sah Demetrius darin einen Eingriff in seine Rechte und veranlaßte in Origenes' Abwesenheit die Aberkennung seiner Priesterwürde und seine Verbannung (dies im Jahre 231). Dieser «Fall Origenes» ist in der christlichen Kirchengeschichte wahrscheinlich das erste Beispiel eines Konfliktes zwischen einem unabhängigen christlichen Gelehrten und der Autorität der über ihm stehenden kirchlichen Behörde – das erste Beispiel also für den Kampf um die Wahrheit gegen den Kampf um die Macht im hierarchischen System. Leider, so muß man allerdings sagen, bei weitem nicht das einzige und letzte.

In den folgenden Jahrhunderten wurden die Lehren dieses größten aller Kirchengelehrten, der zu seinen Lebzeiten keinen Sachkenner gleichen Ranges gekannt hatte, immer wieder der Häresie (Ketzerei) bezichtigt. Dennoch vertraten einige führende Theologen auch nach Origenes' Tod weiterhin seine Ansichten, so daß die theologischen Streitigkeiten um seine Lehren mit einem für die heutige Zeit unvorstellbaren Fanatismus ausgetragen wurden.

Weil, vor allem in Palästina, bis ins 6. Jahrhundert (also 300 Jahre nach seinem Tode) teilweise bürgerkriegsähnliche Zustände unter den betroffenen Mönchsgruppen herrschten, übergaben einige Origenes-Gegner dem im Jahre 542 in Palästina weilenden päpstlichen Gesandten Pelagius eine Klageschrift an den herrschenden Kaiser *Justinian I.* in Konstantinopel (Byzanz). Diese Schrift wie auch andere Motive führten in der Folge dazu, daß die Lehren des Origenes offiziell aus der aufstrebenden christlichen Kirche verbannt wurden. Wir werden im Anschluß noch auf den genauen Verlauf der *Beseitigung seiner Lehren* zu sprechen kommen. Vorerst wollen wir aber diese sogenannt «ketzerischen» Ansichten, die zu derartig tiefgehenden Streitigkeiten und zu solch blutigen Auseinandersetzungen in der frühchristlichen Geschichte führten, etwas genauer betrachten.

Origenes' Lehre

Origenes verfaßte insgesamt rund 2000 Schriften, die später leider alle größtenteils zerstört wurden. Seine bis in die heutige Zeit überlieferten Werke lagen zudem lange Zeit nicht im Original, sondern nur in der lateinischen Übersetzung des *Rufinus von Aquileja* vor, der in der Einleitung selbst zugibt, daß er bei der Übertragung vom Griechischen ins Lateinische gezwungen war, gewisse Korrekturen im Sinne der kirchlichen Dogmen vorzunehmen. Erst vor wenigen Jahrzehnten wurden in Ägypten einige Originale von Origenes' Schriften gefunden, die sich in der Tat von der Übersetzungen des Rufinus an wichtigen Stellen teilweilse deutlich unterscheiden. Dennoch können wir anhand der überlieferten Textstellen die Grundzüge seiner Lehre skizzieren:

Origenes lehrte, daß es eine Rangordnung unter den Wissenschaften gebe, an deren Spitze nicht mehr die Philosophie, sondern vielmehr die *Theologie*, die Wissenschaft über Gott, zu stehen habe: «Wenn die Söhne der Weltweisen von Geometrie, Musik, Grammatik, Rhetorik und Astronomie sagen, sie seien die Mägde der Philosophie, so können wir von der Philosophie in ihrem Verhältnis zur Theologie dasselbe sagen.» Folglich verlangte er von den Theologen, sämtliche verfügbaren alten philosophischen und wissenschaftlichen Schriften zu kennen und durchzuarbeiten und allem ein gerechtes Ohr zu leihen, wofür er selbst das beste Beispiel gab.

In seinen Lehren nimmt Origenes denn auch eine weitgehende, ja für die Kirchenmacht zu weit gehende *Verschmelzung christlicher mit neuplatonischen Gedanken* vor. In seinem Hauptwerk «De principiis» («Von den Grundlehren») beschrieb er, gleich den Neuplatonikern, das Verhältnis zwischen Gott und den

Menschen (d.h. den Seelen) wie jenes zwischen der Sonne und dem Glanz, der von ihr ausstrahlt – ein Vergleich übrigens, der sich, wie erwähnt, bereits im vedischen *Viṣṇu Purāṇa* (1.22.53) findet. Jesus steht dabei als Gottes Sohn in gleichem Abstand von beiden zwischen Gott und den Menschen als Vermittler.

Weiter lehrte Origenes, daß die gesamte Schöpfung – also sowohl die unvergängliche spirituelle Welt als auch die zeitlich begrenzte körperliche (materielle) Welt – von Gott geschaffen wurde und daß «kein Wesen existiert, das nicht von Ihm sein Dasein erhalten hätte». Mit anderen Worten, alle Vernunftwesen (von Origenes *Logika* genannt) gehen ewig aus Gott hervor und sind demzufolge selbst auch ewig, da sie mit Gott verwandt sind. Im Urzustand waren alle Logika nichtmaterielle Wesen und gaben sich der unmittelbaren Schau ihres gemeinsamen Vaters hin.

Interessant ist an dieser Stelle auch der Vergleich des zusammenhängenden Welt-, Gottes- und Menschbildes des Origenes mit den entsprechenden Aussagen der *Bhagavad-gītā*, die ihm, dem großen Gelehrten, aller Wahrscheinlichkeit nach bekannt war:

> Gott sprach: Ich bin der Ursprung sowohl der spirituellen als auch der materiellen Welt. Alles geht von Mir aus. Die Weisen, die dies vollkommen verstanden haben, beschäftigen sich in Meinem hingebungsvollen Dienst und verehren Mich von ganzem Herzen. (Bg. 10.8)

> Alle Lebensformen werden durch Geburt in der materiellen Natur ermöglicht, und Ich bin der samengebende Vater. (Bg. 14.4)

Die individuellen Unterschiede zwischen den «himmlischen, irdischen oder unterirdischen Wesen», so lehrte Origenes, sind erst durch den Fall, das Wegfallen von Gott, entstanden. Grund und Ursache dieses Falles sind demnach nicht im Schöpfer zu suchen, sondern in den Lebewesen selbst, da, wie er schreibt, «die Ursache der Verschiedenheit und Mannigfaltigkeit unter den einzelnen Geschöpfen von ihren eigenen Bewegungen herrührt, die teils lebhafter, teils träger sind, entsprechend ihrer Tugend und Schlechtigkeit, nicht aber aus ungleicher Behandlung durch den Ordner der Welt.» Auch hier ist die Parallele zur vedischen Lehre der drei Erscheinungsweisen *(Guṇas)* unübersehbar:

> Die materielle Natur besteht aus drei Erscheinungsweisen – Tugend, Leidenschaft und Unwissenheit. Wenn das Lebewesen mit der Natur in Berührung kommt, wird es durch diese Erscheinungsweisen bedingt. (Bg. 14.5)

> Man sollte verstehen, daß die materielle Natur und die Lebewesen anfanglos sind. Ihre Umwandlungen und die Erscheinungsweisen der Materie sind Produkte der materiellen Natur. Die Natur gilt als die Ursache aller materiellen Ursachen und Wirkungen, wohingegen das Lebewesen die Ursache der verschiedenen Leiden und Genüsse in dieser Welt ist. So folgt das Lebewesen in der materiellen Natur den Wegen des Lebens und trifft mit Gut und Schlecht in den verschiedenen Lebensformen zusammen. (Bg. 13.20-22)

Gemäß Origenes ist bestimmend für den Ort, an dem sich ein Vernunftwesen aufgrund seiner «eigenen Bewegung» befindet, sein eigener *freier Wille*, den ihm der Schöpfer als größtes Geschenk mitgegeben hat und durch den es der Seele möglich ist, sich für oder gegen Gott zu entscheiden. Er schreibt:

> Denn der Schöpfer gewährte den Intelligenzen, die er schuf, willensbestimmte, freie Bewegungen, damit in ihnen eigenes Gut entstehe, da sie es mit ihrem eigenen Willen bewahrten. Doch Trägheit, Überdruß an der Mühe, das Gute zu bewahren, und Abwendung und Nachlässigkeit gegenüber dem Besseren gaben den Anstoß zur Entfernung vom Guten.

Auch bei einem anderen großen Kirchengelehrten, dem frühen Dalmatier *Hieronymos* (347-419), dessen größte Leistung die erste lateinische Bibelübersetzung (die «Vulgata») war, vereinigen sich klassisch-griechische und biblische Überlieferungen. In seinen «Epistulae» heißt es:

> Alle körperlosen und unsichtbaren vernünftigen Geschöpfe gleiten, wenn sie in Nachlässigkeit verfallen, allmählich auf niedere Stufen herab und nehmen Körper an je nach Art der Orte, zu denen die herabsinken: zum Beispiel erst aus Äther, dann aus Luft, und wenn sie in die Nähe der Erde kommen, umgeben sie sich mit noch dichteren Körpern, um schließlich an menschliches Fleisch gefesselt zu werden... Dabei wechselt der Mensch seinen Körper ebensooft, wie er seinen Wohnsitz beim Abstieg vom Himmel zur Erde wechselt.

Und in einem Brief an Demetrius schreibt Hieronymos, daß «die Reinkarnationslehre unter den ersten Christen als geheime, den Laien nicht offenbarte Überlieferung behandelt und nur den Auserlesenen erklärt wurde.»

Aus diesen Zeugnissen geht hervor, daß sowohl Origenes als auch andere bedeutende frühchristliche Theologen, Philosophen und Kirchenlehrer – so zum Beispiel auch Justinus der Märtyrer (100-165), Tatian (2. Jhd.), Clemens von Alexandria (150-214), Gregorios von Nyssa (334-395), Synesios von Kyrene (370-413) oder auch der Hl. Augustinus (354-430) und der Bischof Nemesios von Emesa (um 400-450) – die Ansicht vertraten, daß die Seelen der Menschen schon vor der Entstehung der materiellen Welt vorhanden waren. Mit anderen Worten, all diese frühen Kirchenlehrer waren von der später so umstrittenen *Präexistenz der Seele* vollständig überzeugt. Diese wiederum ist, wie bereits dargelegt, eine wichtige Voraussetzung für die Reinkarnationslehre und wird außerdem durch die folgende Bibelstelle bestätigt:

> Das Wort des Herrn erging an mich: Noch ehe ich dich im Mutterleib formte, habe ich dich ausersehen, noch ehe du aus dem Mutterschoß hervorkamst, habe ich dich geheiligt, zum Propheten für die Völker habe ich dich bestimmt. (Jer 1,4-5)

In «De principiis» vertritt Origenes denn auch ganz direkt die Prinzipien von Karma und Reinkarnation. Es heißt dort beispielsweise:

> Wenn man wissen will, weshalb die menschliche Seele das eine Mal dem Guten gehorcht, das andere Mal dem Bösen, so hat man die Ursache in einem Leben zu suchen, das dem jetzigen Leben voranging. Jeder von uns eilt der Vollkommenheit durch eine Aufeinanderfolge von Lebensläufen zu. Wir sind gebunden, stets neue und stets bessere Lebensläufe zu führen, sei es auf Erden, sei es in anderen Welten. Unsere Hingabe an Gott, die uns von allem Übel reinigt, bedeutet das Ende unserer Wiedergeburt.

Und an einer anderen Stelle schreibt er:

> Aufgrund einer Anziehung an das Böse nehmen bestimmte Seelen Körper an, zunächst einen menschlichen. Nachdem ihre Lebensspanne als Mensch dann abgelaufen ist, wechseln sie aufgrund irrationaler Begierden in einen Tierkörper über, von wo sie auf die Ebene von Pflanzen sinken. Aus diesem Zustand erheben sie sich wieder, indem sie die gleichen Stufen durchlaufen, und kehren zu ihren himmlischen Orten zurück.

Nach Origenes besteht also letztlich der Sinn und Zweck allen Lebens innerhalb der materiellen Welt darin, daß sich die Seelen durch viele Inkarnationen hindurch läutern und veredeln, bis alle, durch Befolgen der Gebote Jesu und durch ihre Liebe und Hingabe zu Gott, schließlich wieder in die ewige Gemeinschaft Gottes gelangen:

> Denn Gott lenkt die Seelen nicht nur im Hinblick auf die, sagen wir, fünfzig oder sechzig Jahre dieses irdischen Lebens, sondern auf die unendliche Ewigkeit; denn Er hat die geistige Substanz unvergänglich gemacht und Ihm selbst verwandt, und die vernünftige Seele ist nicht von der Heilung ausgeschlossen, als wäre sie auf das Leben hier auf Erden beschränkt...
>
> Diese [Rückkehr zu Gott] muß man sich aber nicht als ein plötzliches Geschehen vorstellen, sondern als ein allmähliches, stufenweise im Lauf von unzähligen und unendlich langen Zeiträumen sich vollziehendes, wobei der Besserungsprozess langsam den einen nach dem anderen erfaßt; einige eilen voraus und streben rascher zur Höhe, andere folgen in kurzem Abstande, und wieder andere weit hinten; und so gibt es zahllose Stufen von Fortschreitenden, die aus der Feindschaft zur Versöhnung mit Gott kommen, und am Ende steht der ‹letzte Feind›, welcher der ‹Tod› genannt wird, und der ebenfalls vernichtet wird, auf daß er nicht länger ein Feind sei.

Diese letzte Aussage bezieht sich auf die Bibelstelle 1 Kor 15,26, die Origenes wie folgt erklärt:

> Die Vernichtung des letzten Feindes ist aber so zu verstehen, daß nicht seine von Gott geschaffene Substanz vergeht, sondern seine feindliche Willensrichtung, die nicht von Gott, sondern von ihm selbst stammt. Er wird also vernichtet, nicht um künftig nicht zu sein, sondern um künftig nicht mehr ‹Feind› und ‹Tod› zu sein.

Auch gemäß der vedischen Theologie besteht die einzige Möglichkeit für die Seele, aus dem Kreislauf der Seelenwanderung auszubrechen – also «den letzten

Feind, welcher der Tod genannt wird» zu bezwingen –, darin, daß sie sich von ihrer feindlichen Gesinnung Gott gegenüber abwendet und sich Ihm wieder zuwendet:

> Diejenigen, die Mich verehren, die all ihre Tätigkeiten Mir weihen, Mir ohne Abweichung hingegeben sind, sich im hingebungsvollen Dienst beschäftigen und immer über Mich meditieren, indem sie ihren Geist fest auf Mich richten – sie befreie Ich sehr schnell aus dem Ozean von Geburt und Tod. (Bg. 12.6-7)

Die Beseitigung des Wissens um die Reinkarnation

Wie gesagt ist es höchst bedauerlich, daß das Gesamtwerk der Lehren Origenes' nicht mehr in vollem Umfang und im Original vorliegt, sondern aus den Schriften anderer, die teilweise seine Gegner waren, rekonstruiert werden mußte. Die Zeugnisse des Wissens um Karma und Reinkarnation sind jedoch trotzdem noch so zahlreich, daß es verwundert, daß und wie es gelingen konnte, sie später bis in die heutige Zeit als bedeutungslos hinzustellen oder zu verschweigen.

Hier finden wir ein Beispiel dafür, wie viel die institutionalisierte Kirche im Laufe der Zeit vom ursprünglichen Gedankengut wegschnitt und abtrennte, um ihr eigenes, enges, selbstgeschaffenes Lehrgebäude zu errichten. Ja, sie beraubte das Christentum, dessen Verwalter sie zu sein behauptet, um Teile des grundlegenden Wissens über die Zusammenhänge, die den Unterweisungen Jesu Christi für die Menschheit erst Sinn geben. Und die herausgebrochenen Teile dieses Fundaments wurden dann notdürftig mit blinden Dogmen ersetzt.

Bei der exakten Untersuchung dieser Sachverhalte steht die heutige historische Wissenschaft vor dem Problem, daß zahlreiche Glaubensfanatiker der Vergangenheit oftmals bedenkenlos historische Zeugnisse vernichtet und verfälscht haben und ihre Meinungsgegner nicht nur mit geistigen, sondern vor allem mit politischen oder kriegerischen Mitteln bekämpften. Der aus einem solchen Kampf hervorgegangene Sieger pflegte dann seinc Anschauung als die alleingültige Wahrheit zu verkünden. Will man daher heute feststellen, ob die Lehre der Reinkarnation tatsächlich im Urchristentum enthalten war, muß man auch die *politischen Hintergründe* jener Zeit aufhellen.

Wie wir bereits ausführten, hatte das frühe Christentum in der Zeit des Origenes noch keine festen Dogmen gekannt, und unter dem Begriff der Kirche wurde noch keine feste Institution verstanden. Die Entwicklung der Kirchenlehre war also hauptsächlich von gewissen theologischen Lehrsätzen bestimmt gewesen, die an Kirchenversammlungen festgelegt worden waren. Erst nachdem das Christentum im 4. Jahrhundert römische Staatsreligion geworden war, entstanden die ersten *Dogmen*, wobei der Entstehung dieser kirchlichen Glaubenssätze bekanntlich keine innere Systematik zugrunde lag. Sie wurden nicht als allgemeingültige Glaubenswahrheiten verfaßt, sondern waren ursprünglich Leitsätze zur Abwehr gewisser

Glaubensauffassungen, die mit kirchlichen Interessen nicht übereinstimmten und daher zu Irrlehren erklärt werden mußten.

Offiziell nach dem *Konzil zu Nicäa* (das erste große Konzil der Kirchengeschichte) im Jahre 325 – aber, wie anzunehmen ist, auch schon vorher – begann die bewußte Abänderung oder gar Ausmerzung mißliebiger oder unverstandener Stellen in den Schriften des Neuen Testaments. Von kirchlichen Behörden eigens zu diesem Zwecke ernannte *Correctores* wurden bevollmächtigt, Schrifttexte im Sinne dessen zu «korrigieren», was nach Ansicht der Machthaber als richtig galt. Es ist wahrscheinlich, daß in jener Zeit zahlreiche Stellen des Neuen Testaments, welche die Reinkarnationslehre betrafen, entfernt wurden.

Diese Praxis wurde auch durch die folgenden drei ökumenischen Konzilien nicht aufgehalten – Konstantinopel (381), Ephesus (431) und Chalcedon (451). Im Gegenteil, diese arbeiteten Jesus Christus immer klarer als den einzigen Erlöser unseres Zeitalters heraus und stellten jedem «wahren» Christen die Befreiung aus der Sterblichkeit des materiellen Körpers alleine durch das Annehmen Christi – und seiner Kirche! – in Aussicht. Dadurch wurde natürlich die Lehre der Reinkarnation zusehends verdrängt, da sie für den «wahren» Christen nicht mehr zutreffend (und auch nicht mehr erwünscht) war, bis sie schließlich auf dem nächsten, dem fünften Konzil (Konstantinopel, 553) endgültig abgeschafft wurde.

Liest man die Geschichte der Konzilien und der Entstehung der Dogmen nach, muß man zudem feststellen, daß diese vielfach von heftigen Auseinandersetzungen über den rechten Glauben begleitet war. Hierbei ging es meist nicht so sehr um die Grundsätze der Religion oder um das Wohl der Gläubigen, als vielmehr um die Führungsrolle und den Einfluß der Kirche. Da es sich also letztlich um eine politische Entscheidung handelte, welche Auffassung sich durchsetzte, muß man davon ausgehen, daß in den Dogmen in erster Linie eigennützige kirchliche Interessen ihren Niederschlag fanden. Die spätere Erklärung, bei der Entstehung der Dogmen habe der heilige Geist mitgewirkt oder sie seien gar von Gott offenbart, ist unter diesen Voraussetzungen wenig glaubwürdig.

In diesem Umfeld müssen wir auch die Beseitigung des Wissens um die Reinkarnation betrachten, deren Verlauf im folgenden kurz dargestellt werden soll. Aus vielfältigen, zum Teil machtpolitischen und zum Teil egoistisch-menschlichen Gründen waren also nach dem Tode des Origenes zahlreiche theologische Streitigkeiten um seine Lehren entbrannt, insbesondere auf dem Gebiet der *Eschatologie,* der «Lehre von den letzten Dingen». Und weil Origenes als die überragende Gestalt der frühen Kirche überall anerkannt wurde – er galt als *die* Autorität schlechthin, und Gegner wie Befürworter beriefen sich auf ihn –, verknüpfte man das Wissen um die Reinkarnation immer mehr mit seinem Namen.

Der Streit und die innerkirchlichen Intrigen um Origenes wurde im Verlauf der darauffolgenden Jahrhunderte immer heftiger und forderte immer dringender eine endgültige Entscheidung. So kam es in der Mitte des 6. Jahrhunderts schließlich zu einem folgenschweren Ereignis, welches in der Konsequenz die Verdrängung und Beseitigung der Reinkarnationslehre aus dem institutionalisierten Christentum auslöste.

Die Synode zu Konstantinopel (543)

Auf Drängen des byzantinischen Kaisers *Justinian I.* (527-565) wurde im Jahre 543 in Konstantinopel eine *Synode der Ostkirche* einberufen, die das erklärte Ziel hatte, die theologischen Differenzen um die Lehren des Origenes (der 300 Jahre zuvor gelebt hatte!) ein für allemal zu beenden. Diese Lehren wurden, ohne Rücksicht auf die Haltung des damaligen römischen Papstes *Vigilius*, durch die Synode mit neun *Anathemata* (Bannflüchen) belegt, wobei der für die Frage der Seelenpräexistenz und der Reinkarnation entscheidende erste Bannfluch lautet:

> Wenn einer sagt oder meint, die Seelen der Menschen seien präexistent gewesen, insofern sie früher Geistwesen und heilige Mächte gewesen seien, es habe sie aber Überdruß ergriffen an der Schau Gottes und sie hätten sich zum Schlechten gewendet, darum sei die göttliche Liebe in ihnen erkaltet ... und seien zur Strafe in Körper hinabgeschickt worden – der sei *anathema* (verflucht).

Außerdem wurden (im neunten Bannfluch) auch all diejenigen verflucht, die nicht glauben würden, daß es eine ewige Bestrafung der Dämonen und gottlosen Menschen gebe. All diese Verfluchungen geschahen auf die äußerst persönlich motivierte Anweisung von Kaiser Justinian (und dessen intriganter Gemahlin *Theodora*), der sich selbst als Oberherrn der Kirche verstand. Über diesen zwielichtigen Kaiser schreibt der Historiker *Georg Ostrogorsky* in seiner «Geschichte des byzantinischen Staates» (in: «Handbuch der Altertumswissenschaft», 1963):

> Auch als Christ blieb Justinian Römer, und die Idee einer Autonomie der religiösen Sphäre war ihm völlig fremd. Päpste und Patriarchen behandelte er als seine Diener. In derselben Weise wie er das Staatswesen leitete, dirigierte er auch das Kirchenleben, in jede Einzelheit der Kirchenverfassung persönlich eingreifend. (S. 65)

Noch deutlicher drücken es *B. Altaner* und *A. Stuiber* in «Patrologie – Leben, Schriften und Lehre der Kirchenväter» (1966) aus:

> Mit terroristischer Politisierung der Theologie versuchte Justinian, die geistigen Anreger der Vergangenheit und Gegenwart zu verketzern, hatte aber auch den Ehrgeiz, selbst als theologischer Schriftsteller zu glänzen. (S. 513)

Und *Hermann Bauer* schreibt in «Der Einfluß Ostroms» (1982):

> Umso leichter hatte es Kaiser Justinian, da in Rom Papst Vigilius residierte, der wegen der Ostgotengefahr auf militärische Hilfe des Kaisers angewiesen war und darüber hinaus eine Marionette der Kaisergemahlin Theodora war, der er das Papstamt (537) letztlich verdankte. Die Persönlichkeit des Kaisers, die allgemeine Kriegssituation im oströmischen Reich und dazu die drohende Gefahr, in Palästina durch origenistisch gesinnte Mönchsgruppen noch einer zusätzlichen innenpolitisch-religiösen Kriegsfront gegenüberzustehen, diese

Gründe gaben das politische Motiv zur Beseitigung des Wissens um die Reinkarnation.

Ein weiteres Motiv gab Justinians ehrgeizige und herrschsüchtige Frau *Theodora*. Sie war (nach *Procopius*) die Tochter eines Bärenwärters im Amphitheater von Byzanz gewesen. Ihren kometenhaften Aufstieg zur Herrscherin des Reiches begann sie als Kurtisane. Um mit ihrer schändlichen Vergangenheit ganz zu brechen, ließ sie später als sittenstrenge Kaiserin 500 ihrer ehemaligen Berufsgenossinnen mißhandeln und martern. Da sie nach den Gesetzen des Karma (die Origenes in seinen Schriften «De principiis» und «Contra Celsum» unmißverständlich bejaht hatte) in einem späteren Leben für diese Greueltaten hätte büßen müssen, wirkte sie nun beim Kaiser darauf hin, die Wiedergeburtslehre einfach abzuschaffen. Von der Wirksamkeit dieser Aufhebung durch einen «göttlichen Beschluß» muß sie ganz und gar überzeugt gewesen sein.

Aus welchen fragwürdigen Motiven auch immer – Tatsache ist, daß an der Synode der Ostkirche im Jahre 543 Origenes' Lehren verdammt wurden. Die Bannflüche wurden daraufhin unter dem unnachgiebigen Druck Kaiser Justinians von sämtlichen Patriarchen unterzeichnet, einschließlich *Papst Vigilius'*, der 544 eigens zu diesem Zwecke fast gewaltsam nach Konstantinopel gebracht wurde. Mit ihrer Unterzeichnung reihte die Kirche den bedeutendsten und herausragendsten Theologen des frühen Christentums, Origenes, aus rein weltlichen Gründen unter die ketzerischen Irrlehrer. Mit Sicherheit ist anzunehmen, daß in der Folge in den kirchlichen Dokumenten aufs neue alles entfernt oder verändert wurde, was gegen diese dogmatischen Lehrsätze sprach. Die heutige Geschichtsforschung muß sich also auf Stellen stützen, die offenbar übersehen wurden.

Das Konzil zu Konstantinopel (553): Ein historischer Irrtum

Origenes' Lehre von der Präexistenz und der Reinkarnation der Seele wurde dann zehn Jahre später, also 553, durch das *fünfte ökumenische Konzil zu Konstantinopel* nochmals verurteilt, wobei inhaltlich ungefähr dieselben Bannflüche wie zehn Jahre zuvor ausgesprochen wurden. Dadurch wurde die Reinkarnationslehre offiziell zur «heidnischen Irrlehre» erklärt und rechtmäßig abgeschafft, und somit ist es jedem gläubigen und kirchentreuen Christen seitdem strengstens verboten, an die Reinkarnation zu glauben... – Dies jedenfalls glauben bis zum heutigen Tage praktisch alle Kirchenhistoriker sowie auch der überwiegende Teil der weltweiten Christenheit.

Tatsächlich aber fiel das urchristliche Wissen um die Reinkarnation im Jahre 553 einem fatalen historischen Irrtum zum Opfer. Denn die vermeintlich offizielle Verfluchung der Wiedergeburtslehre war, wie oben beschrieben, lediglich auf eine persönlich motivierte Machtdemonstration des byzantinischen Kaisers Justinian zurückzuführen.

Entweder gingen bedeutende Teile der Konzilsakten, die den Fall Origenes betrafen, durch «Zufall» verloren oder wurden später aus irgendwelchen Gründen gefälscht, oder aber – was wahrscheinlicher ist – es wurde an den acht offiziellen Konzilssitzungen über Origenes und seine Verfluchung *gar nicht verhandelt*! Denn die Sitzungen befaßten sich laut Protokoll lediglich mit dem Streit um drei von Justinian als Ketzer bezeichnete Gelehrte (den sogenannten «drei Kapiteln»), gegen die der Kaiser schon vier Jahre zuvor ein Edikt erlassen hatte. Von Origenes jedoch ist keine Rede. Auch die folgenden Päpste Pelagius I. (556-561), Pelagius II. (579-590) und Gregorius (590-604) reden vom fünften Konzil, ohne Origenes auch nur zu erwähnen. Doch obwohl über Origenes in den Konzilssitzungen offenbar nicht verhandelt wurde, findet sich im 11. Canon des Konzils der folgende Bannfluch:

> Wer nicht verflucht... Origenes samt seinen gottlosen Schriften und alle anderen Häretiker, welche verflucht sind von der heiligen katholischen und apostolischen Kirche..., der sei verflucht.

Vermutlich wurde dieser seltsame Bannfluch von Kaiser Justinian *vor* Eröffnung des Konzils den Patriarchen vorgelegt, die dann zur Unterzeichnung genötigt wurden.

Interessant ist auch, daß *Papst Vigilius* bewußt an keiner einzigen Sitzung teilnahm, obwohl er sich auf Geheiß des Kaisers während der fraglichen Zeit (5. Mai bis 2. Juni 553) in Konstantinopel aufhielt. Aus diesem Grunde stand dem Konzil nicht wie üblich der Papst vor, sondern der Patriarch von Konstantinopel, *Eutychius*, ein treuer Diener Kaiser Justinians. Ebenfalls interessant ist, daß von den anwesenden 165 Bischöfen nur einige wenige aus den Westländern zugelassen waren, während die anderen eine Teilnahme unter diesen Voraussetzungen ablehnten. Das heißt: Das Konzil zu Konstantinopel war praktisch eine ganz persönliche Versammlung Kaiser Justinians, auf dem er mit seinen von ihm abhängigen Vasallen (gegen den Protest des Papstes und der römischen Bischöfe) die Lehre von der Vorexistenz der Seele willkürlich mit Fluch und Bann belegte und damit der ursprünglich christlichen Lehre der Reinkarnation die Grundlage entzog.

(Aufgrund der Tatsache, daß sich Papst Vigilius geweigert hatte, am Konzil zu Konstantinopel teilzunehmen, wird von einigen fortschrittlichen katholischen Gelehrten neuerdings bezweifelt, ob dieses Konzil und die damaligen «Beschlüsse» überhaupt für die Katholiken kirchenrechtliche Gültigkeit besitzen, ob, mit anderen Worten, die Lehre von der Reinkarnation nicht nach wie vor ein Teil des kirchlichen Gedankengutes sei...)

Das vierwöchige Konzil endete am 2. Juni 553, aber erst am 8. Dezember 553 unterzeichnete Papst Vigilius unter dem unnachgiebigen Druck des Kaisers und aus Angst vor der Exkommunikation (!) und vor der Ernennung eines Gegenpapstes schließlich die Konzilsakte – vermutlich ohne etwas über die vorherigen Abmachungen gegen Origenes zu wissen. «Alles in allem also eine höchst zweifelhafte Angelegenheit. Von Rechtmäßigkeit keine Spur!», schreibt *Rudolf Passian* in seinem Buch «Wiedergeburt – Ein Leben oder viele?» (S. 223).

Wer sich in kurzer Form über die Art, wie man Glaubensdifferenzen zu Zeiten der ersten fünf ökumenischen Konzilien auszutragen pflegte, informieren möchte, dem sei die kleine Schrift von Dr.iur. *Robert Kehl*, «Ein sonderbarer Heiliger Geist», empfohlen. Kehl fordert von den Kirchen, «wenn sie wieder glaubwürdig werden wollen», eine klare Distanzierung von jenen Konzilien und den dort (vor dem Hintergrund von Terror und Intrigen) gefaßten Beschlüssen.

Der Reinkarnationsglaube ist nicht unchristlich

Der dubiose Bannfluch Kaiser Justinians 300 Jahre nach Origenes' Tod ist von der Kirche bis heute offiziell nicht revidiert worden. Im Gegenteil setzte sich die Überzeugung, der Fluch sei ein Teil der gültigen Konzilsbeschlüsse, trotz aller Ungereimtheiten im Laufe der Jahrhunderte allmählich im Denken der Kirche fest. Dennoch bleibt es eine Tatsache, daß das vermeintliche Verbot der Reinkarnationslehre, wenn wir es genauer betrachten, nichts weiter ist als ein Geschichtsirrtum ohne jede ökumenische Gültigkeit.

Oder anders ausgedrückt: *Es ist den Christen nicht offiziell verboten, an Reinkarnation zu glauben!* – Die Reinkarnationslehre ist dem Christentum durchaus nicht fremd, wohl aber dem Kirchentum...

Denn später wurde die Reinkarnationslehre von der Kirche im *Konzil zu Lyon* (1274) und im *Konzil zu Florenz* (1439) erneut aufs schärfste verurteilt. Daraufhin wurden die Anhänger dieser Lehre unerbittlich verfolgt und oft sogar hingerichtet. Das in diesem Zusammenhang wohl berühmteste Beispiel ist der bereits in *Kapitel 5* erwähnte italienische Gelehrte und ehemalige Dominikanermönch *Giordano Bruno* (1548-1600). Für sein philosophisches Bekenntnis zur Lehre der Seelenwanderung brachte man ihn im Jahre 1592 vor das christliche Inquisitionsgericht, das ihn nach langer Gefangenschaft schließlich zum Feuertode verurteilte. Am 17. Februar 1600 wurde er auf dem Campo dei Fiori in Rom öffentlich auf dem Scheiterhaufen verbrannt.

Als Gründe für diese Praxis wurden angegeben, daß der Reinkarnationsgedanke im Widerspruch zu verschiedenen christlichen Dogmen der Eschatologie (Lehre von den letzten Dingen) stünde, so zum Beispiel zum Dogma der Auferstehung des Leibes oder zur Grundlehre, daß sich in diesem einen Leben das Heil oder Unheil des Menschen entscheide und daß die Seele unmittelbar nach diesem einen Erdenleben in den ewigen Himmel oder in die ewige Hölle gehe. Außerdem beinhalte sie von der Kirche verurteilte Meinungen wie die der *anima separata* (vom Leib unabhängige Seele) oder der Präexistenz der Seele.

Die Schaffung kirchlicher Dogmen

In Wirklichkeit war es jedoch gerade umgekehrt: Die dem Reinkarnationsgedanken widersprechenden Dogmen (Glaubenssätze) mußten erst *nach* dessen Beseitigung aus der kirchlichen Lehre von der Kirche *neu geschaffen* werden, um das dadurch entstandene theologische Vakuum zu füllen und um die sich mehr und mehr durchsetzende Lehre von der Einmaligkeit des Menschenlebens zu untermauern.

Auf diese Weise setzte die inzwischen mächtig gewordene Kirche ihre Strategie fort, mit leeren theologischen Phrasen und offenen Bedrohungen die nach dem Sinn von Leid und nach der scheinbaren Ungerechtigkeit Gottes fragenden Menschen auf das «unerklärliche Geheimnis» Gottes zu vertrösten, bei dem man aufhören müsse, Fragen zu stellen.

In unserem Zusammenhang sind besonders die folgenden Lehrmeinungen zu erwähnen, die im weiteren Verlauf der Kirchengeschichte, nunmehr dogmatisch abgesichert, neu etabliert wurden:

a) die Erschaffung der Seele durch Gott im Augenblick der Zeugung des physischen Leibes aus dem Nichts (Kreatianismus)
b) die Erbsünde, die Todsünde, das Jüngste Gericht und das Fegefeuer
c) die ewige Verdammnis in der Hölle
d) die Gnadenfunktion der Amtskirche
e) die Prädestinationslehre (Vorherbestimmung)

a) Die Erschaffung der Seele durch Gott im Augenblick der Zeugung des physischen Leibes aus dem Nichts (creatio ex nihilo; Kreatianismus).

So lautet die seit dem Mittelalter gültige offizielle Erklärung der katholischen Kirche zum Ursprung des Menschen, der seinerseits die Verbindung dieser Seele mit dem physischen Leib darstellt. Diese Erklärung stützt sich auf eine sogenannte *sententia certa*, eine «gesicherte Lehrmeinung», für die allerdings in der Bibel kein einziger eindeutiger Beweis zu finden ist. Unter dem Einfluß von *Thomas von Aquin* (1225-1274) wurde diese Lehrmeinung zu einer Voraussetzung für das Dogma von der unbefleckten Empfängnis Marias und damit indirekt zu einem dogmatischen Lehrsatz erhoben. (In der späteren evangelischen Theologie herrscht statt der Auffassung des Kreatianismus jene des *Generatianismus*, gemäß welcher die Seele aus der elterlichen Substanz hervorgeht.)

«Das Seltsame dieser Theorie», so schreibt der amerikanische Autor *James Morgan Pryse* über den Kreatianismus, «wird sofort offensichtlich, weil sich natürlich darin, daß sterbliche Körper die zeitlichen Wohnungen für unsterbliche Seelen werden, eine lächerliche Widersinnigkeit zeigt insofern, als zugunsten jedes sterblichen Körpers, der zufällig gezeugt wird, eine unsterbliche Seele erschaffen werden muß.» (in: «Reinkarnation im Neuen Testament», S. 62)

Außerdem liegt dieser Theorie ein ebenso seltsames Ewigkeitsverständnis zugrunde. Dazu nochmals Pryse: «Wenn also die Seele einen Anfang hat, muß sie notwendigerweise ein Ende haben. Ewigkeit ist keine unbestimmte Ausdehnung von Zeit, noch kann sie in solchen Begriffen wie Vergangenheit, Gegenwart und Zukunft ausgedrückt werden. Wenn die Seele ewig ist, dann ist sie ohne Anfang und ohne Ende. Wer sagt, daß die Seele ‹erschaffen› wurde, daß sie einen Anfang hat, leugnet damit gleichzeitig, daß sie unsterblich ist.»

b) Die Erbsündenlehre.

Obwohl die Seele also angeblich im Augenblick der Zeugung durch Gott aus dem Nichts geschaffen wird und man daher annehmen könnte, sie sei unbelastet, rein und vollkommen, erklärt die Kirche dessenungeachtet, daß jedes neugeborene Kind bereits sündhaft ist durch die Belastung der «Erbsünde». Die Theorie der Erbsünde findet ihre erste dogmatische Rechtfertigung in den Canones 1-3 der *Synode von Carthago* (im Jahre 418) und wurde insbesondere unter dem Einfluß des Kirchenvaters *Augustinus* (354-430) in die christliche Lehre eingebracht. Auf dem *Konzil zu Trient* (1546) erfuhr die Doktrin schließlich ihre umfassende Ausformung.

Mit dem Dogma der Erbsünde wird lehramtlich festgelegt, daß durch die Ursünde Adams (Gen 3) alle Menschenseelen vor Gott in Ungnade gefallen und folglich bereits bei ihrer Geburt *automatisch sündig* sind, denn die Sünde Adams, des Stammvaters der gesamten Menschheit, wurde seitdem von Generation zu Generation übertragen. Doch auch dieses Dogma stützt sich nicht auf biblische Referenzen. In seinem «Grundriß der Dogmatik» (10. Aufl. 1981) schreibt der deutsche Theologe *Ludwig Ott* hierzu: «Das Alte Testament enthält nur Andeutungen der Erbsünde. Vergl. Psalm 51,7: ‹Siehe in Schuld bin ich geboren, und in Sünde hat mich meine Mutter empfangen.› und Job 14,4: ‹Wer kann den rein machen, der aus unreinem Samen empfangen ist?›» (S. 132)

Als klassische Beweisstelle dieser Lehre im Neuen Testament gilt: «Wie daher durch einen einzigen Menschen die Sünde in die Welt eintrat und durch die Sünde der Tod, und so auf alle Menschen der Tod überging, weil alle sündigten.» (Römer 5,12) Nach einer fast halbseitigen philologischen Erklärung gibt Ott dann aber selbst zu, daß nach Meinung der neueren Auslegung diese Stelle «kein Zeugnis für die Erbsünde ist.» (S. 132) Gesichert ist jedenfalls die Tatsache, daß das Neue Testament *keine einzige Aussage* von Jesus selbst zum Thema der Erbsünde im kirchlichen Sinne liefert.

Die einfache Frage, auf die uns die Theologie nach wie vor eine Antwort schuldig geblieben ist, lautet in diesem Zusammenhang: Darf man die Welt als das Werk göttlicher Weisheit (vgl. Psalm 104,24) bezeichnen, wenn man dem ewigen Schöpfer gleichzeitig eine Verhaltensweise unterstellt, die selbst dem vergleichsweise groben menschlichen Rechtsempfinden völlig widerspricht? Kann, mit anderen Worten, Gott eine neue Seele schaffen und sie in demselben Augenblicke nur dadurch sündig machen, daß sie an einen materiellen Körper gebunden ist, der ihr die «Erbsünde» überträgt? Stellt man mit einer solchen Denkart nicht den Körper über die Seele, das Materielle über das Spirituelle?

Hierzu noch einmal *J.M. Pryse*: «Nach dieser Theorie [Kreatianismus] stammen die Seelen nicht von Adam und Eva ab, sondern kommen frisch von Gott und sind daher rein und schuldlos; dennoch werden sie in Körper gesteckt, die von dem Paar Ursünder abstammen, und wenn die Körper zur Erde zurückkehren, werden die Seelen zur ewigen Strafe für die Sünde jener ersten Eltern verurteilt. Man sollte meinen, daß Absurdität nicht noch weiter gehen könne...» (S. 62)

c) Die ewige Verdammnis in der Hölle.
Die logische Fortführung der Erbsündenlehre schlägt sich im folgenden Dogma nieder: «Die Seelen jener, die in einer Todsünde oder im Stand der Erbsünde aus dem Leben scheiden, steigen dann in die Hölle hinab, um dort mit ungleichen Strafen belegt zu werden.» (aus dem 2. allgemeinen *Konzil zu Lyon*, 1274)

An Stelle der hoffnungsfrohen Wiederversöhnung der gefallenen Seelen mit Gott durch einen allmählichen Fortschritt über mehrere Leben hinweg (nach Origenes) trat so dieses im Grunde zutiefst widerchristliche Dogma der «ewigen und unwiderruflichen Verdammnis». Nach dieser Lehre ist jeder Mensch zur ewigen Höllenstrafe bestimmt, der stirbt, ohne eine *christliche Taufe* erhalten zu haben, die als unabdingbare Voraussetzung des Heils dargestellt wird. Dies gilt sowohl für noch nicht getaufte Säuglinge und Kleinkinder als auch für die sogenannten «Heiden» (Andersgläubige), die das Christentum und dessen Dogmen entweder gar nicht kennen oder aber nicht angenommen haben.

d) Die Gnadenfunktion der Amtskirche.
Aus der Gefahr einer ewigen Verdammnis selbst für alle nichtgetauften Christen ergibt sich die scheinbar unentbehrliche Gnadenfunktion einer unfehlbaren Amtskirche und die Heilsnotwendigkeit der priesterlichen Vermittler, da sämtliche nicht im institutionalisierten kirchlichen System lebenden Menschenseelen ungeachtet ihrer jeweiligen Lebensführung oder ihres Glaubens zur ewigen Verdammnis in der Hölle verurteilt sind:

> Niemand außerhalb der katholischen Kirche, weder Heide noch Jude, auch kein Ungläubiger oder ein von der Einheit der Kirche Getrennter wird des ewigen Lebens teilhaftig, vielmehr verfällt er dem ewigen Feuer. (Beschluß des Konzils zu Florenz, 1438-45)

Auf die nunmehr unausweichliche Frage nach der Gerechtigkeit Gottes (sowie auch auf die bereits angesprochene Frage nach einer Erklärung für Schicksalsschläge oder Krankheiten, deren Ursachen auf der Grundlage der Einmaligkeitstheorie des menschlichen Lebens ja nicht erkennbar sind), hält die kirchliche Doktrin denn auch schon eine griffige Antwort parat:

e) Die Prädestinationslehre (Vorherbestimmung).
Das *Konzil zu Trient* (1547) bestimmte, «daß Gott durch seinen ewigen Willensratschluß bestimmte Menschen zur ewigen Seligkeit vorherbestimmt» hat. Die Begründung hierfür bezieht man aus Röm 8,29: «Denn alle, die er im voraus erkannt

hat, hat er auch im voraus dazu bestimmt, an Wesen und Gestalt seines Sohnes teilzuhaben» und Röm 9,11-12: «Und ihre Kinder waren noch nicht geboren und hatten weder Gutes noch Böses getan; damit aber Gottes freie Wahl und Vorherbestimmung gültig bleibe, nicht abhängig von Werken, sondern von ihm, der beruft, wurde ihr gesagt: Der Ältere muß dem Jüngeren dienen.»

Ebenso ist es Lehre der Kirche, daß Gott «durch seinen Willensratschluß bestimmte Menschen wegen ihrer vorhergesehenen Sünden zur ewigen Verwerfung vorherbestimmt hat.» (beschlossen auf der *Synode von Valence* im Jahre 855) Die biblische Fundierung sieht die Kirche in Mt 25,41: «Weg von mir, ihr Verfluchten, in das ewige Feuer, das für den Teufel und seine Engel bestimmt ist!»

Auch hier stellt sich natürlich eine einfache Frage: Ist es mit dem Wesen eines gerechten Gottes zu vereinbaren, daß Er schon beim Beginn eines (einmaligen) menschlichen Lebens «bestimmte Menschen» zur ewigen Seligkeit oder zur ewigen Verdammnis vorherbestimmt? Und: Wenn die Prädestination eine gültige Tatsache ist, welchen Sinn haben dann noch gute Werke und alle Bemühungen um sittliche Vervollkommnung des Menschen? Für die «Guten» sind sie überflüssig, für die «Bösen» vergeblich.

Die Lehre «von den letzten Dingen» (Eschatologie)

Wir möchten uns nun noch einmal der zentralen Frage unserer gesamten Betrachtungen zuwenden und untersuchen, welche Lehrmeinung die offizielle christliche Kirche heute vertritt. Die Frage lautet: Was geschieht nun tatsächlich mit der Seele, nachdem diese im Augenblick des Todes ihren physischen Körper verläßt?

Für ihre Beantwortung schuf die Kirche die sogenannte «Lehre von den letzten Dingen» *(Eschatologie)*. *Papst Benedikt XII.* schreibt in der Constitutio «Benedictus deus» vom 29. Januar 1336:

> Die Seelen der Gerechten sind und werden sein im Himmel und im Paradies sofort nach ihrem Tod, und zwar auch noch vor der Wiedervereinigung mit ihrem Leib und vor dem allgemeinen Gericht... Sie schauen die göttliche Wesenheit in unmittelbarer Schau. Ferner bestimmen wir: Wie Gott allgemein angeordnet hat, steigen die Seelen derer, die in einer tatsächlichen schweren Sünde verscheiden, sofort in die Hölle hinab, wo sie von höllischen Qualen gepeinigt werden. Aber trotzdem werden am Tage des Gerichtes alle Menschen vor dem Richterstuhl Christi in ihrem Leibe erscheinen und Rechenschaft geben über ihre eigenen Taten.

Im Anschluß an den Tod des Körpers erfolgt also ein «besonderes Gericht» mit vorläufiger Belohnung oder Bestrafung, vielmehr Läuterung *(Fegefeuer)*, und nach einer ungewissen Wartezeit dann noch einmal das allgemeine letzte Gericht am sogenannten *Jüngsten Tag*. Dieses kennt nur gerade zwei mögliche Urteile, ist also, verglichen mit einem weltlichen Gericht, sehr grob. Darüber hinaus erscheint der Sinn des letzten oder «Jüngsten Gerichtes» unverständlich, wenn es die Urteile des vorhergehenden besonderen Gerichtes nur noch einmal wiederholt.

Außerdem stellt sich hier auch die Frage, wo und in welchem Zustand sich die Seele während dieser «Wartezeit» nach dem Tode befindet. Diese Frage bildet in der Tat eines der größten Probleme der Einmaligkeitstheorie des menschlichen Lebens und kann von der Kirche nicht eindeutig beantwortet werden. Möglich wäre, daß sich die Seele bis zur *Auferstehung des Fleisches* (ein weiteres unverständliches Dogma, auf das wir hier nicht eingehen möchten) und dem Jüngsten Gericht entweder in einer Art unbewußtem Schlafzustand aufhält, daß sie in der Zwischenzeit völlig ausgelöscht und am Jüngsten Tage neu ins Leben gerufen wird, oder daß sie einem geheimnisvollen «Fegefeuer» ausgesetzt ist. Dies alles sind freilich unbegründete Vermutungen – weit weg von den Lehren Jesu –, und so ist die allgemeine Tendenz der Kirchenvertreter leicht verständlich, diesem Thema tunlichst aus dem Wege zu gehen.

Ihrer zahlreichen inneren Widersprüche wegen haben solche Lehren schon immer zu etlichen theologischen Meinungsverschiedenheiten geführt. Neuerdings wird von vielen zeitgenössischen Theologen die sogenannte *Ganztod-Theorie* vertreten, wonach der ganze Mensch mit Leib und Seele stirbt. Der Theologe *Paul Althaus* schreibt in seinem Werk «Die Letzten Dinge – Lehrbuch der Eschatologie» (1961):

> Wir haben den Tod als wirkliches Ende hingestellt, als Zerbrechen von Leib und Seele, also völlige Zerstörung unserer Lebendigkeit, und haben uns gegen jede Abschwächung des Todes gewehrt, gerade vom Gedanken des Todes als Gericht aus: seinen Charakter als Gericht behält das Sterben nur, wenn *auch* die Seele stirbt, wenn die Person das Nein Gottes als Zerbrechen ihrer gesamten Lebendigkeit erfahren muß. (S. 111)

Der Historiker und Religionspublizist *Gerhard Adler* hat in seinem Buch «Wiedergeboren nach dem Tode? – Die Idee der Reinkarnation» (1977) die Fragwürdigkeit dieser Ganztod-Theorie klar erkannt. Er schreibt:

> Konkret aber spitzt sich das Problem zu, wenn man die vielfältigen und gut beglaubigten Erfahrungen der Parapsychologen ernst nimmt... Es handelt sich hier keineswegs um vage weltanschauliche Spekulationen, sondern um Fakten, die nach einer Deutung verlangen. Man muß die Frage stellen, ob Theologen eine Ganztod-Theorie entworfen hätten, wenn ihnen diese vielfältigen Materialien bekannt und einer gründlichen Reflexion wert gewesen wären. (S. 179)

Es mag auch verwundern, daß diejenigen Theologen, die sich für die Ganztod-Theorie einsetzen, scheinbar den Ausspruch Jesu nicht kennen: «Fürchtet euch nicht vor denen, die den Leib töten, die Seele aber nicht töten können.» (Mt. 10,28) Wäre die Kirche in Handlung und Lehre konsequent, müßte sie die modernen Ganztod-Theologen wie früher vor ein Inquisitionsgericht stellen und öffentlich verfluchen, da diese gegen das Dogma *De fide* vom *V. Laterankonzil* (1513) verstoßen, in dem eindeutig festgelegt wird, daß der Mensch eine individuelle und unsterbliche Seele besitzt.

Um aber abschließend noch einmal auf das «Jüngste Gericht» und die «ewige Verdammnis» der nicht christlich getauften Seelen zurückzukommen: Abgesehen von der bereits erwähnten offensichtlichen Unvereinbarkeit einer ewigwährenden Höllenstrafe mit der Gott zugesprochenen Barmherzigkeit erscheint dieses Dogma auch aus einem anderen Grunde unverständlich und widersprüchlich: Könnte man nicht erwarten, daß bei einem gerechten Gerichtsurteil die Sühne maximal der Höhe der Schuld entspricht? Ist aber das Verhältnis einer ewigen, unvergänglichen Verdammnis zu einer zeitlichen Schuld nicht ungleich größer? Hier können wir uns nur dem evangelischen *Bischof Schjelderups* anschließen, wenn er schreibt:

> Ich bin froh, daß am Jüngsten Tag nicht Theologen und Kirchenfürsten, sondern der Menschensohn uns selbst richten wird. Und ich zweifle nicht daran, daß die göttliche Liebe und Barmherzigkeit größer ist als die, die in der Lehre von der ewigen Pein in der Hölle zum Ausdruck kommt... Für mich gehört die Lehre von der ewigen Höllenstrafe nicht in die Religion der Liebe. (in: Sartory, «In der Hölle brennt kein Feuer», München 1968, S. 186)

Bibelstellen zum Thema Reinkarnation

In der Fachliteratur zum Themenkomplex «Reinkarnation und Christentum» finden sich oft endlose kleinliche theologische Interpretations-Streitigkeiten über gewisse Bibelstellen, in denen versteckte Hinweise (keine Beweise) auf den Karma- und Reinkarnationsgedanken vermutet werden.

Auf diese größtenteils sehr engagiert und polemisch geführten Diskussionen möchten wir uns an dieser Stelle allerdings nicht einlassen, werden wir hier doch lediglich mit dem in der christlichen Theologie leider weitverbreiteten Problem der Dehnbarkeit und Interpretationsfähigkeit von Bibelstellen konfrontiert. Denn für jeden Theologen der Vergangenheit und der Gegenwart, der eine bestimmte Bibelstelle in einer bestimmten Weise interpretiert, lassen sich Dutzende von anderen Theologen finden, die auf der Grundlage derselben Bibelstelle eine völlig andere, teilweise sogar genau entgegengesetzte Interpretation vorschlagen. Aber der Streit über die Auslegung einzelner Bibelstellen ist im Grunde genommen ebenso sinnlos wie fruchtlos, denn es ist historisch erwiesen, daß im Laufe der Jahrhunderte immer wieder massive Veränderungen und Verfälschungen der ursprünglichen Texte vorgenommen wurden. Mit anderen Worten: Man weiß heute schlechthin nicht, was ursprünglich wirklich in den Bibeltexten stand, bzw. was verändert, was getrichen und was ergänzt wurde.

Wenn wir also im folgenden einige klassische Bibelstellen anführen, so ist dies nur als ergänzende Information zu verstehen und nicht als Herausforderung zum polemischen Streit. Der Leser sei aufgefordert, sich ohne ausschweifende interpretatorische Vorgabe eine eigene Meinung zu den zitierten Bibelstellen zu bilden.

Elija und Johannes der Täufer.
Wie in Kapitel 5 («Judentum und Altes Testament») erwähnt, lassen sich bereits im Alten Testament Beispiele für das Wissen um die Wiedergeburt der Seele in einem anderen Körper erkennen. So wird beispielsweise schon dem Propheten Maleachi mit den folgenden Versen (die zugleich den Abschluß des gesamten Alten Testaments bilden) die Wiederkunft des hebräischen Propheten Elija (um 870 v.u.Z.) als «Wegbereiter» prophezeit:

> Bevor aber der Tag des Herrn kommt, der große und furchtbare Tag, seht, da sende Ich zu euch den Propheten Elija. Er wird das Herz der Väter wieder den Söhnen zuwenden und das Herz der Söhne ihren Vätern, damit Ich nicht kommen und das Land dem Untergang weihen muß. (Maleachi 3,23-24)

Elija versuchte den Monotheismus am Königshof durchzusetzen und lehrte, daß sich Gott nicht in Gewalt und Vernichtung offenbart, sondern in einem «leisen Säuseln», also in Langmut und im stillen Wirken. Elija ist ein typischer Wanderprediger, kleidet sich in Lumpen, wird auf wunderbare Weise ernährt, tut selbst Wunder – wie die Vermehrung von Speisen und Auferweckung von Toten –, hat einen Salbungsauftrag, spricht davon, daß er gesandt worden ist, und sammelt eine große Schar von Jüngern um sich. Schließlich verschwindet er wieder auf mysteriöse Weise (Himmelfahrt; 2 Kön 2,11), wird von fünfzig Männern drei Tage lang gesucht, kann aber nirgends mehr aufgefunden werden.

Ein paar Jahrhunderte später aber erscheint dem Zacharias gemäß der Prophezeiung des Maleachi ein Himmelsbote und verkündet ihm die Geburt eines Sohnes:

> Der Engel aber sagte zu ihm: Fürchte dich nicht, Zacharias! Dein Gebet ist erhört worden. Deine Frau Elisabeth wird dir einen Sohn gebären; dem sollst du den Namen Johannes geben. Große Freude wird dich erfüllen, und auch viele andere werden sich über seine Geburt freuen. Denn er wird groß sein vor dem Herrn. Wein und andere berauschende Getränke wird er nicht trinken, und schon in Mutterleib wird er vom Heiligen Geist erfüllt sein. Viele Israeliten wird er zum Herrn, ihrem Gott, bekehren. Er wird mit dem Geist und mit der Kraft des Elija dem Herrn vorangehen, um das Herz der Väter wieder den Kindern zuzuwenden und die Ungehorsamen zur Gerechtigkeit zu führen und so das Volk für den Herrn bereit zu machen. (Lk 1,13-17)

Allein das Matthäus-Evangelium bezieht sich an drei Stellen auf diese Prophezeiung, und die anderen Evangelien an sieben Stellen. Wie wir den Bemerkungen der Jünger Jesu entnehmen können, wurde unter den Juden bereits viel über die Rückkehr Elijas und auch anderer hebräischer Propheten spekuliert. Eine solche Rückkehr (Reinkarnation) wurde also offensichtlich durchaus für möglich gehalten. In diesem Falle erklärt Jesus auf die Fragen der Jünger ausdrücklich, daß Johannes der Täufer der wiedergeborene Elija war:

> Als sie gegangen waren, begann Jesus zu der Menge über Johannes zu reden; er sagte: ... Er ist der, von dem es in der Schrift heißt: Ich sende meinen Boten vor dir her; er soll den Weg für dich bahnen. Wahrlich, ich sage euch: Unter allen

> Menschen hat es keinen größeren gegeben als Johannes den Täufer; doch der Kleinste im Himmelreich ist größer als er... Denn bis hin zu Johannes haben alle Propheten und das Gesetz geweissagt. Und wenn ihr es gelten lassen wollt: Ja, er ist Elija, der wiederkommen soll. Wer Ohren hat, der höre! (Mt 11,7-15)

> Während sie den Berg hinabstiegen, gebot ihnen Jesus: Erzählt niemand von dem, was ihr gesehen habt, bis der Menschensohn von den Toten auferstanden ist. Da fragten ihn die Jünger: Warum sagen denn die Schriftgelehrten, zuerst müsse Elija kommen? Er gab zur Antwort: Ja, Elija kommt, und er wird alles wiederherstellen. Ich sage euch aber: Elija ist schon gekommen, doch sie haben ihn nicht erkannt, sondern mit ihm gemacht, was sie wollten. Ebenso wird auch der Menschensohn durch sie leiden müssen. Da verstanden die Jünger, daß er von Johannes dem Täufer sprach. (Mt 17,9-13; auch Mk 9,11-13 und Lk 7,24-35)

Nach den Evangelientexten bestätigt also Jesus selbst, daß die Seele des Elija als Johannes reinkarniert wurde. Wo Johannes allerdings seine Jugendzeit verbracht hat, wo er also ausgebildet wurde, erfahren wir aus der Bibel nicht. Bei Lukas steht lediglich der lapidare Satz: «Das Kind wuchs heran, und sein Geist wurde stark. Und Johannes lebte in der Wüste bis zu dem Tag, an dem er den Auftrag erhielt, in Israel aufzutreten.» (Lk 1,80) Ist es nicht denkbar, daß auch Johannes (wie später Jesus) als hohe Inkarnation erkannt wurde und deshalb seine klösterliche Ausbildung direkt in Indien erhalten hat? In diesem Fall könnten wir das «Bereiten des Weges für den Herrn» nicht nur symbolisch verstehen.

Wer ist Jesus?
In einer anderen berühmten Bibelstelle heißt es:

> Als Jesus in das Gebiet von Cäsarea Philippi kam, fragte er seine Jünger: Für wen halten die Leute den Menschensohn? Sie sagten: Die einen für Johannes den Täufer, andere für Elija, wieder andere für Jeremia oder sonst einen Propheten. Da sagte er zu ihnen: Ihr aber, für wen haltet ihr mich? Simon Petrus antwortete: Du bist der Messias, der Sohn des lebendigen Gottes. (Mt 16,13-16; auch Mk 8,27-29, Lk 9,18-20)

Die Jünger Jesu wissen also, daß Jesus eine Inkarnation ist, bleiben aber über seine Identität im unklaren und stellen einige Spekulationen an. Jesus selbst nimmt keine Stellung zu den Mutmaßungen, bestätigt aber die Annahme seiner Jünger indirekt, indem er sie ermutigt, weiterzuraten: «Aber wer sagt ihr, daß ich sei?»

Aus diesem kurzen Gespräch geht hervor, daß die Wiederverkörperung dem Volke damals scheinbar wohlvertraut war. Die heutige Bibel enthält zwar keine direkten Lehren Jesu bezüglich Reinkarnation, doch Jesus hat durch seine Aussagen über den Täufer und durch seine Frage an die Jünger den Seelenwanderungsgedanken offensichtlich vorausgesetzt. Er sprach damit für die damaligen Menschen nichts Neues aus, sondern knüpfte nur an die allgemein verbreitete Anschauung der Reinkarnation an.

Der Blindgeborene.
Wir können also davon ausgehen, daß die Wiedergeburt von Propheten und großen Persönlichkeiten in der Bibel bestätigt wird. Wie aber steht es mit den gewöhnlichen Menschen? Kommen auch sie zurück? Daß die Jünger Jesu dies ernsthaft in Betracht zogen, läßt sich aus ihrer nachstehenden Frage nach dem Blindgeborenen, den Jesus heilen soll, ersehen:

> Unterwegs sah Jesus einen Mann, der seit seiner Geburt blind war. Da fragten ihn seine Jünger: Rabbi, wer hat gesündigt? Er selbst? Oder haben seine Eltern gesündigt, so daß er blind geboren wurde? Jesus antwortete: Weder er noch seine Eltern haben gesündigt, sondern das Wirken Gottes soll an ihm offenbar werden. (Joh 9,1-3)

Dieser Vorfall zeigt deutlich, daß die Jünger über Reinkarnation Bescheid wußten, denn es ist klar, daß der Mann, der bereits blind geboren wurde, nicht in diesem Leben gesündigt haben konnte. Allein schon die Frage danach, ob jemand wegen seiner eigenen Sünden als Blinder geboren werden kann, setzt selbstverständlich ein vorhergegangenes Leben und die darauffolgende Wiedergeburt voraus. Außerdem beinhaltet die Frage natürlich auch den Gedanken des Karma, gemäß dem die Taten eines vorhergehenden Lebens sich auf das darauffolgende Dasein auswirken.

Hier hätte Jesus eine gute Gelegenheit gehabt, den Seelenwanderungsgedanken ein für allemal zu zerschlagen – was er jedoch nicht tat. Statt die Frage seiner Jünger entschieden als sinnlos zurückzuweisen (wie das vielleicht heutige Theologen tun würden), greift er sie vielmehr im Wortlaut auf und stellt fest, daß der Mensch zwar aufgrund von Versündigungen im vergangenen Leben krank geboren werden könne (Karma), daß es sich hier jedoch um einen Ausnahmefall handle. Dieser Mann sei deswegen blind, weil es ihm vorbestimmt war, von Jesus geheilt zu werden, damit «das Wirken Gottes an ihm offenbar» werde.

Frohbotschaft oder Drohbotschaft? – Die kirchliche Erlösungslehre

ein Beitrag von Holger Kersten

Der Freiburger Theologe *Holger Kersten* (*1951) ist der Autor des 1983 erstmals veröffentlichten, vielbeachteten Buches «Jesus lebte in Indien», das inzwischen in zwölf Sprachen übersetzt wurde. In dieser Arbeit kommt er aufgrund sorgfältiger Studien der Evangelien sowie archäologischer und religionshistorischer Forschungsergebnisse zu dem Schluß, daß Jesus mit etwa 14 Jahren auf alten Karawanenstraßen nach Indien gezogen war, wo er unter anderem die vedischen Sanskritschriften kennenlernte und auch lehrte.

Dogmatische Christen haben mir vorgeworfen, mit meinen Thesen bezüglich «Jesus in Indien» dem Christentum das wesentliche Element zu entziehen, das alleine Trost und Hoffnung geben kann: die Erlösung von den Sünden (die das Leid in der Welt verursachen) durch den Sühneopfertod Jesu für alle Menschen, die sich zu ihm bekennen.

Doch gerade diese Form der Erlösungslehre wird von Jesus nirgends auch nur angedeutet und beruht ausschließlich auf *Paulus* (um 10-64). Paulus lehrt, daß die ganze Funktion Jesu nur in seinem Tod beruht, um durch sein Blut die Gläubigen von ihren Sünden, von ihrer Verlorenheit und von der Herrschaft des Satans zu befreien. Tatsächlich erwähnt Paulus in seinen Episteln nicht eine Silbe von dem, was Jesus gelehrt hat, und er gibt auch keines seiner Gleichnisse wieder, sondern verbreitet nur seine eigene Philosophie nach seinem eigenen Verständnis.

Was wir heute als Christentum bezeichnen, ist eine künstlich von Paulus geschaffene gesetzgebende Lehre, die man richtiger als *Paulinismus* bezeichnen muß. Der Religionshistoriker *Wilhelm Nestle* drückt das in seinem Buch «Krisis des Christentums» (1947) so aus: «Christentum ist die von Paulus gegründete Religion, die an Stelle des Evangeliums Jesu ein Evangelium von Jesus setzt.» Und der Theologe *F. Overbeck* schreibt in «Christentum und Kultur» (1919): «Alle schönen Seiten des Christentums knüpfen sich an Jesus, alle unschönen an Paulus.» Mit anderen Worten: Paulinismus ist die von Paulus arrangierte Mißdeutung und Verfälschung der wirklichen Lehre Jesu. *

Nach Paulus stehen alle Menschen von Anfang an unter dem Zorn Gottes (vgl. Eph 2,3) und sind ohne Ausnahme verloren (z.B. Röm 5,18; Kor 15,18), ohne Hoffnung und ohne Gott (Eph 2,12), denn Satan hat Macht über alle (Röm 3,9; Gal 3,22; Kol 2,14). Gegen alle Menschen besteht ein Verdammungsurteil Gottes (Röm 5,16).

So macht Paulus aus der *Frohbotschaft Jesu* seine *eigene Drohbotschaft*, aus der er allein den Ausweg zeigen kann. Indem sich der Mensch zur Lehre des Paulus bekennt, erhält er automatisch die Erlösung durch die Gnade Gottes!

In keiner anderen Religion ist die Todesangst so sehr gezüchtet worden wie im *paulinischen Christentum*. Paulus hat eine Angstreligion geschaffen, unter deren Drohungen die Christen sich hoffnungslos knechten ließen. Paulus wendet sich ab vom gütigen und liebenden, alles verzeihenden Gott Jesu und propagiert den Rachegott des Mose, indem er sagt, es sei «schrecklich, in die Hände des lebendigen Gottes zu fallen.»

* Die Tatsache, daß die verschiedenen christlichen Dogmen und die Verabsolutierung Jesu zum einzigen Erlöser gar nicht in den Lehren Jesu, sondern den Lehren des Paulus (der Jesus nie getroffen hat, ja sogar mit dessen Jüngern im Streit stand) gründen, wird heute von verschiedenster Seite bestätigt. Zum Beispiel in dem bereits erwähnten Buch «Verschlußsache Jesus – Die Qumranrollen und die Wahrheit über das frühe Christentum» von *Michael Baigent/Richard Leigh* (1991): «Das ‹Christentum›, wie es sich in der Folgezeit seit Paulus' Wirken entwickelte, hat damit praktisch jede Verbindung zu seinen Wurzeln verloren, ja, man kann im Grunde sogar sagen, daß es nichts mehr mit Jesus gemein hat, sondern vielmehr mit dem Bild von Jesus, das Paulus vermittelt hat.» (S. 232) – Anm. von R.Z.

Das Schlimmste und Verwerflichste an der Erlösungslehre des Paulus ist aber die Aussage, daß der Mensch selbst nichts dazu beitragen kann, um zur Erlösung zu gelangen. «Durch keine eigenen guten Werke und durch keinen noch so guten Lebenswandel kann der Mensch gerechtfertigt, erlöst, mit Gott versöhnt werden.» (vgl. Röm 3,24; 3,28; 9,16; Gal 2,16)

Denn nach Paulus ist es allein die Gnade Gottes, von der die Erlösung abhängt: «Denn aus Gnade seid ihr durch den Glauben gerettet, nicht aus eigener Kraft – Gott hat es geschenkt –, nicht aufgrund eurer Werke, damit keiner sich rühmen kann.» (Eph 2,8-9) Die paulinische Gnadenlehre besagt, daß deshalb Erlösung reine Gnade sei. Wir können nicht das Geringste dazu tun (vgl. Röm 4,16; Eph 2,5; 2 Tim 1,9; Tit 3,5-7)

Was Paulus da verkündet, ist freilich sehr attraktiv, da bequem. Keine eigenen Anstrengungen sind nötig, um das Lebensziel zu erreichen, denn jeder Christ ist ein für allemal durch das Blutopfer Jesu am Kreuz erlöst worden. Das bedeutet, daß man also nur diesem «Verein» beitreten und seinen «Vereinsbeitrag» entrichten muß, und schon hat man damit alles getan, um sich für alle Ewigkeit einen Platz im Paradies zu sichern. Es ist kein Wunder, daß diese Lehre so viele Anhänger fand und sich schnell verbreitete – glaubt man doch leichter an das, was bequemer und sicherer zu haben ist.

Durch den einmaligen Bekehrungsakt ist der Mensch allein schon fertig erlöst, gerettet, ein Kind Gottes und ein völlig neues Wesen. Jeder Versuch, durch eigene Anstrengung an der Erlösung mitzuwirken, wird durch diese Lehre sogar als Schmälerung der Verdienste Jesu, als Ursünde bezeichnet, als verderblicher Selbsterlösungsversuch! Umgekehrt gilt jeder Mensch, mag er auch noch so gut und vorbildlich gelebt haben, nach dieser Auffassung als verloren, wenn er das Kreuzopfer nicht für sich persönlich als seine volle Erlösung dankend annimmt.

Die meisten Christen sind der Auffassung, mit der Realität dieser Lehre stehe und falle das Große und Einzigartige des Christentums. Dabei erweist sie sich als eine große Fiktion, die dem Denken Jesu völlig fern lag! Weder die *Bergpredigt* – das Kernstück der Botschaft Jesu – noch z.B. das Vaterunser, noch die von Jesus überlieferten Gleichnisse enthalten auch nur eine Spur dieser sogenannten christlichen Erlösungslehre! So hätte Jesus wenigstens einen kleinen Hinweis auf das Entscheidende seines «Opfertodes» für die Rettung der Menschheit geben müssen. Ein absichtliches Verschweigen widerspräche seiner Ethik voll und ganz.

Jesus selbst hat über seinen Weg und seine Lehre zur Befreiung des Menschen vom Leid keine imposanten Theorien von sich gegeben – er hat seine Lehre vorgelebt! Das Aufgeben von egoistischem Handeln, vorurteilsfreie Zuwendung, Toleranz, Geben und Teilen, das Leid anderer auf sich nehmen, also uneingeschränkte Liebe durch die Tat am Mitmenschen: Das ist der Weg, den Jesus zur Erlösung weist. Auch im ständigen Kreislauf der Wiedergeburten kommt es einzig darauf an, sich durch entsprechendes Handeln allmählich allen Karmas zu entledigen, um letztlich in der Erlösung und durch die Gnade Gottes zurück zu Gott zu gelangen. Der Unterschied ist nur, daß gemäß der Reinkarnationslehre jedem Menschen mehr als eine Chance für diesen Weg gegeben wird.

Warum?

Nach allem bisher Behandelten erhebt sich an dieser Stelle unausweichlich die Frage nach dem *Warum*:

- Warum halten die Vertreter der Bibel heute noch trotz des erdrückenden Beweismaterials, das für die Richtigkeit der Reinkarnationslehre spricht, weiterhin stur an irgendwelchen widersprüchlichen Lehrsätzen fest?
- Warum erkennen sie nicht die Zeichen der Zeit und nehmen nicht die Einwände und Zweifel ernst, die in jüngster Zeit sogar aus den Reihen ihrer eigenen Gemeinden geäußert werden?
- Warum geben sie nicht zu, daß der Reinkarnationsgedanke durchaus mit dem ursprünglichen christlichen Gedankengut vereinbar ist und daß in ihm keine Widersprüche zu den Lehren Jesu Christi enthalten sind?
- Warum verschleiern sie nach über 1400 Jahren noch immer die dunklen Machenschaften, welche im 6. Jahrhundert dazu geführt haben, daß das Wissen um die Reinkarnation beseitigt wurde?
- Warum weigern sie sich, die Fehler zu korrigieren, die damals von selbstsüchtigen Menschen begangen wurden, mit denen sie heute nichts mehr zu tun haben?
- Warum stehen ihnen eine Handvoll korrupter Bischöfe und Päpste der Vergangenheit näher als Jesus Christus? Warum ist es ihnen wichtiger, jene nicht zu entlarven, als ihn nicht zu verraten?
- Warum verschließen sie ihre Augen vor den ewigen, von Gott geschaffenen Naturgesetzen von Karma und Reinkarnation, deren Verständnis doch Antworten auf sämtliche Fragen geben kann, mit denen sich die Theologie seit Jahrhunderten abquält?

Eine scheinbar einleuchtende, wenngleich nicht sehr hoffnungsvolle Antwort auf diese Fragen liefert uns der bereits zitierte amerikanische Autor *James Morgan Pryse*: «Das theologische Schema ist so aufgebaut, daß jedes seiner Teile von dem anderen abhängig ist, so daß das ganze Gebäude zusammenbricht, wenn irgendein Teil daraus entfernt wird.» (S. 61)

In der Tat macht es den Eindruck, als sei die Kirche deshalb gezwungen, stur an ihren einmal verkündeten Lehrsätzen festzuhalten, weil sie durch das Dogma der Unfehlbarkeit des Lehramtes gar keinem Irrtum unterliegen *darf*. Selbst wenn sich im nachhinein herausstellen sollte, daß im Laufe der Kirchengeschichte fatale Fehler begangen worden sind und daß bei folgeschweren Entscheidungen häufig auch «nichtchristliche» Motive eine gewichtige Rolle gespielt haben, darf dies die Kirche anscheinend nicht zugeben. Würde sie ihre Fehlbarkeit zugeben, verlöre sie, wie sie befürchtet, ja ihre Glaubwürdigkeit und Vertrauenswürdigkeit.

Was soll man aber von einer Kirche halten, der es, eingeengt und geistig gebunden in dem Netzwerk ihrer eigenen widersprüchlichen Dogmen, an dem grundlegendsten Wissen über das menschliche Leben und Sterben mangelt und die keine zufriedenstellenden Antworten auf die essentiellen Fragen des Daseins zu geben vermag? Was soll man von einer Kirche halten, die aufgrund ihres selbstgefälligen Hochmuts und ihrer eitlen Verblendung nicht mehr in der Lage ist zu erkennen, daß sie längst durchschaut wurde?

Kann man es unter diesen Umständen einem denkenden Menschen verübeln, daß er an den im Namen der Bibel gelehrten Glaubenssätzen zu zweifeln beginnt? Kann man es ihm verübeln, daß er sich den älteren, vedischen Wissensquellen zuwendet, die seinen Durst nach Erkenntnis und Gotteserfahrung zu stillen vermögen? Wird Jesus Christus, wird Gott es ihm verübeln?

So stellt das Thema der Reinkarnation also eine große Herausforderung für das etablierte Christentum dar. Wird es den «Christusvertretern» gelingen, diese Herausforderung anzunehmen und positiv umzusetzen, oder werden sie sich noch mehr in einen dogmatischen Fanatismus versteifen?

Reinkarnation: Eine Herausforderung für das Christentum

Gerade in den vergangenen Jahren der religiösen und weltanschaulichen Öffnung Europas ist in christlichen Kreisen außerordentlich viel über die Thematik der Reinkarnation diskutiert und geschrieben und auch gestritten worden. Manche Theologen sehen hinter dem rapide zunehmenden öffentlichen Interesse an Themen wie Karma und Reinkarnation eine satanische Verschwörung gegen die gläubige Christenheit und versuchen vehement, jede ernsthafte Beschäftigung mit diesen Fragen schon im Ansatz zu vernichten.

Oft wird die Reinkarnation von christlicher Seite ohne Unterscheidungsvermögen in einem Atemzug genannt und verurteilt mit schwarzer Magie, Aberglauben, Geisterverehrung und Hexenkult, mit wiederauflebenden archaischen und «heidnischen» Riten und Bräuchen, mit populärem Okkultismus und Spiritismus, Pendeln, billiger Astrologie, usw.

Natürlich ist nicht zu leugnen, daß im Fahrwasser des durch populärwissenschaftliche Medien hochgespielten «neuen esoterischen Zeitalters» allerlei Ungereimtes und Bedauerliches mitgeschwemmt wird und daß im Sumpf der sensationslüsternen Schlagzeilenmacherei allerlei gefahrenvolle Auswüchse wuchern. Doch diese sind für den echten Reinkarnations-Wissenden genauso verwerflich wie für den ängstlichen Christen, der durch sie sein Weltbild bedroht sieht. Natürlich ist es bedenklich, wenn die Erkenntnisse der Reinkarnationszusammenhänge dafür mißbraucht werden, wie besessen in den eigenen Vorleben nach großen historischen Persönlichkeiten zu wühlen oder wenn sie pragmatisch als Mittel zu fragwürdigen

Therapien und Lebensberatungen eingesetzt werden. Und natürlich kann es nicht die richtige Schlußfolgerung der Beschäftigung mit diesen Themen sein, wenn man unter dem Einfluß von LSD oder ähnlichem «transpersonale» Reinkarnationserlebnisse imaginiert. Und so weiter.

Dies alles spricht aber nicht gegen die Reinkarnationslehre an sich. Man darf hier nicht den Fehler machen, die Reinkarnationslehre mit ihrem Mißbrauch oder ihren Auswüchsen gleichzusetzen und sie auf dieser falschen Grundlage blind zu verurteilen. («Das Kind mit dem Bade ausschütten...»)

In welch bedauernswerte Lage sich die christliche Kirche im Laufe der Jahrhunderte hineinmanövriert hat, zeigt sich heute gerade dann am offensichtlichsten, wenn es darum geht, dem in den letzten Jahren immer mächtiger gewordenen Einfluß östlicher Philosophien «die Stirn zu bieten». Anstelle einer offenen Haltung der Lernbereitschaft und des gegenseitigen Vertrauens zwingt sie sich unnötigerweise selbst eine verkrampfte, fast lächerlich scheinende Abwehrhaltung auf, die nur darauf ausgerichtet ist, beim anderen Fehler zu finden und damit zu beweisen, daß die eigenen Lehrmeinungen «besser» sind.

Am deutlichsten wird dies wohl im Zusammenhang mit der Frage der Reinkarnation sichtbar, weil hier im Grunde gar *keine sachlichen Gegenargumente* vorliegen und alles, was sich gegen die Reinkarnationslehre anführen läßt, keinen wirklichen Rückhalt in der ursprünglichen christlichen Lehre besitzt. Zwar werden in der Bibel gewisse «häretische» Anschauungen offen mißbilligt – wie etwa der Vielgötterglaube, der Götzendienst, die Zauberei, der blinde Buchstabenglaube oder der Materialismus –, doch enthält sie keine einzige Stelle, die den Glauben an die Reinkarnation in Frage stellt, ihn leugnet oder für falsch erklärt.

So scheinen dann auch die Vorwürfe, mit denen die dem Dogmatismus verhafteten christlichen Vertreter gegen die Reinkarnation zu Felde ziehen, äußerst gesucht und mager. Als typisches Beispiel sei hier nur der jesuitische Theologe *Walter Brugger* genannt, dessen Aufsatz «Wiederverkörperung» (erschienen in: «Stimmen der Zeit – Monatszeitschrift der Gegenwart», 1948, S. 252-264) von den Gegnern der Reinkarnationslehre auch heute noch immer wieder zitiert wird. Brugger beklagt darin, daß sich viele Menschen vom Christentum entfernt hätten und – infolge Mangels an Kritik, infolge geringer geistiger Durchbildung und infolge der durch das moderne Leben aufgestachelten Neugier – das alte Wahre wenig anziehend fänden. Im gleichen Atemzug verurteilt er darauf Sektenwesen, populären Okkultismus, Wundersucht, Prophetenmanie und Wiedergeburtslehre. Seine Argumentation leitet er mit den Worten ein:

> Die folgenden Ausführungen über Reinkarnation oder Seelenwanderung haben nicht in erster Linie den Zweck, eingeschworene Anhänger dieser Lehre von deren Unhaltbarkeit zu überzeugen. Diese haben ihre phantastischen Anschauungen meist in ein System gebracht, an dem eine Einzeluntersuchung, die ihnen nicht auf all den vielverschlungenen Nebenwegen nachgehen kann, wirkungslos abgleitet. Sie sind von ihren vermeintlichen höheren Einsichten so erfüllt, daß sie darüber nur schwer zu klarem Denken und Urteilen kommen.

Leider gibt es noch immer zu viele solcher Beispiele zeitgenössischer Verfechter des Christentums, die über derart geringes und oberflächliches Wissen über den Gegenstand ihrer vehementen Ablehnung, nämlich die Reinkarnation, verfügen, daß sie nicht imstande sind, eine sachliche und unpolemische Diskussion zum Thema zu führen. Doch gerade eine solche Diskussion wäre heute dringend vonnöten.

Glücklicherweise aber bemüht sich inzwischen bereits eine Minderheit unter den gegenwärtigen Theologen, das Thema etwas differenzierter anzugehen, und räumt der Reinkarnationslehre durchaus Berechtigung ein — wenn auch in erster Linie noch als eine «östliche Lehre», die man als solche großzügigerweise gelten und bestehen läßt. Erst sehr selten wird sie auch als eine Erklärung der Wirklichkeit erkannt, die sogar die gängigen christlichen Vorstellungen und Glaubensinhalte bereichern könnte. Einige wenige mutige Theologen erklären inzwischen klar ihre Offenheit und ihre Bereitschaft zum Dialog. So schreibt beispielsweise *Norbert Klaes*, Professor der Fundamentaltheologie und vergleichenden Religionswissenschaft an der Theologischen Fakultät Paderborn: «Das Gespräch der Religionen im Kontext heutiger Welterfahrung hat erst begonnen. Es bleibt zu wünschen, daß der Dialog über die Wiedergeburtslehre weitergeführt wird.» (aus seinem Nachwort zu: Hans Torwesten, «Sind wir nur einmal auf Erden? – Die Idee der Reinkarnation angesichts des Auferstehungsglaubens», 1983)

In der Tat bleibt nur zu wünschen und zu hoffen, daß die Worte des modernen Urchristen *Hermann Bauer* (in: «Wiedergeburt», 1982) bald erhört und verstanden werden:

> Ohne das Wissen um die Reinkarnation sind echter Glaube und Gottvertrauen nur schwer möglich, da der Mensch Gott als ungerecht empfinden muß, angesichts der Ungleichheiten in den menschlichen Seins- und Lebensbedingungen und dem Schicksal.
>
> Ohne dieses Wissen blieben und bleiben fernerhin Tür und Tor geöffnet dem alleinigen Zweck- und Nützlichkeitsdenken, dem Materialismus, der Verstrickung des Menschen in äußerer Welt, Machtstreben, Zynismus, bis hin zur Gottferne.
>
> Ohne dieses Wissen besteht wenig innere Freiheit, sondern Abhängigkeit von äußeren Bindungen bis hin zu der Gefahr, von Ideologien und fanatischen und sektiererischen Bestrebungen, gleich welcher Art, gefangengenommen zu werden.
>
> Ohne dieses Wissen gibt es nur geringen Ansporn, sich zum Höheren zu entwickeln, da der Mensch sich gar nicht bewußt ist, daß sein in der Vergangenheit Erworbenes an ihm haftet und wirksam ist...
>
> Nicht Gott hat dieses Wissen den Menschen genommen, sondern die Kirchen. So soll nun nach Seinem Willen das verschüttete Wissen wieder in das Bewußtsein aller eingehen und dort möglich machen, was Er den Menschen brachte: die Erlösung.
>
> Der Streit um die Reinkarnation ... würde nicht existieren, wenn die Menschen den inneren Weg gingen. Sie würden nämlich die Wirksamkeit dieses unabdingbar vorgegebenen geistig-göttlichen Gesetzes in der Schau der Seele selbst erfahren können:
>
> Die Menschen müßten nicht mehr Glaubende sein — sie wären Wissende!

Kapitel 7

MODERNE REIN-KARNATIONSFORSCHUNG

Die moderne Esoterik

Wie wir aus den vorangegangenen Kapiteln gesehen haben, sind rund ein Viertel der Weltbevölkerung, das heißt weit über eine Milliarde Menschen, bereits von ihrer Kultur und Religion her von der Richtigkeit der Reinkarnation überzeugt. Dazu zählen neben den Anhängern der großen Religionen des «Hinduismus» und Buddhismus auch der Taoismus, der Jainismus und der Sikhismus sowie eine Vielzahl kleinerer Gruppierungen.

Doch im Zuge des in Kapitel 1 besprochenen Paradigmawechsels stößt die Idee der Reinkarnation nun auch in dem vom Christentum beherrschten Abendland (Europa, Amerika) immer mehr auf offene Ohren, wie das folgende Zitat aus dem Buch «Zwischen Himmel und Hölle – Die Reinkarnation» (1986) des Schweizer Religionswissenschaftlers Dr. *Richard Friedli* (*1937) von der Universität Freiburg/Schweiz veranschaulicht:

> Die innereuropäischen Geistesströmungen und die Durchdringung Europas mit der Gegenmission aus Indien haben eine Mentalität entstehen lassen, in der die Vorstellung von Reinkarnation mehr und mehr als plausibel und evident angenommen wird... Was bisher als Beobachtungen des Zeitgeistes und als Vermutungen erschien, ist jetzt durch Untersuchungen zur Präsenz des Reinkarnationsgedankens in der europäischen Mentalität auch quantitativ und statistisch belegt. (S. 20)

Unter Begriffen wie «Metaphysik», «Parapsychologie» und in jüngster Zeit vor allem «Esoterik» eröffneten sich in den vergangenen Jahren und Jahrzehnten eine ganze Anzahl neuer Forschungsgebiete, für die sich der abendländische Mensch vermehrt zu interessieren beginnt. Dabei lassen sich gerade im Themenbereich der Thanatologie, also der Sterbe- und der Jenseitsforschung zahlreiche neue Bestrebungen und Erkenntnisse beobachten.

Im Rahmen unserer Betrachtungen möchten wir daher im vorliegenden Kapitel auf diesen anwachsenden «Esoterik-Boom» eingehen. Dabei werden wir uns hauptsächlich auf den Bereich der Seelenwanderung beschränken und versuchen, einige in diesem Zusammenhang neu entdeckte und diskutierte Phänomene zu untersuchen und sie im Lichte der Wissenschaft der Reinkarnation zu betrachten, wie sie in der vedischen Literatur Indiens niedergelegt ist. Konkret werden wir uns dabei mit den folgenden ausgewählten Themen beschäftigen:

- Statistik (Gallup-Institut)
- Jenseitsforschung (Friedrich Jürgenson, Konstantin Raudive, Ian Currie, Garuḍa Purāṇa)
- Rückerinnerungen (Ian Stevenson)
- Hypnotische Rückführungen (Albert de Rochas, Alexander Cannon, Morey Bernstein)
- Reinkarnationstherapie (Thorwald Dethlefsen, Jan-Erik Sigdell)

Esoterik und Reinkarnation als Modeerscheinung?

Bevor wir auf diese Themen im einzelnen eingehen, wollen wir uns zunächst die berechtigte Frage stellen: Ist die Esoterik, und im Besonderen die Beschäftigung mit der Reinkarnation, nur eine vorübergehende Modeerscheinung unserer Zeit, oder kann und muß sie auch mehr sein? – Die Antwort: Beides. Esoterik und Reinkarnation gehören einerseits gewiß zu den Modeerscheinungen unserer Zeit, zum anderen aber geht es dabei auch um viel mehr.

Diese Antwort will so verstanden sein: Vieles von dem, was mit der esoterischen Welle seit rund zwanzig Jahren an die Oberfläche und an die Oberflächlichkeit geschwemmt wird, muß – oder besser: darf glücklicherweise – als Modeerscheinung betrachtet werden. Anderes dagegen ist durchaus nicht an Modeerscheinungen gebunden und beruht auf Werten und führt in Richtungen, die von echtem esoterischen Streben zeugen und die uns berechtigterweise von einer «Wendezeit» und einem «Paradigmawechsel» sprechen lassen. Was in diesem Zusammenhang also unbedingt erforderlich ist, ist ein Unterscheidungsvermögen, das vorübergehende, zeitweilige Modeerscheinungen von wahrer Esoterik zu trennen und abzugrenzen vermag.

Wir werden am Schluß dieses Kapitels einen Vortrag zum Thema «Esoterik und Reinkarnation» wiedergeben, in dem diese Thematik ausführlich behandelt wird. Für den Moment wollen wir uns damit begnügen, in aller Kürze die Entwicklung dessen zu umreißen, was man heutzutage unter «moderner Esoterik» versteht:

Die esoterischen Modeerscheinungen der siebziger Jahre.
Die esoterischen Modeerscheinungen der siebziger Jahre ließen sich wohl am treffendsten mit den folgenden drei Stichworten zusammenfassen: • Sensationelle Psi-Phänomene, • Nervenkitzel und • Weltflucht.

In dieser Anfangszeit der modernen Esoterik begannen sich plötzlich Millionen von Menschen in Europa und Amerika für eine Vielzahl von nervenkitzelnden parapsychologischen Phänomenen zu interessieren, die man bald unter dem Sammelbegriff «PSI-Phänomene» zusammenfaßte. Es war eine Zeit der Suche nach billigen Sensationen und auch eine Zeit der Weltflucht, in der sich die neuen «Esoteriker» bewußt oder unbewußt vor der grobstofflichen Realität in zahlreiche feinstoffliche Scheinwelten zurückzogen.

Man beschäftigte sich mit Themenkomplexen wie etwa mit außersinnlichen Wahrnehmungen (Telepathie, Hellsehen, Hellhören, Klarträume usw.), außerkörperlichen Erfahrungen (Separationen, Autoskopie, Astralreisen usw.) oder «übernatürlichen» Kräften (Materialisationen, Psychokinese, Telekinese usw.) sowie mit Spiritismus und Exorzismus (Kontakte zu Verstorbenen, Kontakte zu «Außerirdischen» usw.) und sogar mit schwarzer Magie (Gewinnen von feinstofflicher und grobstofflicher Macht über andere Menschen). (Für den interessierten Leser finden sich im *Glossar* am Ende des vorliegenden Buches kurze, sachliche Erklärungen zur Bedeutung all dieser Begriffe.)

Im Bereich der *Reinkarnationsforschung*, auf den wir unser besonderes Augenmerk richten wollen, waren es in dieser Zeit hauptsächlich die unzähligen Berichte über Erfahrungen in Todesnähe und über sensationelle hypnotische Rückführungen, die von sich reden machten. Auf dem Buchmarkt erschienen buchstäblich Tausende von entsprechenden Rückführungsprotokollen, doch beschränkte sich bei den meisten Lesern die Beschäftigung mit dem Thema der Reinkarnation vorerst fast ausschließlich auf Spekulationen über die eigenen vergangenen Leben.

Die esoterischen Modeerscheinungen der achtziger Jahre.
Zu den esoterischen Modeerscheinungen der achtziger Jahre gehören die folgenden drei Stichworte: • Ego-Trips, • Technologisierung und • Vermarktung.

Als direkte Antwort auf die «Weltflucht» der siebziger Jahre stürzten sich die esoterisch interessierten Frauen und Männer nun immer mehr auf eine breite Palette von egozentrischen «Selbsterfahrungs»-Trips. Immer häufiger wurden irgendwelche Lebenshilfemethoden («Autogenes Training» durch Autosuggestion bzw. Selbsthypnose, «Positives Denken» usw.) mit eindeutig materialistischen Zielen – zum Beispiel für mehr Erfolg im Berufs- oder im Liebesleben usw. – angeboten. Oder man versuchte sich in einer Vielzahl alter fernöstlicher oder auch neu entwickelter Heil-, Entspannungs- und Therapiemethoden, die sich allesamt durch starke Betonung des Körpers und der eigenen Sinnlichkeit auszeichnen (verschiedene Massage- und Atemtechniken, Bioenergetik, Polarity, Rebirthing, Akupunktur, Akupressur, Shiatsu, Reiki, Rolfing, auch Geistheilungen, «Channeling» usw.).

Daneben war auch eine aufdringliche Technologisierung der Therapieformen (computergesteuerte Beruhigungsbrillen, «Mind- und Brain-Machines», «Samadhi-Tanks», «Bio-Feedback» usw.) sowie ein allgemeiner Trend zur skrupellosen kommerziellen Vermarktung der Esoterik zu beobachten.

Im Bereich der *Reinkarnationsforschung* begann nun die Zeit der Regressionstherapie, das heißt des Versuchs einer therapeutischen Auswertung der vergangenen Leben zur Bewältigung von persönlichen Konflikten. Zu diesem Zwecke wurden die verschiedensten Rückführungstechniken entwickelt, doch all diese Methoden der Regressions- oder Reinkarnationstherapie haben – und dies wird nun zu Beginn der neunziger Jahre immer deutlicher – *einen* gemeinsamen Nachteil, eine Grenze: Zwar vermögen sie in einem gewissen Sinne die Existenz früherer Leben zu «beweisen» (sofern es eines solchen Beweises überhaupt noch bedarf), wenn es aber um die Lösung konkreter psychischer oder physischer Probleme geht, so weisen sie entgegen den ursprünglichen Erwartungen eine lächerlich geringe Erfolgsquote auf – eine etwa genauso geringe wie diejenige der herkömmlichen Psychotherapieformen.

Die esoterischen Modeerscheinungen zu Beginn der neuziger Jahre.
Die esoterischen Modeerscheinungen der Gegenwart, also zu Beginn der neunziger Jahre, lassen sich wohl am besten mit den folgenden drei sich gegenseitig bedingenden Stichworten überschreiben: • Prophetie, • Zukunftsangst und • Zukunftshoffnung.

Der Mensch steht heute einer Vielzahl von sowohl unübersehbar als auch unüberschaubar gewordenen akuten Gegenwartsproblemen gegenüber. Um nur einige Stichworte zu nennen: Zerstörung der Lebensgrundlagen durch Verbauung, sauren Regen, nukleare Abfälle, Ozonloch, Polverschiebung usw.; verheerendes Anwachsen der Wüstengebiete überall auf der Erde, Aussterben von Tier- und Pflanzenarten; Hunger und Vergiftung der Grundnahrungsmittel; Rohstoffverknappung; Wirtschaftszerfall, Verschuldung und Verslumung; Angst vor dem Überwachungsstaat, Informationsstreß, Verblödung durch krankhaften Konsum elektronischer Massenmedien; Sinnentfremdung, Drogenmißbrauch, Alkoholmißbrauch und Medikamentenmißbrauch; unkontrollierbares Überhandnehmen von Gewalt, Kriminalität, Rassismus, Ausbeutung und Krieg; neue unheilbare Erkrankungen und Seuchen usw. usf. Das Bewußtwerden dieser Gefahren und Bedrohungen hat in der Esoterik bewirkt, daß man sich jetzt in einem noch nie gekannten Ausmaß mit Zukunftsfragen zu beschäftigen beginnt.

Diese Beschäftigung, die bei den einen eher pessimistisch-apokalyptische Züge angenommen hat (Weltuntergang, Endzeit usw.) und bei anderen eher optimistische (Hoffnung auf die Wendezeit und ein anbrechendes esoterisches Zeitalter), umfaßt sowohl die Individualprophetie (durch Astrologie, Numerologie, I Ging, Tarot, Pendeln usw.) als auch die Sozialprophetie (durch alte Orakel, Nostradamus usw.). Wohin diese Bestrebungen führen werden – zu neuen, zukunftsweisenden Erkenntnissen und Konsequenzen oder wieder zur regressiven Flucht in Scheinwelten und Ego-Trips –, werden die kommenden Jahre zeigen.

Zumindest im Bereich der *Reinkarnationsforschung* zeichnet sich eine positive Entwicklung ab: die allmähliche wissenschaftliche und philosophische (und sogar theologische) Akzeptanz der Reinkarnation. Man streitet inzwischen weniger über die Richtigkeit der Reinkarnationslehre, als daß man versucht, praktische weltanschauliche Konsequenzen aus ihren Erkenntnissen zu ziehen.

Welchen Herausforderungen sich die Esoterik und die Reinkarnationsforschung der neunziger Jahre im einzelnen werden stellen müssen, werden wir wie gesagt am Ende des vorliegenden Kapitels darlegen. Eine dieser noch anstehenden Herausforderungen ist sicherlich auch das Einsehen der Notwendigkeit, sich aus dem Kreislauf der wiederholten Geburten und Tode zu befreien. Dieses Thema werden wir im abschließenden Kapitel, *Das Ende der Reinkarnation*, behandeln. Vorerst aber wollen wir kurz einige statistische Untersuchungen zum aktuellen Reinkarnationsglauben sowie anschließend die historische Entwicklung der modernen Reinkarnationsforschung im 20. Jahrhundert betrachten.

Statistik

In dem bereits erwähnten Buch «Zwischen Himmel und Hölle – Die Reinkarnation» (1986) von Dr. *Richard Friedli* wird von einer ausgedehnten Umfrage berichtet, welche die «European Value Systems Study Group» (EVSSG) von 1978-1982 unter der Gesamtleitung des Gallup-Institutes (London) durchführte und die eine repräsentative Gruppe von 12 463 Personen in den folgenden neun europäischen Ländern erfaßte: England, Bundesrepublik Deutschland, Frankreich, Italien, Spanien, Holland, Belgien, Irland und Dänemark. (Aus finanziellen und organisatorischen Gründen konnte eine entsprechende Untersuchung in der Schweiz noch nicht durchgeführt werden.) Parallel dazu ist dieselbe Untersuchung zum Vergleich und zur Kontrolle in den USA, in Kanada, Mexiko, Japan, Südkorea und Südafrika vorgenommen worden.

Das Hauptinteresse dieser großangelegten statistischen Erhebung galt insbesondere dem Wandel in den Wertsystemen des modernen Menschen, mit anderen Worten, den bereits heute feststellbaren Merkmalen des sich anbahnenden Paradigmawechsels, mit dem Ziel, die Zukunft Europas prospektiv zu erschließen. Dabei wurden den untersuchten Personen neben zahlreichen Fragenkomplexen betreffend Politik, Familie, Arbeit oder persönliches Weltbild auch Fragen aus dem Bereich der Religion gestellt (für die vollständige Dokumentation der Erhebung siehe: Gallup Poll, «European Values», London 1983).

In diesem Kontext findet sich im spezifischen Bereich «Meaning and Purpose of Life» (Sinn und Ziel des Lebens) auch die Frage: «Glauben Sie an Wiedergeburt (Reinkarnation)?» Die Auswertung der Antworten auf diese Frage ergab, daß bereits jeder fünfte Europäer (21%) von der Richtigkeit der Reinkarnation überzeugt ist. 58% der Befragten antworteten mit nein, weitere 21% gaben keine Antwort.

Interessant ist auch die spezielle Beurteilung, z.B. in bezug auf *Religionszugehörigkeit* oder *Altersstufe*. An Reinkarnation glauben demnach: 23% aller Katholiken, 21% aller Protestanten, 12% der Religionslosen, und 26% der Mitglieder von Freikirchen. Und: 22% aller 18-24-Jährigen, 21% aller 25-64-Jährigen, 25% aller 65-74-Jährigen, und 23% aller über 74-Jährigen. (Weiteres Zahlenmaterial bei: Friedli, S. 22-26.)

Auch in den Vereinigten Staaten wurden in den letzten Jahren umfangreiche statistische Erhebungen zum Themenkreis der Reinkarnation durchgeführt. Die umfassendste Untersuchung bildet dabei eine Umfrage des Gallup-Meinungsforschungsinstituts aus den Jahren 1980/81, in der sich amerikanische Bürger über ihre Einstellungen und Überzeugungen im Bereich der Unsterblichkeit äußerten.

Nach dieser repräsentativen Studie beantwortete ungefähr ein Viertel der erwachsenen Bevölkerung die Frage «Gibt es Leben nach dem Tode?» mit «Nein», aber weit mehr, und zwar volle zwei Drittel (67%) aller Amerikaner (das sind rund 100 Millionen Menschen) mit einem deutlichen «Ja».

Die spezifischere Frage «Glauben Sie an Reinkarnation (Wiedergeburt der Seele)?» beantworteten 23% der befragten Amerikaner mit «Ja». Hierbei läßt sich beobachten, daß in den Südstaaten, wo das traditionelle Christentum tiefer verwurzelt ist als in anderen Teilen des Landes, nur 16% an die Seelenwanderung glauben, im Westen dagegen über 27% (interessantes Detail: bei den Schwarzen im Süden ist der Reinkarnationsglaube besonders weit verbreitet, nämlich bei 32% der Befragten). Bemerkenswert ist auch die Tatsache, daß mit 31% überdurchschnittlich viele derjenigen Personen, die einst knapp dem Tode entronnen sind oder andere Erlebnisse in Todesnähe hatten, an Reinkarnation glauben. Von dieser Personengruppe sind auch 54% davon überzeugt, daß es Leben auf anderen Planeten gibt, und 31%, daß ein Kontakt mit den Toten möglich ist.

Die Untersuchung bei Naturwissenschaftlern und Ärzten ergab, daß nur 16% der befragten Wissenschaftler und 32% der Ärzte an ein Leben nach dem Tode glauben (Landesdurchschnitt bei 67%). Nach ihren Ansichten über Erfahrungen aus dem Grenzbereich des Todes befragt, meinten die meisten Wissenschaftler, es handle sich hierbei entweder um Phantasievorstellungen und Halluzinationen, die auf Geschichten, Legenden und religiösen Überzeugungen basieren, oder aber um «zufällige, rein biochemische und elektrische Entladungen oder Entspannungen des Gehirns, die durch Sauerstoffmangel, Medikamente oder Produkte eines schadhaften Kreislaufsystems verursacht wurden». Des weiteren ergab die Gallup-Umfrage, daß fast jeder dritte junge Amerikaner (30%) zwischen 18 und 24 Jahren an Karma und Reinkarnation glaubt, und speziell in dieser Altersgruppe sind die Zahlen – wie übrigens auch in Europa – konstant steigend. (alle Angaben aus: George Gallup Jr., «Begegnungen mit der Unsterblichkeit», 1983)

Laut einer Umfrage des ZDF (Zweites Deutsches Fernsehen) sind heute bereits über 20% der Bundesdeutschen von der Reinkarnation überzeugt. Aus anderen Untersuchungen in der BRD geht hervor, daß 15 Mio. Deutsche an Astrologie glauben, daß allein in der Bundesrepublik über 85'000 praktizierende Wahrsager und rund eintausend hauptberufliche «Reinkarnationstherapeuten» leben und daß mindestens 615 psychotherapeutische Institute und 593 verschiedene Therapieverfahren registriert sind (1985).

Jenseitsforschung

Stimmen aus dem Jenseits

Die Beschäftigung mit der Frage nach möglichen Formen der Seelenexistenz außerhalb des physischen Körpers und des Weiterlebens nach dem Tode (Jenseitsforschung) bildet für viele Menschen den Einstieg in die Thematik der Seelenwanderung und war, historisch gesehen, auch einer der wichtigsten Ansatzpunkte, an dem die moderne Reinkarnationsforschung einsetzte. Es begann damit:

An einem Sommertag im Jahre 1959 machte der baltische Maler, Operntenor und Filmproduzent *Friedrich Jürgenson* (*1902) zufällig eine verblüffende Entdeckung. Er wollte in der Nähe seiner Villa in Schweden den Gesang von Buchfinken aufnehmen, wofür er ein ganz gewöhnliches Tonbandgerät auf die übliche Weise benutzte. Als er aber später das Band abspielte, vernahm er neben dem Vogelgezwitscher auch ein seltsames fremdes Geräusch, das er nach einigem Anhören eindeutig als eine Männerstimme identifizierte, die auf norwegisch über Vogelstimmen sprach. Zuerst nahm er an, er hätte versehentlich ein Stück einer Radiosendung aufgezeichnet, aber dann irritierte ihn der frappante Zufall, daß gerade zu der Zeit, da er Vogelstimmen aufnehmen wollte, eine Radiosendung über das gleiche Thema berichtete und daß gerade er mit seinem Tonband diese Sendung empfangen haben sollte. War er hier vielleicht unerwarteterweise auf ein bislang unbekanntes paranormales Phänomen gestoßen?

Jürgenson begann zu forschen und weiter zu experimentieren, um dem Rätsel auf die Spur zu kommen. Er machte eine Reihe weiterer Aufnahmen, und jedesmal, wenn er das Band abspielte, hörte er unerklärliche fremde Stimmen, die sich persönlich an ihn zu wenden schienen. Allmählich gewann er die Überzeugung, daß es sich hierbei um «Stimmen aus dem Jenseits», aus einer anderen Sphäre, handeln mußte, die offensichtlich versuchten, ihm irgend etwas mitzuteilen. Er setzte seine Versuche mit Bandaufnahmen einige Jahre lang fort und legte dann das Ergebnis seiner Forschungen in Form seines Buches «Rösterna fran rymden» («Stimmen aus dem Weltraum») vor, das 1964 in Schweden erschien und auch über die Landesgrenzen hinaus Beachtung fand.

Kurz nach Erscheinen von Jürgensons Buch reiste im Jahre 1964 ein deutsches Wissenschaftlerteam nach Schweden, um dem geheimnisvollen Phänomen nachzugehen. Dieses Team stand unter der Leitung des erst kürzlich verstorbenen Parapsychologen Dr. *Hans Bender* (1907-1991), der in Freiburg i/Brsg. jahrelang den einzigen Lehrstuhl für Parapsychologie im deutschsprachigen Raum innehatte. Dr. Bender und sein Team, dem zwei Physiker, ein Psychologe und ein Techniker angehörten, nahmen in Schweden mit verschiedenen Tonbandgeräten, Spezialmikrophonen und einem Oszilloskop (Gerät, das selbst minimalste Klangschwingungen optisch sichtbar macht) zahlreiche Messungen vor. Dabei gelang es ihnen, Hunderte solcher Stimmen aufzuzeichnen, die eindeutig aus einer paranormalen

Sphäre stammten und die in verschiedenen Sprachen Botschaften zu überbringen versuchten, die für gewöhnlich aus nur wenigen kurzen Wörtern bestanden. So vernahm Jürgenson beispielsweise einmal auch die Stimme seiner verstorbenen Mutter, die zu ihm sagte: «Friedel, mein kleiner Friedel, kannst du mich hören?»

Durch die Erfolge Jürgensons aufmerksam gemacht, begannen nun auch andere Wissenschaftler, diesem *Stimmenphänomen* – wie die seltsamen Erscheinungen unter den Parapsychologen bald genannt wurden – nachzugehen. Der herausragendste unter ihnen ist der lettische Schriftsteller und Psychologe Dr. *Konstantin Raudive* (*1909), der sich seit 1965 intensiv mit dem Stimmenphänomen beschäftigt. Seine ersten Forschungsergebnisse legte er im Jahre 1968 in seinem Buch «Unhörbares wird hörbar – Beitrag zur experimentellen Parapsychologie» vor, in dem er als erster die Resultate einer systematischen wissenschaftlichen Untersuchung dieser seltsamen Tonbandstimmen objektiv und beweiskräftig darstellte. Bei seinen Experimenten verwendete er unterschiedliche Techniken von der einfachen Tonaufnahme mit einem Mikrophon bis zu komplizierten elektronischen Systemen, für die er bestimmte Teile eigens entwerfen und bauen ließ. Auch quantitativ gesehen waren die Resultate Raudives sehr eindrucksvoll: bis 1968 hatte er mehr als 70'000 stimmliche Einzelphänomene aufgenommen. Er schreibt:

> In einer 10-minütigen Aufzeichnung nahm ich bis zu 200 Stimmen aus dem Jenseits auf. Mit etwas Geduld kann jeder solche Stimmen aufnehmen. Jedoch muß der Experimentator sich angewöhnen, sich die Tonbandaufzeichnungen immer wieder anzuhören. Was beim ersten Hinhören als atmosphärisches Summen erscheint, sind oft sehr viele Stimmen auf einmal. Natürlich müssen sie aufgeschlüsselt und verstärkt werden.

Raudives Buch gab Anlaß zu vielfachen Diskussionen und erregte, nachdem es in mehrere Sprachen, insbesondere ins Englische (1971), übersetzt worden war, auch über die Kreise der wissenschaftlichen Parapsychologie hinaus weltweites Aufsehen. In seinem Nachfolgewerk «Überleben wir den Tod? – Neue Experimente mit dem Stimmenphänomen» (1973) präsentierte Raudive eine weitere Fülle neuer Forschungsresultate, welche keinen Zweifel an der tatsächlichen Existenz dieser Stimmen mehr offen ließ.

In den darauffolgenden Jahren wurde in mehreren Ländern umfangreiches Forschungsmaterial über das Stimmenphänomen zusammengetragen und veröffentlicht, und heute sind viele Wissenschaftler davon überzeugt, daß es sich bei den Tonbandaufzeichnungen tatsächlich um «Stimmen aus dem Jenseits» handelt, das heißt um Stimmen bereits verstorbener Menschen, die sich zum Teil sogar mit genauen, verifizierbaren Angaben zu ihrer Person vorstellten. Die Wissenschaftler haben bei ihren Aufnahmen nach eigenen Angaben alle anderen technischen Möglichkeiten, bei denen ein Tonband Signale aufnehmen könnte, ausgeschlossen. Zudem wurden zahlreiche Tonbandstimmen von noch lebenden Angehörigen eindeutig als Stimmen bestimmter verstorbener Verwandten identifiziert, und teilweise äußerten sich die Stimmen mit einem Wissen über intime Familienangelegenheiten, die nur dem jeweiligen Verstorbenen bekannt sein konnten. Die

Aufnahmen gelingen allerdings nicht jedesmal, aber doch oft genug, um das Phänomen nach wissenschaftlichen Maßstäben als wiederholbar bezeichnen zu können.

Woher aber stammen diese rätselhaften Stimmen, und was sind das für Geistwesen, die sich auf diese Weise mitzuteilen versuchen? Was wollen sie von uns? Können wir etwas von ihnen lernen? – Zur Beantwortung dieser Fragen möchten wir im folgenden Abschnitt die vedische Literatur Indiens zu Rate ziehen, die das Stimmenphänomen bereits vor Jahrtausenden ausführlich beschrieb.

Geisterforschung

Wenn wir an dieser Stelle den deutschen Begriff «Geist» benutzen, sind wir uns sehr wohl darüber bewußt, daß dies bei manchem Leser allerlei Assoziationen wecken mag, die von einer eventuellen früheren Beschäftigung mit «okkulten» oder «spiritistischen» Dingen herrühren. Um diesen Begriff herum geistern buchstäblich Dutzende von anderen Begriffen und Vorstellungen, die Phänomene beschreiben, welche vielfach außerhalb der Objektivität der seriösen parapsychologischen Wissenschaft – im nebulösen Grenzbereich der subjektiven Phantasie, der Spekulation, des Betrugs, der Autosuggestion, der Selbsttäuschung – anzusiedeln sind.

Sicher ist, daß es in den von den modernen Wissenschaften nahezu unerforschten Dimensionen der feinstofflichen Sphären unzählige Phänomene und Wahrheiten gibt, die unser bisheriges begrenztes Vorstellungsvermögen bei weitem übersteigen, die jedoch deswegen nicht minder wirklich und relevant für unser tägliches Leben sind.

Sicher ist aber auch, daß im okkulten Spiritismus und der schwarzen Magie schon immer eine große, vielleicht sogar eine überwiegende Anzahl bösartiger Scharlatane und gerissener Geschäftemacher allerlei Unwesen getrieben hat. Dies führte verständlicher- aber auch bedauerlicherweise dazu, daß selbst ernstzunehmende Beobachtungen und Erkenntnisse aus der paranormalen Welt von einem Großteil der Öffentlichkeit nicht verstanden oder *a priori* als falsch und unglaubwürdig zurückgewiesen wurden. Andererseits gibt es auch in unserem Kulturkreis eine beträchtliche und stetig wachsende Anzahl Menschen, die irgendwann in ihrem Leben eigene Erfahrungen mit Geistern von Verstorbenen und anderen paranormalen Phänomenen gemacht haben oder zumindest aus ihrem direkten Bekanntenkreis von solchen Fällen wissen.

Einige interessante statistische Erhebungen der letzten Jahre beweisen diese Tatsache: Im Jahre 1973 stellte der amerikanische Soziologe *Andrew M. Greeley* von der Universität Chicago einer repräsentativen Auswahl von 1467 Amerikanern eine ganz simple Frage: «Hatten Sie jemals das Gefühl, mit jemandem wirklich in Verbindung zu stehen, der schon tot war?» Die Antwort war verblüffend – 27% bejahten die Frage und erklärten damit nicht nur, daß sie theoretisch an die Existenz von Geistern glauben, sondern daß sie auch schon tatsächliche Erlebnisse mit ihnen gehabt hatten. Bei einer ähnlichen Umfrage, die in Island durchgeführt wurde, lag der Anteil sogar bei 31%.

Der Psychologe Dr. *Robert Kastenbaum* von der Wayne State University in Detroit befragte 140 Personen, ob sie jemals das Erlebnis des Kontaktes mit Toten hatten, und 45% sagten ja. Der englische Arzt Dr. *W.D. Rees* sprach mit 300 Witwen und Witwern in Wales, von denen 47% angaben, Erlebnisse gehabt zu haben, die sich zum Teil wiederholten und über einen Zeitraum von mehreren Jahren erstreckten und die sie zu der festen Überzeugung kommen ließen, ihre verstorbenen Ehepartner hätten sich mit ihnen in Verbindung gesetzt.

Zwei andere Untersuchungen verwitweter Personen kamen zu ähnlichen Ergebnissen. Dr. *Earl Dunn* sprach mit kanadischen, Dr. *P. Marris* mit englischen Witwen und Witwern, und sage und schreibe 50% beider Gruppen berichteten von Kontakten mit ihrem verstorbenen Ehepartner. Da sie nicht im entferntesten solche Kontakte erwartet hatten, befürchteten viele, «verrückt» geworden zu sein, und hatten, da sie glaubten, sich lächerlich zu machen, Stillschweigen über ihre toten Besucher bewahrt. Einige der Toten konnten sie nur «spüren», mit anderen auch richtig sprechen; in den aufregendsten Fällen hatten sie die «Erscheinungen» der Toten sogar sehen können. (Sämtliche erwähnten Statistiken wurden dem Werk des kanadischen Anthropologen und Geisterforschers *Ian Currie* entnommen: «Niemand stirbt für alle Zeit – Berichte aus dem Reich jenseits des Todes», 1979, S.20f. Dort finden sich auch ausreichend Fallbeispiele.)

Wir möchten uns in diesem Abschnitt jedoch nicht in die endlose und häufig allzu polemisch geführte Diskussion einmischen, ob die einzelnen Berichte, deren es weltweit buchstäblich Hunderttausende gibt, nun tatsächlich echt seien oder nicht. Wir möchten auch keine weiteren sensationellen Gespenstermythen und Exorzistenabenteuer anführen, die um unheimliche Spukschlösser oder die um Begriffe kreisen wie: Pendeln, Kristallkugeln, schwebende Tische, automatische Schrift, Ektoplasma, Levitationen, Materialisationen und so weiter (siehe *Glossar*). Vielmehr ist es uns ein philosophisches Anliegen, hier eine objektive Darlegung der wissenschaftlichen Beschreibungen über das Wesen, die Psychologie und auch die Gefahren des Geisterdaseins vorzulegen, wie wir sie den jahrtausendealten vedischen Schriften entnehmen können.

Was sind Geister?

Unsere erste Frage lautet also: Was sind Geister? – In seinem Buch «Den Tod überleben – Die geistigen Grundlagen des modernen Spiritismus» (1988) definiert der amerikanische Philosoph *William H. Mackintosh* Geister wie folgt:

> Die Geister der Verstorbenen sind Wesen wie wir, wenn auch ohne fleischlichen Körper. Sie haben dennoch keinen größeren Anspruch auf Weisheit als wir, die noch im Fleisch befangen sind. Die klügeren und scharfsichtigeren unter den Geistern, die manchmal mit uns in Verbindung treten, geben nicht vor, mehr zu wissen als wir. Sie teilen uns nichts weiter mit als ihre Meinung und betonen, daß

> wir unseren eigenen Verstand und unser Urteilsvermögen einsetzen müssen, wenn wir unsere Einsicht in die Wirklichkeit vertiefen wollen.

Diese Definition stimmt in ihrem Kern mit derjenigen überein, welche uns die Veden geben. Allerdings finden wir dort umfassendere Erklärungen und, vor allem, wichtige Schlußfolgerungen für unser eigenes praktisches Leben. In der vedischen Literatur wird also nicht nur die Frage beantwortet: «Was sind Geister?», sondern wir erfahren dort beispielsweise auch, *wie* es überhaupt soweit kommt, daß ein Mensch nach seinem Tode zu einem Geist wird, wie das Dasein eines solchen Geistes gestaltet ist, warum und auf welche Weise die Geister mit den verkörperten Menschen in Kontakt treten und vor allem: warum es sich *nicht* lohnt, sich mit Geistwesen einzulassen.

Gemäß der vedischen Philosophie ist ein Geist ein feinstoffliches, menschliches Wesen, das heißt eine spirituelle Seele in ihrem feinstofflichen Körper, die aus gewissen Gründen nach dem Tode weder einen neuen grobstofflichen materiellen Körper annehmen konnte noch in der Lage war, in ihren früheren Körper zurückzukehren oder zu Bereichen über der Ebene der Materie aufzusteigen; so ist sie also in der feinstofflichen Sphäre gefangen. Um diese Tatsache näher verständlich zu machen, müssen wir an dieser Stelle eine kurze Bemerkung zum Thema «Parallelwelten» vorausschicken.

Parallelwelten

In den Veden wird ausführlich beschrieben, daß auf der Erde außerhalb des für uns gewohnten menschlichen Erfahrungsbereiches, sozusagen in anderen Dimensionen, andere Wirklichkeitsbereiche existieren, die wir «Parallelwelten» nennen möchten. Das Problem der meisten Menschen liegt jedoch darin, daß wir uns in unserer oberflächlichen Zeit angewöhnt haben, immer nur das, was wir gerade sehen oder hören können, als die einzige Wirklichkeit zu akzeptieren («Was ich nicht sehe, das glaub' ich nicht»).

Doch selbst in der modernen Naturwissenschaft ist es hinlänglich bekannt, daß beispielsweise das menschliche Seh- und Hörvermögen nur einen winzig kleinen Ausschnitt aus dem gesamten Spektrum aller Farben bzw. aller Klangschwingungen wahrnehmen kann und daß andere Lebewesen, wie Tiere oder Pflanzen, Zugang zu ganz anderen Bereichen besitzen. Zum Beispiel befinden sich im Äther, der uns umgibt, ständig Hunderte, ja Tausende von Radio- und Fernsehprogrammen, auch wenn wir sie mit unseren bloßen Sinnesorganen nicht erkennen. Wenn wir nicht selbst schon oft die Erfahrung gemacht hätten, daß wir mit Hilfe eines bestimmten Gerätes diese Programme aus dem Äther empfangen können, würden wir vermutlich nicht glauben, daß es sie gibt.

Dies ist nur *ein* Beispiel für eine Unzahl von durchaus realen Wirklichkeitsbereichen, in denen wir konstant leben, ohne daß wir sie direkt wahrzunehmen vermögen und ohne daß wir uns über sie bewußt wären. Dies meinen wir mit dem Ausdruck «Parallelwelten»: Welten, die uns zwar umgeben, zu denen wir aber für gewöhnlich keinen Zugang haben, weil unser normales menschliches Aufnahmevermögen dies nicht zuläßt. Im Falle der Radio- und Fernsehschwingungen brauchen wir uns jedoch nur eines entsprechenden technischen Gerätes zu bedienen, und schon können wir die Programme hören und sehen.

Doch gibt es noch viel mehr Phänomene, die in der multidimensionalen Wirklichkeit jenseits unseres menschlichen Aufnahmevermögens vorhanden sind. In der vedischen Philosophie werden Wege beschrieben, wie wir unser Bewußtsein, das heißt unsere Sensibilität und unsere Wahrnehmungsfähigkeit, erweitern können, und auch heutzutage gibt es Berichte von Menschen, die diesbezüglich über weitaus größere Fähigkeiten verfügen als wir. Solche Fähigkeiten werden meist als «übersinnlich» bezeichnet, und mit ihrer Hilfe können übersinnlich begabte Menschen Dinge wahrnehmen und erfahren, die sich unserer gewöhnlichen Wahrnehmungskraft entziehen, die uns aber dennoch ständig beeinflussen.

Es ist ja nicht so, daß nur das, was wir bewußt wahrnehmen können, einen Einfluß auf unser Leben hätte (wer kann beispielsweise Radioaktivität wahrnehmen?). Vielmehr besagen die Veden, daß wir Menschen nur ein einzelnes winziges Glied innerhalb eines riesigen Kosmos sind, eines geordneten Systems also, und daß alles, was im Kosmos geschieht, erstens eine bestimmte persönliche Ursache und zweitens auch eine bestimmte persönliche Wirkung hat.

Wir Menschen leben also stolz auf «unserem» Erdplaneten und denken, wir würden ihn kennen. Doch gemäß der vedischen Wissenschaft besteht dieser Planet aus einer Vielzahl von multidimensionalen Parallelwelten, von denen wir für gewöhnlich jedoch nur gerade drei Dimensionen direkt wahrnehmen können: Höhe, Breite und Tiefe. Jenseits dieser drei Dimensionen aber herrschen zahlreiche andere Wirklichkeitsebenen, und zu diesen gehört nun auch die Parallelwelt der Geister, in der Esoterik auch «Astralebene» genannt. Diese Geisterwelt ist nicht etwa geographisch anderswo gelegen, sondern sie spielt sich hier und jetzt ab, allerdings in einem Bereich der Wirklichkeit, zu dem wir im Normalfall keinen Zugang haben. Umgekehrt verhält es sich übrigens nicht so: die meisten Geistwesen sind durchaus in der Lage, uns Menschen und die Dimensionen, in denen wir uns bewegen, wahrzunehmen und zu beobachten.

Apparitionen: Erscheinungen von Verstorbenen

Unter normalen Umständen sind also die Geister von Verstorbenen, von denen es unzählige gibt und die überall gegenwärtig sind, für unsere Augen nicht sichtbar, da sie sich in einer feinstofflichen Parallelwelt bewegen. Manche besitzen jedoch die Fähigkeit, sich bewußt vor bestimmten Menschen ihrer Wahl sichtbar zu machen, um sich ihnen entweder einfach zu zeigen, um sie zu erschrecken oder auch um ihnen irgendeine Botschaft mitzuteilen. In solchen Fällen spricht die Parapsychologie von sogenannten *Apparitionen* oder Erscheinungen.

Diese Apparitionen sind in der Regel vollständig (wenn auch, aus verständlichen Gründen, teilweise sehr altmodisch) bekleidet und können auf eine gewisse Entfernung derart lebensecht wirken, daß sie sehr oft fälschlicherweise für tatsächlich Lebende aus «Fleisch und Blut» gehalten werden. Bei genauerem Hinsehen jedoch erscheinen sie durchsichtig (obwohl sie Schatten werfen können), und vielfach erregen sie unser Erstaunen dadurch, daß sie unter offener Mißachtung der Schwerkraft und anderer physikalischer Gesetze über dem Boden schweben, durch feste Mauern hindurch hereinkommen und hinausgehen oder sich vor unseren Augen auflösen. Man kann sie in der Regel nur sehr flüchtig wahrnehmen; nach kurzer Zeit verschwinden sie meist wieder, insbesondere dann, wenn der Beobachter sie anspricht, sie zu berühren versucht oder sich ihnen nach kurzer Ablenkung durch etwas anderes wieder zuwendet.

Neben diesen deutlich sichtbaren und mehr oder weniger harmlosen Apparitionen sind Geister aber, wie wir später noch sehen werden, auch durchaus in der Lage, auf andere, unbemerkte Weise Einfluß auf unser Leben zu nehmen – ein Einfluß, der zuweilen höchst gefährlich sein kann.

Beim Vernehmen der «Berichte aus dem Jenseits» wird vielleicht manch ein spiritistisch interessierter Leser zunächst von den Geistern und deren feinstofflichen Kräften fasziniert sein und es vielleicht sogar als den Erfolg seines Lebens betrachten, in der Nacht persönlich einem Geist zu begegnen oder gar selbst einer zu werden. Um dem Mysterium des Todes, jenes ältesten, rätselhaftesten, unerbittlichsten und am meisten gefürchteten Widersachers des Menschen, auf die Spur zu kommen, haben manche sogar eine Art «Totenpakt» abgeschlossen, in der Hoffnung, auf diese Weise herauszufinden, ob wir den Tod überleben. Dieser Pakt besteht darin, daß zwei lebende Menschen vereinbaren, daß derjenige, der zuerst stirbt und feststellt, daß er nach dem Tod seines grobstofflichen Körpers weiterlebt, vor dem anderen erscheinen werde. Und wie die zahlreichen diesbezüglichen Berichte und Fallbeispiele zeigen, sind viele dieser Vereinbarungen tatsächlich erfüllt worden.

Die Kontaktaufnahme eines frisch Verstorbenen mit seinen Hinterbliebenen kann jedoch oft spontaner sein als um der Erfüllung eines Totenpaktes willen. Dies gründet auf der folgenden Überlegung: Wenn uns ein bedeutendes Ereignis widerfährt, haben wir normalerweise das Bedürfnis, anderen davon zu erzählen. Stellen Sie sich vor, Sie seien soeben gestorben – was würden Sie als erstes tun wollen? Es natürlich denen erzählen, die ihnen am nächsten stehen. Und in der Tat taucht genau dieses Motiv bei vielen Apparitionsfällen auf, in denen der Verstorbene seinen Angehörigen einfach die Neuigkeit mitteilen möchte: «Ich bin jetzt tot.»

Es ist in diesem Zusammenhang auch ein bemerkenswertes Phänomen, daß in der feinstofflichen Geisterwelt offenbar eine *andere Wahrnehmung des Zeitbegriffs* herrscht und daß die Zeit dort wie eingefroren scheint. Denn Apparitionen von «Frischverstorbenen» können oft jahrelang immer wieder fast täglich auftauchen und immer wieder die gleichen Mitteilungen machen, und man hat den Eindruck, der Geist sei sich gar nicht darüber bewußt, wieviele Jahre oder Jahrzehnte seit dem Tode seines physischen Körpers tatsächlich vergangen sind.

Dennoch sollten wir uns trotz gewisser scheinbarer «Vorteile» darüber im klaren sein, daß das Dasein eines Geistes keineswegs erfreulich ist. Die Veden warnen sogar ausdrücklich davor, sich mit den Geistern der Toten einzulassen, da dies katastrophale Folgen haben könnte. Im schlimmsten Fall kann es soweit führen, daß wir gezwungen werden, noch während dieses Lebens oder aber nach dem Tode ebenfalls in die Sphäre der Geistwesen einzugehen, wo es für die Seele, wie wir im kommenden Abschnitt sehen werden, keineswegs angenehm oder genußreich ist.

Das leidvolle Dasein als Geist

Unter den vedischen Texten ist es insbesondere das *Garuḍa Purāṇa*, das die Themenbereiche Tod, Reinkarnation, Geistwesen usw. in aller Ausführlichkeit behandelt. Dort wird beschrieben, daß der Geist eines Verstorbenen (im Sanskrit *Preta* genannt) – wie jedes gewöhnliche verkörperte Lebewesen in der materiellen Welt auch – stets von unzähligen *sinnlichen Begehren* geplagt wird, mit dem entscheidenden Unterschied allerdings, daß ihm der grobstoffliche Körper und damit auch die Vorteile fehlen, die ihm die körperlichen Sinne bei der Befriedigung dieser Begehren bieten können. Somit ist der Geist gezwungen, fortwährend die Qualen unbefriedigter Lust zu erleiden, ähnlich jemandem, der dazu verdammt ist, die von ihm begehrten Objekte des Genusses nur zu betrachten, ohne Möglichkeit, sie tatsächlich zu genießen.

Die Lage eines Geistes läßt sich mit jener von König *Tantalos* aus der griechischen Mythologie vergleichen, der im Übermut seinen von ihm selbst geschlachteten Sohn Pelops den Halbgöttern als Mahl vorsetzte und für dieses Vergehen in die Unterwelt verbannt wurde, wo er von schrecklichem Hunger und Durst geplagt wurde. Obwohl er bis zum Kinn im Wasser stand und obwohl mit Früchten voll beladene Äste über ihm hingen, blieb es ihm versagt, davon zu kosten, da beides stets vor ihm zurückwich.

Zu dieser Unfähigkeit, in gewünschter Weise sinnliche Genüsse zu erfahren, kommt oft auch die schmerzliche Erfahrung hinzu, daß es dem Geist scheint, als hätte er seit seinem physischen «Tod» plötzlich alle Rechte und jegliche Aufmerksamkeit verloren, die er zu Lebzeiten noch als so selbstverständlich in Anspruch genommen hatte. Diese bedrückende Lage bewirkt, daß manche Geister aus Mißgunst und Neid auf die noch verkörperten Lebewesen in der gewohnten Umgebung ihres früheren Zuhauses umherspuken, da sie in ihrer Verwirrung und Ratlosigkeit darüber, daß sie jetzt «tot» sind, oft auch nicht wissen, was sie sonst tun sollten.

Andere Geister sind (manchmal jahrzehntelang) überhaupt nicht in der Lage oder nicht willens, ihr «Totsein» zu erkennen, da sie sich selbst für körperlich völlig normal halten, sich in der gewohnten Umgebung bewegen und die gewohnte Kleidung tragen; nur kommt es ihnen vor, als würde man ihnen aus für sie unerklärlichen Gründen nicht mehr die gewohnte Beachtung schenken. Dazu kommt noch, daß es auch keine Seltenheit ist, daß die Geistwesen sich gegenseitig *nicht* wahrnehmen und untereinander keinerlei Austausch pflegen können, sich in ihrer «neuen Umgebung» also völlig allein und isoliert fühlen müssen.

In beiden Fällen – ob sie sich über ihren Zustand bewußt sind oder nicht – streben die Verstorbenen verständlicherweise immer noch danach, die Aufmerksamkeit ihrer Familienangehörigen auf sich zu lenken, mit ihnen in Kontakt zu treten und gemeinsam mit ihnen zu genießen, was ihnen jedoch nicht so gelingt, wie sie es sich vorstellen. Vielmehr müssen sie die schmerzliche Erfahrung machen, daß ihre einsamen, verzweifelten Hilferufe von den ehemaligen Familienangehörigen nicht gehört werden und daß diese mit ihren gewohnten Tätigkeiten fortfahren, ohne ihrem verstorbenen Verwandten Beachtung zu schenken. So ist es dem Geist lediglich erlaubt, sie bei ihren Tätigkeiten zu beobachten und sie bestenfalls bewußt in ihrem Genuß zu stören, was ihm eine perverse Art der «Befriedigung» verschafft – etwa nach dem Motto: «Wenn ich schon nicht genießen darf, dann sollen es auch die anderen nicht dürfen.» (*Garuḍa Purāṇa* 2.21.14)

Ein anderer Grund, warum manche Geister an bestimmte Personen oder an einen bestimmten Ort, meist an ihre frühere Wohn- oder Arbeitsstätte, wie gefesselt sind und dort für Jahre oder Jahrzehnte umherspuken, besteht in ihrer Vorstellung, irgendwelche zu Lebzeiten *unvollendete Aufgaben* noch erfüllen zu müssen. Dabei sind diese unerledigten Geschäfte in den Augen der Außenstehenden in der Regel höchst unbedeutend und scheinen völlig zwecklos, wenngleich der Geist selbst geradezu besessen ist von dem (für ihn unerfüllbaren) Vorhaben, nicht eher von der Stelle zu weichen, bis diese Angelegenheit zu seiner vollsten Zufriedenstellung geregelt ist. Da dies jedoch aufgrund seines veränderten Zustandes nicht mehr möglich ist, bleibt er dazu verurteilt, weiterhin sinnlos in der Umgebung seiner unerfüllten Pläne umherzuspuken.

(Die Veden empfehlen, aus dieser Tatsache die Lehre zu ziehen, daß es sich nicht lohnt, übermäßig an irgendwelche materiellen Objekte oder Pflichten angehaftet zu sein, sei es nun als Geist nach dem Tode oder vor allem auch bereits während des verkörperten Daseins.)

Das gleiche Schicksal widerfährt auch einem Geist, der durch *Schuldgefühle* geplagt wird oder der mit den Ereignissen nach seinem Tod und den Handlungen seiner Hinterbliebenen nicht zufrieden ist und krampfhaft versucht, durch Spukerscheinungen irgendwie sein Mißfallen zum Ausdruck zu bringen und in das Geschehen einzugreifen. Dies kommt zum Beispiel dann vor, wenn er hilflos mitansehen muß, wie die Verwandten seine Wünsche mißachten, seinen letzten Willen nicht ernstnehmen oder sein Testament anfechten oder wie sie ihn nach seinem Dahinscheiden mit Worten beleidigen und mit Taten betrügen. (In diesem Lichte betrachtet erscheint übrigens auch die Redewendung sinnvoll, daß man nicht schlecht über Tote sprechen sollte.)

Hierzu gibt es in der Fachliteratur (insbesondere bei Ian Currie) unzählige Fallbeispiele, auf die wir an dieser Stelle nicht weiter eingehen wollen. Es geht uns vielmehr um das Erkennen der Tatsache, daß das Geisterdasein, so faszinierend und verlockend es auf den ersten Blick auch erscheinen mag, im Grunde von jämmerlichen Qualen und Zwangsvorstellungen gekennzeichnet ist, die man niemandem wünschen möchte. Denn ohne einen grobstofflichen Körper zu besitzen, verspüren die Geister nicht nur das Bedürfnis nach Beachtung, Anerkennung und

Bestätigung, sondern auch die unerfüllten Dränge von Hunger und Durst oder das Begehren nach Zärtlichkeit und sexueller Leidenschaft usw. Zu ihren beliebtesten Aufenthaltsorten gehören daher beispielsweise Toiletten oder allgemein dunkle, unsaubere Winkel und Orte, wo Menschen schlemmen und sich berauschen, sich streiten oder ausschweifender Sinnenfreude, insbesondere dem Geschlechtsgenuß, frönen (*Garuḍa Purāṇa* 2.22.55-62).

Wie sich Geister bemerkbar machen

Gemäß dem *Garuḍa Purāṇa* gibt es verschiedene Arten von geisterhaften Wesen. Die meisten sind ziemlich unbeholfen und harmlos und treten gar nie wahrnehmbar in Erscheinung, während andere boshaft und niederträchtig sind oder geworden sind und unter bestimmten Bedingungen nicht nur sichtbar erscheinen (Apparitionen), sondern mit ihrem Treiben sogar direkt auch die grobstoffliche Welt beeinflussen können.

In dieses Umfeld gehören die legendären *Poltergeister*, die ihren Spuk in der Regel nicht auf bestimmte Personen wie ehemalige Familienangehörige oder Geschäftspartner, sondern auf ein spezifisches Gebäude beschränken – meist auf dasjenige, in dem sie selbst früher, vielleicht schon vor Jahrzehnten, gewohnt hatten. Oft können oder wollen sie nicht begreifen, daß das Haus inzwischen den Besitzer gewechselt hat, und empfinden die Anwesenheit der jetzigen Bewohner als störend und versuchen, sie wieder zu vertreiben.

Der Begriff «Poltergeist» wird von Parapsychologen für gewöhnlich gebraucht, um gewisse übernatürliche physikalische Phänomene zu beschreiben, die sich außer durch das Eingreifen eines Geistes nicht erklären lassen. In seinem Buch «Can We Explain the Poltergeist?» («Können wir den Poltergeist erklären?») definiert Dr. *A.R.G. Owen* den Begriff als das Auftreten von einem oder beiden der folgenden Elemente, das in einer offenbar spontanen, oft sporadischen Art und Weise stattfindet:

1. Das Verursachen von Geräuschen wie Klopfen, Sägen, Scharren oder Poltern.

2. Das Bewegen von Gegenständen durch unsichtbare physikalische Mittel, wie zum Beispiel das Herunterwerfen von Bildern oder Vasen, das Verschieben schwerer Möbelstücke, das Öffnen und Zuschlagen von Türen und Schränken, das Zerspringenlassen von Spiegeln oder gar das Schwebenlassen von Kleidungsstücken und Schuhen.

In seltenen Fällen kommt es auch vor, daß bösartige Poltergeister jemanden mit Gegenständen bewerfen, schlagen, würgen (dies besonders bei Schlafenden) oder sonstwie verletzen. Meist aber scheinen sie damit zufrieden zu sein, anderen einen

Schrecken einzujagen oder ihnen einfach nur einen makabren Streich zu spielen. Hin und wieder machen sich Geister auch durch unheimliches Lachen, Atmen, Heulen oder Singen bemerkbar oder versuchen, sich auf sprachlichem Wege den verkörperten Menschen mitzuteilen. Wie die Beschreibungen des Stimmenphänomens gezeigt haben, scheint ihnen dies jedoch besonders schwerzufallen, weshalb die Botschaften meist auf wenige kurze Wörter beschränkt bleiben.

In seinem Buch «Leben nach dem Tod?» (1972) schreibt der schwedische Arzt und Parapsychologe *Nils-Olof Jacobson* (*1937) im Kapitel über die Experimente Jürgensons und Raudives mit den «Stimmen aus dem Weltraum»:

> Die sonderbare Sprache der Geister findet hier ihre natürliche Erklärung – der Energievorrat ist offenbar knapp, und man will soviel wie möglich mit dem geringsten Aufwand an Anstrengung und Energie ausdrücken; daher der Telegrammstil und der markante Rhythmus. Die Worte dienen als Symbole; ein Wort kann für den, der die Umstände kennt, eine große Menge Information enthalten. Die Urheber der Stimmen verhalten sich wie selbständige Persönlichkeiten mit individuellen Merkmalen. Sie überbringen Informationen, die den Séance-Teilnehmern unbekannt sind, aber anschließend bestätigt werden. Es liegt ihnen sehr daran, den Kontakt herzustellen, der aus irgendeinem Grunde für sie von großem Wert ist. (S. 214)

Wie Geister unsere Träume beeinflussen

Nicht jeder Verstorbene ist aufgrund seines schlechten Karma zu einem vorübergehenden Geisterdasein verurteilt; die meisten wandern sogleich in ihren nächsten grobstofflichen Körper weiter, um sich erneut zu inkarnieren. Dies ist *ein* möglicher Grund dafür, daß viele Menschen niemals bewußt mit Geistern ihrer verstorbenen Angehörigen in Kontakt kommen. Aber es gibt noch andere. Denn nicht jeder Geist verfügt über die oben erwähnten speziellen Fähigkeiten eines Poltergeistes, auf die grobstoffliche Welt Einfluß zu nehmen. Im Normalfall begnügt er sich damit, unbemerkt auf der feinstofflichen Ebene sein Geisterdasein zu fristen – denn auch hier bieten sich ihm genügend Möglichkeiten zur Beeinflussung. Daher kann es vorkommen, daß seine ehemaligen Familienmitglieder meist nicht einmal eine Ahnung davon haben, daß ihr verstorbener Verwandter gar nicht wirklich «von ihnen gegangen» ist, sondern in seinem feinstofflichen, unsichtbaren Körper noch immer unerkannt in ihrer Mitte weilt. Obwohl sie in der Regel seine Gegenwart nicht bewußt wahrzunehmen vermögen (meist sogar schon deshalb, weil sie gar nicht an die Existenz von Geistern glauben), gibt ihnen der Geist des Verstorbenen doch regelmäßig Zeichen und ist beispielsweise auch imstande, das tägliche Leben und insbesondere den *Schlaf* seiner ehemaligen Bekannten und Verwandten zu stören, indem er in ihre Träume eingeht. Und dies kann sehr unangenehm sein.

Das *Garuḍa Purāṇa* (2.21.5-7) beschreibt den Zustand, von einem Geist verfolgt oder gar «besessen» zu werden, mit dem Sanskrit-Ausdruck *Pretadoṣa* (wörtlich «Leiden aufgrund eines Geistes»). Dieser Zustand wird besonders häufig, wenn auch nicht ausschließlich, in Träumen erfahren, denn während des Träumens ist nur der feinstoffliche Körper des Schlafenden aktiv, während sein grobstofflicher Körper ruht. Somit kann ein Träumender – oder auch jemand in der sogenannten «Alpha-Phase», das heißt kurz vor dem Einschlafen oder kurz nach dem Aufwachen – viel leichter einem Geist zum Opfer fallen und von ihm beeinflußt werden. Die Träume, die wir unter dem schlechten Einfluß eines Geistes haben, sind äußerst lebhaft und eindrucksvoll, oft sogar grausam und schockierend, auch wenn sie für gewöhnlich nicht einmal Träume über den Geist selbst sind.

Im *Garuḍa Purāṇa* (2.23.2-12) werden in diesem Zusammenhang unter anderem folgende Traumsituationen angeführt, die auf das Einwirken eines Geistes hinweisen können: Wenn fürchterlich entstellte Gesichter vor uns auftauchen; wenn wir in eiserne Fesseln gelegt sind; wenn wir starke Hungergefühle verspüren; wenn wir im Traum unsere noch lebenden engsten Verwandten sterben sehen, oder auch wenn wir beim Aufwachen feststellen, daß wir verkehrtherum im Bett liegen. Außerdem kann es auch vorkommen, daß bereits Verstorbene direkt in unseren Träumen erscheinen und nach Essen oder Trinken verlangen.

Wie Geister unseren Lebenserfolg beeinträchtigen

Eine weitere Form, wie die Geister der Toten ihre Anwesenheit bekunden und auf das Dasein der Lebenden einwirken können, ist die sogenannte *Besessenheit*. Obwohl mit diesem Begriff meist irgendwelche erfundenen Schauergeschichten von phantastischen Teufels- und Dämonenaustreibungen aus dem Mittelalter oder bizarre Wahnvorstellungen und absonderliche Geisteskrankheiten verbunden werden, bezeichnet die heutige Parapsychologie damit ein erwiesenes Phänomen: daß nämlich die Geister der Verstorbenen sich der grobstofflichen Körper der Lebenden bemächtigen, diese also sozusagen «übernehmen» und deren Stimme und Glieder benützen können, um sich Erleichterung von den Qualen des Geisterdaseins und Befriedigung all jener Wünsche zu verschaffen, die sich nur im grobstofflichen Bereich erfüllen lassen.

Darüber hinaus beschreibt das *Garuḍa Purāṇa* (2.21.8-10) aber auch noch andere Möglichkeiten, wie boshafte Geister (im Sanskrit *Bhūtas* oder *Piśācas* genannt) auf unser Leben Einfluß nehmen können – Möglichkeiten, die die moderne parapsychologische Forschung bisher größtenteils außer acht gelassen hat. Es heißt dort, daß es Geister gibt, die – völlig ohne unser Mitwissen – unsere Pläne durchkreuzen und zunichte machen können, so daß wir aus scheinbar unerklärlichen Gründen keinen Erfolg im Leben haben, ganz gleich wie hart wir uns auch einsetzen mögen.

So kommt es öfters als man denken würde vor, daß unsere Bemühungen aufgrund des Einwirkens von neidischen oder rachsüchtigen Geistern eine unerwartet unglückliche Wendung nehmen. Dies geschieht in der Regel dadurch, daß der Geist sein «Opfer» dazu verleitet oder überredet, Dinge zu tun, die dem Opfer selbst letztlich schmerzlichen Schaden zufügen, wie zum Beispiel sich der unkontrollierten Berauschung, des Konsums von Drogen, der ausschweifenden sexuellen Geschlechtslust oder anderen selbstzerstörerischen Lastern hinzugeben, oder auch willentlich seinen Besitz zu vernichten und sogar sich selbst oder andere Menschen umzubringen. Da diese Beeinflussung durch den Geist auf der feinstofflichen Ebene der Gedanken- und Gefühlswelt (also nicht akustisch oder optisch durch Worte und Bilder) stattfindet, nimmt das Opfer meist gar nicht bewußt wahr, daß es unter dem Diktat eines Geistes – also eines fremden Wesens – handelt. Vielmehr hält es die Ideen und Anleitungen, die das Geistwesen ihm mitteilt, fälschlicherweise für seine eigenen.

Die Gefahr, auf diese Weise unter den zerstörerischen Einfluß von Geistern zu kommen, wird heutzutage durch die bedauerliche Tatsache noch verstärkt, daß die Menschen kaum mehr in der Lage sind, ihre eigenen Gedanken und Gefühle zu beherrschen und daher meist den unkontrollierten Drängen ihrer zügellosen Sinne und ihrer ungestümen Wünsche ausgeliefert sind. Hier bietet sich, gleichsam als Präventivmaßnahme, der vedische Vorgang des *Yoga* an, der dafür bestimmt ist, das Denken und die Tätigkeit der Sinne unter die Führung der höheren Intelligenz zu stellen, so daß diese ungestört auf das Absolute, Göttliche gerichtet werden können.

Die Psychologie der Geister

Eine Frage blieb jedoch bisher noch ungelöst: Warum überhaupt sollte ein Geist auf diese Weise unseren Lebenserfolg beeinträchtigen und zerstören wollen? Was sind seine Motive, was ist seine Befriedigung dabei?

Das *Garuḍa Purāṇa* beantwortet diese Frage mit dem Hinweis, daß es durchaus möglich, ja sogar wahrscheinlich ist, daß die Geister von Verstorbenen, die zu Lebzeiten (im gegenwärtigen oder auch in einem früheren Leben) unsere Feinde waren, die wir betrogen und denen wir bewußt Unrecht angetan hatten, sich jetzt an uns rächen, indem sie uns wenn irgend möglich Schaden zufügen und unseren Mißerfolg herbeiführen. Auf diese Weise wirkt das ausgleichende, gerechte Gesetz des unüberwindlichen Karma, das uns auf sämtliche vergangenen Taten die entsprechenden Reaktionen zukommen läßt – ob wir nun wollen oder nicht und ob wir es nun bewußt (an)erkennen oder nicht.

Das *Garuḍa Purāṇa* erklärt außerdem, wie es durch den negativen Einfluß von Geistern auch vorkommen kann, daß jemand aus nicht unmittelbar ersichtlichen Gründen plötzlich grausam, unvernünftig oder in verrückter Weise zu handeln beginnt. Psychische Krankheiten wie *Schizophrenie* (Persönlichkeitsspaltung), *Paranoia* (Wahnvorstellungen) und andere entstehen also häufig dadurch, daß feindselige Geister den feinstofflichen Körper des Lebewesens angreifen und so das geistige Gleichgewicht der betroffenen Person ruinieren – im schlimmsten Fall bis hin zum *Selbstmord*.

Dieses Phänomen kann sogar soweit gehen, daß ein Geistwesen die ursprüngliche Seele zusammen mit ihrem feinstofflichen Körper aus dem grobstofflichen

Körper verdrängt und diesen selbst «übernimmt». Für Außenstehende scheint es dann, als hätte der Betreffende einen unerklärlichen, radikalen Persönlichkeitswandel durchgemacht, obwohl es tatsächlich so ist, daß derselbe Körper nacheinander von zwei völlig verschiedenen Personen (Seelen) bewohnt wurde, ohne zu sterben.

Der Fall Jasbir

Der amerikanische Parapsychologe *Ian Stevenson* ist in seinen umfassenden wissenschaftlichen Forschungen, auf die wir im Anschluß noch ausführlicher eingehen werden, einem in diesem Zusammenhang höchst aufschlußreichen Fall nachgegangen – dem «Fall Jasbir». In seinem maßgebenden Werk «Reinkarnation – Der Mensch im Wandel von Tod und Wiedergeburt» (in Deutsch erschienen 1976) beschreibt Stevenson diesen Fall auf den Seiten 51-70. Dort heißt es:

> In den meisten Fällen des Reinkarnationstyps war die frühere Persönlichkeit einige Jahre vor der Geburt der gegenwärtigen Persönlichkeit gestorben. Der vorliegende Fall zeigt den ungewöhnlichen Charakterzug, daß die frühere Persönlichkeit, mit der die Hauptperson sich identifizierte, erst etwa dreieinhalb Jahre nach der Geburt des ‹physischen Leibes der jetzigen Persönlichkeit› starb.
>
> Im Frühjahr 1954 glaubte man, Jasbir, der dreieinhalb Jahre alte Sohn von Sri Girdhari Lal Jat aus Rasulpur, Distrikt Muzaffarnagar im Staate Uttar Pradesh (Indien), sei an Pocken gestorben. Jasbirs Vater ging zu seinem Bruder und zu anderen Männern des Dorfes und bat sie, ihm bei der Beerdigung seines ‹toten› Sohnes zu helfen. Da es schon spät in der Nacht war, rieten sie dazu, die Beisetzung auf den nächsten Morgen zu verschieben. Einige Stunden später bemerkte Sri Girdhari Lal Jat zufällig, wie sich der Körper seines Sohnes etwas bewegte, der dann allmählich wieder vollständig zum Leben zurückkehrte. Nach einigen Tagen konnte der Junge wieder sprechen und nach einigen Wochen sich wieder klar ausdrücken.
>
> Als er die Fähigkeit zu sprechen wiedererlangte, zeigte er eine bemerkenswerte Veränderung in seinem Benehmen. Er erklärte jetzt, er sei der Sohn von Shankar aus dem Dorf Vehedi und wolle dort wieder hin. Er wolle im Hause der Familie Jat kein Essen mehr zu sich nehmen, und zwar deswegen, weil er einer höheren Kaste angehöre, er sei nämlich ein Brahmane. Diese hartnäckige Verweigerung der Nahrungsaufnahme hätte sicher einen zweiten Tod herbeigeführt, wenn nicht eine mitfühlende Brahmanenfrau, eine Nachbarin von Sri Girdhari Lal Jat, sich bereit erklärt hätte, für Jasbir nach Brahmanenart zu kochen. Dies tat sie etwa anderthalb Jahre lang. Jasbirs Vater besorgte die Lebensmittel für die von ihr zubereiteten Mahlzeiten.
>
> Aber seine Familie täuschte Jasbir manchmal und gab ihm nicht von der Brahmanenfrau zubereitetes Essen. Er entdeckte die Täuschung, und dieser Umstand sowie der von seiner Familie ausgeübte Druck führten ihn allmählich dazu, seine strengen brahmanischen Speisegewohnheiten aufzugeben und wieder an den regulären Mahlzeiten der übrigen Familie teilzunehmen. Die Periode des Widerstandes dauerte nicht ganz zwei Jahre.
>
> Jasbir begann, weitere Einzelheiten «seines» Lebens und Sterbens im Dorfe Vehedi mitzuteilen. Er beschrieb ausführlich, wie er bei einer Hochzeitsprozes-

sion von einem zum anderen Dorf einige vergiftete Süßigkeiten gegessen hatte, und behauptete, ein Mann, dem er Geld geliehen hatte, habe ihm diese Süßigkeiten gegeben. Er sei schwindlig geworden, sei von dem Wagen gefallen, mit dem er fuhr, habe sich am Kopf verletzt und sei gestorben.

Jasbirs Vater erzählte mir, er habe versucht, die Kunde von Jasbirs seltsamen Behauptungen und seinem Verhalten im Dorf zu unterdrücken, aber die Neuigkeiten seien doch durchgesickert. Das besondere Kochen für Jasbir nach Brahmanenart war natürlich den anderen Angehörigen der Brahmanenkaste im Dorf bekannt, und schließlich, nämlich etwa drei Jahre später, wurde eine von ihnen, Srimati Shyamo, eine aus Rasulpur gebürtige Brahmanin, die einen aus Vehedi gebürtigen Mann, Sri Ravi Dutt Sukla, geheiratet hatte, darauf aufmerksam. Bei seltenen Anlässen (in Zwischenräumen von mehreren Jahren) kehrte sie nach Rasulpur zurück. Bei einem solchen Besuch im Jahr 1957 erkannte Jasbir sie wieder als seine «Tante». Sie berichtete das Ereignis der Familie ihres Ehemannes und Mitgliedern der Familie Tyagi in Vehedi. Die Einzelheiten «seines Todes» und andere Dinge, die Jasbir erzählt hatte, stimmten genau überein mit Einzelheiten des Lebens und Sterbens eines jungen Mannes von 22 Jahren, Sobha Ram, Sohn von Sri Shankar Lal Tyagi aus Vehedi. Sobha Ram war im Mai 1954 bei einem Wagenunfall ums Leben gekommen, wie Jasbir ihn und seinen Hergang beschrieben hatte, obwohl die Familie Tyagi nichts von einer angeblichen Vergiftung oder einer Geldsumme wußte, die Sobha Ram geschuldet wurde, bevor sie von Jasbirs Behauptungen gehört hatten. Hinterher vermuteten sie dann auch eine Vergiftung.

Später besuchte Sri Ravi Dutt Sukla, Ehemann von Srimati Shyamo, Rasulpur, hörte Berichte über Jasbirs Behauptungen und traf mit ihm zusammen. Daraufhin begaben sich Sobha Rams Vater und andere Mitglieder seiner Familie dorthin. Jasbir erkannte sie wieder und wies ihnen richtig ihre Plätze an entsprechend ihrer Verwandtschaft mit Sobha Ram. Wenige Wochen später brachte ein Dorfbewohner von Vehedi, Sri Jaganath Prasad Sukla, angestiftet von dem Verwalter der Zuckermühle bei Vehedi, Jasbir nach Vehedi, wo er ihn beim Bahnhof absetzte und ihn bat, den Weg zum Hof der Familie Tyagi zu zeigen. Dies machte Jasbir ohne Schwierigkeit. Später wurde Jasbir zum Hause von Sri Ravi Dutt Sukla mitgenommen und zeigte von dort wieder den Weg – eine andere Strecke – zum Hause Tyagi. Er blieb einige Tage im Dorf und legte gegenüber der Familie Tyagi und anderen Dorfbewohnern ein detailliertes Wissen von der Familie Tyagi und ihren Angelegenheiten an den Tag. Er selbst fühlte sich in Vehedi sehr wohl und kehrte mit großem Widerwillen nach Rasulpur zurück. In der Folgezeit besuchte Jasbir Vehedi von Zeit zu Zeit, gewöhnlich für mehrere Wochen und häufiger im Sommer. Er wollte nur noch in Vehedi wohnen und fühlte sich in Rasulpur isoliert und einsam.

Ian Stevenson berichtet anschließend ausführlich über sämtliche Einzelheiten seiner minuziösen Untersuchung des Falles Jasbir, welche zwischen 1961 und 1971 insgesamt drei Besuche beider betroffenen Dörfer sowie ausführliche Interviews mit allen Beteiligten umfaßte. Nach Überprüfung aller vorgelegten Fakten muß man zum Schluß kommen, daß es sich hier in der Tat um einen wissenschaftlich bewiesenen Fall einer ganz besonderen Art der Reinkarnation handelt, in welchem die Person nicht «wiedergeboren» wurde, sondern direkt in einen bereits vorhandenen Körper einging.

Vor dem Hintergrund der in den vorangegangenen Kapiteln dargelegten vedischen Philosophie läßt sich dieses Phänomen wie folgt beschreiben:

● 1. Die ursprüngliche Person, die den dreieinhalbjährigen Körper namens «Jasbir» beseelt hatte (wir wollen sie hier *Seele A* nennen), verließ diesen Körper, da er aufgrund der Pockenkrankheit vermeintlich unbewohnbar geworden war. So schien es zunächst, Jasbir sei gestorben.

● 2. Zur gleichen Zeit aber begab es sich, daß in einem anderen Dorf, nur 30 km davon entfernt, ein junger Mann namens «Sobha Ram» bei einem Wagenunfall ums Leben kam und die Seele (nennen wir sie *Seele B*) somit gezwungen war, ihren unbewohnbaren Körper zu verlassen.

● 3. Da jedoch der Körper Jasbirs nicht vollständig durch die Pocken zerstört worden war, wurde es der Seele B durch eine *außergewöhnliche Vorkehrung der Karma-Gesetze* ermöglicht, in diesen jungen Körper einzugehen und ihn durch ihre eigene Kraft wieder zu beleben. Daher die wundersame «Heilung» Jasbirs über Nacht.

Zudem lassen sich aus dem «Fall Jasbir» folgende interessante Lehren ziehen:

● 1. Über den weiteren Verbleib der Seele A, welche die Eltern Jasbirs fälschlicherweise für ihren Sohn gehalten hatten und die sie daher trotz der scheinbaren «Wiederbelebung» Jasbirs schmerzlich vermißten, konnten die Untersuchungen Stevensons keine Angaben ermitteln. Sie hat – wie jedes andere Lebewesen auch, das ziellos in der materiellen Welt umherirrt – ihre endlose Reise auf der Suche nach Glück fortgesetzt und ist, getrieben durch ihre spezifischen Wünsche und aufgrund ihrer vergangenen Taten, in einem anderen Körper wiedergeboren worden, um die süßen und bitteren Früchte ihres angesammelten Karma zu genießen oder zu erleiden.

● 2. Gemäß der vedischen Lehre verläßt die Seele beim Tod ihren grobstofflichen Körper nicht alleine, sondern in Begleitung ihres feinstofflichen Körpers, in welchem das Denken, Fühlen und Wollen und auch die Erinnerung sowie gewisse typische Charaktermerkmale situiert sind. Daher war die Seele B auch im Körper Jasbirs imstande, sich bewußt an ihr vergangenes Leben als Sobha Ram zu erinnern und detaillierte Einzelheiten über die Familie Sobha Rams zu erzählen.

● 3. Aus alledem läßt sich leicht verstehen, daß das, was wir als den Tod bezeichnen, sich ausschließlich auf den grobstofflichen, physischen Körper bezieht, während sowohl die spirituelle Seele als auch der feinstoffliche Körper durch ihn nicht vergehen.

● 4. Mit anderen Worten: Unsere eigentliche Identität ist nicht vom jeweiligen Körper abhängig, in dem wir uns befinden. Vielmehr sind wir reine spirituelle Seelen, die sich im bedingten Zustand nur fälschlich mit dem Körper identifizieren.

● 5. Einzig durch die Anwesenheit einer solchen spirituellen Seele wird der Körper belebt. Im Grunde ist jeder materielle Körper also immer «tot», und nur die Anwesenheit der Seele läßt ihn lebendig erscheinen. Ein Beispiel: Ein Handschuh ist immer ein toter Gegenstand, aber wenn er über eine Hand gestreift wird, erscheint es, als sei er lebendig und bewege sich; in Wirklichkeit aber ist es die Hand, die sich bewegt, nicht der Handschuh. In ähnlicher Weise ist es allein die lebendige spirituelle Seele, die den materiellen Körper sich bewegen läßt.

• 6. Da wir nicht mit unserem Körper identisch sind, sind wir auch mit «unserem» Namen, der sich nur auf den Körper bezieht, oder mit den Umständen, die diesen Körper umgeben, nicht identisch. Das heißt, wir haben im Grunde genommen keine wirkliche, dauerhafte Verbindung mit unseren Eltern, unserer Familie, unserem Herkunftsort usw. All diese Dinge haben für uns nur so lange Bedeutung, wie wir uns in unserem gegenwärtigen Körper befinden. Die Veden sagen, dieses Leben sei nur eine Durchgangsstation, ein Blitz in der Ewigkeit, und wir sollen unsere Aufmerksamkeit nicht zu sehr auf die Dinge der vergänglichen Welt richten, sondern auf das Ewige, Unvergängliche, Göttliche.

• 7. Aus dem Fall Jasbir ist weiter ersichtlich, daß die fälschliche Identifikation mit den jeweiligen körperlichen Umständen, mit der Familie, dem Beruf, der Kastenzugehörigkeit usw. bei einem Erwachsenen schon erheblich ausgeprägter ist als bei einem Kind. Offensichtlich braucht die wiedergeborene Seele bei jeder Inkarnation eine gewisse Zeit, bis sie sich an die neuen Umstände gewöhnt hat und sich mit ihnen identifizieren kann. (Daher auch die beobachtbare Tatsache, daß sich Kinder viel häufiger bewußt an ihre vergangenen Leben zu erinnern vermögen als Erwachsene.)

• 8. Obwohl nämlich die Seele B genauso wenig mit dem Körper und der Familie Sobha Rams zu tun hatte wie mit dem Körper und der Familie Jasbirs, identifizierte sie sich doch stark mit ihrem ehemaligen brahmanischen Status und den damit verbundenen Regeln und Vorteilen. Dies kommt in der strikten Verweigerung von Mahlzeiten, die nicht von einem Brahmanen zubereitet wurden, zum Ausdruck.

• 9. Und obwohl diese außergewöhnliche Begebenheit für alle Betroffenen (einschließlich Ian Stevensons), aber insbesondere für die Seele B, eindeutig bewies, daß «Jasbir» nicht wirklich «Jasbir» war, hat doch niemand die richtige Schlußfolgerung daraus zu ziehen vermocht. Die Seele B war zwar nicht «Jasbir», aber ebensowenig «Sobha Ram»; sie identifizierte sich zwar nicht mit ihrem gegenwärtigen Körper (was von vedischen Gelehrten als gutes Zeichen gewertet wird), doch mit jenem aus ihrem letzten Leben – ohne zu wissen, daß sie auch vor jenem bereits Hunderte anderer Körper besessen hatte, mit Hunderten von anderen Eltern, anderen Familien und Lebensumständen, und ohne zu verstehen, daß es das letztliche Ziel ihrer Reise durch all diese verschiedenen Körper ist, von jeglicher materiellen Identifikation frei zu werden und aus dem Kreislauf von Geburt und Tod auszubrechen.

Wie man ein Geist wird

Für unsere gegenwärtige Betrachtung zum Thema Geister läßt sich anhand des «Falls Jasbir» noch ein weiteres Phänomen erläutern. Wie wir bereits erwähnten, muß es sich im Falle des Vergiftungstodes von Sobha Ram um eine außerordentliche Vorkehrung der Karma-Gesetze gehandelt haben.

Das *Garuḍa Purāṇa* erklärt, daß jemand, der unter unnatürlichen Umständen ums Leben kommt (also durch Mord, Unfall, Selbstmord usw.), für gewöhnlich gezwungen ist, zunächst in einem feinstofflichen Zustand als Geist zu verharren, und zwar so lange, wie er gemäß seines Karma noch in dem betreffenden Körper hätte leben müssen. (Nach vedischen Angaben ist die natürliche Lebensdauer eines Menschen aufgrund seines Karma bereits zum Zeitpunkt seiner Geburt festgelegt.)

Wie aus den vorherigen Betrachtungen hervorgegangen ist, stellt das Dasein als Geist jedoch eine äußerst leidvolle, unglückselige Lage dar, in welcher es der Seele unmöglich ist, ihre mannigfachen materiellen Wünsche und Begehren nach körperlichen Genüssen zu befriedigen. Daher ist es nur verständlich, warum die Geistwesen derart bemüht sind, die Aufmerksamkeit der verkörperten Menschen zu erwecken, sich ihnen in irgendeiner Form mitzuteilen und mit ihnen in Kontakt zu treten – sei es durch «Stimmen aus dem Jenseits», durch Träume oder durch die unheimlichen Tätigkeiten eines Poltergeistes.

Das versteckte Motiv und das Ziel eines Geistes ist es nämlich, den Willen desjenigen zu schwächen, den er verfolgt und dessen Aufmerksamkeit er zu gewinnen sucht, so daß er, der Geist, selbst die Kontrolle über den grobstofflichen Körper übernehmen und stellvertretend durch die Sinne seines Opfers genießen kann. Aus diesem Grunde kann es vorkommen, daß Menschen, die keine stark ausgeprägte eigene Persönlichkeit besitzen, solch neidischen Geistern zum Opfer fallen und, wie bereits erwähnt, als Folge davon Symptome von Geisteskrankheiten wie Schizophrenie oder Paranoia aufzuweisen beginnen. Das Schicksal eines solch unglückseligen Menschen ist nicht schwer zu erraten: Nach seinem Tode wird er selbst ebenfalls zu einem Geist.

Das *Garuḍa Purāṇa* (2.22.8-13) beschreibt, unter welchen Todesumständen ein Mensch außerdem dazu verurteilt ist, ein Geist zu werden. Es werden unter anderem die folgenden Möglichkeiten aufgezählt:

- durch Selbstmord (bewußtes Ablehnen des grobstofflichen Körpers)
- durch Tod aufgrund von Mord, Unfall oder andere brutale Mittel
- durch Tod unter abscheulichen Umständen wie aufgrund schrecklicher Krankheiten
- durch Tod im berauschten Zustand

Zudem heißt es, daß ein Mensch, der sich durch seine Machenschaften während des Lebens ein *außerordentlich schlechtes Karma* angeeignet hat, ebenfalls mit dem Dasein als Geist bestraft wird (*Garuḍa Purāṇa* 2.22.4-6, 14-74). Dies betrifft beispielsweise jemanden, der

- das ökologische Gleichgewicht der Natur zerstört
- grausam ist und bewußt anderen Lebewesen Schaden zufügt
- andere bestiehlt, belügt und betrügt oder tötet
- unsauber ist und perversen Ausschweifungen frönt
- übermäßig Berauschungsmittel konsumiert
- sich zuviel und ohne eigentliches Wissen, sondern nur aus oberflächlicher Neugierde, mit okkulten Dingen beschäftigt.

Abschließend warnt das *Garuḍa Purāṇa* (2.22.63) eindringlich: «Es ist besser, hundertmal zu sterben, als ein Geist zu werden.» Wir bitten unsere Leser, sich diese Warnung zu Herzen zu nehmen.

Gibt es auch gute Geister?

Abschließend sei uns in diesem Zusammenhang noch eine letzte Bemerkung gestattet: Wenn wir davor warnen, sich unter keinen Umständen mit den feinstofflichen Parallelwelten der Geister einzulassen, werden wir manchmal gefragt, ob es denn nicht auch «gute» Geister gebe, die den Menschen helfen können, beispielsweise bei der wundersamen Heilung von physischen oder psychischen Krankheiten oder dergleichen. Gerade in der modernen Esoterik wird ja derzeit viel mit allen möglichen feinstofflichen Heilmethoden experimentiert, und die Berichte von sensationellen «Geist-Heilungen» ziehen regelmäßig Millionen von Menschen in ihren Bann (und ihnen das Geld aus der Tasche, aber das ist eine andere Sache...).

Aus unserer Erfahrung können wir zu diesem Thema nur sagen: Es sind uns keine Fälle bekannt, in denen ein sogenannt «guter» Geist den Menschen selbstlos seine Dienste angeboten hätte. Gemäß dem Karma-Gesetz hat alles in der materiellen Welt – sei es nun grob- oder feinstofflich – seinen bestimmten Preis (außer der Gnade Gottes, auf die wir am Ende dieses Buches noch eingehen werden). Wenn wir also von irgendwelchen unbekannten Geistwesen körperliche oder mentale Hilfe annehmen, können wir sicher sein, daß wir in irgendeiner Form dafür werden bezahlen müssen, und wenn nicht in diesem Leben, so doch spätestens nach dem Tode – beispielsweise damit, daß wir selbst gezwungen werden, in die Geisterwelt überzugehen.

In diesem Lichte betrachtet können wir also schlußfolgern, daß es keine wirklich «guten» Geistwesen gibt. Entweder sind sie, wie beschrieben, offensichtlich boshaft und darauf aus, uns bewußt Schaden zuzufügen, oder aber sie geben vor, wohlmeinend zu sein, und helfen uns zwar bei unseren vorübergehenden materiellen Problemen, jedoch stets mit dem Motiv, uns in ihre Schuld zu ziehen.

Aus diesem Grunde möchten wir zum Abschluß dieser Thematik unsere Warnung noch einmal wiederholen: Wir sollten darauf achten, daß wir uns unter keinen Umständen mit den feinstofflichen Parallelwelten (Astralebenen) der Geister einlassen, denn weder können wir von ihnen irgend etwas Wissenswertes lernen, noch können sie uns bei der Lösung unserer Probleme wirkliche Hilfe bieten.

Rückerinnerungen – Das Werk Ian Stevensons

Der bereits zitierte amerikanische Psychiater und Parapsychologe Dr. *Ian Stevenson* (*1918), Direktor der parapsychologischen Abteilung an der Universität von Virginia, gilt als der namhafteste und einflußreichste unter allen zeitgenössischen Wissenschaftlern des Abendlandes, die sich in den vergangenen Jahrzehnten mit dem Phänomen der Reinkarnation auseinandergesetzt haben. Stevenson untersuchte und dokumentierte mit minuziöser Exaktheit inzwischen über 2000 Fälle von Menschen auf der ganzen Welt, die sich bewußt und ohne äußere Hilfsmittel an eines oder mehrere frühere Leben erinnern konnten. Er nennt diese «spontane Fälle».

Sein Buch «Reinkarnation – Der Mensch im Wandel von Tod und Wiedergeburt» (Englisch 1966, Deutsch 1976) zählt zu den führenden Standardwerken auf dem Gebiet der modernen Reinkarnationsforschung. In diesem Werk legt er 20 ausgewählte «überzeugende und wissenschaftlich bewiesene Fälle» aus fünf Ländern vor (aus Indien, Sri Lanka und Brasilien, aus dem Libanon und bei den Tlingit-Indianern in Alaska). Hierbei handelt es sich ausschließlich um Kinder, die Erinnerungen an frühere Leben bereits im Alter von 1½ bis 4 Jahren erstmals äußerten. Stevensons Untersuchungen bestätigen die Annahme, daß sich viele Menschen in ihrer frühen Kindheit an ihr vergangenes Leben zu erinnern vermögen und daß diese Erinnerungen meist erst aufgrund der Erziehung verlorengehen.

Dies liegt, wie wir bereits in *Kapitel 4* besprochen haben, einerseits daran, daß sich Kinder nicht optimal zu äußern verstehen, und zum anderen auch an dem Umstand, daß sie oft gar nicht ernst genommen werden. Welche Eltern denken sich schon viel dabei, wenn ihre Kinder solch typische «Kinderfragen» stellen wie: «Wo bin ich gewesen, bevor ich in den Bauch von Mami kam?», «Wo ist Großvater jetzt (nach dem Ableben) hingegangen?», oder «Kann ich im nächsten Leben auch ein Vogel oder eine Blume werden?», oder wenn sie erzählen, was sie getan haben, als sie «noch groß» waren? Dies erklärt auch die Tatsache, daß die von Stevenson vorgelegten Fälle vor allem aus Kulturkreisen stammen, in denen die Reinkarnationsidee als allgemein akzeptiert gilt. Wären wir im christlichen Abendland ebenfalls von Kindheit an mit diesen Gedanken vertraut, ließen sich bei uns vermutlich auch ebenso viele Fälle nachweisen.

Ein weiterer Grund, warum sich Stevenson vornehmlich mit Kinderfällen beschäftigt hat, besteht darin, daß die unterbewußten Informationen, denen ein Erwachsener während seines bisherigen Lebens ausgesetzt war, mit zunehmendem Alter unüberschaubarer werden. Dies hat zur Folge, daß sich sogenannte «Erinnerungen» immer häufiger auch mit dem Phänomen der *Kryptomnesie* (siehe *Glossar*) erklären lassen. Außerdem besteht bei Erwachsenen stets die Tendenz, aufgrund ehrgeiziger Motivationen vorschnell zu interpretieren und zu spekulieren, was man bei Kindern nahezu ausschließen kann. Nicht selten kommt es nämlich vor, daß

Menschen, die einen kleinen Einblick in die Existenz früherer Leben gewonnen haben, sich sofort auf Geschichtsbücher und Lexika stürzen, um herauszufinden, welche berühmte Persönlichkeit sie wohl in der Vergangenheit gewesen sind. Stevenson sagt dazu:

> Das ist wirklich töricht... Das ist ein weiterer Grund, warum ich Kinderfälle bevorzuge, denn Kinder interpretieren ihre Fälle nicht, sie erzählen einfach und sagen: «Es ist so und so, mein Name ist so und so.» Für sie ist das alles sehr klar, sehr lebendig.

In der Tat findet sich hier ein möglicher Prüfstein, um sich in der Flut der «sensationellen Reinkarnationsberichte» zurechtzufinden, denn so viele berühmte und weltbewegende Persönlichkeiten, wie gewisse Leute gewesen sein wollen, kann es in der Geschichte gar nicht gegeben haben. Nur einer kann zum Beispiel in einem früheren Leben Karl der Große gewesen sein, und wenn wir Napoleon Bonaparte Glauben schenken können, war *er* es. (Wir haben diese Thematik bereits in Kapitel 1 unter *Vermarktung der Reinkarnation* angeschnitten.)

Der Anthroposoph *K.O. Schmidt* (1903-1977) schreibt zum Phänomen solcher «Pseudo-Rückerinnerungen» in «Wir leben nicht nur einmal» (1969):

> Insbesondere wenn es sich um offensichtlich eitelkeitsgeborene Illusionen mittelmäßiger Naturen dahingehend handelt, daß sie in früheren Leben geschichtliche Größen waren – von Alexander, Ramses, Jesus oder Caesar bis zu Maria, Kleopatra oder einer Heiligen –, ist Vorsicht geboten. Sie meinen, in einer geschichtlichen Epoche die Hauptrolle gespielt zu haben, in der sie, soweit ihre Rückerinnerungen zuverlässig sind, vielleicht als Zeitgenossen der Großen Nebenrollen innehatten. Wer einst ein großer Charakter war, ist es normalerweise auch in seinen späteren Verkörperungen. (S. 210f.)

Rudolf Passian meint dazu in «Wiedergeburt – Ein Leben oder viele?» (1985):

> Und – angenommen – man war wirklich eine bedeutende Persönlichkeit, so ist es wenig rühmlich, im jetzigen Leben nichts Vergleichbares aufweisen zu können. Wenn man darüber hinaus Reinkarnation als Wiederholenmüssen einer Schulklasse nach nicht bestandener Prüfung auffaßt, ist erst recht kein Grund zum Stolzsein vorhanden. (S. 147)

Diese «eitelkeitsgeborenen Illusionen» lassen sich bei Kindern verständlicherweise eher ausschließen als bei Erwachsenen. Als illustratives Beispiel führt Passian den bis heute nicht umfassend geklärten «Fall Schuler» an:

> Am Tage der Ermordung des US-Präsidenten Kennedy, am 22.11.1963, kam in München ein Junge zur Welt: Johann Schuler.
>
> Schon früh offenbarte der kleine Johann ein erstaunliches Wissen über Kennedy, über Vorgänge im Weißen Haus, über Kennedys dortiges Arbeitszimmer, über Freunde und Bekannte des Präsidenten und über Einzelheiten aus der amerikanischen Geschichte. Er erzählte Privates aus der Ehe Kennedys mit

Jackie, deren Foto in einer Illustrierten er sofort erkannte, während er ein Bild des Reeders Onassis, des nachmaligen Ehemannes von Jackie, zornig zerriß.

Hinzu kommt noch, daß Johann rechts am Kopf ein Muttermal aufweist, ungefähr an jener Stelle, wo den Präsidenten die tödliche Kugel traf. Aber, und das macht diesen Fall eben fragwürdig, Johann wurde um 12.48 Uhr amerikanischer Zeit geboren, während Kennedy um 12.30 Uhr ermordet wurde, also nur 18 Minuten zuvor.

Die unverzügliche Wiedereinkörperung eines vor wenigen Minuten – noch dazu gewaltsam – ums Leben Gekommenen ist sehr unwahrscheinlich, zumal ein sich inkarnierender Geist vom Augenblick der Empfängnis an die Mutter umgibt und am Bau seines physischen Körpers mitbeteiligt ist. Es sei denn, man wollte annehmen, er sei von einem anderen, möglicherweise stärkeren Wesen abgedrängt oder aus irgendwelchen anderen Gründen veranlaßt worden, das Feld zu räumen. [Wie dies offensichtlich im Fall Jasbir geschehen ist.] (S. 146)

Anders (und daher erheblich glaubwürdiger) als dieser Fall sind hingegen die von Ian Stevenson vorgelegten Fälle spontaner Rückerinnerung. Hier handelt es sich durchweg um «gewöhnliche» Menschen «wie du und ich», die nicht vorgeben, irgendwelche bedeutende historische Persönlichkeiten gewesen zu sein, und sich einzig darin von den anderen unterscheiden, daß sie imstande sind, sich an frühere Leben zu erinnern.

Den «Fall Jasbir» haben wir bereits dargelegt. Zur Dokumentation von Stevensons Arbeit seien hier noch zwei weitere illustrative Beispiele aus «Reinkarnation – 20 überzeugende und wissenschaftlich bewiesene Fälle» angeführt:

Der Fall William George jun.

(Tlingit-Indianer in Südostalaska)

Dieser Fall umfaßt eine dem Tode vorhergehende Voraussage der Wiedergeburt und das offenbare Bestehen der vorgeschlagenen Tests. Er paßt auch zu dem Wiedergeburtsmodell, daß die Wiedergeburt in einem Traum der Mutter angekündigt und durch Körpermerkmale angezeigt wurde, die denen des anscheinend wiederkehrenden Menschen ähnlich waren.

William George sen. war in seinen Tagen ein berühmter Fischer in Alaska. Wie andere Tlingits glaubte er an Reinkarnation. Gegen Ende seines Lebens wurde er von Zweifeln angefochten, hegte aber auch den starken Wunsch zurückzukehren. Bei verschiedenen Gelegenheiten sagte er zu seinem Lieblingssohn (Reginald George) und seiner Schwiegertochter: «Wenn an dieser Wiedergeburt irgend etwas Wahres dran ist, werde ich wiederkommen und euer Sohn sein.» Er erweiterte diese Erklärung mehrmals, indem er hinzufügte: «Und ihr werdet mich wiedererkennen, weil ich Muttermale haben werde, wie ich sie jetzt besitze.» Dabei zeigte er auf zwei auffallend pigmentierte Muttermale, jedes etwa 1 cm im Durchmesser, das eine auf der äußeren Oberfläche seiner linken Schulter und das andere auf der inneren Oberfläche des linken Unterarms, ungefähr 5 cm unterhalb der Ellbogenfalte.

Im Sommer 1949 drückte William George sen., der damals etwa 60 Jahre alt war, wiederum seine Absicht aus, nach dem Tode zurückzukommen, und bei dieser Gelegenheit händigte er seinem Lieblingssohn eine goldene Uhr aus, die ihm von seiner Mutter geschenkt worden war. Als er das tat, sagte er: «Ich will zurückkehren. Hebe diese Uhr für mich auf. Ich werde dein Sohn sein. Wenn es irgend so etwas (wie die Wiedergeburt) gibt, werde ich das machen.» Reginald George ging kurze Zeit danach übers Wochenende nach Hause und gab die goldene Uhr seiner Frau Susan George und erzählte ihr, was sein Vater ihm gesagt hatte. Sie legte die Uhr in einen Schrankkasten, wo sie nahezu fünf Jahre blieb.

Anfang August 1949, wenige Wochen nach diesen Begebenheiten, verschwand William George sen. von dem Schlagnetzboot, dessen Kapitän er war. Niemand von seiner Besatzung wußte, was ihm passiert war, und Suchmannschaften konnten seine Leiche nicht finden. Vielleicht war er über Bord gefallen, und die Flut hatte ihn ins Meer getragen, wie es in diesen Gewässern leicht vorkommen kann.

Mrs. Reginald George, seine Schwiegertochter, wurde kurz danach schwanger und kam am 5. Mai 1950 nieder, gerade neun Monate nach dem Tode ihres Schwiegervaters. Das Baby war das neunte ihrer zehn Kinder. Während der Niederkunft träumte sie, daß ihr Schwiegervater ihr erschienen sei und ihr gesagt habe, daß er darauf warte, seinen Sohn zu besuchen.

Offenbar verband Mrs. George zu dieser Zeit diese Traumvision nicht mit der Wiedergeburt ihres Schwiegervaters, weil sie nach dem Erwachen aus der Narkose erschrocken war und erwartete, sie werde ihren verstorbenen Schwiegervater erblicken, und zwar wohl so, wie er nach seinem Tode als Erwachsener ausgesehen und wie sie ihn in ihrem Traum gesehen hatte. Was sie aber erblickte, war ein ganz normales männliches Baby, das pigmentierte Muttermale auf der oberen Oberfläche seiner linken Schulter und der inneren Oberfläche seines linken Unterarms hatte, und zwar waren die Muttermale genau an den Stellen, die der Großvater des Jungen erwähnt hatte. Die Muttermale des Babys waren etwa halb so groß wie die des Großvaters. Die Übereinstimmung dieser Muttermale ließ es den Eltern des Kindes angebracht erscheinen, ihm den Namen seines Großvaters zu geben, und so wurde es William George jun.

William George jun. hatte eine schwere Lungenentzündung, als er ein Jahr alt war. Er sprach erst, als er drei oder vier Jahre alt war, und dann nur stark stotternd, was aber im Laufe der folgenden Jahre allmählich aufhörte, obgleich sein Vater Reginald George sich noch im Jahre 1961 [als Ian Stevenson die Familie besuchte] über den Sprachfehler des Jungen sehr beunruhigt zeigte. William George jun. verfügte, beurteilt nach seinem Verhalten in der Schule und bei der Konversation mit mir, anscheinend überdurchschnittliche Intelligenz.

Als er heranwuchs, beobachtete seine Familie bei William George jun. ein Verhalten, das ihre Überzeugung bestärkte, William George sen. sei zurückgekehrt. Dieses Verhalten zeigte sich in verschiedener Form. Zur ersten Gruppe gehörten Verhaltenszüge wie Vorlieben, Abneigungen und Anlagen, die denen seines Großvaters ähnlich waren... Mitglieder der Familie bemerkten auch Ähnlichkeiten in den Gesichtszügen und der Haltung. William George jun. ähnelte seinem Großvater in seiner Neigung zu Reizbarkeit und Verdrießlichkeit und dazu, seiner Umgebung warnende Ratschläge zu erteilen. Er zeigte frühzeitige Kenntnisse von der Fischerei und vom Umgang mit Booten. Er kannte die besten Buchten zum Fischen, und als man ihn zum ersten Mal in ein Boot setzte, schien er schon zu wissen, wie er mit den Netzen umzugehen habe. Er verriet aber auch eine im Vergleich mit Jungen seines Alters mehr als durchschnittliche Wasserscheu. Er war ernster und sensibler als andere Kinder seines Alters.

Eine zweite Gruppe von Beobachtungen an William George jun. bezieht sich auf Züge, die eine nahezu vollständige Identifizierung des Jungen mit seinem Großvater anzeigten. Zum Beispiel sprach er von seiner Großtante als seiner «Schwester», was tatsächlich ihr Verwandtschaftsgrad zu William George sen. gewesen war. In ähnlicher Weise sprach er von seinen Onkeln und Tanten (Brüdern und Schwestern von Reginald George) als von seinen Söhnen und Töchtern. Darüber hinaus brachte er echte Betroffenheit über ihr schlechtes Benehmen zum Ausdruck, z.B. über die Trunksucht zweier seiner «Söhne» (Onkel)...

Sein Vater meinte, William George jun. beschäftige sich allzu sehr mit der Vergangenheit. Er bemerkte, sein Geist «wandere». Aus diesem Grunde sowie aufgrund von Warnungen «alter Leute» über die Schädlichkeit des Sicherinnerns an vergangene Lebensläufe redeten die Eltern von William jun. ihm aus, über das Leben von William sen. zu sprechen.

Drittens offenbarte William jun. Kenntnisse von Personen und Örtlichkeiten, die nach der Meinung seiner Familie über das hinausgingen, was er auf normalem Wege erfahren haben konnte...

Als William George jun. vier bis fünf Jahre alt war, entschloß sich seine Mutter eines Tages, den Schmuck in ihrem Schmuckkasten durchzusehen und breitete den Schmuck in ihrem Schlafzimmer aus. Sie nahm auch die goldene Uhr von William George sen. aus der Kassette heraus. Als sie den Inhalt ihres Schmuckkastens überprüfte, kam William George jun., der in einem anderen Zimmer gespielt hatte, in das Schlafzimmer. Als er die Uhr erblickte, ergriff er sie und sagte: «Das ist meine Uhr.» Er hielt sie zäh fest, wiederholte, daß sie ihm gehöre, und es gelang seiner Mutter zunächst nicht, ihn zu ihrer Rückgabe zu bewegen. Endlich willigte er ein, daß sie wieder in die Kassette gelegt wurde. Danach und noch bis 1961 bat William George jun. von Zeit zu Zeit seine Eltern um «seine Uhr». Und als er dann älter geworden war, verlangte er die Uhr noch etwas entschiedener heraus, wobei er erklärte, er wolle sie jetzt haben, da er älter geworden sei...

Um 1961 hatte William George jun. seine frühere Identifizierung mit seinem Großvater weitgehend aufgegeben; abgesehen von seinem gelegentlichen Verlangen nach «seiner Uhr» und einem Überrest seines früheren Stotterns benahm er sich wie ein normaler Junge seines Alters.

Der Fall Wijeratne

(Sri Lanka)

H.A. Wijeratne wurde geboren im Dorf Uggalkaltota in Ceylon am 17. Januar 1947 als Sohn von H.A. Tileratne Hami. Bei seiner Geburt stellten seine Eltern eine ausgesprochene Deformierung seiner rechten Brust und seines Armes fest, was sie ganz allgemein einem Karma aus einer früheren Inkarnation zuschrieben. Wijeratnes Vater fielen auch verschiedene Ähnlichkeiten mit seinem verstorbenen Bruder Ratran Hami auf... Er äußerte zu seiner Frau: «Das ist mein zurückgekommener Bruder», aber sie scheint dieser Bemerkung nicht viel Aufmerksamkeit geschenkt zu haben, und beide brachten die Entstellungen an der rechten Körperseite des Jungen nicht mit Ratran Hami in Verbindung.

> Als Wijeratne zwischen zwei und zweieinhalb Jahre alt war, begann er, einsam um sein Haus herumzulaufen und mit sich zu sprechen. Sein Verhalten erweckte die Aufmerksamkeit seiner Mutter, die seinen Worten lauschte. Sie hörte zufällig, als er sagte, sein Arm sei deformiert, weil er seine Frau in seinem früheren Leben ermordet habe. Er erwähnte eine Anzahl von Einzelheiten, die sich auf ein Verbrechen bezogen, von dem sie bis zu dieser Zeit nichts gehört hatte. Sie befragte ihren Mann nach den Behauptungen des Jungen, und er bestätigte die Richtigkeit dessen, was der Junge sagte, denn in der Tat war sein jüngerer Bruder Ratran Hami im Jahr 1928 wegen Mordes an seiner Frau hingerichtet worden.
>
> Wijeratnes Vater versuchte, ihn vom Reden über sein früheres Leben abzubringen, aber er blieb dabei, oft in brütender, einsiedlerischer Weise mit sich und auch mit anderen Personen darüber zu sprechen, die ihn nach seinem Arm befragten. Er erzählte die Einzelheiten des Verbrechens, der Festnahme und der Hinrichtung von Ratran Hami mit einer erstaunlichen Lebendigkeit und Fülle an Details.

Stevenson berichtet über dieses Verbrechen, das sich fünfundzwanzig Jahre vor den Behauptungen Wijeratnes zugetragen hatte und über das er sich beglaubigte Abschriften des gerichtlichen Verhandlungsprotokolls besorgte:

> Tileratne Hami, der Vater Wijeratnes, war der etwa 15 Jahre ältere Bruder von Ratran Hami. Sie waren Landwirte im Dorf Uggalkaltota zu der Zeit, da Ratran Hami seine Verlobte ermordete, weil sie sich weigerte, das Haus ihrer Eltern zu verlassen und ihn in sein Dorf zu begleiten. Der Mord geschah am 14. Oktober 1927, und Ratran Hami wurde im Juni 1928 abgeurteilt und im Juli hingerichtet...
>
> Bei seinem Prozeß verteidigte Ratran Hami lebhaft sein Tun und beteuerte, er habe Podi Menike [die Verlobte] nicht töten wollen. Er behauptete, daß bei einem von ihrer Familie begonnenen Handgemenge ein Freund von Podi Menike ihn geschlagen, während sie ihn festgehalten und sein Entkommen verhindert habe. Bei seinen Versuchen, davonzulaufen, habe er sie versehentlich erstochen, aber nicht mit der Absicht, sie zu töten. Die anderen Zeugen behaupteten, er sei vorsätzlich mit einem Kris (malayischer Dolch) auf Podi Menike losgegangen, und sie hätten erst jetzt versucht, ihn zu schlagen. Die Geschworenen akzeptierten die Beweisführung der Zeugen und sprachen Ratran Hami schuldig. Wijeratne scheint zur gleichen Schlußfolgerung gekommen zu sein, da er ganz offen erklärte, er habe als Ratran Hami die Podi Menike getötet.

Und die «körperliche Untersuchung Wijeratnes», die Stevenson vornahm, ergab, daß dieser im Jahre 1961 (mit 14 Jahren) gut entwickelt und normal zu sein schien, mit Ausnahme seines rechten Brustkorbes und des rechten Armes. «Am oberen rechten Brustkorb unterhalb des Schlüsselbeins war ein Hohlraum von etwa 5 cm Durchmesser», schreibt Stevenson. «Die Haut war an dieser Stelle intakt, aber das Brustgewebe schien ausgesprochen mangelhaft zu sein. Beim Betasten dieser Stelle hatte man den Eindruck, daß die darunterliegende Rippe auf dieser Seite unterentwickelt war oder gar fehlte.»

Zudem war der ganze rechte Arm im Vergleich zum übrigen Körper zu klein gewachsen und nur etwa halb so dick wie der linke. Die Finger der rechten Hand waren nur in rudimentärer Weise entwickelt, so daß Wijeratne mit dieser Hand höchstens eine Schreibfeder oder einen Bleistift halten, aber nichts Schweres (wie beispielsweise einen Dolch) greifen konnte.

Dann schreibt Stevenson: «Als Wijeratne etwa fünfeinhalb Jahre alt war, hörte er auf, spontan über das frühere Leben zu sprechen und tat das nur noch dann, wenn er gefragt wurde.» Aber damit ist seine Erzählung der Geschichte Wijeratnes noch nicht zu Ende. Er berichtet in der Folge, daß dieser sich mit rund zwanzig Jahren viele Gedanken und vielleicht auch Schuldgefühle gemacht habe und später, im Jahre 1969, psychisch erkrankte und in ein psychiatrisches Krankenhaus aufgenommen werden mußte. Nach seiner scheinbaren Genesung begann er später, an der Universität von Ceylon Medizin zu studieren. Stevenson berichtet weiter:

> Obgleich Wijeratnes rechte Hand klein und so stark entstellt war, daß er erheblich verkürzte Finger hatte, von denen mehrere zusammengewachsen waren, war die Deformierung doch offenbar kein sehr schweres physisches oder psychisches Hindernis für ihn. Zweifellos war es eine beständige Mahnung an das frühere Leben...

Nachdem Wijeratne sich im Dezember 1971 einer chirurgischen Operation unterzogen hatte, durch welche die zusammengewachsenen Finger der rechten Hand getrennt wurden, wurde er im Spätsommer 1973 von einer erneuten Psychose befallen und mußte ins psychiatrische Krankenhaus eingeliefert werden, wo ihn Stevenson im Oktober 1973 besuchte. Darauf endet die Berichterstattung Stevensons.

Schlußfolgerungen

Natürlich führt Stevenson bei allen in seinem Werk vorgelegten Fällen eine Unmenge von Details und exakt recherchierten Zeugenaussagen an, auf die wir an dieser Stelle nicht vollumfänglich eingehen möchten. Mit Sicherheit können wir aber sagen, daß Professor Ian Stevenson zu den wenigen modernen Reinkarnationsforschern gehört, die uns eine Arbeit vorlegen, welche sämtlichen Ansprüchen der Wissenschaftlichkeit zu genügen vermögen und deren «Beweise» für die Richtigkeit der Reinkarnationslehre sich nicht so leicht von der Hand weisen lassen. In den von ihm untersuchten Fällen verzichtet er bewußt auf unzulässige, unwissenschaftliche Methoden wie etwa phantasievolle Ausschmückung der berichteten Rückerinnerungen oder Suggestion der betreffenden Personen, wenngleich dies seiner Forschungsarbeit sicherlich einen weiteren spektakulären Zug hätte verleihen können.

Im Gegenteil versucht er «mit den Methoden des Historikers und des Juristen», die einzelnen Fälle zu studieren und «bei der Untersuchung eines jeden Falles *alle* seine festgestellten Phänomene zu erklären, nicht nur einige davon.» Hoch anzurechnen ist ihm außerdem seine beispielhafte Ehrlichkeit und sein aufrichtiges Bestreben, sämtliche in Frage kommenden Fehlerquellen zu eliminieren. Sowohl in der Einführung zu seinem Buch wie vor allem auch in der «Allgemeinen Erörterung» nach der Darlegung aller 20 Fälle (S. 341-387) behandelt er eine ganze Reihe solcher möglichen Fehlerquellen, die ihm von Kritikern immer wieder vorgeworfen werden – wie etwa Betrug, Wunsch nach Publicity oder persönlicher Bereicherung seitens der Versuchspersonen, Kryptomnesie, Gedächtnisfehler der Zeugen, Übersetzungsfehler der Dolmetscher, außersinnliche Wahrnehmung und andere paranormale Erklärungsmöglichkeiten.

Stevensons Untersuchungen wie auch seine Erwiderungen auf die Vorwürfe von Kritikern sind derart gewissenhaft und exakt vorgelegt, daß wir jedem Leser, der noch immer an der Richtigkeit der Reinkarnationslehre zweifelt, empfehlen möchten, dieses Werk Ian Stevensons vorurteilslos und ebenso gewissenhaft zu studieren.

Wie im Falle von Jasbir wollen wir auch hier versuchen, aus den angeführten Beispielen und aus dem Blickwinkel der im Verlaufe des vorliegenden Buches erarbeiteten Kenntnisse einige interessante Schlußfolgerungen zu ziehen:

- 1. Die Rückerinnerungen an frühere Existenzen sind vor allem bei Kindern teilweise noch stark vorhanden und werden, sofern die kulturelle Umgebung die Möglichkeit der Reinkarnation nicht *a priori* ausschließt, von diesen auch ausführlich geäußert.
- 2. Je mehr wir uns im Verlaufe des Erwachsenwerdens mit unserem gegenwärtigen Körper identifizieren, desto mehr gewinnen die Ereignisse und Erfahrungen des jetzigen Lebens an Bedeutung, und die spontanen Erinnerungen an frühere Existenzen verblassen allmählich.
- 3. Die Wünsche des feinstofflichen Körpers sind in der Tat imstande, die grobstoffliche Materie zu manipulieren und zu formen. Da William George sen. den starken Wunsch hatte, als Sohn seines Lieblingssohnes (also als sein eigener Enkel) wiedergeboren zu werden, wurde ihm der entsprechende neue Körper zur Verfügung gestellt. Dieser wies sogar die von ihm gewünschten Erkennungszeichen (Muttermale) sowie andere Ähnlichkeiten mit dem vorangegangenen Körper auf. Wer sehr an seinen gegenwärtigen Körper angehaftet ist, dem wird offensichtlich die Möglichkeit gegeben, Leben für Leben ein ähnliches Aussehen beizubehalten.
- 4. Dies ist – wie die Erfüllung aller anderen Wünsche auch – natürlich nur dann möglich, wenn das eigene Karma es zuläßt, wie der Fall von Ratran Hami beweist. Weil er sich eines vorsätzlichen Mordes schuldig gemacht hatte, wurde er von den Gesetzen des Karma gezwungen, als Reaktion auf die seiner Verlobten zugefügten tödlichen Verletzungen im nächsten Menschenleben an denselben Körperstellen angeborene Deformierungen zu «ernten». Dies ist ein höchst anschauliches Beispiel für das gerechte Wirken der Karma-Gesetze: wer eine «schlechte» Handlung ausführt und anderen dadurch Leiden zufügt, wird im kommenden Leben ein ähnliches Leid erfahren müssen. Zwar wurde Wijeratne nicht dadurch bestraft, daß er selbst auch erstochen wurde (dies wurde offenbar durch die über Ratran Hami verhängte Todesstrafe bereits aufgehoben), er mußte

jedoch trotzdem entsprechendes körperliches und auch psychisches Leid auf sich nehmen.

• 5. Eine Frage blieb bisher ungelöst: Wie ist es zu erklären, daß zwischen der Hinrichtung Ratran Hamis im Jahre 1928 und der Geburt Wijeratnes im Jahre 1947 ein derart langer Zwischenraum liegt? – Aus den Beschreibungen des *Garuḍa Purāṇa* haben wir erfahren, daß jemand, der «bewußt anderen Lebewesen Schaden zufügt» und sich dadurch ein außerordentlich schlechtes Karma aneignet, möglicherweise vorübergehend mit dem leidvollen Dasein als Geist bestraft wird oder gar in niedere Lebensformen eingehen muß. Tatsächlich berichtet Stevenson:

> Wijeratne und sein Bruder erwähnten, während seiner Psychose [1970] habe er in der Wahnvorstellung gelebt, ein Vogel zu sein... Wijeratne habe früher, wenn man bis 1961 zurückgeht, Bemerkungen dahingehend gemacht, er habe während des langen Zwischenraumes zwischen dem Tod von Ratran Hami und der Geburt Wijeratnes wenigstens einen Teil der Zeit in einer Reinkarnation als Vogel verbracht.

Hypnotische Rückführungen

Viele der aktuellen Publikationen zum Thema Reinkarnation behandeln ausführlich die sogenannten «Rückführungen», im Verlaufe derer die «Versuchsperson» durch einen Hypnotiseur in einen hypnotischen oder hypnoseähnlichen (hypnoiden) Zustand versetzt und in die Vergangenheit geführt wird, wo sie längst vergessene Erlebnisse aus dem Unterbewußtsein ins Bewußtsein heraufholen kann (zum Begriff der Hypnose siehe *Glossar*).

Der Pionier: Albert de Rochas d'Aiglun

Die Möglichkeit der Rückführung in frühere Leben wird bereits im altindischen *Āyurveda*, den ältesten medizinischen und psychologischen Schriften der Menschheit, erwähnt. In der Neuzeit fand sie zum ersten Mal im frühen 20. Jahrhundert Anwendung durch den französischen Offizier und Forscher Baron *Albert de Rochas d'Aiglun* (1837-1914), der ab 1888 viele Jahre lang Chef des militärischen Polytechnikums in Paris war. In den Jahren 1902 bis 1910 führte er zahlreiche Hypnoseversuche mit dem sogenannten «magnetischen Schlaf» durch, die letztlich in dem Experiment gipfelten, die Versuchspersonen durch Versetzung in den Tiefschlaf über ihre Kindheit in ein früheres Leben zurückzuversetzen (dokumentiert in seinem Buch «Les vies successives», 1914). Hierzu schreibt *Rudolf Passian* in «Wiedergeburt – Ein Leben oder viele?» (1985):

> Die Praxis der Rückversetzungen damals war der heutigen ähnlich: Beginnend bei der Geburt als Ausgangspunkt, wird die Versuchsperson zurückgeführt

> bis in die früheste Kindheit und in das embryonale Stadium, wobei de Rochas' Versuchspersonen die typische Haltung eines Embryos einzunehmen pflegten; dann über die Empfängnis hinaus in die Zwischenzeit bis zum Auftauchen eines neuen Daseins, in welchem die Versuchsperson wieder einen physischen Körper zu haben meint und Angaben zu ihrer Person und den jeweiligen Lebens- und Zeitumständen usw. macht. (S. 39)

Seine wichtigsten Versuche führte de Rochas mit der 16-jährigen Mlle. Mayo durch. Das junge Mädchen war ein vollkommen gesunder Durchschnittsmensch und hatte sich zuvor noch nie mit Okkultismus, Spiritismus oder dergleichen beschäftigt. Bei den zahlreichen Experimenten, die de Rochas mit ihr durchführte, sprach Mayo stets in der dritten Person von ihren früheren Inkarnationen.

Als erstes vorangegangenes Leben schilderte Mlle. Mayo ihr Leben als Tochter Lina eines Fischers in der Bretagne. Sie heiratete mit 20 Jahren; ein Kind starb im Alter von zwei Jahren, und ihr Mann verlor das Leben bei einem Schiffbruch. Die verzweifelte junge Frau beging Selbstmord, indem sie sich von einem steilen Felsen ins Meer stürzte. Während Mlle. Mayo dies schilderte, überstürzte sich ihr Atem, ihr Gesicht brachte Angst und Schrecken zum Ausdruck, sie machte Bewegungen, als würde sie wider Willen Wasser schlucken, und stieß unartikulierte Schreie aus. Um ihr den Nachvollzug ihres Leidens zu ersparen, befahl ihr de Rochas, einige Minuten älter zu werden, worauf sie erklärte, daß das Ertrinken eine schreckliche Todesart sei. Dann berichtete sie, wie ihr toter Leib von Fischen gefressen werde, doch verspüre sie dabei keinen Schmerz mehr, sondern befinde sich «im Grau» und sei weder glücklich noch unglücklich. Ihren verstorbenen Mann suche sie vergeblich.

In ihrem zweiten vorangegangenen Leben war Mlle. Mayo ein Mann gewesen. Sie lebte, wie sie sagte, zur Zeit Ludwigs des XVIII. (1814-1824) als der Angestellte Charles Mauville in Paris. Es herrschten damals unruhige Zeiten, in denen ständig Menschen sogar auf den Straßen der Hauptstadt umgebracht wurden. Auch Charles Mauville bekannte freimütig, sich hieran beteiligt und im übrigen hauptsächlich zu seinem Vergnügen gelebt zu haben. Dies könnte eine mögliche Erklärung für die Tatsache sein, daß das darauffolgende Leben als Lina von derartigen Schicksalsschlägen heimgesucht wurde, welche die junge Frau schließlich sogar in den Selbstmord trieben.

Auf diese Weise führte de Rochas einige seiner Versuchspersonen bis zu zehn Leben zurück. Und sooft die Versuche auch wiederholt wurden, stimmten die Schilderungen der vorherigen Leben stets exakt überein, einschließlich der jeweiligen Intonation und Handschrift, die in jedem Leben anders waren. Passian schreibt:

> Bei jedem einzelnen Leben ändern sich Physiognomie, Haltung, Benehmen und Ausdrucksweise [der Versuchsperson] entsprechend der jeweiligen Persönlichkeit, wobei sich Ton und Gebärde eines männlichen deutlich von jenem eines weiblichen Wesens unterscheiden. Mochten auch die historischen Angaben oft ungenau oder falsch sein, so waren die Medien dennoch stets, unabhängig von der Fragestellung, voll und ganz die Persönlichkeit des betreffenden Lebens;

niemals trat ein Widerspruch in den Aussagen auf, auch wenn jahrelange Pausen zwischen den Sitzungen lagen. (S. 42f.)

Doch ist die von de Rochas angewandte Methode der hypnotischen Rückführung heute nicht mehr unumstritten. Dazu schreibt *Ian Stevenson* in seinem oben genannten Werk:

> Einige der frühesten und gründlichsten Forscher nach einem Beweis für die Reinkarnation bedienten sich der Hypnose, um ihre Versuchspersonen in die Zeit eines vermeintlichen «früheren Lebens» zurückzuversetzen. Albert De Rochas und John Björkhem, um nur zwei Forscher zu nennen, veröffentlichten beide Berichte von einer Reihe solcher Experimente. Leider haben sich die Ergebnisse dieser aufsehenerregenden Experimente als nicht überzeugend und im ganzen enttäuschend erwiesen, und zwar im Hinblick auf die Schwierigkeit, den Zugang der Versuchsperson zu der in der «früheren Persönlichkeit» verkörperten Information zu kontrollieren [Kryptomnesie]. Die bei hypnotisch induzierten Regressionen gewöhnlich evozierten «Persönlichkeiten» scheinen eine Mischung verschiedener Bestandteile zu enthalten. Zu diesen können die gegenwärtige Persönlichkeit des Versuchssubjektes gehören, seine Erwartungen von dem, was der Hypnotiseur wünscht, seine Phantasien darüber, was sein früheres Leben nach seiner Meinung hätte sein müssen und schließlich paranormal erlangte Elemente. (S. 18)

Sir Alexander Cannon

Die Experimente von Albert de Rochas blieben jedoch zu seiner Zeit der breiten Öffentlichkeit außerhalb von Frankreich nahezu unbekannt, obschon sein Buch damals auch in deutscher Sprache erschien («Die aufeinanderfolgenden Leben», 1914).

Ähnlich erging es auch seinem Zeitgenossen, dem englischen Psychiater *Sir Alexander Cannon*, der mit seinen Patienten ebenfalls jahrelang hypnotische Rückführungen in vorangegangene Existenzen (sogenannte *age regressions*) durchführte. Cannon schreibt:

> Jahrelang sah ich in der Theorie der Wiedergeburt nichts als eine Gespenstergeschichte. Ich gab mir alle Mühe, sie zu widerlegen, und warf sogar den Medien vor, sie schwatzten Unsinn. Aber im Laufe der Zeit berichtete ein Medium nach dem anderen genau dasselbe, und zwar trotz der großen Unterschiede in der individuellen Weltanschauung. Inzwischen habe ich mehr als tausend Fälle untersucht und muß zugeben, daß es so etwas wie die Seelenwanderung tatsächlich gibt.

Doch auch seine Publikationen zu diesem Thema blieben nahezu unbeachtet. Es sollte noch mehr als ein halbes Jahrhundert verstreichen, bis die Methode der hypnotischen Rückführung, die Albert de Rochas und Alexander Cannon erstmals in Europa entwickelt hatten, zum weltweiten Durchbruch kommen würde. Und dieser Durchbruch kam – einmal mehr – aus den USA.

Der Fall Bridey Murphy

Angeregt durch die Lektüre eines der Bücher von Sir Alexander Cannon, erregte der bis dahin unbekannte amerikanische Geschäftsmann *Morey Bernstein* das Aufsehen der Öffentlichkeit, als er im Jahre 1965 das Buch «The Search for Bridey Murphy» (deutsch: «Protokoll einer Wiedergeburt – Der Fall Bridey Murphy», 1973) veröffentlichte.

Diese Publikation gehört zwar inhaltlich nicht zu den wichtigsten Reinkarnationsbüchern (es gibt wesentlich aufschlußreichere), aber es besitzt eine unbestrittene historische Bedeutung. Bernstein (der weder ein Wissenschaftler noch ein außergewöhnlich medial begabter Mensch war, sondern der Besitzer einer großen Warenhauskette in Pueblo/Colorado und ein einfacher Hobbyhypnotiseur) traf damit offensichtlich genau im richtigen Moment eine neue Marktlücke auf dem Gebiet der damals noch jungen Esoterik und machte nicht nur sich selbst innerhalb kürzester Zeit weltberühmt, sondern vor allem auch die Methode der hypnotischen Rückführung sowie den Reinkarnationsgedanken im allgemeinen.

Die Geschichte des bemerkenswerten Erfolgs von Morey Bernstein begann schon in den fünfziger Jahren, genauer am Abend des 29. November 1952, als er sich entschloß, mit einer flüchtigen Bekannten namens Mrs. Virginia Tighe (später nur noch unter ihrem Pseudonym *Ruth Simmons* bekannt) einen außergewöhnlichen Hypnoseversuch zu unternehmen. Ruth Simmons war zu ihm gekommen, weil sie Probleme mit Allergien hatte, und Bernstein hatte sie bereits zweimal hypnotisiert und dabei bemerkt, daß sie ungewöhnlich rasch und tief in Trance sank. An jenem Novembertag schrieb er in sein Tagebuch: «Heute abend will ich einen neuen hypnotischen Versuch machen, einen Versuch, wie ich ihn noch niemals unternommen habe. Das Medium ist Ruth Simmons.»

Der weitere Verlauf der Rückführungen, die zwischen November 1952 und Oktober 1953 an insgesamt sechs Abenden durchgeführt wurden, ist in Bernsteins Buch bis in sämtliche Einzelheiten dokumentiert, so daß wir sie an dieser Stelle nicht zu wiederholen brauchen. Die deutsche Ausgabe seiner Dokumentation faßt den «Fall Bridey Murphy» wie folgt zusammen:

> Morey Bernsteins Protokoll einer Wiedergeburt dokumentiert einen der aufsehenerregendsten Erfolge der Psi-Forschung: die Rückführung einer jungen Frau über ihre Geburt hinaus in ein früheres Leben... Die zur Analyse ihres Unterbewußtseins in Tiefschlaf versetzte Amerikanerin Ruth Simmons berichtete vor verläßlichen Zeugen detailliert ihre Geschichte als junge Frau, die um die Mitte des vorigen Jahrhunderts in Irland gelebt hatte. Ihr Name war Bridey Murphy.
>
> Jeder Einzelheit ihrer Wort für Wort auf Tonband festgehaltenen Rückerinnerungen an ihr früheres Dasein wurde an Ort und Stelle mit wissenschaftlicher Sorgfalt und kriminalistischem Spürsinn nachgegangen. Sprachvergleiche, Kirchenbücher, Orts- und Personenbeschreibungen erwiesen klar die Unanfechtbarkeit von Bridey Murphys Schilderungen. Ruth Simmons konnte sie nicht nachgelesen, nicht auf telepathischem Wege empfangen, sondern nur erlebt haben.

Dieser «Fall Bridey Murphy» löste nach seiner Veröffentlichung und Vermarktung auf der ganzen Welt die heftigsten Diskussionen aus, und es läßt sich heute kaum mehr verstehen, zu welcher Hysterie er in den sechziger Jahren weltweit geführt hat. Hierzu schreibt *Kurt Allgeier* in «Niemand stirbt für ewig» (1988):

> Morey Bernstein schrieb ein Buch und verkaufte in kürzester Zeit über eine Million Exemplare davon. Es gab Schallplatten mit den Sitzungsprotokollen. Es wurden Bridey-Murphy-Songs komponiert. Das beliebteste Party-Spiel hieß bald: Wer war ich in meinem früheren Leben?...
>
> [Aber:] In der kleinen Stadt Shorne in Oklahoma erschoß sich der 19jährige Zeitungsjunge Richard Swink. In einem Brief hinterließ er: «Ich muß es wissen! Ich kann nicht länger darauf warten. Ich muß die Wahrheit über die Wiedergeburt erfahren!»
>
> Und was ist von der ganzen Bridey-Murphy-Sensation geblieben? Eine tiefunglückliche Virginia Tighe [Ruth Simmons], die nirgendwo mehr Ruhe fand, mochte sie ihren Wohnsitz auch noch so oft wechseln...
>
> «Ich weiß, daß an der Sache mit Bridey Murphy irgend etwas dran sein muß. Doch das hat meine Lebenseinstellung in keiner Weise beeinflußt.» So bekennt Virginia Tighe, die aus der ganzen Geschichte nicht den geringsten Vorteil für sich ziehen konnte... (S. 153f.)

Und:

> Trotzdem hat Morey Bernstein mit seinen Hypnose-Experimenten eine Tür aufgestoßen und viele Wissenschaftler gezwungen, sich mit dem Thema Wiedergeburt zu befassen. Viele tausend Ärzte, Psychotherapeuten, Hypnotiseure begannen in der ganzen Welt, Bernsteins Rückführungsexperimente aufzugreifen und selbst zu erproben.
>
> Zum erstenmal in der Geschichte der Menschheit behaupteten nicht nur ein paar einzelne, sondern viele Hunderttausende: «Ich weiß, wer ich in meinem früheren Leben gewesen bin.» Mit Morey Bernsteins Erfolg schien die Rückführung in ein früheres Leben, das Aufwecken der Erinnerung daran, beliebig oft und wohl auch für jeden wiederholbar geworden zu sein. (S. 154f.)

Der Fall Bridey Murphy zeigte also insbesondere zwei Dinge: 1. Die Faszination der hypnotischen Rückführungen und 2. die Grenzen und Gefahren derselbigen. Denn man begann in den siebziger Jahren allmählich zu erkennen, daß die Rückführung nur um der Rückführung willen letzten Endes sinnlos, ja sogar gefährlich ist. Man mußte also einen Schritt, genauer noch zwei Schritte weitergehen. Die Schritte dieser Entwicklung möchten wir am Beispiel des im deutschen Sprachraum wohl bekanntesten und erfolgreichsten Reinkarnationsforschers, am Lebensbeispiel von Thorwald Dethlefsen, illustrieren.

Thorwald Dethlefsen

Thorwald Dethlefsen (*1946) stammt aus München, ist Diplom-Psychologe und leitet seit 1973 das «Privatinstitut für Außerordentliche Psychologie» in München. Mit seinen zahlreichen Kursen, Seminaren und Vortragsreisen, vor allem aber durch seine Bücher, die inzwischen in viele Sprachen übersetzt sind und weltweit hohe Auflagen erzielten, hat er in den siebziger und achtziger Jahren der Reinkarnationstherapie im deutschen Sprachraum zum Durchbruch verholfen.

Den «ersten Schritt», nämlich das Aufzeigen früherer Inkarnationen mittels hypnotischer Rückführung, hatte Dethlefsen bereits gegen Ende der sechziger Jahre vollzogen. Sein erstes Buch «Das Leben nach dem Leben – Gespräche mit Wiedergeborenen», das diesen Schritt dokumentierte, erschien 1974. Wie Morey Bernstein hatte Dethlefsen (erstmals im Juni 1968) ein Experiment durchgeführt, das Grundlage und Ausgangspunkt für seine spätere Forschungsarbeit werden sollte. Er schreibt dazu in seinem zweiten Buch «Das Erlebnis der Wiedergeburt – Heilung durch Reinkarnation» (1976):

> Nachdem mein Medium durch mich seine Vergangenheit wiedererlebt und einzelne Abschnitte der Kindheit aus der Vergessenheit geholt hatte, versuchte ich herauszufinden, ob es wohl auch möglich sei, die eigene Geburt wiedererinnern oder sogar wiedererleben zu lassen. Der Versuch gelang. Mein Medium, ein etwa fünfundzwanzigjähriger Ingenieur, begann auf einmal, unter Stöhnen und mit verändertem Atemrhythmus, den Vorgang der Geburt zu schildern.
>
> Dieser für mich überraschende Erfolg ermutigte mich, noch weiter in der Zeit zurückzugehen. Ich suggerierte ihm, er befände sich im Mutterleib, drei Monate vor der Geburt. Und schon erzählte er uns von seinen Eindrücken als Embryo. Doch ich wollte an diesem Abend noch mehr wissen. Ich suggerierte: «Wir gehen jetzt noch weiter zurück – und zwar so lange, bis du auf ein Ereignis stößt, das du genau schildern und beschreiben kannst – so lange gehst du in der Zeit zurück!»
>
> Eine spannende Pause entstand, mein Medium atmete schwer, dann endlich begann er mit gepreßter Stimme zu sprechen. Er erzählte von seinen Wahrnehmungen, ich fragte ihn weiter aus, und aus diesem Interview kristallisierte sich die Geschichte eines Mannes heraus, der 1852 geboren war, Guy Lafarge hieß, im Elsaß lebte, Gemüse verkaufte und schließlich als Stallknecht 1880 starb. (S. 9f.)

In den darauffolgenden Jahren trug Dethlefsen Hunderte von Rückführungsprotokollen zusammen, die er in seinen Büchern eingehend kommentierte. Aus all diesen Erkenntnissen zog er zunächst die folgenden zwei Schlußfolgerungen:

1. Jeder kann im hypnotischen Zustand seine früheren Leben erfahren, auch derjenige, der bisher nicht an eine Reinkarnation geglaubt hat.

2. Das Erlebnis der Wiedergeburt kann psychisch kranken Menschen zur Heilung verhelfen.

Gerade hier, im therapeutischen Aspekt seiner Arbeit, den er in seinem dritten und vierten Buch «Schicksal als Chance» (1979) und «Krankheit als Weg» (1983, mit *Rüdiger Dahlke*) darlegte, lag das Neue, das Dethlefsen als erster in die moderne Reinkarnationsforschung einbrachte. Nach dem «ersten Schritt» – dem Erkennen und Analysieren früherer Inkarnationen – stellte dies einen neuartigen, «zweiten Schritt» dar. Dethlefsens Verdienst bestand also darin, daß er sich nicht, wie Morey Bernstein, damit begnügte, einfach nur Rückführungsprotokolle aneinanderzureihen und so «Beweise» für die Wiedergeburt zu sammeln. Für ihn war die Reinkarnation sowieso selbstverständlich und brauchte nicht auf diese Weise «bewiesen» zu werden. Außerdem war das Thema viel zu bedeutsam und zu tiefgründig, um durch eine billige Sensationshascherei verwässert zu werden. Er entdeckte nun vielmehr die große Chance, aus der hypnotischen Rückführung eine neue Therapieform zu entwickeln, um Menschen zu heilen.

Aber auch dieser zweite Schritt, der Schritt zur sogenannten *Reinkarnationstherapie* oder *Regressionstherapie*, sollte nicht der letzte sein. Thorwald Dethlefsen ist – genauso, wie er einer der ersten Rückführer und der erste Reinkarnationstherapeut gewesen war – inzwischen wieder der erste, der die herkömmliche Reinkarnationstherapie, wie sie heute von seinen zahlreichen Imitatoren praktiziert wird, in Frage stellt und einen unbedingt notwendigen nächsten, einen «dritten Schritt» fordert. Hierzu schreibt er in der «Jahresinformation 1989» seines Münchner Instituts:

> Die Reinkarnationstherapie beschränkt sich nicht auf das bloße Bewußtmachen früherer Inkarnationen, sondern stellt ein sehr differenziertes therapeutisches Konzept dar, das es ermöglicht, den Klienten in einen konsequenten Individuationsprozeß einzufädeln. Zu den wichtigsten Schritten dieser Therapie zählt die Konfrontation und Integration des eigenen Schattenbereichs, die Rücknahme der Projektionen und die totale Übernahme der Verantwortung für das eigene Schicksal, das Erleben neuer Bewußtseinszustände, das Aufheben der bisherigen Fixierungen und die schrittweise Lockerung der Ichidentifizierung.

Um diesen essentiellen Punkt des «dritten Schrittes» zu erklären, möchten wir an dieser Stelle etwas ausholen und kurz den Hintergrund und die historische Entwicklung der modernen Reinkarnationstherapie skizzieren.

Von der Psychoanalyse zur Reinkarnationstherapie

Die durch den Wiener Psychiater *Sigmund Freud* (1856-1939) um die Jahrhundertwende begründete moderne Psychoanalyse beruht auf zwei grundsätzlichen Thesen, nämlich: 1. Allen Problemen und Komplikationen unseres Lebens (psychische Krankheiten, neurotische Störungen, psychosomatische Leiden usw.) liegt eine unbewußte *Ursache* zugrunde, die in unserer Vergangenheit, meist in unserer Kindheit, zu suchen ist. 2. Diese traumatische Ursache wurde durch irgendwelche unterbewußten Mechanismen verdrängt, doch durch das Bewußtmachen dieser Ursache kann Heilung stattfinden, indem sich die Problematik oder eine diesbezügliche «psychosomatische Verkrampfung» mehr oder weniger von selbst auflöst.

Auf diesen beiden Thesen aufbauend, bemüht sich die Psychotherapie seitdem mit den verschiedensten Methoden, traumatische Ursachen aufzuspüren und bewußtzumachen, in der Hoffnung, daß dadurch Symptome, neurotische Verhaltensweisen, psychische und psychosomatische Krankheiten usw. zum Verschwinden zu bringen seien. Man nennt dieses Verfahren auch «Ursachentherapie» oder «Kausaltherapie».

Jedoch mußte man in der klassischen Psychoanalyse immer wieder die Erfahrung machen, daß eine Ursache, beispielsweise in der Kindheit, nicht ohne weiteres gefunden werden konnte oder daß selbst ein gefundenes und aufgeklärtes traumatisches Kindheitsereignis noch nicht ausreichte, um eine tatsächliche Lösung des Problems zu finden. In solchen Fällen hat es sich seit Bekanntwerden der Rückführungsprotokolle als sehr hilfreich erwiesen, unter der «Hypothese» der Reinkarnation nach möglichen Ursachen in früheren Leben zu suchen.

So haben sich in den letzten Jahrzehnten, vor allem in den USA und meist außerhalb der Schulmedizin, eine Reihe von Therapieformen entwickelt, denen die erweiterte Auffassung zugrunde liegt, daß ein körperliches oder seelisches Leiden auf einem Trauma *in früheren Leben* beruhe und daß erst durch das Erleben dieses «Urtraumas» eine Heilung und Persönlichkeitsreifung geschehe.

Ohne auf sämtliche heute praktizierten Rückführungstechniken detailliert einzugehen und ohne ausführliche Fallprotokolle darzulegen, möchten wir hier nur kurz die verschiedenen Verfahren der Reinkarnationstherapie erwähnen, die in den letzten Jahrzehnten entwickelt wurden, um dann vor allem ihre Grenzen und Gefahren aufzuzeigen. Die heute gebräuchlichen Regressionsverfahren lassen sich grob in drei Gruppen unterteilen (siehe auch *Glossar*):

- 1. Körperlich orientierte Techniken wie das sogenannte «Rebirthing» von Leonard Orr sowie auch verschiedene Massagearten wie die «Metamorphose» u.a.

- 2. Rückführungen in Hypnose, z.B. von Helen Wambach angewendet oder anfänglich auch von Thorwald Dethlefsen.

- 3. Nicht-hypnotische Methoden: Entweder stark direktiv, wie bei Morris Netherton, oder mehr assoziativ wie die «time-lapping technique» von Bryan Jameison.

Da viele Menschen nicht hypnotisierbar sind, verzichten immer mehr zeitgenössische Reinkarnationstherapeuten darauf, ihre Patienten in Hypnose zu versetzen, und ziehen es vor, ihre Experimente im bewußten oder halbbewußten Zustand durchzuführen. Der Patient wird hierbei in einen eingeschränkten Wachzustand, ein sogenanntes *Hypnoid*, versetzt, worin er Bilder und Szenen imaginiert, jedoch voll dialogfähig bleibt.

Die 1968 von dem Amerikaner *Bryan Jameison* (*1933) entwickelte «time-lapping technique» arbeitet beispielsweise ohne technische Hilfsmittel mit einer geführten Visualisation. Statt wie in der Hypnose das Tagesbewußtsein einzuschläfern, wird eine Art «Bewußtseinserweiterung» angestrebt, in dem Sinne, daß bei eingeschränkter Wahrnehmung der Außenwelt eine Innenschau geschieht, die Erlebnisse und Gefühle aus früheren Leben aktiviert. Informationen, die im Unbewußten gespeichert sind, steigen dabei zunächst bildhaft hervor, aber involvieren mehr oder weniger auch andere Sinneseindrücke und besonders die damit verbundenen Emotionen. Dies wird so erlebt, wie wenn zwei zeitlich getrennte Identitäten aufeinander geschichtet werden (daher auch die Bezeichnung «time-lapping technique»), wobei die Identität des früheren Lebens gewissermaßen vom heutigen Bewußtsein aus beobachtet und miterlebt wird. Der Patient ist also die ganze Zeit bewußt dabei und kann vom heutigen Standpunkt aus spontan kommentieren oder auch Wünsche in bezug auf die Führung der Rückschau äußern, was bei einer echten Hypnose nicht der Fall ist.

Auf die Frage nach der wissenschaftlichen «Beweisbarkeit» der Reinkarnation durch diese Therapiemethode sagt der in Basel seit 1979 praktizierende schwedische Reinkarnationstherapeut Dr. *Jan-Erik Sigdell*:

> Sicherlich treten in der Anwendung dieser Technik echte Rückerinnerungen auf. Jedoch ist es so, daß man nicht alles in den Topf der Reinkarnation werfen kann, was da auftaucht. Wir müssen lernen, die echten Rückerinnerungen von symbolhaften Erlebnissen anderer Art zu unterscheiden. Es ist bestimmt nicht ohne weiteres abzuweisen, daß in der Situation einer Rückführung gelegentlich auch echte Phantasien auftauchen, die weder Rückerinnerungen sind noch symbolhafte Bedeutung haben. Der Fall könnte z.B. als Flucht vor einer unangenehmen Wahrheit auftreten.
>
> Allerdings scheint es unwahrscheinlich, daß die rückgeführten Personen häufig phantasieren. Dazu sind die berichteten Erlebnisse allzu alltäglich. Wer seiner Phantasie freien Lauf läßt, stellt sich im allgemeinen nicht den grauen Alltag vor (z.B. ein ganzes Leben lang nur Reis pflanzen und ernten), sondern ein tolles Dasein als Prinz oder in einem Märchenland. Er sähe sich lieber als eine bekannte Persönlichkeit denn als Bettler oder armseliger Proletarier oder Bauer im Mittelalter. Doch bekannte Persönlichkeiten kommen im Verlauf der Rückführungspraxis praktisch nie vor.

Manchmal taucht in diesem Zusammenhang die Frage auf: Kann die Regressionstherapie jeden Menschen in ein früheres Leben zurückversetzen? – Die Antwort: Grundsätzlich ja, wobei es natürlich nicht möglich ist, jemanden gegen seinen Willen zu behandeln. Für gewöhnlich aber erleben mindestens 90% der rückgeführten Patienten in der Regression frühere Leben (nach Dr. Sigdell). Allerdings wird dringend davor gewarnt, eine Rückführung an sich selbst vorzunehmen, da eine Verschlimmerung der Beschwerden bis hin zu tiefgreifenden seelischen Störungen die Folge sein kann.

Für den Erfolg der Therapie ist es übrigens nicht wichtig, ob der Patient an Reinkarnation glaubt oder nicht. Bei Personen, die mit der Lehre der Reinkarnation vertraut sind, entsteht sogar oft ein starker Erwartungsdruck, der anfänglich die Imagination beeinträchtigen kann, jedoch im Laufe der Behandlung meist verschwindet.

Auf ein eindrückliches Phänomen sei im Zusammenhang mit der Regressionstherapie noch hingewiesen: Immer wieder geschieht es, daß Patienten in Hypnose eine fremde Sprache sprechen, die ihnen im täglichen Leben völlig unbekannt ist, oft sogar Sprachen und Dialekte, die es seit Jahrhunderten nicht mehr gibt (z.B. altgriechische oder ägyptische Dialekte usw.). Dieses Phänomen ist wohl das eindrucksvollste Argument für die Reinkarnation. Es tritt nur bei der hypnotischen Rückführung auf und wird *Xenoglossie* genannt. Man unterscheidet dabei rezitative und responsive Xenoglossie. Bei ersterer können Ausdrücke und einzelne Abschnitte wiedergegeben werden, ohne daß der Betreffende sich in der fremden Sprache unterhalten kann. Bei der responsiven Form ist der Hypnotisierte in der Lage, Unterhaltungen zu führen, beispielsweise mit Sprachwissenschaftlern, die die betreffende Sprache beherrschen. Es scheint, als ob das Unbewußte über mehrere Tode hinaus eine einmal erworbene Fähigkeit als Engramm speichern kann, wobei der zuweilen vorgebrachte Einwand, es handle sich bei der Xenoglossie um eine paranormale Fähigkeit und nicht um einen Beweis für vergangene Inkarnationen, sicher nur für wenige Ausnahmefälle gilt.

Wir möchten an dieser Stelle allerdings darauf verzichten, auf weitere Einzelheiten zum Thema der *Praxis* der Reinkarnationstherapie einzugehen, und verweisen auf die entsprechende umfangreiche Fachliteratur, in der sämtliche heute angewendeten Verfahren und Techniken ausreichend dokumentiert und mit unzähligen Fallbeispielen illustriert sind. Statt dessen wollen wir unseren angefangenen Gedankengang der Entwicklung der modernen Reinkarnationsforschung wieder aufnehmen und einen hierbei zentralen neuen Gesichtspunkt aufgreifen: das «Ursachen-Problem».

Das Ursachen-Problem

Für die angestrebte Erkenntnis der Notwendigkeit eines «dritten Schrittes» über die Regressionstherapie hinaus müssen wir uns über die folgende Problematik bewußt werden: Die oben beschriebene, auf Sigmund Freud zurückgehende Form, mit traumatischen Ursachen umzugehen, sieht nur solange vernünftig aus, wie wir sie zeitlich begrenzen. Aber das ist etwas Beliebiges, denn genau nach dem herrschenden Ursachenverständnis hat ja *alles* seine Ursache. In einem Vortrag vom 13. November 1988 auf den Basler «Psi-Tagen» argumentiert *Thorwald Dethlefsen* in diesem Zusammenhang wie folgt:

> Nun denken Sie dieses Konzept einmal zuende: Da gibt es ein Phänomen, und Sie fragen nach der Ursache und kommen eine Ebene weiter zurück. Aber was Sie hier finden, ist auch ein Phänomen, also muß das ebenso eine Ursache haben,

und Sie fragen wieder nach der Ursache und gehen wieder einen Schritt weiter zurück. Und so weiter. Wenn Sie nicht beliebig irgendwann einmal aufhören, weiter zurückzuforschen, dann führt Sie die Ursachenfrage *ad infinitum*.

Sie fragen zum Beispiel nach der Ursache einer Erkältung, und die Antwort heißt: «Die Ursache sind bestimmte Bakterien.» Wenn Sie jetzt zufrieden sind und sagen: «Die Frage ist beantwortet», dann sieht das Ganze sehr logisch aus. Doch in dem Moment, wo Sie weiter fragen und sagen: «Warum habe ich diese Bakterien?» oder «Warum haben diese bei mir gerade zu einer Erkältung geführt?», sind Sie schon wieder einen weiteren Schritt zurückgegangen und finden heraus: Das lag an einer geschwächten Abwehrlage. Und was ist die Ursache für die geschwächte Abwehrlage? Ja, die Ursache ist Streß oder ein genetischer Faktor. Aber was ist die Ursache des genetischen Faktors? Die Genstruktur meiner Eltern. Und was ist die Ursache von deren Genstruktur? Und irgendwann sind Sie im Paradies bei Adam und Eva, und Ihre Frage: «Was ist die Ursache der Erkältung?» ist immer noch nicht beantwortet.

Ich möchte Ihnen klarmachen, daß ein einpoliges, lineares, vergangenheitsbezogenes Forschen nach Ursachen sinnlos ist, auch wenn es allerorten angewendet wird. Es sieht so erfolgreich aus, weil man sich immer nach ein, zwei Schritten zufriedengibt, aber dafür gibt es keinen theoretischen Zwang.

Auch die Psychotherapie forschte immer nach Ursachen, nach Traumata, und man machte Halt in der Kindheit, weil man davon ausging, man könne nicht weiter zurückgehen, hier begänne alles. So sucht und findet Psychoanalyse auch in erster Linie die traumatischen Situationen im Kindheitsbereich.

Als nun das Phänomen der Regression auftrat, das durch die Geburt, durch Embryonalphasen und durch die Empfängnis hindurch in frühere Leben vorstieß, da erwachte natürlich auf einmal neue Freude, und man erkannte: «Vielleicht liegen die großen, entscheidenden Ursachen viel früher?» Denn das war ja schon bald das Problem der Psychoanalyse, daß man zwar in einzelnen Fällen Zusammenhänge von eindeutig traumatischen Ereignissen hier und neurotischen Strukturen oder Ängsten dort aufdecken konnte, aber im psychotherapeutischen Alltag die Dinge nur selten aufgingen. Man fand die großen traumatischen Ereignisse nicht. Und weil man sie nicht fand, mußte man immer mehr Theorien entwickeln und immer mehr Komplexe konstruieren, um noch etwas erklären zu können.

Hier war natürlich die Freude groß – und auch ich habe sie einmal geteilt –, als man nun weiter zurückgehen konnte. Und auf einmal fand man wirklich die großen traumatischen Ereignisse, von denen man in der Psychotherapie geträumt hatte, ja, jetzt waren klotzige Dinge zu finden, ein früherer Tod, ein Mord, eine Folterung, eine Enthauptung. Das waren handfeste Dinge, die man in der Kindheit eben nicht findet. Und so verschob man nun das ganze Modell und suchte die Ursachen nur etwas früher. Offensichtlich haben zu wenige gemerkt, daß da theoretisch etwas nicht stimmt.

Ich möchte es Ihnen ganz geschichtlich aus der Eigenerfahrung erklären. Ich habe diese Euphorie ebenfalls geteilt und dachte: Jetzt finden wir die großen Traumata. Gefunden haben wir sie – nur leider kiloweise, zentnerweise, denn auf einmal fehlte uns bei unserer Methode das, was, Gott sei dank, die anderen hatten: ein Ende, ein Grenzwert, wo man legitim aufhören durfte. Wir hatten nun mit der Regressionsmöglichkeit ja ein völlig offenes Feld, eine offene Gerade, und wenn man also das schöne Trauma gefunden hatte – die frühere Folterung, die Enthauptung usw. –, dann konnte man auch immer wieder fragen: «Schauen wir uns doch mal an, warum dieser Mensch das erlebte, was war denn davon die Ursache?» Man ging weiter zurück – was nun methodisch kein Pro-

> blem mehr war –, um ein Leben, um viele Leben, und fand wieder eine großartige Sache. So konnte man immer weiter zurückgehen, und die Frage hieß: Wie viele Traumata hätten Sie denn gerne? (erschienen in: «Wiedergeburt» von *Harald Wiesendanger*, 1991, S. 76ff.)

Genau hier, bei der Erkenntnis der Absurdität dieser Ursachenfrage, ist der Punkt, wo es sich lohnt, umzudenken und das ganze theoretische Konzept der Ursachentherapie einmal in Frage zu stellen. Denn spätestens hier muß klar werden, daß die bloße Suche nach den traumatischen Ursachen in den vergangenen Inkarnationen ein Faß ohne Boden ist. Daher nochmals: Wir müssen unbedingt einen nächsten, dritten Schritt fordern und diesen auch vollziehen.

Thorwald Dethlefsens Konsequenz

Thorwald Dethlefsen hat, selbst mit dem Risiko, dadurch einen Großteil seiner Stammleserschaft zu verlieren, in den vergangenen Jahren diesen «dritten Schritt» weg von der herkömmlichen Reinkarnationstherapie nicht nur explizit gefordert, sondern auch begonnen, ihn auf seinem eigenen Lebensweg zu vollziehen.

In seinem neuesten Werk «Ödipus – der Rätsellöser» (1990) stellt er die Frage, warum es überhaupt so ist, daß in der heutigen Zeit fast alle Menschen unseres Kulturkreises dringend einer Psychotherapie bedürfen, und wie die Menschen in den letzten paar tausend Jahren überhaupt ihr Leben ohne dieses Hilfsmittel «meisterten». Dann schreibt er:

> Meine Antwort heißt, daß die Menschen früherer Kulturen keine Psychotherapie brauchten, weil sie andere Methoden hatten, die auf viel genialere Weise die Bedürfnisse der menschlichen Seele befriedigten. Es ist also nicht so, daß durch das Fehlen der Psychotherapie früher etwas nicht stattfand, was heute endlich möglich geworden ist, sondern viel mehr fand früher etwas statt, was heute erst einmal nicht mehr stattfindet, wodurch ein Leerraum, ein Vakuum entsteht, das nun die moderne Psychotherapie versucht, zu füllen, so recht und schlecht wie es ihr bisheriger Wissenshorizont eben erlaubt und ermöglicht.
>
> Es läßt sich also eine deutliche Rückentwicklung erkennen. Wir sind heute auf diesem Gebiet nicht besser, sondern wesentlich schlechter. Deshalb ist der Mensch unserer Zeit psychisch auch wesentlich kränker als der Mensch früherer Zeiten. Psychotherapie ist also nur die notwendig gewordene Antwort auf einen Verlust, den unsere Kultur erlitten hat. – Fast scheue ich mich, auszusprechen, worin ich diesen Verlust erblicke, denn in unserem modernen Bewußtsein sind wir auf diese «Verluste» eher sehr stolz und begründen darauf unser Gefühl von Überlegenheit. Es sind nämlich *Mythos* und *Kult*, jene großen und bedeutenden Kraftpotentiale der Vergangenheit, die wir, wohl etwas vorschnell, über Bord geworfen haben. Daher sind Mythos und Kult dem Verständnis unserer Zeit auch so weit entfernt, daß diese Begriffe fast ausnahmslos neben Unverständnis nur falsche Bedeutungsinhalte und Assoziationen hervorrufen. Die Ironie unserer Zeit hat es erlaubt, daß nicht nur unser Leben und unsere Welt «entmythologisiert» worden sind, sondern sogar die Theologie es unternahm, die christliche Religion zu «entmythologisieren». (S. 21f.)

Anschließend führt Dethlefsen aus, warum es ihm wichtig und lebensnotwendig erscheine, daß wir sehen lernen, wie sich unsere Kultur, «so weit sie diesen Namen verdient», in eine ungeheure Einseitigkeit hineinentwickelt hat, die immer dringender nach dem ausgleichenden Gegenpol ruft. Er schreibt weiter:

> Auf dieser Suche kann uns ein Blick zurück zu den früheren großen Kulturen mit Sicherheit sehr hilfreich sein, denn wir können dort jenen Pol der Wirklichkeitserfahrung vorfinden, den wir auf unserem Weg in die Neuzeit geopfert haben – ja, sogar opfern mußten, um die uns gestellte Aufgabe zu erfüllen. Frühere Kulturen waren nicht unbedingt «besser» als wir, vielleicht genauso einseitig, jedoch am anderen Pol – deshalb sind sie für uns interessant. Wir wollen und sollen nicht umkehren, um Vergangenheit zu spielen, aber wir brauchen zur Zeit den Blick auf längst Vergangenes sehr dringend, um aus unserer Sackgasse der Einseitigkeit herauszufinden. Wir müssen natürlich für unsere Zeit und unsere Zukunft neue adäquate Formen finden und können nicht längst Vergangenes kritiklos aufwärmen. Doch all dies braucht Zeit, und damit es überhaupt geschehen kann, ist es vonnöten, einzutauchen in die Erfahrungswelt der Menschen, die dort zu Hause waren, wo wir Fremde sind. (S. 23)

Dethlefsen hat also begonnen, sich intensiv mit den großen geistigen Kulturen der Vergangenheit zu beschäftigen, insbesondere mit der griechischen, aber auch mit der vedischen und anderen, in denen die beiden Begriffe Mythos und Kult eine zentrale Rolle spielten:

> Mythos und Kult sorgen dafür, daß die Verbindung des Menschen zur Transzendenz nicht abreißt, sorgen für echte Religion im Sinne der Rückbindung zum Urgrund, zur Wirklichkeit des Seins, die niemals allein von dieser Welt sein kann. Nicht zufällig leitet sich das Wort Kultur von Kult ab, und so sollten wir uns eingestehen, daß wir in Wirklichkeit zur Zeit keine Kultur haben. Es geht mir dabei nicht um ein billiges Wortspiel, sondern um einen Zusammenhang tiefster Tragweite: Wir haben keine Kultur, weil wir keinen Kult haben. Wir haben einen «Kulturbetrieb», der eine fratzenhafte Entstellung echter Kultur darstellt. Kultur hatte immer einen transzendenten Bezug, war immer ein religiöses Unternehmen. Wir haben «Kultur» verweltlicht, säkularisiert, ohne zu bemerken, daß wir damit die Kultur verloren haben.
>
> Diente früher Kultur immer der Verherrlichung der Gottheit, so verherrlicht unser Kulturbetrieb Menschen, Stars, Idole. Analog hierzu sollte auffallen, daß die Kulturdenkmäler früherer Kulturen fast ausschließlich religiösen Charakter haben (von den Bauwerken sind meist Tempel, Obelisken und Kirchen erhalten), während die großen Kulturdenkmäler unserer Zeit Brücken, Kraftwerke und Fernsehtürme sind. All diese Beispiele sollen nichts beweisen, sondern lediglich beispielhaft den Blick schärfen, um den es uns hier geht. (S. 29f.)

> Der Mythos als die geoffenbarte göttliche Wirklichkeit liefert das Vorbild und das Wissen um die geistigen Gesetze, die der Mensch im Kult und im Ritual nachvollzieht, um Anteil an der göttlichen Seinsordnung zu erlangen, um Mitbürger seiner geistigen Heimat zu werden. Diese Haltung hat nichts mit Weltflucht, Mystizismus, Askese oder fremder Spiritualität zu tun. Der geistig erwachte und damit erwachsene Mensch lebt in der Welt, doch ist für ihn Welt niemals nur profan, sondern immer durchdrungen von Heiligkeit. Damit wird für

> ihn das ganze Leben ein sinnvoller Nachvollzug einer geoffenbarten, höheren Ordnung – einschließlich Leid, Krankheit, Konflikt und Tod. In besonderem Maße aber durchzieht der Kult sein Leben und ermöglicht es ihm immer wieder, seinem Leben eine geistige, überpersönliche Orientierung zu geben.
>
> Nur im modernen Menschen klaffen profanes Leben und Geistigkeit so weit auseinander, daß sich für ihn das Sowohl-Als-auch schnell in ein Entweder-Oder verwandelt. So folgt in unserer Zeit die Mehrzahl einem stumpfen Materialismus, in dem das Religiöse und Geistige keinen Raum findet, und eine Minderzahl entschließt sich zur Weltflucht und entwickelt eigenartig lebensfremde Höhenflüge, die spirituell genannt weden, jedoch oft mehr Ähnlichkeit mit Neurosen haben.
>
> Doch gerade am antiken Menschen, den wir in diesem Zusammenhang ja ganz besonders im Auge haben, kann man sehen, zu welch lebensbejahender Haltung der mythische Mensch auf der einen Seite fähig war, ohne gleichzeitig die Augen vor dem notwendigen Scheitern menschlich irdischer Entwicklung verschließen zu müssen. Wer eben die Welt und sein Leben ständig vom Göttlichen durchdrungen weiß, muß weder durch ständiges Verdrängen oder Bekämpfen aus dieser Welt eine heile Welt basteln, noch muß er sich durch Hoffnungen auf jenseitige Belohnung über diese Welt hinwegtrösten. (S. 37f.)

Dann schlußfolgert Dethlefsen:

> Mythologie und Kult der Vergangenheit wissen so viel mehr über die geistige Seite des Menschen als wir, weil die Menschen dieser Kulturen ihren ganzen Einsatz in diesen Bereich lenkten. Dafür mußten sie auf Maschinen, Flugzeuge, Mondfahrt und Computer verzichten. Wir haben unsere Aktivität in die Materie gelenkt und dort große Wunder vollbracht, doch gleichzeitig verkrüppelte unsere Seele und unser Geist. Unsere Welt wurde zu einem Kindergarten mit hochentwickeltem Spielzeug. Das Defizit können letztlich nicht die Psychotherapeuten auffangen. Es bedarf eines kollektiven Schrittes, der alle oder wenigstens viele Menschen ergreift und ihnen hilft, hineinzuwachsen in ein geistiges Weltbild und Weltverständnis. (S. 41)

Im Interesse der gesamten Menschheit bleibt zu wünschen und zu hoffen, daß sich diese Forderung Thorwald Dethlefsens nach einem «kollektiven Schritt» des Hineinwachsens in ein geistiges Weltbild und Weltverständnis bald erfüllen möge. Mit Spannung und Vorfreude dürfen wir also den weiteren Entwicklungsschritten und Publikationen dieses herausragenden Vordenkers und Vorkämpfers einer beständigen, nicht an oberflächliche Modeerscheinungen gebundenen, wahren Esoterik entgegenblicken.

Esoterik und Reinkarnation

(Der folgende Abschnitt entstand ursprünglich aus einem Vortrag, den der Autor im Rahmen einer esoterischen Messe im Februar 1991 in Zürich hielt. Sein Untertitel lautete: «Der Wert, die Grenzen und die Gefahren der modernen Esoterik, am Beispiel der Reinkarnationsforschung».)

Die Not-wendigkeit der Esoterik

Unsere erste These heute Abend lautet: Das Interesse an Esoterik und an Reinkarnation ist für jeden Menschen notwendig. Dabei möchte ich Sie bitten, den Ausdruck «not-wendig» im wörtlichen Sinne zu verstehen: Das Interesse an der Reinkarnation, vielmehr dessen Nährung und Sättigung, kann unsere Not wenden, ist folglich not-wendig für jeden Menschen, insbesondere für denjenigen, der sich auf den esoterischen, das heißt den inneren Pfad der Erkenntnis begeben möchte oder bereits begeben hat.

Denn unsere Not besteht ja gerade darin, daß wir unser Interesse an solchen Themen verloren und dadurch vergessen haben, was wir eigentlich in unserem Innern wissen sollten, was wir schon immer wußten und immer wissen werden. Doch dieses vergessene, verdrängte Wissen kann, wie dies übrigens schon der griechische Philosoph Platon beschrieb, durch Lernen, also durch intensive Beschäftigung mit diesem Thema, wiedererkannt, wiedererinnert, wieder dazugewonnen werden.

Und unsere zweite These lautet, daß wir durch die Beschäftigung mit dem Reinkarnationsgedanken und mit all seinen vielfältigen, weitreichenden Implikationen und Konsequenzen die Not, das heißt die Unwissenheit, unseres Daseins wenden können und somit Erkenntnis gewinnen und durch diese Erkenntnis schließlich Gesundung und Heilung erlangen können. Diese spirituelle Gesundung und Heilung des Menschen ist denn auch das Thema und das Ziel der Esoterik – und nicht etwa das bloße körperliche Gesundsein im Sinne von «fit sein», «leistungsfähig sein», «ein besserer Materialist sein».

Definition von «Esoterik»

Hier stellt sich eine erste und offensichtliche Frage: Was bedeutet überhaupt Esoterik? Wie läßt sich dieser Begriff definieren? Aber auch: Was bedeutet er *nicht*? Denn in der Tat fordert die Tatsache, daß «Esoterik» in den letzten Jahren eine in ihrem Ausmaß unerwartet breite Popularisierung erfahren hat, nicht nur eine klare Definition dieses Begriffes, sondern auch eine Abgrenzung gegen eindeutig nicht-esoterische Konzepte und Schlußfolgerungen. Je mehr der Begriff

«Esoterik» seit den siebziger Jahren zu einem Allerweltswort geworden ist, desto mehr wurde er in zunehmendem Maße auch zu einem Gefäß, worin alles und jedes zu einem subjektiven und willkürlichen Einheitsbrei zusammengekocht zu werden droht und wo viele Menschen völlig unkritisch und ohne Unterscheidungsvermögen einfach alles konsumieren, was in dem «esoterischen Gemischtwarenladen» feilgeboten wird. Es ist daher erforderlich, daß wir zuerst diesen Begriff neu betrachten und auf seinen eigentlichen Inhalt hin überprüfen.

Die Frage also lautet: Was ist Esoterik? – Nun, ich kann Ihnen in diesem Rahmen nur sagen, was «Esoterik» ursprünglich bedeutet, denn was man heute darunter versteht, auf diese Frage gibt es wohl die unterschiedlichsten Antworten, vielleicht ebenso viele Antworten wie es Menschen gibt, die sich mit Esoterik beschäftigen. Wörtlich aber wird der Begriff «Esoterik» von dem griechischen Wort *esotericos* abgeleitet, was soviel bedeutet wie «nach innen gerichtet» oder «geheim».

In der Übersetzung dieses Begriffes sind nun mindestens zwei verschiedene Deutungen und Erklärungen möglich. Die wohl häufigere, wenn auch meiner Ansicht nach weniger zutreffende und weniger bedeutende, lautet: Esoterik heißt • «Geheimwissen», «Verborgenes», also «etwas, was nur einem inneren Kreis von Eingeweihten zugänglich und nicht für die Öffentlichkeit bestimmt ist». Diese Definition trifft aber bei genauerer Untersuchung nicht einmal historisch gesehen exakt zu, und sie verliert gänzlich ihre Bedeutung im Falle des aktuellen «esoterischen Booms», wo Esoterik ja eben nicht mehr nur Eingeweihten zugänglich ist, wie Massenveranstaltungen – esoterische Messen und ähnliches – hinlänglich zeigen.

Schon eher verständlich scheint hier die andere mögliche Deutung des Begriffs «Esoterik», nämlich als • «Beschäftigung mit den inneren, vor uns selbst verborgenen Werten und Wahrheiten unseres Daseins». Sich mit Esoterik zu beschäftigen würde dann heißen, daß wir uns auf den «Weg nach Innen» begeben, wie es zum Beispiel Hermann Hesse ausdrückte, daß wir also bewußt und entschlossen den Pfad der inneren, der spirituellen Erkenntnis beschreiten und uns nicht allzu sehr in die Welt der Äußerlichkeiten, des Materiellen verstricken. Das wörtliche Gegenteil von Esoterik ist ja «Exoterik», was nicht nur heißt «für Außenstehende, für die Allgemeinheit zugänglich», sondern eben auch «äußerlich», und zwar im Sinne von «oberflächlich», «ohne Tiefgang» oder auch «inhaltslos», ja sogar «sinnlos».

Der esoterische Weg nach Innen ist in diesem Lichte betrachtet sogar auch wieder «esoterisch» im erstgenannten Sinne: Esoterik als «Geheimwissen», das nur einem inneren Kreis von Menschen zugänglich ist. Der Unterschied besteht jedoch darin, daß jetzt dieses geheime Wissen nicht bloß für einen inneren Kreis von willkürlich «Auserwählten» zugänglich ist, sondern jedem, der sich ernsthaft für diese Themen interessiert und bereit ist zu lernen, der also bereit ist, vergessenes, verdrängtes oder verlorenes Wissen wiederzugewinnen. Diese Esoterik ist unabhängig von unserer äußeren Zugehörigkeit zu irgendeinem Zirkel, irgendeinem Bund oder irgendeiner geheimen Schule. Denn die Auswahl findet nicht mehr durch äußere Instanzen statt, sondern durch «Selbsterwählung», das heißt durch den bewußten Entscheid des einzelnen Menschen, sich auf den Weg nach Innen zu begeben. So kann grundsätzlich jeder in sinnvoller Weise an der Esoterik, an seiner eigenen inneren Esoterik, teilhaben.

Die Gefahren der Esoterik

In bezug auf die neue esoterische Welle läßt sich nunmehr folgern: Es ist sicherlich als erfreulich zu bewerten, daß die Menschen im Abendland wieder vermehrt den Versuch wagen, diesen Weg nach Innen zu beschreiten, und uns mit Phänomenen des Daseins auseinanderzusetzen beginnen, die bis vor kurzem noch als «geheim» und damit als «fremd», als «unwichtig» oder gar als «unwirklich» galten. Es ist also sicher erfreulich, daß Themen wie Bewußtsein und verschiedene Bewußtseinsebenen, oder allgemein Feinstofflichkeit, die nicht mit den grob-mechanistischen Mitteln der herkömmlichen Naturwissenschaft ergründbar ist, oder eben auch Reinkarnation und Karma jetzt wieder öffentliches Interesse gefunden haben und öffentlich diskutiert werden.

Und doch muß an dieser Stelle eine dringliche Warnung ausgesprochen werden: Denn der neue esoterische Boom birgt (und dies wird mir gerade an Veranstaltungen wie esoterischen Messen immer wieder sehr stark bewußt) auch schwelende Gefahren in sich – Gefahren, über die wir uns besser schon zu Beginn unserer Beschäftigung mit Esoterik im klaren werden sollten. Es sind insbesondere zwei Gefahren-Komplexe, die ich nur kurz skizzieren möchte. Ich nenne sie:

1. Flucht (Weltflucht)
2. Überstürzung

Zum ersten: Ein Vorwurf, der aus dem Lager der Esoterik-Gegner immer wieder vorgebracht wird, ist der Vorwurf der Flucht, der Flucht vor der Wirklichkeit, vor der Realität, der Vorwurf der Weltflucht. Und dieser Vorwurf ist berechtigt, denn es ist tatsächlich eine Gefahr der Esoterik, daß sie in blinder Weltflucht endet. Aber wohlverstanden: Es ist dies eine *Gefahr* der Esoterik, nicht ihr Thema, nicht ihr eigentliches Anliegen, nicht ihr Ziel. Wenn Esoterik, also der «Weg nach Innen», richtig verstanden und auch richtig angewendet wird, führt sie keineswegs zu einer kranken *Flucht aus* der Welt, sondern im Gegenteil zur gesunden, zur heilenden *Überwindung* der Welt. Zwischen diesen beiden, zwischen Flucht und Überwindung, besteht ein riesiger Unterschied – ein Unterschied, wie er wohl größer kaum sein könnte.

Und zur zweiten Gefahr, der Gefahr der Überstürzung, die mir noch akuter scheint als die Gefahr der Weltflucht, läßt sich folgendes sagen: Wir Abendländer haben uns in den letzten Jahrzehnten die Tendenz angewöhnt, alles voreilig zu intellektualisieren, zu rationalisieren und damit zu materialisieren. Alles muß schnell gehen, muß rational sein, muß effektiv sein, muß funktional sein. Und so stürzt man sich allzu schnell, allzu rationell, allzu überstürzt auch in die Esoterik, nach dem Schema: «Das packen wir schon, das kriegen wir schon in den Griff. Wir besuchen ein paar Wochenend-Seminare, wir lesen zwei oder drei Bücher und Artikel, wir schreiben uns für ein paar Abendkurse und Workshops ein – und dann sind auch wir ‹esoterisch›, dann gehören auch wir dazu, dann liegen auch wir im Trend.»

Allzu schnell wird dann greifbarer, meßbarer, benutzbarer, in bare Münze umsetzbarer Erfolg gefordert, allzu schnell will man ein Ergebnis, einen Nutzen, einen Vorteil sehen, und da man noch nichts anderes kennt, muß dieser Nutzen zwangsläufig materiell sein. Durch diese voreilige Überstürzung, die schon ihrem Wesen nach der wahren Esoterik diametral entgegengesetzt ist, werden unwillkürlich Dinge übersprungen, gehen Zusammenhänge verloren, wird Esoterik letztlich inhaltlos und auch sinnlos. Die Frage also stellt sich uns: Wo liegt die Balance, wo der Mittelweg zwischen den beiden Gefahren, wie können wir diese Gefahren umgehen? Und daraus sich ergebend die Frage: Was ist denn überhaupt wahre Esoterik?

Zur Beantwortung dieser Fragen müssen wir erst einmal untersuchen, woher die beiden Gefahren überhaupt kommen, was ihr Hintergrund ist. Der Hintergrund, die Ursache liegt meiner Ansicht nach darin, daß die in anderen Kulturen und auch im Abendland früher so selbstverständlichen Grundlagen des esoterischen Verständnisses hier in Europa seit einigen Jahrhunderten schlichtweg fehlen. Unserem modernen Denken fehlen pointiert gesagt die erforderlichen Dimensionen, um wahre Esoterik überhaupt greifbar machen, be-greifen zu können.

Denn Esoterik kann und darf nicht heißen, daß wir mit demselben Ansatzpunkt wie früher und mit demselben Lebensstil wie früher uns nun einfach mit anderen Themen beschäftigen, um dieselben Ziele in unserem Leben zu erreichen wie früher. Das Ziel der Esoterik kann und darf es nicht sein, daß wir dadurch einfach mehr physische oder geistige Kraft, mehr Energie und mehr Fitneß für die Bewältigung unserer kleinen Alltagsprobleme gewinnen. Obwohl heutzutage häufig so angepriesen, ist es nämlich bei weitem *nicht* das Ziel der Esoterik, einfach besser schlafen zu können oder unsere Kopfschmerzen, unsere Süchte, unsere Ängste und unsere Depressionen loszuwerden. Das Ziel der Esoterik ist es *nicht*, weniger Geldsorgen zu haben, weniger gestreßt zu sein, selbstsicherer zu sein, mehr Erfolg im Beruf oder in der Liebe zu haben usw. Das Ziel der Esoterik ist es nicht, sich einfach nur «besser zu fühlen».

Nein, denn wer nur möglichst billig seine Schlafstörungen, seine Kopfschmerzen, seine Ängste, seine Süchte oder seine Depressionen loswerden möchte, der braucht hierzu nicht das Anliegen der Esoterik zu mißbrauchen. Er kann ebensogut irgendeine Arznei nehmen oder sich meinetwegen auch einer Psychotherapie unterziehen. Oder er kann in den meisten Fällen auch einfach seinen unnatürlichen Lebensstil ändern, um somit physisch und psychisch gesund zu werden.

Es ist beispielsweise eine Tatsache, daß die Hauptursache für Streß nicht etwa in zuviel Arbeit, sondern in einer Fehl- und Überernährung liegt, vor allem im Konsum von Fleisch und von zuviel weißem Zucker oder Aufputschmitteln wie Koffein, Nikotin und Alkohol. Um also Streßprobleme und ähnliches zu lösen, ist es nicht erforderlich, die Esoterik zu mißbrauchen; wir müßten einfach nur unsere schlechten Gewohnheiten aufgeben, und alles weitere würde sich erübrigen.

Das gleiche gilt auch etwa für Depressionen, die vor dreißig Jahren noch mit Elektroschocks behandelt wurden und gegen welche mittlerweile ein ganzes Arsenal an pharmazeutischen Medikamenten angeboten wird, die allesamt letztlich sinnlos sind. Denn diese Medikamente korrigieren ja lediglich die chemischen Veränderungen im Gehirn von Depressiven (in diesem Fall einen Mangel an Übertragungssubstanzen zwischen den Nervenenden), sind also eine bloße Symptom-Bekämpfung, da Medikamente lediglich Zustände verändern, nicht aber Probleme lösen können. Die Probleme, die beispielsweise zu Depressionen führen, haben ihre Ursache letztlich in einem krankhaften, unnatürlichen Bewußtseinszustand. Und diese tiefere Ursache läßt sich – soweit sind wir einverstanden – tatsächlich nur durch die rechte Beschäftigung mit esoterischen Wahrheiten beseitigen. Und dennoch sagen wir, daß die Lösung solcher Probleme bei weitem *nicht* das Ziel der Esoterik ist.

Das Ziel der wahren Esoterik

Wenn also nicht in alledem, worin denn besteht letztlich das Ziel der wahren Esoterik? – Will ich nur einen Begriff nennen, so würde ich sagen: in *Freiheit*, und zwar im Sinne von Freiheit von alledem, was eigentlich nicht nötig, nicht not-wendig ist, was also nicht unsere eigentliche Not, nicht unsere Unwissenheit wendet. Das Ziel der Esoterik ist, mit anderen Worten, Freiheit von alledem, was wir nicht brauchen, was nicht zu uns gehört, was wir nicht sind: Freiheit von Illusion also. Denn erst wenn wir frei sind von Illusion, können wir teilhaben an der Wirklichkeit, an der Realität, und damit auch an unserem eigenen Selbst. So verstanden ist Esoterik eben gerade *nicht* eine Flucht *vor* der Realität, sondern eine Überwindung der Illusion und eine Befreiung *in* die Realität.

Unnötig zu sagen, daß sich die physische und psychische Gesundung und Heilung in diesem radikalen Prozeß, der die Probleme an ihrer wahren Wurzel (*radix*) angreift, als selbstverständliche Nebenprodukte einstellen, ohne daß wir uns gesondert darum bemühen müßten. Für einen Menschen, der auf dem Weg nach Innen sein wahres Selbst erkannt, erfahren und erlebt hat, sind Symptome wie Schlafstörungen, Kopfschmerzen, Depressionen oder Streß überflüssig geworden. Er bedarf ihres warnenden Fingerzeiges ebensowenig wie er einer Arznei oder einer Psychotherapie bedarf, denn er hat die Aufforderung, die diese Warnsignale an uns herantragen, bereits in seinem Dasein erfüllt.

Nach dem bisher Gesagten wird nun deutlich, daß hier *zwei grundsätzlich verschiedene Weltbilder* aufeinandertreffen: Auf der einen Seite das moderne abendländische Weltbild, das besagt, daß alles lediglich Materie ist und daß es nichts anderes als Materie gibt. Und wenn es etwas anderes gibt, zum Beispiel Bewußtsein, dann ist dies bestenfalls nur ein «Produkt» der Materie.

Dem steht ein anderes Weltbild gegenüber, nennen wir es einmal das «esoterische» Weltbild: Es ist das Weltbild, das davon ausgeht, daß Materie nur verdichtete Spiritualität ist. Daß die ganze materielle Welt, in der wir leben, nur von Illusion bedeckte spirituelle Natur ist und daß es das Ziel unseres Da-seins, unseres In-der-Materie-Seins ist, uns von ebendieser Illusion, von der Unwissenheit zu befreien und in die Realität der spirituellen Existenz zurückzugehen.

Der abendländische Mensch soll – und Esoterik kann ihm dabei helfen – seinen Gesichtskreis erweitern, er soll sein Weltbild um diejenigen Dimensionen ergänzen, die er irgendwann einmal, im Zuge der sogenannten «Wissenschaftlichkeit» und «Rationalität», verloren hat. Denn dieser Verlust der wesentlichen Dimensionen unseres Daseins hat zu einer beängstigenden *Orientierungslosigkeit* des modernen Menschen geführt – einer Orientierungslosigkeit, die äußerlich sichtbar wird zum Beispiel in Umweltzerstörung, in Kriminalität, in Krieg usw.

So soll der abendländische Mensch also lernen, sich in seiner hilflosen Not und Orientierungslosigkeit, sich in seiner Dunkelheit *neu zu orientieren*. Auch hier möchte ich Sie bitten, diesen Begriff wörtlich zu nehmen: Der abendländische Mensch soll sich neu orientieren, das heißt, er soll es wieder lernen, sich dem Ursprung, dem Orient, zuzuwenden. *Ex oriente lux* heißt es, «das Licht kommt aus dem Orient», aus dem Ursprung, kommt von dort, wo die Sonne aufsteigt.

Zwei Gefahren der Esoterik und ihre Überwindung

1. Flucht vor der Realität (Weltflucht)
→ Weltüberwindung

2. Überstürzung (Intellektualismus, Rationalismus, Materialismus): führt zu Verlust von Zusammenhängen, Inhaltslosigkeit, Sinnlosigkeit
→ Neu-Orientierung

Thorwald Dethlefsen schreibt in diesem Zusammenhang in «Das Erlebnis der Wiedergeburt»:

> Wir leben in einer Zeit des geistigen Umbruchs. Die Jugend beginnt, sich neu zu orientieren. Übersättigt von den funktionalen Errungenschaften des Westens öffnen sich immer mehr Menschen den spirituellen Werten. Das Pendel schlägt um. Nachdem die östlichen Länder mit ihrer spirituellen Hochkultur immer mehr das westliche Denken und dessen Errungenschaften übernehmen, beginnen wir im Westen die Weisheiten des Ostens zu übernehmen. (S. 269)

Nur damit wir uns nicht mißverstehen, sei mir noch die folgende Anmerkung gestattet: Ich behaupte hier nicht, daß das abendländisch-materialistische Weltbild und die darauf aufbauenden modernen mechanistischen Wissenschaften, einschließlich der Psychologie und Parapsychologie, an sich falsch seien – sie sind nicht falsch, aber sie sind nicht ausreichend, sind letztlich inhaltslos und bedeutungslos, solange sie nicht esoterische Themen wie Bewußtsein oder eben auch Reinkarnation in ihre Betrachtungen miteinbeziehen. Was in der westlichen Wissenschaft gemacht wird, ist nicht falsch und nicht voreilig zu verurteilen, aber es ist einseitig und blind, und es stellt sich die Frage: Warum machen wir es überhaupt? Oder pointierter gefragt: Warum beeilen wir uns so, beispielsweise mit dem technischen Fortschritt, warum rennen wir so schnell, wenn wir doch nicht wissen, wohin der Weg überhaupt führt, was das Ziel unserer Reise ist?

Der Wert der wahren Esoterik nun liegt darin, daß wir lernen, uns neu zu orientieren, daß wir also bereit sind, den «Weg nach Innen» anzutreten, daß wir bereit sind, unserem engen, äußerlichen, einseitigen, blinden Weltbild die verlorenen Dimensionen wieder anzugliedern – Dimensionen, die wir im anderen, im östlichen, im esoterischen Weltbild noch finden können. Und dieses Weltbild wird wohl am deutlichsten und klarsten von den altindischen Veden gezeichnet.

Der ganzheitliche Mensch

An dieser Stelle läßt sich zur Verdeutlichung dessen, was wir ausdrücken wollen, folgendes Bild aus der vedischen *Nyāya*-Literatur (Logik) verwenden: Das Bild vom Blinden und vom Lahmen (*Andha-pangu-nyāya*). Der Blinde und der Lahme sind beide, solange jeder für sich gestellt bleibt, hilflos und außerstande, voranzukommen. Sobald sie sich aber zusammentun, das heißt, wenn der Blinde den Lahmen auf den Rücken nimmt, können sie gemeinsam ihre Ziele erlangen – mit der Sehkraft des Lahmen und dem Gehvermögen des Blinden.

In diesem Gleichnis steht der Blinde für uns Abendländer, die wir zwar sehr dynamisch und tatkräftig sind, doch aber blind und nicht fähig zu erkennen, wohin uns dieses Dynamischsein bringen wird. Der Lahme steht für die modernen Menschen im Osten, die in ihrer Kultur zwar eine tiefe Einsicht und Weisheit besitzen, es aber dennoch irgendwie nicht fertigbringen, diese immense Weisheit auch tatsächlich bis ins konkrete, praktische Leben hineinstrahlen zu lassen. Wenn es uns nun aber gelingt, diese beiden Komponenten, diese beiden Weltbilder – den dynamischen Tatendrang des Westens und die einsichtige Weisheit des Ostens – zu kombinieren, können beide, als ganzheitliche Menschen, das Ziel des Daseins, Freiheit, erlangen.

Und dieses scheinbar «andere» Weltbild, das wir Abendländer zu unserem bisherigen Wirklichkeitsverständnis hinzunehmen müssen, um ganzheitlich zu sein, ist, wie bereits des öfteren erwähnt, gar nicht «asiatisch» oder «orientalisch» – nicht mehr als es beispielsweise die Sonne ist (*ex oriente lux*). Dieses Weltbild beschreibt vielmehr eine Ebene des Daseins, die wir Abendländer einfach vergessen, verdrängt, verleugnet oder was auch immer haben. Denn der ganzheitliche, harmonische, erfüllte Mensch, der weder blind noch lahm ist, ist weder Asiate noch Europäer, sondern eben ein ganzheitlicher Mensch, einer, der die Herausforderung des Menschseins erkannt hat und ihr erfolgreich begegnet.

Erst mit diesem Erkennen und vor allem mit dem aktiven Begegnen der äußeren *und* inneren Herausforderungen, die das Leben an uns Menschen stellt, und erst damit, daß wir das so Erkannte auch konsequent in unser praktisches Handeln übersetzen, beginnt ein Prozess, der wirklich heilend ist – und zwar heilend sowohl im geistigen als auch im körperlichen Sinne, und auf die gesamte Menschheit bezogen heilend sogar im sozialen und ökologischen Sinne.

Genau hier, nämlich in der individuellen Praxis, liegt der wohl deutlichste und der entscheidende Unterschied zwischen dem modernen westlichen und dem östlichen Denken. Während die westliche Philosophie und Wissenschaft sich seit Jahrhunderten zumeist aufs Theoretisieren beschränkt und sich damit begnügt, für alle möglichen Probleme erst einmal irgendwelche Schuldigen zu finden und anzuklagen und über verschiedene Lösungsvorschläge im Rahmen einseitig-materieller Gesichtspunkte und wirtschaftlicher Sachzwänge zu disputieren, ist auf der anderen Seite die östliche, insbesondere die vedische Philosophie von Grund auf keine theoretische, sondern in erster Linie eine Lebensphilosophie, eine gelebte Philosophie.

Mit Hilfe dieser vedischen Philosophie kann es uns gelingen, sämtliche brennenden Probleme – auch die ganz handfesten, konkreten, äußeren Probleme der Menschheit (wie etwa das der Umweltzerstörung, der Nahrungsmittelknappheit, der Arbeitslosigkeit, des Krieges usw.) – in größere Zusammenhänge zu stellen und eine Brücke zu schlagen zwischen diesen äußeren Problemen in der Welt und den inneren Fehlvorstellungen und Unvollkommenheiten des einzelnen betroffenen Menschen. Denn die vedische Philosophie strebt nicht in erster Linie nach Information, sondern nach *Transformation*.

Und das, was uns heute am dringendsten fehlt, ist eben nicht bloße Information, ist nicht nur theoretisches Kopfwissen um die ökologischen und ökonomischen Zusammenhänge in der Welt, sondern was uns fehlt, ist ein praktischer und begehbarer Weg, wie wir die besagte Brücke schlagen können, indem wir unsere wahre spirituelle Identität kennenlernen und verwirklichen. Was uns fehlt, ist, kurz gesagt, ein «Weg nach Innen».

Wie bereits dargelegt ist dieser Weg, wenn er richtig begangen wird, keine blinde «Weltflucht», sondern eine aktive «Auseinander-setzung» und Überwindung der Welt. Einen solchen spirituellen Weg, den wir suchen und brauchen, bietet uns die vedische Lebensphilosophie an. Auf den ersten Blick vielleicht überraschend, bei genauerem Nachdenken aber durchaus verständlich und nur logisch ist dabei, daß sich dieser vermeintlich «östliche» Weg gar nicht unterscheidet von dem spirituellen, religiösen Weg, den auch das Abendland kennt (wenngleich heutzutage leider auch nur noch theoretisch): In Sanskrit heißt er *Bhakti-yoga*, in Deutsch «Liebe und Hingabe zu Gott», dem Schöpfer dieses Universums und dem Verfasser der «Gebrauchsanleitung» zur richtigen Handhabung des Universums.

Der dritte Schritt

Also: Die esoterische Herausforderung der Gegenwart besteht nicht in irgendwelchen Ego-Trips zur Verfeinstofflichung unseres materialistischen Denkens und Strebens, sondern darin, daß wir Menschen uns wieder klar über unsere Stellung innerhalb des Kosmos bewußt werden und bereit sind, diese in der erforderlichen Demut auch zu akzeptieren.

Wir müssen uns außerdem darüber bewußt werden, daß der Wert unserer Beschäftigung mit Reinkarnation und mit Reinkarnationstherapie offensichtlich nicht darin bestehen kann, einfach nur sensationslüstern herauszufinden, wer wir in den letzten Leben waren, aber auch nicht darin, einfach nur regressiv alle möglichen vergangenen Traumata aus früheren Leben aufzuspüren, um so unsere oberflächlichen Alltagsprobleme lösen zu können (wie in den meisten Formen zeitgenössischer Reinkarnationstherapie).

Das Bewußtmachen vergangener Traumata mag in gewissen Ausnahmefällen vielleicht ein therapeutisch sinnvoller Schritt sein, um uns einen Zugang zu einem viel wesentlicheren Bereich zu schaffen, aber es ist an sich noch keine Therapie, und es bewirkt noch keine Heilung. Es kann dabei wohl sehr viel energetische Entladung stattfinden, es kann sogar zum Verschwinden von Symptomen führen – aber das führt eine Antibiotika-Spritze auch, und trotzdem würden wir niemals sagen, dies hätte etwas mit Heilung im eigentlichen Sinne zu tun. Wenn wir also einfach nur in der Regression traumatische Ereignisse aufspüren, ist Heilung noch längst nicht geschehen. In der Reinkarnationstherapie muß daher zwingend irgendwann der wesentliche «dritte Schritt» beginnen, der den ersten und zweiten sozusagen umpolt. Worin nun besteht dieser dritte Schritt?

Der «erste Schritt» war das anfängliche Erkennen, daß es so etwas wie frühere Leben überhaupt gibt. Der «zweite Schritt» war das Durchleben von Traumata in diesen früheren Leben. Aber diese Traumata, wie grauenhaft sie im einzelnen auch sein mögen, zeigen den betroffenen Patienten ja immer nur in der einen Situation des Opfers: Ich, der Arme, ich, der Gequälte, ich, der Erleidende. Um aber ganzheitliche Heilung zu erreichen, muß dieser Prozeß ergänzt werden durch seinen fehlenden Gegenpol.

Die neue Frage also lautet: *Warum* mußte ich alle diese traumatischen Situationen erleben? Erst jetzt beginnt der eigentliche therapeutische Prozeß, der Heilungsprozeß, denn wir finden uns nun auch vor als der Aktive, der Quälende, der Mörder, wir erleben uns auch in der Identifikation desjenigen, der anderen Leid zufügt, und wir müssen in diesem Moment die Verantwortung übernehmen für einen Bereich, den wir bisher stets zu verdrängen gesucht haben. Dadurch, daß wir uns nun plötzlich in allen möglichen Identifikationen, in allen möglichen Rollen wiederfinden – in der Rolle des Aktiven, des Wünschenden und Handelnden, sowie auch in der Rolle des Passiven, des Erleidenden und Gequälten –, stellt sich uns allmählich immer deutlicher die zentrale Frage: «Wer bin *ich* denn nun wirklich?»

Auf diese Frage gibt es nun zwei verschiedene Möglichkeiten der Antwort. Wenn wir oberflächlich nachdenken, werden wir antworten: «Ich bin beides, ich bin sowohl der Mörder als auch der Ermordete, sowohl der Gehenkte als auch der Henker.» Dringen wir jedoch weiter in die Tiefe vor, so werden wir erkennen, daß wir in Wirklichkeit beides *nicht* sind. Wir erkennen, daß wir selbst im Grunde genommen gar nichts mit all diesen verschiedenen Persönlichkeiten, mit all diesen widersprüchlichen Identifikationen, mit all diesen unzähligen Inkarnationen zu tun haben, sondern daß sie alle nur Rollen sind, die wir irgendwann einmal gespielt haben oder noch immer spielen.

Die ernüchterndste und zugleich auch die bedeutendste Erkenntnis aber wird jene sein, daß auch unser *jetziges Leben* nichts weiter als eine vorübergehende Rolle ist, die wir aufgrund unseres früheren Karma zu spielen gezwungen sind, und daß auch unsere jetzige Identifikation mit unseren momentanen Lebensumständen und Zielen eine falsche ist und noch nichts mit unserer eigentlichen, ewigen Existenz und Identität zu tun hat.

Abschließend seien noch einmal diese letzten Betrachtungen zusammengefaßt und so die Brücke geschlagen zu unserem anfänglichen Ausgangspunkt, «Was ist wahre Esoterik?», wodurch sich der Bogen wieder schließt:

- Das zentrale Ziel der Esoterik, das nicht an vorübergehende Modeerscheinungen gebunden ist, stellt das Streben nach Ganzheitlichkeit und Freiheit von Illusionen dar.
- Statt einer blinden Welt-Flucht soll in der wahren Esoterik eine befreiende Welt-Überwindung durch aktive Auseinander-setzung mit und Loslösung von der materiellen Welt angestrebt werden.
- Statt sich in pseudo-esoterisch getarnten Ego-Trips zu ergehen, sollte der wahre Esoteriker bereit sein, einen konsequenten Weg nach Innen zu gehen, der gekennzeichnet ist durch das Streben nach individueller (und damit auch kollektiver) Bewußtseinstransformation, Selbstverwirklichung und Gotteserkenntnis.
- Die Voraussetzungen zur Erlangung dieser Ziele sind sowohl theoretisches Wissen als auch praktische Erkenntnis. Wissen erlangen wir beispielsweise aus den uralten spirituellen Quellen der vedischen Literatur, und Erkenntnis nur durch das eigene konsequente Anwenden dieses Wissens in unserem alltäglichen Leben.

Der erste Schritt: Das Bewußtmachen und Erkennen der Richtigkeit der Reinkarnationslehre, also das An-erkennen der Realität unserer früherer Inkarnationen, ist zwar wichtig und erforderlich, aber es ist noch nicht genug.

Der zweite Schritt: Auch das Aufspüren der Ursachen für physische und psychische Störungen und das Bewußtmachen früherer Traumata durch Regression mag in einigen Fällen vielleicht ein Hilfsmittel sein, aber es ist an sich noch keine Therapie, es führt noch nicht zur Heilung, noch nicht zur Freiheit. Die zentrale Erkenntnis hierbei ist das Bewußtmachen der Verantwortung für das eigene Schicksal und die Konfrontation mit dem eigenen Schattenbereich.

Der dritte Schritt: Doch erst die tatsächliche Veränderung des Bewußtseins, das tatsächliche Ablegen der illusionären Identifikationen mit diesem oder jenem früheren Trauma, mit diesem oder jenem früheren Körper, und auch das Ablegen der Identifikation mit dem gegenwärtigen Körper (!) – erst dies macht die Seele wirklich frei: frei von Illusion, frei von Unwissenheit und von Dunkelheit, frei von alledem, was wir eigentlich *nicht* sind, was wir nie waren und nie sein werden.

Erst dadurch, daß es uns gelingt, unsere Blindheit für die spirituelle Dimension unseres Daseins zu überwinden, erst dadurch, daß wir zu unserem inneren Selbst vordringen und gemäß dieser Erkenntnis zu handeln beginnen, erst dadurch lernen wir unsere wahre spirituelle Verantwortung uns selbst gegenüber erkennen, lernen damit auch unsere Verantwortung allen anderen Menschen, ja allen anderen Geschöpfen Gottes und der gesamten geschaffenen Mitwelt gegenüber erkennen. Erst dieser not-wendige «dritte Schritt» macht uns endlich frei von dem für uns als ewige spirituelle Seelen unnatürlichen Kreislauf der wiederholten Geburten und Tode innerhalb der vergänglichen materiellen Welt.

Unsere Beschäftigung mit der Reinkarnation beschränkt sich dann nicht mehr bloß auf eine vergangenheitsorientierte Rückschau auf unsere früheren Leben und unsere früheren Traumata. Eine solche *regressive Rückschau* ist letztlich völlig überflüssig und sinnlos, weil sie passiv – ohne jede Möglichkeit der Veränderung und Entwicklung – ist. Erst wenn wir beginnen, uns in einer zukunftsorientierten Weise mit der Reinkarnation zu beschäftigen, führt uns diese aktive, *progressive Auseinander-setzung* mit unserem Dasein einen Schritt weiter. Und nur so, nur mit diesem dritten Schritt in die Freiheit von Illusionen, und nur mit dem Blick nach vorne hat Esoterik, hat Reinkarnationsforschung einen Sinn und ein Ziel.

Kapitel 8

DAS ENDE DER REINKARNATION

Nachdem die großen Seelen, die hingegebenen Yogīs, Mich erreicht haben, kehren sie nie wieder in die zeitweilige Welt zurück, die voller Leiden ist, denn sie haben die höchste Vollkommenheit erreicht. Alle Planeten in der materiellen Welt – vom höchsten bis hinab zum niedrigsten – sind Orte des Leids, an denen sich Geburt und Tod wiederholen. Wer aber in Mein Reich gelangt, wird niemals wieder geboren.
(Śrī Kṛṣṇa in der Bhagavad-gītā 8.15-16)

Zusammenfassung

Wenn wir diesem Kapitel die Überschrift «Das Ende der Reinkarnation» geben, so will dies nicht nur andeuten, daß es das Kapitel ist, mit dem wir unsere Betrachtungen zum Thema der Reinkarnation beenden werden, sondern auch, daß es uns nun darum geht, alles bisher Erarbeitete zu einer einheitlichen Schlußfolgerung zusammenzufügen. Und diese Schlußfolgerung besteht, wie bereits verschiedentlich angedeutet, darin, dem Kreislauf von Geburt und Tod ein Ende zu setzen. Zum Einstieg in diese Thematik möchten wir daher zunächst noch einmal die zentralen Themen, die in diesem Buch behandelt wurden, zusammenfassen.

Der bisherige Verlauf des vorliegenden Buches ließe sich grob in drei Blöcke unterteilen: • *Kapitel 1 bis 4*, in denen die theoretische Verständnisgrundlage für die Wissenschaft von Karma und Reinkarnation gelegt und in denen anhand praxisbezogener Fragestellungen die Glaubwürdigkeit des Reinkarnationsgedankens erhärtet wurde; • *Kapitel 5 und 6*, die aufzeigten, wie dieser Reinkarnationsgedanke in allen Kulturen und Epochen der Weltgeschichte vertreten war und welche philosophischen und theologischen Probleme entstehen, wenn eine religiöse Institution die Reinkarnationslehre «abschaffen» will, sowie • *Kapitel 7*, das eine Zusammenfassung der Ergebnisse der Reinkarnationsforschung im 20. Jahrhundert gab.

Spätestens an dieser Stelle enden die meisten abendländischen Fachbücher über Tod und Wiedergeburt – und hinterlassen beim Leser oft eine bewußte oder unbewußte, unterschwellige Unzufriedenheit und Leere. Man vermißt irgendwie eine konkrete Schlußfolgerung, und man fragt sich: «Nun gut, es gibt so etwas wie Reinkarnation, also ein Leben vor der Geburt und ein Leben nach dem Tode, aber was sollen wir nun konkret mit dieser Erkenntnis anfangen, welche praktische Konsequenz sollen wir aus ihr ziehen? Sollen wir einfach so weiterleben wie bisher, oder müssen wir unser Leben und unsere Lebenseinstellung nach dieser Erkenntnis in irgendeiner Form verändern? Sollen wir uns auf die kommenden Leben freuen, oder sollen wir uns vor unseren zukünftigen Inkarnationen fürchten? Sollen wir sie zu beeinflussen suchen, oder sollen wir sie vergessen und die Fragestellung in die Zukunft verdrängen?»

Wie gesagt endet spätestens an dieser Stelle, mit diesen unbeantworteten Fragen, die bisherige abendländische Auseinandersetzung mit dem Wiedergeburtsgedanken. Nicht aber die vedische Literatur. An dieser Stelle nämlich – das heißt, nachdem wir davon ausgehen können, daß der Leser die Zusammenhänge von Karma und Reinkarnation zumindest theoretisch anerkannt hat – beginnt erst die eigentliche Fragestellung der Veden: Es ist nicht eine bloße Frage nach dem «Ob» oder dem «Wie» der Reinkarnation, sondern es ist eine Frage nach dem «Warum»: *Warum* ist die spirituelle Seele gezwungen, innerhalb der materiellen Welt fortgesetzt von einem grobstofflichen Körper zum nächsten zu wandern? Worin liegt der Sinn, wo das Ziel dieser endlos scheinenden Wanderung? Und: Gibt es ein Entrinnen aus dem leidvollen Kreislauf von Geburt und Tod – gibt es ein *Ende der Reinkarnation*?

In diesem abschließenden Kapitel möchten wir versuchen, diese wichtigste aller Fragen zu beleuchten. Zugegeben, die Fragestellung nach dem «Ende der Reinkarnation» ist für das moderne abendländische Denken schwer verständlich, geht sie doch weit über die Grenzen und Erkenntnisse der herkömmlichen Parapsychologie und der modernen Esoterik hinaus. Denn hier werden nicht mehr einfach zahllose Statistiken und Erlebnisberichte aneinandergereiht, um zu ermitteln, welche Argumente für und welche gegen die «Hypothese Reinkarnation» sprechen. Es geht, mit anderen Worten nicht mehr darum, uns immer wieder von etwas zu überzeugen, wovon wir schon überzeugt sind. Das Thema setzt vielmehr das Verständnis der Reinkarnation als Realität (nicht als Hypothese) bereits voraus und beschreibt dann auf der Grundlage dieses Verständnisses, warum wir überhaupt dem Kreislauf von Geburt und Tod unterworfen sind und warum und vor allem auch *wie* dieser Kreislauf beendet werden kann und auch beendet werden muß.

Der Wert des bisher in diesem Buch erarbeiteten Verständnisses liegt also einzig darin, daß uns all die behandelten Aspekte des Reinkarnationsgedankens die Richtung in eine andere, eine *transzendente Wirklichkeit* weisen können, in eine Wirklichkeit, in der die Seelenwanderung ihr Ende und ihre Erfüllung findet. Durch die Beschäftigung mit dem Reinkarnationsgedanken lernten wir zwar verstehen, daß wir bereits unzählige Leben in unzähligen Körperformen und unzähligen Umständen, mit unzähligen falschen Identifikationen hinter uns haben, die allesamt nicht unserem wahren Selbst entsprachen. Die Reinkarnationslehre an sich jedoch vermag die urerste, innerste Frage des menschlichen Daseins nicht zu beantworten: «Wer bin ich wirklich? Was ist mein letztlicher Bestimmungsort, und wie gelange ich dorthin?»

Um das Verständnis dieses Themas zu vertiefen, wollen wir uns die grundlegenden Gedanken der bisherigen Kapitel nochmals in Erinnerung rufen.

Die Seele, Reinkarnation und Karma

In *Kapitel 2* haben wir die charakteristischen Eigenschaften der spirituellen Seele wie folgt beschrieben:

1. Die Seele ist die der Materie übergeordnete Energie.
2. Die Seele ist die individuelle Bewußtseinsquelle im Körper.
3. Die Seele ist ewig, das heißt, sie wurde nie geschaffen und wird niemals vernichtet.
4. Die Seele kann weder altern noch zerfallen.
5. Die Seele unterscheidet sich vom Körper, der ihr als «Betätigungsfeld» dient und über den sie sich bewußt ist.
6. Die Seele ist unwandelbar und unveränderlich.
7. Die Seele besitzt eine ihr eigene, selbstleuchtende Energie, nämlich Bewußtsein.
8. Obwohl sich die Seele an einem bestimmten Ort aufhält (beim Menschen im Herzen), verbreitet sie ihre Energie in Form des Bewußtseins über den gesamten Körper.

Am Ende von Kapitel 2 haben wir die vedische Definition des Begriffs «Reinkarnation» abgeleitet:

> Reinkarnation ist die fortgesetzte Wanderung der spirituellen Seele, gemeinsam mit ihrem feinstofflichen Körper, von einem grobstofflichen Körper zum nächsten, und zwar gemäß ihrem individuellen Karma.

Und in bezug auf das Gesetz des Karma haben wir in *Kapitel 3* folgenden Vers aus dem *Śrīmad-Bhāgavatam* angeführt:

> Das Lebewesen, das seinen Körper aufgrund seiner vergangenen Handlungen (Karma) erhalten hat, besitzt die Möglichkeit, die Auswirkungen seiner Handlungen im gegenwärtigen Leben zu beenden, doch dies bedeutet nicht, daß es von der Bindung an materielle Körper befreit ist. Das Lebewesen erhält einen bestimmten Körper, und dadurch, daß es mit diesem Körper Handlungen ausführt, schafft es einen anderen. So durchläuft es aufgrund seiner groben Unwissenheit wiederholt Geburt und Tod und wandert von einem Körper zum nächsten. (SB. 7.7.47)

Gemäß der vedischen Philosophie besitzen wir, die spirituelle Seele, also eine sowohl von der grob- als auch von der feinstofflichen Materie völlig unabhängige

Existenz und sind nur durch «grobe Unwissenheit» (im Sanskrit *Māyā*, «Illusion», genannt) an den Kreislauf der wiederholten Geburten und Tode innerhalb der materiellen Welt gebunden, welche ihrerseits von dem unüberwindbar scheinenden Gesetz des Karma beherrscht wird. So finden wir uns in der materiellen Welt in einer für uns völlig unnatürlichen Lage, ähnlich einem Fisch an Land: Obwohl von unserer Natur her ewig und voller Freude, sind wir aufgrund von Unwissenheit und Illusion gezwungen, ständig von einem vergänglichen Körper zum anderen zu wandern und immer wieder Geburt und Tod und die zahlreichen Leiden des Daseins zu ertragen.

Daher erklären die Veden, daß das Ziel unserer Reise durch alle möglichen Lebensformen darin besteht, allmählich diese Unwissenheit zu überwinden und uns auf immer höhere Ebenen des Bewußtseins zu erheben, um letztlich das materielle Dasein vollständig zu beenden und so die ursprüngliche Freiheit der Seele wiederherzustellen. Die Veden fordern uns Menschen also mit Nachdruck auf, nach Möglichkeiten Ausschau zu halten, wie wir aus der Gefangenschaft des Karma und damit auch von der erneuten Wiedergeburt befreit werden können.

Die Voraussetzung für die Erfüllung einer solchen Aufforderung ist natürlich, daß es neben dem uns bekannten materiellen Dasein, das heißt außerhalb der materiellen Welt, noch eine andere Wirklichkeit, eine andere Existenzebene, eine andere Welt gibt. Oder um beim obigen Bild zu bleiben: Daß es für den Fisch an Land auch irgendwo sein natürliches Element, das Wasser, gibt. Damit wir also überhaupt von Befreiung sprechen können, muß für die in der materiellen Welt gefangene spirituelle Seele irgendwo auch eine ursprüngliche Heimat, eine *spirituelle Welt* existieren. Und tatsächlich erklären die offenbarten Schriften der Veden, daß eine solche transzendente, spirituelle Welt existiert.

Doch auch der abendländischen Geistesgeschichte ist diese Idee durchaus nicht fremd. Das Christentum spricht in diesem Zusammenhang vom «Reich Gottes», und *Platon* entwarf bereits vor zweieinhalbtausend Jahren sein berühmtes «Höhlengleichnis», um diese Tatsache zu illustrieren. Wir haben dieses Gleichnis in *Kapitel 5* ausführlich behandelt und möchten an dieser Stelle nur seine wichtigsten Erkenntnisse wiederholen: Das von Platon beschriebene «Höhlengefängnis» steht für die materielle Welt, die bei ihm die «Welt der Schatten» genannt wird. Auf der anderen Seite steht das, was Platon als die «Welt der Ideen» bezeichnet. Diese Ideenwelt steht für die spirituelle Welt, die eigentliche Herkunft und Heimat der Seele, und wie gesagt betonen die Veden mit aller Deutlichkeit, daß das Ziel unserer Reinkarnationsreise durch alle möglichen Lebensformen darin besteht, dorthin zurückzukehren.

Die Notwendigkeit und die Möglichkeit der Befreiung

Eine der bedeutendsten vedischen Schriften, das *Vedānta-sūtra* (wörtlich: «das Ende, die Schlußfolgerung aller Veden»), das in kurzen Sūtras (Aphorismen) den gesamten Inhalt der Veden darlegt, beginnt mit den Worten: *athāto brahma-jijñāsā*.

Das Sanskritwort *atha* heißt «jetzt», und die maßgebenden Kommentatoren der Vergangenheit informieren uns, daß damit gemeint ist: «Jetzt, wo du die menschliche Lebensform erhalten hast (die äußerst selten ist).» Jetzt also ist es an der Zeit, Fragen über die Absolute Wahrheit zu stellen (*brahma-jijñāsā*) und aktiv nach deren Beantwortung und nach den Lösungen für die grundlegenden Probleme des Lebens in der materiellen Welt zu forschen

Diese grundlegenden Probleme sind, gemäß *Bhagavad-gītā* (13.9): Alter *(Jarā)*, Krankheit *(Vyādhi)*, Tod *(Mṛtyu)* und Wiedergeburt *(Janma)*. Auf eine andere berühmte Aufforderung der Veden haben wir bereits in *Kapitel 5* hingewiesen: *tamasi mā jyotir gama* – «Erhebe dich aus der Dunkelheit der Unwissenheit und wende deinen Blick dem Licht der Wahrheit zu!»

Das hier geforderte Streben nach Befreiung (im Sanskrit *Mukti*) stellt in der Tat den Kernpunkt und eines der kennzeichnendsten Merkmale des gesamten östlichen Denkens dar und ist in allen Traditionen zu finden.

Auch das Abendland ist zumindest mit der Einsicht der *Notwendigkeit der Befreiung* vertraut. Die endgültige Befreiung aus der Verstrickung des materiellen Daseins – mit anderen Worten: das Ende der Reinkarnation – galt auch bei den altgriechischen Orphisten, bei Pythagoras, Sokrates und Platon sowie später bei den Gnostikern und bei Philosophen wie Lessing, Schopenhauer und Nietzsche als das Endziel allen menschlichen Strebens. Doch obwohl zahlreichen westlichen Denkern und Philosophen die Gesetze von Karma und Reinkarnation bekannt waren, war aber doch kaum einer von ihnen in der Lage, zu erkennen oder zu beschreiben, *wie* wir uns von ihnen lösen können.

In den Veden finden wir hingegen eine systematische Diskussion nicht nur der Notwendigkeit, sondern auch der *Möglichkeit der Befreiung*, das heißt eine wissenschaftliche Darstellung des allmählichen Befreiungsvorgangs aus der Gefangenschaft des materiellen Daseins in die spirituelle Freiheit der Seele. Darüber hinaus liefern uns die Veden eine psychologische Analyse des eigentlichen Grundes, *warum* trotz der eindeutigen Aufforderung und trotz der Tatsache, daß die Menschen innerhalb der materiellen Welt ständig verschiedenen Formen des Leids und der Frustration ausgesetzt sind, die meisten diese Möglichkeit nicht ergreifen und sich nicht sofort auf den Pfad der Befreiung begeben.

Dieser Grund wird, wie bereits erwähnt, im Sanskrit *Māyā* genannt, womit gemeint ist, daß es einzig auf Unwissenheit und Illusion zurückzuführen ist, daß die Lebewesen an den leidvollen Kreislauf der Geburten und Tode gebunden bleiben und sich nicht wünschen, daraus befreit zu werden.

Das Hindernis: Māyā

Der Begriff Māyā heißt wörtlich «das, was nicht ist» und bezieht sich auf die fälschliche Identifikation der spirituellen Seele mit ihrem grob- und feinstofflichen materiellen Körper und den Freuden und Leiden, die ihr diese Körper verschaffen. Māyā wird in der *Bhagavad-gītā* als die illusionierende Energie beschrieben, unter deren Einfluß sämtliche Lebewesen innerhalb des materiellen Kosmos stehen, und die *Befreiung von Māyā* gilt als das Ende der Reinkarnation.

Das Wirken Māyās wird anhand der folgenden Geschichte «Der Mann im Brunnen» deutlich – ein Gleichnis, das sich am Ende des großen vedischen Epos *Mahābhārata* findet:

> König Dhṛtarāṣṭra sprach: «Erkläre mir bitte ausführlich, auf welchem Wege man mit Klugheit das Dickicht der Wiedergeburt durchdringen und Befreiung erlangen kann!»
>
> Der Weise Vidura antwortete: «Nachdem ich mich vor Brahmā, dem Schöpfergott, verneigt habe, will ich dir erzählen, was die großen Weisen über das Dickicht des Geburtenkreislaufes sagten. Ein Brāhmaṇa – so heißt es – geriet, während er den Kreislauf der Geburten durchwanderte, in einen riesigen, schwer zugänglichen Wald, in dem es von Raubtieren nur so wimmelte. Auf allen Seiten war er von gefräßigen Wesen umgeben, die wie Löwen, Tiger und Elefanten aussahen. Selbst der Tod hätte sich vor ihnen gefürchtet. Als der Brāhmaṇa diesen Wald sah, klopfte ihm das Herz bis zum Hals, und die Haare standen ihm zu Berge. Er war ganz verwirrt, durchstreifte den Wald, lief hierhin und dorthin und hielt ringsum Ausschau nach einem Platz, der ihm Zuflucht hätte bieten können. Von Furcht geplagt, stürzte er los und suchte eine Lücke zwischen den wilden Tieren. Doch er konnte ihnen nicht entkommen und sich nicht von ihnen befreien. Er bemerkte, daß der ganze Wald in ein Netz gehüllt war und von einer schrecklichen Frau mit beiden Armen umfaßt wurde. Er sah auch, daß der große Wald von Schlangen umzingelt war, die fünf Köpfe trugen und sich hoch emporreckten wie Berge mit Bäumen, die bis zum Himmel reichten. Und in der Mitte des Waldes befand sich, versteckt, ein Brunnen, der mit Schlingpflanzen überzogen war, die sich unter einer Grasschicht verbargen.
>
> Der Brāhmaṇa fiel in die verborgene Wasserstelle hinein und blieb im Gewirr der Lianenranken hängen. Mit den Füßen nach oben und dem Kopf nach unten hing er dort in der gleichen Weise, wie die große Frucht des Brotfruchtbaums an ihrem Stengel befestigt ist. Und eine weitere, noch größere Gefahr drohte ihm dort: Am Rande des Brunneneingangs sah er einen riesigen schwarzgescheckten Elefanten, der sechs Mäuler und zwölf Beine hatte und langsam um den von einem Lianenbaum beschatteten Brunnen herumlief. In den Zweigen dieses Baumes saßen verschiedenartige, schrecklich anzusehende, furchterregende Bienen, die aus einem Bienenstock kamen. Sie hingen an den Ästen des Baumes und bereiteten Honig. Immer wieder strebten sie nach Honig, der für alle Wesen schmackhaft ist und nicht nur Kinder sättigt. Dieser Honig ergoß sich in unaufhörlichem ergiebigem Strom in die Höhle. Und der Mann, der dort hing, trank immerfort davon, denn dem Trinkenden war auch in der Gefahr der Durst nicht vergangen. Unersättlich verlangte er wieder und wieder nach ihm. Niemals erlitt er Verdruß am Leben. Und dieses Menschen Lebenshoffnung versiegte selbst dann noch nicht, als schwarze und weiße Mäuse das Gerank annagten, an dem er hing. Gefahr drohte ihm durch die schlimmen Schlangen auf dem Boden des Brunnens und von dem Elefanten am Brunneneingang. Als fünfte Gefahr nennt man, daß er durch die Tätigkeit der Mäuse in den Brunnen fallen konnte, und als sechste, daß die Bienen ständig nach Honig verlangten. So harrte er dort aus, nachdem er in den Ozean der Wiedergeburten geworfen war. Unverdrossen hoffte er darauf, daß das Leben weitergehe.»
>
> König Dhṛtarāṣṭra sprach: «Der Mann erfuhr großes Unglück und hatte ein hartes Leben. Sage mir daher, weshalb er so am Leben hängt und weshalb es ihm

Freude macht! Wo ist die Gegend, in der er lebt mit seinen Schwierigkeiten? Wie kann dieser Mann aus der großen Gefahr, in der er steckt, befreit werden? Sag es mir, so daß wir Gutes tun können! Ich sorge mich sehr um seine Errettung.»

Vidura entgegnete: «Diejenigen, die über die Befreiung aus dem Kreislauf der Geburten unterrichtet sind, sagen, daß diese Geschichte ein Gleichnis ist, und der Mensch, der es kennt, findet nach dem Tode Befreiung und Wohlergehen. Was als gefährliche Wildnis beschrieben wird, ist der große Kreislauf der Geburten. Der schwer zugängliche Wald ist das Dickicht des Saṁsāra. Die Raubtiere sind die Krankheiten *(Vyādhi)*, die uns heimsuchen. Und die Frau mit dem riesigen Körper, die dort lebt, sie ist nach Meinung der Weisen das Alter *(Jarā)*, das uns Farbe und Schönheit raubt. Was den Brunnen anbelangt, er ist der materielle Körper der Lebewesen. Und die Riesenschlange, die auf dem Grund des Brunnens wohnt, das ist die Schicksal bedeutende Zeit *(Kāla)*; sie zerstört alle Wesen, die einen Körper besitzen, und sie ist die Vernichterin aller Dinge. Und die Liane in der Mitte des Brunnens, an deren Ranken der Mann hängt, ist die Lebenshoffnung der Geschöpfe. Der Elefant mit den sechs Mäulern, der den Baum umwandelt, welcher an der Brunnenöffnung steht, gilt als das Jahr; seine sechs Mäuler sind die Jahreszeiten, seine zwölf Beine die Monate. Die Mäuse, die eifrig bemüht sind, an der Ranke zu nagen, sind die Nächte und Tage – so erklären es diejenigen, die über die Lebewesen innerhalb der materiellen Welt nachgedacht haben. Die Bienen schließlich gelten als unsere Wünsche, und die vielfältigen Honigströme sind als Wunschsäfte bekannt, in die die Menschen eintauchen. Diejenigen, die so über den Kreislauf der Geburten Bescheid wissen, zerschneiden die Fesseln, mit denen sie an ihn gebunden sind.» (aus: «Das Schlangenopfer – Geschichten aus dem Mahābhārata» von *Wolfgang Morgenroth*)

Dieses Gleichnis illustriert in anschaulicher Weise, wie der Mensch unter dem Einfluß Māyās bereit ist, alle Arten von Gefahren zu ertragen und alle leidvollen Umstände zu vergessen, solange er nur imstande ist, einen flüchtigen Tropfen materiellen Glückes, hier symbolisiert durch die Honigstropfen, zu kosten. Aufgrund seiner starken Anhaftung an diese Tropfen vergänglicher materieller Freuden, von denen die sexuellen Freuden die höchsten sind, fällt es ihm äußerst schwer sich vorzustellen, einen Pfad der Befreiung vom materiellen Dasein mit Erfolg zu Ende zu gehen und in die spirituelle Welt zurückzukehren. Die Veden sprechen in diesem Zusammenhang auch von der «goldenen Fessel ans materielle Dasein», von der Fessel der Sinnlichkeit, das heißt von der Fessel der unzähligen Wünsche nach materiellem Genuß, die niemals vollständig zufriedengestellt werden können, ganz gleich wie intensiv man sich darum bemüht.

Die Frage also lautet: Wie kann ein Mensch, der so von Māyā verwirrt und von materiellen Wünschen beeinflußt ist, sich jemals aus dieser Fessel befreien? – Zur Beantwortung dieser Frage möchten wir im folgenden einen Abriß über den in den vedischen Schriften beschriebenen allmählichen Befreiungsweg geben, der sich über sechs verschiedene einzelne Erkenntnisstufen entwickelt: aus der vollständigen Verstrickung ins materielle Dasein bis hin zur vollständigen Gottesverwirklichung und damit zum Eintritt in die ewige spirituelle Welt.

Der vedische Befreiungsweg: Die sechs Systeme der Philosophie

Die drei Ebenen der menschlichen Identität

Das gesamte vedische Schrifttum mit seinen Tausenden von Einzelschriften und Kommentaren läßt sich grundsätzlich in drei verschiedene Wissensabschnitte *(Kāṇḍas)* unterteilen, welche sich jeweils auf eine der drei Ebenen der menschlichen Identität beziehen. Diese drei Identitätsebenen und (in Klammern) die entsprechenden Wissensabschnitte sind:

1. körperlich-grobstoffliche Ebene (Karma-kāṇḍa)	KK
2. intellektuell-feinstoffliche Ebene (Jñāna-kāṇḍa)	JK
3. seelisch-spirituelle Ebene (Upāsana-kāṇḍa)	UK

Hierbei gelten die beiden ersten Ebenen als vergänglich und werden daher als illusorische *Identifikation* (Māyā) beschrieben, während einzig der unvergänglichen spirituellen *Identität* Wirklichkeit zukommt.

Den drei Kāṇḍas entsprechen auch die sechs Systeme der klassischen indischen Philosophie, die den sechs Stufen des vedischen Befreiungsweges entsprechen:

1. *Mīmāṁsā*: zeremonielle Handlungen und Verehrungsriten	KK
2. *Nyāya*: Logik und Dialektik	JK
3. *Vaiśeṣika*: Physik, Atomlehre	JK
4. *Sāṅkhya*: Physik und Metaphysik	JK
5. *Yoga*: Reinigung und Erhebung des Bewußtseins	JK
6. *Vedānta*: Vollkommenheit des Wissens und der Erkenntnis	UK

Im Gegensatz zur fälschlichen Darstellung einiger westlicher Autoren und im Gegensatz zu gewissen abendländischen Philosophiesystemen bilden diese sechs Schulen keine sich grundsätzlich ausschließenden, unvereinbaren Systeme; vielmehr stellen sie gleichsam *verschiedene Erkenntnisstufen* innerhalb eines einzigen umfassenden Systems dar – des vedischen.

Anders als in der europäischen Geistesgeschichte haben sich diesee sechs philosophischen Systeme der Veden nicht in historischer Aufeinanderfolge entwickelt und gegenseitig abgelöst, sondern haben jahrtausendelang, bis in die heutige Zeit, nebeneinander bestanden, und entsprechend dem Stand seiner individuellen Bewußtseinsentwicklung fühlt sich ein Mensch mehr zu der einen oder anderen Schule hingezogen. In jedem Fall aber, so lehren uns die Veden, sollte der Mensch danach trachten, sein Bewußtsein stets weiter zu entwickeln, um sich so, unabhängig von seinem gegenwärtigen Status, allmählich zu erheben und auf dem Pfad der Befreiung aus den Fesseln Māyās voranzuschreiten.

Es steht uns im Rahmen dieser Betrachtung nicht der erforderliche Raum zur Verfügung, um diesen komplizierten Befreiungsweg in allen Einzelheiten darzulegen. Aber dies ist auch gar nicht notwendig. Denn die Veden erklären (gottseidank), daß es nicht nötig ist, sämtliche Systeme dieser philosophischen Stufenleiter nacheinander zu durchlaufen. Bei entsprechender Schulung und Führung ist es vielmehr auch möglich, die unteren Stufen zu «überspringen» und sofort zur letztlichen Schlußfolgerung zu gelangen. Diese Schlußfolgerung heißt im Sanskrit *Vedānta*, wörtlich: «das Ende aller Veden», «der Gipfel, die Vollkommenheit allen Wissens und aller Erkenntnis».

Daher möchten wir an dieser Stelle auf eine allzu detaillierte Darstellung der einzelnen philosophischen Systeme verzichten und nur einen kurzen Überblick über die jeweiligen Hauptthesen und -unterschiede geben.

Das Mīmāṁsā-System

Das von dem Philosophen *Jaimini* in seinem Hauptwerk, dem «Mīmāṁsā-sūtra», begründete Mīmāṁsā-System ist dem Vedānta-System nahe verwandt, beschäftigt sich aber mit dem Karma-kāṇḍa-Teil des vedischen Wissens, weshalb es zuweilen auch Karma-mīmāṁsā genannt wird. (Das Sanskritwort *mīmāṁsā* heißt wörtlich soviel wie «etwas verstehen und gründlich analysieren».)

In der Hauptsache beschäftigt sich diese Schule mit den in den Veden vorgeschriebenen zeremoniellen Handlungen und Verehrungsriten verschiedener Halbgötter, um Wünsche nach materieller Sinnenbefriedigung zu erfüllen. Sie trägt also der *körperlichen Identifikationsebene* des Menschen Rechnung und stellt somit den grobstofflich-materialistischen Aspekt der vedischen Philosophie dar. Im Karmakāṇḍa finden sich ausführliche Angaben und Richtlinien, wie man seinen grobstofflichen Körper genießen kann, ohne sich in sündhaftes Handeln und in das sich daraus ergebende schlechte Karma zu verstricken. Diese Richtlinien betreffen insbesondere die Bereiche des Essens, des Schlafens und der Sexualität, und der Philosoph lernt, wie er in diesen Bereichen Tätigkeiten vermeiden kann, die zu Leid führen.

In jüngster Zeit wurde die Karma-mīmāṁsā-Philosophie in Indien häufig mißbraucht, und die modernen Verfechter der Lehren Jaiminis halten sich kaum noch an die vedischen Regeln und Vorschriften, sondern benutzen seine Philosophie zur Rechtfertigung ihrer unmoralischen Handlungen oder atheistischen Theorien. Diese Abweichungen werden im Westen zuweilen als «typisch hinduistisch» dargestellt, doch sollten wir uns darüber im klaren sein, daß sie keineswegs den ursprünglichen vedischen Richtlinien entsprechen.

Von der *Bhagavad-gītā* wird die Karma-kāṇḍa-Philosophie zurückgewiesen. Kṛṣṇa rät Arjuna, sich über diese Themen zu erheben, die hauptsächlich von den drei Erscheinungsweisen der materiellen Natur *(Guṇas)* handeln und die verschiedenste fruchtbringende Tätigkeiten zur Erhebung auf höhere Planetensysteme oder zur Erlangung von Geld, Macht usw. empfehlen. Er warnt davor, indem Er feststellt, daß Menschen, die zu sehr an materiellem Sinnengenuß und an Reichtum haften und durch solche Dinge verwirrt sind, sich nicht mit Entschlossenheit dem spirituellen Pfad der Befreiung zuwenden können (Bg. 2.42-46).

Das Nyāya-System

Die Nyāya-Schule (wörtlich: «Beweis», «Logik»), deren maßgebender Text von dem Philosophen *Gautama* (nicht zu verwechseln mit Gautama Siddhartha Buddha, dem Begründer des Buddhismus) stammt, bildet den ersten der vier Aspekte des Jñāna-kāṇḍa-Teils der Veden. Sie beschäftigt sich also mit der *intellektuellen Identifikationsebene* des Menschen, mit dem Ziel, die Seele auf den Pfad der Befreiung aus der Materie zu führen. Nachdem der nachdenkliche Mensch mit Hilfe der im Karma-kāṇḍa-Teil angegebenen Richtlinien versucht hat, alle Arten materiellen Genusses auszukosten, gelangt er irgendwann, vielleicht erst nach vielen Leben, zu der Schlußfolgerung, daß körperlicher Genuß letzten Endes nicht imstande ist, ihn vollständig zufrieden und glücklich zu machen. Daher stellt er sich die Frage: «Ich möchte das Leben zwar genießen, aber irgendwie kann ich nicht wirklich so genießen, wie ich es mir vorstelle. Was also mache ich falsch? Warum überhaupt gibt es Leid?»

Der Jñāna-kāṇḍa-Teil des vedischen Wissens beginnt, mit anderen Worten, mit der Anerkennung der eigenen Unwissenheit und den sich daraus ergebenden grundlegenden Fragestellungen des menschlichen Daseins. Die Nyāya-Philosophie wird auch als *Tarka-vidyā* bezeichnet, als die «Wissenschaft des Nachdenkens und Hinterfragens», da der Philosoph versucht, mit den Mitteln der Logik und der Dialektik die Kunst des richtigen logischen Folgerns darzulegen. Und da grundsätzlich alle Philosophien das Nachdenken auf der Grundlage von Logik anstreben, bedienen sich die anderen vedischen Philosophie-Systeme ebenfalls der Prinzipien der Nyāya, in welcher so ein reicher Wortschatz philosophischer Fachausdrücke geschaffen wurde (an denen übrigens das Sanskrit mehr besitzt als irgendeine andere Kultursprache der Welt). Selbst in der *Bhagavad-gītā* argumentiert Kṛṣṇa zuweilen auf der Grundlage von Nyāya-Prinzipien.

Zum Beispiel läßt sich die oben erwähnte Frage «Was ist die Ursache dafür, daß ich in dieser Welt nicht wirklich genießen kann? Was ist die Ursache für mein Leiden?» gemäß der Nyāya-Logik wie folgt beantworten:

• 1. «Weil ich einen Körper mit materiellen Organen und materiellen Sinnen besitze, die mir unzählige Leiden verursachen.» (Zu diesem Schluß kommen wir, indem wir jeden einzelnen Körperteil logisch analysieren und uns fragen: Wie viele verschiedene Arten von Freude kann mir dieser Körperteil theoretisch bereiten, und wie viele Arten von Leid kann er mir zufügen? Durch eine solche Analyse werden wir erkennen, daß uns der materielle Körper beträchtlich mehr Leid als Freude bereitet.)

- 2. «Weil ich im Laufe der Zeit gegen meinen Willen gezwungen werde, alt und krank zu werden, zu sterben und wiedergeboren zu werden.» (Gemäß der vedischen Philosophie macht jeder materielle Körper während des Lebens die folgenden sechs Entwicklungsstufen durch: Geburt, Wachstum, vorübergehende Erhaltung, Zeugung von Nachkommenschaft, Dahinschwinden, Vernichtung. Ob es uns nun gefällt oder nicht – jedes Lebewesen, das in der materiellen Welt Geburt nimmt, ist diesen leidvollen Wandlungen unterworfen.)
- 3. «Weil in dieser Welt alles der Dualität unterworfen ist, aufgrund derer sich Glück und Leid ständig abwechseln, ohne daß man etwas dagegen unternehmen kann, genauso wie man das fortwährende Kommen und Gehen von Sommer und Winter, von Ebbe und Flut usw. nicht aufzuhalten vermag.»

Die logische Schlußfolgerung dieser Nyāya-Analyse lautet: «Folglich besteht die eigentliche Ursache meines Leidens in meiner Identifikation mit dem materiellen Körper sowie mit der materiellen Welt im allgemeinen. Die Ursache meines Leids ist also meine Unkenntnis der wahren Zusammenhänge in der Realität.»

Das Vaiśeṣika-System

Durch logische Nyāya-Analyse der Umstände in der materiellen Welt kommt der Philosoph zum Schluß, daß der grob- und feinstoffliche materielle Körper der eigentliche Empfänger für Leid darstellt und daß die gesamte materielle Welt ein Ort ist, der dazu geschaffen wurde, die Dualität von flackerhafter Freude und von überwiegendem Leid zu erfahren.

An dieser Stelle nun setzt die Vaiśeṣika-Philosophie (wörtlich etwa: «Analyse der Unterschiede») ein, die von dem Weisen *Kaṇāda* begründet wurde (der auch unter dem Namen Uluka bekannt ist, weshalb das System zuweilen als *Aulukya* bezeichnet wird). Kaṇādas Schrift, die «Vaiśeṣika-sūtras», umfaßt zehn Hauptkapitel, die ihrerseits wiederum in je zwei Teile gegliedert sind.

Die Nyāya- und die Vaiśeṣika-Philosophie stehen sich sehr nahe. Beide Systeme definieren die Befreiung aus dem Leid des materiellen Daseins als ihr Ziel; beide betrachten Unwissenheit als die Grundursache allen Leids, und beide gehen davon aus, daß diese Unwissenheit nur durch das richtige Verständnis der Realität überwunden werden kann. Nach der logischen Erkenntnis, daß die materielle Welt hauptsächlich ein Ort des Leids ist, beschäftigt sich die Vaiśeṣika-Schule mit der Frage: «Was ist die eigentliche Beschaffenheit der materiellen Welt und des materiellen Körpers?». Sie geht, mit anderen Worten, von der Annahme aus, daß der Mensch dadurch, daß er in die Geheimnisse der Natur eindringt und die verborgenen Zusammenhänge und Gesetzmäßigkeiten hinter der den Sinnen sichtbaren Welt der Objekte erkennt, einen Weg finden kann, um aus der Verstrickung in ebendiese Gesetze und Naturkräfte zu entkommen.

Der Kern von Kaṇādas Naturphilosophie bildet eine Art *Atomlehre*, das heißt, er kommt zum Schluß, daß die gesamte materielle Welt auf der Grundlage von Atomen (im Sanskrit *Paramānus*) aufgebaut ist. Es werden kleinste, nicht weiter zerlegbare und unzerstörbare stoffliche Bausteine angenommen, die in unterschiedlichen Frequenzen schwingen und sich im Laufe der ewigen Zeit immer wieder trennen und zu neuen Körpern und Objekten vereinigen.

Das Sāṅkhya-System

Die von dem großen Weisen *Śrī Kapiladeva* begründete Sāṅkhya-Schule ist, neben dem Vedānta, die einflußreichste unter den sechs Schulen der vedischen Philosophie. Zusammen mit dem an ihre Erkenntnisse anknüpfenden Yoga-System bildet diese Schule den Kernpunkt des Jñāna-kāṇḍa-Teils der Veden. (Wie wir bereits im Zusammenhang mit dem griechischen Philosophen Sokrates in Kapitel 5 erwähnten, wird das Sāṅkhya-System Śrī Kapiladevas ausführlich im *Śrīmad-Bhāgavatam*, 3. Canto, Kapitel 25-33 beschrieben.)

Die Sāṅkhya-Philosophie (wörtlich: «Zählen, Aufzählung») beschäftigt sich mit der wissenschaftlichen Analyse der Beschaffenheit der empirischen Welt sowie ihrer Elemente und Gesetzmäßigkeiten, wobei sie über die Erkenntnisse der Vaiśeṣika-Schule (Atomlehre) hinaus auch in den Bereich der immateriellen Wahrheit vorzudringen versucht. Sie umfaßt also, in der heutigen Terminologie ausgedrückt, sowohl das Studium der Physik als auch der Metaphysik.

Die Grundlage des Sāṅkhya bildet das *Prinzip der Dualität*: Auf der einen Seite steht die *Prakṛti*, das materielle Prinzip, das in ständiger Bewegung und Verwandlung, aber ohne Bewußtsein seinerselbst ist. Auf der anderen Seite steht der *Puruṣa*, das spirituelle Bewußtseinsprinzip, das nicht-materiell, aktiv, beseelt und sich über die Vorgänge der Prakṛti bewußt ist.

Betrachten wir zunächst die Prakṛti, die materielle Natur, innerhalb der die drei Erscheinungsweisen (*Guṇas*) wirksam sind. Aus dem Schoße der Prakṛti wird alles Seiende geboren, und zwar nicht nur die physikalisch-grobstofflichen Elemente und Sinnesobjekte, sondern auch die feinstofflichen Tätigkeiten des Geistes und der Intelligenz, also die Fähigkeiten zu denken, zu fühlen, zu wollen und zu handeln. Insgesamt beschreibt die Sāṅkhya-Philosophie 24 Wesenheiten (Elemente), aus welchen die materielle Welt aufgebaut ist und die alle aus der Prakṛti hervorgehen. (Einige dieser Elemente haben wir bereits in Kapitel 2 aufgezählt, wo wir uns auf die *Bhagavad-gītā* 7.4-5 bezogen.) Diese 24 Elemente sind:

1. Das *Mahat-tattva*, die Grundlage aller kosmischen Elemente.
2. Das falsche Ego *(Ahaṅkāra)*, das die Lebewesen in der materiellen Welt in der körperlichen Lebensauffassung behält, so daß sie sich fälschlicherweise mit ihrem jeweiligen Körper identifizieren und völlig an ihn angehaftet sind.
3. Die Intelligenz *(Buddhiḥ)*, die zwei Hauptfunktionen hat, nämlich erstens die Beschaffenheit von Gegenständen, die ins Blickfeld kommen, festzustellen (Unterscheidungsvermögen), und zweitens den Sinnen zu helfen, Entscheidungen zu fällen.

4. Der Verstand oder Geist *(Manaḥ)*, der das Zentrum der Sinnestätigkeiten bildet und die Funktion hat, durch Gedanken und Überlegungen Wünsche entstehen zu lassen, welche die Sinnenbefriedigung fördern. Dabei bedient er sich ausschließlich des einfachen Prinzips der Annahme und der Ablehnung *(Saṅkalpa/Vikalpa)*. Zudem ist der Geist ein riesiges Archiv von sämtlichen Erfahrungen, die in der Vergangenheit gemacht wurden und im Gedächtnis oder im Unterbewußtsein gespeichert sind.

Neben diesen vier feinstofflichen Elementen zählt das Sāṅkhya-System vier weitere Kategorien auf, welche jeweils aus fünf Elementen bestehen:

Die **5 Sinnesobjekte** (*Mātrās*):

5. Klang, allg. das Hören *(Śabda)*
6. Berührung, allg. das Fühlen *(Sparśa)*
7. Form, Farbe, allg. das Sehen *(Rūpa)*
8. Geschmack, allg. das Schmecken *(Rasa)*
9. Geruch, allg. das Riechen *(Gandha)*

Die **5 grobstofflichen Elemente** *(Bhūtas)*:

10. Äther *(Kham)*
11. Luft *(Vāyu)*
12. Feuer *(Anala)*
13. Wasser *(Āpa)*
14. Erde *(bhūmi)*

Die **5 wissenserwerbenden Sinne** *(Jñānendriyas)* mit dem jeweiligen Organ:

15. Gehörsinn/Ohr *(Śrotra)*
16. Tastsinn/Haut *(Tvak)*
17. Gesichtssinn/Auge *(Cakṣu)*
18. Geschmackssinn/Zunge *(Jihvā)*
19. Geruchssinn/Nase *(Ghrāṇa)*

Die **5 handelnden Arbeitssinne** *(Karmendriyas)*:

20. Sprachorgan: Kehlkopf, Stimme *(Vāk)*
21. Greiforgan: Hände, allg. Arme *(Kara)*
22. Fortbewegungsorgan: Füße, allg. Beine *(Carana)*
23. Fortpflanzungsorgan: Genitalien *(Meḍhra)*
24. Ausscheidungsorgan: Anus *(Pāyu)*

Neben oder besser über diesen 24 Elementen der Prakṛti jedoch steht Puruṣa, das aktive Bewußtseinsprinzip, das diese Elemente wahrnimmt, sie beseelt und belebt und das sich zweifach gliedern läßt: • 1. Die individuelle spirituelle Seele (Ātmā) als Teil und • 2. die Überseele, d.h. Gott (Paramātmā), als Ganzes.

Die Sāṅkhya-Schule stellt also eine Weiterentwicklung der bisher genannten Systeme der vedischen Philosophie dar, da hier erstmals Materie und spirituelle Existenz als zwei grundlegend voneinander verschiedene, duale Aspekte der Realität beschrieben werden. Damit unterscheidet sich die in ihrem Kern eindeutig theistische Sāṅkhya-Philosophie entscheidend sowohl vom Buddhismus als auch von den atheistischen Māyāvāda-Theorien des Einsseins.

Auch in der *Bhagavad-gītā* verwendet Kṛṣṇa an manchen Stellen die Prinzipien der Sāṅkhya-Philosophie, insbesondere im zweiten Kapitel (Verse 10-30), wo mit dem Begriff *Sāṅkhya* jenes Wissen bezeichnet wird, das die Seele und den materiellen Körper von verschiedenen Gesichtspunkten aus beschreibt (Bg. 2.39).

Das Yoga-System

Nachdem in der Sāṅkhya-Philosophie mit Hilfe der Methode des *Neti-neti* (wörtlich: «nicht dieses, nicht jenes») erkannt wurde, daß es über den 24 materiellen *Objekten* (Elementen) der Prakṛti auch *Subjekte* (Ātmā und Paramātmā) gibt, wird nun im Yoga-System (wörtlich: «Verbindung») untersucht, worin die Verbindung, das heißt die ursprüngliche Beziehung zwischen diesen beiden Subjekten, die gegenwärtig voneinander getrennt sind, besteht und wie sie wiederhergestellt werden kann. Damit bildet das Yoga-System den Abschluß des Jñāna-kāṇḍa-Teils der Veden. Im Yoga wird erkannt, daß die Ursache des Getrenntseins der individuellen Seele von Gott in der Tatsache liegt, daß die Seele verunreinigt und bedeckt ist. Folglich ergibt sich die unumgängliche Notwendigkeit, daß sich die bedingte Seele von dieser Bedeckung befreit, das heißt sich reinigt. Dieser Reinigungsvorgang bildet den Beginn des Yoga-Pfades.

Der Sanskritbegriff «Yoga» ist in den vergangenen Jahrzehnten auch in der westlichen Welt populär geworden, doch leider wird er hier beinahe ausnahmslos entweder aus Unwissenheit mißverstanden und falsch verwendet oder aber absichtlich mißbraucht. Yoga hat in seiner ursprünglichen Form nichts damit zu tun, daß wir versuchen, durch verschiedene Übungen unseren grobstofflichen Körper «fit», «gesund» und «leistungsfähig» zu halten, um dadurch erfolgreicher materialistischen Tätigkeiten nachgehen zu können, wie dies von der überwiegenden Mehrheit der modernen «Yogīs» verkündet wird. Wirklicher Yoga hat genau das Entgegengesetzte zum Ziel, nämlich eine Reinigung und Erhebung des Bewußtseins und, damit verbunden, eine allmähliche Loslösung von der Anhaftung an den materiellen Körper und an die äußerlichen, materialistischen Vorstellungen und Lebensziele.

Diese Loslösung, die die Grundvoraussetzung zur Befreiung darstellt, wird erlangt, indem sich der Yogī auf seiner Suche nach Selbstverwirklichung und Wahrheit an einen abgeschiedenen Ort zurückzieht, meistens in die einsamen

Berghöhlen des Himalaya. Dort übt er sich durch asketisches Leben und durch strenge Atem- und Sitztechniken darin, sich immer mehr von der Außenwelt zurückzuziehen und seinen Blick nach Innen zu richten, wo er letztlich die Überseele (*Paramātmā*) in seinem Herzen wahrnehmen kann.

Śrīla Prabhupāda schreibt in diesem Zusammenhang in einer Erläuterung zur *Bhagavad-gītā*:

> Heutzutage gibt es viele sogenannte Yogīs und viele sogenannte Yoga-Gesellschaften, doch in bezug auf Selbstverwirklichung sind sie eigentlich blind. Sie sind nur an irgendwelchen gymnastischen Übungen interessiert und sind zufrieden, wenn ihr Körper gut gebaut und gesund ist. Weiter reicht ihr Wissen nicht...
>
> Obwohl sie sich bemühen, in einem sogenannten Yoga-System Fortschritt zu machen, sind sie nicht selbstverwirklicht. Solche Menschen können den Vorgang der Seelenwanderung nicht verstehen. Nur diejenigen, die tatsächlich im Yoga-System verankert sind und das Selbst, die Welt und den Höchsten Herrn verstanden haben, können diesen Vorgang richtig verstehen. (Bg. 15.11, Erläuterung)

Der ursprüngliche vedische Vorgang des Yoga, der von dem Philosophen *Patañjali* in seinen berühmten «Yoga-sūtras» dargelegt wurde, ist in acht Teile gegliedert, weshalb man ihn auch als *Aṣṭāṅga-yoga* («der achtgliedrige Pfad») bezeichnet. Dieser Yoga wird auch von Kṛṣṇa in der *Bhagavad-gītā* beschrieben (im Sechsten Kapitel, wo er «Dhyāna-yoga», Meditation, genannt wird, Verse 11-32). Wir wollen in der Folge kurz die acht Stufen dieses Pātañjala-yoga betrachten.

- 1. Stufe: **Yama** (fünf Verbote): 1. Gewaltlosigkeit, 2. Nichtlügen, Wahrhaftigkeit, 3. Nichtstehlen, 4. Beherrschung der Sinne, insbesondere durch Zölibat (Verzicht auf sexuelle Betätigung) und 5. Besitzlosigkeit.

- 2. Stufe: **Niyama** (fünf Gebote): 1. Sauberkeit, 2. Zufriedenheit, 3. Entsagung, 4. Studium der Schriften und 5. Hingabe zu Gott.

Diese beiden ersten Stufen des Yoga, die im Sanskrit auch *Sādhana* genannt werden, dienen in erster Linie der äußeren und inneren Reinigung, so daß der Yogī in seiner körperlichen Hygiene und in seiner Kleidung und auch in bezug auf sein Verhalten und seine persönlichen Charaktereigenschaften rein ist. Durch Sādhana soll der Yogī also die Kunst der Beherrschung seines Geistes und seiner Sinne meistern lernen.

Das Prinzip der Gewaltlosigkeit zum Beispiel schließt als zwingenden Faktor die vegetarische (also gewaltlose) Ernährungsweise mit ein, ebenso wie das Prinzip der Sauberkeit den Verzicht auf jegliche unreine und schädliche Substanzen (z.B. Berauschungsmittel) voraussetzt. Jeder, der von sich behauptet, Yoga zu praktizieren, sich aber noch immer von Fleisch oder Fisch ernährt, Alkohol trinkt oder Zigaretten raucht oder einem ausschweifenden Sexualleben frönt, muß daher auf der Grundlage des wahren Yoga-Systems als Heuchler betrachtet werden, und seine Anstrengungen im Yoga werden keine Früchte tragen.

Die nächsten Stufen sind:

- 3. Stufe: **Āsana** (Sitzstellungen), wobei zwischen kurativen (heilenden) und meditativen Stellungen unterschieden wird. Die Āsana-Stufe dient dazu zu lernen, wie man seinen grobstofflichen materiellen Körper beherrscht und richtig verwendet, um ein spirituelles Ziel zu erreichen.

- 4. Stufe: **Prāṇāyāma** (Atemtechniken). Das Yoga-System lehrt, daß aufgrund der Unausgeglichenheit der Lebensluft im Körper (Prāṇa) materielle Agitation hervorgerufen wird (gekennzeichnet durch schnelles, unkontrolliertes Atmen), woraus ihrerseits Anhaftung an Materie entsteht. Im Prāṇāyāma nun lernt der Yogī, den Atemvorgang umzukehren und die Zeitspanne zwischen dem Ein- und Ausatmen immer mehr zu verlängern, so daß die Lebensluft möglichst lange im Körper erhalten wird. Dadurch findet er vollkommenes Gleichgewicht und Frieden im Innern.

Diese anfänglichen vier Stufen des Aṣṭāṅga-yoga (striktes Befolgen von regulierenden Prinzipien und Ausführen körperlicher Übungen) werden zusammen auch als *Haṭha-yoga* bezeichnet. Sie führen letztlich zu vollkommener geistiger Ausgeglichenheit, die jedoch keinen Selbstzweck besitzt, sondern dazu dient, daß man seine Sinne beherrschen kann. Dies ist die unbedingte Grundlage für den weiteren Fortschritt im Yoga.

- 5. Stufe: **Pratyāhāra** heißt wörtlich «das Zurückziehen der Sinne» und bedeutet, daß der Yogī allmählich seine Sinnestätigkeit von den Sinnesobjekten (wie Klang, Berührung, Form, Geschmack und Geruch) löst und sie nach innen zurückzieht, so daß er seine äußere Umgebung nicht mehr wahrnimmt. Obschon er die Augen nicht ganz geschlossen hat, sieht er die Geschehnisse in seiner Nähe nicht, und ebenso nimmt er die Klänge um ihn herum nicht wahr. (Eine ähnliche Erfahrung können wir selbst in unserem Alltag zuweilen machen: Wenn wir uns stark auf etwas konzentrieren und in irgendeine Sache vertieft sind, nehmen wir oft die Geräusche um uns nicht wahr, obschon sie hörbar sind.)
  In der *Bhagavad-gītā* wird dieser Zustand wie folgt beschrieben: «Indem der Yogī, der nach Befreiung strebt, alle äußeren Sinnesobjekte ausschließt, die Augen und den Blick zwischen die beiden Augenbrauen richtet, den ein- und ausströmenden Atem in den Nasenöffnungen zum Stillstand bringt und so Geist, Sinne und Intelligenz beherrscht, wird er von Begierden, Angst und Zorn frei.» (Bg. 5.27-28)

• 6. Stufe: **Dhāraṇā** bedeutet «Konzentration» und stellt die Vollkommenheit des Pratyāhāra dar, wenn der Yogī imstande ist, sich völlig in sein Inneres zu versenken.

• 7. Stufe: **Dhyāna** (Tiefenmeditation). Wahre Meditation beginnt nach Patañjali erst, nachdem der Yogī sämtliche Vorstufen des Haṭha-yoga gemeistert und die Vollkommenheit des Pratyāhāra erlangt hat. Sie hat somit – ähnlich wie im Falle des Begriffs Yoga – nicht das geringste mit den oberflächlichen Praktiken zu tun, die heutzutage im Westen im Namen von «Meditation» angeboten werden und bei denen man täglich für zwanzig oder dreißig Minuten oder auch für ein, zwei Stunden «meditiert», nur um kurz «abzuschalten» oder sich zu «entspannen».

• 8. Stufe: **Samādhi** (Trance) ist die achte und letzte Stufe des Aṣṭāṅga-yoga, und erst auf dieser Stufe kann der Yogī beginnen, seine eigentliche spirituelle Identität sowie auch die Existenz Gottes in seinem Herzen wahrzunehmen. Auf allen anderen Stufen bis hin zur Meditation gilt der Yoga-Vorgang als rein intellektuelle, also noch materielle Tätigkeit (Jñāna-kāṇḍa).
Samādhi wird in der *Bhagavad-gītā* wie folgt beschrieben: «Auf der Stufe der Vollkommenheit (Trance) ist der Geist durch das Praktizieren von Yoga vollständig von allen materiellen mentalen Tätigkeiten gelöst. Diese Vollkommenheit ist dadurch charakterisiert, daß man die Fähigkeit hat, durch den reinen Geist das Selbst zu sehen und im eigenen Selbst Freude und Zufriedenheit zu genießen. In diesem freudvollen Zustand erfährt man grenzenloses transzendentales Glück, das durch transzendentale Sinne wahrgenommen wird. So verankert, weicht man niemals von der Wahrheit ab, und wenn man diese Stufe erreicht hat, ist man überzeugt, daß es keinen größeren Gewinn gibt. In einer solchen Stellung gerät man niemals, nicht einmal inmitten der größten Schwierigkeiten, ins Wanken. Dies ist in der Tat wirkliche Freiheit von allen Leiden, die aus der Berührung mit der Materie entstehen.» (Bg. 6.20-23)

Aus dieser Beschreibung des Yoga-Systems wird offensichtlich, daß dieser Pfad für unser gegenwärtiges Zeitalter viel zu anspruchsvoll und daher nicht durchführbar ist. Zum gleichen Schluß kommt auch Arjuna in der *Bhagavad-gītā*. Nachdem er die Beschreibung des Dhyāna-yoga gehört hat, sagt er zu Kṛṣṇa:

> Das Yoga-System, das Du zusammengefaßt hast, erscheint mir undurchführbar und unerträglich, denn der Geist ist ruhelos, unstet, stürmisch, widerspenstig und sehr stark; ihn zu bezwingen erscheint mir schwieriger, als den Wind zu beherrschen. (Bg. 6.33-34)

Nicht nur, daß der Pfad des echten Yoga höchst mühsam und anspruchsvoll ist, die *Bhagavad-gītā* erklärt darüber hinaus, daß ein Yogī, der aus irgendwelchen Gründen nicht imstande ist, diesen schwierigen und gefahrvollen Pfad bis hin zur Samādhi-Stufe erfolgreich zu Ende zu gehen, *keine* Befreiung erlangen kann. Schlußfolgernd rät Kṛṣṇa in der *Bhagavad-gītā* davon ab, dem Aṣṭāṅga-yoga-System zu folgen, und bietet einen sowohl einfacheren als auch wirkungsvolleren Vorgang an: *Bhakti-yoga*, den Yoga der Liebe und des hingebungsvollen Dienstes zu Gott.

> Von allen Yogīs ist derjenige, der großen Glauben besitzt und immer in Mir weilt, immer an Mich denkt und Mir transzendentalen liebevollen Dienst darbringt, am engsten mit Mir in Yoga vereint, und er ist der höchste von allen. (Bg. 6.47)

Wie wir gesehen haben, bildet der Pātañjala-yoga, das fünfte System der klassischen indischen Philosophie, den Abschluß des Jñāna-kāṇḍa-Teils der Veden und gipfelt schließlich darin, daß der Yogī sich bewußt wird, daß er eine winzige spirituelle Seele (Ātmā) ist und als solche ein Teil Gottes, der höchsten Seele (Paramātmā), den er im Innern seines Herzens wahrnehmen kann. Nach dieser spirituellen Erkenntnis entwickelt er ein Gefühl des Hingezogenseins und der Hingabe zum Herrn, und dies ist der Beginn des Bhakti-yoga, der obersten Sprosse der Yoga-Leiter.

Dieser Vorgang des Bhakti-yoga, den wir in der Folge abschließend darlegen, gehört bereits in die Vedānta-Schule, die sechste und höchste Schule der indischen Philosophie.

Das Vedānta-System

Die Vedānta-Schule, die von dem großen Weisen *Śrīla Vyāsadeva* begründet wurde und vor allem in den *Upaniṣaden*, in den *Purāṇas*, im *Vedānta-sūtra* sowie auch in der *Bhagavad-gītā* dargelegt wird, stellt die Vollkommenheit des Wissens und die Konsequenz aller anderen bisher beschriebenen fünf Systeme der indischen Philosophie dar (das Sanskritwort *veda-anta* heißt wie erwähnt wörtlich «das Ende, die Schlußfolgerung aller Veden»).

Die Vedānta-Philosophie setzt an dem Punkt an, an dem das Yoga-System endet, nämlich bei dem Verständnis, daß jede individuelle Seele ein ewiger Teil der höchsten Seele, Gottes, ist. Die Schlußfolgerung des Vedānta bildet dann das Verständnis, daß die wesensgemäße Stellung der individuellen Seele als Teil und daher als Diener Gottes darin besteht, dieser höchsten Person praktischen hingebungsvollen Dienst darzubringen. Solches selbstloses Handeln im Dienste Gottes wird *Akarma* genannt – Handeln, das keine karmischen Reaktionen nach sich zieht und einen befähigt, aus dem Kreislauf der Geburten und Tode befreit zu werden.

Der verkürzte Befreiungsweg: Akarma

Wie eingangs erwähnt, ist es nicht erforderlich, daß der nach Befreiung Strebende sämtliche fünf vorbereitenden Systeme der philosophischen Stufenleiter im einzelnen durchläuft. Vielmehr kann er diesen allmählichen Befreiungsweg aus der Illusion Māyās auch «abkürzen» und sich direkt dem Verständnis des Vedānta zuwenden. Ja, dieses Vorgehen wird von den vedischen Schriften, in Anbetracht der schwierigen Durchführbarkeit der anderen Systeme, für das gegenwärtige Zeitalter sogar dringend empfohlen. Einzig – und dies ist wichtig – die im Yoga beschriebenen regulierenden Prinzipien des Yama und Niyama (Sādhana), welche die Grundlage und die Ausgangsbasis für jede Bemühung um spirituelle Erhebung bilden, sollten auf keinen Fall aufgegeben werden.

Der «verkürzte» Befreiungsweg aus dem Kreislauf von Karma und Wiedergeburt beginnt also zunächst damit, daß wir in unserem Denken und in unserem Verhalten rein werden, daß wir es lernen, unsere Sinne und unseren Geist zu beherrschen. Die anderen Stufen des Aṣṭāṅga-yoga – also beispielsweise die Sitzstellungen, die Atemtechniken oder die stille Meditation – sind zwar nicht ausgeschlossen und haben in gewissen Fällen auch ihre Berechtigung und ihren Nutzen, sie sind aber für diesen Pfad nicht unbedingt erforderlich. Denn wie wir gesehen haben, gipfelt der Yoga-Pfad schließlich darin, daß der Yogī sich über seine eigene Identität als individuelle spirituelle Seele (Ātmā) bewußt wird. Hand in Hand mit dieser Verwirklichung erkennt der erfolgreiche Yogī dann auch die Existenz der höchsten Seele (Paramātmā), Gottes, sowie seine individuelle Beziehung zur Ihm. Jetzt erst kann er beginnen, entsprechend dieser Erkenntnis zu handeln.

Genau hier liegt das Geheimnis des verkürzten Befreiungsweges: Wir können uns auch direkt, ohne den mühsamen Umweg über die komplizierten Vorgänge des Sāṅkhya- und des Yoga-Pfades, darüber bewußt werden, daß wir eine ewige spirituelle Seele und als solche ein Teil Gottes sind. Kṛṣṇa versichert in der *Bhagavad-gītā* sogar, daß jemand, der sich auf diese Weise direkt Gott zuwendet, die Ziele aller anderen Pfade ebenfalls erreicht:

> Jemand, der sich dem Pfad des hingebungsvollen Dienstes zuwendet, ist nicht der Ergebnisse beraubt, die man erhält, wenn man die Veden studiert, Opfer darbringt, sich strenge Entsagung auferlegt, Spenden gibt oder philosophischen und fruchtbringenden Tätigkeiten [Jñāna-kāṇḍa und Karma-kāṇḍa] nachgeht. Einfach dadurch, daß er hingebungsvollen Dienst ausführt, erreicht er dies alles, und am Ende gelangt er in das höchste, ewige Reich. (Bg. 8.28)

Die Kunst des Handelns

Wie bereits in *Kapitel 3* dargelegt, ist jedes Lebewesen innerhalb der materiellen Welt gezwungen, irgendwie zu handeln und tätig zu sein, nur schon um zu überleben und seinen physischen Körper zu erhalten (Bg. 3.8). Selbst wenn wir versuchen, körperlich untätig zu sein, sind wir dennoch zumindest in Gedanken tätig. Und sobald wir auf irgendeine Weise tätig sind, befinden wir uns unter den bindenden Einflüssen der Karma-Gesetze. Wie stark unsere Verstrickung in diese Netze des Karma tatsächlich ist, zeigt sich vor allem dann, wenn wir versuchen, uns davon zu befreien. Wir haben in diesem Zusammenhang die folgenden Verse aus der *Bhagavad-gītā* angeführt:

> Selbst die Intelligenten sind verwirrt, wenn sie bestimmen sollen, was Handeln und was Nichthandeln ist. Ich werde dir jetzt erklären, was Handeln ist, und wenn du dies weißt, wirst du von allem Unglück befreit sein.
>
> Die Kompliziertheit des Handelns ist sehr schwer zu verstehen. Deshalb sollte man genau wissen, was Handeln (Karma), was verbotenes Handeln (Vikarma) und was Nichthandeln (Akarma) ist. Wer Nichthandeln in Handeln und Handeln in Nichthandeln sieht, ist intelligent unter den Menschen, und er befindet sich auf der transzendentalen Ebene, obwohl er den unterschiedlichsten Tätigkeiten nachgeht. (Bg 4.16-18)

Um es noch einmal zusammenzufassen: Es gibt grundsätzlich drei Arten von Handlungen, denen wir nachgehen können. Von diesen drei sind die beiden ersten – *Karma* (frommes Handeln im Einklang mit den Naturgesetzen) und *Vikarma* (sündhaftes Handeln gegen die Naturgesetze) – als materiell und daher als *verstrickend* zu bezeichnen, da die aus ihnen resultierenden karmischen Reaktionen – Erhebung und materielles Glück bzw. Erniedrigung und Leid – uns an den Kreislauf der Wiedergeburt fesseln. Wir sind also einerseits in unserem gegenwärtigen Leben gezwungen, die materiell genußreichen und leidvollen Reaktionen auf die Karma- und Vikarma-Handlungen unserer früheren Existenzen zu ernten, und andererseits bestimmen wir durch die karmischen Tätigkeiten, denen wir jetzt aufgrund unseres freien Willens nachgehen, die zukünftigen Reaktionen für unsere kommenden Inkarnationen.

Soweit haben wir das Thema in Kapitel 3 bereits besprochen. Die jetzt neue Überlegung lautet: Wenn wir *keine* zukünftige Inkarnation mehr anstreben, wenn wir also aus dem Kreislauf der Geburten und Tode befreit werden wollen, dann dürfen wir folglich weder Vikarma-Handlungen noch Karma-Handlungen ausführen, denn beide zwingen uns, wiedergeboren zu werden, um die entsprechenden Reaktionen zu ernten. Da wir jedoch, wie gezeigt, nicht vollständig aufhören können zu handeln, muß es zwingendermaßen noch eine dritte Möglichkeit geben, eine dritte Art des Handelns, die uns befreien kann. Diese wird in der *Bhagavad-gītā* als *Akarma* beschrieben, als transzendentales Handeln, das außerhalb der karmischen Naturgesetze liegt und somit als eigentliches «Nichthandeln» gilt. Dieses transzendentale Akarma-Handeln zieht keinerlei Reaktionen nach sich, weder gute noch schlechte, und führt somit zur Befreiung aus dem Kreislauf der Geburten und Tode.

Sowohl die einzelnen Religionssysteme als auch das Konzept von «Religion» an sich sind heute vielerorts verpönt, gerade weil sie über das Fordern von frommen Handlungen (Karma) und frommen Eigenschaften (Mildtätigkeit, Opferbereitschaft, Ehrlichkeit, Nächstenliebe usw.) nicht hinauskommen und sich dabei dogmatisch an ihre jeweiligen Schriften klammern. Die vedische Analyse der verschiedenen Möglichkeiten menschlicher Handlungsweise wirft jedoch ein neues Licht auf solche «religiösen» Gebote und Verbote, indem sie zugesteht, daß all dies zwar frommes und empfohlenes Handeln ist, aber auch aufzeigt, daß frommes Handeln allein nicht genügt, um sich wirklich von den Fesseln des Karma zu befreien.

Kritik an dieser Art religiösen Handelns wird laut, weil die Menschen sehen und schon immer gesehen haben, daß trotz aller Frömmigkeit nach wie vor das Leid und die unzähligen Probleme und Krisen, ja Kriege nicht zu verhindern zu sein scheinen und daß die Menschheit doch immer wieder mit dem gleichen Paradoxon konfrontiert wird: *Wenn niemand das Schlechte will, warum geschieht es trotzdem?* Enttäuscht zogen es viele Menschen nach dieser Erkenntnis vor, statt der dogmatischen Religion ihrem eigenen Unterscheidungsvermögen und Gewissen zu vertrauen, da «man selbst ja am besten weiß, was gut für einen ist». Doch auch dieser pseudo-liberale Lösungsversuch hat sich als Fehlschlag erwiesen.

Wie wir bereits im Zusammenhang mit der Nyāya-Philosophie erwähnt haben, ist es die inhärente Natur der Natur, daß Alter, Krankheit und Tod allen karmischen Bestrebungen ein leidvolles Ende bereiten. Als Individuum wie auch in Zusammenarbeit mit anderen sind wir zwar ständig bestrebt, unseren Genuß zu vermehren und unser Leid und unsere Probleme zu vermeiden, aber die Lösungen, die uns vorgeschlagen werden, schaffen doch immer wieder neue Probleme – Probleme, die meist noch größer sind als diejenigen, die wir ursprünglich lösen wollten. Dies ist die komplizierte Wirkungsweise des Karma.

Würde es nur das Karma-Gesetz und als Bestmögliches nur fromme Karma-Handlungen geben, so gäbe es daher keinen Ausweg aus dem unendlichen Kreislauf der wiederholten Geburten und Tode, denn niemand ist imstande, auch nur einen Augenblick nicht zu handeln, und jede von uns getätigte Handlung zieht unweigerlich eine gute oder eine schlechte Reaktion nach sich, die zu genießen oder zu erleiden wir gezwungen sind. Und selbst wenn wir erkannt haben, daß es das Ziel unseres Lebens darstellt, uns allmählich zu läutern und zu erheben, so daß wir nicht wiedergeboren werden müssen, scheint diese Aufgabe dennoch äußerst schwierig, ja unlösbar zu sein.

Denn wie wenig wir doch in einem Leben erreichen und erkennen! Selbst berühmte und erfolgreiche Persönlichkeiten müssen am Ende ihres Lebens immer wieder eingestehen, wie wenig sie verwirklicht haben von dem, was sie sich vorgenommen hatten. Der Grund dafür liegt darin, daß uns das Karma nur ein ganz bestimmtes, begrenztes Maß an Glück und Leid und auch an Erfolg erlaubt. Und der Tod durchkreuzt in jedem Fall alle unsere Pläne und macht einen Schlußstrich unter alle Vorhaben, seien diese nun positiv oder negativ.

Wunschlosigkeit

Wenn wir uns also vergegenwärtigen, daß letzten Endes alles Karma vollständig abgetragen werden muß, bevor wir die materielle Welt verlassen können, und daß wir beim Tod jeden unerfüllten Wunsch und jedes unerfüllte Vorhaben ins nächste Leben mitnehmen, scheint es einleuchtend, daß es unser Ziel werden muß, *gar keine materiellen Wünsche* und gar keine Vorhaben in der materiellen Welt mehr zu haben.

In diesem Zusammenhang möchten wir noch einmal ein Gedicht von *Hermann Hesse* anführen, das diesen essentiellen Punkt veranschaulicht. Er hat es «Glück» benannt:

> Solang du nach dem Glücke jagst,
> Bist du nicht reif zum Glücklichsein,
> Und wäre alles Liebste dein.
>
> Solang du um Verlornes klagst
> Und Ziele hast und rastlos bist,
> Weißt du noch nicht, was Friede ist.
>
> Erst wenn du jedem Wunsch entsagst,
> Nicht Ziel mehr noch Begehren kennst,
> Das Glück nicht mehr mit Namen nennst,
>
> Dann reicht dir des Geschehens Flut
> Nicht mehr ans Herz, und deine Seele ruht.

In der Tat ist es dies, wozu sämtliche Veden raten: Nur wer jedem materiellen Wunsch entsagt (auch dem Wunsch nach materieller Frömmigkeit), nur wer keine materiellen Begehren, keine materiellen Pläne und Vorhaben mehr kennt, findet wahres Glück, wahren Frieden, wahre Ruhe, und nur er muß folglich auch nicht mehr wiedergeboren werden. Die *Bhagavad-gītā* sagt hierzu in den folgenden Versen:

> Nur wer durch die unaufhörliche Flut von Wünschen nicht gestört ist – die wie Flüsse in den Ozean münden, der ständig gefüllt wird, doch immer ausgeglichen bleibt –, kann Frieden erlangen, und nicht derjenige, der danach trachtet, solche Wünsche zu befriedigen.
>
> Jemand, der alle Wünsche nach Sinnenbefriedigung aufgegeben hat, der frei von Wünschen ist, der allen Anspruch auf Besitz aufgegeben hat und frei von falschem Ego ist – er allein kann wirklichen Frieden erlangen. (Bg 2.70-71)

Dann aber erklärt Kṛṣṇa konkret, daß das «Ruhen der Seele» nichts anderes bedeutet, als daß die Seele in die spirituelle Welt, in das Königreich Gottes, zurückkehrt:

> Das ist der Weg des spirituellen und gottgefälligen Lebens. Nachdem man es erreicht hat, ist man nicht mehr verwirrt. Ist man selbst zur Stunde des Todes in diesem Bewußtsein verankert, kann man in das Königreich Gottes eintreten. (Bg 2.72)

Doch ist es nicht ein allzu schwieriges Unterfangen, von sämtlichen materiellen Anhaftungen und Abneigungen frei zu werden? Wie ist es in der Praxis anzustellen? – Die Antwort der *Bhagavad-gītā*: Durch Akarma-Handlungen im Dienste Gottes. Diese sind von grundsätzlich anderer Natur als fromme religiöse Handlungen, da sie jenseits von menschengeschaffenen Begriffen wie «gut» und «schlecht» stehen. Hier wird vorausgesetzt, daß der Handelnde seine eigentliche spirituelle Identität bereits verstanden und die fälschliche Identifikation mit materiellen Designationen überwunden hat:

> Wer die Wahrheit kennt, befaßt sich nicht mit den Sinnen und mit körperlicher Sinnenbefriedigung, da er sehr wohl die Unterschiede zwischen Arbeit in Hingabe (Akarma) und Arbeit um materieller Ergebnisse willen (Karma) kennt. (Bg. 3.28)

Der hier angesprochene Unterschied besteht darin, daß der eine (der *Karmī*) gemäß seinen eigenen unvollkommenen Maßstäben von «gut» und «schlecht» urteilt und handelt und daher von den Gesetzen des Karma persönlich für seine Entscheidungen zur Verantwortung gezogen wird, wohingegen der andere (der *Akarmī*) verstanden hat, daß der Schöpfung bereits ein definierter Sinn und Zweck innewohnt, und einfach dementsprechend handelt, das heißt, diesem höchsten Interesse dient. So wie jemand, der im Auftrag eines Höhergestellten handelt, nicht persönlich für das Resultat verantwortlich zu machen ist (vorausgesetzt natürlich, er handelt genau gemäß dessen Auftrag), so ist auch jemand, der Akarma-Tätigkeiten ausführt, nicht persönlich für die Reaktionen verantwortlich, denn er erhebt keinen Anspruch auf die Früchte seiner Tätigkeiten. Kṛṣṇa sagt:

> Du hast das Recht, deine vorgeschriebene Pflicht zu erfüllen, aber du hast keinen Anspruch auf die Früchte des Handelns. Halte dich nie für die Ursache der Ergebnisse deiner Tätigkeiten, und hafte niemals daran, deine Pflicht nicht zu erfüllen. (Bg. 2.47)

Diese vielleicht überraschende Formulierung definiert die wahre Natur von Akarma-Tätigkeiten. Hier setzt das Prinzip der wirklichen Selbstlosigkeit ein, für deren Verkündung die *Bhagavad-gītā* in der gesamten Weltliteratur berühmt ist. Wirkliche Selbstlosigkeit ist Selbstlosigkeit in Beziehung zum Höchsten, das heißt das Aufgeben getrennter, selbstgeschaffener Pflichten und das bedingungslose Annehmen und Ausführen der Wünsche Gottes.

Damit wir uns aber auf diese Weise bedingungslos der Persönlichkeit Gottes hingeben können, ist es erforderlich, daß wir Ihn näher kennenlernen, denn wie können wir uns jemandem hingeben und Ihm dienen, ohne Ihn zu kennen?

Die Höchste Persönlichkeit Gottes, Śrī Kṛṣṇa

Obwohl Gott in Seiner ganzen Fülle absolut und unbegrenzt, unfaßbar und unbeschreiblich ist, vermitteln uns die direkt oder indirekt von Ihm Selbst offenbarten vedischen Texte doch verläßliche Informationen über Sein persönliches Wesen, über Seine persönlichen Namen sowie über unsere persönliche Beziehung zu Ihm.

Gott ist eine Person.
Die Veden definieren Gott wie folgt: Er ist die höchste, allmächtige, unbegrenzte Person, die Absolute Wahrheit, die Ursache aller Ursachen, die selbst keine Ursache hat. Die Gesamtheit allen Daseins wird von Ihm geschaffen, erhalten und letztlich wieder vernichtet. Unter allen lebenden und bewußten Wesen ist Er das *eine* höchste bewußte Wesen, von dem alle anderen ausgegangen sind und von dem alle abhängig sind. Er besitzt unbegrenzte Energien, die sich grundsätzlich dreifach unterteilen lassen: 1. Die höhere, spirituelle Energie, 2. die niedere, materielle Energie und 3. dazwischen die mittlere Energie, die spirituellen Seelen (Ātmās).

Das materielle Universum, in dem wir leben, ist eine Schöpfung Seiner niederen Energie (Māyā), und Er Selbst ist in Form sowohl Seiner Energie als auch Seiner persönlichen Erweiterung als Überseele innerhalb der materiellen Schöpfung immanent gegenwärtig und Sich ihrer bewußt, weshalb Er in der Lage ist, alle Gesetze und Geschehnisse in der materiellen Welt zu ordnen und zu lenken. Gleichzeitig behält Er jedoch Seine transzendente Form und Stellung als höchste individuelle Person, als Energieursprung, bei und weilt unbeeinflußt und ewig in Seinem unveränderlichen und unvergänglichen Reich jenseits der materiellen Welt, in der spirituellen Welt, dem «Reich Gottes».

Gott hat Namen.
Da Gott also eine Person ist, ist es nur natürlich, daß Er auch persönliche Namen besitzt. Tatsächlich finden wir in jeder Religion der Welt solche Namen Gottes, und auch in den Veden werden buchstäblich Hunderte von Namen angegeben, die stets eine spezifische Seiner unbegrenzten Eigenschaften beschreiben. Der ursprüngliche und wichtigste unter all diesen Sanskritnamen ist *Kṛṣṇa* (sprich: Krischna), wörtlich «der Allanziehende», derjenige, zu dem jedes Lebewesen ewig eine individuelle Beziehung hat.

Wir werden in der Folge statt dem unspezifischen Begriff «Gott» diesen Seinen persönlichen Namen, Kṛṣṇa, verwenden, in dem Verständnis, daß damit nicht «irgendein Hindugott» gemeint ist, sondern der eine, einzige Gott, der Mittelpunkt und Ziel jeder authentischen Religion und der der Schöpfer *aller* Menschen ist. Gott ist nicht Hindu, nicht Christ, nicht Moslem und nicht Jude – Gott ist Gott, und Er wird es immer bleiben. Die Tatsache, daß Er in den verschiedenen offenbarten Religionen und Schriften mit unterschiedlichen Namen, wie Jahwe, Allah, Adonai usw., angesprochen und in unterschiedlicher Weise verehrt wird, zeugt nicht von Seiner Widersprüchlichkeit, sondern ist Beweis für Seine *unendliche Größe und Mannigfaltigkeit*.

Gott ist alles, doch nicht alles ist Gott.
Alles, was die Menschen sonst als «göttlich» betrachten – die Natur, das All, die individuelle Lebenskraft, die Seele, die alldurchdringende Energie, das «weiße Licht» (Brahman) sowie die Überseele im Herzen –, all dies sind nichts anderes als verschiedene untergeordnete Aspekte der Energien und Erweiterungen dieser Höchsten Person, Kṛṣṇa. Gott ist alles, doch nicht alles ist Gott – so lautet die letzte Schlußfolgerung der vedischen Theologie: die Philosophie des *Acintya-bhedābheda-tattva*, des gleichzeitigen Eins- und Verschiedenseins der Seele mit Gott.

Mit anderen Worten: Die spirituelle Seele (Ātmā) ist *qualitativ*, das heißt von ihren Eigenschaften her, eins mit Gott, doch *quantitativ* besteht ein ewiger Unterschied – während die spirituelle Seele winzig klein ist, ist Gott, ihr Ursprung, unendlich groß. Die Seele ist also nicht unabhängig oder allmächtig, denn sonst hätte sie nicht unter den Einfluß der materiellen Energie (Māyā) geraten können.

Das Beispiel, das uns die Veden in diesem Zusammenhang geben, ist das der Sonne und der Sonnenstrahlen: Als Energie und Energieursprung haben die Sonnenstrahlen die gleichen Eigenschaften wie der Sonnenplanet, nämlich Licht und Wärme, doch sind sie in ihrer Existenz von diesem abhängig, denn ohne Sonnenplanet kann es keine Sonnenstrahlen geben. Was aber das Ausmaß von Licht und Wärme betrifft, so sind sie mit ihrem Ursprung natürlich nicht zu vergleichen. Ebenso haben die spirituellen Seelen als Emanation Gottes die gleichen Eigenschaften wie Gott, nämlich Ewigkeit (Sat), Wissen (Cit) und Glückseligkeit (Ānanda).

Während jedoch Gott diese natürlichen Eigenschaften immer besitzt, können sie im Falle der bedingten Seele verdeckt werden, ebenso wie die Sonnenstrahlen durch Wolken für unsere Sicht verdeckt werden können und nur noch indirekt und trüb wahrzunehmen sind. Innerhalb der materiellen Welt sehnen sich die Lebewesen daher ständig nach ihren jetzt verdeckten ursprünglichen Eigenschaften; zum Beispiel stellt der natürliche Überlebenstrieb, d.h. der Wunsch, nicht sterben zu müssen, nur eine Reflexion des Ewigkeitsaspektes der Seele dar.

Anders betrachtet, lassen sich von der Energie auch Rückschlüsse auf den Energieursprung ziehen. Ebenso wie alle Eigenschaften des Photons im Sonnenstrahl auch in der Sonne zu finden sind, so sind auch alle Eigenschaften der individuellen Seelen in Gott zu finden. Wir sehen, daß alle Lebewesen die Charakteristika von Leben und Bewußtsein und von Intelligenz, Gefühlen und Wünschen, das heißt von individueller Persönlichkeit, aufweisen. Auch Gott muß folglich alle diese Eigenschaften besitzen, sonst könnten sie nicht in Seiner Schöpfung zu finden sein.

Gott ist der Vater, die Natur ist die Mutter.
Zudem läßt Sich die Persönlichkeit Gottes leicht im Kosmos erkennen, da alles Existierende, die Lebensformen, die Naturphänomene wie auch die dahinterliegenden Naturgesetze, von unbegrenzter Intelligenz und nicht von blindem, mechanischem, unpersönlichem Zufall zeugt. So erklärt Sich Kṛṣṇa Selbst in der *Bhagavad-gītā*:

> Man sollte verstehen, daß alle Lebensformen durch Geburt in der materiellen Natur ermöglicht werden und daß Ich der samengebende Vater bin. (Bg. 14.4)

Ohne den anfänglichen spirituellen Impuls, den «göttlichen Samen», kann Mutter Natur keine lebendigen Formen hervorbringen. Der Einfluß dieser höheren Energie läßt sich jedoch nicht mit materiellen, physikalischen Mitteln erforschen oder entdecken; deshalb überrascht es auch nicht, daß sie der modernen Naturwissenschaft unbekannt ist. Bedauernswert jedoch ist, daß aufgrund dieser Unzulänglichkeit seitens der wissenschaftlichen Methodik behauptet wird, es gebe an sich nichts anderes als Materie und alle Lebensformen seien nichts anderes als das Produkt zufälliger komplizierter Kombinationen materieller Elemente. Kein Experiment jedoch ist imstande zu zeigen, wie Materie allein Lebenssymptome entwickelt, denn dies ist schlicht und einfach nicht möglich.

Das Wort Materie stammt von der lateinischen Wurzel *mater* = Mutter; das entsprechende Sanskritwort deutet auf dieselbe Tatsache hin: *Prakṛti* wird meist mit «Energie, Materie» übersetzt, doch die ursprüngliche Bedeutung lautet «weiblich». Damit wird die offensichtliche Tatsache zum Ausdruck gebracht, daß die Mutter, die Materie, zur Erzeugung von Leben immer vom höchsten Vater abhängig ist.

Gott, der Vater, ist also eine Person. Dennoch ist Er, Kṛṣṇa, anders als die in der materiellen Welt verkörperten, begrenzten Personen. Er ist völlig unabhängig und besitzt höchsten freien Willen, und diese Eigenschaft wiederum spiegelt sich ursprünglich auch in Seinen Emanationen, den spirituellen Seelen, wider. Weil diese jedoch sehr klein sind und zur mittleren Energie gehören, besteht die Möglichkeit, daß sie ihre kleine Unabhängigkeit mißbrauchen.

Gottesferne durch Mißbrauch des freien Willens.
Dies erklärt auch, warum es Seelen gibt – zum Beispiel wir alle –, die sich aus freiem Willen entscheiden, sich von Gott und der spirituellen Welt abzuwenden und in der materiellen Welt zu leben, fern von ihrer ursprünglichen Heimat. Wie könnte man von freiem Willen reden, wenn wir nicht die Möglichkeit einer Wahl hätten?

Allerdings dürfen wir nicht den Fehler machen zu denken, es sei die «Schuld» Gottes, daß Er für uns die Möglichkeit schafft, in der materiellen Welt zu leben, wo wir auf der Wanderung durch verschiedenste Lebensformen Glück und Leid erfahren. Im Gegenteil, es ist gerade das Zeichen von *Gottes Allmacht*, daß Er Seinen Emanationen diese Freiheit zugesteht, eine Eigenschaft, die in Ihm Selbst in höchster Vollendung gegenwärtig ist.

Die Vollkommenheit der verkörperten Seele nun besteht darin, ihre Willensfreiheit richtig zu gebrauchen und in die spirituelle Welt zurückzukehren. Dies zu lernen stellt den Zweck der materiellen Schöpfung dar.

> Weil die Lebewesen die marginale [mittlere] Energie Kṛṣṇas sind, haben sie die Neigung, entweder mit der materiellen Energie oder mit der spirituellen Energie in Kontakt zu sein. Mit anderen Worten, das Lebewesen befindet sich zwischen den beiden Energien des Herrn, und weil es zur höheren Energie

gehört, hat es eine winzige Unabhängigkeit. Wenn es von dieser Unabhängigkeit richtigen Gebrauch macht, kommt es unter die direkte Führung Kṛṣṇas. Auf diese Weise erlangt es seinen natürlichen Zustand in der freudespendenden Energie. (Schluß der *Bhagavad-gītā*, 18.78, Erläuterung)

Bhakti-yoga: Der Weg in die Freiheit

Nach diesem kurzen Ausflug in die Theologie der *Bhagavad-gītā* können wir nun die Fäden alles bisher Gesagten zusammenziehen und zur letztlichen Schlußfolgerung gelangen. Wie wir erkannt haben, besitzt jede Seele ursprünglich eine eigene, individuelle Beziehung zu Gott, doch im materiell verkörperten Zustand ist diese Beziehung vergessen, und die Seele sucht im wolkigen Bereich der materiellen Welt nach Ersatz für ihre verlorene Beziehung. Doch solange sie sich in der materiellen Welt aufhält, die nur die Reflexion der ersehnten spirituellen Welt ist, wird sie nie die spirituelle Glückseligkeit (Ānanda) finden, die ihr von Natur aus eigentlich zusteht. Erst dadurch, daß sich die Seele wieder mit ihrem Ursprung, von dem sie sich aus freiem Willen gelöst hat, aus freiem Willen wieder verbindet, kann sie Ānanda erfahren. Diesen Verbindungsvorgang nennt man im Sanskrit *Bhakti-yoga*.

Wie bereits erwähnt, bedeutet das Sanskritwort *Yoga* wörtlich «Verbindung», weist also auf einen Vorgang hin, durch den wir uns wieder mit dem Höchsten, dem Absoluten, verbinden können. Auch in unserem Sprachbereich kennen wir ein Wort mit genau demselben Inhalt: *Religion* (vom lateinischen *re-ligare*, «sich zurückbinden, sich wieder verbinden»). Die Begriffe Yoga und Religion sind etymologisch betrachtet also gleichbedeutend.

Soweit zum Begriff Yoga; was aber bedeutet Bhakti? – Das Sanskritwort *Bhakti* heißt wörtlich «Verehrung» oder «Dienst». Wie wir bereits erkannt haben, ist die spirituelle Seele in ihrer eigentlichen Identität ein Teil Gottes, und die natürliche Beziehung des Teils zum Ganzen oder des Unterstellten zum Höheren ist eben: Dienst. Folglich besteht auch der natürliche Weg, wie wir uns wieder mit dem Ganzen verbinden können, darin, diese ursprüngliche Beziehung des Dienstes wiederherzustellen. Dies ist die Bedeutung des Begriffs Bhakti-yoga: das Sich-Verbinden mit Kṛṣṇa durch liebevollen Dienst.

Da wir von Natur aus ein Diener sind, können wir diese unsere wesensgemäße Funktion nie vermeiden: Im verkörperten Zustand dienen wir der Regierung, dem Militär, dem Steueramt, dem Arbeitgeber, unserer Familie, unserem Ehepartner usw. und vor allem unseren eigenen Sinneswünschen und Launen. Und im befreiten Zustand sind wir ein reiner Diener Gottes, Kṛṣṇas, der in der *Bhagavad-gītā* sagt:

> Alle Tätigkeiten sollten Mir gewidmet sein, denn sonst wird man durch sie an die materielle Welt gebunden. Erfülle daher deine vorgeschriebenen Pflichten zu Meiner Zufriedenstellung; auf diese Weise wirst du immer frei von Bindung bleiben. (Bg 3.9)

Hier also liegt der Schlüssel, mit dessen Hilfe wir unsere leidvolle Verstrickung in die Gesetze der materiellen Welt beenden und aus dem Kreislauf von Karma und Reinkarnation befreit werden können.

Der höchste Yoga.
Um dies alles noch einmal zusammenzufassen: In der vedischen Philosophie werden zwar in einem gewissen Sinne verschiedene einzelne Yoga-Wege beschrieben, die zu jeweils verschiedenen Ergebnissen führen – wie Karma-Yoga («Yoga des Handels»), Jñāna-yoga («Yoga des Wissens»), Rāja-yoga, Siddha-yoga, Dhyāna-yoga, Aṣṭāṅga-yoga usw. (siehe *Glossar*). Von einem anderen Standpunkt aus betrachtet aber gibt es, wie die *Bhagavad-gītā* verdeutlicht, nur einen einzigen Yoga-Weg, der einer Stufenleiter gleicht und dessen Sprossen mit unterschiedlichen (Yoga-)Namen benannt werden. Das das Ziel aller Arten des Yoga besteht aber immer in der Loslösung von materialistischen Vorstellungen und Lebenszielen.

Diese angestrebte Loslösung von materiellen Verhaftungen stellt die Grundvoraussetzung zur Befreiung der Seele dar und wird gemäß *Bhagavad-gītā* (6.47) am besten dadurch erlangt, daß sich der Mensch, seiner natürlichen ewigen Identität entsprechend, voll und ganz im Dienste Gottes beschäftigt. Diese höchste Stufe des Yoga nennt man Bhakti-yoga, den Yoga der Liebe und der Hingabe zu Gott.

Doch in welchen praktischen Tätigkeiten besteht der Pfad des Bhakti-yoga? Zur Beantwortung dieser Frage werden im *Śrīmad-Bhāgavatam* (7.5.23) die folgenden neun möglichen Dienste aufgezählt: 1. Bhakti-yoga beginnt damit, daß man über Gott hört, 2. über Gottes Eigenschaften und Herrlichkeiten spricht und 3. sich in all seinem Tun immer an Gott erinnert. Darüber hinaus kann man 4. Gott auch irgendeinen praktischen Dienst erweisen, 5. Ihn verehren, 6. Ihm Gebete darbringen und 7. versuchen, die Mission Gottes in dieser Welt zu erfüllen. Auf diese Weise kann man 8. allmählich mit Gott Freundschaft schließen und Ihm so 9. letztlich in reiner Liebe alles vollständig hingeben. Dies ist das Ziel aller Yoga-Beschäftigungen und die ursprüngliche Stellung der spirituellen Seele: Reine Liebe zu Gott (im Sanskrit *Prema* genannt) zu erfahren und mit Ihm einen liebevollen Austausch zu pflegen.

Während also fromme Karma-Handlungen mechanisch und unpersönlich sind, da sie den mechanischen Gesetzen der Natur unterstehen (also sogar auch atheistisch sein können), sind die Akarma-Handlungen im Bhakti-yoga stets persönlich und gründen in einer individuellen Beziehung des Austausches zwischen dem Menschen und der Persönlichkeit Gottes. Hier gelten nicht mehr die strengen, statischen Regeln des Karma, sondern die dynamische Wechselwirkung einer liebevollen Beziehung zweier Personen.

Die Gnade Gottes.
Der «indischen» Karma- und Reinkarnationslehre wird, vor allem von christlicher Seite, immer wieder Grausamkeit, Unbarmherzigkeit und sogar Gottlosigkeit vorgeworfen, doch beruht – wie wir im Verlaufe des vorliegenden Buches ausreichend

nachgewiesen haben – dieser Vorwurf auf einem mangelnden oder nur unvollständigen Verständnis der eigentlichen Schlußfolgerung der Wissenschaft der Seelenwanderung, die nämlich lautet: Das Ziel der Wiedergeburt besteht darin, *nicht* wiedergeboren zu werden!

Und der entscheidende Faktor auf dem Weg zu dieser Befreiung ist – und dies mag viele, die mit indischer Religion stets eine unpersönliche «Selbstbefreiungslehre» verbunden haben, überraschen – die Gnade Gottes.

Die Veden erklären mit Nachdruck, daß es uns Menschen nicht möglich ist, aus eigener Kraft aus dem Kreislauf des Saṁsāra auszubrechen, da die materielle Natur, Māyā, viel stärker ist als das winzige Lebewesen. An zahlreichen Stellen der *Bhagavad-gītā* offenbart Kṛṣṇa dieses Geheimnis des Bhakti-yoga:

> Die materielle Welt, in der die bedingten Seelen durch die drei Erscheinungsweisen (*Guṇas*) gebunden sind, ist sehr schwer zu überwinden. Aber diejenigen, die sich Mir ergeben, können sie sehr leicht hinter sich lassen. (Bg. 7.14)

> Diejenigen, die ihre Pflichten nach Meinen Anweisungen erfüllen und dieser Lehre mit Glauben folgen, ohne neidisch zu sein, werden von der Fessel des Karma befreit. (Bg. 3.31)

> Wer sich in reinem Bhakti-yoga beschäftigt, frei von den Verunreinigungen durch karmische Tätigkeiten und intellektuelle Spekulation, wer für Mich arbeitet, wer Mich zum höchsten Ziel seines Lebens macht und wer jedem Lebewesen ein Freund ist, gelangt mit Sicherheit zu Mir. (Bg. 11.55)

Das Chanten der Heiligen Namen Gottes.

Diese Zitate besagen eindeutig, daß es uns allein durch die Gnade Gottes möglich ist, unser Bewußtsein zu reinigen und zu erheben, um so dem Gesetz des Karma zu entwachsen und aufzusteigen in Sein Königreich. Auf die entscheidende Frage, *wie* jeder einzelne von uns sein praktisches Handeln in den liebevollen Dienst Gottes stellen und somit Gottes Gnade auf sich ziehen kann, bieten die Veden eine reiche Palette an Bhakti-yoga-Tätigkeiten an (siehe obenstehende Liste aus dem *Śrīmad-Bhāgavatam*).

Sämtliche Veden (wie übrigens auch die Bibel) sind sich allerdings darin einig, daß von allen Methoden der spirituellen Praxis für das gegenwärtige Kali-Zeitalter (Zeitalter der Streites und der Heuchelei) insbesondere *eine* Tätigkeit von imperativer Wichtigkeit ist: Das «Chanten» (Singen, Sprechen oder Lobpreisen) der Heiligen Namen Gottes. In der *Kali-santaraṇa Upaniṣad* finden wir hierzu den folgenden Vers:

> Nachdem man die gesamte vedische Literatur durchforscht hat, kann man keine religiöse Tätigkeit finden, die geeigneter ist, den üblen Einflüssen des Kali-Zeitalters entgegenzuwirken, als das Chanten des folgenden Mantra, der sechzehn heiligen Gottesnamen beinhaltet: Hare Kṛṣṇa, Hare Kṛṣṇa, Kṛṣṇa Kṛṣṇa, Hare Hare / Hare Rāma, Hare Rāma, Rāma Rāma, Hare Hare.

Von allen Namen Gottes, die in den vedischen Schriften angegeben werden, ist der Name Kṛṣṇa, wie bereits erwähnt, der ursprüngliche und wichtigste. Die in dem obenstehenden Zitat genannten Gottesnamen werden im Sanskrit auch als *Mahā-mantra* («Großer Gesang der Befreiung») bezeichnet, und wir möchten abschließend jeden bitten, diesen Mahā-mantra zu chanten:

Hare Kṛṣṇa Hare Kṛṣṇa
Kṛṣṇa Kṛṣṇa Hare Hare
Hare Rāma Hare Rāma
Rāma Rāma Hare Hare

Diese einfache und doch erhabene Meditationsform erweckt direkt die Aufmerksamkeit und Barmherzigkeit Gottes und birgt in sich die Kraft, unser ursprüngliches spirituelles Bewußtsein wiederzuerwecken und uns von der Bindung an die Materie zu befreien.

Wenn es uns gelingt, uns sogar in der Todesstunde – jenem entscheidenden Augenblick des Lebens – an Gott und an Seine Heiligen Namen zu erinnern, werden wir mit Sicherheit nicht mehr innerhalb der materiellen Welt geboren werden müssen. Der Saṁsāra-Kreislauf wird dann für uns zu seinem Ende kommen, wir werden das Rad der Wiedergeburten durchbrechen, und es wird uns erlaubt sein, in Gottes ewiges Königreich einzutreten und damit das letztliche Ziel unseres Daseins zu verwirklichen.

In dem folgenden Vers der *Bhagavad-gītā*, mit dem wir dieses Buch beenden möchten, offenbart uns Śrī Kṛṣṇa dieses Geheimnis. Er sagt:

> Jeder, der sich am Ende seines Lebens, wenn er seinen Körper verläßt, an Mich allein erinnert, erreicht sogleich Mein Reich und wird nie wieder in die materielle Welt zurückkehren. Darüber besteht kein Zweifel. (Bg. 8.5)

* * * * *

P.S. Für eine ausführliche Darstellung der Theorie und Praxis des Bhakti-yoga sowie der Theologie des Chantens der Heiligen Namen Gottes verweisen wir auf den nun folgenden Anhang und vor allem auch auf die Werke von His Divine Grace *A.C. Bhaktivedanta Swami Prabhupāda*, des Gründers der Internationalen Gesellschaft für Kṛṣṇa-Bewußtsein (ISKCON).

ANHANG

Anhang 1

SEELENFORSCHUNG

Obwohl wir an den Hochschulen so viele Wissenszweige haben, gibt es doch keinen Bereich, dessen Ziel es ist, den Unterschied zwischen einem lebenden und einem toten Körper herauszufinden.
(Śrīla Prabhupāda zu einer Versammlung von Studenten am Institut für Technologie von Massachusetts/USA, 1968)

Im nachstehenden Artikel aus der «Montreal Gazette» fordert der berühmte Herzspezialist *Wilfred G. Bigelow* eine systematische Forschung nach einer Definition der Seele und ihres Ursprungs. In dem darauffolgenden Brief, den Śrīla Prabhupāda als Antwort auf Dr. Bigelows Aufruf schrieb, erklärt Śrīla Prabhupāda die vedische Wissenschaft der Seele und schlägt zudem eine praktische Methode vor, sowohl den spirituellen Lebensfunken als auch die Gesetzmäßigkeiten der Reinkarnation zu verstehen.

Schlagzeile der «Montreal Gazette»: Herzchirurg will wissen: «Was ist eine Seele?»

WINDSOR – Ein weltberühmter kanadischer Herzchirurg sagt, er glaube, daß der Körper eine Seele habe, die diesen beim Tode verlasse, und daß die Theologen versuchen sollten, mehr darüber herauszufinden.

Dr. Wilfred G. Bigelow, Leiter der Abteilung für Herzkammerchirurgie am Toronto General Hospital, sagte, daß er «als Mensch, der an die Existenz der Seele glaubt» die Zeit für gekommen halte, «die Geheimnisse in diesen Bereichen zu lüften und herauszufinden, was die Seele wirklich ist.»

Bigelow ist Mitglied eines Ausschusses, der vor der «Essex County Medical-Legal Society» über die Problematik diskutierte, welche die Versuche zur Bestimmung des genauen Todesmomentes mit sich bringt. Im Zeitalter der Herztransplantationen und Verpflanzungen anderer Organe ist diese Frage in den Fällen akut geworden, bei denen die potentiellen Spender unrettbar sterben müssen.

Die «Canadian Medical Association» hat eine in weiten Kreisen anerkannte Definition des Todes erarbeitet; demnach ist der Tod «der Moment, in dem der Patient im Koma liegt, auf keine Reize irgendwelcher Art mehr reagiert und die mit Hilfe einer Maschine registrierten Gehirnwellen flach sind.» Die anderen Mitglieder des Ausschusses waren Richter Edson L. Haines vom Obersten Gerichtshof von Ontario sowie J. Francis Leddy, Präsident der Universität Windsor.

Bigelow sagte später in einem Interview, in welchem er auf die in der Diskussion aufgeworfenen Fragen näher einging, daß seine 32-jährige Praxis als Chirurg keine Zweifel in ihm gelassen hätte, daß es eine Seele gibt.

«Es gibt bestimmte Fälle, wo man gerade in dem Augenblick anwesend ist, in dem der Patient vom Leben in den Tod übergeht und einige mysteriöse Veränderungen sichtbar werden. Eine der bemerkenswertesten Veränderungen ist, daß die Augen plötzlich ihr Leben oder ihren Glanz verlieren. Sie werden trübe und buchstäblich leblos. Es ist schwierig zu beschreiben, was man beobachtet. Ja, ich glaube nicht, daß man es überhaupt angemessen beschreiben kann.»

Bigelow, der für seine Pionierarbeit auf dem Gebiet der als Hypothermie bekannten «Tiefgefrier-Technik» sowie für seine Herzklappenchirurgie weltberühmt wurde, sagte, daß die Theologie und verwandte Fakultäten sich mit «Seelenforschung» beschäftigen sollten.

Während der Diskussion sagte Prof. Leddy: «Wenn es eine Seele gibt, wird man sie nicht sehen. Man wird sie nicht finden können. Wenn es ein Prinzip der Vitalität und des Lebens gibt – was ist dieses Prinzip?» Das Problem sei, «daß die Seele an keiner bestimmten geographischen Stelle lokalisiert ist. Sie ist überall und doch nirgends im Körper.»

«Es wäre schön, mit Experimenten zu beginnen, aber ich weiß nicht, wie man auf diesem Gebiet an irgendwelche Daten herankommen soll», sagte Leddy weiter. Er meinte, die Diskussion erinnere ihn an den sowjetischen Kosmonauten, der aus dem All zurückkehrte und behauptete, es gebe keinen Gott, weil er Ihn dort oben nicht gesehen hatte.

«Das mag sein», erwiderte Bigelow, «aber wenn man in der modernen Medizin auf etwas stößt, das man nicht erklären kann, dann heißt die Parole: Suche die Antwort, indem du das Objekt ins Labor mitnimmst, irgendwohin, wo du die Wahrheit entdecken kannst.» – «Die zentrale Frage», so sagte Bigelow, «lautet: Wo befindet sich die Seele, und woher kommt sie?»

Die Antwort: Die Sicht der Veden

Sehr geehrter Herr Dr. Bigelow.

Bitte nehmen Sie meine Grüße entgegen. Kürzlich habe ich in der «Gazette» einen Artikel von Rae Corelli gelesen, «*Herzchirurg will wissen: Was ist eine Seele?*», der mich sehr interessiert hat. Ihre Kommentare zeigen große Einsicht, und daher hielt ich es für sinnvoll, Ihnen zu diesem Thema zu schreiben. Vielleicht ist Ihnen bekannt, daß ich der Gründer-Ācārya der *Internationalen Gesellschaft für Kṛṣṇa-Bewußtsein* bin. Ich habe mehrere Tempel in Kanada, und zwar in Montreal, Toronto, Vancouver und Hamilton. Die Bewegung für Kṛṣṇa-Bewußtsein ist besonders dafür gedacht, jede Seele zu lehren, was ihre ursprüngliche, spirituelle Stellung ist.

Zweifellos ist die Seele im Herzen des Lebewesens vorhanden, und sie ist die Quelle aller Energien, die den Körper erhalten. Die Energie der Seele ist über den ganzen Körper verbreitet; man nennt dies Bewußtsein. Weil dieses Bewußtsein die Energie der Seele über den ganzen Körper verteilt, kann man in jedem Körperteil Schmerz und Wohlbehagen empfinden. Die Seele ist ein Individuum, und sie wandert von einem Körper zum andern, ebenso wie wir von der Kindheit zur Jugend und dann zum Alter fortschreiten. Schließlich findet der Wechsel statt – Tod genannt –, wenn wir in einen neuen Körper überwechseln, geradeso, wie wir ein altes Kleidungsstück ablegen und ein neues anziehen. Dieser Vorgang wird Seelenwanderung genannt.

Wenn eine Seele die materielle Welt genießen will und ihre wirkliche Heimat in der spirituellen Welt vergißt, wird sie in dieses Leben des unerbittlichen Existenzkampfes hineingeboren. Dieses unnatürliche Leben wiederholter Geburt, wiederholten Todes, wiederholter Krankheit und wiederholten Alters kann beendet werden, wenn das Bewußtsein der Seele mit dem höchsten Bewußtsein Gottes in Einklang gebracht wird. Dies ist das Grundprinzip unserer Bewegung für Kṛṣṇa-Bewußtsein.

Was Herztransplantationen betrifft, so besteht nur dann Aussicht auf Erfolg, wenn die Seele des Empfängers ins verpflanzte Herz eingeht. Das Vorhandensein der Seele muß also akzeptiert werden. Wenn beim Geschlechtsverkehr keine Seele da ist, kommt es zu keiner Empfängnis und keiner Schwangerschaft. Verhütungsmittel machen die Gebärmutter funktionsuntüchtig, so daß sie für die Seele kein geeigneter Aufenthaltsort mehr ist. Das aber verstößt gegen die Anweisungen Gottes. Auf Gottes Anweisung hin wird die Seele in eine bestimmte Gebärmutter geschickt, doch mit Verhütungsmitteln wird ihr diese Gebärmutter verweigert, so daß sie in eine andere geführt werden muß. Das ist Ungehorsam gegen den Höchsten Herrn. Nehmen wir zum Beispiel an, jemand soll in eine bestimmte Wohnung einziehen. Wenn die Verhältnisse dort derart durcheinandergebracht werden, daß er die Wohnung nicht mehr betreten kann, kommt er in große Schwierigkeiten. Es handelt sich hierbei um einen rechtswidrigen, strafbaren Eingriff.

Die Aufnahme von «Seelenforschung» wäre gewiß ein Meilenstein im Fortschritt der Wissenschaft, aber allein durch wissenschaftlichen Fortschritt wird man die Seele nicht finden können. Die Existenz der Seele läßt sich nur anhand von Symptomen erkennen, denn in den vedischen Schriften findet sich die Angabe, daß die Größe der Seele dem zehntausendsten Teil eines Punktes entspricht. Die materiellen Wissenschaftler sind daher außerstande, die Seele zu erfassen. Sie können über die Existenz der Seele nur etwas erfahren, wenn Sie sich an eine höhere Autorität wenden. Die Wahrheiten, die die größten Wissenschaftler jetzt allmählich herausfinden, haben wir bereits vor langer Zeit erklärt.

Sobald man die Existenz der Seele versteht, kann man auch die Existenz Gottes verstehen. Der Unterschied zwischen Gott und der Seele besteht nur darin, daß Gott eine sehr große Seele und das Lebewesen eine sehr kleine Seele ist; aber eigenschaftsmäßig sind sie gleich. Gott ist alldurchdringend, während das Lebewesen ortsgebunden ist. Natur und Beschaffenheit aber sind gleich.

Sie sagen, die zentrale Frage laute: «Wo ist die Seele, und woher kommt sie?» Nun, das ist nicht schwer zu verstehen. Wir haben bereits darüber gesprochen, daß die Seele ihren Sitz im Herzen des Lebewesens hat und daß sie nach dem Tod in einem anderen Körper Zuflucht sucht. Ursprünglich kommt die Seele von Gott. So wie ein Funke aus dem Feuer springt und scheinbar erlischt, wenn er das Feuer verläßt, so kommt die funkengleiche Seele ursprünglich aus der spirituellen Welt in die materielle Welt.

In der materiellen Welt fällt sie in drei verschiedene Bedingungen, die man als die Erscheinungsweisen der Natur bezeichnet – Tugend, Leidenschaft und Unwissenheit. Wenn ein Funke auf trockenes Gras fällt, bleibt seine feurige Eigenschaft erhalten; fällt er auf den Boden, kann er seine feurige Natur nicht entfalten, sofern kein geeignetes Brennmaterial in der Nähe ist, und wenn der Funke ins Wasser fällt, erlischt er. Entsprechend kann die Seele drei Arten von Lebensbedingungen annehmen. Das eine Lebewesen hat seine spirituelle Natur völlig vergessen; ein anderes hat sie fast vergessen, besitzt jedoch noch einen gewissen spirituellen Instinkt, und wieder ein anderes sucht mit seiner ganzen Kraft nach spiritueller Vervollkommnung.

Es gibt eine echte Methode, mit deren Hilfe der spirituelle Seelenfunke die spirituelle Vollkommenheit wiedererlangen kann, und wenn die Seele richtig geführt wird, kann sie sehr leicht nach Hause, zu Gott, zurückkehren, woher sie einst gekommen ist.

Es wird ein großer Beitrag für die menschliche Gesellschaft sein, wenn diese autorisierte Information aus den vedischen Schriften auf der Grundlage des modernen wissenschaftlichen Verständnisses präsentiert wird. Die Tatsachen sind schon da. Sie müssen nur noch entsprechend dem modernen Verständnis präsentiert werden. Wenn die Doktoren und Wissenschaftler der ganzen Welt den Menschen behilflich wären, die Wissenschaft der Seele zu verstehen, würde dies ein großartiger Beitrag sein.

Hochachtungsvoll, Ihr
A.C. Bhaktivedanta Swami

Anhang 2

SELBSTVERWIRKLICHUNG

Im Jahre 1974 unterhielt sich His Divine Grace A.C. Bhaktivedanta Swami Prabhupada im ISKCON-Zentrum in der Nähe von Frankfurt mit Professor *Karlfried Graf Dürckheim* (1896-1988), dem bekannten Religionspsychologen und Begründer der therapeutischen Bildungs- und Begegnungsstätte Todtmoos-Rütte, die versucht, die westliche und die östliche Psychologie des Bewußtseins zu vereinen.

Professor Graf Dürckheim: In meiner Arbeit habe ich immer wieder erkannt, daß das natürliche Ego nicht sterben möchte. Aber wenn jemand in die Nähe des Todes kommt, scheint dieser gerade die Schwelle zu einer völlig verschiedenen Realität zu sein.

Śrīla Prabhupāda: Ja, es ist verschieden. Es ist etwa wie die Erfahrung eines Kranken, der wieder gesund wird.

Graf Dürckheim: Heißt das, daß jemand, der gestorben ist, eine höhere Ebene der Realität erfährt?

Śrīla Prabhupāda: Es ist nicht die Person, die stirbt, sondern der Körper. Die Realität des krankhaften Zustandes unterscheidet sich von der Realität des gesunden Zustandes. Wenn wir aber die Realität des gesunden Lebens an der Realität des erkrankten Lebens messen, werden wir zu falschen Schlüssen kommen.

Graf Dürckheim: Der Tod. – Was ist also der Tod?

Śrīla Prabhupāda: Die Veden sagen, daß der Körper immer und unter allen Umständen tot ist. Um ein Beispiel zu geben: Das Mikrophon hier ist aus Metall, aus toter Materie. Wenn elektrische Energie durchs Mikrophon geleitet wird, reagiert es, indem es Klang in elektrische Impulse umwandelt, die dann verstärkt und über Lautsprecher gesendet werden. Wenn aber keine Elektrizität im System ist, geschieht nichts. Ob das Mikrophon nun in Funktion ist oder nicht – es ist und bleibt nichts anderes als eine Ansammlung von Metall, Plastik usw.

In ähnlicher Weise lebt der Körper nur, weil Lebenskraft in ihm ist. Wenn die Lebenskraft den Körper verläßt, sagt man, der Körper sei tot. In Wirklichkeit aber war er immer tot. Die Lebenskraft allein ist ausschlaggebend, denn nur sie läßt den Körper lebendig erscheinen. Der Körper selbst – ob «lebend» oder «tot» – ist stets nur eine Ansammlung von toter Materie.

Das ist auch der Beginn der Lehre der *Bhagavad-gītā*. Arjuna klagte um den Körper, der Körper jedoch ist immer tot. Es heißt dort:

aśocyān anvaśocas tvaṁ prajñā-vādāṁś ca bhāṣase
gatāsūn agatāsūṁś ca nānuśocanti paṇḍitāḥ

«Während du gelehrte Worte sprichst, betrauerst du, was des Kummers nicht wert ist. Die Weisen beklagen weder die Lebenden noch die Toten.» (Bg. 2.11)

Der Körper ist nicht das Objekt philosophischer Untersuchung, sei er nun tot oder lebend. Unser Thema und Studienobjekt sollte vielmehr das aktive Prinzip sein, das den toten Körper bewegt, nämlich die Seele. Das ist der Beginn der Unterweisung der *Bhagavad-gītā*. Was ist Ihre Meinung?

Graf Dürckheim: Für unseren rationalen Geist ist es ziemlich einfach zu verstehen, daß der Körper an sich tot ist und daß in ihm etwas sein muß, das ihn lebendig erscheinen läßt. Die Schlußfolgerung also ist, daß Körper und aktives Prinzip zwei grundlegend verschiedene Dinge sind. Nun aber war meine Frage: Wie können wir uns dieses aktiven Prinzips bewußt werden – als direkte Erfahrung, nicht bloß als rationale Schlußfolgerung? Ich sehe, daß es auf dem Weg nach innen immer wichtiger wird, tiefere und tiefere Realitäten zu erfahren, weshalb ich in meiner Arbeit immer den Unterschied mache zwischen dem Körper, der man ist, und dem Körper, den man hat.

Śrīla Prabhupāda: Sie selbst sind dieses aktive Prinzip! Wie ich sagte, besteht der Unterschied zwischen einem lebenden und einem toten Körper in der Anwesenheit oder Nichtanwesenheit des aktiven Prinzips. Wenn es nicht anwesend ist, ist der Körper tot. Eben dieses aktive Prinzip bin ich, oder wie es die Veden ausdrücken: *so'ham*. Es heißt auch: *ahaṁ brahmāsmi*, «ich bin Brahman, spirituell, und ich habe einen materiellen Körper angenommen.» Diese Erkenntnis ist Selbstverwirklichung. In der *Bhagavad-gītā* wird eine selbstverwirklichte Person wie folgt beschrieben:

brahma-bhūtaḥ prasannātmā na śocati na kāṅkṣati
samaḥ sarveṣu bhūteṣu mad-bhaktiṁ labhate parām

«Wer auf diese Weise in der Transzendenz verankert ist, erkennt sogleich das Höchste Brahman und wird von Freude erfüllt. Er klagt niemals, noch begehrt er irgend etwas. Er ist jedem Lebewesen gleichgesinnt. In diesem Zustand erreicht er reinen hingebungsvollen Dienst für Mich.» (Bg. 18.54)

Wer selbstverwirklicht ist, ist voller Freude; er ist niemals verdrossen; er kennt weder Klagen noch Verlangen, und er ist jedem gleichgesinnt, sowohl Menschen als auch Tieren und allen anderen Lebewesen. Und: er beginnt das Leben des hingebungsvollen Dienstes für Gott.

Graf Dürckheim: Aber ein anderer Schüler mag zwar vielleicht schon glauben und dadurch wissen, daß er an der großen Göttlichen Person Anteil hat, er mag es jedoch noch nicht erfahren haben.

Śrīla Prabhupāda: Warum nicht erfahren? Er weiß, daß er das aktive Prinzip ist. Eigentlich weiß jeder, daß er nicht der Körper ist; selbst ein Kind weiß das. Man kann es nur schon daran erkennen, wie wir uns ausdrücken. Wir sagen zum Beispiel: «Dies ist mein Finger.» Wir sagen nicht: «Ich Finger». Wer also ist dieses Ich? Die Lösung dieser Frage führt zu Selbstverwirklichung.

Selbstverwirklichung bedeutet zu verstehen, daß ich ein Teil Gottes bin, und daß es daher meine Pflicht ist, Gott zu dienen. Und diese Verwirklichung gilt auch in bezug auf andere Lebewesen. Selbstverwirklichung bedeutet auch, zu sehen, daß beim anderen ebenfalls ein Selbst ist. Das aktive Prinzip ist auch hier gegenwärtig; lediglich der Körper ist ein anderer. Warum also die Tiere töten? Warum anderen Schwierigkeiten bereiten? So verwirklicht man es, allen Lebewesen gegenüber gleich zu sein – *samaḥ sarveṣu bhūteṣu*. Das Selbst, das aktive Prinzip, befindet sich in den Fischen, den Bäumen, den Insekten, den Vögeln, den Säugetieren und auch in mir – das ist Selbstverwirklichung.

Dieses aktive Prinzip ist die Seele, die im Augenblick des Todes von einem Körper in den andern wandert, ebenso wie ich in diesem Körper von Kindheit zu Jugend und zu Alter wanderte. Die Seele bleibt immer dieselbe, nur der Körper ist verschieden. Der Körper ist materiell und die Seele ist spirituell. Wenn man zu diesem Verständnis kommt – das ist Selbstverwirklichung.

Graf Dürckheim: Ich denke, daß wir nun in der westlichen Welt eine entscheidende Phase erreicht haben, da zum ersten Mal in der Geschichte Westeuropas und der Vereinigten Staaten die Menschen gewisse Erfahrungen, innere Erfahrungen, ernst zu nehmen beginnen, durch welche die Wahrheit offenbart werden kann. Natürlich hat es im Osten immer schon Philosophen gegeben, die mit diesen Erfahrungen vertraut waren, durch welche der Tod sein schreckenerregendes Gesicht verliert und zur Schwelle zu einem vollkommeneren Leben wird.

Die Menschen brauchen diese Erfahrung, ihre alltäglichen Gewohnheiten hinter sich zu lassen. Wenn es ihnen gelingt, aus diesen körperlichen Erfahrungen auszubrechen, werden sie erkennen können, daß in ihrem Innern noch ein ganz anderes Prinzip existiert. Sie werden sich über das «innere Leben» bewußt.

Śrīla Prabhupāda: Dieses andere Prinzip ist für den Gottgeweihten bereits verwirklicht, weil er niemals denkt, daß er der Körper ist. Er weiß: *ahaṁ brahmāsmi*, «Ich bin spirituelle Seele.» Ohne diese Verwirklichung kann von hingebungsvollem Dienst keine Rede sein. Das muß zuerst verstanden werden.

Dieselbe Unterweisung gab Kṛṣṇa in der *Bhagavad-gītā* an Arjuna: «Du sorgst dich sehr um den Körper, aber der Weise mißt dem Körper, ob tot oder lebend, keine besondere Bedeutung bei.» Dies ist die erste Erkenntnis auf dem Pfad des spirituellen Fortschritts. In dieser Welt beschäftigt sich jeder mit dem Körper, sei dieser nun lebendig oder tot, und jeder ist der festen Überzeugung, der Körper sei das Selbst. Solange der Körper lebt, wird er geschminkt, geschmückt und gekämmt, und wenn er tot ist, wird über ihm ein Denkmal errichtet. Das nennt man Körperbewußtsein. Die Menschen sorgen sich um den Körper selbst nach dem Tod, indem sie Gedenkstätten errichten, aber sie haben kein Wissen, wohin das aktive Prinzip gegangen ist, das dem Körper Schönheit und Leben verleiht. Das ist Unwissenheit.

Graf Dürckheim: Als junger Mann kämpfte ich im 1. Weltkrieg vier Jahre lang an der vordersten Front, und ich war einer der beiden Offiziere meines Regiments, die nicht verwundet wurden. Auf dem Schlachtfeld traf ich den Tod auf Schritt und Tritt und sah die Menschen neben mir fallen. Plötzlich war es aus, genau wie Sie sagen, und übrig blieb nur noch ein Körper ohne Seele. Tatsächlich verwirklichte man dann, wenn der Tod so nahe war und man sich mit dem möglichen eigenen Tod abgefunden hatte, etwas in sich, das mit Tod nicht das geringste zu tun hatte.

Śrīla Prabhupāda: Ja, das ist Selbstverwirklichung.

Graf Dürckheim: Diese Jahre des Weltkrieges prägten mich sehr und sind auch der Beginn meines inneren Weges.

Śrīla Prabhupāda: Es heißt in den vedischen Schriften: *nārāyaṇa-parāḥ sarve na kutaścana bibhyati.* «Eine gottesbewußte Seele hat vor nichts Angst – was immer es auch sein mag.» (*Śrīmad-Bhāgavatam*, 6.17.28)

Graf Dürckheim: Der Fortschritt in der Selbstverwirklichung ist eine Abfolge von inneren Erfahrungen, nicht wahr? Hier in Europa haben die Menschen solche Erfahrungen durchgemacht. Ja, ich glaube sogar, daß dies der wahre Reichtum der Europäer ist – daß sie durch Schlachtfelder, Konzentrationslager und Bombennächte gegangen sind. Denn im Innern ihrer Herzen bewahren sie die Erinnerung an jene Augenblicke, in denen sie, dem Tode nahe, verwundet und oft fast in Stücke gerissen, einen kurzen Einblick in ihre ewige Natur gewannen. Jetzt aber ist es wichtig, diesen Menschen zu zeigen, daß sie kein Schlachtfeld, kein Konzentrationslager und keinen Bombenangriff brauchen, um diese inneren Erfahrungen ernst zu nehmen – jene Erfahrungen, in denen man mit seiner göttlichen Realität in Berührung kommt und plötzlich verwirklicht, daß es etwas gibt, was über das körperliche Dasein hinausgeht.

Śrīla Prabhupāda: Dies können wir jede Nacht verwirklichen. Wenn wir träumen, lassen wir den Körper zurück und begeben uns an irgendeinen anderen Ort. Wir erfahren also, daß wir vom Körper verschieden sind. Nachts vergesse ich meinen Körper, der auf dem Bett liegt, und handle in einer völlig anderen Umgebung, und tagsüber wiederum vergesse ich, daß ich des Nachts in einem anderen Körper war, diesen oder jenen Ort besuchte, durch die Luft flog usw. Nachts also vergesse ich den wachen Körper, und tagsüber vergesse ich den träumenden Körper. In Wirklichkeit aber bin ich verschieden von beiden Körpern, über die ich mich bewußt bin. Vorübergehend leben wir in diesem einen Körper, und im Augenblick des Todes vergessen wir den Körper wieder. So ist der Körper im Grunde nichts weiter als eine Einbildung meines Geistes, ähnlich wie ein Traum, doch das Selbst ist von all diesen mentalen Einbildungen verschieden. Das ist Selbstverwirklichung. In der *Bhagavad-gītā* sagt Śrī Kṛṣṇa dazu:

indriyāṇi parāṇy āhur indriyebhyaḥ paraṁ manaḥ
manasas tu parā buddhir yo buddheḥ paratas tu saḥ

«Die aktiven Sinne sind der leblosen Materie übergeordnet, der Geist steht über den Sinnen, die Intelligenz steht über dem Geist, und die Seele steht sogar noch über der Intelligenz.» (Bg. 3.42)

Reines Bewußtsein, die Seele, braucht keinen materiellen Körper; sie ist immer bewußt. Wenn ich zum Beispiel schlafe und träume, nehme ich einen anderen Körper als während des Tages an; dennoch bin ich bewußt. Tagsüber wiederum habe ich den Traumkörper verlassen, aber ich bin immer noch bewußt. Dieses

Bewußtsein ist jedoch unrein, weil ich den vergänglichen materiellen Körper für das Selbst halte. Wenn ich aber schließlich zum reinen Bewußtsein vordringe – das ist Kṛṣṇa-Bewußtsein.

Graf Dürckheim: Doch als Erfahrung – das reine Bewußtsein als Erfahrung muß einen Hintergrund haben, der nicht reines Bewußtsein ist; andernfalls könnte es nicht bewußt werden.

Śrīla Prabhupāda: Nein. Reines Bewußtsein ist, was Sie in Wirklichkeit sind. Nehmen wir ein Beispiel: Reines Wasser ist ursprünglich, wenn es vom Himmel fällt, kristallklar. Sobald es jedoch auf den Boden fällt, wird es verschmutzt.

Graf Dürckheim: Ja.

Śrīla Prabhupāda: Ebenso sind wir als spirituelle Seele rein, doch sobald wir die spirituelle Welt verlassen und mit der Materie, mit einem materiellen Körper, in Berührung kommen, wird unser Bewußtsein bedeckt. Das Bewußtsein bleibt rein, aber nun wird es von Schmutz bedeckt. Es gibt drei Stufen der Unreinheit: Unwissenheit, Leidenschaft und (materielle) Reinheit oder Tugend. Solange man nicht auf die Stufe spirituellen Bewußtseins kommt, ist man von diesen Eigenschaften, die auch Erscheinungsweisen der Natur genannt werden, verunreinigt – bestenfalls von der Eigenschaft der Reinheit oder Tugend, wenn man sich zum Beispiel für einen guten Menschen hält. Ein anderer wird von der Erscheinungsweise der Unwissenheit beherrscht: er weiß überhaupt nicht, was er ist, er ist wie ein Tier – auch das ist Unreinheit. Wenn Sie jedoch zum reinen Bewußtsein kommen, wenn Sie nämlich erkennen, daß Sie ein Teil Gottes sind und daß es Ihre Pflicht ist, Ihm zu dienen, das ist Kṛṣṇa-Bewußtsein!

Solange man sich mit dem materiellen Bewußtsein identifiziert, ist man unrein. Das ist auch der Grund, warum die Menschen untereinander streiten: «Ich bin Deutscher, ich bin Engländer, ich bin dieses, ich bin jenes; ich bin schwarz, ich bin weiß, ich bin ein Brāhmaṇa, ich bin ein Śūdra...» – so viele Namen und Bezeichnungen! Erst wenn ich zur reinen spirituellen Seele vordringe, wenn ich körperliche Bezeichnungen, wie «Amerikaner», «Deutscher», «dieses», «jenes» oder was auch immer, abgelegt habe, befinde ich mich im reinen Bewußtsein.

Graf Dürckheim: Und dennoch ist da eine Schwierigkeit: Selbst wenn man intellektuell verstanden hat, daß man nicht der Körper ist, mag man trotzdem noch Angst vor dem Tod haben, denn man hat es noch nicht durch Verwirklichung verstanden. Sobald man durch Verwirklichung verstanden hat, daß man nicht der Körper ist, sollte man doch auch keine Angst mehr vor dem Tod haben, weil man weiß, daß man nicht sterben kann.

Śrīla Prabhupāda: Verwirklichung wird durch höheres Wissen gewonnen, ja, Verwirklichung heißt höheres Wissen. Je mehr man in höherem Wissen fortgeschritten ist, desto vollkommener ist die Verwirklichung.

Höheres Wissen kann man direkt erfahren. Statt für Jahre zu experimentieren, um herauszufinden, daß Sie nicht der Körper sind, nehmen Sie das Wissen von Kṛṣṇa, der vollkommenen Quelle, und sogleich sind Ihre Erfahrung wie auch Ihre Verwirklichung vollkommen. So können Sie Ihre Todlosigkeit verwirklichen, indem Sie von einer echten Autorität hören. Das ist vollkommen.

Graf Dürckheim: Ja ich verstehe.

Śrīla Prabhupāda: Deshalb lautet die Unterweisung der vedischen Schriften: *tad-vijñānārthaṁ sa gurum evābhigacchet*. «Wenn du wirklich erfahren willst, worin die Vollkommenheit des Lebens besteht, mußt du dich an einen Guru wenden.» Wer aber ist der Guru? An wen soll ich mich wenden? In den Veden heißt es dazu: «Guru ist, wer von seinem Guru in vollkommener Weise gehört hat.» Wer keine Möglichkeit hatte, von einem vollkommenen Guru zu lernen, kann nicht Guru sein. Das wird Guru-paramparā genannt, die Nachfolge der spirituellen Meister. Ich höre von einer vollkommenen, selbstverwirklichten Seele und gebe dieses Wissen unverändert, wie ich es gehört habe, weiter.

Kṛṣṇa offenbart uns Wissen in der *Bhagavad-gītā*, und wir verbreiten dieses Wissen, wie wir es empfangen haben. Direkte, sinnliche Erfahrung jedoch ist unvollkommen. Ich erfahre zwar ständig, aber mein Erfahrungsbereich ist nur klein. Wenn ich dagegen von der Erfahrung einer vollkommenen Person profitiere, wird auch meine Erfahrung vollkommen sein. Wenn ein Kind etwas nicht kennt, fragt es seinen Vater. Der Vater sagt: «Mein liebes Kind, dies ist ein Mikrophon», und so weiß das Kind, daß dies ein Mikrophon ist. Sein Wissen ist vollkommen, obwohl das Begriffsvermögen des Kindes unvollkommen ist.

Das ist der vollkommene Weg der Erkenntnis: Sie wenden sich an eine vollkommene Person, nehmen Wissen entgegen, und Ihre Erfahrung ist vollkommen. Persönlich mag ich nicht vollkommen sein, aber weil ich Wissen vom Vollkommenen entgegennehme, ist mein Wissen vollkommen – das ist unser Vorgang.

Wir empfangen Wissen von Kṛṣṇa, dem Vollkommensten. Ein anderer empfängt Wissen von Jesus Christus; das ist ebenfalls vollkommen, weil die Quelle vollkommen ist. Ich nehme Wissen von Gott entgegen, und ein anderer empfängt Wissen vom Sohn Gottes. Ob Sie das Wissen direkt von Gott oder von Seinem Sohn nehmen – das Wissen ist dasselbe. In jedem Fall aber muß das Wissen aus einer vollkommenen Quelle kommen; man kann es nicht durch den aufsteigenden Vorgang, durch Empirie, Forschung oder Experimente erlangen. Versuch, Fehlschlag, Versuch, Fehlschlag, Versuch, Fehlschlag – das kann uns nicht helfen, es würde zu lange dauern. Wenn man also vollkommen werden will, muß man sich an den Vollkommenen wenden und Wissen von Ihm entgegennehmen. Auf diese Weise werden Sie die Vollkommenheit erreichen; das ist die Anweisung der Schrift: *evaṁ paramparā-prāptam imaṁ rājarṣayo viduḥ*. «Diese höchste Wissenschaft wird durch die Nachfolge der spirituellen Meister weitergegeben.» (Bg. 4.2)

Graf Dürckheim: Ich sehe in den letzten 20, 30 Jahren in der westlichen Welt ein großes Erwachen; die Leute beginnen, sich für spirituelle Themen zu interessieren. Wissenschaft und technologischer Fortschritt, die die Menschen befreien sollten, haben das Gegenteil bewirkt. Die Menschen wurden, indem sie sich der technischen Welt anpassten, zu Sklaven derjenigen Mittel, die sie hätten befreien sollen, zu Rädern im Räderwerk einer großen Maschinerie, die sie zwingt aufzuhören, Menschen zu sein. Die Menschen aber rebellieren dagegen, nur durch die Brille der Wissenschaft gesehen zu werden und nicht als das, was sie wirklich sind, nämlich als bewußte Lebewesen. Das ist der Wendepunkt, an dem wir uns jetzt befinden.

Śrīla Prabhupāda: Seit 5000 Jahren steht im *Śrīmad-Bhāgavatam* geschrieben, daß diese Schurken das Ziel des Lebens nicht kennen. Das Ziel des Lebens ist Selbstverwirklichung, oder Gottesverwirklichung, aber sie wissen es nicht, weil sie glauben, durch die äußeren Erscheinungen der materiellen Welt glücklich werden zu können. Gerade in den westlichen Ländern können wir sehen, wie die Menschen glauben, ihre Zivilisation sei durch die Konstruktion von Hochhäusern, durch große Maschinen und technologische Annehmlichkeiten fortgeschritten. Doch das wirkliche Ziel des Lebens kennen sie nicht.

Das wirkliche Ziel des Lebens ist es, Gott zu verstehen. Statt dessen suchen die Menschen in utopischen Hoffnungen Zuflucht, die sich niemals erfüllen werden, und glauben glücklich zu werden, indem sie Stahl und Beton anhäufen. Das wird nie eintreten. Wenn wir uns fragen, wer die Gesellschaft führt, werden wir feststellen, daß unsere Führer Blinde und Dummköpfe sind. Die sogenannten Wissenschaftler, Technologen und Philosophen wissen nicht, was das wirkliche Ziel des Lebens ist, und auch die Menschen im allgemeinen sind blind. So stehen wir heute vor der Situation, daß Blinde versuchen, andere Blinde zu führen. Wenn ein blinder Mensch andere Blinde führt – was kann dabei schon Gutes herauskommen? Weil sie nicht wissen, was ihre wirklichen Bedürfnisse sind, machen sie keinen Fortschritt, und deshalb ist jeder frustriert. Nein, das ist nicht der Vorgang. Wenn man die Wahrheit verstehen will, muß man sich an eine selbstverwirklichte Seele wenden.

Die Menschen in der materiellen Welt kennen also das Ziel des Lebens nicht. Deshalb gibt es so viele verschiedene Philosophien und verschiedene Lebensweisen, und deshalb tauchen so viele Schwierigkeiten auf. Wenn das Ziel des Lebens bekannt ist, sind alle Probleme gelöst. Was ist also das Ziel des Lebens?

Das ist meine Frage. Wir sind jetzt Menschen, wir haben menschliche Intelligenz, was ist also das Ziel des menschlichen Lebens, das es zu erreichen gilt?

Das Ziel des menschlichen Lebens kann nicht für jeden einzelnen anders sein; es ist eines. Und wir sagen, wie wir es den vedischen Schriften entnehmen, daß es das Ziel des Lebens ist, Gott zu verstehen, und daß es der Fehler der Menschen ist, das Ziel des Lebens nicht zu kennen.

Verschiedene Menschen, verschiedene Philosophen unterbreiten verschiedene Vorschläge in bezug auf das Ziel des Lebens. Verschiedene Politiker haben ihre verschiedenen Vorstellungen. Wir aber behaupten, daß das Ziel des menschlichen Lebens eines ist: Gott zu verstehen. Alle weiteren Probleme sind damit gelöst. Das ist Selbstverwirklichung.

Anhang 3

WAS IST KṚṢṆA-BEWUSSTSEIN?

Mike Robinson, ein Reporter der «London Broadcasting Company», unterhält sich mit His Divine Grace A.C. Bhaktivedanta Swami Prabhupāda über die Wissenschaft der Reinkarnation und über die Philosophie des Kṛṣṇa-Bewußtseins.

Mike Robinson: Können Sie mir sagen, woran Sie glauben und worin die Philosophie der Hare-Kṛṣṇa-Bewegung besteht?

Śrīla Prabhupāda: Kṛṣṇa-Bewußtsein hat nichts mit Glauben zu tun – es ist eine Wissenschaft. Der erste Schritt besteht darin, den Unterschied zwischen einem lebendigen und einem toten Körper zu kennen. Was ist der Unterschied? Der Unterschied liegt darin, daß die spirituelle Seele, das heißt die Lebenskraft, den Körper verläßt, wenn jemand stirbt. Deshalb wird der Körper als «tot» bezeichnet.

Es gibt also zwei Dinge: Einmal den Körper und zum anderen die Lebenskraft im Körper. Wir sprechen von der Lebenskraft im Körper – das ist der Unterschied zwischen der Wissenschaft des Kṛṣṇa-Bewußtseins, die spirituell ist, und herkömmlicher materieller Wissenschaft. Folglich ist es für einen gewöhnlichen Menschen am Anfang sehr, sehr schwierig, unsere Bewegung wertzuschätzen. Man muß zunächst verstehen, daß man Seele und etwas anderes als der Körper ist.

Mike Robinson: Und wann können wir das verstehen?

Śrīla Prabhupāda: Sie können es sogleich verstehen, doch ist ein wenig Intelligenz erforderlich. Zum Beispiel wird ein Kind, wenn es heranwächst, zu einem Knaben; der Knabe wird zu einem jungen Mann; der junge Mann wird erwachsen, und der Erwachsene wird ein alter Mann. Die ganze Zeit jedoch fühlt sich der Betreffende als die gleiche Person mit der gleichen Identität, obwohl sich sein Körper von dem eines Kindes zu dem eines alten Mannes verändert. Der Körper verändert sich also, doch der Besitzer des Körpers, die Seele, bleibt der gleiche. Wir sollten daher logischerweise zu der Schlußfolgerung kommen, daß wir dann, wenn unser gegenwärtiger Körper stirbt, einen anderen Körper bekommen. Das nennt man Seelenwanderung.

Mike Robinson: Wenn also Menschen sterben, ist es nur der physische Körper, der stirbt?

Śrīla Prabhupāda: Ja. Das wird in der *Bhagavad-gītā* sehr ausführlich erklärt: *na jāyate mriyate vā kadācin ... na hanyate hanyamāne śarīre.*

Mike Robinson: Zitieren Sie oft Textstellen?

Śrīla Prabhupāda: Ja, wir zitieren viele Textstellen. Kṛṣṇa-Bewußtsein ist eine ernsthafte Ausbildung, keine gewöhnliche Religion. *(Zu einem Schüler:)* Suche bitte diesen Vers aus der *Bhagavad-gītā* heraus.

Schüler:

na jāyate mriyate vā kadācin
nāyaṁ bhūtvā bhavitā vā na bhūyaḥ
ajo nityaḥ śāśvato 'yaṁ purāṇo
na hanyate hanyamāne śarīre

«Für die Seele gibt es zu keiner Zeit Geburt oder Tod. Sie ist nicht entstanden, sie entsteht nicht, und sie wird nie entstehen. Sie ist ungeboren, ewig, immerwährend und urerst. Sie wird nicht getötet, wenn der Körper getötet wird.» (Bg. 2.20)

Mike Robinson: Vielen Dank, daß Sie dies für mich vorlesen ließen. Können Sie mir ein wenig mehr dazu erklären? Wenn die Seele unsterblich ist, geht dann die Seele eines jeden zu Gott, wenn er stirbt?

Śrīla Prabhupāda: Nicht unbedingt. Wenn man sich in diesem Leben qualifiziert, nach Hause, zu Gott, zurückzukehren, dann kann man dorthin gehen. Wenn man sich aber nicht dazu qualifiziert, bekommt man einen anderen materiellen Körper. Und es gibt 8'400'000 verschiedene Körperformen. Je nach seinen Wünschen und dem Karma geben ihm die Gesetze der Natur einen geeigneten Körper. Es ist, als ob sich jemand mit einer Krankheit ansteckt und dann diese Krankheit entwickelt. Ist das schwer zu verstehen?

Mike Robinson: Es ist sehr schwer, all diese Dinge zu verstehen.

Śrīla Prabhupāda: Angenommen, jemand hat sich mit Pocken angesteckt. Nach sieben Tagen entwickelt er die Symptome. Wie nennt man diese Zeit noch?

Mike Robinson: Inkubation.

Śrīla Prabhupāda: Ja, Inkubation. Man kann es also nicht vermeiden. Wenn man sich mit einer Krankheit angesteckt hat, wird man sie durch die Gesetze der Natur auch entwickeln. In ähnlicher Weise kommt man während dieses Lebens mit verschiedenen Erscheinungsweisen der Natur zusammen, und diese Gemeinschaft wird darüber entscheiden, welche Art von Körper man im nächsten Leben bekommen wird. All dies geschieht streng unter den Gesetzen der Natur. Jeder wird von den Gesetzen der Natur beherrscht – man ist völlig abhängig. Doch aus Unwissenheit glauben die Menschen, sie seien frei. Sie sind nicht frei; sie bilden sich nur ein, sie seien frei. In Wirklichkeit unterstehen sie völlig den Gesetzen der Natur. Über die nächste Geburt wird daher je nach den Handlungen entschieden werden – sündhaften oder frommen, wie der Fall auch liegen mag.

Mike Robinson: Euer Gnaden, könnten Sie diese Dinge noch einmal näher beleuchten? Sie sagten, niemand sei frei. Heißt das, daß wir uns in gewisser Weise eine gute Zukunft schaffen, wenn wir ein gutes Leben führen?

Śrīla Prabhupāda: Ja.

Mike Robinson: Es steht uns also frei zu wählen, was wir für wichtig halten? Religion ist wichtig, weil wir, wenn wir an Gott glauben und ein gutes Leben führen...

Śrīla Prabhupāda: Es ist nicht eine Frage des Glaubens. Bringen Sie nicht diese Frage des Glaubens mit ins Spiel. Es ist ein Gesetz. Nehmen wir zum Beispiel die Regierung; Sie mögen daran glauben oder nicht, doch wenn Sie das Gesetz brechen, werden Sie von der Regierung bestraft werden. Ebenso verhält es sich mit Gott. Ob Sie an Ihn glauben oder nicht – es gibt Ihn. Wenn Sie nicht an Gott glauben und unabhängig tun, was immer Sie möchten, werden Sie durch die Gesetze der Natur bestraft werden.

Mike Robinson: Ich verstehe. Macht es etwas aus, an welche Religion man glaubt? Würde es einen Unterschied machen, wenn man ein Geweihter Kṛṣṇas wäre?

Śrīla Prabhupāda: Es ist nicht eine Frage der Religion. Es ist eine Frage der Wissenschaft. Sie sind ein spirituelles Wesen, doch weil Sie materiell bedingt sind, unterliegen Sie den Gesetzen der materiellen Natur. Daher mögen Sie an die christliche Religion glauben, und ich mag an die Hindu-Religion glauben, doch das bedeutet nicht, daß Sie alt werden und ich nicht. Wir sprechen hier von der Wissenschaft des Alterns; es ist ein natürliches Gesetz. Es ist nicht so, daß Sie alt werden, weil Sie Christ sind, und daß ich nicht alt werde, weil ich Hindu bin. Jeder wird alt. In ähnlicher Weise sind die Gesetze der Natur auf jeden anwendbar; ob Sie an diese Religion oder an jene Religion glauben, das ist gleichgültig.

Mike Robinson: Sie sagen also, daß es nur einen Gott gibt, der uns alle beherrscht?

Śrīla Prabhupāda: Es gibt einen Gott und ein Naturgesetz, und wir alle unterstehen diesem Gesetz der Natur. Wir werden vom Höchsten beherrscht; wenn wir daher glauben, wir seien frei und könnten tun und lassen, was wir wollen, dann ist das unsere Torheit.

Mike Robinson: Ich verstehe. Könnten Sie mir erklären, welchen Unterschied es macht, ein Mitglied der Hare-Kṛṣṇa-Bewegung zu sein?

Śrīla Prabhupāda: Die Hare-Kṛṣṇa-Bewegung ist für diejenigen bestimmt, denen es ernst damit ist, diese Wissenschaft zu verstehen. Es kann keine Rede davon sein, daß wir irgendeine sektiererische Gruppe sind. Nein, jeder kann uns beitreten. Studenten von der Hochschule können kommen. Sie mögen Christ sein; sie mögen Hindu sein; sie mögen Mohammedaner sein – es spielt keine Rolle. Die Bewegung für Kṛṣṇa-Bewußtsein nimmt jeden auf, der die Wissenschaft von Gott verstehen möchte.

Mike Robinson: Und wie würde es für jemanden aussehen, der sich zu einem Hare-Kṛṣṇa-Mitglied ausbilden läßt?

Śrīla Prabhupāda: Seine wirkliche Bildung würde beginnen. Das erste, was man verstehen muß, ist, daß man eine spirituelle Seele ist. Und weil man eine spirituelle Seele ist, wechselt man seinen Körper. Das ist das ABC spirituellen Verständnisses. Wenn also der Körper vernichtet ist, dann ist man selbst nicht vernichtet. Man bekommt einen anderen Körper, ebenso wie man seinen Mantel oder sein Hemd wechseln mag. Wenn Sie morgen zu mir kommen und ein anderes Hemd und einen anderen Mantel tragen, bedeutet das, daß Sie eine andere Person sind? Nein. In ähnlicher Weise wechseln Sie jedes Mal, wenn Sie sterben, Ihren Körper, doch Sie selbst, die spirituelle Seele im Körper, bleiben derselbe. Dieser Punkt muß verstanden werden, dann macht man in der Wissenschaft des Kṛṣṇa-Bewußtseins weitere Fortschritte.

Mike Robinson: Ich beginne zu verstehen. Doch ich frage mich, wie dies in Beziehung zu der großen Anzahl von Ihren Leuten steht, die wir auf der Oxford Street Hare-Kṛṣṇa-Literatur verteilen sehen.

Śrīla Prabhupāda: Diese Literatur ist dafür gedacht, die Menschen von der Notwendigkeit spirituellen Lebens zu überzeugen.

Mike Robinson: Und ist es Ihnen wirklich gleichgültig, ob sie der Hare-Kṛṣṇa-Bewegung beitreten oder nicht?

Śrīla Prabhupāda: Das ist nicht so wichtig. Unsere Mission ist es, sie auszubilden. Die Menschen sind in Unwissenheit; sie leben in einem Narrenparadies und glauben, wenn ihr Körper sterbe, sei alles vorbei. Das ist Torheit.

Mike Robinson: Und es geht Ihnen grundsätzlich nur darum, den Menschen mitzuteilen, daß es eine spirituelle Dimension im Leben gibt?

Śrīla Prabhupāda: Unser erstes Anliegen ist, ihnen mitzuteilen, daß sie nicht der Körper sind, daß der Körper eine Bedeckung ist – ihr Hemd und ihr Mantel – und daß innerhalb dieses Körpers sie, die Seele, leben.

Mike Robinson: Sie sagten, daß die jetzige Lebensweise das Leben nach dem Tode bestimmt, daß es Naturgesetze gibt, die das nächste Leben formen. Wie geht diese Wanderung vor sich?

Śrīla Prabhupāda: Der Vorgang ist sehr subtil. Die spirituelle Seele ist unseren materiellen Augen nicht sichtbar; sie ist von atomisch kleiner Größe. Nach der Zerstörung des grobstofflichen Körpers, der aus den Sinnen, aus Blut, Knochen, Fett usw. besteht, existiert der feinstoffliche Körper aus Geist, Intelligenz und Ego weiter. Zum Zeitpunkt des Todes trägt dieser feinstoffliche Körper die winzige spirituelle Seele zu einem anderen grobstofflichen Körper.

Es ist so wie die Luft, die einen Duft mit sich trägt. Niemand kann sehen, wo der Rosenduft herkommt, doch wir wissen, daß er von der Luft getragen wird. Wir können nicht sehen wie, doch es ist eine Tatsache. Genauso ist auch der Vorgang der Seelenwanderung sehr subtil. Je nach dem Bewußtseinszustand des Geistes zum Zeitpunkt des Todes geht die winzige spirituelle Seele durch den Samen eines Vaters in den Leib einer bestimmten Mutter ein, wo die Seele eine bestimmte Art von Körper entwickelt, der von der Mutter gegeben wird. Es mag dies ein Mensch sein, eine Katze, ein Hund oder irgend etwas anderes.

Mike Robinson: Wollen Sie damit sagen, daß wir vor diesem Leben etwas anderes waren?

Śrīla Prabhupāda: Ja.

Mike Robinson: Und wir kommen das nächste Mal als etwas anderes zurück?

Śrīla Prabhupāda: Ja, denn Sie sind ewig. Je nach Ihrem Tun wechseln Sie einfach nur den Körper. Deshalb sollten Sie den Wunsch haben zu erfahren, wie man diese ganze Angelegenheit beenden kann und wie Sie Ihren ursprünglichen spirituellen Körper entwickeln können. Das ist Kṛṣṇa-Bewußtsein.

Mike Robinson: Ich verstehe. Wenn ich also Kṛṣṇa-bewußt werde, laufe ich nicht

Gefahr, als Hund zurückzukommen. Oder?

Śrīla Prabhupāda: Nein. *(Zu einem Schüler:)* Suche bitte diesen Vers: *janma karma ca me divyam...*

Schüler:

janma karma ca me divyam evaṁ yo vetti tattvataḥ
tyaktvā dehaṁ punar janma naiti mām eti so 'rjuna

«Wer die transzendentale Natur Meines Erscheinens und Meiner Taten kennt, wird nach Verlassen des Körpers nicht wieder in der materiellen Welt geboren, sondern gelangt in Mein ewiges Reich.» (Bg. 4.9)

Śrīla Prabhupāda: Gott sagt: «Jeder, der Mich versteht, ist von Geburt und Tod frei.» Aber man kann Gott nicht durch materialistische Spekulation verstehen; das ist nicht möglich. Man muß zuerst auf die spirituelle Ebene gelangen, dann bekommt man die notwendige Intelligenz, um Gott zu verstehen. Und wenn man Gott versteht, bekommt man keinen weiteren materiellen Körper mehr. Man geht zurück nach Hause, zu Gott. Man lebt ewig – kein weiterer Körperwechsel mehr.

Mike Robinson: Ich verstehe. Nun haben Sie zweimal aus Ihren Schriften zitiert. Woher kommen diese Schriften? Können Sie das kurz erklären?

Śrīla Prabhupāda: Unsere Schriften gehören zur vedischen Literatur, die seit Beginn der Schöpfung existiert. Immer wenn etwas Materielles neu geschaffen wird – wie zum Beispiel dieses Mikrophon –, gibt es auch eine Beschreibung dazu, eine Gebrauchsanleitung, die erklärt, wie man damit umzugehen hat.

Mike Robinson: Ja, das stimmt.

Śrīla Prabhupāda: Und diese Beschreibung kommt zusammen mit der Schöpfung des Mikrophons?

Mike Robinson: Das ist richtig, ja.

Śrīla Prabhupāda: In ähnlicher Weise kommt die vedische Literatur zusammen mit der kosmischen Schöpfung, um zu erklären, wie man damit umzugehen hat.

Mike Robinson: Diese Schriften existieren also seit Anbeginn der Schöpfung. Nun gut, ich möchte jetzt etwas anschneiden, von dem ich glaube, daß Sie hierzu einiges zu sagen haben werden. Was ist der Hauptunterschied zwischen Kṛṣṇa-Bewußtsein und den anderen östlichen Lehren, die man im Westen vorfindet?

Śrīla Prabhupāda: Der Unterschied ist, daß wir der ursprünglichen Literatur folgen, während andere ihre eigene Literatur verfassen. Das ist der Unterschied. Wenn es Fragen in bezug auf spirituelle Dinge gibt, müssen Sie die ursprüngliche Literatur zu Rate ziehen, nicht Literatur, die von einem Schwindler herausgegeben wurde.

Mike Robinson: Wie steht es mit dem Chanten von «Hare Kṛṣṇa, Hare Kṛṣṇa...»?

Śrīla Prabhupāda: Das Chanten von Hare Kṛṣṇa ist der einfachste Vorgang, geläutert zu werden, besonders in diesem Zeitalter, in dem die Menschen so abgestumpft sind, daß sie spirituelles Wissen nicht so leicht verstehen können. Wenn man Hare Kṛṣṇa chantet, wird die Intelligenz gereinigt, und man kann spirituelle Dinge verstehen.

Mike Robinson: Können Sie mir sagen, wie Sie bei allem, was Sie tun, geleitet werden?

Śrīla Prabhupāda: Wir lassen uns von der vedischen Literatur den Weg weisen.

Mike Robinson: Von den Schriften, die Sie zitiert haben?

Śrīla Prabhupāda: Ja, alles ist in den Schriften. Wir *erklären* sie zwar in der englischen Sprache, aber wir *erfinden* nichts. Wenn wir uns Wissen ausdenken würden, wäre alles verdorben. Die vedische Literatur ist wie die Gebrauchsanleitung, die erklärt, wie man mit diesem Mikrophon umgeht. Man kann nicht einfach etwas ändern; dann wäre alles verdorben. Weil wir also nichts erfinden, braucht man nur eines unserer Bücher zu lesen, und man bekommt wirkliches spirituelles Wissen.

Mike Robinson: Wie kann die Philosophie des Kṛṣṇa-Bewußtseins die Lebensweise der Menschen beeinflussen?

Śrīla Prabhupāda: Sie kann das Leiden der Menschen beenden. Die Menschen leiden, weil sie sich irrtümlich für den Körper halten. Wenn man glaubt, man sei sein Mantel oder sein Hemd, und man wäscht den Mantel und das Hemd sehr sorgfältig, vergißt aber dabei zu essen, wird man dann glücklich sein?

Mike Robinson: Nein, natürlich nicht.

Śrīla Prabhupāda: In ähnlicher Weise aber wäscht jeder nur den «Mantel» und das «Hemd» des Körpers, vergißt jedoch die Seele innerhalb dieses Körpers. Die Menschen wissen nichts von dem, was sich innerhalb des Körpers befindet. Fragen Sie irgend jemanden, was er ist, und er wird sagen: «Ich bin Engländer» oder «Ich bin Inder». Und wenn wir dann erwidern: «Gut, Sie haben einen englischen oder einen indischen Körper – aber wer sind *Sie*?», kann der Betreffende keine Antwort geben.

Mike Robinson: Ich verstehe.

Śrīla Prabhupāda: Die gesamte moderne Zivilisation ist auf dem Mißverständnis aufgebaut, daß der Körper das Selbst ist; man nennt dies im Sanskrit *dehātma-buddhi*. Das ist die Mentalität der Katzen und Hunde. Angenommen, ich versuche, in England einzureisen, und Sie halten mich an der Grenze an und sagen: «Ich bin Engländer, Sie aber sind Inder. Warum sind Sie hierher gekommen?» Auch der Hund bellt: «Wau, wau, warum kommst du hierher?» Worin unterscheidet sich ihre Mentalität? Der Hund denkt, er sei ein Hund und ich sei ein Fremder, und Sie denken, Sie seien Engländer und ich sei Inder. Da ist kein Unterschied in der Mentalität. Wenn man also die Menschen in der Dunkelheit einer Hundementalität hält und erklärt, die Zivilisation mache Fortschritte, geht man völlig in die Irre.

Mike Robinson: Um auf etwas anderes zu sprechen zu kommen – ich nehme an, der Hare-Kṛṣṇa-Bewegung geht es auch um Hilfe in Gebieten auf der Welt, wo Not herrscht.

Śrīla Prabhupāda: Ja, wir sind die einzigen, die sich wirklich darum kümmern. Andere meiden die Hauptprobleme, nämlich Geburt, Alter, Krankheit und Tod. Andere haben keine Lösung für diese Probleme; sie reden nur allen möglichen Unsinn. Laßt uns beginnen, ihnen Licht zu geben.

Mike Robinson: Ja, aber abgesehen von der spirituellen Erleuchtung, die Sie geben wollen – geht es Ihnen auch um das körperliche Wohl der Menschen?

Śrīla Prabhupāda: Das körperliche Wohl folgt dem spirituellen Wohl von selbst.

Mike Robinson: Wie ist das zu verstehen?

Śrīla Prabhupāda: Angenommen Sie besitzen ein Auto. Natürlich kümmern Sie sich sowohl um das Auto als auch um sich selbst. Aber Sie *identifizieren* sich nicht mit dem Auto; Sie sagen nicht: «Ich bin dieses Auto.» Das wäre Unsinn. Aber das ist es, was die Menschen heutzutage tun – sie kümmern sich zu sehr um das «Auto» ihres Körpers und halten dieses «Auto» für das Selbst. Sie vergessen, daß sie von dem «Auto» verschieden sind, da sie eine spirituelle Seele sind und etwas anderes zu tun haben. Ebenso wie niemand Benzin trinken und dadurch zufrieden werden kann, so kann niemand mit körperlichen Tätigkeiten zufrieden sein. Man muß die richtige Nahrung für die Seele herausfinden. Wenn jemand denkt, er sei ein Auto und müsse Benzin trinken, wird er als verrückt angesehen; ebenso ist jemand, der sich für den Körper hält und versucht, durch körperliche Freuden glücklich zu werden, gleichfalls verrückt.

Mike Robinson: Ich habe hier ein Zitat, zu dem ich gerne eine nähere Erklärung von Ihnen hätte. Bevor ich hierher kam, wurde mir von Ihren Leuten diese Schrift gegeben, und unter anderem sagen Sie hierin: «Religion ohne rationale Grundlage ist nur sentimental.» Können Sie das bitte erklären?

Śrīla Prabhupāda: Die meisten religiösen Menschen sagen: «Wir glauben, daß...» Aber was ist dieser Glaube wert? Sie könnten an etwas glauben, was nicht wirklich richtig ist. Zum Beispiel sagen viele Christen: «Wir glauben, die Tiere haben keine Seele.» Das ist nicht richtig. Sie glauben, Tiere hätten keine Seele, weil sie die Tiere essen möchten. Aber in Wirklichkeit haben die Tiere eine Seele.

Mike Robinson: Woher wissen Sie, daß das Tier eine Seele hat?

Śrīla Prabhupāda: Sie können das ebenfalls verstehen – hier ist der wissenschaftliche Beweis: Das Tier ißt, Sie essen; das Tier schläft, Sie schlafen; das Tier pflanzt sich fort, Sie pflanzen sich fort; das Tier verteidigt sich, und Sie verteidigen sich ebenfalls. Was ist also der Unterschied zwischen Ihnen und dem Tier? Wie können Sie sagen, Sie hätten eine Seele, das Tier aber nicht?

Mike Robinson: Ich verstehe, was Sie meinen, aber die christlichen Schriften sagen...

Śrīla Prabhupāda: Sprechen Sie nicht von irgendwelchen Schriften; das ist eine Sache des gesunden Menschenverstandes. Versuchen Sie zu begreifen: Das Tier ißt, Sie essen; das Tier schläft, Sie schlafen; das Tier verteidigt sich, Sie verteidigen sich; das Tier pflanzt sich fort, Sie pflanzen sich fort; die Tiere haben Kinder, Sie haben Kinder; die Tiere haben einen Ort zum Leben, Sie haben einen Ort zum Leben. Wenn in den Körper eines Tieres geschnitten wird, kommt Blut, und wenn in Ihren Körper geschnitten wird, kommt ebenfalls Blut. All diese Gemeinsamkeiten sind da – warum also wollen Sie diese eine Gemeinsamkeit nicht auch anerkennen, die Gegenwart der Seele? Das ist nicht logisch. Haben Sie sich schon einmal mit Logik befaßt?

In der Logik gibt es so etwas wie eine Analogie. Analogie bedeutet, eine Schlußfolgerung zu ziehen, indem man viele gemeinsame Punkte herausarbeitet.

Wenn es also so viele gemeinsame Punkte zwischen Menschen und Tieren gibt – warum verleugnet man dann diese eine Gemeinsamkeit? Das ist nicht Logik, das ist nicht Wissenschaft.

Mike Robinson: Aber wenn Sie dieses Argument nehmen und es umdrehen...

Śrīla Prabhupāda: Es gibt kein «Umdrehen». Wenn Sie nicht auf der Grundlage von Logik argumentieren, sind Sie nicht rational.

Mike Robinson: Ja gut, aber gehen wir einmal von einer anderen Hypothese aus. Angenommen wir sagen, der Mensch habe keine Seele...

Śrīla Prabhupāda: Wie erklären Sie aber dann den Unterschied zwischen einem lebenden und einem toten Körper? Ich habe bereits erwähnt, daß dies der Anfang ist. Sobald die lebendige Kraft, die Seele, den Körper verläßt, hat selbst der schönste Körper keinen Wert mehr, und niemand kümmert sich mehr um ihn; er wird fortgeschafft. Aber wenn ich Ihnen jetzt ein Haar krümme, wird es zu einem Kampf kommen. Das ist der Unterschied zwischen einem lebenden und einem toten Körper. In einem lebenden Körper ist die Seele anwesend, und in einem toten Körper ist die Seele nicht mehr da. Sobald die Seele den Körper verläßt, verliert der Körper seinen Wert; er ist nutzlos. Das ist sehr einfach zu verstehen, aber selbst die größten sogenannten Wissenschaftler und Philosophen sind zu abgestumpft, um dies zu begreifen. Die moderne Gesellschaft befindet sich in einem sehr erbärmlichen Zustand; es gibt keine Menschen mit Verstand.

Mike Robinson: Meinen Sie alle Wissenschaftler, die die spirituelle Dimension im Leben nicht verstehen?

Śrīla Prabhupāda: Ja. Wirkliche Wissenschaft bedeutet umfassendes Wissen von allen Dingen, sowohl materiellen als auch spirituellen.

Mike Robinson: Aber Sie selbst waren früher Chemiker, oder nicht?

Śrīla Prabhupāda: Ja, ich war früher Chemiker, aber man braucht keine große Intelligenz zu haben, um Chemiker zu werden. Jeder Mensch mit ein wenig Verstand kann das.

Mike Robinson: Aber vermutlich stimmen Sie zu, daß die materielle Wissenschaft wichtig ist, selbst wenn die heutigen Wissenschaftler abgestumpft sind.

Śrīla Prabhupāda: Die materielle Wissenschaft ist nur bedingt wichtig. Sie ist nicht das Wichtigste.

Mike Robinson: Ich verstehe. Kann ich auf die Frage zurückkommen, die ich vorhin stellte? Als wir vor ein paar Minuten verschiedener Meinung waren, sagten Sie: «Führen Sie keine Schriften an, benutzen Sie einfach Ihren gesunden Menschenverstand.» Welchen Stellenwert aber haben die Schriften in Ihrer Religion nun wirklich? Wie wichtig sind sie?

Śrīla Prabhupāda: Unsere Religion ist eine Wissenschaft. Wenn wir sagen, daß ein Kind zu einem Jungen heranwächst, ist das Wissenschaft; es ist nicht Religion. Jedes Kind wächst zu einem Knaben heran – was hat das mit Religion zu tun? Und wenn der Mensch stirbt, wird der Körper nutzlos – was hat das mit Religion zu tun? Es ist Wissenschaft. Ob Sie Christ oder Hindu oder Moslem sind – wenn Sie sterben, wird Ihr Körper nutzlos. Das ist Wissenschaft. Wenn Ihr Verwandter stirbt, können Sie nicht sagen: «Wir sind Christen, wir glauben, er ist nicht gestorben.»

Nein, er ist gestorben. Ob Sie Christ oder Hindu oder Moslem sind – er ist gestorben.

Wenn wir also etwas sagen, sprechen wir auf dieser Grundlage: der Körper ist nur solange wichtig, wie die Seele im Körper ist. Wenn die Seele nicht dort ist, ist er nutzlos. Diese Wissenschaft ist auf jeden anwendbar, und wir versuchen, die Menschen auf dieser Grundlage auszubilden.

Mike Robinson: Aber wenn ich Sie richtig verstehe, scheinen Sie die Menschen auf einer rein wissenschaftlichen Basis auszubilden. Wie kann man hier überhaupt von Religion sprechen?

Śrīla Prabhupāda: Religion bedeutet ebenfalls Wissenschaft. Die Menschen sind irrtümlich zu der Vorstellung gekommen, Religion bedeute Glauben – «Ich glaube dieses oder jenes...» *(Zu einem Schüler:)* Suche das Wort «Religion» aus dem Lexikon heraus.

Schüler: Unter «Religion» steht hier: «Anerkennung einer übermenschlichen Herrschaft oder Macht und besonders eines persönlichen Gottes mit der Verpflichtung zum Gehorsam sowie die Herbeiführung solcher Anerkennung durch die richtige geistige Einstellung.»

Śrīla Prabhupāda: Ja. Religion bedeutet zu lernen, wie man dem Höchsten Herrscher gehorchen kann. Sie mögen Christ sein, und ich mag Hindu sein, das spielt keine Rolle. Wir müssen beide anerkennen, daß es einen Höchsten Herrscher gibt; jeder muß das anerkennen. Das ist wirkliche Religion. Nicht: «Wir glauben, die Tiere haben keine Seele.» Das ist nicht Religion; das ist höchst unwissenschaftlich. Religion bedeutet, den Höchsten Herrscher wissenschaftlich zu verstehen; den Höchsten Herrscher zu verstehen und Ihm zu gehorchen – das ist alles.

Im Staat ist der gute Bürger derjenige, der die Regierung versteht und die Gesetze der Regierung befolgt. Und der schlechte Bürger ist derjenige, der sich nicht um die Regierung kümmert. Wenn Sie nun ein schlechter Bürger werden, indem Sie Gottes Regierung ignorieren, sind Sie irreligiös. Und wenn Sie ein guter Bürger sind, sind Sie religiös.

Mike Robinson: Ich verstehe. Können Sie mir sagen, was Ihrer Meinung nach der Sinn des Lebens ist? Warum existieren wir überhaupt?

Śrīla Prabhupāda: Der Sinn des Lebens ist es zu genießen. Aber jetzt befinden Sie sich auf einer falschen Ebene des Lebens, und deshalb leiden Sie, statt zu genießen. Überall können wir den harten Kampf ums Dasein beobachten. Jeder kämpft. Doch welcher Genuß ist am Ende da? Die Menschen leiden nur und sterben. Obwohl Leben Genuß bedeutet, ist Ihr Leben gegenwärtig kein Genuß. Aber wenn Sie auf eine wirklich spirituelle Ebene des Lebens gelangen, werden Sie genießen.

Mike Robinson: Können Sie mir abschließend einige Stufen erklären, die man im spirituellen Leben durchläuft? Was sind die spirituellen Stufen, die ein neuer Geweihter Kṛṣṇas durchläuft?

Śrīla Prabhupāda: Die erste Stufe ist Wißbegierde. Sie zum Beispiel fragen sich: «Was ist diese Bewegung für Kṛṣṇa-Bewußtsein eigentlich? Ich will sie näher untersuchen.» Dies nennt man im Sanskrit *sraddhā*, Vertrauen. Das ist der Anfang. Wenn Sie dann ernsthaft sind, suchen Sie die Gemeinschaft derer, die dieses Wissen kultivieren; Sie versuchen zu verstehen, wie sie fühlen. Dann fühlen Sie ebenfalls: «Warum soll ich nicht einer von ihnen werden?» Und wenn Sie dann einer von ihnen werden, verschwinden sehr bald alle Ihre falschen Vorstellungen; sie entwickeln mehr Vertrauen, und dann bekommen Sie einen wirklichen Geschmack am Kṛṣṇa-Bewußtsein. Warum gehen diese jungen Leute nicht ins Kino? Warum essen sie kein Fleisch und gehen nicht in den Nachtclub? Weil ihr Geschmack sich verändert hat; sie verabscheuen jetzt all diese Dinge.

Auf diese Weise machen Sie Fortschritt – zuerst ein wenig Vertrauen, dann Gemeinschaft mit Gottgeweihten, dann Beseitigung aller falschen Vorstellungen, dann festes Vertrauen, dann Geschmack an Gotteserkenntnis, und dann Liebe zu Gott, die Vollkommenheit. Das ist erstklassige Religion, nicht irgendeine rituelle Zeremonie auf der Grundlage von «Ich glaube, du glaubst...» – das ist nicht Religion, das ist Betrug. Wirkliche Religion bedeutet, Liebe zu Gott zu entwickeln. Das ist die Vollkommenheit von Religion.

Mike Robinson: Vielen Dank, daß Sie mit mir gesprochen haben. Es war mir eine große Freude.

Śrīla Prabhupāda: Hare Kṛṣṇa.

Anhang 4

DREI GESCHICHTEN ÜBER REINKARNATION

Schon seit Tausenden von Jahren haben sich die bedeutenden spirituellen Lehrer Indiens historischer Erzählungen bedient, um ihren Schülern die Grundsätze der Reinkarnation zu illustrieren. Die drei in der Folge erzählten Geschichten stammen aus Śrīla Prabhupādas Übersetzung des berühmten Sanskritwerkes *Śrīmad-Bhāgavatam (Bhāgavata Purāṇa)* – eines episch-philosophischen Klassikers, der in der umfangreichen schriftlich niedergelegten Weisheit des alten Indien eine einzigartige Stellung einnimmt und als «die reife Frucht am Wunschbaum der vedischen Schriften» gilt.

Die wissenschaftlichen Grundsätze der Reinkarnation sind nicht dem Wandel der Zeit unterworfen, sondern behalten stets ihre Gültigkeit bei, und so besitzen die zeitlosen Geschichten der *Purāṇas* für den ernsthaft Suchenden heute wie damals den gleichen Wert.

Erste Geschichte: Die Lehren des verstorbenen Prinzen

Einige betrachten die Seele als wunderbar, einige beschreiben sie als wunderbar, und einige hören, sie sei wunderbar, wohingegen andere, selbst nachdem sie von ihr gehört haben, sie nicht im geringsten verstehen können. (Bhagavad-gītā 2.29)

In der folgenden historischen Erzählung aus dem Sechsten Canto, Kapitel 14-16, des *Śrīmad-Bhāgavatam* offenbart der verstorbene Sohn eines Königs seine vorangegangene Geburt und unterweist seine Eltern über die unvergängliche Natur der Seele und über die Wissenschaft der Reinkarnation.

In der Provinz Śūrasena lebte einst ein König namens Citraketu, der mit vielen wunderschönen Frauen verheiratet war. Obgleich er die Fähigkeit besaß, Kinder zu zeugen, schenkte ihm doch keine von ihnen ein Kind; denn wie das Geschick es wollte, waren alle seine Frauen unfruchtbar.

Eines Tages jedoch begab es sich, daß der mächtige Weise Angirā dem Palast Citraketus einen Besuch abstattete. Als Angirā eintraf, erhob sich König Citraketu sofort von seinem Thron und bezeigte ihm seine Ehrerbietungen, wie es die vedische Sitte verlangte. Er bot dem Weisen Wasser und Speisen an und genügte auf diese Weise seiner Pflicht als Gastgeber eines hohen Gastes.

Nachdem der Weise einen bequemen Sitz erhalten hatte, setzte sich der König, seinen Geist und seine Sinne beherrschend, bei dessen Füßen am Boden nieder, worauf dieser ihn für seine Demut und Gastfreundlichkeit beglückwünschte. Hierauf richtete Angirā die folgenden Worte an den König: «Mein lieber König, ich hoffe, daß es deinem Körper und deinem Geist wie auch deinen königlichen Gefährten und deinem persönlichen Besitz gut geht. Doch ich kann sehen, daß dein Gemüt nicht von Freude erfüllt ist. Du scheinst ein ersehntes Ziel nicht erreicht zu haben. Liegt dies an dir selbst, oder ist es durch andere verursacht worden? Dein blasses Gesicht spiegelt deine tiefe Besorgnis wider.»

Obgleich sich der Weise Angirā über die Ursache von Citraketus Leid bewußt war, befragte er ihn zu dessen eigenem Wohl auf diese Weise. Der König, der sich sehnlichst einen Sohn wünschte, antwortete wie folgt: «O großer Meister Angirā, aufgrund von Entsagung, Wissen und Meditation bist du frei von allen Reaktionen des sündhaften Lebens. Deshalb kannst du als vollkommener Yogi alles verstehen, was verkörperte bedingte Seelen wie mich äußerlich und innerlich betrifft. O große Seele, du bist dir über alles bewußt, dennoch fragst du mich, weshalb ich von Sorge erfüllt bin. Laß mich deshalb als Erwiderung auf deine Anweisung die Ursache enthüllen. So wie ein Mensch, der von Hunger und Durst geplagt wird, nicht durch äußerliche Freuden wie Blumengirlanden oder Sandelholzpaste gesättigt wird, finde ich keine Freude an meinem Königreich, meinem Reichtum und meinen Besitztümern, weil ich keinen Sohn habe. Deshalb, o Weiser, errette mich gütigerweise und unternimm bitte etwas, damit ich einen Sohn erhalte.»

Als Antwort auf die Bitte König Citraketus erwies Angirā ihm außergewöhnliche Barmherzigkeit. Weil der Weise eine überaus mächtige Persönlichkeit war, vollzog er ein Opfer, in dem er den Halbgöttern Opfergaben aus Milchreis darbrachte und darauf die Überreste der so geopferten Speisen der ersten und vollkommensten unter Citraketus Königinnen, deren Name Kṛtadyuti war, übergab. Alsdann sagte er zum König: «O großer König, du wirst nun einen Sohn haben, der die Ursache für sowohl Freude als auch Klage sein wird.» Dann brach der Weise auf, ohne Citraketus Antwort abzuwarten.

Nachdem Kṛtadyuti Citraketus Samen empfangen und die Überreste der Speise von dem von Angirā vollzogenen Opfer zu sich genommen hatte, wurde sie schwanger. Bald darauf wurde dem König ein Sohn geboren. Als die Bürger in seinem Königreich diese Nachricht vernahmen, waren sie überaus erfreut. Besonders erfreut war König Citraketu, wenngleich er sich über die letzten Worte des Weisen wunderte. «Angirā hatte sicherlich recht damit, daß ich über die Geburt meines Sohnes sehr glücklich sein werde», dachte er bei sich. «Das ist gewiß wahr. Aber was wollte er wohl damit sagen, daß das Kind auch die Ursache von Wehklagen sein würde? Als mein einziger Sohn wird er natürlich meinen Thron und das ganze Königreich erben; deshalb wird er vielleicht stolz und ungehorsam. Das mag ein Grund zur Klage sein, aber ein ungehorsamer Sohn ist immer noch besser als gar keiner.» Auf diese Weise stellte der König Vermutungen darüber an, was Angirā wohl mit seiner Bemerkung gemeint haben könnte.

Nach der Geburt seines Sohnes beauftragte Citraketu gelehrte Brāhmaṇas, dem Kind Segnungen zu erteilen und die Geburtszeremonie zu vollziehen. Den Brāhmaṇas, die an der Zeremonie teilnahmen, spendete der König Gold, Silber, Gewänder, Schmuck, Dörfer, Pferde und Elefanten sowie auch eine große Anzahl Kühe.

Die Zuneigung König Citraketus zu seinem Sohn, den er erst nach schweren Mühen erhalten hatte, vergrößerte sich von Tag zu Tag. Auch die Zuneigung und Aufmerksamkeit der Mutter für den Sohn steigerte sich genau wie die des Vaters in übergroßem Maße. Aber als die anderen Frauen Kṛtadyutis Sohn erblickten, wurden sie von dem Verlangen, ebenfalls Söhne zu haben, wie von einem schweren Fieber in große Aufregung versetzt. Während der König seinen Sohn mit aller Liebe großzog, wuchs seine Zuneigung zu Königin Kṛtadyuti täglich, wohingegen er sein Interesse an seinen unfruchtbaren Gemahlinnen allmählich verlor.

Die anderen Königinnen waren zutiefst unglücklich und wurden immer neidischer, weil sie selbst ohne Söhne blieben. Wegen der Geringschätzung, die der König ihnen gegenüber zeigte, klagten sie: «Eine Frau, die keine Söhne hat, wird daheim von ihrem Ehemann vernachlässigt und von ihren Nebenfrauen genauso geringschätzig behandelt wie eine Dienerin.» So glühten die unfruchtbaren Königinnen vor Eifersucht, die immer stärker wurde. So verloren sie ihre Intelligenz, und ihre Herzen wurden hart wie Stein. Sie trafen sich im geheimen und beschlossen, daß es nur eine Lösung zu ihrem Problem gab, nur einen Weg, die Liebe ihres Ehegatten wiederzugewinnen: das Kind mußte sterben.

Eines Nachmittags, als Königin Kṛtadyuti gerade im Palast spazierenging und dachte, ihr Sohn liege in tiefem Schlaf, schlichen sich die Nebenfrauen heimlich ins Kinderzimmer und vergifteten den Jungen. Da Kṛtadyuti ihren Sohn sehr liebte und es kaum ertragen konnte, auch nur einen Augenblick ohne ihn zu sein, kehrte sie bald zurück und gab einer Hebamme den Auftrag, das Kind aufzuwecken und es zu ihr zu bringen. Als die Dienerin sich dem daliegenden Kind näherte, sah sie, daß seine Augen nach oben gerichtet waren und es keine Lebenszeichen mehr von sich gab. Entsetzt hielt sie einen Wattebausch unter die Nase des Kindes, aber die Watte bewegte sich nicht. So begriff sie, daß das Kind tot war. Als sie dies erkannte, schrie sie sofort auf: «Jetzt bin ich verdammt!» und stürzte zu Boden. Völlig entsetzt schlug sie sich mit beiden Händen auf die Brust und weinte laut mit reumütigen Worten.

Da die Königin ihre laute Stimme vernahm, kam sie sofort herbeigeeilt, und als sie auf ihren Sohn zutrat, erkannte sie, daß er unvermittelt gestorben war. Unter großem Wehklagen stürzte die Königin, deren Haar und Kleidung völlig durcheinandergerieten, bewußtlos zu Boden. Sowie die anderen Bewohner des Palastes das laute Weinen vernahmen, kamen sie alle, Männer wie Frauen, herbeigelaufen, und da sie gleichermaßen bekümmert waren, begannen auch sie zu weinen. Sogar die

Königinnen, die dem Kind das Gift verabreicht hatten, weinten heuchlerisch, wobei sie sich ihres Verbrechens wohl bewußt waren.

Als König Citraketu hörte, daß sein Sohn aus ungeklärten Ursachen gestorben war, wurde er beinahe blind. Wegen seiner großen Zuneigung zu seinem Sohn erhob sich sein Wehklagen wie ein loderndes Feuer, und als er lief, um das tote Kind zu sehen, glitt er ständig aus und fiel um. Von seinen Ministern und anderen Amtsträgern wie auch von den anwesenden gelehrten Brāhmaṇas umgeben, eilte der König herbei und fiel mit zerzaustem Haar und durcheinandergeratenen Kleidern bewußtlos bei den Füßen seines Kindes zu Boden. Als er schwer atmend wieder zu Bewußtsein kam, standen seine Augen voller Tränen, und es war ihm nicht möglich zu sprechen.

Als die Königin ihren Ehemann, der von tiefer Trauer überwältigt war, und das tote Kind, den einzigen Sohn in der Familie, sah, begann sie den Höchsten Herrn zu verfluchen, was den Schmerz der Palastbewohner nur noch mehr steigerte. Die Blumengirlande, die ihr Haupt schmückte, fiel zu Boden, und ihr schwarz glänzendes Haar verwirrte sich. Herabrinnende Tränen lösten die Tusche auf ihren Augen auf und benetzten ihre Brüste. Sie klagte: «O weh, o Schicksal, o Schöpfer! Du bist gewiß unerfahren in der Schöpfung, denn während der Vater am Leben ist, hast Du den Tod seines Sohnes verursacht und Dich somit Deinen Schöpfungsgesetzen widersprechend verhalten. Daher bist Du gewiß der Feind der Lebewesen und besitzt niemals Barmherzigkeit.»

Sich ihrem Kinde zuwendend, sagte sie weiter: «Mein lieber Sohn, ich bin hilflos und zutiefst bekümmert. Du solltest meine Gesellschaft nicht verlassen. Sieh nur deinen wehklagenden Vater an. Du hast eine lange Zeit geschlafen; steh jetzt bitte auf. Deine Spielgefährten rufen dich zum Spiel. Du bist sicherlich auch sehr hungrig. Erhebe dich deshalb bitte sofort und laß dich von mir stillen, um unseren Kummer zu vertreiben. Mein lieber Sohn, ich bin gewiß äußerst unglückselig, denn ich kann dein sanftes Lächeln nicht mehr betrachten. Du hast deine Augen für immer geschlossen. Ich ahne deshalb, daß du von diesem Planeten auf einen anderen versetzt worden bist, von dem du niemals wiederkehren wirst. Mein lieber Sohn, ich kann deine herzerfreuende Stimme nicht mehr hören.»

Gemeinsam mit seiner Frau, die auf diese Weise um ihren toten Sohn klagte, begann König Citraketu laut mit offenem Mund zu weinen, da er äußerst verzweifelt war. Da der König und die Königin wehklagten, stimmten auch alle ihre Untertanen in ihr Weinen ein. Ja, wegen des plötzlichen Unglücks wurden alle Bürger des Königreichs beinahe bewußtlos.

Als der große Weise Aṅgirā erkannte, daß der König in einem Ozean des Wehklagens fast starb, begab er sich mit seinem Freund Nārada Muni, dem größten aller Weisen und Heiligen, zu ihm. Die beiden Weisen fanden den König, von Wehklagen überwältigt, wie einen Toten neben dem leblosen Körper seines Sohnes liegen und belehrten ihn mit folgenden scharfen Worten:

«O König, wache auf aus der Nacht deiner Unwissenheit! Welche Beziehung hat der tote Körper, um den du wehklagst, zu dir, und welche Beziehung hast du zu ihm? Du magst sagen, ihr seid als Vater und Sohn miteinander verwandt, doch glaubst du, diese Beziehung habe vorher existiert? Existiert sie jetzt wirklich? Wird sie in der Zukunft bestehenbleiben? O König, so, wie kleine Sandkörner durch die Macht der Wellen manchmal zusammenkommen und manchmal getrennt werden, kommen die Lebewesen, die einen materiellen Körper angenommen haben, durch die Macht der Zeit zusammen und werden dann wieder getrennt. Sowohl du als auch wir – deine Ratgeber, Ehefrauen und Minister –, wie auch alles andere Bewegliche und Unbewegliche im gesamten Kosmos befindet sich nur in einer zeitweiligen Situation. Vor unserer Geburt existierte diese Situation nicht, und nach unserem Tod wird sie nicht weiter existieren.»

Nārada und Angirā wollten dem König auf diese Weise zu verstehen geben, daß alle körperlichen Beziehungen und Bezeichnungen nur zeitweilig sind und daß man ihren Verlust nicht beklagen sollte. So durch ihre Lehren erleuchtet, gewann König Citraketu auf Wissen gegründete Zuversicht. Während er sein runzlig gewordenes Gesicht mit seiner Hand abwischte, sagte er: «O große Seelen, weil ihr fortgeschrittene Persönlichkeiten seid, könnt ihr mir wahres Wissen geben. Ich bin dumm wie ein Tier, weil ich in die Dunkelheit der Unwissenheit eingetaucht bin. Deshalb entzündet bitte die Fackel des Wissens, um mich zu retten.»

Darauf entgegnete Angirā: «Mein lieber König, als ich das erste Mal in dein Haus kam – als du dir einen Sohn wünschtest –, hätte ich dir das größte Geschenk geben können, nämlich transzendentales Wissen, doch als ich sah, wie sehr deine Gedanken in materielle Dinge vertieft waren, gab ich dir nur einen Sohn, der dir sowohl Freude als auch Kummer bereiten sollte. Jetzt erfährst du tatsächlich das Leid eines Menschen, der Söhne und Töchter hat. Die sichtbaren Dinge wie Ehefrau, Kinder und Eigentum sind alle vergänglich, und daher sind sie nicht besser als Illusionen, Träume und Hirngespinste. Deshalb, o König Citraketu, denke sorgfältig über die Stellung des wahren Selbst nach und versuche zu verstehen, wer du wirklich bist. Überlege, woher du gekommen bist, wohin du dich nach dem Verlassen des Körpers begibst und weshalb du von materiellem Klagen beherrscht wirst. Versuche auf diese Weise, deine wahre Stellung zu verstehen, denn dann wirst du in der Lage sein, deine unnötige Anhaftung aufzugeben.»

Alsdann vollbrachte Nārada Muni ein Wunder: Durch seine mystische Kraft bewirkte der große Weise, daß die Seele des verstorbenen Sohnes für alle klagenden Verwandten sichtbar wurde. Der Raum füllte sich mit einem strahlenden Licht, und der tote Körper begann sich wieder zu bewegen. Nārada sprach: «O Lebewesen, alles Glück sei mit dir. Betrachte nur deinen Vater und deine Mutter. Deine Freunde und Verwandten sind alle von Kummer überwältigt, weil du dahingeschieden bist. Weil du vorzeitig gestorben bist, steht dir noch der Rest deiner Lebensdauer zu. Deshalb darfst du wieder in deinen Körper eingehen und, umgeben von deinen Freunden und Verwandten, den Rest deines Lebens genießen. Später kannst du den Königsthron deines Vaters und alle seine Reichtümer erben.»

Das Lebewesen, das durch die mystische Kraft Nārada Munis wieder für eine kurze Zeit in seinen toten Körper eingegangen war, kam Nārada Munis Bitte nach, wobei es jedoch nicht mit dem Verstand eines Säuglings, sondern mit dem Wissen einer befreiten Seele die folgenden Worte sprach:

«Ich, das Lebewesen, wandere entsprechend den Ergebnissen meiner fruchtbringenden Handlungen von einem Körper zum anderen. Im Verlaufe dieser Wanderung gelange ich manchmal in die Lebensform der Halbgötter, manchmal in die der niederen Tiere, manchmal in die der Pflanzen und manchmal in die der Menschen. Daher frage ich: In welchem Leben waren diese beiden meine Mutter und mein Vater? In Wirklichkeit ist niemand meine Mutter und mein Vater. Ich habe bereits Millionen von sogenannten Müttern und Vätern gehabt – wie kann ich diese also als meine Eltern ansehen? Das Lebewesen hat zu seinen sogenannten Vätern und Müttern in Wirklichkeit keine ewige Beziehung. Solange es infolge seiner früheren fruchtbringenden Tätigkeiten als Sohn eines bestimmten Vaters und einer bestimmten Mutter erscheint, ist es mit dem Körper, der ihm von diesen Eltern gegeben wurde, verbunden. Wenn es jedoch stirbt, ist diese Beziehung beendet. Unter diesen Umständen sollte man sich nicht fälschlich von Jubel und Wehklagen übermannen lassen.»

Das ewige Lebewesen, die spirituelle Seele, wandert ständig von einem materiellen Körper zum anderen. In diesem Beispiel hat ein Lebewesen einen Körper angenommen, der von König Citraketu und seiner Frau Kṛtadyuti gezeugt wurde. In Wirklichkeit jedoch war es nicht ihr Sohn. Jedes Lebewesen ist im Grunde das ewige Kind der Höchsten Persönlichkeit Gottes; weil es aber in dieser materiellen Welt genießen möchte, gibt Gott ihm die Möglichkeit, verschiedene Körper anzunehmen. Dennoch hat das reine Lebewesen kein wirkliches Verhältnis zu seinem materiellen Körper, den es von seinen Eltern bekommt. Aus diesem Grund verneinte die Seele, die den Körper von Citraketus Sohn angenommen hatte, daß der König und die Königin seine Eltern seien.

An dieser Stelle läßt sich die folgende höchst interessante Überlegung anstellen. König Citraketu klagte um seinen Sohn, der nun tot war; dabei hätte er die Situation auch von einem anderen Standpunkt aus betrachten können. «Dieses Lebewesen» – so hätte er denken können – «war in meinem letzten Leben mein Feind, und nun, da es als mein Sohn erschienen ist, hat es mich vorzeitig verlassen, um mir Schmerz zuzufügen und Kummer zu bereiten.» Warum ließ er sich also von dem Tod seines vermeintlichen Sohnes von solchem Klagen überwältigen?

Es liegt nicht an dem Vater oder der Mutter, daß das Lebewesen geboren wird; es besitzt eine von seinen sogenannten Eltern vollständig getrennte Identität. Durch die Gesetze der Natur wird das Lebewesen dazu gezwungen, in den Samen des Vaters einzugehen und sich in den Schoß der Mutter setzen zu lassen. Es kann nicht frei wählen, welche Art von Vater es annehmen wird; das wird von seinen Handlungen in vorangegangenen Leben (Karma) bestimmt.

Bei der Wanderung der Seele durch verschiedene Körper erhält sie in jeder Lebensform – ob als Mensch, Tier, Baum oder Halbgott – einen Vater und eine Mutter. Das ist nicht sehr schwierig. Viel schwieriger ist es, einen echten spirituellen Meister, der der wahre Vater ist, zu erlangen. Die Pflicht des Menschen besteht deshalb darin, die Gelegenheit zu ergreifen, solch einen spirituellen Meister zu suchen, denn unter seiner Anleitung kann man sich vom Kreislauf der Reinkarnation befreien und zur wahren Heimat, der spirituellen Welt, zurückkehren.

Nachdem der Knabe diese zeitlosen Unterweisungen gesprochen hatte, verstummte er plötzlich, und die reine Seele verließ den Körper des Kindes aufs neue, worauf der Körper tot zusammensank. König Citraketu und seine Verwandten waren alle erstaunt, und in der Folge sprengten sie die Ketten ihrer blinden Anhaftung und überwanden ihr Wehklagen. Anschließend vollzogen sie die ordnungsgemäße Bestattungszeremonie, indem sie den toten Körper des Kindes einäscherten.

Königin Kṛtadyutis Nebenfrauen, die das Kind vergiftet hatten, schämten sich sehr und verloren jegliche körperliche Ausstrahlung. Während sie wehklagten, erinnerten sie sich an die Lehren Angirās und Nāradas und gaben ihren Wunsch auf, Kinder zu gebären. Sie befolgten die Anweisungen der Brāhmaṇas und begaben sich an das Ufer des heiligen Yamunā-Flusses, wo sie badeten und für ihre sündhafte Handlung Buße taten.

So wurden König Citraketu und seine Verwandten durch die Lehren der Brāhmaṇas Angirā und Nārada erleuchtet und gewannen vollständige Einsicht in das spirituelle Wissen, einschließlich der Wissenschaft der Reinkarnation. Wie sich ein Elefant aus einem schlammigen Teich befreit, so kam König Citraketu durch diese Lehren aus dem dunklen Brunnen der Unwissenheit heraus und machte sich entschlossen auf den Pfad der transzendentalen Erkenntnis, der zurück nach Hause, in die spirituelle Welt, führt.

Zweite Geschichte: Die drei Leben König Bharatas

Wie ein Mensch alte Kleider ablegt und neue anzieht, so gibt die Seele alt und unbrauchbar gewordene Körper auf und nimmt neue materielle Körper an. (Bhagavad-gītā 2.22)

Im Fünften Canto, Kapitel 7-14 des *Śrīmad-Bhāgavatam* finden wir die folgende Geschichte, die auf dramatische Art und Weise die Prinzipien der Seelenwanderung darlegt. Einer der größten und frömmsten Monarchen des alten Indien, König Bharata, mußte aufgrund seiner extremen Zuneigung zu einem Reh eine Lebensspanne im Körper eines Rehes verbringen, bevor er wieder einen menschlichen Körper erlangte.

Bharata war ein außerordentlich weiser und erfahrener König, der den Bürgern seines Landes sehr zugetan war und den auch sie über alles liebten. Als jedoch die Zeit gekommen war, sich aus dem Familienleben zurückzuziehen und den Reichtum, den er von seinen Vätern bekommen hatte, unter seinen Söhnen aufzuteilen, verließ König Bharata seinen Palast und entsagte allem – der Königin, der Familie sowie seinem gewaltigen Imperium –, um sich allein im Wald auf den Tod vorzubereiten. Er folgte damit dem Rat aller großen Weisen des alten Indien, die empfehlen, daß man zumindest den letzten Teil seines Lebens der Selbstverwirklichung widmen soll. König Bharata war sich darüber bewußt, daß seine Stellung als Monarch nicht von Dauer sein würde, und deshalb versuchte er nicht, sich bis zu seinem Tode an den königlichen Thron zu klammern. Letztlich wird selbst der Körper eines Königs zu Asche und Staub vergehen oder von Würmern und anderen Tieren gefressen werden, doch im Innern jedes Körpers weilt die unvergängliche Seele, das wahre Selbst. Durch den Vorgang des Yoga kann die Seele ihre ursprüngliche spirituelle Natur wiedererwecken, und wenn sie dies erreicht, ist sie nicht wieder gezwungen, ein weiteres Leben in einem materiellen Körper zu verbringen.

Auch König Bharata hatte verstanden, daß das wahre Ziel des Lebens darin besteht, sich aus dem Kreislauf der Reinkarnation zu befreien, und so zog er nach Pulaha-āśrama, einem heiligen Pilgerort am Fuße der Himalaya-Berge. Dort lebte er allein in den Wäldern am Ufer des Gaṇḍakī-Flusses. Anstelle seiner königlichen Gewänder trug er jetzt nur noch einen Umhang aus Rehhaut, und sein gekraustes Haar und sein Bart wuchsen ungehindert und verfilzten mehr und mehr. Jeden Morgen bei Sonnenaufgang verehrte Bharata den Höchsten Herrn durch das Chanten von Hymnen, die im Ṛg-Veda zu finden sind, und später am Tag sammelte er verschiedene Früchte und Wurzeln, von denen er sich ernährte. Obwohl er ein mächtiger König gewesen war und in großem weltlichen Reichtum gelebt hatte, verlor er jetzt, dank der Kraft seiner Entsagung, alle Wünsche nach irdischem Vergnügen und machte so mit jedem Tag Fortschritt auf dem Pfad der Befreiung von Geburt und Tod.

Eines Tages, als Bharata am Flußufer in Meditation versunken war, begab es sich, daß eine Rehgeiß, vom Durst getrieben, dortin kam, um zu trinken. Und während sie mit großer Befriedigung trank, erschallte in der Nähe das laute Brüllen eines Löwen, das jedem Lebewesen Furcht einflößte. Auch das Reh wurde sehr aufgeregt und sprang in großer Angst über den Fluß, obwohl es seinen Durst noch nicht völlig gestillt hatte. Die Rehgeiß war trächtig, und als sie so aus Angst lossprang, fiel das junge Reh aus ihrem Leib in die Wellen des Flusses. Getrennt von ihrem Rudel und unter den furchtbaren Qualen ihrer Fehlgeburt leidend, brach die Rehgeiß schließlich in einer Höhle zusammen und starb.

Am Flußufer sitzend, beobachtete Bharata das kleine Reh, das eben seine Mutter verloren hatte und nun hilflos den Fluß hinuntertrieb. Bei diesem Anblick verspürte er großes Mitleid, und wie ein wahrer Freund hob er das Rehkitz aus den Wellen und brachte es in seine Einsiedelei. Ein gelehrter Transzendentalist macht bei seinem Handeln keine körperlichen Unterschiede, und da Bharata auf dem Pfad der Selbstverwirklichung schon weit fortgeschritten war, betrachtete er alle Lebewesen mit gleicher Sicht, wissend, daß im Herzen eines jeden Wesens sowohl die individuelle Seele als auch die Überseele (der Höchste Herr) weilt. So nahm er sich also des jungen Rehes an und fütterte es täglich mit frischem Gras. Indem er es auf diese Weise großzog und pflegte und immer bedacht war, es vor den Angriffen der Tiger und anderer wilder Tiere zu schützen, entwickelte er allmählich eine große Zuneigung zu dem Reh. Wenn es danach verlangte, streichelte er es, und so versuchte er immer, ihm Annehmlichkeiten zu bereiten.

Aufgrund seiner Anhaftung an das Reh vergaß Bharata die Regeln und Vorschriften für den Fortschritt im spirituellen Leben, und allmählich unterließ er es, den Höchsten Herrn zu verehren. Er dachte: «Dieses hilflose junge Reh hat bei mir Zuflucht gesucht und kennt niemanden außer mir, da ich in seinen Augen Vater, Mutter, Bruder und die gesamte Verwandtschaft bin. Auch wenn das Reh mein spirituelles Leben zerstört, bin ich doch der Auffassung, daß man ein solch hilfloses Geschöpf, das bei einem Zuflucht gesucht hat, nicht vernachlässigen darf. Das wäre ein großer Fehler.» Weil Bharata derart an dem Reh hing, legte er sich mit ihm hin, ging mit ihm umher, badete mit ihm und aß sogar mit ihm. Auf diese Weise wurde sein Herz in Zuneigung an das Reh gebunden. Immer wenn er in den Wald ging, um Blumen, Holz, Blätter, Früchte, Wurzeln und Wasser zu holen, nahm er es mit, da er befürchtete, daß wilde Hunde, Schakale, Tiger und andere Tiere das Reh töten könnten. Es schien ihm wegen seines kindlichen Benehmens sehr anziehend, und manchmal hob er es sogar auf seine Schultern und trug es, weil er ihm so zugetan war.

Auch während er meditierte, den Höchsten Herrn verehrte oder einer rituellen Zeremonie nachging, erhob er sich mittendrin immer wieder und schaute nach dem Reh, und wenn er sah, daß es ihm gut ging, war er sehr beruhigt und zufrieden. Konnte er es hingegen nicht sehen, wurde er sehr aufgeregt und unglücklich und begann nach ihm zu suchen. Wenn er dann auf dem Boden die Fußspuren des Rehes erblickte, dachte er: «Wann wird mein Rehkitz zurückkehren? Wann werde ich es wieder in meinem Garten umherwandern und das grüne Gras fressen sehen? Ist es sicher vor den Tigern und anderen wilden Tieren? Hat etwa ein Wolf mein Rehkitz aufgefressen? Hat es eine Horde wilder Eber angegriffen oder ein Tiger, der alleine umherzieht? Die Sonne geht bald unter, und mein armes Tier, das mir seit dem Tod seiner Mutter sein ganzes Vertrauen geschenkt hat, ist noch nicht zurückgekehrt.»

In solchen Momenten erinnerte er sich daran, wie das kleine Reh mit ihm gespielt hatte, wenn er mit geschlossenen Augen zu meditieren vorgab, und wie es ihn dann manchmal mit den Spitzen seiner weichen Hörner berührte, wie er es manchmal wegstieß und so tat, als ob er sich gestört fühle, weil es seine Verehrung oder Meditation unterbrochen hatte. «Dieses Reh ist genau wie ein Prinz», dachte er weiter. «Wann wird es wohl zurückkommen? Wann wird es seine Lebhaftigkeit, die so erfreuend ist, wieder vorführen? Wann wird es meinem wunden Herzen wieder Freude bringen?»

Auf diese Weise wurde Bharata durch seine übermäßige Anhaftung an das Reh immer mehr verrückt, und in seiner Verrücktheit dachte er: «Dieses Tier ist mir so lieb, daß ich es als meinen eigenen Sohn betrachte.» Als dann im Laufe der Zeit der unausweichliche Todesmoment herannahte, saß das kleine Reh wie ein Sohn an seiner Seite, um auf ihn aufzupassen.

Da Bharatas Bewußtsein im Augenblick des Todes völlig auf das Reh gerichtet war, bekam er in seinem nächsten Leben ebenfalls den Körper eines Rehes.

König Bharatas Leben als Reh

Obwohl Bharata also seinen menschlichen Körper verloren hatte und aufgrund seiner Zuneigung zu dem Rehkitz gezwungen war, nun den Körper eines Rehes anzunehmen, wurde ihm doch ein ungewöhnlicher Vorteil gewährt: Er vergaß die Vorfälle seines früheren Lebens nicht. Wegen seines spirituellen Fortschritts im vergangenen Leben war Bharata nun auch im Körper eines Rehes fähig, den Grund zu verstehen, warum er auf eine solche Weise geboren werden mußte.

Sein vergangenes und sein gegenwärtiges Leben betrachtend, bereute er ununterbrochen seine Tätigkeiten und klagte auf folgende Weise: «Welch ein Unglück, ich bin vom Pfad der Selbstverwirklichten abgewichen! Ich habe meine wirklichen Söhne, meine Frau und mein Heim aufgegeben, um im spirituellen Leben Fortschritte zu machen, und ich suchte an einem einsamen heiligen Ort im Wald Zuflucht. Ich erlangte Selbstbeherrschung und Selbstverwirklichung, und ich meditierte, chantete, verehrte den Höchsten Herrn und erinnerte mich an Ihn. Meine Bemühung war erfolgreich, so daß mein Geist immer in den hingebungsvollen Dienst vertieft war. Aufgrund meiner persönlichen Torheit jedoch entwickelte ich wieder Anhaftung – dieses Mal an ein Reh. Nun habe ich gerechterweise den Körper eines Rehes erhalten und bin von der Ausübung des hingebungsvollen Dienstes abgekommen. Ich kann dafür niemand anders beschuldigen als mich selbst.»

Obwohl Bharata den Körper eines Rehes bekommen hatte, löste er sich durch fortgesetzte Reue von allen materiellen Dingen. Er verließ seine Rehmutter und den Kālañjara-Berg, wo er geboren worden war, und begab sich erneut in den Wald von Pulaha-āśrama. Da er nun sehr darauf bedacht war, nicht wieder das Opfer schlechter Gemeinschaft zu werden, verweilte er dort in der Nähe der Einsiedeleien großer Weiser und Heiliger und vermied jeglichen Kontakt mit anderen Lebewesen. Auch lebte er außerordentlich bescheiden und aß nur harte, trockene Blätter. So wartete er in seinem Rehkörper auf den Tod.

Als schließlich die Zeit zum Sterben gekommen war, verließ Bharata seinen Rehkörper, wobei er laut folgendes Gebet sprach: «Die Höchste Persönlichkeit Gottes ist die Quelle allen Wissens, der Kontrollierende der ganzen Schöpfung und die Überseele im Herzen eines jeden Lebewesens. Er ist wunderschön und sehr anziehend. Ich gebe diesen Körper auf, indem ich Ihm meine Ehrerbietungen darbringe, und ich hoffe, fortwährend in Seinem liebevollen transzendentalen Dienst beschäftigt sein zu dürfen.»

Das Leben als Jaḍa Bharata

Nachdem Bharata den Rehkörper aufgegeben hatte, wurde er in seinem nächsten Leben in der Familie eines Brāhmaṇa-Priesters geboren. Dank der besonderen

Barmherzigkeit des Herrn vermochte er sich an die Vorfälle seiner vergangenen Leben zu erinnern, und obwohl er den Körper eines Brāhmaṇa erlangt hatte, mied er, als er schon etwas älter geworden war, den Umgang mit seinen Verwandten und Freunden, die kein Interesse am spirituellen Leben besaßen und sehr materialistisch eingestellt waren. Er war stets sehr vorsichtig mit solcher Gemeinschaft, denn er befürchtete, daß er durch sie wieder negativ beeinflußt werden könnte. So gab er sich vor der Öffentlichkeit als Verrückter aus – dumm, blind und taub –, so daß die anderen gar nicht erst versuchen würden, mit ihm zu sprechen. Aus diesem Grunde wurde er Jaḍa Bharata genannt, was soviel heißt wie «der stumpfsinnige Bharata». Im Innern hingegen dachte er ständig an den Herrn und pries Seine Herrlichkeiten, denn nur das kann einem von der Fessel der wiederholten Geburten und Tode bewahren.

Jaḍa Bharatas Vater war voller Zuneigung zu seinem Sohn und hing sehr an ihm. Er versuchte, ihn im vedischen Wissen zu unterweisen, doch Jaḍa Bharata verhielt sich absichtlich wie ein Narr, so daß sein Vater einsehen würde, daß er zu keiner Schulung taugte. Damit sein Vater sein Bestreben, ihn zu unterrichten, aufgeben würde, machte er immer genau das Verkehrte. Hatte man ihn zum Beispiel gelehrt, nach dem Stuhlgang die Hände zu waschen, so wusch er sie zuvor. So blieben alle Bemühungen seines Vaters erfolglos.

Nach dem Tod des Vaters gaben die neun Stiefbrüder Jaḍa Bharatas den Versuch auf, Jaḍa Bharata eine vollständige Bildung zu vermitteln, und weil sie im spirituellen Wissen überhaupt nicht erleuchtet waren, waren sie auch nicht in der Lage, die erhabene Stellung Jaḍa Bharatas zu verstehen. Sie betrachteten ihn als dumm und stumpfsinnig und mißhandelten ihn, und Jaḍa Bharata wehrte sich nicht und versuchte auch nie, sie zu überzeugen, daß er im Grunde weder taub noch blind, noch verrückt war. Wenn andere wollten, daß er etwas tat, so handelte er ihren Wünschen entsprechend.

Sein Körper war so stark wie der eines Bullen, und seine Gliedmaßen waren sehr muskulös. Er kümmerte sich nicht um Winter und Sommer oder um Wind und Regen, und er bedeckte seinen Körper zu keiner Zeit. Er schlief auf dem Boden und rieb sich nie mit Öl ein und nahm auch nie ein Bad. Weil sein Körper schmutzig war, blieben seine spirituelle Ausstrahlung und sein Wissen verborgen, genauso wie ein wertvoller Edelstein, der von Schmutz bedeckt ist. Er war nie an Sinnenbefriedigung interessiert, denn er war bereits von der körperlichen Lebensauffassung befreit, und überall, wo er hinkam, wurde er von materialistischen Menschen beleidigt und mißachtet.

Jaḍa Bharata pflegte nur für Nahrung zu arbeiten. Seine Stiefbrüder nutzten dies aus und ließen ihn auf dem Felde arbeiten, wofür sie ihm etwas zu essen gaben. Aber eigentlich wußte er nicht, wie man das Feld gut bearbeitet, wohin man die lockere Erde verteilt und wo man den Boden eben macht oder uneben macht. Seine Brüder gaben ihm gewöhnlich Bruchreis, Ölkuchen, die Spreu des Reises, von Würmern zerfressenes oder angebranntes Getreide, das am Topf kleben geblieben war; aber er nahm das alles erfreut an, als ob es Nektar sei, und aß alles, ohne irgendeinen Groll zu hegen.

Zu dieser Zeit beabsichtigte ein Banditenführer, im Tempel der Göttin Bhadra Kālī einen stumpfsinnigen, tierähnlichen Menschen zu opfern. Solche Opfer sind in den vedischen Schriften nirgends zu finden und werden von diesen nicht gebilligt, aber sie wurden zuweilen von Dieben und anderen Menschen niederen Charakters ausgeführt, mit dem Ziel, Segnungen für materiellen Reichtum zu bekommen.

Der Banditenführer hatte einen Tiermenschen für das Opfer gefangen, aber dieser war entwischt, und so befahl er seinen Gefolgsmännern, ihn zu suchen. Sie suchten in den Feldern und in den Wäldern und erblickten schließlich in der Finsternis Jaḍa Bharata, der an einer erhöhten Stelle saß und das Feld vor Rehen und Wildschweinen schützte. Die Banditen fanden, daß Jaḍa Bharata ziemlich passende Eigenschaften für einen Tiermenschen besitze, und sie entschieden, daß er genau der Richtige sei, um als Opfer dargebracht zu werden. Überglücklich banden sie ihn also mit Seilen und brachten ihn zum Tempel der Göttin Kālī.

Ihrem selbsterfundenen Ritual entsprechend badeten danach die Diebe Jaḍa Bharata und zogen ihm neue Kleider an. Sie hingen ihm Schmuckstücke um, die zu einem Tier passen, rieben seinen Körper mit duftenden Ölen ein und schmückten ihn mit zerriebenem Sandelholz und Girlanden. Sie gaben ihm ein üppiges Essen und brachten ihn dann vor den Altar der Bildgestalt der Göttin Kālī, die sie mit Liedern und Gebeten verehrten. Danach setzten sie Jaḍa Bharata vor der Bildgestalt nieder.

Jetzt machte sich einer der Diebe bereit, das Blut von Jaḍa Bharata, den sie für einen Tiermenschen hielten, der Göttin Kālī als Getränk zu opfern. Er ergriff ein furchterregendes scharfes Schwert und erhob es, um Jaḍa Bharata zu töten. Da diese Diebe und Banditen alle von sehr niedriger Intelligenz und von materiellen Wünschen nach Reichtum überwältigt waren, hatten sie die Absicht, sogar Jaḍa Bharata zu töten, der eine selbstverwirklichte Seele war und aus einer Brāhmaṇa-Familie stammte. Dies jedoch konnte die Göttin Kālī nicht dulden. Sie hatte sofort verstanden, daß diese sündhaften Banditen im Begriff waren, einen großen Gottgeweihten umzubringen.

Plötzlich zersprang der Körper der Bildgestalt, und aus ihm stürzte die Göttin persönlich hervor, mit einer hellen und unerträglichen Ausstrahlung. Die wütende Kālī, die die begangenen Vergehen nicht duldete, blitzte mit ihren rötlichen Augen und zeigte ihre glühenden, gebogenen Zähne. Sie nahm einen entsetzlichen, furchterregenden Körper an, wie wenn sie gewillt wäre, die gesamte Schöpfung zu zerstören. Sie sprang ungestüm vom Altar, und ohne zu zögern köpfte sie die Schurken und Diebe mit dem gleichen Schwert, mit dem diese Jaḍa Bharata hatten töten wollen.

Jaḍa Bharata unterweist König Rahūgaṇa

Nach dieser Begebenheit im Tempel der Göttin Kālī zog Jaḍa Bharata unbeirrt weiter, wobei er sich weiterhin von gewöhnlichen Materialisten fernhielt. Eines Tages begab es sich, daß der König des Staates, durch den Jaḍa Bharata gerade wanderte, sich in einer Sänfte durchs Land tragen ließ. Dieser König hieß König Rahūgaṇa, und als seine Diener an einen Fluß kamen, erkannten sie, daß sie noch jemandes Hilfe brauchten, um diesen zu durchqueren. Also machten sie sich auf die Suche nach einem geeigneten Sänftenträger, und bald stießen sie auf Jaḍa Bharata. Sie sahen, daß er jung und stark war und kräftige Gliedmaßen besaß, und sie dachten, daß er sicherlich fähig sein müsse, wie Kühe und Esel Lasten zu schleppen. So ließen sie Jaḍa Bharata ohne Zögern die Sänfte von König Rahūgaṇa tragen, obwohl diese Arbeit nicht zu einer solch großen Seele paßte.

Jaḍa Bharata jedoch trug die Sänfte sehr ungleichmäßig, denn aufgrund seines gewaltlosen Wesens prüfte er vor jedem Schritt, ob er nicht etwa auf Ameisen treten würde. Er war sich darüber bewußt, daß jedes Lebewesen gemäß den feinstofflichen Gesetzen der Reinkarnation gezwungen ist, eine bestimmte Zeitlang in einem spezifischen Körper zu verbringen, bevor es zu höheren Lebensformen aufsteigen kann. Wenn nun ein Tier getötet wird, bevor seine Zeit abgelaufen ist, muß die Seele nochmals in einen Körper der gleichen Tierart zurückkehren, bis die Frist in diesem betreffenden Tierkörper abgelaufen ist. Deshalb wird in den Veden mit Nachdruck darauf hingewiesen, daß niemand unnötigerweise unschuldige Tiere töten darf.

Als Folge seines Mitleids mit den Ameisen konnte Jaḍa Bharata mit den anderen Trägern nicht Schritt halten, und deshalb kam die Sänfte ins Schaukeln, worauf König Rahūgaṇa seine Träger sofort fragte: «Warum tragt ihr die Sänfte so ungleichmäßig? Tragt sie lieber richtig.»

Als die Sänftenträger die drohenden Worte König Rahūgaṇas vernahmen, fürchteten sie sich sehr vor der Bestrafung und antworteten: «O Herr, bitte nimm zur Kenntnis, daß wir in der Erfüllung unserer Pflichten keineswegs nachlässig sind. Wir haben die Sänfte gewissenhaft getragen, wie es dein Wunsch war, aber dieser Mann hier, den wir kürzlich eingestellt haben, ist nicht fähig, schnell zu laufen. Aus diesem Grunde sind wir nicht in der Lage, mit ihm zusammen diese Sänfte in rechter Weise zu tragen.»

König Rahūgaṇa konnte die Äußerungen der Träger verstehen, die sich fürchteten, bestraft zu werden. Er sah auch, daß die Sänfte nur wegen einer einzigen Person nicht richtig getragen wurde, und so wurde er leicht erzürnt, da er unter dem Einfluß der Erscheinungsweise der Leidenschaft stand. Er kritisierte Jaḍa Bharata mit sarkastischen Worten und warf ihm vor, die Sänfte wie ein schwacher, magerer und müder alter Mann zu tragen. Aber Jaḍa Bharata, der seine wahre spirituelle Identität erlangt hatte, wußte, daß er nicht der Körper war. Er als spirituelle Seele war weder fett noch mager, noch dünn, und er hatte letztlich mit seinem materiellen Körper nichts zu tun. Deshalb wurde er von dem sarkastischen Tadel des Königs nicht berührt. Ohne etwas zu sagen, fuhr er fort, die Sänfte wie zuvor zu tragen.

Als der König bemerkte, daß seine Sänfte immer noch ungleichmäßig getragen wurde, konnte er seine Leidenschaft nicht mehr kontrollieren und rief voller Zorn: «Du Halunke, was tust du? Weißt du nicht, daß ich dein Herr bin? Für deinen Ungehorsam werde ich dich jetzt bestrafen. Ich werde dir die richtige Behandlung geben, damit du wieder zur Besinnung kommst und richtig handelst.»

«Verehrter König und Held», sprach Jaḍa Bharata – zum ersten Mal in seinem Leben – daraufhin mit gütigem Lächeln, «alles, was du auf so sarkastische Weise über mich gesagt hast, entspricht gewiß der Wahrheit. Du bist anscheinend der Meinung, ich hätte nicht hart genug gearbeitet, um deine Sänfte zu tragen. Das ist in der Tat wahr, denn in Wirklichkeit trage ich deine Sänfte gar nicht. Es ist nur mein Körper, der sie trägt, aber ich bin nicht mit meinem Körper identisch. Du hast gesagt, daß ich nicht ausdauernd und stark sei, aber solche Worte schicken sich nur für einen Menschen, der den Unterschied zwischen Körper und Seele nicht kennt. Der Körper mag fett oder mager sein, aber kein gelehrter Mann wird solches von der spirituellen Seele sagen.»

Jaḍa Bharata fuhr fort, den König zu belehren: «Verehrter König, was deine Meinung betrifft, du seist König und Herr und du könntest mir somit befehlen, so ist sie falsch, denn diese Stellungen sind zeitweilig. Heute bist du König, und ich bin dein Diener, aber morgen schon können diese Stellungen vertauscht sein, und du bist vielleicht mein Diener und ich dein Meister. Und überhaupt – wer ist im Grunde denn schon Meister, und wer ist Diener? Jeder steht unter dem Zwang der Gesetze der Natur; niemand ist Herrscher, und niemand ist Diener. Wenn du aber dennoch denkst, du seist der Herr und ich dein Diener, so werde ich dies akzeptieren. Bitte befiehl mir. Was kann ich für dich tun?»

König Rahūgaṇa, der großes Vertrauen in Gespräche über die Absolute Wahrheit hatte, war sehr erstaunt, als er die korrekten Belehrungen von Jaḍa Bharata vernahm, den er für einen stumpfsinnigen Narren gehalten hatte. Nun aber erkannte er ihn sofort als heilige Persönlichkeit an und stieg auf der Stelle von seiner Sänfte, um sich vor Jaḍa Bharata flach hinzuwerfen und auf diese Weise um Entschuldigung für seine beleidigenden Worte zu bitten. So wurde seine materielle Vorstellung über sich selbst als König zerstört.

Er sprach: «O Brāhmaṇa, du scheinst auf unserer Welt im verborgenen umherzuziehen, ohne von anderen erkannt zu werden. Wer bist du? Wessen Schüler bist du? Wo lebst du? Warum bist du an diesen Ort gekommen? Verehrter Herr, es macht den Eindruck, daß die Macht deines großen spirituellen Wissens verborgen ist. Ich betrachte dich aber als den erhabensten Meister der spirituellen Wissenschaft. Deshalb frage ich dich, o spiritueller Meister: Was ist die sicherste Zuflucht auf dieser Welt? Bitte sage mir, wie ich im spirituellen Leben Fortschritt machen kann.»

König Rahūgaṇas Verhalten war beispielhaft. Die Veden erklären, daß jedermann, sogar ein König, sich an einen spirituellen Meister wenden sollte, um von ihm Wissen zu empfangen. Inspiriert durch die demütige und wißbegierige Haltung des Königs, legte Jaḍa Bharata in der Folge in aller Ausführlichkeit die gesamte Wissenschaft der Seele, des Karma-Gesetzes, der Reinkarnation und der letztlichen Befreiung aus dem Kreislauf von Geburt und Tod dar. Diese höchst vortrefflichen Unterweisungen Jaḍa Bharatas, die in bezug auf ihre Klarheit und Tiefe einzigartig dastehen, sind zu umfangreich, als daß sie an dieser Stelle wiedergegeben werden könnten. Dem interessierten Leser sei jedoch nachdrücklich empfohlen, sie selbst nachzulesen (*Śrīmad-Bhāgavatam*, Fünfter Canto, Kapitel 11-14).

Nachdem König Rahūgaṇa sämtliche Unterweisungen des großen Weisen und Heiligen Jaḍa Bharata vernommen hatte, wurde er sich der natürlichen Stellung der Seele vollkommen bewußt und gab die körperliche Auffassung des Lebens völlig auf. Auf diese Weise gelang es ihm, den leidvollen Kreislauf der Seelenwanderung hinter sich zu lassen und nach Hause, in die spirituelle Welt, zurückzukehren.

Dritte Geschichte: Besucher aus dem Jenseits

Was auch immer der Daseinszustand ist, an den man sich erinnert, wenn man seinen Körper verläßt, diesen Zustand wird man ohne Zweifel erreichen. (Bhagavad-gītā 8.6)

In allen Kulturen und Religionen der Welt findet sich in der einen oder anderen Form die Vorstellung, daß die Seele, die sich nach dem Tod ihres physischen Körpers auf eine geheimnisvolle Reise in neue, unbekannte Lebensbereiche macht, auf einer anderen Ebene der Realität mit «jenseitigen» Wesen zusammentrifft – seien dies nun Engel, die dem Lebewesen mit wohlmeinendem Rat und Hilfe beistehen, oder auch Richter, die ihre guten und schlechten Taten in eine Art kosmische Waagschale legen und beurteilen.

In der nun folgenden Erzählung aus dem Sechsten Canto, Kapitel 1-2, des *Śrīmad-Bhāgavatam* lernen wir zwei verschiedene Arten derartiger Wesen kennen, die im Augenblick des Todes erscheinen können – nämlich die Viṣṇudūtas, die Diener Gottes, welche die frommen Seelen auf ihrem Weg in die spirituelle Welt begleiten, und die Yamadūtas, die furchterregenden Schergen des Herrn des Todes (Yamarāja), welche die Seelen sündiger Menschen mit Gewalt festnehmen und sie auf ihre nächste Geburt in einem materiellen Körper vorbereiten.

In dieser historischen Erzählung streiten sich die Diener Viṣṇus und die Diener Yamarājas über das Schicksal der Seele des Brāhmaṇa Ajāmila, das heißt darüber, ob diese nun befreit oder wiedergeboren werden solle.

In der Stadt Kānyakubja lebte einst ein junger Brāhmaṇa-Priester namens Ajāmila, der später eine Prostituierte heiratete, vom Pfade des spirituellen Lebens herunterfiel und all seine guten Eigenschaften verlor. Dieser gefallene Brāhmaṇa Ajāmila gab seine priesterlichen Verpflichtungen auf und bereitete anderen Schwierigkeiten, indem er sie gefangennahm, sie im Glücksspiel betrog oder sie direkt ausraubte. Auf diese Weise verdiente er seinen Lebensunterhalt, versorgte seine Frau und seine Kinder und verschwendete seine Zeit mit extravaganten Ausschweifungen.

Im hohen Alter von achtundachtzig Jahren war er Vater von zehn Söhnen, von denen der jüngste, der noch ein Baby war, Nārāyaṇa hieß. Nārāyaṇa ist einer der Sanskritnamen für den Höchsten Herrn, Viṣṇu. Da Nārāyaṇa der jüngste von allen Söhnen war, war er von Natur aus seinem Vater und seiner Mutter sehr lieb, und es bereitete ihnen große Freude, dem kleinen Kind bei seinen frühen Versuchen zu gehen und zu sprechen zuzuschauen. Auf diese Weise war Ajāmila immer davon in Anspruch genommen, sich um das Kind zu kümmern und seinen Namen Nārāyaṇa zu rufen, nicht ahnend, daß seine Zeit bald abgelaufen sein würde und ihm der Tod bevorstand.

Als für den törichten Ajāmila jener unvermeidliche Augenblick des Todes gekommen war, dachte er ausschließlich an seinen jüngsten Sohn Nārāyaṇa. In diesem Augenblick erblickte er drei seltsame, furchterregende Gestalten mit entstellten Körpermerkmalen, verzerrten Gesichtern und Haaren, die von ihren Köpfen abstanden. Diese feinstofflichen Wesen waren, mit Stricken in ihren Händen, gekommen, um ihn mit Gewalt in das Reich Yamarājas, des Herrn des Todes, zu holen. Als Ajāmila diese grauenvollen Wesen sah, geriet er in Panik, und wegen seiner Anhaftung an sein geliebtes Kind, das in der Nähe spielte, begann er es laut bei seinem Namen zu rufen: «Nārāyaṇa! Nārāyaṇa!» So chantete der große Sünder Ajāmila, mit Tränen in den Augen um seinen Sohn weinend, unbewußt den Heiligen Namen Gottes.

Die Sendboten Viṣṇus, die Viṣṇudūtas, nahten sofort, als sie den Heiligen Namen ihres Meisters aus dem Mund des sterbenden Ajāmila vernahmen, dessen Chanten in völliger Angst geschah. Ihre Augen waren so schön wie die Blütenblätter einer Lotosblume, sie trugen Helme aus poliertem Gold, ihre Kleider waren aus glänzender Seide, und ihre wohlgeformten Körper waren mit Girlanden, Saphiren und Lotosblüten geschmückt. Sie erschienen frisch und jugendlich, und ihre blendende Ausstrahlung vertrieb die Finsternis des Totenzimmers. In ihren Händen hielten sie Pfeil und Bogen, Schwerter, Keulen, Muschelhörner, Feuerräder und Lotosblumen. Als die Viṣṇudūtas die Sendboten Yamarājas, die Yamadūtas, erblickten, wie diese gerade die Seele aus dem Innern des Herzens von Ajāmila rissen, riefen sie mit widerhallender Stimme: «Halt!»

Die Yamadūtas, die nie zuvor auf Widerstand gestoßen waren und nie zuvor solche leuchtenden Wesen gesehen hatten, waren überrascht, als sie den scharfen Befehl der Viṣṇudūtas vernahmen. «Wer seid ihr, daß ihr die Kühnheit besitzt, die Macht Yamarājas zu bestreiten? Wessen Diener seid ihr, woher kommt ihr, und warum verbietet ihr uns, den Körper Ajāmilas zu berühren?», fragten sie.

Auf diese Weise von den Boten Yamarājas angesprochen, lächelten die Diener Viṣṇus und sprachen mit Stimmen, die so tief waren wie der Klang grollender Wolken: «Wenn ihr wirklich Diener Yamarājas seid, müßt ihr uns den Sinn des Kreislaufes von Geburt und Tod erklären. Sagt uns: Wer muß in diesen Kreislauf eingehen und wer nicht?»

Die Yamadūtas erwiderten: «Die Sonne, das Feuer, der Himmel, die Luft, die Halbgötter, der Mond, der Abend, der Tag, die Nacht, die vier Himmelsrichtungen, das Wasser, das Land und die Überseele im Herzen – sie alle sind Zeugen der

Taten eines jeden Lebewesens. Die Anwärter auf Bestrafung im Kreislauf von Geburt und Tod sind diejenigen, über die diese vielen Zeugen aussagen, sie seien von ihren vorgeschriebenen regulierenden Pflichten abgewichen. Je nach ihren frommen oder unfrommen Handlungen in ihrem gegenwärtigen Leben müssen sie die entsprechenden Reaktionen ihres Karma erleiden oder genießen.

Das Lebewesen, das in die materielle Welt gekommen ist, wird von den drei Erscheinungsweisen der Natur verunreinigt und ist gezwungen, unter dem Gesetz des Karma von einem Körper zum anderen zu wandern. Ein Lebewesen in der Erscheinungsweise der Tugend erlangt den Körper eines Halbgottes; ein Lebewesen in der Erscheinungsweise der Leidenschaft nimmt als Mensch auf der Erde Geburt, und ein Lebewesen unter dem Einfluß der Erscheinungsweise der Unwissenheit geht in niedrigere Lebensformen ein.

Genauso wie man vom jetzigen Frühling auf das Wesen der vergangenen und kommenden Frühlingszeiten schließen kann, so weist also das gegenwärtige Leben, das einem Glück, Leid oder eine Mischung von beidem gibt, auf die frommen und unfrommen Tätigkeiten der vergangenen und zukünftigen Leben eines Menschen hin.

Und genauso wie ein Schlafender gemäß dem Körper handelt, der sich in seinen Träumen manifestiert, und ihn für sich selbst hält, so identifiziert man sich mit seinem gegenwärtigen Körper, den man aufgrund seiner früheren frommen oder unfrommen Handlungen erlangt hat, und ist nicht in der Lage, seine früheren oder zukünftigen Leben zu erkennen. So wird das törichte Lebewesen, das seine Sinne und seinen Geist nicht zu beherrschen weiß, unter dem Einfluß der Erscheinungsweisen der materiellen Natur gezwungen, gegen seine Wünsche zu handeln. Es ist wie eine Seidenraupe, die ihren eigenen Speichel benutzt, um einen Kokon zu schaffen, und schließlich, ohne eine Möglichkeit zu entkommen, in diesem gefangen ist. Das Lebewesen verfängt sich im Netzwerk seiner eigenen fruchtbringenden Handlungen und kann keinen Weg finden, sich zu befreien. So ist es stets verwirrt und stirbt immer wieder.

Kein einziges Lebewesen kann auch nur für einen Augenblick unbeschäftigt bleiben. Man ist gezwungen, in Entsprechung zu den drei Erscheinungsweisen der materiellen Natur gemäß seiner natürlichen Neigung zu handeln. Die fruchtbringenden Tätigkeiten, die ein Lebewesen ausführt, sind – ob fromm oder unfromm – die unsichtbare Ursache der Erfüllung seiner Wünsche. Diese unsichtbare Ursache ist die Wurzel der verschiedenen Körper des Lebewesens. Aufgrund seines starken Verlangens wird es in einer bestimmten Familie geboren und erhält einen Körper, der entweder seiner Mutter oder seinem Vater gleicht. So werden also die grob- und feinstofflichen Körper je nach dem individuellen Wunsch des Lebewesens geschaffen.

Unter allen möglichen Lebensformen ist die des Menschen insofern höchst außergewöhnlich und wertvoll, als es dem Lebewesen als Mensch möglich ist, die verborgenen Gesetze von Karma und Saṁsāra zu verstehen und sich so aus dem Kreislauf wiederholter Geburten und Tode zu befreien. Dieser Ajāmila aber hat sein kostbares menschliches Leben sinnlos vertan.»

Nachdem die Yamadūtas so gesprochen hatten, begannen sie nun, das Leben Ajāmilas zu beschreiben: «Am Anfang studierte dieser Brāhmaṇa namens Ajāmila die vedischen Schriften. Er war der Inbegriff guten Charakters, guter Lebensführung und guter Eigenschaften. Er war sehr sanft und höflich und verstand es, seinen Geist und seine Sinne zu beherrschen. Außerdem war er stets ehrlich, er wußte die vedischen Mantras zu chanten, und er war auch überaus rein. Ajāmila erwies seinem spirituellen Meister, den Gästen und den älteren Mitgliedern seines Haushalts immer allen Respekt. Tatsächlich war er frei von falschem Geltungsbedürfnis. Er war aufrichtig, wohlwollend gegenüber allen Lebewesen und von gutem Benehmen. Er sprach niemals Unsinn und war auf niemanden neidisch.

Doch eines Tages ging Ajāmila, der Anordnung seines Vaters folgend, in den Wald, um Früchte und Blumen zu sammeln. Auf dem Heimweg begegnete er einem lüsternen Arbeiter, der schamlos eine Prostituierte umarmte und küßte. Der Arbeiter lächelte, sang und vergnügte sich, als sei dies das rechte Benehmen. Sowohl der Arbeiter als auch die Prostituierte waren betrunken, und die Augen der Prostituierten verdrehten sich vor Berauschung, während ihre Kleidung sich lockerte. Als Ajāmila sie so erblickte, erwachten die schlummernden lustvollen Verlangen in seinem Herzen, und in Illusion verfiel er der Macht seiner Wünsche. Soweit wie möglich versuchte er, sich geduldig an die Anweisungen der vedischen Schriften zu erinnern und seine lustvollen Wünsche zu bezähmen, doch aufgrund der Macht des Liebesgottes in seinem Herzen gelang es ihm nicht, seine Gedanken zu beherrschen.

Nach diesem Ereignis dachte Ajāmila ständig an die Prostituierte, und nach kurzer Zeit nahm er sie als Dienerin in sein Haus und vernachlässigte alle regulierenden Prinzipien eines Brāhmaṇa. So begann er, alles Geld, das er von seinem Vater geerbt hatte, auszugeben, um die Prostituierte durch vielerlei Geschenke zu erfreuen, damit sie ihm wohlgesonnen bliebe. Er verließ sogar seine schöne, junge Ehefrau, die aus einer sehr ehrenwerten Brāhmaṇa-Familie stammte. Danach beschaffte Ajāmila sich mit jedem Mittel Geld, ganz gleich, ob es rechtmäßig oder unrechtmäßig war, um für die Söhne und Töchter der Prostituierten aufzukommen.

Nachdem Ajāmila sein ganzes Leben verantwortungslos damit verbracht hatte, alle Regeln und Vorschriften der heiligen Schriften zu verletzen und verschwenderisch zu leben, unterzog er sich nicht einmal vor seinem Tode einer Buße. Deshalb müssen wir ihn wegen seines sündhaften Lebens vor das Gericht Yamarājas bringen. Dort wird er dem Ausmaß seiner sündhaften Tätigkeiten gemäß bestraft werden und dann in einem entsprechenden Körper in die materielle Welt zurückkehren.»

Nachdem die Viṣṇudūtas, die stets sehr bewandert in Logik und Argumenten sind, die Worte der Yamadūtas vernommen hatten, antworteten sie folgendermaßen: «Wie schmerzhaft ist es, daß diejenigen, die für die Aufrechterhaltung der religiösen Prinzipien verantwortlich sind, einen sündlosen Menschen unnötig bestrafen. Ajāmila hat bereits für alle seine sündhaften Taten gebüßt. Er hat sogar nicht nur für die Sünden gebüßt, die in diesem einen Leben von ihm begangen worden sind, sondern auch für alle, die er in Millionen von Leben begangen hat, denn er chantete in einem hilflosen Zustand im Augenblick des Todes den Heiligen Namen Nārāyaṇas. Deshalb ist er jetzt rein und für die Befreiung geeignet.

Schon früher pflegte Ajāmila beim Essen und bei anderen Gelegenheiten seinen Sohn Nārāyaṇa zu rufen, und obgleich er den Namen seines Sohnes rief, sprach er nichtsdestoweniger die vier Silben Nā-rā-ya-ṇa aus. Einfach dadurch, daß er den Namen Nārāyaṇas auf diese Weise chantete, büßte er ausreichend für die sündhaften Reaktionen von Millionen von Leben. Das Chanten des Heiligen Namens Viṣṇus ist der beste Bußvorgang für einen Dieb, für einen Trunkenbold, für jemanden, der einen Freund oder Verwandten betrügt, für jemanden, der einen Brāhmaṇa tötet, oder für jemanden, der mit der Frau seines Meisters oder eines anderen Höhergestellten eine sexuelle Verbindung eingeht. Es ist ebenso die beste Methode für jemanden, der Frauen, den König oder seinen Vater ermordet, für jemanden, der Kühe schlachtet, und für alle anderen sündhaften Menschen. Einfach durch das Chanten des Heiligen Namens Viṣṇus vermögen solche sündhaften Menschen die Aufmerksamkeit des Höchsten Herrn auf sich zu ziehen, der Seinerseits denkt: ‹Da dieser Mensch Meinen Heiligen Namen gechantet hat, ist es Meine Pflicht, ihm Schutz zu gewähren.›

Jemand, der den Heiligen Namen des Herrn chantet, wird sofort von den Reaktionen auf zahllose Sünden befreit, selbst wenn er indirekt chantet und dabei etwas anderes meint, im Scherz, zur musikalischen Unterhaltung oder sogar nachlässig. Wenn man den Heiligen Namen chantet und dann durch einen Unglücksfall ums Leben kommt – zum Beispiel, wenn man vom Dach eines Hauses stürzt, wenn man, während man auf der Straße unterwegs ist, ausrutscht und sich die Knochen bricht, wenn man von einer Schlange gebissen wird, wenn man von Schmerzen und heftigem Fieber ergriffen wird oder durch eine Waffe verwundet wird –, wird man sofort vom Kreislauf der wiederholten Geburten und Tode befreit, auch wenn man sündig ist.

So wie ein Feuer vertrocknetes Gras verbrennt, verbrennt der Heilige Name des Herrn, ob er bewußt oder unbewußt gechantet wird, mit Sicherheit alle Reaktionen auf jemandes sündhafte Handlungen zu Asche. Wenn ein Mensch, der sich der Wirksamkeit einer bestimmten Medizin nicht bewußt ist, diese Medizin einnimmt oder dazu gezwungen wird, sie cinzunehmen, wird sie auch ohne sein Wissen wirken, da ihre Kraft nicht vom Verständnis des Patienten abhängig ist. Ebenso wird, selbst wenn man nichts über den Wert des Chantens vom Heiligen Namen des Herrn weiß, das Chanten, bewußt oder unbewußt, äußerst wirksam sein, wenn man einfach nur chantet.»

«Im Moment des Todes», fuhren die Viṣṇudūtas fort, «chantete Ajāmila hilflos und sehr laut den Heiligen Namen des Herrn, Nārāyaṇa. Dieses Chanten allein hat ihn von den Reaktionen auf all seine Sünden befreit. Deshalb versucht nicht, ihn zu eurem Meister, dem Herrn des Todes, zu führen, um ihn mit einer weiteren Wiedergeburt in der materiellen Welt bestrafen zu lassen.»

Nachdem die Viṣṇudūtas auf diese Weise die Prinzipien des Chantens der Heiligen Namen Gottes dargelegt hatten, befreiten sie Ajāmila von den Fesseln der Yamadūtas und retteten ihn so vor dem drohenden Tod. Danach erwachte Ajāmila aus seinem todähnlichen Zustand, und da er das Gespräch zwischen den Yamadūtas und den Viṣṇudūtas vernommen hatte, bereute er seine früheren sündhaften Taten. Als die Viṣṇudūtas sahen, daß Ajāmila versuchte, etwas zu sagen, entschwanden sie plötzlich seiner Sicht.

«War das, was ich sah, ein Traum», fragte sich Ajāmila, «oder war es Wirklichkeit? Ich sah furchterregende Gestalten mit Stricken in den Händen, die gekommen waren, um mich gefangenzunehmen und hinwegzuschleifen. Wo sind sie hingegangen? Und wo sind jene vier strahlenden Persönlichkeiten, die mich aus den Fesseln befreiten?»

Hierauf dachte Ajāmila über sein eigenes Leben nach: «Wie sehr ich mich doch dadurch erniedrigte, daß ich ein Diener meiner Sinne wurde! Ich fiel von meiner Stufe als qualifizierter Brāhmaṇa und zeugte Kinder im Schoße einer Prostituierten, ja ihretwegen verließ ich sogar meine keusche und schöne junge Frau. Darüber hinaus waren mein Vater und meine Mutter alt und hatten keinen anderen Sohn oder Freund, der für sie sorgte. Weil ich mich nicht um sie kümmerte, lebten sie in großen Schwierigkeiten. Es ist mir jetzt klar, daß ein sündhafter Mensch wie ich als Folge solcher Handlungen nach seinem Tod in höllische Umstände hinabgestoßen werden müßte. Ich bin gewiß höchst abscheulich und unglückselig, weil ich in einen Ozean sündhafter Tätigkeiten eingetaucht war, doch trotz alledem war es mir wegen meiner früheren spirituellen Tätigkeiten vergönnt, jene vier hervorragenden Persönlichkeiten zu sehen, die gekommen waren, um mich zu retten. Ich bin ein schamloser Betrüger und ein sündhafter Mensch, doch da ich jetzt diese Gelegenheit erhalten habe, muß ich meinen Geist und meine Sinne völlig beherrschen und versuchen, Befreiung aus dem Teufelskreis der wiederholten Geburten und Tode zu erlangen.»

Daraufhin entsagte Ajāmila augenblicklich seiner Frau, löste sich mit Entschlossenheit von der materiellen Lebensauffassung und machte sich auf den Weg nach Hardwar, einem heiligen Pilgerort in den Bergen des Himalaya. Dort suchte er Zuflucht in einem Viṣṇu-Tempel, wo er sich dem Vorgang des Bhakti-yoga widmete, des Yoga des hingebungsvollen Dienstes für den Höchsten Herrn. Als seine Intelligenz und sein Geist in tiefer Meditation völlig auf die Gestalt des Herrn gerichtet waren, sah Ajāmila wieder vier himmlische Persönlichkeiten vor sich. Er erkannte, daß sie dieselben waren, die ihn damals von den Dienern des Todes gerettet hatten, und so erwies er ihnen seine Ehrerbietungen, indem er sich vor ihnen verneigte.

Im gleichen Augenblick, als Ajāmila die Viṣṇudūtas erblickte, gab er dort in Hardwar, am Ufer der Gaṅgā, seinen vergänglichen materiellen Körper auf und erlangte seinen ursprünglichen spirituellen Körper wieder. Begleitet von den Sendboten Viṣṇus, bestieg er ein goldenes Luftschiff und begab sich, durch die Lüfte schwebend, direkt in das Reich Viṣṇus, um niemals wieder Geburt in der materiellen Welt zu nehmen.

Ajāmila war ein Brāhmaṇa, der aufgrund von schlechter Gemeinschaft alle brahmanische Kultur und alle religiösen Prinzipien aufgegeben hatte. Da er äußerst gefallen war, stahl er, trank er und beging andere verabscheuenswerte Handlungen. Deshalb war es ihm bestimmt, von den Sendboten Yamarājas zur Hölle fortgeschafft zu werden, aber einfach durch einen bloßen Funken des Chantens von Gottes Heiligem Namen, Nārāyaṇa, wurde er augenblicklich gerettet. Jemand, der sich Freiheit von Geburt und Tod wünscht, sollte deshalb den Vorgang des Chantens und der Lobpreisung des Namens des Höchsten Herrn annehmen.

Weil diese sehr vertrauliche geschichtliche Erzählung über die Befreiung Ajāmilas die Kraft besitzt, alle sündhaften Reaktionen zu besiegen, ist jemand, der sie mit Glauben und Hingabe hört oder beschreibt, nicht mehr zu höllischem Leben verdammt, gleichgültig wie sündhaft er gewesen sein mag. In der Tat nähern sich die Yamadūtas, die Sendboten des Todes, einem solchen Menschen nicht einmal, um ihn zu sehen. Nachdem er seinen Körper aufgegeben hat, kehrt er nach Hause, in die spirituelle Welt, zurück, wo er respektvoll empfangen und verehrt wird.

Als Ajāmila sich zur Zeit des Todes in Not befand, chantete er den Heiligen Namen des Herrn, und obgleich mit dem Chanten sein Sohn gemeint war, kehrte er nach Hause, zu Gott, zurück. Wie kann es also einen Zweifel daran geben, daß jemand, der gläubig und ohne Vergehen den Heiligen Namen des Herrn chantet, zu Gott zurückkehren und endgültige Befreiung aus dem leidvollen Kreislauf der Geburten und Tode erlangen wird?

Anhang 5

EINE VERSMEDITATION

Die Geschichte: Der See des Todes

(Eine vedische Geschichte aus dem Mahābhārata-Epos)

Einst, als die fünf Pāṇḍava-Brüder gegen Ende ihrer zwölfjährigen Verbannung im Dvaitavana-Wald lebten, kam ein Brāhmaṇa voller Aufregung mit einer Bitte zu König Yudhiṣṭhira, dem ältesten der Pāṇḍavas. Der Brāhmaṇa klagte, daß das Araṇī-Brennholz, das er für seine täglichen Feueropfer gebrauchte und das er an einem Baum aufgehängt hatte, von einem Hirsch fortgeschleppt worden sei, nachdem dieser in seine Einsiedelei eingedrungen war.

Der Brāhmaṇa bat die Pāṇḍava-Brüder, dem Hirsch zu folgen und das Holz, das sich in seinem Geweih verfangen hatte, zurückzubringen. Auf der Stelle machten sich die Pāṇḍavas auf, um den Hirsch aufzuspüren, der sie immer weiter in den dichten Wald hineinführte. Plötzlich aber verloren sie ihn aus den Augen, worüber sie sehr betrübt wurden, denn sie wollten den Brāhmaṇa nicht enttäuschen.

Müde, hungrig und durstig setzten sich die Pāṇḍavas schließlich in den Schatten eines Banyan-Baumes. Da es im ganzen Umkreis kein Wasser gab, um ihren Durst zu stillen, bat Yudhiṣṭhira seinen jüngsten Bruder Nakula, auf einen Baum zu klettern, um von dort Ausschau nach einer Wasserstelle zu halten. Nakula bestieg sofort einen hohen Baum und spähte in alle Himmelsrichtungen. Bald rief er voller Freude zu seinen Brüdern hinunter: «Ich sehe viele Bäume jener Art, die nur bei einem Gewässer wachsen, und ich höre das Kreischen von Kranichen. Mit Sicherheit muß hier ganz in der Nähe ein wunderschöner See sein.»

Die Pāṇḍavas waren sehr erfreut, dies zu hören, und Yudhiṣṭhira sagte: «Mein lieber Bruder, bitte gehe unverzüglich dorthin und bringe für uns Wasser zum Trinken.» Daraufhin eilte Nakula so schnell er konnte zu jenem See. Dort angekommen, sah er das kühle und einladende Wasser und beugte sich nieder, um sich zunächst selbst zu erfrischen. Bevor er jedoch trinken konnte, gebot ihm eine unsichtbare Stimme Einhalt und befahl, das Wasser des Sees weder zu berühren noch hinfort zu tragen, bevor er die Fragen beantwortet habe, die er, der Unsichtbare, an ihn richten wolle, denn der See gehöre ihm. Nakula, der äußerst durstig war, schenkte jedoch der unverkörperten Stimme keine Beachtung und machte sich daran, das klare Wasser zu trinken. Aber noch bevor er den ersten Schluck genommen hatte, fiel er augenblicklich tot zu Boden.

Die Pāṇḍavas warteten lange Zeit, und als Nakula nicht zurückkehrte, gebot Yudhiṣṭhira seinem zweitjüngsten Bruder Sahadeva, zu jenem See zu gehen und nachzusehen, was ihrem Bruder zugestoßen sei. Als Sahadeva den See erreichte und seinen Bruder tot auffand, erfüllte ihn tiefes Leid, doch da er sehr durstig war, mißachtete er gleich seinem Bruder die Warnung der unsichtbaren Stimme und versuchte, von dem verbotenen Wasser zu trinken. Da fiel auch er tot zu Boden.

Dasselbe Geschick ereilte die beiden anderen Brüder, Arjuna und Bhīma, die einer nach dem anderen von Yudhiṣṭhira ausgeschickt wurden. Als keiner von ihnen zurückkehrte, wurde dieser sehr besorgt und machte sich auf, seine Brüder zu suchen. Er folgte ihren Fußspuren und erreichte schließlich ebenfalls den lockenden See. Da überkam ihn beim Anblick seiner toten Brüder tiefe Trauer und Entsetzen. Er fragte sich: «Wer hat ihnen dies wohl angetan? Es lassen sich keine Kampfspuren ausmachen, und ich kann mir nicht vorstellen, daß diese vier tapferen Krieger getötet werden konnten, ohne daß sie um ihr Leben gekämpft hätten. Irgend etwas kann hier nicht mit rechten Dingen zugegangen sein.»

Yudhiṣṭhira setzte sich nieder und sann lange Zeit darüber nach, was nun geschehen solle. «So viele Schicksalsschläge mußten wir gemeinsam ertragen», dachte er, «und jetzt, wo unsere Verbannung sich ihrem Ende neigt, wurden all meine Brüder so plötzlich getötet. Wie kann ich alleine, ohne ihre Gemeinschaft, in dieser Welt leben? Wie kommt es, daß mein Leben gerettet wurde und nicht das ihrige? Warum ist nicht auch dasselbe mir zugestoßen?»

Während Yudhiṣṭhira so nachdachte, bemerkte er erneut, wie durstig er war. Doch als er sich niederbeugte, um von dem kristallklaren, kühlen Wasser des Sees zu trinken, vernahm er ebenfalls die Warnung der unsichtbaren Stimme. Sie sagte: «Ich habe all deine Brüder, die hierhergekommen sind, gewarnt, nicht von dem Wasser meines Sees zu trinken. Aber sie wollten nicht hören, sie tranken und mußten sterben. Ich bin der Besitzer dieses Sees.»

Obwohl König Yudhiṣṭhira fast starb vor Durst, mißachtete er die Worte des Unsichtbaren nicht und fragte: «O Unbekannter, wer bist du, daß du es fertiggebracht hast, diese starken, unbesiegbaren Brüder mit einem Schlag zu töten? Niemand war je imstande, auch nur einen von ihnen zu bezwingen, aber du hast alle vier kampflos erschlagen. Was du vollbracht hast, ist bisher noch keinem gewöhnlichen Menschen, keinem Dämon oder Waldgeist und auch keinem Halbgott gelungen. Wer immer du bist, ich fürchte und bewundere dich zugleich. Bitte offenbare mir deine Identität.»

Da wurde die unsichtbare Stimme sichtbar, und ein fürchterlich grimmiger Yakṣa erschien vor Yudhiṣṭhira im Wasser. Yudhiṣṭhira grüßte den Yakṣa ehrfurchtsvoll und sprach: «Dein Erscheinen ehrt mich, bitte sage mir, was ich für dich tun kann.» Der Yakṣa erwiderte: «Ich habe bereits deine Brüder gewarnt, daß dieser See mir gehört. Niemand darf von seinem Wasser trinken, wenn er nicht zuerst meine Fragen beantwortet hat.» Da sagte Yudhiṣṭhira: «Mein lieber Yakṣa, es liegt mir fern, deine Worte zu mißachten. Wenn dieser See, wie du sagst, tatsächlich dir gehört, dann habe ich kein Recht, ohne deine Erlaubnis das Wasser zu berühren. Bitte stelle mir also deine Fragen, und ich werde versuchen, sie in rechter Weise zu beantworten.»

Daraufhin entspann sich ein ausführliches Gespräch zwischen dem Yakṣa und Yudhiṣṭhira. Der Yakṣa stellte zahlreiche Fragen, und Yudhiṣṭhira bemühte sich, sie nach bestem Wissen und Gewissen zu beantworten. Unter diesen Dutzenden von Fragen, auf die wir an dieser Stelle nicht im einzelnen eingehen können, war auch die folgende: «O König», fragte der Yakṣa, «bitte sage mir, was das Erstaunlichste und Wunderbarste in dieser Welt ist.» Und Yudhiṣṭhira antwortete: «Tag für Tag gehen zahllose Geschöpfe ein in das Reich des Todes. Die anderen aber, die zurückbleiben, denken trotzdem, sie lebten für immer. Kann irgend etwas in der Welt erstaunlicher sein als das?»

Nachdem sie auf diese Weise lange Zeit diskutiert hatten und der Yakṣa mit den Antworten Yudhiṣṭhiras überaus zufrieden war, sprach er: «Mein lieber Yudhiṣṭhira, du bist der weiseste, erhabenste und rechtschaffenste Mensch auf dieser Welt. Ich möchte dir als Ausdruck meiner Anerkennung nun eine Segnung gewähren. Ich werde nun einen deiner Brüder wieder zum Leben erwecken, und du sollst bestimmen, welchen.» Yudhiṣṭhira erwiderte ohne zu zögern: «So ist es mein Wunsch, daß Nakula, unser jüngster Bruder, wieder leben soll.»

Da der Yakṣa von dieser unerwarteten Wahl Yudhiṣṭhiras überrascht war, entgegnete er: «Bhīma und Arjuna sind deine eigenen Brüder, und von ihrer unbezwingbaren Kraft hängt euer Sieg in der Schlacht gegen eure Feinde ab. Nakula jedoch ist nur dein Halbbruder; warum bittest du also nicht um das Leben eines deiner eigenen Brüder?» Und Yudhiṣṭhira gab zur Antwort: «Lieber gebe ich mein Leben auf, als daß ich den Pfad des Dharma aufgebe. Mein Vater hatte zwei Gemahlinnen, nämlich Kuntīdevī und Mādrīdevī, und ich möchte, daß von beiden Müttern ein Sohn am Leben bleibt. Mādrī, die Mutter Nakulas, ist mir ebenso lieb wie Kuntī, meine eigene Mutter, und ich kann nicht das Herz der einen erfreuen und das Herz der anderen verletzen. Aus diesem Grunde soll Nakula der Bruder sein, der wieder zum Leben erweckt wird.»

Der Yakṣa war erneut sehr erfreut über die edle und tugendhafte Haltung Yudhiṣṭhiras und sagte: «O Yudhiṣṭhira, der du die höchste Form des Dharma verkörperst und der du Gerechtigkeit über deine eigenen Interessen stellst, alle deine Brüder sollen nun wieder lebendig werden.» Sowie der Yakṣa so gesprochen hatte, erhoben sich alle vier Brüder, als wachten sie aus einem langen Schlafe auf. Ihr Hunger und ihr Durst war während des langen Schlafes gestillt worden. Nachdem Yudhiṣṭhira sie alle umarmt hatte, fiel er zu den Füßen des Yakṣa nieder und rief: «O mein Herr, du bist kein gewöhnlicher Yakṣa. Kein Yakṣa kennt die Regeln des Dharma so gut wie du. Wer also bist du wirklich? Bitte offenbare dich uns, o Freund, denn wir sind begierig, deine wahre Identität zu kennen.»

Daraufhin legte der Yakṣa sein furchterregendes Aussehen ab und nahm eine wundervoll leuchtende Gestalt an. Lächelnd sprach er zu Yudhiṣṭhira: «Ich bin Yama, der Herr des Todes und der Herr des Dharma, dein eigener Erzeuger. Ich wollte euch alle sehen und zu euch sprechen. Ich habe euch auf die Probe stellen wollen, und ich bin sehr zufrieden mit euch.» Yamarāja offenbarte den fünf Pāṇḍava-Brüdern auch, daß er selbst es gewesen sei, der in der Gestalt eines Hirsches das Araṇī-Brennholz des Brāhmaṇa gestohlen hatte, um die Pāṇḍavas auf diese Weise zu dem See zu locken. Nachdem er Yudhiṣṭhira das Holz zurückgegeben hatte, sprach er eine weitere Segnung aus: «Die zwölf Jahre eurer Verbannung sind bald vorüber. Das dreizehnte und schwierigste Jahr aber, in welchem ihr unerkannt bleiben müßt, steht euch noch bevor. Ich gebe euch hiermit die Segnung, daß ihr mit eurer Gemahlin Draupadī am Hofe des Königs Virāṭa unerkannt dieses letzte Jahr der Verbannung verbringen werdet.»

Yudhiṣṭhira war überglücklich, denn er hatte endlich seinen eigenen Vater getroffen. Immer wieder fiel er ihm zu Füßen, und als dieser ihm noch eine dritte Segnung anbot, sagte er schließlich: «O mein Herr, jetzt, da ich dich erblicken durfte, habe ich keine anderen Wünsche mehr in meinem Leben. Aber wenn du mir in deiner Güte noch eine weitere Segnung erteilen möchtest, so wünsche ich, daß du es mir erlauben mögest, in der Schlacht gegen meine sechs Todfeinde siegreich zu sein. Diese sechs Feinde sind Lust, Zorn, Gier, Neid, Illusion und Verrücktheit. Bitte gestatte es mir, daß ich, auf dem Pfad des Dharma verankert, immer mildtätig, entsagt und wahrhaftig sein möge. Ich habe keine anderen Wünsche in dieser Welt.»

Yama lächelte Yudhiṣṭhira an und sagte: «Mein lieber Sohn, du brauchst mich nicht um etwas zu bitten, das du bereits von Natur aus besitzest. Du hast diese Feinde schon vor langer Zeit besiegt und bist mit allen guten Eigenschaften ausgestattet; wahrlich, du bist die Verkörperung des Dharma. Geh nun also mit deinen Brüdern dahin, und sei glücklich. Euer Leiden wird bald ein Ende finden. Ich bin auf eurer Seite, und wo immer ich bin, da wird auch Sieg sein, denn wo immer Kṛṣṇa ist, da werde auch ich sein. Solange ihr an mich und an Kṛṣṇa denkt, wird euch nichts Übles widerfahren können.»

Nachdem Yama, der Herr des Todes und des Dharma, so gesprochen hatte, entschwand er den Blicken der Pāṇḍavas. Diese Nacht schliefen die fünf Brüder fest an der einsamen Stelle beim See des Todes, und am nächsten Morgen begaben sie sich zurück in ihre Einsiedelei. Sie verabschiedeten sich von dem Brāhmaṇa, nachdem sie ihm sein Feuerholz zurückgegeben hatten, und machten sich gemeinsam mit ihrer Gemahlin Draupadī auf den Weg in die Ferne.

Der Vers: Die erstaunlichste Sache der Welt

(Die Antwort auf die Schlüsselfrage des Todesgottes)

ahany ahany bhūtāni gacchantīha yamālayam
śeṣaḥ sthāvaram icchanti kim āścaryam ataḥ paraṁ

ahany ahani – Tag für Tag; *bhūtāni* – unzählige Lebewesen; *gacchanti* – sie gehen; *iha* – in dieser Welt; *yamālayam* – in das Reich des Todesgottes Yamarāja; *śeṣaḥ* – die Rest, die anderen; *sthāvaram* – unbeweglich, dauerhaft, unsterblich; *icchanti* – sie wünschen und denken zu sein; *kim* – was; *āścarya* – seltsam, wunderbar, erstaunlich; *ataḥ* – als dieses; *param* – mehr.

Tag für Tag gehen zahllose Geschöpfe ein in das Reich des Todes. Die anderen aber, die zurückbleiben, denken trotzdem, sie lebten für immer. Kann irgend etwas in der Welt erstaunlicher sein als das?

Die Meditation: Ewige Vergänglichkeit

I. Erstaunlich?

Es erstaunt mich
Und es erstaunt mich nicht
Daß die Menschen
Sich hassen – ohne Grund
Sich streiten – ohne Sinn
Sich fürchten – ohne Wissen
Was in dieser Welt
Ist erstaunlich?

Es erstaunt mich
Und es erstaunt mich nicht
Daß die Menschen
Sich quälen – ohne Erbarmen
Sich ausbeuten – ohne Liebe
Sich fürchten – ohne Einsicht
Was in dieser Welt
Ist erstaunlich?

Und es erstaunt mich
Und es erstaunt mich nicht
Daß die Menschen
Sich berauschen – ohne Vernunft
Sich zerstören – ohne Verstand
Sich fürchten – ohne Weisheit
Was in dieser Welt
Ist erstaunlich?

Und es erstaunt mich
Und es erstaunt mich nicht
Daß die Menschen
Sich beeilen – ohne Ziel
Sich überstürzen – ohne Ruhe
Sich fürchten – ohne Erkenntnis
Was in dieser Welt
Ist erstaunlich?

Und so erstaunt es mich
Und erstaunt mich nicht
Daß die Menschen
Leiden
Verdummen
Sterben – ohne Erkenntnis
Was in dieser Welt
Ist schon erstaunlich?

Aber es erstaunt mich
Und erstaunt mich immer wieder
Daß die Menschen
Dies alles sehend nicht sehen
Dies alles hörend nicht hören
Dies alles fühlend nicht begreifen
Dies alles kennend nicht erkennen
Kann irgend etwas in dieser Welt
Erstaunlicher sein?

Ja, es erstaunt mich
Und erstaunt mich immer wieder
Daß die Menschen
Nicht sehen wollend
Nicht hören wollend
Nicht begreifen wollend
Nicht erkennen wollend
Doch immer wieder
Leiden
Verdummen
Sterben – ohne Erkenntnis
Kann irgend etwas in dieser Welt
Erstaunlicher sein?

II. Vergänglich?

Wir leben in der Welt
Der ewigen Vergänglichkeit

Alles um uns
Und alles in uns
Wird fortwährend geschaffen
Bleibt einen Atemzug lang bestehen
Und vergeht schon wieder
Um bald neu entstanden
Zurückzukehren
– Wir leben in der Welt
Der ewigen Vergänglichkeit

Die Blume welkt
Kaum sie zu blühen begann
Der Tag wird Nacht
Die Jugend wird Alter
Und vergeht schon wieder
Als wäre sie nie wirklich
Hiergewesen
– Wir leben in der Welt
Der ewigen Vergänglichkeit

Das wilde Spektakel
Des Entstehens und Vergehens
Wiederholt sich Tag für Tag
Jahr für Jahr
Leben für Leben
Vor unseren Augen
Ewiglich
– Denn wir leben in der Welt
Der ewigen Vergänglichkeit

Vor unseren offenen Augen
Betreten Heerscharen und Völker
Menschen, Tiere, Pflanzen und Götter
Tag für Tag
Jahr für Jahr
Geburt für Geburt
Die Bühne des Lebens
– Und leben in der Welt
Der ewigen Vergänglichkeit

Vor unseren offenen Augen
Betreten Heerscharen und Völker
Menschen, Tiere, Pflanzen und Götter
Tag für Tag
Jahr für Jahr
Alter für Alter
Das Reich des Todes
— Und sterben in der Welt
Der ewigen Vergänglichkeit

Mit unseren blinden Augen
Betreten auch wir
Geburt für Geburt
Die Bühne des Lebens
Betreten auch wir
Alter für Alter
Das Reich des Todes
— Und sterben in der Welt
Der ewigen Vergänglichkeit

Mit unseren blinden Augen
Denken wir Todgeweihte immer wieder
Und denken immer noch
Angesichts dieses wilden Spektakels
Des Entstehens und Vergehens
Nur Zuschauer zu sein
Außerhalb und unberührt
— Und sterben immer wieder in der Welt
Der ewigen Vergänglichkeit

Kann irgend etwas in dieser Welt
Erstaunlicher sein?

Alles um uns
Und alles in uns
Ist vergänglich
In dieser Welt
Der ewigen Vergänglichkeit
Bleibt nur das eine bestehen:
Die Vergänglichkeit
Ist Ewigkeit

III. Ewig

In dieser vergänglichen Welt
Der ewigen Vergänglichkeit
Ist etwas ewiger noch
Als die Vergänglichkeit:
Daß diese ewige Vergänglichkeit
Bezwungen werden kann
Durch Ewigkeit

Und in dieser erstaunlichen Welt
Der ewigen Illusion
Ist etwas erstaunlicher noch
Als das Erstaunlichste:
Daß diese erstaunliche Illusion
Bezwungen werden kann
Durch Ewigkeit

Denn in dieser vergänglichen
Erstaunlichen Welt
In der wir mit blinden Augen
Immer wieder leben und sterben
Sind wir mit unserer Ewigkeit
Und unserem Erstaunen
Nicht allein

Denn in dieser vergänglichen
Erstaunlichen Welt
Begleitet uns mit offenen Augen
Durch all unser Leben und Sterben
Durch die Vergänglichkeit zur Ewigkeit
Zu unserem Erstaunen
Śrī Kṛṣṇa, die Persönlichkeit Gottes

Ja, aus dieser vergänglichen
Erstaunlichen Welt
Begleitet uns Śrī Kṛṣṇa
Durch all unser Leben und Sterben
Durch Seine Barmherzigkeit
Aus der ewigen Vergänglichkeit
Zurück zur ewigen Ewigkeit

Kann irgend etwas in dieser Welt
Erstaunlicher sein?

Mit unseren blinden Augen
Dachten wir Todgeweihte immer wieder
Angesichts des wilden Spektakels
Des Entstehens und Vergehens
Nur Zuschauer zu sein
Und starben immer wieder in dieser Welt
Der ewigen Vergänglichkeit

Doch mit geöffneten Augen
Bleibt uns Gottgeweihten immer wieder
Angesichts dieser liebenden Barmherzigkeit
Śrī Kṛṣṇas
Nur die ewige Dankbarkeit
Nur die ewige Liebe
Und das ewige Erstaunen.

GLOSSAR

Erklärung ausgewählter Begriffe der Esoterik, der Parapsychologie und der vedischen Philosophie

Ācārya

Sanskr., «jemand, der durch sein eigenes Beispiel lehrt».
Ein selbstverwirklichter spiritueller Meister (→Guru), der seine Schüler und Nachfolger nicht nur durch das verbale Vermitteln von Wissen unterweist, sondern ihnen auch durch seine Handlungen das praktische Beispiel eines vorbildhaften Lebens zeigt.

Acintya-bhedābheda-tattva

Sanskr., «das unbegreifliche gleichzeitige Eins- und Verschiedensein».
Das philosophische System, das Śrī Kṛṣṇa Caitanya Mahāprabhu (1486-1534) als höchste Schlußfolgerung aller vedischen Erkenntnisse lehrte. Gemäß dieser Lehre sind Gott und die individuellen Seelen (→Ātmās) qualitativ gleich (→Sat-cit-ānanda: ewig, voller Wissen und voller Glückseligkeit), quantitativ jedoch verschieden (Gott ist unbegrenzt groß, die Ātmās winzig klein). Diese Philosophie erklärt, daß die Seele nach ihrer Befreiung in die spirituelle Welt eingehen kann, daß sie jedoch ewig ihre Individualität behält und daß ihre Vollkommenheit darin besteht, der vollkommene Diener Gottes (→Kṛṣṇa) zu werden.

Advaita

Sanskr., «nicht-dualistisch».
1. Die Eigenschaft Gottes, daß zwischen Seinem Körper, Seinen Energien und Seinem Selbst kein Unterschied besteht. 2. Die philosophische Lehre des qualitativen Einsseins (Viśiṣṭādvaita, «qualitativer Monismus», als Vorstufe zu →Acintya-bhedābheda-tattva) oder des absoluten Einsseins (→Māyāvāda, Monismus) der höchsten Seele und der individuellen Seele.

Ahaṅkāra

Sanskr., «falsches Ego».
Die fälschliche Identifikation der →Seele mit ihrem →grob- und feinstofflichen materiellen Körper; eines der drei →feinstofflichen Elemente.

Akarma

Sanskr., «Nichthandeln».
Transzendentale, spirituelle Handlungen, die außerhalb der karmischen Naturgesetze liegen und somit als eigentliches «Nichthandeln» gelten; solche Handlungen verursachen keine materiellen Reaktionen, das heißt, weder positive («gutes Karma») noch negative («schlechtes Karma»).

Akāśa

Sanskr., «Raum», «Äther».
Eines der fünf →grobstofflichen Elemente.
→Akasha-Chronik, Äther

Akasha-Chronik

Dieser Begriff – der v.a. von Rudolf Steiner eingeführt und benützt wurde, um Hellsehen und Prophezeien zu erklären – bezeichnet eine Art fiktives «Weltgedächtnis», in dem die Erinnerungen an Ereignisse der Vergangenheit, Gegenwart und möglicherweise der Zukunft aufgezeichnet sein sollen. Vermittler dieses Wissens sind in der Regel Geistwesen aus der →Antarikṣa-Welt, die sich durch →Medien mitteilen.
→Okkultismus, Spiritismus

AKE
Abk. für «Außerkörperliche Erfahrungen».
→OBE

Akupressur und Akupunktur
Massageformen der alten chinesischen Medizin, bei der durch Drücken und Reiben bzw. durch Einstechen von Metallnadeln gewisse Punkte im menschlichen Körper gereizt werden. Dadurch soll das Gleichgewicht der beiden Energieströme →Yin und Yang wiederhergestellt werden.

Alchimie
Die Lehre von dem inneren Zusammenhang der Stoffe; die «Chemie» des Mittelalters, mit dem Ziel, Materie in einen vollkommenen Zustand zu bringen; ab 17./18. Jahrhundert das okkulte Suchen nach Geheimarzneien oder Verwandlung unedler Metalle in Gold.

Alpha-Zustand
Die Übergangsphasen zwischen Schlaf und Wachsein; man unterscheidet zwischen hypnagogen Zuständen (beim Einschlafen) und hypnopompischen Zuständen (beim Aufwachen). In beiden Stadien können Seh- und Höreindrücke erlebt werden, aber die geistige Aktivität unterscheidet sich sowohl von der des Schlafenden als auch der des Träumenden. In diesem Zustand ist die bewußte Kontrolle der psychischen Tätigkeit gelockert («Ego-Regression»), und man hat lebhafte optische und akustische Eindrücke, wobei die Bilder phantastische, bizarre oder symbolische Gestalt annehmen können. In der Alpha-Phase sind auch paranormale Vorkommnisse möglich.

Antarikṣa-Welt
Sanskr., «äußere Sphäre».
Bereich in der Nähe der Erde, bei der äußeren Grenze der Atmosphäre, wo feinstoffliche Geistwesen leben. Wenn jemand mediale Fähigkeiten hat, dann ist es dieser Bereich, mit dem er Kontakt aufnimmt und von wo er gewisse Informationen bezieht. Wer im gegenwärtigen Leben Kontakt mit der Antarikṣa-Welt aufnimmt, von dem wird gesagt, daß er nach dem Tod selbst in diese Sphären eingeht. (Beschrieben im *Śrīmad-Bhāgavatam* 5.24.5)
→Akasha-Chronik, Medium, Okkultismus, Spiritismus

Anthroposophie
Griech., «Menschenweisheit».
Von Rudolf Steiner (1861-1925) nach seiner Trennung von der Theosophischen Gesellschaft im Jahre 1913 begründete Lehre.

Apauruṣeya
Sanskr., «nicht von Menschen geschaffen».
Bezeichnung für das →vedische Schrifttum, das nicht von Menschen geschaffen, sondern von Gott offenbart wurde.

Apparition
Lat., «Erscheinung».
Eine paranormale Form der Geisterwahrnehmung, in der man eine noch lebende oder eine bereits verstorbene Person (oder seltener auch einen Gegenstand) als körperlich anwesend erlebt, wobei die übrige Umgebung normal wahrgenommen wird. Es handelt sich dabei nicht um eine →Halluzination, denn diese sind rein subjektiv und meist einmalig, und nur der der Sinnestäuschung Unterliegende kann sie sehen. In vielen Apparitionsfällen aber haben mehrere Personen, manchmal sogar Tiere, dieselbe Erscheinung gleichzeitig oder auch in unregelmäßigen Abständen immer wieder wahrgenommen.

Āśrama
Sanskr., «Zuflucht».
1. Einsiedelei oder klosterähnliche Anlage, wo ein spiritueller Meister oder ein Heiliger wohnt. 2. Bezeichnung für die vier spirituellen Lebensstufen im vedischen →Varṇāśrama-Gesellschaftssystem: Brahmacārya (Leben als zölibatärer Student), Gṛhastha (Haushälterleben), Vānaprastha (Leben in Zurückgezogenheit) und Sannyāsa (Lebensstand der Entsagung).

Aṣṭāṅga-yoga
Sanskr., «achtfacher Yoga-Pfad».
Der von Patañjali eingeführte achtstufige Pfad des Yoga: 1. Yama (fünf Verbote), 2. Niyama (fünf Gebote), 3. Āsana (Sitzstel-

lungen), 4. Prāṇāyāma (Atemübungen zur Beherrschung der Lebenslüfte), 5. Pratyāhāra (Zurückziehen der Sinne von den Sinnesobjekten), 6. Dhāraṇā (Konzentration), 7. Dhyāna (Meditation), 8. Samādhi (Trance, d.h. Versenkung in Meditation über die Überseele, →Paramātmā).
Die ersten vier Stufen werden zusammenfassend auch als Haṭha-yoga bezeichnet.
→Yoga

Astralebene
Die feinstofflich-materielle Ebene des Geistes, parallel zu unserer physisch greifbaren grobstofflich-materiellen Umwelt.

Astralkörper / Ätherkörper
→Feinstofflicher Körper

Astralreise
Auch «Separation» oder «außerkörperliche Erfahrung» genannt.
Die Fähigkeit der Seele, gemeinsam mit ihrem feinstofflichen Astralkörper vorübergehend aus dem grobstofflichen, physischen Körper auszutreten und sich frei auf der Astralebene zu bewegen. Dies kommt vor allem während des Schlafes vor (viele Träume sind Astralreisen), wobei der Astralreisende seinen gesunden, aber schlafenden oder bewußtlosen Körper verläßt, sich in seinem feinstofflichen Körper umherbewegt und schließlich wieder in seinen grobstofflichen Körper zurückkehrt. Die vedische Literatur berichtet von mystischen Yogīs, die durch Beherrschung der Kunst des Astralreisens sogar imstande sind, die Erdatmosphäre zu durchstoßen, durch verschiedene Bereiche des Universums zu gleiten und andere Planeten zu besuchen.
Bei der Astralreise bleibt der Astralkörper mit dem physischen Körper durch einen unsichtbaren, feinstofflichen «Silberfaden» verbunden. Dasselbe Phänomen tritt auch im Moment des →Todes auf, mit dem Unterschied, daß dann der Silberfaden reißt und die Seele nicht wieder in ihren grobstofflichen Körper zurückkehren kann.
→OBE

ASW
Abk. für «Außersinnliche Wahrnehmungen». →ESP

Atheismus
(Griech.) Die Ablehnung, Verneinung oder Leugnung der Existenz Gottes. Man muß zwischen verschiedenen Formen des Atheismus unterscheiden: 1. «theoretischer» oder «philosophischer Atheismus», der nicht das Dasein Gottes schlechthin leugnet, sondern nur die Erkennbarkeit Gottes bestreitet (Agnostizismus) oder die Gewißheit jeglicher Aussage über Gott bezweifelt (Skeptizismus). 2. «Religiöser Atheismus», der die Existenz eines persönlichen Gottes verneint und das Nichts (→Buddhismus) oder die unpersönliche, undifferenzierte, alldurchdringende Energie (→Māyāvāda, Monismus, Pantheismus) als das Höchste hinstellt oder die Existenz eines einzigen höchsten Gottes verneint und viele gleichgestellte Götter verehrt (→Polytheismus). 3. «Materialistischer Atheismus», der prinzipiell jegliche Existenz höherer, übersinnlicher Prinzipien leugnet und das Materielle, Diesseitige über alles stellt.

Äther
Das feinste der fünf →grobstofflichen Elemente, der ätherische Raum jenseits von Luft, Feuer usw.
→Akāśa

Ātmā
Sanskr., «das Selbst».
Der in jedem Lebewesen ruhende und wirkende individuelle göttliche Bewußtseinsfunke, das wahre Selbst. Der Ātmā ist die ewige, unsterbliche spirituelle Seele, die in allen Inkarnationen wiedergeboren wird und die nach der Befreiung aus dem Kreislauf der Geburten und Tode (→Saṁsāra) in die →spirituelle Welt zurückkehrt.
Je nach Kontext kann sich der Begriff Ātmā aber auch auf das «falsche Selbst» beziehen, mit dem sich das bedingte Lebewesen unter dem Einfluß des →Ahaṅkāra fälschlicherweise identifiziert, also auf den grob- oder den feinstofflichen Körper.
→Jīva, Seele

Aura
Lat., «Luft», «Hauch».
Der dem gewöhnlichen Auge unsichtbare, feinstoffliche «Lichtkranz», der den Körper sowohl des Menschen als auch der Tiere und Pflanzen umgibt. Die Aura kann je nach Charakter, Gemütsstimmung und Gesundheitszustand ihre Form und Farbe wechseln, und erfahrene Medien sollen an gewissen Veränderungen der Aura noch verborgene Krankheiten erkennen können, bevor andere Krankheitssymptome auftreten.

Autogenes Training
Eine Psychotherapieform, die durch Autosuggestion bzw. Selbsthypnose eine physische und psychische Entspannung bewirken will. Sie wurde von dem deutschen Nervenarzt Johannes Heinrich Schultz (1884-1970) unter Benutzung der Forschungen des Hirnphysiologen Oskar Vogt entwickelt.

Automatische Schrift
Ein spiritistisches Phänomen, das in Séancen auftritt und bei dem das Medium mit einer Feder oder einem Bleistift in der Hand vor einem Stück Papier sitzt. Plötzlich beginnt die Hand sich «ganz von selbst» zu bewegen; erst erscheint nur ein unlesbares Gekritzel, dann aber können Worte und Sätze entstehen, während der Schreibende nicht weiß, was da aufgeschrieben wird, und während er seine Aufmerksamkeit ganz anderen Dingen zugewandt hat. Wird die Schrift dann gedeutet, kann man angeblich sinnvolle Botschaften von verstorbenen Angehörigen und bekannten oder unbekannten Geistern entdecken. Von dem normalen Sprachstil und der normalen Schrift des Schreibenden unterscheiden sich diese Mitteilungen oft erheblich, und es können sogar Worte aus einer ihm unbekannten Sprache vorkommen.

Autoskopie
Griech., «Selbstschau».
Eine halluzinatorische Wahrnehmung des eigenen Körpers, projiziert in das äußere Gesichtsfeld. Das Phänomen tritt bei verschiedenen Krankheits- oder Hypnosezuständen auf und äußert sich so, daß man außerhalb des eigenen Körpers eine «Kopie» dieses Körpers wahrnimmt, ohne ihn dabei zu verlassen. Im Gegensatz dazu steht die Separation (→OBE), bei der man von einem Punkt der Außenwelt den eigenen grobstofflichen Körper wahrnimmt.

Autosuggestion
Lat., «Selbstbeeinflussung».
Ein psychotechnisches Verfahren, das von dem französischen Arzt und Hypnotiseur Emile Coué (1857-1926) entwickelt wurde und mit Hilfe dessen man durch zielgerichtete Vorstellungen und Formulierungen sein eigenes Wohlbefinden beeinflussen kann («Mir geht es von Tag zu Tag in jeder Hinsicht besser und besser»).

Avatāra
Sanskr., «jemand, der herabsteigt».
Eine Inkarnation Gottes, die in der materiellen Welt erscheint, um eine bestimmte Mission zu erfüllen; in seltenen Fällen auch eine besonders ermächtigte spirituelle Persönlichkeit, die mit einer bestimmten Mission von Gott in die materielle Welt geschickt wird.

Āyurveda
Sanskr., «Wissenschaft vom langen Leben».
Das altindische System der Medizin- und Heilkunst auf der Grundlage ganzheitlicher Lebensbetrachtung.

Bewußtsein
Gemäß der vedischen Philosophie ist das Bewußtsein das für die materiellen Sinne erkennbare Symptom der spirituellen →Seele, anhand dessen man auf das Vorhandensein der Seele schließen kann, welche sonst nicht direkt wahrnehmbar ist. Bewußtsein ist die von der Seele ausströmende Lebenskraft, die in allen beseelten Wesen, sowohl im Menschen als auch in allen Tieren und Pflanzen, zu finden ist und alle Lebenssymptome im Körper ermöglicht.

Bhagavad-gītā
Sanskr., «Der Gesang Gottes».
Der wichtigste Text des vedischen Schrifttums; ein philosophischer Dialog zwischen Kṛṣṇa und Seinem Freund und Geweihten

Arjuna; beinhaltet die Zusammenfassung der gesamten vedischen Philosophie und Theologie; ist ein Teil des →*Mahābhārata*.

Bhagavān
Sanskr., «derjenige, der alle Füllen besitzt» (bhaga = «Fülle, Reichtum»; vān = «Besitzer»).
1. Bezeichnung für Gott als das Behältnis aller Schönheit, aller Kraft, allen Ruhms, allen Reichtums, allen Wissens und aller Entsagung. 2. Dritte und höchste Stufe in der Erkenntnis Gottes als höchste Person (→Brahman, →Paramātmā). 3. In seltenen Fällen auch Bezeichnung für eine mächtige spirituelle Persönlichkeit oder einen mächtigen Halbgott.

Bhakta
Sanskr., von →Bhakti: «jemand, der sein Leben Gott geweiht hat».
Ein Gottgeweihter, der dem Pfad des →Bhakti-yoga folgt.

Bhakti
Sanskr., «Liebe, Hingabe».
Die von Herz und Seele kommende Liebe und Hingabe zur Höchsten Persönlichkeit Gottes.

Bhakti-yoga
Der Vorgang des hingebungsvollen Dienstes für Gott; wird in der *Bhagavad-gītā* schlußfolgernd als die höchste Form des →Yoga bezeichnet.

Bioenergetik
Eine moderne Psychotherapieform (entwickelt von Alexander Lowen), die davon ausgeht, daß ein Großteil der Lebensenergie des Menschen zum Schutz und zur Abwehr gegen die Umwelt eingesetzt wird, was wiederum zu einer Panzerung und zu psychischen und physischen Spannungen führt. Um diese «Energieblockade» aufzuheben, wird eine intensive Atemtherapie gelehrt.

Bio-Feedback
Engl., «biologische Rückkopplung».
Ein im Zuge der Technologisierung der «Esoterik» in den USA entwickeltes elektronisches Gerät, mit dessen Hilfe die unbewußten Körperfunktionen (Gehirntätigkeit, Herzrhythmus, Muskelspannungen usw.) kontrolliert und manipuliert werden.

Brahman
Sanskr., «die Transzendenz».
1. (allg.) Die Absolute Wahrheit, die spirituelle Ebene. 2. (im Sinne von Brahmajyoti, «die leuchtende Ausstrahlung, die von Gott ausgeht», das sog. «Weisse Licht») Der unpersönliche Aspekt Gottes, die erste Stufe in der Erkenntnis des Absoluten (→Bhagavān, →Paramātmā). 3. (im Sinne von Paraṁ Brahman, «das höchste Brahman») Eine Bezeichnung von Gott (im Gegensatz zu allen untergeordneten spirituellen und materiellen Aspekten).

Brāhmaṇa
Sanskr., «jemand, der das →Brahman kennt».
→Varṇa

Buddhi
→Intelligenz

Buddhi-yoga
Sanskr., «der Yoga der Intelligenz».
Ein anderer Ausdruck für →Bhakti-yoga, der darauf hinweist, daß dieser Yoga den höchsten Gebrauch der Intelligenz erfordert.

Buddhismus
Die von Buddha (560-480 v.u.Z.) begründete Lehre der (Selbst-)Erlösung von materiellem Leid durch Versenkung und Askese. Der Buddhismus ist ein Beispiel für eine «atheistische, d.h. gott-lose Religion»: Er ist insofern eine Religion, als er an eine sittliche Weltordnung, an das Ideal sittlicher Vollkommenheit, an Karma und Reinkarnation und an eine letztliche Befreiung glaubt. Andererseits lehnt er jedoch jegliche Gottesvorstellung ab und stellt das →Nirvāṇa als höchstes Ziel dar.
→Atheismus

Channeling
Engl., «kanalisieren».
Eine paranormale Fähigkeit, bei der das →Medium nicht mit dem Geist eines Ver-

storbenen in Kontakt treten (wie bei üblichen →ESP), sondern direkt die →Akasha-Chronik anzapfen soll. Durch Channeling werden weltanschauliche Botschaften vermittelt oder feinstoffliche Energien zur Heilung von physischen oder psychischen Krankheiten freigesetzt.

Chanten

Engl., to chant, «singen, sprechen».
Bezeichnet die Praxis des meditativen Singens oder Betens vedischer Mantras (Hymnen).
→Mantra

Déjà-vu

Franz., wörtlich «schon einmal gesehen».
Erfahrung, bei der man die Überzeugung hat, etwas schon einmal gesehen, gehört oder erlebt zu haben (einen Ort, eine Person, eine Geschichte usw.), ohne daß im Bereich des gegenwärtigen Lebens ein bewußtes Parallelerlebnis vorhanden ist.

Deva

→Halbgott

Dharma

Sanskr., «Pflicht».
1. Die pflichtgemäße Erfüllung religiöser Prinzipien. 2. Die ewige, wesensgemäße Pflicht und Eigenschaft der spirituellen Seele, Gott zu dienen.
→Bhakti-yoga

Dhyāna

Sanskr., «Meditation».
→Aṣṭāṅga-yoga, Meditation

Dvaita

Sanskr., «Dualismus».
Lehre, daß Gott und die Lebewesen ewiglich quantitativ verschieden sind.
→Acintya-bhedābheda-tattva

EEG

Abk. für Elektro-Enzephalogramm; Aufzeichnung der durch die Gehirntätigkeit hervorgerufenen elektrischen Strömungen in Form eines Kurvenbildes (Hirnstrombild). Das Verfahren wurde 1929 von dem Psychiater und Neurologen Hans Berger (1873-1941) entwickelt.

Ektoplasma

Griech., «ein nach außen geformtes Ding» (ektos = außen; plasma = geformtes Ding).
Eine hypothetische Substanz, die ein →Medium während einer →Séance aus den in der Atmosphäre und den Emanationen der Anwesenden zur Verfügung stehenden Materialien erzeugt (→Materialisation) und die gesehen, berührt und photographiert werden kann; auch Teleplasma oder Hektoplasma genannt.

Empirie

(Griech.) Auf sinnlicher Erfahrung gründende Erkenntnis.

Erscheinungsweisen der materiellen Natur

→Guṇa

Esoterik

Griech.: esotericos, «nach innen gerichtet, geheim».
1. (Hauptbedeutung) Beschäftigung mit den inneren Werten und Wahrheiten des Daseins; das Beschreiten des «Weges nach Innen», das heißt des Pfades der inneren, der spirituellen Erkenntnis, ohne sich allzu sehr in die Welt der Äußerlichkeiten, des Materiellen zu verstricken. 2. (Nebenbedeutung) Geheimwissen, Verborgenes, das nur einem inneren Kreis von Eingeweihten zugänglich und nicht für die Öffentlichkeit bestimmt ist. 3. (modern) Sammelbegriff für alle verschiedenen Bereiche der →Parapsychologie, Grenzwissenschaften, Geheimlehren usw.

ESP

Engl.: «Extra-sensory perception», «außersinnliche Wahrnehmung».
Sammelbegriff für sämtliche außersinnlichen Phänomene wie →Telepathie, Hellsehen, Hellhören, Prä- und Retrokognition, d.h. alle Erlebnisse und Reaktionen von Objekten, Ereignissen, Zuständen oder Einflüssen ohne Vermittlung durch die physischen Sinne.

Exorzismus
Lat., «Geisteraustreibung».
Vertreibung von feinstofflichen bösartigen Geistwesen, die sich eines Ortes oder des grobstofflichen Körpers einer anderen Person bemächtigt haben, mittels Riten, Gebeten oder Anrufung Gottes.

Exoterik
Griech.: exotericos, «nach außen gerichtet, öffentlich».
Gegenteil von →Esoterik: 1. Beschäftigung mit den Äußerlichkeiten des Daseins, Oberflächlichkeit, Inhalts- und Sinnlosigkeit. 2. Im Sprachgebrauch der Geheimwissenschaften alle Lehren und Erkenntnisse, die nicht nur auf den inneren Kreis der Mitglieder beschränkt, sondern auch für Außenstehende, für die Allgemeinheit zugänglich sind.

Fatalismus
Lat.: von fatum, «Schicksal».
«Schicksalsgläubigkeit», (pessimistischer) Glaube an die Unabänderlichkeit des Schicksals.

Falsches Ego
→Ahaṅkāra

Fegefeuer
Lat. «Purgatorium».
Nach der Erklärung des Konzils von Trient (1546) umfaßt das katholische Dogma vom Fegefeuer zwei Punkte: erstens die Läuterung der Seele nach dem Tode (als Erklärung des Dogmas, daß der Seele nur ein einziges Erdenleben zusteht), und zweitens die Möglichkeit, den Verstorbenen durch Gebet und Opfer zu Hilfe zu kommen. Dieses Dogma mußte geschaffen werden, nachdem die Lehre der Reinkarnation aus der christlichen Theologie beseitigt worden war. In der Bibel und in den Lehren Jesu gibt es jedoch keinen Hinweis auf ein «Fegefeuer».

Feinstoffliche Elemente
Die drei Elemente des feinstofflichen Körpers: →Verstand (Geist), Intelligenz und Falsches Ego.

Feinstofflicher Körper
Sanskr. Liṅga-śarīra, «Körper der Wünsche».
Der dem gewöhnlichen Auge unsichtbare Körper aus den drei →feinstofflichen Elementen, der den Tod des grobstofflichen Körpers überlebt und die →Seele in den neuen Körper begleitet; der Sitz aller Wünsche und Gefühle und des Gedächtnisses, wo verschiedenste Arten von Erinnerungen (auch aus früheren Leben) gespeichert sind; kann eine vom grobstofflichen Körper getrennte Existenz und Sinneswahrnehmung haben. (→Astralreise, OBE)

Geist
1. Sanskr. Manaḥ: eines der drei feinstofflichen Elemente, in welchem die Funktionen des Denkens, Fühlens und Wollens stattfinden; Sammelbecken aller Sinneseindrücke, mit zwei Haupttätigkeiten, Annehmen (Saṅkalpa) und Ablehnen (Vikalpa). Eines der Hauptziele im Yoga ist es, das flatterhafte Wirken des Geistes unter die Herrschaft der Intelligenz zu bringen und ihn bewußt auf den Höchsten zu richten. 2. Feinstoffliches Geistwesen; ein Lebewesen ohne grobstofflichen Körper.

Gnosis
Griech., «Wissen, Erkenntnis», nach dem gleichbedeutenden Sanskritwort →Jñāna.
Das intellektuelle oder spekulative Streben nach höherer Erkenntnis, unabhängig von Dogmen, um esoterisches Wissen über Gott und die übersinnliche Welt und eine direkte, innere Erfahrung Gottes zu erlangen.

Gosvāmī
Sanskr., «jemand, der seine Sinne beherrscht».
Vedischer Titel für einen Menschen im Lebensstand der Entsagung (Sannyāsī); zuweilen auch nur Svāmī.

Gott
Das höchste, allmächtige Wesen, von dem alles ausgegangen ist, sowohl die persönlichen Seelen als auch die unpersönlichen Energien; ist durch Seine Energien immanent alldurchdringend und weilt gleichzeitig

in Seiner transzendenten, ursprünglichen Form in der →spirituellen Welt.

Grobstoffliche Elemente
Die fünf grundlegenden Elemente der grobstofflichen Materie: Erde (feste Elemente), Wasser (flüssige Elemente), Feuer (Energie wie Wärme, Elektrizität usw.), Luft (gasförmige Elemente) und Äther (Dimension des Raumes).

Grobstofflicher Körper
Sanskr. Deha, Kṣetra, «Feld (in dem die Seele tätig ist)».
Der sichtbare Körper aus den fünf →grobstofflichen Elementen; durchläuft die Stadien Geburt, Kindheit, Wachstum, Erzeugung von Nachkommen, Schwinden und Tod; besitzt an sich kein Leben, denn er besteht nur aus toter Materie; alle im grobstofflichen Körper sichtbaren Lebenssymptome sind nur aufgrund der Gegenwart der Seele möglich (→Bewußtsein).

Guṇa
Sanskr., «Seil, Strick».
Die drei Erscheinungsweisen (Eigenschaften) der materiellen Natur, die das Bewußtsein und die Handlungsweise aller Lebewesen beeinflussen: Tugend (Sattva-guṇa), Leidenschaft (Rajo-guṇa) und Unwissenheit (Tamo-guṇa).

Guru
Sanskr., «Lehrer».
Ein selbstverwirklichter spiritueller Meister, der seinen Schüler auf dem Pfad des spirituellen Lebens führt.
→Ācārya

Halbgott
Sanskr. Deva
Frommes, auf höheren Planeten wohnendes Wesen mit universaler Verantwortung und Macht.
→Polytheismus

Halluzination
Lat.: alucinatus, «Traumwanderung» (aus: alucinari, «ins Blaue hinein reden», faseln, träumen).
Eine subjektive Sinnestäuschung, die ohne äußeren Reiz bei bestimmten Krankheitszuständen, durch physiologische Zerrüttung, unter dem Einfluß eines Mediums oder auch durch Trunkenheit und das Wirken sogenannter halluzinogener Drogen hervorgerufen wird. Typisch für die Halluzination ist, daß der Leidende dieselbe niemals als solche empfindet, sondern die vor seinem Auge aufsteigenden Bilder für echt hält, während diese für Außenstehende nicht sichtbar sind.

Hare-Kṛṣṇa-mantra
→Mahā-mantra

Haṭha-yoga
Bezeichnung für die ersten vier Stufen des →Aṣṭāṅga-yoga-Pfades.

Hellhören
Das paranormale Empfangen von Informationen durch Höreindrücke ohne wahrnehmbare physikalische Schallquelle.
→ESP

Hellsehen
Die übersinnliche Wahrnehmung von Gegenständen oder Ereignissen mit Hilfe des sogenannten «inneren Auges»; im Gegensatz zur Telepathie, durch die der psychische Zustand einer Person wahrgenommen werden kann.
→Akasha-Chronik, ESP

Himmel
Im christlichen und islamischen Glauben die Vorstellung eines Paradieses, wohin der Gläubige nach dem Tod erhoben wird und die Früchte seines frommen Handelns genießen darf. Die Beschreibungen eines solchen Himmels, wie sie von den jeweiligen Religionen gegeben werden, sind jedoch um den eigenen, persönlichen Genuß zentriert, und die Stellung Gottes in diesem Himmel ist nicht klar definiert. Da diese Religionen nicht das Wissen um die von allen materiellen Einflüssen befreienden →Akarma-Handlungen vermitteln können, sondern nur Wissen um materiell fromme Taten und Eigenschaften, kann es sich bei ihrer Vorstellung des Himmels nicht um die →spirituelle Welt, das eigentliche Reich Gottes,

handeln, sondern nur um die paradiesischen «himmlischen» Planeten der →Halbgötter, auf die die frommen Lebewesen erhoben werden. Der Aufenthalt auf diesen Planeten ist astronomisch lang, jedoch nicht ewig, da sie sich immer noch innerhalb des materiellen Universums befinden.
Es ist sehr wichtig, den Unterschied zwischen der Beschaffenheit und des Mittels des Erreichens der himmlischen Planeten (der Halbgötter) und der spirituellen Welt (dem Reich der Höchsten Persönlichkeit Gottes) klar zu verstehen. Die *Bhagavad-gītā* erklärt diesen Unterschied wie folgt: «Diejenigen, die die Veden [allgemein die religiösen Schriften] studieren..., weil sie auf die himmlischen Planeten gelangen wollen, verehren Mich [Gott] indirekt. Da sie von sündhaften Reaktionen geläutert wurden, werden sie auf den frommen, himmlischen Planeten geboren, wo sie die Freuden der Götter genießen. Wenn sie auf diese Weise unermeßliche himmlische Sinnenfreuden genossen haben und die Ergebnisse ihrer frommen Handlungen erschöpft sind, kehren sie zurück zu diesem Planeten des Todes [Erde]... Doch diejenigen, die Mich mit ausschließlicher Hingabe, Bhakti, verehren und die über Meine transzendentale Gestalt meditieren – ihnen gebe Ich, was sie brauchen, und erhalte Ich, was sie haben.» (Bg. 9.20-22)

Hinduismus

Neuzeitlicher Sammelbegriff für alle Arten von Religionen und Philosophien, die auf dem indischen Subkontinent zu finden sind. Der Begriff selbst stammt nicht aus den →Veden, sondern wurde von den islamischen Moguln erstmals im 7. Jahrhundert geprägt.

Hypnoid

Hypnoseähnlicher Zustand.
→Hypnose

Hypnose

Griech.: hypnos, «Schlaf».
Der Begriff Hypnose wurde von dem britischen Arzt, Chirurgen und Heilmagnetiker Dr. James Braid (1795-1860) im Jahre 1841 geprägt, als er Zeuge von Experimenten des französischen Magnetiseurs Lafontaine war. Durch eigene Experimente kam Braid bald darauf, daß Versuchspersonen in einen «hypnotischen» Schlaf geraten, wenn man sie auf eine Glaskugel starren läßt.
Hypnose ist somit ein durch Fixieren, Wortsuggestion usw. hervorgerufener schlafähnlicher Bewußtseinszustand, in dem der bewußte Wille und die Wahrnehmung des Betreffenden durch den Hypnotiseur eingeengt und kontrolliert werden. Sie ist sowohl moralisch als auch physisch die gefährlichste aller Praktiken der Psychotherapie, da sie auf die Nervenkraft und die Nerven, die die Zirkulation in den Kapillarblutgefäßen kontrollieren, einwirkt.
→Trance

Intelligenz

Sanskr. Buddhi
Eines der drei feinstofflichen Elemente; von ihr werden die vom Manaḥ (→Geist) registrierten Sinneswahrnehmungen ausgewertet, bezweifelt, in Pläne umfunktioniert, mit vergangenen Erfahrungen kombiniert, usw.

ISKCON

Engl., Abkürzung für «International Society for Krishna Consciousness», die «Internationale Gesellschaft für Kṛṣṇa-Bewußtsein», die 1966 von His Divine Grace A.C. Bhaktivedanta Swami Prabhupāda (1896-1977) gegründet wurde; steht in einer ununterbrochenen Schülernachfolge (→Paramparā), die bis in die vedische Zeit zurückreicht.

Īśvara

Sanskr., «Herrscher».
1. Herrschende Gottheit in der materiellen Welt (z.B. Śiva, Brahmā, Indra usw.). 2. Der höchste Īśvara (Parameśvara), die Höchste Persönlichkeit Gottes, Kṛṣṇa.

Jenseits

Das Leben nach dem Tod; mythologisch das Reich des Todes. Da der Begriff Jenseits meist im Zusammenhang mit medialen Kontakten verwendet wird, ist damit die feinstoffliche Welt der Verstorbenen gemeint (→Antarikṣa-Welt), nicht →Himmel oder →spirituelle Welt.

Jīva/Jīvātmā
Sanskr., «(verkörperte) Seele».
Die verkörperte individuelle Seele, die in die materielle Welt gefallen ist und den Körper mit Bewußtsein durchdringt.
→ Ātmā, Seele

Jñāna
Sanskr., «Wissen».
1. Sammelbegriff für theoretisches spirituelles wie auch materielles Wissen. 2. Jñāna und Vijñāna («Wissen» und «Erkenntnis») als zwei Aspekte des transzendentalen Wissens: theoretisches Wissen und Unterscheidungsvermögen («Ich bin nicht der Körper, sondern ewige spirituelle Seele») und die praktische Verwirklichung und Anwendung des transzendentalen Wissens («Ich bin ein ewiger Diener Gottes»).

Jñānī
Sanskr., «nach Wissen Strebender».
Nach höherer Erkenntnis strebender Philosoph auf dem Pfad des empirischen Studiums und der spekulativen philosophischen Suche nach der Wahrheit (Jñāna-yoga) oder der monistischen Philosophie (→ Māyāvāda), oder auch jemand, der nach der Absoluten Wahrheit strebt und sich dem → Bhakti-yoga zuwendet.

Kāla
Sanskr., «Zeit».
Der in der materiellen Welt wirkende Faktor, der die Zerstörung aller materiellen Formen verursacht; eine Repräsentation der Macht Gottes.

Kali-yuga
Sanskr., «das Zeitalter des Streites und der Heuchelei».
Das vierte und letzte Zeitalter (→ Yuga) im Zyklus der vier Weltalter, in dem wir uns gegenwärtig befinden; begann vor 5000 Jahren und dauert insgesamt 432'000 Jahre.
Im Kali-yuga sinken die guten Eigenschaften, die Lebensdauer usw. der Menschen allmählich auf ein Minimum.

Kāma
Sanskr., «Lust, Begehren».
Von der *Bhagavad-gītā* (3.39) als größte Feindin der Seele beschrieben; die «pervertierte Reflexion» (verzerrte Widerspiegelung) der ursprünglichen Liebe zu Gott.

Karma
Sanskr., «Tat, Handlung, Wirken».
1. Materielle, fruchtbringende Handlungen im Einklang mit den Gesetzen der Natur, wie sie unter anderem in den vedischen Schriften niedergelegt sind; dieses positive Handeln zieht auch positive, d.h. erfreuliche und genußvolle Reaktionen («gutes Karma») nach sich (→ Akarma, Vikarma). 2. Das Gesetz des Karma (Aktion/Reaktion). 3. Karma-yoga als Pfad der Gotteserkenntnis, bei der man die Früchte seiner Arbeit Gott darbringt.

Kastensystem
Neuzeitliche, degenerierte Form des ursprünglichen → Varṇāśrama-Gesellschaftssystems; was hier über den sozialen Status eines Menschen entscheidet, ist die Geburt in einer bestimmten «Kaste» (Gesellschaftsklasse), statt die persönlichen Fähigkeiten und Eigenschaften (wie dies in der *Bhagavad-gītā* gefordert wird).

Katathymes Bild-Erleben (KB)
Eine Psychotherapieform, entwickelt 1955 von Hanscarl Leuner (Universität Göttingen), bei welcher der Therapeut bestimmte standardisierte Motive (Wiese, Bach, Berg usw.) vorgibt, wodurch sich vor dem geistigen Auge des Patienten eine Szenerie entwickelt. Darauf werden neurotische Fehleinstellungen und Charakterzüge projiziert, wodurch eine psychoanalytische oder praktische Behandlung der Probleme ermöglicht wird. Wird angewendet in der → Time-lapping technique.

Kirlian-Photographie
Ein vom sowjetischen Techniker S.D. Kirlian ab 1939 entwickeltes, 1958 erstmals veröffentlichtes photographisches Aufnahmeverfahren (Hochspannungsphotographie),

mit dessen Hilfe die →Aura von lebenden Organismen sichtbar gemacht werden kann.

Klartraum
Ein Traum, in dem der Träumende weiß, daß er träumt, und allenfalls den Verlauf des Traumes beeinflussen kann.

Kṛṣṇa
Sanskr., «der Allanziehende».
Der Name Gottes, der von den vedischen Schriften als Sein Hauptname beschrieben wird.
→Bhagavān, Gott

Kryptomnesie
Griech., «verborgenes, geheimes Erinnerungsvermögen».
Das Phänomen der Kryptomnesie wird manchmal als eines der Hauptargumente gegen die Reinkarnation angeführt. Es besagt, daß man Dinge, die man im gegenwärtigen Leben wahrgenommen hat (z.B. aus Erzählungen, Büchern oder Filmen usw.), zwar wieder vergessen kann, daß sie jedoch im Unterbewußtsein noch registriert sind und dann in der Regression zu einem «falschen Wiedererkennen» führen können – bis hin zur Selbsttäuschung, die Geschehnisse hätten in einem vergangenen Leben stattgefunden.
Dieser Einwand hat im Zeitalter der Massenmedien natürlich eine gewisse Berechtigung, und in einzelnen Fällen von →Déjà-vu-Erlebnissen gilt Kryptomnesie auch als mögliche Erklärung anstelle des Rückschlusses auf Reinkarnation. Dennoch vermögen diese Fälle nicht die unermessliche Fülle von Hinweisen auf die Richtigkeit der Reinkarnation zu entkräften.

Liṅga-śarīra
Sanskr., «Körper der Wünsche».
→Feinstofflicher Körper

Magie
Griech.: mageía, «Lehre von der Zauberei».
Sammelbegriff für die verschiedenen Formen von kultischer Beschwörung von Naturkräften (insbesondere bei Naturvölkern) und die Verwendung übersinnlicher Kräfte, meist unter Zuhilfenahme von Geistwesen, zur Beeinflußung von Geschehnissen oder von Menschen, um sie gegen ihren Willen zu manipulieren («schwarze Magie») oder vor solchen Einflüssen zu beschützen («weiße Magie»).

Mahābhārata
Sanskr., «die große Geschichte des Königreiches von Bhārata (Indien)».
Das mit über 110'000 Doppelversen längste Epos der Weltliteratur; enthält die →*Bhagavad-gītā*.

Mahā-mantra
Sanskr., «der große Gesang der Befreiung».
Der von allen vedischen Schriften für das gegenwärtige →Kali-yuga (Zeitalter) empfohlene →Mantra, um am schnellsten und sichersten Selbstverwirklichung zu erlangen:

Hare Kṛṣṇa Hare Kṛṣṇa
Kṛṣṇa Kṛṣṇa Hare Hare
Hare Rāma Hare Rāma
Rāma Rāma Hare Hare

Mantra
Sanskr., «Gesang zur Befreiung des Geistes» (aus: mana = «Geist», und traya = «befreien»), meist übersetzt mit «Hymne».
Eine transzendentale Klangschwingung, die imstande ist, den Geist (das Denken, Fühlen und Wollen) von materieller Beeinflussung zu befreien und somit das Bewußtsein zu läutern und zu erheben.
→Chanten, Mahā-mantra, Oṁ

Materialisation
Lat., «Einkleidung in Materie».
Das Phänomen, daß ein →Medium eine hypothetische Substanz (→Ektoplasma) erzeugt, aus welcher vorübergehend Gebilde menschlichen Aussehens (die Geister der Verstorbenen, wie behauptet wird) entstehen, die sich bewegen und reden sowie berührt und photographiert werden können.

Māyā
Sanskr., «das, was nicht ist» (Illusion).
Die äußere, illusionierende Energie Gottes, die bewirkt, daß die Seelen sich unter dem Einfluß des →Ahaṅkāra befinden und Gott vergessen.

Māyāvāda
Sanskr., «die Lehre, daß alles Māyā (Illusion) ist».
Die philosophische Form des →Atheismus, die Gottes individuelle Persönlichkeit leugnet und lehrt, alles sei eins und die vor uns erschaffene Welt der Dualität sei Illusion; letztlich falle auch der quantitative Unterschied zwischen «Gott» und den Lebewesen weg, worauf man mit dem Höchsten «verschmelze» und «eins werde»; gemäß der atheistischen Interpretation der Vedānta-Philosophie durch Śaṅkara.

Mediale Fähigkeiten
Die Eigenschaft oder Fähigkeit eines Mediums, häufig außersinnliche Wahrnehmungen zu erleben.
→ESP, Medium

Meditation
Lat.: meditatio, «Nachdenken, sinnende Betrachtung, Versenkung».
Beherrschung und Konzentration der Gedankenflut des →Geistes auf ein Ziel (Gott).

Medium
Lat., «Zwischenglied, Vermittler».
Eine Person, die begabt ist, außersinnliche Wahrnehmungen zu erleben und paranormale Phänomene hervorzurufen; im Spiritismus diejenige Person, die während einer →Séance den Kontakt mit der Geisterwelt vermittelt.

Metaphysik
Griech.: meta ta physika, wörtl. «jenseits der Physik».
Bezeichnete ursprünglich (bei Aristoteles) die Wissenschaft von den Ursachen der Dinge, die nicht die einzelnen Phänomene zu erkennen sucht, sondern das Seiende an sich. Heute wird mit dem Begriff Metaphysik allgemein die Beschäftigung mit dem Übersinnlichen beschrieben, das hinter der sichtbaren Materie verborgen ist, das heißt mit jenen Bereichen und Phänomenen des Daseins, die nicht mit den physischen Sinnen wahrgenommen werden können.
→Parapsychologie, Transzendenz

Metempsychose
Griech.: metempsychosis, «Neu-Beseelung» oder «Um-Beseelung» (meta = nach, hinter; psyche = Seele).
Dieser Ausdruck für das Phänomen der Seelenwanderung wird vor allem in den Übersetzungen der altgriechischen Philosophen verwendet; er kommt aber auch häufig unter den deutschen Dichtern und Denkern der Aufklärung und Klassik vor (z.B. bei Lessing).
→Reinkarnation, Seelenwanderung

Metensomatose
Griech.: metensomatosis, «Neu-Einverkörperlichung» (meta = nach, hinter; soma = Körper).
→Metempsychose

Mind Machine
Engl., «Geist-Maschine».
Ein im Zuge der Technologisierung der «Esoterik» in den USA entwickeltes akustisch-optisches Gerät, das aus einem Kopfhörer mit Spezialbrille besteht. Es wird benutzt, um eine Synchronisation der beiden Gehirnhälften herbeizuführen und die Gehirnwellen günstig zu beeinflussen, um ein künstliches «Glücksgefühl» zu erzeugen.

Mokṣa
Sanskr., «Befreiung».
→Mukti

Monismus
→Advaita, Māyāvāda

Monotheismus
Griech., «Eingottglaube» (monos = eins, einzig; theos = Gott).
Die Vorstellung eines einzigen höchsten Gottes, der die Welt erschaffen hat und lenkt (z.B. «Gottvater» im Christentum, Judentum, Islam). Auch die vedischen Schriften vertreten letztlich die monotheistische Auffassung, wenngleich →Atheismus, →Pantheismus und →Polytheismus als niedrigere Stufen der Erkenntnis des Absoluten ebenfalls beschrieben werden.

Mukti
Sanskr., «Befreiung»; auch Mokṣa.
1. Befreiung aus dem Kreislauf von Geburt und Tod als Beendigung allen materiellen Leids. 2. Die höchste Befreiung in Form der Rückkehr in die spirituelle Welt.

Mystischer Yoga
→ Aṣṭāṅga-yoga, Yoga

Mythos
Griech., «Wort».
«Mythos» heißt im Griechischen «Wort», steht aber polar zum Begriff «Logos», der ebenfalls mit «Wort» übersetzt wird und von dem wir unseren Begriff «Logik» ableiten. Das entsprechende griechische Verb heißt *mythologein*, und dieses bedeutet soviel wie «den wahren Sachverhalt erzählen». Ein Mythos ist also eine Erzählung über etwas Wahres, Wesentliches und Tatsächliches – im Gegensatz zu «Logos», was sich mehr auf etwas Gedachtes bezieht. Der Begriff Mythos wurde daher ursprünglich nicht einfach auf eine phantastische oder wunderbare Geschichte oder Erzählung angewandt, sondern er war vorbehalten für ganz bestimmte Erzählungen, denen man den Charakter der Heiligkeit zumaß.
Diese Geschichten übersteigen somit häufig die heute geläufige und als alleinig wirklich betrachtete Dreidimensionalität unseres unmittelbaren Erfahrungsbereiches. Sie beschreiben Begebenheiten, die genauso wahr und genauso wirklich sind wie die Phänomene unseres erfahrbaren Alltags, die sich jedoch meist auf anderen Ebenen der Wirklichkeit abspielen, zu denen wir unser Verständnis verschlossen haben. Mythische Geschichten enthalten oft auch indirekte oder direkte Offenbarungen des Göttlichen. Es ist also nicht so, daß der Mythos das Göttliche erzeugt oder erfindet, sondern vielmehr offenbart sich das Göttliche im Mythos, tritt in ihm und durch ihn in Erscheinung.

Nāḍī
Sanskr., «Tunnel».
Die 118 Kanäle, durch die sich die Energie der Seele im Körper ausbreitet. Im Moment des Todes verläßt die Seele den Körper durch einen dieser Tunnel.

NDE
Engl.: «Near-death-experience», «Erfahrung in Todesnähe».
Eine besondere Art der außerkörperlichen Erfahrungen (OBE), die im Grenzbereich des Todes gemacht werden kann. Dabei verläßt die Person – beispielsweise nach einem schweren Unfall, bei einer tiefen Ohnmacht oder einem chirurgischen Eingriff – ihren grobstofflichen Körper und gilt für Außenstehende als «klinisch tot». Während diese eine Wiederbelebung versuchen, ist der Patient imstande, das ganze Geschehen «von oben» deutlich zu beobachten, und kann nach dem Aufwachen bis ins kleinste Detail schildern, wie die erfolgreiche Wiederbelebung vonstatten ging.
→ OBE

Nirvāṇa
Sanskr., «das Erlöschen», «die Beendigung der materiellen Existenz».
Im Buddhismus gilt das Nirvāṇa als das höchste und letzte Ziel allen Strebens, die vollkommene Leere, das «Nichts», das heißt das gänzliche Erlöschen des Ichs. Doch dies ist ein Fehlverständnis dieses Sanskritbegriffes, der in der *Bhagavad-gītā* (z.B. 2.72, 6.15) klar definiert wird. Er bezieht sich lediglich auf das Erlöschen der Ichsucht, des Negativen. Buddha selbst definierte das Nirvāṇa als «das absolute Versiegen der Gier, des Hasses und der Verblendung».
→ Buddhismus, Mukti

OBE
Engl.: «Out-of-the-body-experiences», «Außerkörperliche Erfahrungen».
Dieser Sammelbegriff (auch Separation genannt) bezeichnet jede Form von Erlebnissen, bei denen sich die Seele gemeinsam mit ihrem feinstofflichen Körper bei vollem Bewußtsein außerhalb des grobstofflichen Körpers befindet und diesen von außen oder von oben beobachten kann. Dies kann in Träumen, im Alpha-Zustand, unter Narkose, nach Unfällen usw. auftreten.
Die wohl wichtigste Erkenntnis aus den OBE ist, daß die Person (die Seele) nicht mit

ihrem grobstofflichen physischen Körper identisch und in ihrer Existenz auch nicht von ihm abhängig ist. Eine zweite interessante Erkenntnis ist, daß der feinstoffliche Körper viel größere Kräfte besitzt als der grobstoffliche; die Veden erklären sogar, daß allein durch den Einfluß des feinstofflichen Körpers der nächste grobstoffliche Körper festgelegt und geschaffen wird.
→Astralreise, Autoskopie, NDE

Okkultismus
Latein.: okkultus, «verborgen».
Dieser Begriff gilt heute als eher abschätzige Sammelbezeichnung für alle verborgenen oder geheimen pseudo-wissenschaftlichen Praktiken wie →Alchimie, →Magie, →Spiritismus, Zauberei etc. (im Unterschied zur anerkannteren Wissenschaft der →Parapsychologie).

Oṁ
Die heilige Sanskritsilbe, die eine unpersönliche Repräsentation der Absoluten Wahrheit darstellt (auch Oṁkara genannt).
→Mantra

Palingenesie
Griech.: palingenesis, «Wieder-Erzeugung», «an den Anfang zurück» (palin = wieder, zurück, erneut; genesis = Erzeugung, Ursprung, Anfang).
Dieser Ausdruck für das Phänomen der Seelenwanderung gilt heute als veraltet; in der altgriechischen Philosophie wurde damit die Wanderung durch Mensch-, Tier-, Pflanzen- und Mineralgestalt bezeichnet.
→Reinkarnation, Seelenwanderung

Pantheismus
Griech., «Allgottlehre» (pan = alles, jedes; theos = Gott).
Nach dem Werk «Pantheistikon» des britischen Philosophen John Toland (1670-1722) im Jahre 1705 erstmals in Europa geprägt; lehnt sich an diejenige altgriechische Auffassung (z.B. bei Xenophanes oder Parmenides im 6. Jhd. v.Chr.), die zwar nicht die Existenz Gottes, wohl aber seine Persönlichkeit und Transzendenz bestreitet. Die Lehre besagt, daß Gott und die Welt (die Natur) eins seien, daß Gott also nicht hinter der Welt als ihr Schöpfer stehe, sondern überall in den Phänomenen der Natur gegenwärtig sei, womit Er zu einer unpersönlichen Urkraft wird. Arthur Schopenhauer bezeichnete diese Vorstellung als «höflichen →Atheismus». Auch in der vedischen Philosophie finden wir eine ähnliche Vorstellung: die sogenannte «universale Form Gottes» (→Virāṭ-rūpa).

Paramātmā
Sanskr., «die höchste Seele, die Überseele».
Die in der materiellen Welt allgegenwärtige Form der persönlichen Erweiterung Gottes, sowohl im Herzen aller Lebewesen als auch in allen Atomen als grundlegende, zusammenhaltende Kraft. Der Paramātmā wirkt als Zeuge aller Handlungen und als Erlaubnisgeber im Herzen der Lebewesen und ist der entscheidende Faktor für das Funktionieren des Karma-Gesetzes, denn Er begleitet die Seele durch alle Lebensformen hindurch. Die Erkenntnis des Paramātmā ist die zweite Stufe der Erkenntnis des Absoluten (→Bhagavān, →Brahman)

Paramparā
Sanskr., «Traditionsfolge von Generation zu Generation».
Schülernachfolge, d.h. die ununterbrochene Kette der spirituellen Meister, die das vedische Wissen seit dessen Offenbarung im Universum durch die Lehrer-Schüler-Generationen herabreicht.
→Sampradāya, ISKCON

Paranoia
Griech., «übersteigerte Vorstellung».
Wahnvorstellungen aufgrund von Geistesgestörtheit oder geistiger Verwirrtheit (v.a. auf Angstzustände bezogen); kann auch durch den Einfluß von →Geistern auftreten.

Paranormale Phänomene
Griech., «übernatürliche Geschehnisse».
Sammelbegriff für sämtliche außergewöhnlichen Ereignisse, die nicht mit den grobstofflichen Sinnen wahrgenommen werden können und die oft nicht mit der allgemeinen Auffassung der Wirklichkeit übereinstimmen. Beispiele paranormaler Phänomene sind außersinnliche Wahrnehmungen

(→ESP), →Psychokinese, außerkörperliche Erfahrungen (→OBE) usw.
Die Bezeichnung «übernatürliche Geschehnisse» ist jedoch irreführend, da der Begriff «Natur» alles innerhalb des materiellen Kosmos Existierende umfaßt, d.h. sowohl die grobstofflich-materiellen Phänomene der physikalischen Ebene als auch die feinstofflich-materiellen Phänomene, weshalb sie eigentlich nicht «übernatürlich» sind, sondern nur «über-grobstofflich». Das einzig wahrhaft «Übernatürliche» in dieser Welt ist die spirituelle Seele, die sich tatsächlich jenseits der fein- und der grobstofflichen Materie befindet und weder durch die Mittel der Physik noch durch die Parapsychologie erkannt und verstanden werden kann (sondern einzig durch den spirituellen Vorgang des →Bhakti-yoga).

Parapsychologie

Dieser Begriff wurde erstmals vom deutschen Philosoph und Psychologen Max Dessoir (1867-1947) geprägt, der eine akademisch-wissenschaftliche Beschreibung okkulter Phänomene vornahm («Vom Jenseits der Seele», Stuttgart 1917). Heute versteht man unter Parapsychologie die allgemeine Wissenschaft zur Erforschung paranormaler Phänomene, die jenseits des normalen Wachbewußtseins liegen (im Unterschied zum nicht-wissenschaftlichen →Okkultismus).
→Metaphysik, Paranormale Phänomene, Transzendenz

Philosophie

Griech., «Weisheitsliebe».
Ursprünglich bezeichnete dieser Begriff das alle Bereiche der Existenz umfassende Streben nach Harmonie und Erkenntnis mit dem erklärten Ziel der Einsicht in die größeren Zusammenhänge des Daseins und des Findens absoluter, nicht an Ort, Zeit oder Umstand gebundener Wahrheit (nicht verschieden von der ursprünglichen Bedeutung von «Wissenschaft»). Historisch betrachtet gibt es verschiedenste, sich oft widersprechende philosophische Theorien.
→Jñāna, Religion

Polarity

Engl., «Polarität».
Eine moderne Therapieform, entwickelt von dem amerikanischen Naturheilkundler Randolph Stone (1890-1983), die im wesentlichen auf einer Kombination von verschiedenen östlichen Heilverfahren beruht (→Akupunktur, Shiatsu, Yoga u.a.). Nach dieser Lehre ist der ständige Energiefluß zwischen den beiden Polen Plus und Minus (→Yin und Yang) für die Gesundheit des Menschen verantwortlich, und durch eine entsprechende Ernährung, Körperübungen und gewisse Massagetechniken (v.a. an Händen und Füßen) können diese Energien ins Gleichgewicht gebracht werden.

Polytheismus

Griech., «Vielgötterglaube».
Der Glaube an eine Vielzahl von einzelnen Göttern, wie ihn beispielsweise die altgriechische oder römische Mythologie vertritt; hierbei können die Götter zwar unter sich hierarchisch geordnet sein, doch es gibt keinen einzelnen höchsten Gott, der über allen anderen Göttern als deren Schöpfer und Gebieter steht (→Atheismus). Auch in der vedischen Philosophie finden wir Beschreibungen einer polytheistischen Auffassung (→Halbgott); dennoch vertreten die Veden und der «Hinduismus» letztlich ebenfalls den →Monotheismus.

Positives Denken

Eine vom amerikanischen Theologen Norman V. Peale begründete und später vom Psychologen Gardener Murphy (1895-1981) verbreitete Lehre, wonach jeder Mensch über gewaltige feinstoffliche Geisteskräfte verfügt. Wer diese unterbewußten Kräfte richtig zu mobilisieren und zu nutzen versteht, wird, so Murphy, alle Schwierigkeiten des Alltags meistern können, indem er alle unglücklichen Gedanken aus seinem Denken fernhält.

Präexistenz

Lat., «Vorexistenz, frühere Existenz».
Die Lehre, daß die Seele ewig ist und deshalb bereits vor der jetzigen Geburt existiert haben muß.

Präkognition
Lat., «Vorherwissen».
Die Fähigkeit, zukünftige Ereignisse, die nicht aus gegenwärtigem Wissen hergeleitet werden können, mit hellseherischem oder telepathischem Inhalt vorauszusehen.
→Hellsehen, Telepathie

Prakṛti
Sanskr., «weiblich; Energie».
1. Parā-prakṛti: die «höhere Energie» (spirituelle Energie). 2. Aparā-prakṛti: die «niedere Energie» (Materie).

Prasādam
Sanskr., «Barmherzigkeit».
Geheiligte Nahrung, die zu Gott geopfert wurde.

Prema
Sanskr., «Reine Liebe zu Gott».
Die höchste Stufe des hingebungsvollen Dienstes (→Bhakti) und das letztliche Ziel des menschlichen Lebens.

PSI
PSI, der 23. Buchstabe des griechischen Alphabets und Anfangsbuchstabe von Psyche («Geist, Seele»), gilt in der Parapsychologie als Sammelbegriff für alle übersinnlichen Phänomene und Befähigungen.

Psychoanalyse
Griech., «Seelenuntersuchung».
Durch den Wiener Psychiater Sigmund Freud (1856-1939) um die Jahrhundertwende begründetes therapeutisches Verfahren, bei dem unbewußte psychische Zustände analysiert und ins Bewußtsein gehoben werden. Die moderne Psychoanalyse beruht auf zwei grundsätzlichen Thesen: 1. Allen Problemen und Komplikationen unseres Lebens (psychische Krankheiten, neurotische Störungen, psychosomatische Leiden usw.) liegt eine unbewußte Ursache zugrunde, die in unserer Vergangenheit, meist in unserer Kindheit, zu suchen ist. 2. Diese traumatische Ursache wurde durch irgendwelche unterbewußten Mechanismen verdrängt, doch durch das Bewußtmachen dieser Ursache kann Heilung stattfinden, indem sich die Problematik oder eine diesbezügliche «psychosomatische Verkrampfung» mehr oder weniger von selbst auflöst.

Psychokinese
Griech., «Bewegung mit Hilfe des Geistes».
Die Bewegung oder Beeinflussung von Gegenständen oder lebenden Organismen durch unmittelbare psychische Einwirkung (Denken, Wünschen), d.h. ohne ersichtliche physikalische oder chemische Ursache.
Mit dem verwandten Begriff Telekinese werden jene psychokinetische Bewegungen bezeichnet, bei denen sich das beeinflußte Objekt in einer beträchtlichen Entfernung zum Medium befindet.

Psychometrie
Griech., «psychische Vermessung».
Die Fähigkeit, bei Kontakt mit einem Gegenstand (dem sogenannten «psychometrischen Objekt») paranormale Informationen über Personen oder Ereignisse zu erhalten, mit denen das Objekt in Verbindung steht oder stand; auch Psychoskopie genannt.

Purāṇas
Sanskr., «alte Erzählungen».
Die philosophisch-historischen Erzählungen, die in der vedischen Literatur enthalten sind. Es gibt 18 *Mahā-Purāṇas* (große oder Hauptpurāṇas), von denen das →*Śrīmad-Bhāgavatam* (*Bhāgavata Purāṇa*) das wichtigste ist.

Puruṣa
Sanskr., «männlich; Genießer».
1. Bezeichnung für Gott, für dessen Genuß letztlich alles bestimmt ist. 2. Bezeichnung für die individuelle Seele, die im Körper gefangen ist und diesen zu genießen versucht.

Rajas
Sanskr., «Leidenschaft».
Eine der drei Erscheinungsweisen der materiellen Natur.
→Guṇa

Rāma
Sanskr., «spiritueller Genuß».
Ein Name Gottes (→Kṛṣṇa) mit der Bedeutung «die Quelle aller Freude».

Rebirthing
Engl., «Neugeborenwerden».
Eine Psychotherapieform, 1970 entwickelt von dem Amerikaner Leonard Orr, mit deren Hilfe der Patient seine Geburt noch einmal durchleben kann. Die Methode besteht darin, den Atemprozeß zu aktivieren, wobei die Atemübungen meist im warmen Wasser durchgeführt werden. Dadurch sollen die Ängste des Geburtsmoments, die Ursache vieler Krankheiten sind, wiedererlebt und überwunden werden können.

Regression/Regressionstherapie
Lat., «Zurückgreifen».
Dieser Begriff faßt verschiedene moderne Psychotherapieformen zusammen, die die Ursachen für psychische Krankheiten, neurotische Störungen, psychosomatische Leiden usw. (und damit auch den Therapieansatz) in einem früheren Leben des Patienten suchen. Der Patient wird mit Hilfe gewisser Rückführungstechniken durch die Geburt, durch Embryonalphasen und durch die Empfängnis hindurch in frühere Leben geführt, wo man hofft, traumatische Ursachen aufzuspüren und bewußtzumachen. Dieses Bewußtmachen soll dann die Probleme der Gegenwart zum Verschwinden bringen können.
Mehrere Personen gleichzeitig zurückzuführen ist das Anliegen der sog. «Gruppentherapie». Hierbei wird den Teilnehmern in Hypnose oder Hypnoid eine Reihe von Fragen über ihre vergangenen Leben gestellt, die sie nach der Sitzung auf einem Fragebogen oder in privaten Aufzeichnungen beantworten. Auf diese Weise arbeitete z.B. Helen Wambach in Großgruppen mit über 50 Teilnehmern und konnte von insgesamt 1100 Menschen Angaben erfahren über soziale Schicht, Rassenzugehörigkeit, Geschlechtsverteilung, Bekleidung, Schuhwerk, Ernährung, Eßgeschirr und Todesart in früheren Leben.

Reiki
Jap., «universelle Lebenskraft».
Eine neuere japanische Therapieform (von Mikao Usui zu Beginn des 20. Jahrhunderts entwickelt), die davon ausgeht, daß jeder Mensch einen Funken der «universellen Lebenskraft» in sich trägt und daß diese Energie durch gewisse Handstellungen aktiviert werden kann. Auf diese Weise stellt der Mensch eine Verbindung zur kosmischen Lebenskraft her, wodurch seine physischen und psychischen Leiden geheilt werden können.

Reinkarnation
Lat.: reincarnatio, «Wieder-Fleischwerdung» (re-incarnare = wieder zu Fleisch werden, wieder ins Fleisch eingehen).
Ursprünglich wurde mit diesem Begriff in der christlichen Theologie die Auferstehung Jesu als Wiederverkörperung bezeichnet.
Heute gilt er als der gebräuchlichste Ausdruck für das Phänomen der Seelenwanderung und geht davon aus, daß die ewige Seele, die in jedem Menschen (aber auch in den Tieren und Pflanzen) ruht, innerhalb des gesamten Universums auf einer ständigen Wanderung durch verschiedene Körperformen begriffen ist. Hierbei unterscheidet man zwischen «interner Reinkarnation» (Körperwechsel schon im gegenwärtigen Leben, das heißt, die Seele wandert von Kindheit zu Jugend und zu Alter durch verschiedene grobstoffliche Körper) und «externer Reinkarnation» (Körperwechsel nach dem Tod, das heißt, die Seele verläßt im Augenblick des Todes ihren alten Körper endgültig und nimmt einen neuen an).
Obwohl die wörtliche Übersetzung des Begriffs «Reinkarnation» den eigentlichen Sachverhalt nicht ideal erklärt – da die Möglichkeit ausgeschlossen wird, nach dem Tode auch in einen nicht-fleischlichen, feinstofflichen Körper einzugehen –, hat dieser sich in den vergangenen Jahren immer mehr durchgesetzt. In dem vorliegenden Buch wird er aus diesem Grunde der Einfachheit halber synonym für «Seelenwanderung» und «Wiedergeburt» verwendet.
→Metempsychose, Metensomatose, Palingenese, Punaḥ-janma, Saṁsāra, Seelenwan-

derung, Transmigration, Wiedergeburt, Wiederholte Erdenleben, Wiederleibwerdung, Wiederverkörperung

Religion
Lat.: religio, «Wieder-Verbindung» (aus: religare = sich zurückbinden, sich wieder verbinden).
Das Befolgen der Gesetze Gottes, mit dem letztlichen Ziel, sich wieder mit Ihm zu verbinden, sich an Seine Liebe zurückzubinden, sich wieder an Ihn anzubinden. Nach vedischer Auffassung darf Religion nicht nur auf bloßem Glauben beruhen oder nur moralische Grundsätze lehren, sondern muß ebenso auch wissenschaftlich und philosophisch sein und mit diesen Disziplinen parallel einhergehen. «Philosophie ohne Religion ist nur trockene Spekulation, und Religion ohne Philosophie ist nur Sentimentalität und oft sogar blinder Fanatismus.» (Śrīla Prabhupāda)
→ Yoga

Retrokognition
Lat., «Zurückschauen».
Die Fähigkeit, bereits vergangene Ereignisse mit sowohl hellseherischem als auch telepathischem Inhalt auf außersinnliche Weise wahrzunehmen.

Rolfing
Eine moderne Massagetechnik, entwickelt von der amerikanischen Biochemikerin Ida Rolf (1896-1979), die davon ausgeht, daß sowohl physische Leiden (beispielsweise Haltungsschäden und Muskelverspannungen) als auch psychische Störungen durch Massage beseitigt werden können.

Samādhi
Sanskr., «Verankerung, Versenkung».
Vollständige Versenkung in → Meditation; die höchste Stufe des → Aṣṭāṅga-yoga.
→ Trance

Samadhi-Tank
Ein im Zuge der Technologieierung der «Esoterik» in den USA entwickeltes Gerät, das aus einer mit Salzwasser gefüllten und völlig schall- und lichtisolierten Wanne besteht. Durch die vollständige Isolation sollen positive «Bewußtseinsveränderungen» stattfinden.

Sampradāya
Sanskr., «Schülernachfolge».
Die ununterbrochene Nachfolge von spirituellen Meistern und Schülern, über die das transzendentale Wissen über Gott heruntergereicht wird.
→ Paramparā

Saṁsāra
Sanskr., «das Umherwandern».
Der Begriff Saṁsāra ist der in der vedischen Literatur häufigste Ausdruck für das Phänomen der → Seelenwanderung und wurde inzwischen auch in den deutschen Wortschatz eingegliedert. Er beschreibt die Bindung der Seele an den Kreislauf der wiederholten Geburten und Tode, an das «Rad der Wiedergeburten», das sich endlos dreht und die Seele nach jedem Tod gemäß ihrer Wünsche und ihres Karma in eine neue fein- oder grobstoffliche Körperform führt. Dieses natürliche Rad, auf dem sich Geburt und Tod abwechseln wie Tag und Nacht oder Sommer und Winter, kann erst dann zum Stillstand gebracht werden, wenn sich die Seele durch den Läuterungsvorgang des → Bhaktiyoga und durch transzendentale → Akarma-Handlungen von jeglichen materiellen Wünschen befreit hat. Nur dann ist sie nicht wieder gezwungen, in der materiellen Welt geboren zu werden, sondern erreicht das ewige spirituelle Reich Gottes, von wo es kein Wiederkommen mehr gibt.
Weitere in den Veden auftretende Sanskritbegriffe für die Reinkarnation sind: Punaḥjanma («Wiedergeburt»; Bg. 8.16), Punaḥbhu («Wiederwerden») oder Punaḥ-mṛtyu («Wiedertod»).

Sāṅkhya
Sanskr., «Zählen, Aufzählung, Analyse».
Die wissenschaftlich-philosophische Analyse der Beschaffenheit der empirischen Welt sowie ihrer Elemente und Gesetzmäßigkeiten. Die Sāṅkhya-Philosophie gründet auf dem Prinzip der Dualität und bedient sich der Methode des sogenannten «Neti-neti» (wörtlich: «nicht dieses, nicht jenes»), um durch Untersuchung sämtlicher Phänomene

der materiellen Welt letztlich in den Bereich der immateriellen Wahrheit vorzudringen. Sie umfaßt also sowohl die Physik als auch die →Metaphysik.

Saṅkīrtana
Sanskr., «gemeinsames lautes Chanten der Namen Gottes».
Der für das gegenwärtige →Kali-Zeitalter von allen vedischen Schriften empfohlene Weg der Selbstverwirklichung.

Sanskrit
Sanskr., «zurecht gemacht, geregelt, rein» (saṁ = zusammen; kṛtam = gemacht).
Die Sprache, in der die ursprünglichen altindischen Schriften (→Veden) verfaßt sind; die Sprache der Halbgötter und der gelehrten Brāhmaṇas und die Hochsprache der vedischen Kultur, Literatur und Wissenschaft, die noch heute als solche verwendet wird. Sanskrit gilt auch als die Ursprache sämtlicher indo-europäischer Sprachen. Die Schrift, in der Sanskrit (wie auch das moderne Hindi) geschrieben wird, heißt Devanāgari.

Śāstra
Sanskr., «offenbarte Schrift».
→Veden

Sat-cit-ānanda
Sanskr., «Ewigkeit, Wissen, Glückseligkeit».
Die Haupteigenschaften der Persönlichkeit Gottes, die auch in der befreiten spirituellen Seele in geringem Maße zu finden sind.
→Acintya-bhedābheda-tattva, Transzendenz

Sattva
Sanskr., «Reinheit, Tugend».
Eine der drei Erscheinungsweisen der materiellen Natur.
→Guṇa

Schizophrenie
Griech.: schizein, «spalten», und phrenos, «Schädel, Geist».
Begriff aus der Psychiatrie, vom Schweizer Psychiater Eugen Bleuler (1857-1939) im Jahre 1901 geprägt; eine Geisteskrankheit (endogene Psychose), bei der die inneren Zusammenhänge des Geistes (Denken, Fühlen, Wollen) völlig auseinanderfallen und die eigene Identität entfremdet und gespalten wird (auch Spaltungsirresein oder Persönlichkeitsspaltung genannt); kann sehr oft durch den Einfluß bösartiger feinstofflicher Geistwesen eintreten.

Séance
Franz., «Sitzung».
Eine okkulte Zusammenkunft mehrerer Personen mit einem →Medium, mit dem Ziel, gemeinsam paranormale Erfahrungen zu machen und mit der feinstofflichen Geisterwelt in Verbindung zu treten. Die Anzahl der Teilnehmer kann von einem oder zwei bis zu hundert und mehr variieren. Während der Séance beschreibt das Medium gewisse Seh- und Höreindrücke aus der Geisterwelt (durch Hellsehen und Hellhören). Es kommt auch vor, daß das Medium seine Stimme völlig verändert und ein Geist mit «direkter Stimme» spricht. In diesen Fällen überläßt das Medium dem Geistwesen seinen physischen Körper als Mittel, sich direkt an die Versammlung zu richten. In derselben Weise kann sich ein Geist durch das Medium auch schriftlich mitteilen (→automatische Schrift).

Seele
Das individuelle, nicht-materielle Lebens- oder Bewußtseinsprinzip, das «Ich» in allen lebenden Organismen, d.h. sowohl im Menschen als auch in Pflanzen und Tieren; der göttliche Funke, der die an sich tote Materie belebt. Das Vorhandensein der mit materiellen Sinnen und Wissenschaften nicht wahrnehmbaren spirituellen Seele läßt sich nur symptomatisch, anhand des →Bewußtseins, erkennen.
In dem vorliegenden Buch (wie auch in den meisten Übersetzungen der vedischen Literatur) wird der Begriff Seele für das spirituelle Selbst (→Ātmā, Jīva) verwendet und sollte nicht mit →Geist (Manaḥ) verwechselt werden, der zu den feinstofflichen materiellen Elementen gehört.

Seelenwanderung
Dieser Ausdruck (auch Transmigration genannt; im Sanskr. Saṁsāra) beschreibt den

genauen Sachverhalt der wiederholten Geburten und Tode wohl am besten, wenngleich er in den letzten Jahren allmählich durch den neueren, aber ungenaueren Begriff →«Reinkarnation» verdrängt wurde.
Einige Vertreter der Reinkarnationslehre, insbesondere aus christlichem Hintergrund, unterscheiden begrifflich zwischen «Reinkarnation» und «Seelenwanderung», indem sie Reinkarnation als «westliche» Lehre (ohne Wiederverkörperung als Tier) und Seelenwanderung als östliche (Wiederverkörperung auch als Tier möglich) definieren.
Gemäß der vedischen Wissenschaft unterstehen die Naturgesetze des Karma und der Reinkarnation jedoch keinen kulturellen Unterschieden. Sie beschreiben, daß die spirituelle Seele innerhalb der materiellen Welt gemäß ihrer eigenen Wünsche und ihres Karma von einer fein- oder grobstofflichen Körperform zur anderen und von einem Planeten zum anderen wandert. Im vorliegenden Buch werden die Begriffe «Seelenwanderung», «Reinkarnation» und «Wiedergeburt» daher der Einfachheit halber synonym verwendet.

Separation

Lat., «Trennung».
→OBE

Shiatsu

Jap., «Fingerabdruck».
Eine alte japanische Massageform ähnlich der chinesischen →Akupressur, um den Fluß der Körperenergie zu aktivieren.

Silberfaden

→Astralreise

Spiritismus

In der Regel verbindet man mit diesem Begriff einen okkulten Geisterglauben, Totenbefragungen, Materialisationserscheinungen usw. Diese Phänomene sind jedoch nur Nebenerscheinungen, die nicht den ganzen Inhalt des Begriffes ausmachen. Spiritismus umfaßt die Gesamtheit der Erscheinungen, Lehren und Praktiken, die sich aus einer Verbindung zwischen den Lebenden und den Geistern der Toten ergeben.
Bereits im 18. Jahrhundert wurde der Spiritismus in Europa vor allem vom schwedischen Mathematiker, Naturforscher und Theologen Emanuel Swedenborg (1688-1772) und vom deutschen Arzt und Theologen Franz Anton Mesmer (1734-1815) vertreten; er erlangte jedoch erst Mitte des 19. Jahrhunderts, von Amerika ausgehend, große Popularität, vor allem um die Jahrhundertwende bis in die zwanziger Jahre.
Der moderne Spiritismus begann 1847 in der Familie des amerikanischen Farmers John Fox, als ein Nachbar der Familie auf die Idee kam, die im Hause Fox hörbaren Klopfzeichen als Alphabet zu deuten, und es ihm hierdurch gelang festzustellen, daß sich ein Verstorbener namens Charles Ryan meldete, welcher angab, Krämer gewesen und in dem betreffenden Hause ermordet worden zu sein; seine Überreste sollen im Keller vergraben sein. Als man nachgrub, fand man an der bezeichneten Stelle Haare und Unterkiefer. Im Unterschied zur wissenschaftlich ausgerichteten →Parapsychologie handelt es sich beim Spiritismus also eher um eine auf die Praxis ausgerichtete Form des Glaubens und Erfahrens.
Anmerkung: «Spiritistisch» sollte auf keinen Fall mit «spirituell» verwechselt werden, was in dem vorliegenden Buch im Sinne von «nicht-materiell» verwendet wird, d.h. als weder grobstofflich-physisch noch feinstofflich-psychisch. Die Natur der unvergänglichen Seele wird als spirituell, die Beschäftigung mit feinstofflichen Wesen (Geistern) hingegen als spiritistisch definiert.
→Antarikṣa-Welt, Medium, Okkultismus, Séance

Spirituell

Lat., «geistig, immateriell».
Transzendental, nicht von dieser Welt; im Gegensatz zum Materiellen, sowohl dem Grobstofflichen als auch dem Feinstofflichen. Nicht zu verwechseln mit «spiritistisch», siehe →Spiritismus (Anmerkung).

Spirituelle Welt

Sanskr.: Vaikuṇṭha, «Ort ohne Angst».
Das unvergängliche Reich Gottes jenseits aller materiellen Universen mit unzähligen spirituellen Planeten, wo Kṛṣṇa (Gott) und

Seine persönlichen Erweiterungen ewig gegenwärtig sind und von Angesicht zu Angesicht gesehen werden können; definiert als der Ort, wo jeder Kṛṣṇa dient.
Nicht zu verwechseln mit dem um den eigenen Genuß zentrierten Vorstellungen eines →Himmels.
Durch kein anderes Mittel als durch →Bhakti-yoga kann man in die spirituelle Welt gelangen, wie in der *Bhagavad-gītā* bestätigt wird: «[Dies] ...kann weder durch ein bloßes Studium der Veden noch durch strenge Bußen, noch durch Wohltätigkeit, noch durch Verehrung verstanden werden. Durch solche Mittel ist es nicht möglich, Mich zu sehen, wie Ich bin. Nur durch ungeteilten hingebungsvollen Dienst [Bhakti-yoga] kann Ich verstanden werden, wie Ich bin, ...und direkt gesehen werden.» (Bg. 11.53-54) / «Nur durch hingebungsvollen Dienst kann man Mich so, wie Ich bin, als die Höchste Persönlichkeit Gottes, erkennen. Und wenn man sich durch solche Hingabe vollkommen über Mich bewußt ist, kann man in das Königreich Gottes eingehen.» (Bg. 18.55)
→Transzendenz

Śrī oder Śrīla

Vedischer Titel für eine verehrungswürdige Persönlichkeit; kann sich sowohl auf Gott als auch auf einen spirituellen Meister oder eine heilige Schrift beziehen.

Śrīmad-Bhāgavatam

Auch *Bhāgavata Purāṇa* (Abkürzung SB.); vedisches Schriftwerk in 12 Cantos («Gesängen») mit insgesamt 18'000 Versen, das vor 5000 Jahren niedergeschrieben wurde; ist das bedeutendste aller *Purāṇas* und wurde von seinem Verfasser, Śrīla Vyāsadeva, als Kommentar zum →*Vedānta-sūtra* geschrieben. Da es alle Philosophien der Veden behandelt und →Bhakti-yoga detailliert als höchste Schlußfolgerung aller spirituellen Pfade herausstellt, gilt es als «die reife Frucht am Wunschbaum der vedischen Schriften».

Tamas

Sanskr., «Unwissenheit, Dunkelheit».
Eine der drei Erscheinungsweisen der materiellen Natur.
→Guṇa

Tapasya

Sanskr., «Entsagung, Buße».
Das freiwillige Aufsichnehmen von Unannehmlichkeiten, um ein höheres (spirituelles) Ziel zu erreichen.

Telekinese

→Psychokinese

Telepathie

Griech., «Fern-erfahren».
Die übersinnliche Wahrnehmung des psychischen Zustandes (d.h. der Gefühle, Erfahrungen und Gedanken, daher auch «Gedankenlesen» genannt) oder der Tätigkeit einer anderen Person, die sowohl räumlich als auch zeitlich vom Medium getrennt sein kann.

Theismus

Griech., «Gottglaube» (theos = Gott).
Die Lehre von der Existenz eines einzigen, dem Menschen übergeordneten Gottes als Schöpfer, Lenker und Erhalter; im Gegensatz zum →Atheismus.

Theodizee

Griech., «Rechtfertigung Gottes» (theos = Gott; dikazein = Recht sprechen, richten, entscheiden).
Philosophische Diskussion über die Rechtfertigung Gottes angesichts der Tatsache des physischen und moralischen Übels in der Welt trotz Seiner Allmacht, Weisheit, Liebe und Gerechtigkeit; das heißt der Versuch, den Glauben an die Gerechtigkeit und Güte Gottes mit dem Bösen in der Welt in Einklang zu bringen und die Herkunft und Bedeutung des Bösen zu erklären. Das Problem der Theodizee ist so alt wie der Monotheismus (siehe Buch *Hiob* in der Bibel; später auch Epikur und die Gnostiker) und wurde vor allem von dem deutschen Philosophen G.W. Leibniz (1646-1716) behandelt.

Theosophie

Griech., «Gottesweisheit» (theos = Gott; sophia = Weisheit, Wissenschaft).
1. Mit diesem Begriff, der erstmals vom griechischen Philosoph Ammonios Sakkas aus Alexandria (ca. 175-242 n.Chr.) verwendet wurde, bezeichnete man ursprünglich das unmittelbare innere Erschauen und Erkennen des Übersinnlichen, Absoluten, Göttlichen. Theosophie und Philosophie unterscheiden sich im Prinzip nicht durch den Gegenstand ihrer Betrachtung, sondern mehr durch die Methode, da in der Theosophie zumeist statt eines geordneten, logischen Denkens die Tätigkeit der Vorstellung und die Innigkeit der religiösen Empfindung den klaren Gedanken übergeordnet sind.
2. Die «moderne» Theosophie entstand mit der Gründung der «Theosophischen Gesellschaft» durch Henry Steele Olcott (1832-1907) und Helena Petrowna Blavatsky (1831-1891) im Jahre 1875 in New York. In starker Anlehnung an die vedischen Schriften Indiens und an den Buddhismus – sowie an gewisse Elemente aus Altägypten, der Kabbala, dem Neuplatonismus und der Gnosis – vertritt auch die Theosophie die Lehre von Karma und Wiedergeburt. Der Hauptsitz der Theosophischen Gesellschaft befindet sich seit dem Jahre 1882 in Madras/Indien.

Time-lapping technique

Engl., «Technik der zeitlichen Schichtung». Eine Regressionstherapieform, 1968 entwickelt von dem Amerikaner Bryan Jameison, die ohne technische Hilfsmittel mit einer geführten Visualisation arbeitet. Statt wie in der Hypnose das Tagesbewußtsein einzuschläfern, wird eine Art «Bewußtseinserweiterung» angestrebt, in dem Sinne, daß bei eingeschränkter Wahrnehmung der Außenwelt eine Innenschau geschieht, die verschiedene Erlebnisse und Gefühle aus früheren Leben aktiviert. Informationen, die im Unbewußten gespeichert sind, steigen dabei zunächst bildhaft hervor, aber involvieren mehr oder weniger auch andere Sinneseindrücke und besonders die damit verbundenen Emotionen. Dies wird so erlebt, wie wenn zwei zeitlich getrennte Identitäten aufeinander geschichtet werden (daher auch die Bezeichnung «time-lapping technique»), wobei die Identität des früheren Lebens gewissermaßen vom heutigen Bewußtsein aus beobachtet und miterlebt wird. Der Patient ist also die ganze Zeit bewußt dabei und kann vom heutigen Standpunkt aus spontan kommentieren oder auch Wünsche in bezug auf die Führung der Rückschau äußern, was bei einer echten Hypnose kaum der Fall ist.

Tod

Gemäß der vedischen Philosophie wird der Tod definiert als der Augenblick, in dem die spirituelle Seele – zusammen mit ihrem feinstofflichen Körper – ihren gegenwärtigen grobstofflichen Körper für immer verläßt. Im Falle einer erfolgreichen Wiederbelebung (beispielsweise eines klinisch Toten) also würde man nicht von Tod, sondern von einem «todähnlichen Zustand» sprechen, vergleichbar mit gewissen Erfahrungen während des Schlafes (der zuweilen als «kleiner Bruder des Todes» bezeichnet wird). Exakte Schilderungen des Ablaufs und der Erlebnisse im Todesmoment können folglich niemals von solchen Personen gegeben werden, die nur «klinisch tot» waren, sondern einzig von solchen, die tatsächlich gestorben sind und sich in einem anderen Leben daran zu erinnern vermögen.

Trance

Lat.: transitus, «das Hinübergehen».
1. In der Parapsychologie der Zustand begrenzter Aufmerksamkeit und vermehrter Empfänglichkeit für paranormale Phänomene; charakteristisch ist dabei auch eine erheblich gesteigerte Beeinflußbarkeit (Neigung, auf Suggestionen zu reagieren). Die Trance ist jedoch kein passiver Zustand; das Wachsein ist erhalten, aber die Aufmerksamkeit ist konzentriert auf einen bestimmten stimulierenden Faktor, wobei die Augen entweder geschlossen oder offen sein können. Der Trancezustand läßt sich durch Suggestionen eines Hypnotiseurs herbeiführen. Medien und andere sensitive Menschen können sich jedoch auch selbst in Trance versetzen (→Hypnose).

2. Im → Aṣṭāṅga-yoga die achte und höchste Stufe der vollständigen Versenkung in Meditation über Gott (Sanskr. → Samādhi).

Transmigration

Lat.: transmigrare, «durchwandern».
Dieser in der älteren Fachliteratur zuweilen verwendete Begriff läßt sich mit dem deutschen Ausdruck «Seelenwanderung» übersetzen und beschreibt den genauen Sachverhalt der Reinkarnation am besten.
→ Reinkarnation, Saṁsāra, Seelenwanderung

Transzendenz

Lat.: transcendere, «hinübersteigen».
Die nicht-materielle Sphäre des Absoluten und Göttlichen, die sich vollständig außerhalb des materiellen Universums befindet, woher die spirituelle Seele ursprünglich stammt und wohin sie nach Erreichen der Vollkommenheit und der Befreiung aus dem Kreislauf der Reinkarnation wieder gelangen wird. Diese transzendentale oder spirituelle Welt (das «Reich Gottes»), von der die Seele nie wieder in die zeitweilige materielle Welt zurückkehrt (*Bhagavad-gītā* 8.15), ist jedoch nicht zu verwechseln mit dem herkömmlichen Verständnis des → Jenseits oder → Himmels.
→ Brahman, Spirituelle Welt

Tyāga

Sanskr., «Entsagung, Verzicht».
Das freiwillige Aufgeben materieller Tätigkeiten und der Anhaftung an die Früchte der eigenen Handlungen.

Unterbewußtsein

Die unbewußten Tätigkeiten (Gedanken, Gefühle und Wünsche) des → feinstofflichen Körpers, die zuweilen in Träumen oder auch durch gewisse therapeutische Methoden bewußtgemacht werden können.

Upaniṣaden

Sanskr., «in ergebener Haltung daneben sitzend», freier etwa «Geheimlehre» oder «esoterische Unterweisung».
Mit diesem Sammelbegriff werden 108 philosophische Lehrgedichte und Abhandlungen bezeichnet, die in den → Veden enthalten sind.

Vaiṣṇava

Sanskr., «Verehrer Viṣṇus (Kṛṣṇas)».
Mit diesem Begriff werden diejenigen Vertreter der vedischen Kultur bezeichnet, welche die Höchste Persönlichkeit Gottes, Kṛṣṇa, verehren; deutsch übersetzt mit «Gottgeweihter»; englisch «Devotee».
→ Bhakta

Varṇa

Sanskr., «Farbe, Designation; Unterteilung».
Die vierfache soziale Unterteilung der vedischen → Varṇāśrama-Gesellschaft, die entsprechend den Tätigkeiten und Eigenschaften der Menschen vorgenommen wird, nämlich: 1. Brāhmaṇas (die intellektuelle Klasse der Priester, Lehrer, Wissenschaftler, Richter usw., die der Gesellschaft spirituelle Führung geben), 2. Kṣatriyas (die unter den Brāhmaṇas tätige administrative und exekutive Klasse der politischen und militärischen Führer, Verwalter und Beschützer der Gesellschaft), 3. Vaiśyas (die gewerbetreibende und nahrungserzeugende Klasse der Geschäftsleute, Unternehmer, Bankiers und Bauern) und 4. Śūdras (die arbeitende Klasse der Handwerker und Künstler).
Das Varṇa-System ist nicht zu verwechseln mit dem heute vielfach kritisierten indischen → Kastensystem, das nur eine degenerierte Form des ursprünglichen Systems darstellt und bei dem nicht mehr die persönlichen Fähigkeiten des einzelnen für die Varṇa-Zuteilung ausschlaggebend sind, sondern nur noch seine Geburt in einem dieser Varṇas. Dieses ungerechte Kastenwesen wird von den Anhängern der vedischen Kultur verurteilt.

Varṇāśrama(-dharma)

Sanskr., «aus Varṇa und Āśrama bestehend».
Das vedische Gesellschaftssystem, das in vier → Varṇas (soziale Klassen) und vier → Āśramas (Lebensstufen) unterteilt ist.

Vedānta-sūtra
Sanskr., «der Schluß der Veden», «das Ziel allen Wissens».
Eine systematische philosophische Abhandlung der vedischen Literatur, die aus kurzen Aphorismen (Sūtras) besteht. Das *Vedānta-sūtra* gilt als Zusammenfassung des gesamten vedischen Wissens, die die essentielle Bedeutung der → *Upaniṣaden* wiedergibt. Der von demselben Autor, Śrīla Vyāsadeva, verfaßte Kommentar zum *Vedānta-sūtra* ist das → *Śrīmad-Bhāgavatam*.

Veden
Sanskr.: Veda, «Wissen».
Sammelbegriff für die uralten, vor 5000 Jahren schriftlich niedergelegten wissenschaftlichen und philosophischen Erkenntnisse der indischen Hochkultur. Die Veden bilden somit die ältesten überlieferten Schriftwerke, die in der Menschheitsgeschichte bekannt sind.
Das vedische Schrifttum wird in zwei Hauptkategorien unterteilt, nämlich: 1. Śruti («das Hören») und 2. Smṛti («das Erinnern»). Zu den Śruti-Schriften gehören die vier ursprünglichen Veden (*Ṛg-Veda, Sāma-Veda, Yajur-Veda* und *Atharva-Veda*) sowie die 108 *Upaniṣaden*. Zu den Smṛtis zählen die Ergänzungsschriften zu den Veden, wie die *Purāṇas* und das *Mahābhārata*.
→ *Bhagavad-gītā, Mahābhārata, Purāṇas, Śrīmad-Bhāgavatam, Upaniṣaden, Vedānta-sūtra*

Vegetarismus
Lat.: vegetus, «unversehrt, gesund».
Dieser Begriff, der im Jahre 1842 von den Gründern der Britischen Vegetarischen Gesellschaft geprägt wurde, bezeichnet in seiner ursprünglichen Bedeutung eine philosophisch und moralisch ausgeglichene Lebenseinstellung – weit mehr also als nur die Ernährung von Gemüse und Früchten, das heißt, der Verzicht auf Fleisch, Fleischprodukte und Fisch (bei manchen auch auf Eier). Die meisten Vegetarier sind Menschen, die verstanden haben, daß wir, um zu einer friedlicheren Gesellschaft beizutragen, zunächst das Problem der Gewalt in uns selbst lösen müssen. Tiereschlachten ist eine unnötige und unverantwortbare Gewaltanwendung, und es verursacht viel schlechtes Karma, sowohl individuelles als auch kollektives («Solange es Schlachthöfe gibt, gibt es auch Schlachtfelder»).
Zu den bekanntesten ethisch motivierten Vegetariern gehören Pythagoras, Sokrates, Platon, Ovid, Plutarch, Buddha, Jesus Christus, Franz von Assisi, Leonardo da Vinci, Voltaire, Jean-Jacques Rousseau, Leo Tolstoi, Wilhelm Busch, Ralph Waldo Emerson, Henry D. Thoreau, George Bernard Shaw, Rainer Maria Rilke, Franz Kafka, Albert Einstein, Albert Schweitzer, Mahatma Gandhi usw., von der immer größer werdenden Zahl von Vegetariern in der Gegenwart ganz zu schweigen.

Vikarma
Sanskr., «verbotenes, schlechtes Handeln», «Sünde».
Handlungen, die den Anweisungen der Schriften widersprechen und unerfreuliche, leidvolle Reaktionen («schlechtes Karma») und Erniedrigung nach sich ziehen.
→ Akarma, Karma

Virāṭ-rūpa
Sanskr., «die universale Form Gottes».
1. Die von Kṛṣṇa gewährte allumfassende Vision des gesamten Universums von einem Ort aus; beschrieben im 11. Kapitel der *Bhagavad-gītā*. 2. Die imaginäre materielle Gestalt Gottes als die Natur (→ Pantheismus); wenn die materiellen Elemente und Erscheinungsformen der Natur als Symbol für verschiedene Aspekte Gottes gesehen werden (anstatt sie für Gott selbst zu halten), dann ist diese Form der Meditation nicht atheistisch, sondern der erste Schritt in der Gotteserkenntnis (beschrieben im 1. Kapitel des Zweiten Canto des *Śrīmad-Bhāgavatam*).

Wiedergeburt
Dieser Ausdruck für das Phänomen der Seelenwanderung taucht in der Fachliteratur immer wieder auf und wird auch in dem vorliegenden Buch synonym mit → «Seelenwanderung» und «Reinkarnation» verwendet.

Wiederholte Erdenleben
Dieser Ausdruck für die Seelenwanderung taucht insbesondere in der →Anthroposophie auf. Da er den exakten Sachverhalt jedoch nur unvollständig beschreibt und die Möglichkeit ausschließt, auch auf anderen Planeten außerhalb der Erde wiedergeboren zu werden oder in die spirituelle Welt zurückzukehren, wird er im vorliegenden Buch nicht verwendet.

Wiederleibwerdung
Dieser Begriff stellt einen veralteten, ungenauen Ausdruck für das Phänomen der Seelenwanderung dar (die Seele «wird» nicht wieder Leib, sondern geht in einen neuen Leib ein). Er wird in dem vorliegenden Buch nicht verwendet.

Wiederverkörperung
Dieser Begriff stellt einen veralteten Ausdruck für das Phänomen der Seelenwanderung dar. Er wird in dem vorliegenden Buch nicht verwendet.

Xenoglossie
Griech., «das Reden in fremden Zungen» (aus xenos = fremd; glossa = Zunge).
Die Fähigkeit, eine fremde Sprache zu sprechen, ohne sie in diesem Leben gelernt oder studiert zu haben. Xenoglossie tritt nur in regressiver Hypnose auf, ist dort aber kein ungewöhnliches Phänomen. Der Hypnotiseur suggeriert der Versuchsperson, sie solle zu einer früheren Existenz zurückkehren, und wenn der Versuch erfolgreich ist, spricht oder schreibt die betreffende Person in einer fremden Sprache. Diese kann entweder eine noch bestehende oder aber eine längst nicht mehr gebräuchliche sein (wie etwa Altägyptisch oder irgendwelche Dialekte uralter Sprachen).
Man unterscheidet zwischen rezitativer und responsiver Xenoglossie. Bei ersterer können Ausdrücke und einzelne Abschnitte mechanisch wiedergegeben werden, ohne daß der Betreffende sich in der fremden Sprache unterhalten kann. Bei dieser Form hat sich in vielen Fällen Kryptomnesie als Erklärung des Phänomens erwiesen. Bei der responsiven Form hingegen ist der Hypnotisierte in der Lage, freie Unterhaltungen zu führen und Antworten zu geben, beispielsweise auf Fragen von Sprachwissenschaftlern, die die betreffende Sprache beherrschen. In diesen Fällen muß Reinkarnation als einzig mögliche Erklärung angenommen werden.

Yin und Yang
Die beiden Energieströme, aus denen nach der chinesischen Medizin die Lebenskraft (Ch'i) besteht. Dabei ist Yang das männliche, zusammenziehende, erregende Prinzip, und Yin das weibliche, ausdehnende und beruhigende. Diese beiden Energien findet man in allen Dualitäten innerhalb des materiellen Universums.

Yoga
Sanskr., «Verbindung» (aus der Verbalwurzel «sich verbinden»).
Vorgang, um sich mit dem Höchsten zu verbinden. Die Veden beschreiben verschiedene Arten von Yoga: a) Karma-yoga («Yoga des Handelns», wobei die Ergebnisse für den Dienst des Höchsten verwendet werden), b) Jñāna-yoga («Yoga des Wissens», wobei durch empirisches Studium der vedischen Schriften und durch philosophische Spekulation höhere Erkenntnis angestrebt wird), c) Rāja-yoga und Siddha-yoga (wodurch man nach feinstofflich-materiellen Kräften strebt), d) Dhyāna-yoga und mystischer Yoga (→Aṣṭāṅga-yoga; mit dem Ziel, den →Paramātmā zu erkennen), und e) →Bhakti-yoga («Yoga des hingebungsvollen Dienstes», um das höchste Ziel des Lebens, →Prema, zu erreichen).
Etymologisch betrachtet ist Yoga gleichbedeutend mit dem aus dem Lateinischen stammenden Wort →Religion.

Yuga
Sanskr., «Zeitalter».
Die vier zyklisch verlaufenden, sich ständig wiederholenden Weltzeitalter, im Verlaufe derer die Religion und die guten Eigenschaften des Menschen allmählich abnehmen.
Diese vier Yugas sind: 1. Satya-yuga (goldenes Zeitalter der Wahrheit und der Tugend, Dauer: 1'728'000 Jahre), 2. Tretā-yuga (silbernes Zeitalter, Dauer: 1'296'000 Jahre),

3. Dvāpara-yuga (bronzenes Zeitalter, Dauer: 864'000 Jahre), und 4. Kali-yuga (eisernes Zeitalter des Streites und der Heuchelei, Dauer: 432'000 Jahre).
Wir befinden uns gegenwärtig zu Beginn des vierten Zeitalters, des Kali-yuga, das noch 427'000 Jahre fortdauern wird, wobei jedoch die vedische Kosmologie sagt, daß im besonderen Fall des gegenwärtigen Kali-yuga eine Wendezeit auftritt, in dem die guten Eigenschaften des ursprünglichen goldenen Zeitalters wieder sichtbar werden.

Stichwortverzeichnis

A

B

C

D

E

F

G

H

L

M

N

O

P

Q

R

S

T

U

Personenverzeichnis

N

O

P

R

S

Verzeichnis der zitierten Verse

Bhagavad-gītā

Śrīmad-Bhāgavatam (Bhāgavata Purāṇa)